医药企业
法律实务公开课

戴汇瑜　杜国顺　主编

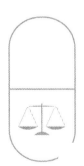

化学工业出版社

·北京·

图书在版编目（CIP）数据

医药企业法律实务公开课 / 戴汇瑜，杜国顺主编 . —北京：化学工业出版社，2021.5
ISBN 978-7-122-38729-5

Ⅰ. ①医… Ⅱ. ①戴…②杜… Ⅲ. ①医药卫生管理 - 法规 - 研究 - 中国 Ⅳ. ① D922.164

中国版本图书馆 CIP 数据核字（2021）第 046568 号

责任编辑：张焕强　　　　　　　　　　装帧设计：韩　飞
责任校对：王鹏飞

出版发行：化学工业出版社（北京市东城区青年湖南街 13 号　邮政编码 100011）
印　　装：三河市双峰印刷装订有限公司
787mm×1092mm　1/16　印张 30　字数 664 千字　2021 年 6 月北京第 1 版 第 1 次印刷

购书咨询：010-64518888　　　　　　　　售后服务：010-64518899
网　　址：http://www.cip.com.cn
凡购买本书，如有缺损质量问题，本社销售中心负责调换。

定　价：128.00 元　　　　　　　　　　　　　　　　　　　版权所有　违者必究

《医药企业法律实务公开课》
编委会

主　任：白慧良　张文虎

副主任（按姓名音序排列）：

　　　　戴信敏　戴旭光　邓婉秋　段旭东　范国煌
　　　　黄　华　李春雷　李福和　牛正乾　王天志
　　　　武安国　修涞贵　张　宏　张冀湘　张雁灵

编　委（按姓名音序排列）：

　　　　操　振　崔秋华　戴　莉　戴朝辉　葛志敏
　　　　郭荣耀　何　勇　黄　华　贾晓栋　李维国
　　　　李宗圣　梁　飞　沙里·哈尔　唐　明　唐承克
　　　　王　德　王兴国　武树军　肖绪勇　翟　新
　　　　张成钢　张卫锋　周　建　周莉萍　左　伟

编写人员名单

主　编：戴汇瑜　杜国顺

副主编：吴志文　郑小宁

编写人员（按姓名音序排列）：

　　　　戴汇瑜　杜国顺　廖兴国　倪　凯　石　凯　史明雪
　　　　万　明　王小西　吴志文　郑小宁　朱凌军

编写助理（按姓名音序排列）：

　　　　马巧园　穆宇飞　王变娇　杨　舒　郑　倩

序一

医药行业是具有非常悠久历史的行业，它服务于人的生老病痛，伴随人的一生。医药行业在现代社会又被称为朝阳行业，因为进入二十一世纪之后，伴随着社会生产力和生命科学的飞速发展，人类的生活质量和生命质量都得到了极大的提高，人们对健康的生活有了更多的追求，这也给医药行业带来了新的发展契机。

虽然各个国家的发展程度有所不同，但人类对于法治的重要性已经有了基本共识；大到一个国家甚至国际社会，小到一个行业、一个公司，都只有通过法律的治理才能实现长治久安。法治与市场经济是一体两翼，没有法治的护航，市场经济的发展就会迷航；而没有市场经济的发展，人们的权利意识也难以被唤醒，法治也就缺乏蓬勃的生机和充沛的动力。

我国改革开放以来，对医药体制的改革已经走过了数十年的历程。在现代社会，科技的快速发展、新技术带来的医疗伦理挑战、政府监管的日益严密、医疗纠纷的日渐复杂多发，这些都要求医药行业必须高度重视法律与合规，将行业的发展纳入法治的轨道。尤其是这次席卷全球的新型冠状病毒肺炎带来的严重疫情，更是让世界各国都再次深刻认识到了医药行业健康有序发展对人类生命健康保障的重要性。

法治不能仅仅停留于口号，还必须落实到具体的制度建设。医药行业的发展，涉及法治的方方面面，在制度的完善上，更是千丝万缕，殊值努力。毕业于中国社会科学院法学研究所的戴汇瑜律师具有医学与法学双专业背景，她联合医药界和法律界的几位实务专家撰写的这本书，在我看来，就是对医药行业法治化建设的一个有益尝试、一个制度建设的重大努力。

这本书既有在宏观层面上对整个医药行业发展的法律问题研究，例如药品和医疗器械的生产许可、药品的临床研究、药品的广告监管、药物的滥用与特殊药品管理、疫苗的监督管理、医疗的器械监管制度等；又有中观层面对医药行业常见的法律问题的综合思考，例如涉及医药方面的知识产权保护、医药企业合规中的民事、行政和刑事问题及相应的法律风险防范措施；还有对于具体医药企业法律问题的微观层面思考，例如涉及医药类初创公司的股权架构设计、医药企业融资并购、医药企业股权激励方案、医药行业劳动关系管理，等等。因此，这本书可谓是内容丰富、蔚为大观，涉及了医药行业方方面面的法律问题，是医药行业一部难得的工具书、参考书。

律师是法律的实践家，因为律师直接服务于企业和企业家，因此律师最懂得行业发展与法律的关系，最懂得行业法治的重点与难点之所在。戴汇瑜律师的这部作品从医药行业的法治实践而来，并奔着解决行业真正的法律问题而去。我希望这部作品的面世，能够为医药行业的法治化发展起到推动的作用，这也是法律人的实践价值所在。

是为序。

2021 年 3 月 1 日

江平

　　著名法学家，中国政法大学终身教授、民商法学博士生导师。

序二

药物具有悠久的历史,它随着人类自身生存、繁衍与疾病作斗争而逐步发展;药物的发展史也是人类文明史的重要组成部分。

人类为了健康地生活,只要生命不息,对药物的需求就永远不会得到满足,尤其是对罕见病、难治性疾病的治疗永远是药学科学追求的目标。

发达国家在药物研发生产领域一直以高于整个工业平均水平的速度在发展。因为药物的研制生产是一种高技术、高投入、高风险、高利润的产业,制药企业大量研究力量与经费的投入,一方面解决了人类对疾病的治疗、维持身体健康的需求,另一方面也给投资者带来巨大经济效益的增长,所以药物在人类生活和国民经济建设中占有重要的位置,这是无可置疑的。

由于药品的特殊性以及与人类生存繁衍的密切关系,在古代社会管理中便产生了对药物的管理,尤其是近现代,各国政府部门应用药学、社会学、法学、经济学、管理学与行为科学等多学科的理论与方法对药品研制、生产、经营、使用、价格、广告、信息等管理活动或过程进行管理和监督;又由于药品是商品,那么,它必然涉及药品全过程生产经营者的行政责任、刑事责任和民事责任。

在政府的管理活动中,违反药品监管行政法律法规的相关责任者须承担行政责任,在某些情况下违法行为满足了某些刑事罪名所必需的犯罪构成时就要承担刑事责任,民事责任则不仅包括一般产品的产品责任、知识产权责任等,而且还涉及承担侵害人身权所需承担的侵权责任。

药物从研发直到消费者使用,全程多环节均涉及法律法规问题。如何对守法者给予法律保护、维护其权益,对违法者给予应有的惩戒?《医药企业法律实务公开课》详细介绍了医药领域的法律法规、行业监管和相应的制度要求,是近年来医药行业不多见、精辟论述行业涉法专著。本书是我国医药行业管理者、生产经营者案头必备重要参考书，也是员工培训的好教材，希望本书能给医药行业带来法律支撑。

边振甲

2021 年 3 月 15 日

于北京

边振甲

原国家食品药品监督管理局副局长、党组成员。现任中国营养保健食品协会会长。

序三

作为老师,高兴之事莫过于学生之成就。欣闻汇瑜、国顺数年笔耕,今《医药企业法律实务公开课》一书即将付梓,邀我作序,倍感高兴。

汇瑜本为律师,从业期间在我名下攻读法律硕士学位。她与国顺在中国社会科学院研究生院法学系就读的三年时间里,常以身之所经与在校所学融会贯通,举一反三,力压同侪。学业既成,其律师业务又辟医药企业合规与法律风险防控新域,在这种法律与药企融合、实务与理论的崭新探索中,再见其坚实之学术功底和过硬之业务能力,故很快驰名于法律及药企双界。尤为难得的是,汇瑜、国顺于工作烦冗之余,仍潜心学术,笔耕不辍,撰写出这部颇有特点的医药与法律结合之著作,实属不易。

随着中国经济的快速发展,人民生活水平的提高以及人口老龄化,医疗卫生问题日益受到广大民众和社会各界的重视。可以说,医疗卫生关乎亿万人民的健康和千家万户的幸福,是重大民生问题。长期以来,由于各种原因,我国医药行业矛盾和问题突出,解决这些广泛复杂的社会性问题,必须从法治高度,把握内在规律,进行综合系统治理。"天机云锦用在我,剪裁妙处非刀尺。"本书主要内容包括医药行业监管制度、医药企业的设立、医药企业合规问题与法律风险防范、医药知识产权保护、初创公司的股权架构设计、医药企业融资并购、医药企业股权激励方案以及医药行业劳动关系管理等,是一部内容丰富、涵盖范围很广的药企法律百科全书,具有较高的实践应用价值。

"一语天然万古新,豪华落尽见真淳。"综观全书,既及医药,又及法律,兼及实务。条理分,纲目举,晦者清,隐者见。巨细通融,歧贰毕彻,一展卷而重门洞开,秋毫在目。思之精微,足以察隐;圆融之智,足以通变。思贵专一,不容浅尝者问津;学贵沉潜,不容浮躁者涉猎。从此书体察微言奥意之乐,好像巨大的宝藏，又如同一张精确的地图，蕴藏着医学的奥秘与法学的智慧。

"书痴者文必工，艺痴者技必良。"汇瑜、国顺呕心沥血，深耕医药与法律领域，撰写过程力求理论和实践并重，医药与法律同举，以期深化读者对医药行业法律实务知识的认识与理解，并促进知识的传播与普及。该书既给人以娓娓道来的亲近感，又发人深省，令人深思；既体现其丰厚的文化底蕴，又体现其细致踏实的工作作风。说理透彻，一丝不苟，生动呈现出医法并茂的深厚内蕴；字字珠玑，见解新奇，足见其严谨的治学态度；耐人寻味，引人入胜，字里行间渗透出温暖的人文关怀、高度的社会责任，勇于担当的大爱精神跃然纸上。

此部著作不仅利于医药行业，而且对法治建设具有一种"随风潜入夜，润物细无声"的作用。它体现了法律人的社会责任，提醒人们从医药方面进行法治观念的沟通。处于剧烈转型期的中国青年一代法律人，亦身处中国法治建设洪流之中，肩负破旧立新、建章立制之重任，如无理论为支撑，经验为保障，热情为动力，则难酬其志。汇瑜、国顺以其行止，为青年垂范，他们一路走来不容易，这样的年轻人应该鼓励，更应该帮助。我相信，他们在未来一定能有更大的突破，同时也希望他们继续奋然前行，奉献出更多更好的成果。

法治建设不完全是国家层面的宏伟目标，也是一种植根于社会生活的文化。法治思维、法治素养、法治文化都需要积少成多、聚沙成塔。"嘤其鸣矣，求其友声"，愿此作和大家产生思想的交流和共鸣。

是为序。

冀祥德
2021年3月8日
于国家方志馆

冀祥德

中国社会科学院法学研究所研究员、博士生导师、博士后合作导师，中国社会科学院研究生院法学系教授，中国地方志指导小组秘书长、中国地方志指导小组办公室主任、方志出版社总编辑。

序四

新中国成立70多年来，中国医药行业一直保持较快速度增长，并且逐步走向成熟。未来医药行业的总体发展趋势非常明确，国家推动实施健康中国战略，国民健康意识的增强也促使医药市场需求持续增长，医药产业将迎来发展大变革与大机遇期。对于科技壁垒极高的医药领域，坚持创新引领发展，医药企业才能赢得市场话语权。

2015年国务院发布了《关于改革药品医疗器械审评审批制度的意见》，明确提高药品审批标准，将新药的定义调整为"未在中国境内外上市销售的药品"。2019年新修订的《药品管理法》明确了国家鼓励研究和创制新药的政策导向。此外，《疫苗管理法》《基本医疗卫生与健康促进法》《中医药法》《药品注册管理办法》等一系列药品法律法规陆续颁布实施，法规体系逐渐完善。在这些政策法规的推动下，创新药已然成为医药行业的大势所趋。近几年，国内涌现了一批以从事创新药研发和新药研发服务为主的高科技公司，一些曾经以仿制药为主的医药企业也纷纷转向创新药物研发，1类创新药注册申报呈爆发式增长，新药技术交易频繁。在此背景下，《医药企业法律实务公开课》一书的出版对于医药企业来说是一场及时雨。

药品质量关系到人民的生命健康，药品监管是一项十分复杂的系统工程，医药行业有着不同于其他行业的法律问题。例如，如果对药品质量管理不到位，轻则造成重大经济损失，重则存在生产销售假药、劣药犯罪的风险。医药研发是一个多学科、高科技、高难度、高投入、长周期、高风险、高回报的产业，知识产权保护对于医药企业尤为重要。如果没有强有力的专利保护，那么投入的巨额研发费用将无法收回。如果没有合理的激励制度，将会打击研发人员的创新积极性，也不利于企业的长期发展。

本书从医药行业的监管制度到医药企业的设立和发展做了详尽阐述，深入浅出地分析了我国的药品监管制度，在此基础上提出医药企业的合规问题和法律风险防范建议，并对知识产权保护、产权激励措施、股权架构、投资融资等诸多方面的法律问题提出了很多具有建设性的独到见解，无论是对初创企业，还是对转型期的企业，都有很高的参考价值。

2021 年 3 月 1 日

邱华伟

华润三九医药股份有限公司总裁，华润医药集团有限公司执行董事，中国非处方药协会轮值会长，中国农村卫生协会副会长，深圳市营养学会副理事长。

前言

医药行业与人的生命健康密切相关,可谓只要生命不息,其发展就永不停滞,是一个不折不扣的朝阳行业。日新月异的技术革新以及人们日益增长的健康需求在推动医疗健康产业蓬勃发展的同时,亦给其带来了前所未有的挑战。形形色色的药品安全事件时有发生,各种各样的产权纠纷不断,企业内部管理的合规滞后,以及外部交易的契约缺失,这些已成为众多医药企业成长过程中的常见问题。此外,在不断与时俱进的医药政策影响下,法规的专业化和精细化使得医药企业及其管理者在预判风险时或出现实际争议时显得无所适从。

本书以药品监管制度为总纲,以医药企业的整个发展过程为主线,根据医药企业发展的特点、重点和关键点,结合实务过程中企业所面临的痛点和难点,分为医药健康领域的监管制度、不同类型医药企业的设立及审批流程、医药企业合规问题与法律风险防范、知识产权保护、初创型医药企业股权架构分析、对外投融资并购、股权激励设计以及医药行业劳动关系管理等八章对医药企业从设立、发展、运营管理、企业合规等各方面的法律风险管理进行了系统的梳理和构建。

本书前三章介绍了医药行业最新的监管制度、医药企业设立的相关条件和许可事项,在此基础上提出医药企业的合规问题和法律风险防范建议。新药研发具有投资大、周期长、成功率低、收益高等特点,知识产权保护是保障高收益的必要条件,众多重磅炸弹药物在核心专利保护期届满后销售额均出现断崖式下跌,即所谓的专利悬崖。因此,本书第四章对医药专利保护、专利布局、商业秘密保护、药品技术转移的相关知识产权问题等方面做了深入分析,并提出了自己的见解,相信对医药企业有一定帮助。

药物研发由于投资大、周期长,投资产出具有不确定性,这种不确定性在研究计划或项目开始时最为明显，风险投资和研发外包成为很多医药企业的首要选择。本书第五章至第八章从医药初创企业的股权架构设计、股权激励措施、投资融资、劳动关系等方面提出了很多具有建设性的见解，无论是对初创企业还是对转型期的企业，都有很高的参考价值。

  本书在介绍理论的基础上，融入对实践案例的具体剖析，通过梳理医药企业发展过程中可能会面临的各种关键问题以及相应的法律规定，总结相应的应对策略，为医药企业及其管理者以及医药相关领域从业者等提供较为系统的参考。

戴汇瑜 杜国顺
2021 年 3 月

目录

第一章　医药行业监管制度　　1

第一节　法规体系与监管体制 / 2
一、法规体系 / 2
二、药品监督管理体制 / 2
三、药品监管新理念 / 7

第二节　药品研究与注册 / 10
一、药品注册概述 / 10
二、药物非临床/临床研究 / 16
三、药品上市许可 / 31
四、药品上市许可持有人制度 / 32
五、药品加快上市注册程序 / 36
六、药品注册核查与注册检验 / 38

第三节　药品监督管理 / 40
一、药品供应保障体系 / 40
二、药品广告监管 / 50
三、药品生产质量监督管理 / 52
四、药品上市后监管 / 56

第四节　药物滥用与特殊药品管理 / 65
一、药物滥用及其危害 / 65
二、麻醉药品和精神药品的管理 / 66

第五节　疫苗监督管理 / 72
一、疫苗基本制度 / 72
二、疫苗生产和批签发 / 75
三、疫苗接种 / 77

第六节　医疗器械监管制度 / 79
一、分级分类监管 / 79

二、医疗器械注册与备案流程 / 82
三、不良事件处理与召回 / 86

第二章 医药企业的设立　　89

第一节　医药企业的分类 / 90
一、化学制药企业 / 90
二、中药生产企业 / 91
三、生物制品生产企业 / 96
四、医疗器械生产企业 / 97
五、特殊食品生产企业 / 98
六、医药外包服务企业 / 99
七、药品经营企业 / 100

第二节　医药企业的设立 / 104
一、医药企业的设立条件 / 104
二、医药企业的设立登记 / 105
三、医药企业设立的合规检查 / 106

第三节　药品/医疗器械生产许可 / 107
一、药品/医疗器械生产许可 / 107
二、药品生产质量管理规范 / 115

第四节　药品/医疗器械经营许可 / 125
一、药品/医疗器械经营许可 / 125
二、药品经营质量管理规范 / 127

第三章 医药企业合规问题与法律风险防范　　133

第一节　企业合规风险概述 / 134
一、企业合规的概念与内涵 / 134
二、企业合规风险的分类 / 136

第二节　医药企业刑事合规风险 / 138
一、企业刑事合规风险防控的定义和内涵 / 139
二、生产、销售假药罪与生产、销售劣药罪 / 144
三、生产、销售不符合标准的医用器材罪 / 149
四、污染环境罪 / 153
五、医药行业的商业贿赂犯罪 / 156

第三节　医药企业民商事法律风险 / 163
一、企业法律风险概述 / 163
二、医药企业民商事法律风险的主要内容 / 165

三、医药企业投资法律风险防控 / 173
四、医药企业诉讼法律风险防范指引 / 179

第四节 医药企业行政法律风险 / 184
一、强化药品信息管理真实准确 / 184
二、药品生产安全责任 / 189
三、医药企业涉税风险 / 191

第五节 典型的合规案例 / 193
一、银杏叶事件 / 193
二、长春长生疫苗事件 / 197

第四章 医药知识产权保护 201

第一节 药品专利保护 / 202
一、药物专利类型 / 202
二、药物专利布局 / 207
三、药物专利申请文件撰写 / 216
四、专利授权条件 / 221
五、专利审批程序 / 235
六、医药专利侵权判定 / 245

第二节 医药商业秘密保护 / 261
一、商业秘密概述 / 261
二、商业秘密保护 / 265
三、医药技术秘密的保护方式 / 270

第三节 药品技术合同与知识产权 / 273
一、药品技术合同概述 / 273
二、药品技术合同的成果归属与分享 / 281
三、后续改进技术成果的归属与分享 / 282

第五章 初创公司的股权架构设计 285

第一节 创业之初如何选择合伙人 / 286
一、去哪里找合伙人 / 286
二、选择什么样的合伙人 / 287
三、应该避免与什么样的人合伙 / 288
四、需要区别对待的合伙人 / 289

第二节 初创公司合理的股权结构 / 290
一、关于股权、股票、股份 / 291
二、股权与公司治理 / 295

三、股权分配的原则 / 296
　　四、如何根据岗位不同分配股权 / 298
　　五、股权结构，纷争背后的"硬伤" / 299
　　六、合理的股权结构 / 301
　　七、"四大线"和"四小线" / 302
　　八、掌握控制权，做时代的股东 / 304
　　九、直接持股、间接持股、交叉持股 / 305
　　十、代持股权的法律风险 / 307
　　十一、公司章程的重要性 / 308
　　十二、章程设计，源头阻击"野蛮人" / 309
　　十三、如何保护创始合伙人的权利 / 310
　第三节　合伙人股权的退出机制 / 312
　　一、股权退出的适用场景 / 312
　　二、股权退出机制与价格 / 313
　　三、股权退出应注意哪些问题 / 315
　　四、公司的解散与清算 / 316

第六章　医药企业投融资并购　319

　第一节　引述 / 320
　　一、医药行业资本运营之道——融资并购 / 320
　　二、我国医疗健康领域融资并购现状及发展趋势 / 321
　第二节　药企投融资 / 324
　　一、融资模式分类 / 324
　　二、债权融资风险分析 / 325
　　三、私募股权融资估值 / 326
　　四、投融资协议中"确定关系"的交易条款 / 329
　第三节　药企并购 / 352
　　一、股权并购和资产并购的差异化分析 / 352
　　二、并购交易基本流程 / 354
　　三、并购过程中的尽职调查要点 / 358
　　四、尽职调查的常规项目 / 360
　　五、医药行业特殊核查项目 / 371

第七章　医药企业股权激励方案　379

　第一节　国内外股权激励的发展历程 / 380
　　一、国外股权激励的发展 / 380

二、国内股权激励的发展 / 381
第二节　股权激励概述 / 383
一、股权激励的概念 / 383
二、股权激励的目的和意义 / 384
三、股权激励的原因 / 385
第三节　股权激励的具体实务 / 387
一、股权激励对象的确定 / 387
二、股权激励股份的数量及来源、价格 / 389
三、股权激励的资金来源 / 393
四、股权激励的持有方式 / 394
五、股权激励的管理机构、管理权限 / 396
六、股权激励的期限 / 398
七、股权激励的考核机制确定 / 401
八、医药企业股权激励计划的实施 / 403
九、医药企业股权激励的典型案例 / 404
第四节　股权激励的方案 / 406
一、期股性股权激励方案 / 406
二、期权股权激励方案 / 407
三、限制性股权激励方案 / 408
四、虚拟股权激励方案 / 409
五、业绩股权激励方案 / 411
六、延期支付性股权激励方案 / 412
七、账面价值增值股权激励方案 / 413
八、员工持股股权激励方案 / 414
九、管理层回购股权激励方案 / 415
十、科技成果转化股权激励方案 / 416

第八章　医药行业劳动关系管理　421
第一节　劳动法律关系通述 / 422
一、劳动合同的订立 / 422
二、劳动合同 / 425
三、劳动合同履行、变更 / 426
四、劳动合同的解除、终止 / 435
五、工伤 / 438
六、劳务派遣 / 439
第二节　竞业限制和保密 / 441
一、竞业限制要点 / 441

二、商业秘密保护 / 442
第三节　制度管理 / 444
一、规章制度的制定 / 444
二、规章制度的适用 / 445
第四节　医药企业研发人员管理 / 446
一、医药研发人员管理现状 / 446
二、医药企业研发人员用工模式 / 447
三、医药企业研发人员用工模式选择 / 448
第五节　医药企业运营人员管理 / 452
一、医药代表 / 452
二、销售人员 / 459

扫码查看医药企业相关法律法规汇总

第一章

医药行业监管制度

Chapter 1

第一节 法规体系与监管体制

一、法规体系

2019年,我国制定了医疗卫生领域基础性、综合性法律《基本医疗卫生与健康促进法》,以及世界上首部单独针对疫苗的综合性法律《疫苗管理法》,并修订了《药品管理法》,医药领域法律制度日趋完善。现行有效的医药行业相关的法律法规包括:

1)基本医疗卫生与健康促进法。

2)药品管理法、药品管理法实施条例、药品注册管理办法、药品生产监督管理办法、药品经营监督管理办法、药品不良反应报告和监测管理办法、药品行政保护条例。

3)疫苗管理法、血液制品管理条例、生物制品批签发管理办法、兽用生物制品经营管理办法。

4)麻醉药品和精神药品管理条例。

5)中医药法、中药品种保护条例。

6)医疗器械监督管理条例、医疗器械生产监督管理办法、医疗器械经营监督管理办法、医疗器械网络销售监督管理办法、医疗器械使用质量监督管理办法、医疗器械召回管理办法。

7)化妆品监督管理条例、化妆品注册管理办法、化妆品生产经营管理办法。

二、药品监督管理体制

(一)药品监督管理体制概述

自1998年国家药品监督管理局成立以来,我国药品监督管理体制经历了四次重大变革,四个发展阶段,即:以"食品卫生"为主导思想的"单一部门"监管阶段(1953—2004);以"食品安全"为主导思想的"多部门"初级监管阶段(2004—2009);食品安全监管的"多部门"纵深发展阶段(2009—2013);以食品安全为主的多种体制并存的"一体化监管"阶段(2013—2018)。2018年开启"大市场—专药品"的监管新模式。

```
                        国务院
                          ↑
         卫生部              国家经贸委
    上级单位│          上级单位│
         药政管理局          国家医药管理局
2008年      │    1998年      │
并入管理    │    合并成立    │              2013年
            └──→ 国家药品监督管理局 ←──┘    直属机构
                        │
                   2003年
                   基础上组建
                        ↓
            国家食品药品监督管理局
                        │
                        │       国务院食品安全委员会办公室
                        │       国家质量监督检验检疫总局
直属机构                │       生产环节食品安全监督管理职责
            2013年      │       国家工商行政管理总局
            整合成立    │       流通环节食品安全监督管理职责
                        ↓
                国家食品药品监督管理总局
                        │
    国家工商行政管理总局 │       国家发展和改革委员会
                        │       价格监督检查与反垄断执法职责
                2018年  │       商务部
                整合组建│       经营者集中反垄断执法
    国家质量监督检验检疫总局     国务院反垄断委员会办公室
                        ↓
                国家市场监督管理总局
                上级单位│
                        ↓
                国家药品监督管理局
```

图 1-1　国家药品监督管理部门沿革

国家市场监督管理总局整合了国家工商行政管理总局、国家质量监督检验检疫总局、国家食品药品监督管理总局的职责，以及国家发展和改革委员会的价格监督检查与反垄断执法职责，商务部的经营者集中反垄断执法及国务院反垄断委员会办公室等职责。新的监管体制变化主要体现在三个方面：一是将食品监督管理职责统一到大的市场监管体系；二是在国家市场监督管理总局下设立国家药品监督管理局，专门监管药品；三是药品监管机构只设到省一级。

这种"大市场—专药品"新模式，抓住了当前食品药品安全治理的两大关键，即食品安全监管的协调力和综合性，药品监管的特殊性和专业性。在横向维度上，单独组建国家药品监督管理局，能在强化综合执法的同时，强调专业的事由专业的人来做。在纵向维度上，药监机构只设到省一级，带有一定垂直管理的意义，解决上下一般粗的"权责同构"问题。

事实上，在 2013 年国家食药监管机构大整合后，许多地方并未参照国务院模式单独设置食药监管机构，而是成建制整合工商、质监、食药等部门，组建新的市场监督管理局。浙江、安徽等地是这一模式的最初试验者。据原国家工商总局 2017 年 2 月的数据，全国有约 1/3 的副省级市、1/4 的地级市、2/3 的县实行了市场监管综合执法。

（二）药监部门的职权

国务院机构改革从顶层设计层面重构药品监管，将国家药品监督管理局纳入新组建的国家市场监督管理总局，并且药品监管机构只设到省一级，形成了"大市场—专药品"的监管模式，体现了药品监管的专业化和相对独立性，又通过整合反垄断、标准化等职能来体现一般性市场监管的大统一。在这样的监管框架下，市场监管将会更加趋于统一和协调，市场监管的行政许可和事中事后监管环节也将会更加紧密协调，监管执法的成本也将进一步降低。

新的国家药品监督管理局内设综合和规划财务司、政策法规司、人事司、药品注册管理司（中药民族药监督管理司）、药品监督管理司、医疗器械注册管理司、医疗器械监督管理司、化妆品监督管理司、科技和国际合作司（港澳台办公室）等机构，下设有中国食品药品检定研究院（国家药品监督管理局医疗器械标准管理中心、中国药品检验总所）、国家药典委员会、药品审评中心、食品药品审核查验中心、药品评价中心（国家药品不良反应监测中心）、医疗器械技术审评中心等分支机构。

国家药品监督管理局主要负责药品（含中药、民族药，下同）、医疗器械和化妆品安全监督管理，拟订监督管理政策规划，组织起草法律法规草案，拟订部门规章，并监督实施，研究拟订鼓励药品、医疗器械和化妆品新技术新产品的管理与服务政策；负责药品、医疗器械和化妆品标准管理，组织制定、公布国家药典等药品、医疗器械标准，组织拟订化妆品标准，组织制定分类管理制度，并监督实施，参与制定国家基本药物目录，配合实施国家基本药物制度；负责药品、医疗器械和化妆品注册管理，制定注册管理制度，严格上市审评审批，完善审评审批服务便利化措施，并组织实施；负责药品、医疗器械和化妆品质量管理，制定研制质量管理规范并监督实施，制定生产质量管理规范并依职责监督实施，制定经营、使用质量管理规范并指导实施；负责药品、医疗器械和化妆品上市后风险管理，组织开展药品不良反应、医疗器械不良事件和化妆品不良反应的监测、评价和处置工作，依法承担药品、医疗器械和化妆品安全应急管理工作；负责执业药师资格准入管理，制定执业药师资格准入制度，指导监督执业药师注册工作；负责组织指导药品、医疗器械和化妆品监督检查，制定检查制度，依法查处药品、医疗器械和化妆品注册环节的违法行为，依职责组织指导查处生产环节的违法行为；负责药品、医疗器械和化妆品监督管理领域对外交流与合作，参与相关国际监管规则和标准的制定；负责指导省、自治区、直辖市药品监督管理部门工作。

（三）国家药典委员会

国家药典委员会是国家药品监督管理局的直属事业单位，由主任委员、副主任委员、执行委员和委员组成，是法定的国家药品标准工作专业管理机构，负责组织编纂《中华人民共和国药典》及制定、修订国家药品标准，主要职责包括：

1）组织编制、修订和编译《中华人民共和国药典》（以下简称《中国药典》）及配套标准。

2）组织制定修订国家药品标准。参与拟订有关药品标准管理制度和工作机制。

3）组织《中国药典》收载品种的医学和药学遴选工作。负责药品通用名称命名。

4）组织评估《中国药典》和国家药品标准执行情况。

5）开展药品标准发展战略、管理政策和技术法规研究。承担药品标准信息化建设工作。

6）开展药品标准国际（地区）协调和技术交流，参与国际（地区）间药品标准适用性认证合作工作。

7）组织开展《中国药典》和国家药品标准宣传培训与技术咨询，负责《中国药品标准》等刊物编辑出版工作。

8）负责药典委员会各专业委员会的组织协调及服务保障工作。

9）承办国家局交办的其他事项。

国家药典委员会的常设办事机构实行秘书长负责制，内设办公室、人事处、业务综合处、中药标准处、化学药品标准处、生物制品标准处、医学评价处等处室。

图 1-2 和图 1-3 分别示出了国家药典委员会制定药品标准的内部工作流程和编制中国药典的程序（来源于国家药典委员会网站）。

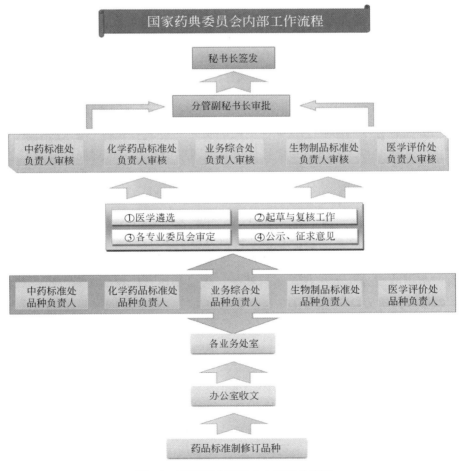

图 1-2　国家药典委员会内部工作流程

图 1-3 中国药典编制程序

（四）中国食品药品检定研究院

中国食品药品检定研究院（以下简称中检院）的前身是 1950 年成立的中央人民政府卫生部药物食品检验所和生物制品检定所。1961 年，两所合并为卫生部药品生物制品检定所。1998 年，由卫生部成建制划转为国家药品监督管理局直属事业单位。2010 年，经中央编办批准更名为中国食品药品检定研究院，加挂国家食品药品监督管理局医疗器械标准管理中心的牌子，对外使用"中国药品检验总所"的名称。2018 年，根据中央编办关于国家药品监督管理局所属事业单位机构编制的批复，中检院（国家药品监督管理局医疗器械标准管理中心，中国药品检验总所）为国家药品监督管理局所属公益二类事业单位（保留正局级）。

中检院是国家检验药品生物制品质量的法定机构和最高技术仲裁机构，是世界卫生组织指定的世界卫生组织药品质量保证合作中心。主要承担食品、药品、医疗器械、化妆品及有关药用辅料、包装材料与容器的检验检测工作，组织开展药品、医疗器械、化妆品抽验和质量分析工作，负责相关复验、技术仲裁，组织开展进口药品注册检验以及上市后有关数据收集分析等工作；承担药品、医疗器械、化妆品质量标准、技术规范、技术要求、检验检测方法的制修订以及技术复核工作，组织开展检验检测新技术新方法新标准研究，承担相关产品严重不良反应、严重不良事件原因的实验研究工作；负责医疗器械标准管理相关工作；承担生物制品批签发相关工作；承担化妆品安全技术评价工作；组织开展有关国家标准物质的规划、计划、研究、制备、标定、分发和管理工作；负责生产用菌毒种、细胞株的检定工作，承担医用标准菌毒种、细胞株的收集、鉴定、保存、分发和管理工作；承担实验动物饲育、保种、供应和实验动物及相关产品的质量检测工作；承担食品药品检验检测机构实验室间比对以及能力验证、考核与评价等技术工作；负责研究生教育培养工作，组织开展对食品药品相关单位质量检验检测工作的培训和技术指导。图 1-4 示出了中检院检验工作流程（来源于中检院网站）。

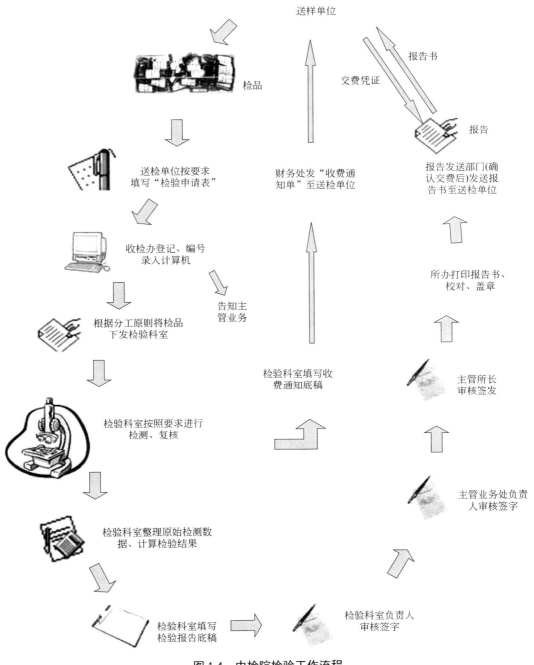

图 1-4 中检院检验工作流程

三、药品监管新理念

（一）全生命周期监管

药品管理法从药品研制和注册到药品生产、经营，再到药品上市后管理，对药品的研发、生产、销售以及医疗机构使用等环节形成药品全生命周期监管闭环。

引入药物追溯制度，运用信息化技术建立药品追溯体系，为药品查询、追溯、召回提供便利手段，也为药品监督管理部门开展药品质量追溯、执法打假、短缺预警、责任追究等提供全程信息支撑。国家药品监督管理局已发布《药品信息化追溯体系建设导则》《药品追溯码编码要求》《药品追溯系统基本技术要求》《疫苗追溯基本数据集》《疫苗追溯数据交换基本技术要求》等标准，要求对药品各级销售包装单元进行唯一性赋码。对药品上市许可持有人、药品生产企业、药品经营企业和医疗机构而言，可以根据国家药品监督管理部门制定的技术标准和规范要求自建药品追溯系统，或者委托信息技术企业、行业组织等第三方提供专业追溯服务，对药品进行赋码。追溯码类型不做具体要求，符合编码标准即可。国家与省、自治区、直辖市药品监督管理部门（下称省级药品监督管理部门）则建设追溯监管系统，通过协同服务平台，采集追溯数据，实现互联互通。这种监管部门定制度、建标准、兼容不同类型追溯码的做法，充分保障了药品上市许可持有人、药品生产企业、药品经营企业和医疗机构的自主选择权。

在现有不良反应报告与监测体系基础上，引入药物警戒制度，对药品不良反应及其他与用药有关的有害反应进行监测、识别、评估和控制。通过药物警戒制度将安全性信息的搜集与风险识别、评估和控制前移至药物研发阶段，范围扩展至所有与用药相关的问题。药品上市许可持有人应建立年度报告制度，每年将药品风险管理情况按规定向药品监督管理部门报告，制订药品上市后风险管理计划，明确上市后药品不良反应信息管理与风险控制措施。

（二）以临床需求为导向，鼓励创新

关注临床导向，关注患者用药需求，有的放矢明确鼓励方向以人民健康为中心，尤其是特定领域、特定疾病、特定人群的用药权益保障。

为让更多的患者有药可用、早有药用，药品管理法一方面强调支持以临床价值为导向的新药研发，从而引导形成以患者为中心的研发思路，鼓励具有临床优势的新药产出，改变过去低水平重复、扎堆研发的现象。另一方面，药品管理法提出对儿童用药品、短缺药、防治重大传染病和罕见病的新药实行优先审评审批。药品管理法修订中首次通过法律形式，确立儿童药、短缺药、重大传染病药物、罕见病药物的优先审评制度，对引导研发资源向这些疾病和药物领域倾斜具有积极作用，让更多患者更早得到科学救治。

药品注册是国际通行的、通过非临床研究和临床试验数据确证拟上市药品安全性、有效性和质量可控性的过程，是保障患者用药安全的重要防火墙。但是，对于严重危及生命且尚无有效治疗手段的疾病的患者而言，药品研制与注册的长周期可能是获得救治希望的阻碍。为保障这些患者的健康权益，《药品管理法》第二十三条规定了同情用药原则，赋予患者更多的治疗选择权和生存希望，即对正在开展临床试验的用于治疗严重危及生命且尚无有效治疗手段的疾病的药物，经医学观察可能获益，并且符合伦理原则的，经审查、知情同意后可以在开展临床试验的机构内用于其他病情相同的患者。

对于治疗严重危及生命且尚无有效治疗手段的疾病以及公共卫生方面急需的药品，在药物临床试验已有数据显示疗效并能预测其临床价值的情况下，《药品管理法》第二十六条规定可以附条件批准，即允许药物临床试验未完成时提前批准药品上市，以满足社会需求。对于附条件批准的药品，根据《药品管理法》第七十八条的规定，药品上市许可持有人应当采取相应风险管理措施，按规定期限完成研究，逾期未按照要求完成研究或者不能证明其获益大于风险的，国务院药品监督管理部门可根据研究进展情况依法处理，直至注销药品注册证书。

创新是医药产业持续发展的灵魂，是提升公众健康福祉的必要条件。药品管理法明确鼓励创新的方式、方向与途径，为产业持续创新、公众用上好药注入动力。规定药物临床试验实行六十日"默示许可"管理、生物等效性试验实行备案管理、药物临床试验机构实行备案管理，对药物临床试验实施和机构的审批管理进行改革，将显著提高临床试验审批效率，扩大临床试验机构资源，加快新药研发进程。

全面实施药品上市许可持有人制度，将药品批准文号持有人的类型从药品生产企业扩大至药品研制机构，鼓励后者通过委托生产将创新成果迅速产业化，也可以转让药品上市许可，在获得市场回报的同时，将市场收益反哺至创新成果的上市后管理与深度研发，从而形成"研发投入—创新成果回报—研发再投入"的良性循环机制，更好地发挥激励创新的作用。

（三）以健康为中心，明确各方法律责任

在以健康为中心的理念指导下，一是明确药品监督管理部门的属地责任，设区的市级、县级人民政府承担药品监督管理职责的部门负责本行政区域内的药品监督管理工作，县级以上地方人民政府对本行政区域内的药品监督管理工作负责，统一领导、组织、协调本行政区域内的药品监督管理工作以及药品安全突发事件应对工作，建立健全药品监督管理工作机制和信息共享机制，应当从发展规划和经费预算等方面，为药品安全工作提供保障。

二是强化行业参与者责任，药品上市许可持有人对药品全生命周期承担主体责任，保障药品质量、保证用药安全。药品上市许可持有人依法对药品全生命周期的安全性、有效性和质量可控性负责，对药品研制、生产、经营和上市后管理活动承担责任。对于药品上市许可持有人为境外企业的，规定应当由其指定的在中国境内的企业法人履行相应义务，并与药品上市许可持有人承担连带责任。

三是明确药品生产企业、药品经营企业和医疗机构应按照《药品管理法》第四章、第五章、第六章规定履行药品生产、经营和使用管理中的相应责任。在法律层面对网络销售药品做出规定，要求遵守经营管理规定，并对药品网络交易第三方平台的责任做了详细规定，将其纳入药品经营监督管理范畴。

四是创新法律责任体系，民事赔偿实行首负责任制和惩罚性赔偿制度。接到受害人赔偿请求后应当先行赔付，然后再依法追偿。

第二节 药品研究与注册

一、药品注册概述

(一) 药品注册分类

药品注册是药品注册申请人依照法定程序和相关要求提出药物临床试验、药品上市许可、再注册等申请以及补充申请,药品监督管理部门基于法律法规和现有科学认知进行安全性、有效性和质量可控性等审查,决定是否同意其申请的活动。申请人取得药品注册证书后,为药品上市许可持有人。

不同类别的药品和不同成熟度的药品对技术要求不同,药品注册按照中药、化学药和生物制品等进行分类注册管理。申请人需要基于不同注册分类、不同申报阶段以及相应的注册受理审查指南的要求提供相应申报资料。药品上市申请审评审批期间,药品注册分类和技术要求不因相同活性成分的制剂在境内外获准上市而发生变化。

1. 中药注册分类

中药注册分类包括中药创新药、中药改良型新药、古代经典名方中药复方制剂、同名同方药等。

1类:中药创新药。指含有未在国家药品标准及药品注册标准【处方】中收载的中药新处方,具有临床价值,且未在境外上市的制剂。一般包含以下情形:

1.1类:中药复方制剂,系指由多味饮片、提取物等在中医药理论指导下组方而成的制剂。

1.2类:从单一植物、动物、矿物等物质中提取得到的提取物及其制剂。

1.3类:新药材(含与濒危或资源紧缺药材药性及功能主治一致的新药材)及其制剂,即未被法定标准(指国家药品标准、药品注册标准以及省、自治区、直辖市药材标准)收载的药材及其制剂,以及具有法定标准药材的原动、植物新的药用部位及其制剂。

2类:中药改良型新药。指改变已上市中药的剂型、给药途径,且具有明显临床优势,或增加功能主治等的制剂。一般包含以下情形。

2.1类:改变已上市中药给药途径的制剂,即不同给药途径或不同吸收部位之间相互改变的制剂。

2.2类:改变已上市中药剂型的制剂,即在给药途径不变的情况下改变剂型的制剂。

2.3 类：中药增加功能主治。

3 类：古代经典名方中药复方制剂。指处方收载于《古代经典名方目录》且符合国家药品监督管理部门有关要求的中药复方制剂。

4 类：同名同方药。指通用名称、处方、剂型、功能主治、用法及日用饮片量与已上市中药相同，且在安全性、有效性、质量可控性方面不低于该已上市中药的制剂。

天然药物是指在现代医药理论指导下使用的天然药用物质及其制剂。天然药物参照中药注册分类。

2. 化学药注册分类

化学药注册分为创新药、改良型新药、仿制药、境外已上市境内未上市化学药品，具体分为如下 5 个类别。

1 类：境内外均未上市的创新药。指含有新的结构明确的、具有药理作用的化合物，且具有临床价值的药品。不包括改良型新药中 2.1 类的药品。含有新的结构明确的、具有药理作用的化合物的新复方制剂，应按照化学药品 1 类申报。

2 类：境内外均未上市的改良型新药。指在已知活性成分的基础上，对其结构、剂型、处方工艺、给药途径、适应证等进行优化，且具有明显临床优势的药品。已知活性成分指境内或境外已上市药品的活性成分。该类药品同时符合多个情形要求的，须在申报时一并予以说明。

2.1 类：含有用拆分或者合成等方法制得的已知活性成分的光学异构体，或者对已知活性成分成酯，或者对已知活性成分成盐（包括含有氢键或配位键的盐），或者改变已知盐类活性成分的酸根、碱基或金属元素，或者形成其他非共价键衍生物（如络合物、螯合物或包合物），且具有明显临床优势的药品。

2.2 类：含有已知活性成分的新剂型（包括新的给药系统）、新处方工艺、新给药途径，且具有明显临床优势的药品。

2.3 类：含有已知活性成分的新复方制剂，且具有明显临床优势。

2.4 类：含有已知活性成分的新适应证的药品。

3 类：境内申请人仿制境外上市但境内未上市原研药品的药品。该类药品具有与参比制剂相同的活性成分、剂型、规格、适应证、给药途径和用法用量，并证明质量和疗效与参比制剂一致。有充分研究数据证明合理性的情况下，规格和用法用量可以与参比制剂不一致。境内生产的药品增加境外已批准境内未批准的适应证应按照化学药品 3 类申报。

4 类：境内申请人仿制已在境内上市原研药品的药品。该类药品具有与参比制剂相同的活性成分、剂型、规格、适应证、给药途径和用法用量，并证明质量和疗效与参比制剂一致。

5 类：境外上市的药品申请在中国境内上市。包括以下情形：

5.1 类：境外上市的原研药品和改良型药品申请在境内上市。改良型药品在已知活性成分基础上进行优化，应比改良前具有明显临床优势。已在境内上市的境外原研药品增加境外已批准境内未批准的适应证按照化学药品 5.1 类申报。

5.2 类：境外上市的仿制药申请在境内上市。仿制药应与参比制剂质量和疗效一致。境内外同步研发的境外生产仿制药，应按照化学药品 5.2 类申报，如申报临床试验，不要求提供允许药品上市销售证明文件。

3. 生物制品药物注册分类

生物制品是指以微生物、细胞、动物或人源组织和体液等为起始原材料，用生物学技术制成，用于预防、治疗和诊断人类疾病的制剂。为便于生物制品注册申报和管理，将生物制品分为预防用生物制品、治疗用生物制品和按照生物制品管理的体外诊断试剂三类。

预防用生物制品是指用于预防人类传染病或其他疾病的生物制品，如细菌性疫苗、病毒性疫苗等。

治疗用生物制品是指用于人类疾病治疗的生物制品，如采用不同表达系统的工程细胞（如细菌、酵母、昆虫、植物和哺乳动物细胞）所制备的蛋白质、多肽及其衍生物；从人或者动物组织提取的单组分的内源性蛋白；细胞治疗和基因治疗产品、变态反应原制品、微生态制品、由人或动物的组织或者体液提取或者通过发酵制备的具有生物活性的血液制品和多组分制品等。生物制品类体内诊断试剂参照治疗用生物制品管理。

按照生物制品管理的体外诊断试剂是包括用于血源筛查的体外诊断试剂、采用放射性核素标记的体外诊断试剂。

生物制品注册分类包括生物制品创新药、生物制品改良型新药、已上市生物制品（含生物类似药）等。生物制品按新药程序申报注册；体外诊断试剂以及肌肉注射的普通或者特异性人免疫球蛋白、人血白蛋白等按规定免做临床试验的，可以直接提出上市申请。注册分类应根据申报注册时制品所处的成熟程度进行界定，审评过程中不再更改。

（1）预防用生物制品。

按照产品成熟度的不同，将预防用生物制品（以下简称疫苗）分为以下三类。

1 类：创新型疫苗，即境内外均未上市的疫苗。包括以下情形：

1.1 类：新抗原制备的疫苗。

1.2 类：在已上市疫苗基础上开发的新抗原形式，如新基因重组疫苗、新核酸疫苗、已上市多糖疫苗基础上制备的新的结合疫苗等。

1.3 类：含新佐剂或新佐剂系统的疫苗。

1.4 类：含新抗原或新抗原形式的多联/多价疫苗。

2 类：改良型疫苗，即对境内或境外已上市疫苗产品进行改良，使新产品在安全性、有效性、质量可控性方面有所改进，且具有明显优势的疫苗。包括：

2.1 类：在境内或境外已上市产品基础上改变抗原谱或型别，且具有明显临床优势的疫苗。

2.2 类：具有重大技术改进的疫苗，包括对疫苗菌毒种/细胞基质/生产工艺/剂型等的改进，例如更换为其他已批准的表达体系或已批准细胞基质的疫苗；更换菌毒株或对已上市菌毒株进行改造；对已上市细胞基质或目的基因进行改造；非纯化疫苗改进为纯化疫苗；全细胞疫苗改进为组分疫苗等。

2.3 类：已上市疫苗组成的新的多联/多价疫苗。

2.4 类：改变给药途径，且具有明显临床优势的疫苗。

2.5 类：改变免疫剂量或免疫程序，且新免疫剂量或免疫程序具有明显临床优势的疫苗。

2.6 类：改变适用人群的疫苗。

3 类：境内或境外已上市的疫苗。一般包括以下情形：

3.1 类：境外已上市的疫苗申报进口。

3.2 类：境外已上市、境内未上市的疫苗申报在境内生产上市。

3.3 类：境内已上市疫苗。

（2）治疗用生物制品。

按照产品成熟程度，将治疗用生物制品分为以下三类。

1 类：创新型生物制品，即境内外均未上市的治疗用生物制品。

2 类：改良型生物制品，即对境内或境外已上市产品进行改良，使新产品的安全性、有效性、质量可控性有改进，具有明显优势的治疗用生物制品；新增适应证的治疗用生物制品。一般包括以下情形：

2.1 类：在已上市制品基础上，对其剂型、给药途径等进行优化，且具有明显临床优势的生物制品。

2.2 类：增加境内外均未获批的新适应证和/或改变用药人群。

2.3 类：由已上市销售生物制品组成新的复方制品。

2.4 类：在已上市制品基础上，具有重大技术改进的生物制品，如细胞基质、生产工艺等改进的生物制品。

3 类：境内或境外已上市生物制品。包括以下情形：

3.1 类：境外已上市的生物制品申报进口。

3.2 类：境外已上市、境内未上市的生物制品申报在境内生产上市。

3.3 类：生物类似药。

3.4 类：不能按生物类似药研发申报的其他生物制品。

（3）按照生物制品管理的体外诊断试剂。

按照生物制品管理的体外诊断试剂包括用于血源筛查的体外诊断试剂、采用放射性核素标记的体外诊断试剂等。根据成熟程度可分为以下两类：

1 类：创新型体外诊断试剂。

2 类：境内外已上市的体外诊断试剂。

（二）药品注册申报流程

1. 药物临床试验注册

（1）提出申请。

申请人在提出药物临床试验申请前，应当完成药学和药理毒理学等相关研究工作，并形成药物非临床安全性评价研究报告,填写药品注册申请表和申报资料。药物非临床安全性评价研究应当在经过药物非临床研究质量管理规范认证的机构开展,并遵守药物非临床研究质量管理规范。一般在提出临床试验注册申请前还需要向药品审评中心申请进行申报前沟通。

(2)受理。

国家药品监督管理局行政事项受理服务和投诉举报中心收到临床试验注册申请后,在规定时限内进行形式审查,符合要求的出具药品注册受理通知书;不符合要求的出具不予受理通知书,并说明理由。

(3)技术审查。

国家药品监督管理局药品审评中心对申请人提交的临床试验方案及其支持资料和数据、受试者保护和风险控制措施等进行审查,形成技术审评报告。如果药品审评中心决定启动药品注册研制现场核查,国家药品监督管理局食品药品审核查验中心在审评时限届满 40 日前进行研发现场核查,并出具核查报告。

(4)批准临床。

国家药品监督管理局依据技术审评报告和相关法规,在规定时限内做出审批决定,符合规定的,予以批准,发给药物临床试验批件;不符合规定的,不予批准,发给审批意见通知件,并说明理由。图 1-5 示出了新药临床试验注册审批的一般程序。

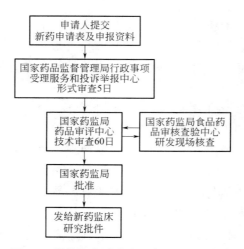

图 1-5 新药临床试验注册审批的一般程序

药物临床试验应当在符合相关规定的药物临床试验机构开展,并遵守药物临床试验质量管理规范。药物临床试验应当在批准后三年内实施,三年内未有受试者签署知情同意书的,该药物临床试验许可自行失效。仍需实施药物临床试验的,应当重新申请。

2. 药物上市许可

申请人在申请药品上市注册前,应当完成药学、药理毒理学和药物临床试验等相关研究工作。

（1）受理。

国家药品监督管理局行政事项受理服务和投诉举报中心收到药品上市许可申请后，在规定时限内进行形式审查，做出是否受理的决定并通知申请人。如果拟使用的药品通用名称未列入国家药品标准或者药品注册标准，申请人应当在提出药品上市许可申请时同时提出通用名称核准申请。药品上市许可申请受理后，通用名称核准相关资料转药典委，药典委核准后反馈药品审评中心。

（2）审评。

上市许可申请受理后，由药品审评中心组织药学、医学和其他技术人员，按要求进行审评。审评过程中基于风险启动药品注册核查、检验，由中国食品药品检定研究院在规定时限内进行注册标准复核并出具检验报告，食品药品审核查验中心在审评时限届满40日前进行生产现场核查，并出具核查报告。

药品审评中心根据药品注册申报资料、核查结果、检验结果等，对药品的安全性、有效性和质量可控性等进行综合审评，非处方药还应当转药品评价中心进行非处方药适宜性审查。

（3）批准上市。

综合审评结论通过的，批准药品上市，发给药品注册证书。药品注册证书有效期为五年，药品注册证书有效期内持有人应当持续保证上市药品的安全性、有效性和质量可控性，并在有效期届满前六个月申请药品再注册。图1-6示出了新药上市许可注册审批的一般程序。

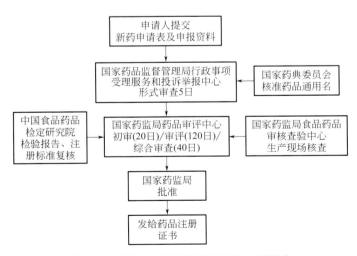

图 1-6　药品上市许可注册审批的一般程序

申请药品注册应当提供真实、充分、可靠的数据、资料和样品，证明药品的安全性、有效性和质量可控性。使用境外研究资料和数据支持药品注册的，其来源、研究机构或者实验室条件、质量体系要求及其他管理条件等应当符合国际人用药品注册技术要求协调会通行原则，并符合我国药品注册管理的相关要求。

（4）其他事项。

变更原药品注册批准证明文件及其附件所载明的事项或者内容的，申请人应当按照规定，参照相关技术指导原则，对药品变更进行充分研究和验证，充分评估变更可能对药品安全性、有效性和质量可控性的影响，按照变更程序提出补充申请、备案或者报告。

国家药品监督管理局建立药品加快上市注册制度，支持以临床价值为导向的药物创新。对符合条件的药品注册申请，申请人可以申请适用突破性治疗药物、附条件批准、优先审评审批及特别审批程序。在药品研制和注册过程中，药品监督管理部门及其专业技术机构给予必要的技术指导、沟通交流、优先配置资源、缩短审评时限等政策和技术支持。

国家药品监督管理局建立化学原料药、辅料及直接接触药品的包装材料和容器关联审评审批制度。在审批药品制剂时，对化学原料药一并审评审批，对相关辅料、直接接触药品的包装材料和容器一并审评。药品审评中心建立化学原料药、辅料及直接接触药品的包装材料和容器信息登记平台，对相关登记信息进行公示，供相关申请人或者持有人选择，并在相关药品制剂注册申请审评时关联审评。

二、药物非临床/临床研究

（一）药物非临床研究与 GLP

药物非临床研究是指为了申请药品注册而进行的药物非临床安全性评价研究，及以注册为目的的其他药物临床前相关研究活动。药物非临床安全性评价研究，指为评价药物安全性，在实验室条件下用实验系统进行的试验，包括安全药理学试验、单次给药毒性试验、重复给药毒性试验、生殖毒性试验、遗传毒性试验、致癌性试验、局部毒性试验、免疫原性试验、依赖性试验、毒代动力学试验以及与评价药物安全性有关的其他试验。

药物非临床安全性评价研究是药物研发的基础性工作，应当确保行为规范，数据真实、准确、完整。药物非临床研究质量管理规范（Good Laboratory Practice，GLP），指有关非临床安全性评价研究机构运行管理和非临床安全性评价研究项目试验方案设计、组织实施、执行、检查、记录、存档和报告等全过程的质量管理要求。

1. 研究机构和人员

研究机构应当建立完善的组织管理体系，配备机构负责人、质量保证部门和相应的工作人员。研究机构的工作人员至少应当符合下列要求：①接受过与其工作相关的教育或者专业培训，具备所承担工作需要的知识、工作经验和业务能力；②掌握本规范中与其工作相关的要求，并严格执行；③严格执行与所承担工作有关的标准操作规程，对研究中发生的偏离标准操作规程的情况应当及时记录并向专题负责人或者主要研究者书面报告；④严格执行试验方案的要求，及时、准确、清楚地记录原始数据，并对原始数据的质量负责，对研究中发生的偏离试验方案的情况应当及时记录并向专题负责人或者主要研究者书面报告；⑤根据工作岗位的需要采取必要的防护措施，最大限度地降低工作人员的安全风险，同时确保受试物、对照品和实验系统不受化学性、生物性或者放射性污染；⑥定期进行体检，出现健康问题时，为确保研究的质量，应当避免参与可能影响研究的工作。

  研究机构负责人全面负责本研究机构的运行管理，至少应当履行以下职责：①确保研究机构的运行管理符合 GLP 的要求；②确保研究机构具有足够数量、具备资质的人员，以及符合本规范要求的设施、仪器设备及材料，以保证研究项目及时、正常地运行；③确保建立工作人员的教育背景、工作经历、培训情况、岗位描述等资料，并归档保存、及时更新；④确保工作人员清楚地理解自己的职责及所承担的工作内容，如有必要应当提供与这些工作相关的培训；⑤确保建立适当的、符合技术要求的标准操作规程，并确保工作人员严格遵守标准操作规程，所有新建和修改后的标准操作规程须经机构负责人签字批准方可生效，其原始文件作为档案进行保存；⑥确保在研究机构内制订质量保证计划，由独立的质量保证人员执行，并确保其按照本规范的要求履行质量保证职责；⑦确保制定主计划表并及时进行更新，确保定期对主计划表归档保存，主计划表应当至少包括研究名称或者代号、受试物名称或者代号、实验系统、研究类型、研究开始时间、研究状态、专题负责人姓名、委托方，涉及多场所研究时，还应当包括分研究场所及主要研究者的信息，以便掌握研究机构内所有非临床安全性评价研究工作的进展及资源分配情况；⑧确保在研究开始前为每个试验指定一名具有适当资质、经验和培训经历的专题负责人，专题负责人的更换应当按照规定的程序进行并予以记录；⑨作为分研究场所的机构负责人，在多场所研究的情况下，应当指定一名具有适当资质、经验和培训经历的主要研究者负责相应的试验工作，主要研究者的更换应当按照规定的程序进行并予以记录；⑩确保质量保证部门的报告被及时处理，并采取必要的纠正、预防措施；⑪确保受试物、对照品具备必要的质量特性信息，并指定专人负责受试物、对照品的管理；⑫指定专人负责档案的管理；⑬确保计算机化系统适用于其使用目的，并且按照本规范的要求进行验证、使用和维护；⑭确保研究机构根据研究需要参加必要的检测实验室能力验证和比对活动；⑮与委托方签订书面合同，明确各方职责；⑯在多场所研究中，分研究场所的机构负责人，应履行以上所述除第⑧项要求之外的所有责任。

  研究机构应当设立独立的质量保证部门负责检查 GLP 的执行情况，以保证研究的运行管理符合 GLP 的要求。质量保证人员的职责至少应当包括以下几个方面：①保存正在实施中的研究的试验方案及试验方案修改的副本、现行标准操作规程的副本，并及时获得主计划表的副本；②审查试验方案是否符合本规范的要求，审查工作应当记录归档；③根据研究的内容和持续时间制订检查计划，对每项研究实施检查，以确认所有研究均按照本规范的要求进行，并记录检查的内容、发现的问题、提出的建议等；④定期检查研究机构的运行管理状况，以确认研究机构的工作按照本规范的要求进行；⑤对检查中发现的任何问题、提出的建议应当跟踪检查并核实整改结果；⑥以书面形式及时向机构负责人或者专题负责人报告检查结果，对于多场所研究，分研究场所的质量保证人员须将检查结果报告给其研究机构内的主要研究者和机构负责人，以及主研究场所的机构负责人、专题负责人和质量保证人员；⑦审查总结报告，签署质量保证声明，明确陈述检查的内容和检查时间，以及检查结果报告给机构负责人、专题负责人、主要研究者（多场所研究情况下）的日期，以确认其准确完整地描述了研究的方法、程序、结果，真实全面地反映研究的原始数据；⑧审核研究机构内所有现行标准操作规程，参与标准操作规程的制定和修改。

专题负责人对研究的执行和总结报告负责，其职责至少应当包括以下方面：①以签署姓名和日期的方式批准试验方案和试验方案变更，并确保质量保证人员、试验人员及时获得试验方案和试验方案变更的副本；②及时提出修订、补充标准操作规程相关的建议；③确保试验人员了解试验方案和试验方案变更、掌握相应标准操作规程的内容，并遵守其要求，确保及时记录研究中发生的任何偏离试验方案或者标准操作规程的情况，并评估这些情况对研究数据的质量和完整性造成的影响，必要时应当采取纠正措施；④掌握研究工作的进展，确保及时、准确、完整地记录原始数据；⑤及时处理质量保证部门提出的问题，确保研究工作符合本规范的要求；⑥确保研究中所使用的仪器设备、计算机化系统得到确认或者验证，且处于适用状态；⑦确保研究中给予实验系统的受试物、对照品制剂得到充分的检测，以保证其稳定性、浓度或者均一性符合研究要求；⑧确保总结报告真实、完整地反映了原始数据，并在总结报告中签署姓名和日期予以批准；⑨确保试验方案、总结报告、原始数据、标本、受试物或者对照品的留样样品等所有与研究相关的材料完整地归档保存；⑩在多场所研究中，确保试验方案和总结报告中明确说明研究所涉及的主要研究者、主研究场所、分研究场所分别承担的任务；⑪多场所研究中，确保主要研究者所承担部分的试验工作符合GLP的要求。

2. 设施、设备与实验系统

研究机构应当根据所从事的非临床安全性评价研究的需要建立相应的设施，并确保设施的环境条件满足工作的需要。各种设施应当布局合理、运转正常，并具有必要的功能划分和区隔，有效地避免可能对研究造成的干扰。

研究机构应当具备能够满足研究需要的动物设施，并能根据需要调控温度、湿度、空气洁净度、通风和照明等环境条件。动物设施的条件应当与所使用的实验动物级别相符，其布局应当合理，避免实验系统、受试物、废弃物等之间发生相互污染。

动物设施应当符合以下要求：①不同种属实验动物能够得到有效的隔离；②同一种属不同研究的实验动物应能够得到有效的隔离，防止不同的受试物、对照品之间可能产生的交叉干扰；③具备实验动物的检疫和患病实验动物的隔离、治疗设施；④当受试物或者对照品含有挥发性、放射性或者生物危害性等物质时，研究机构应当为此研究提供单独的、有效隔离的动物设施，以避免对其他研究造成不利的影响；⑤具备清洗消毒设施；⑥具备饲料、垫料、笼具及其他实验用品的存放设施，易腐败变质的用品应当有适当的保管措施。

与受试物和对照品相关的设施应当符合以下要求：①具备受试物和对照品的接收、保管、配制及配制后制剂保管的独立房间或者区域，并采取必要的隔离措施，以避免受试物和对照品发生交叉污染或者相互混淆，相关的设施应当满足不同受试物、对照品对于贮藏温度、湿度、光照等环境条件的要求，以确保受试物和对照品在有效期内保持稳定；②受试物和对照品及其制剂的保管区域与实验系统所在的区域应当有效地隔离，以防止其对研究产生不利的影响；③受试物和对照品及其制剂的保管区域应当有必要的安全措施，以确保受试物和对照品及其制剂在贮藏保管期间的安全。

档案保管的设施应当符合以下要求：①防止未经授权批准的人员接触档案；②计算机化的档案设施具备阻止未经授权访问和病毒防护等安全措施；③根据档案贮藏条件的需要配备必要的设备，有效地控制火、水、虫、鼠、电力中断等危害因素；④对于有特定环境条件调控要求的档案保管设施，进行充分的监测。

研究机构应当具备收集和处置实验废弃物的设施；对不在研究机构内处置的废弃物，应当具备暂存或者转运的条件。

研究机构应当根据研究工作的需要配备相应的仪器设备，其性能应当满足使用目的，放置地点合理，并定期进行清洁、保养、测试、校准、确认或者验证等，以确保其性能符合要求。

用于数据采集、传输、储存、处理、归档等的计算机化系统或者包含有计算机系统的设备应当进行验证。计算机化系统所产生的电子数据应当有保存完整的稽查轨迹和电子签名，以确保数据的完整性和有效性。

对于仪器设备，应当有标准操作规程详细说明各仪器设备的使用与管理要求，对仪器设备的使用、清洁、保养、测试、校准、确认或者验证以及维修等应当予以详细记录并归档保存。

受试物和对照品的使用和管理应当符合下列要求：①受试物和对照品应当有专人保管，有完善的接收、登记和分发的手续，每一批的受试物和对照品的批号、稳定性、含量或者浓度、纯度及其他理化性质应当有记录，对照品为市售商品时，可使用其标签或者说明书内容；②受试物和对照品的贮存保管条件应当符合其特定的要求，贮存的容器在保管、分发、使用时应当有标签，标明品名、缩写名、代号或者化学文摘登记号（CAS）、批号、浓度或者含量、有效期和贮存条件等信息；③受试物和对照品在分发过程中应当避免污染或者变质，并记录分发、归还的日期和数量；④当受试物和对照品需要与溶媒混合时，应当进行稳定性分析，确保受试物和对照品制剂处于稳定状态，并定期测定混合物制剂中受试物和对照品的浓度、均一性；⑤试验持续时间超过四周的研究，所使用的每一个批号的受试物和对照品均应当留取足够的样本，以备重新分析的需要，并在研究完成后作为档案予以归档保存。

实验室的试剂和溶液等均应当贴有标签，标明品名、浓度、贮存条件、配制日期及有效期等。研究中不得使用变质或者过期的试剂和溶液。

实验动物的管理应当符合下列要求：①实验动物的使用应当关注动物福利，遵循"减少、替代和优化"的原则，试验方案实施前应当获得动物伦理委员会批准。②详细记录实验动物的来源、到达日期、数量、健康情况等信息；新进入设施的实验动物应当进行隔离和检疫，以确认其健康状况满足研究的要求；研究过程中实验动物如出现患病等情况，应当及时给予隔离、治疗等处理，诊断、治疗等相应的措施应当予以记录。③实验动物在首次给予受试物、对照品前，应当有足够的时间适应试验环境。④实验动物应当有合适的个体识别标识，以避免实验动物的不同个体在移出或者移入时发生混淆。⑤实验动物所处的环境及相关用具应当定期清洁、消毒以保持卫生。动物饲养室内使用的清洁剂、消毒剂及杀虫剂等，不得影响试验结果，并应当详细记录其名称、浓度、使用方法及使用的时间等。⑥实验动物的饲料、垫料和饮水应当定期检验，确保其符合营养或者污染控制标准，其检验结果应当作为原始数据归档保存。

实验动物以外的其他实验系统的来源、数量（体积）、质量属性、接收日期等应当予以详细记录，并在合适的环境条件下保存和操作使用；使用前应当开展适用性评估，如出现质量问题应当给予适当的处理并重新评估其适用性。

3. 标准操作规程与研究工作的实施

研究机构应当制定与其业务相适应的标准操作规程，以确保数据的可靠性。公开出版的教科书、文献、生产商制定的用户手册等技术资料可以作为标准操作规程的补充说明加以使用。标准操作规程及其修订版应当经过质量保证人员审查、机构负责人批准后方可生效。失效的标准操作规程除其原始文件归档保存之外，其余副本均应当及时销毁。标准操作规程的制定、修订、批准、生效的日期及分发、销毁的情况均应当予以记录并归档保存。标准操作规程的分发和存放应当确保工作人员使用方便。

每个试验均应当有名称或者代号，并在研究相关的文件资料及试验记录中统一使用该名称或者代号。试验中所采集的各种样本均应当标明该名称或者代号、样本编号和采集日期。

每项研究开始前，均应当起草一份试验方案，由质量保证部门对其符合本规范要求的情况进行审查并经专题负责人批准之后方可生效，专题负责人批准的日期作为研究的开始日期。接受委托的研究，试验方案应当经委托方认可。

需要修改试验方案时应当进行试验方案变更，并经质量保证部门审查，专题负责人批准。试验方案变更应当包含变更的内容、理由及日期，并与原试验方案一起保存。研究被取消或者终止时，试验方案变更应当说明取消或者终止的原因和终止的方法。

参加研究的工作人员应当严格执行试验方案和相应的标准操作规程，记录试验产生的所有数据，并做到及时、直接、准确、清楚和不易消除，同时需注明记录日期、记录者签名。记录的数据需要修改时，应当保持原记录清楚可辨，并注明修改的理由及修改日期、修改者签名。电子数据的生成、修改应当符合以上要求。

研究过程中发生的任何偏离试验方案和标准操作规程的情况，都应当及时记录并报告给专题负责人，在多场所研究的情况下还应当报告给负责相关试验的主要研究者。专题负责人或者主要研究者应当评估对研究数据的可靠性造成的影响，必要时采取纠正措施。

所有研究均应当有总结报告。总结报告应当经质量保证部门审查，最终由专题负责人签字批准，批准日期作为研究完成的日期。研究被取消或者终止时，专题负责人应当撰写简要试验报告。

总结报告被批准后，需要修改或者补充时，应当以修订文件的形式予以修改或者补充，详细说明修改或者补充的内容、理由，并经质量保证部门审查，由专题负责人签署姓名和日期予以批准。为了满足注册申报要求修改总结报告格式的情况不属于总结报告的修订。

4. 质量保证

研究机构应当确保质量保证工作的独立性。质量保证人员不能参与具体研究的实施，或者承担可能影响其质量保证工作独立性的其他工作。质量保证部门应当制订书面的质量保证计划，并指定执行人员，以确保研究机构的研究工作符合 GLP 规范的要求。应当对质量保证活动制定相应的标准操作规程，包括质量保证部门的运行、质量保证计划及检查计划的制订、实施、记录和报告，以及相关资料的归档保存等。

质量保证检查可分为三种检查类型：①基于研究的检查，该类检查一般基于特定研究项目的进度和关键阶段进行；②基于设施的检查，该类检查一般基于研究机构内某个通用设施和活动（安装、支持服务、计算机系统、培训、环境监测、维护和校准等）进行；③基于过程的检查，该类检查一般不基于特定研究项目，而是基于某个具有重复性质的程序或者过程来进行。质量保证检查应当有过程记录和报告，必要时应当提供给监管部门检查。

质量保证部门应当对所有遵照 GLP 规范实施的研究项目进行审核并出具质量保证声明。质量保证声明应当包含完整的研究识别信息、相关质量保证检查活动以及报告的日期和阶段。任何对已完成总结报告的修改或者补充应当重新进行审核并签署质量保证声明。

质量保证人员在签署质量保证声明前，应当确认试验符合 GLP 规范的要求，遵照试验方案和标准操作规程执行，确认总结报告准确、可靠地反映原始数据。

专题负责人应当确保研究所有的资料，包括试验方案的原件、原始数据、标本、相关检测报告、留样受试物和对照品、总结报告的原件以及研究有关的各种文件，在研究实施过程中或者研究完成后及时归档，最长不超过两周，按标准操作规程的要求整理后，作为研究档案予以保存。研究被取消或者终止时，专题负责人应当将已经生成的上述研究资料作为研究档案予以保存归档。

（二）药品临床研究与 GCP

临床试验，指以人体（患者或健康受试者）为对象的试验，意在发现或验证某种试验药物的临床医学、药理学以及其他药效学作用、不良反应，或者试验药物的吸收、分布、代谢和排泄，以确定药物的疗效与安全性的系统性试验。药物临床试验分为 Ⅰ 期临床试验、Ⅱ 期临床试验、Ⅲ 期临床试验、Ⅳ 期临床试验以及生物等效性试验。根据药物特点和研究目的，研究内容包括临床药理学研究、探索性临床试验、确证性临床试验和上市后研究。

药物临床试验质量管理规范（Good Clinical Praltice，GCP）是药物临床试验全过程的质量标准，包括方案设计、组织实施、监察、稽查、记录、分析、总结和报告。药物临床试验应当符合《世界医学大会赫尔辛基宣言》原则及相关伦理要求，受试者的权益和安全是考虑的首要因素，优先于对科学和社会的获益。伦理审查与知情同意是保障受试者权益的重要措施。

研究者在临床试验过程中应当遵守试验方案，凡涉及医学判断或临床决策应当由临床医生做出。参加临床试验实施的研究人员，应当具有能够承担临床试验工作相应的教育、培训和经验。临床试验的实施应当遵守利益冲突回避原则。

所有临床试验的纸质或电子资料应当被妥善地记录、处理和保存，能够准确地报告、解释和确认。应当保护受试者的隐私和其相关信息的保密性。

试验药物的制备应当符合临床试验用药品生产质量管理相关要求。试验药物的使用应当符合试验方案。临床试验的质量管理体系应当覆盖临床试验的全过程，重点是受试者保护、试验结果可靠，以及遵守相关法律法规。

1. 知情同意

知情同意，指受试者被告知可影响其做出参加临床试验决定的各方面情况后，确认同意自愿参加临床试验的过程。该过程应当以书面的、签署姓名和日期的知情同意书作为文件证明。

研究者实施知情同意，应当遵守《赫尔辛基宣言》的伦理原则，并符合以下要求：

1）研究者应当使用经伦理委员会同意的最新版的知情同意书和其他提供给受试者的信息。如有必要，临床试验过程中的受试者应当再次签署知情同意书。

2）研究者获得可能影响受试者继续参加试验的新信息时，应当及时告知受试者或者其监护人，并作相应记录。

3）研究人员不得采用强迫、利诱等不正当的方式影响受试者参加或者继续临床试验。

4）研究者或者指定研究人员应当充分告知受试者有关临床试验的所有相关事宜，包括书面信息和伦理委员会的同意意见。

5）知情同意书等提供给受试者的口头和书面资料均应当采用通俗易懂的语言和表达方式，使受试者或者其监护人、见证人易于理解。

6）签署知情同意书之前，研究者或者指定研究人员应当给予受试者或者其监护人充分的时间和机会了解临床试验的详细情况，并详尽回答受试者或者其监护人提出的与临床试验相关的问题。

7）受试者或者其监护人，以及执行知情同意的研究者应当在知情同意书上分别签名并注明日期，如非受试者本人签署，应当注明关系。

8）若受试者或者其监护人缺乏阅读能力，应当有一位公正的见证人见证整个知情同意过程。研究者应当向受试者或者其监护人、见证人详细说明知情同意书和其他文字资料的内容。如受试者或者其监护人口头同意参加试验，在有能力情况下应当尽量签署知情同意书，见证人还应当在知情同意书上签字并注明日期，以证明受试者或者其监护人就知情同意书和其他文字资料得到了研究者准确地解释，并理解了相关内容，同意参加临床试验。

9）受试者或者其监护人应当得到已签署姓名和日期的知情同意书原件或者副本和其他提供给受试者的书面资料，包括更新版知情同意书原件或者副本，和其他提供给受试者的书面资料的修订文本。

10）受试者为无民事行为能力的，应当取得其监护人的书面知情同意；受试者为限制民事行为能力的人的，应当取得本人及其监护人的书面知情同意。当监护人代表受试者知情同意时，应当在受试者可理解的范围内告知受试者临床试验的相关信息，并尽量让受试者亲自签署知情同意书和注明日期。

11）紧急情况下，参加临床试验前不能获得受试者的知情同意时，其监护人可以代表受试者知情同意，若其监护人也不在场时，受试者的入选方式应当在试验方案以及其他文件中清楚表述，并获得伦理委员会的书面同意；同时应当尽快得到受试者或者其监护人可以继续参加临床试验的知情同意。

12）当受试者参加非治疗性临床试验，应当由受试者本人在知情同意书上签字同意和注明日期。只有符合下列条件，非治疗性临床试验可由监护人代表受试者知情同意：临床试验只能在无知情同意能力的受试者中实施；受试者的预期风险低；受试者健康的负面影响已减至最低，且法律法规不禁止该类临床试验的实施；该类受试者的入选已经得到伦理委员会审查同意。该类临床试验原则上只能在患有试验药物适用的疾病或者状况的患者中实施。在临床试验中应当严密观察受试者，若受试者出现过度痛苦或者不适的表现，应当让其退出试验，还应当给以必要的处置以保证受试者的安全。

13）病史记录中应当记录受试者知情同意的具体时间和人员。

14）儿童作为受试者，应当征得其监护人的知情同意并签署知情同意书。当儿童有能力做出同意参加临床试验的决定时，还应当征得其本人同意，如果儿童受试者本人不同意参加临床试验或者中途决定退出临床试验时，即使监护人已经同意参加或者愿意继续参加，也应当以儿童受试者本人的决定为准，除非在严重或者危及生命疾病的治疗性临床试验中，研究者、其监护人认为儿童受试者若不参加研究其生命会受到危害，这时其监护人的同意即可使患者继续参与研究。在临床试验过程中，儿童受试者达到了签署知情同意的条件，则需要由本人签署知情同意之后方可继续实施。

知情同意书和提供给受试者的其他资料应当包括：①临床试验概况；②试验目的；③试验治疗和随机分配至各组的可能性；④受试者需要遵守的试验步骤，包括创伤性医疗操作；⑤受试者的义务；⑥临床试验所涉及试验性的内容；⑦试验可能致受试者的风险或者不便，尤其是存在影响胚胎、胎儿或者哺乳婴儿的风险时；⑧试验预期的获益，以及不能获益的可能性；⑨其他可选的药物和治疗方法，及其重要的潜在获益和风险；⑩受试者发生与试验相关的损害时，可获得补偿以及治疗；⑪受试者参加临床试验可能获得的补偿；⑫受试者参加临床试验预期的花费；⑬受试者参加试验是自愿的，可以拒绝参加或者有权在试验任何阶段随时退出试验而不会遭到歧视或者报复，其医疗待遇与权益不会受到影响；⑭在不违反保密原则和相关法规的情况下，监察员、稽查员、伦理委员会和药品监督管理部门检查人员可以查阅受试者的原始医学记录，以核实临床试验的过程和数据；⑮受试者相关身份鉴别记录的保密事宜，不公开使用，如果发布临床试验结果，受试者的身份信息仍保密；⑯有新的可能影响受试者继续参加试验的信息时，将及时告知受试者或者其监护人；⑰当存在有关试验信息和受试者权益的问题，以及发生试验相关损害时，受试者可联系的研究者和伦理委员会及其联系方式；⑱受试者可能被终止试验的情况以及理由；⑲ 受试者参加试验的预期持续时间；⑳ 参加该试验的预计受试者人数。

2. 伦理委员会

开展药物临床试验，应当符合伦理原则。药物临床试验应当有充分的科学依据，临床试验应当权衡受试者和社会的预期风险和获益，只有当预期的获益大于风险时，方可实施或者继续临床试验。试验方案在获得伦理委员会同意后方可执行。伦理委员会的职责是保护受试者的权益和安全，应当特别关注弱势受试者，应当对临床试验的科学性、伦理性以及研究者的资格进行审查。

伦理委员会应当审查的文件包括：试验方案和试验方案修订版；知情同意书及其更新件；招募受试者的方式和信息；提供给受试者的其他书面资料；研究者手册；现有的安全性资料；包含受试者补偿信息的文件；研究者资格的证明文件；伦理委员会履行其职责所需要的其他文件。为了更好地判断在临床试验中能否确保受试者的权益和安全以及基本医疗，伦理委员会可以要求提供知情同意书内容以外的资料和信息。

实施非治疗性临床试验时，由于对受试者没有预期的直接临床获益，若受试者的知情同意是由其监护人替代实施，伦理委员会应当特别关注试验方案中是否充分考虑了相应的伦理学问题以及法律法规。

若试验方案中明确说明紧急情况下受试者或者其监护人无法在试验前签署知情同意书，伦理委员会应当审查试验方案中是否充分考虑了相应的伦理学问题以及法律法规。伦理委员会应当审查是否存在受试者被强迫、利诱等不正当的影响而参加临床试验；应当审查知情同意书中不能采用使受试者或者其监护人放弃其合法权益的内容，也不能含有为研究者和临床试验机构、申办者及其代理机构免除其应当负责任的内容；应当确保知情同意书、提供给受试者的其他书面资料说明了给受试者补偿的信息，包括补偿方式、数额和计划。

伦理委员会应当在合理的时限内完成临床试验相关资料的审查或者备案流程，并给出明确的书面审查意见。审查意见应当包括审查的临床试验名称、文件（含版本号）和日期。伦理委员会的审查意见有：同意；必要的修改后同意；不同意；终止或者暂停已同意的研究。审查意见应当说明要求修改的内容，或者否定的理由。

伦理委员会应当关注并明确要求研究者及时报告以下情况：临床试验实施中为消除对受试者紧急危害的试验方案的偏离或者修改；增加受试者风险或者显著影响临床试验实施的改变；所有可疑且非预期的严重不良反应；可能对受试者的安全或者临床试验的实施产生不利影响的新信息。伦理委员会有权暂停、终止未按照相关要求实施，或者受试者出现非预期严重损害的临床试验。

伦理委员会应当对正在实施的临床试验定期跟踪审查，审查的频率应当根据受试者的风险程度而定，但至少一年审查一次，应当受理并妥善处理受试者的相关诉求。

伦理委员会应当保留伦理审查的全部记录，包括伦理审查的书面记录、委员信息、递交的文件、会议记录和相关往来记录等。所有记录应当至少保存至临床试验结束后5年。研究者、申办者或者药品监督管理部门可以要求伦理委员会提供其标准操作规程和伦理审查委员名单。

3. 研究者和申办者

研究者和临床试验机构应当具备的资格和要求包括：

1）具有在临床试验机构的执业资格；具备临床试验所需的专业知识、培训经历和能力；能够根据申办者、伦理委员会和药品监督管理部门的要求提供最新的工作履历和相关资格文件。

2）熟悉申办者提供的试验方案、研究者手册、试验药物相关资料信息。

3）熟悉并遵守 GCP 规范和临床试验相关的法律法规。

4）保存一份由研究者签署的职责分工授权表。

5）研究者和临床试验机构应当接受申办者组织的监查和稽查，以及药品监督管理部门的检查。

6）研究者和临床试验机构授权个人或者单位承担临床试验相关的职责和功能，应当确保其具备相应资质，应当建立完整的程序以确保其执行临床试验相关职责和功能，产生可靠的数据。研究者和临床试验机构授权临床试验机构以外的单位承担试验相关的职责和功能应当获得申办者同意。

研究者和临床试验机构应当具有完成临床试验所需的必要条件：①研究者在临床试验约定的期限内有按照试验方案入组足够数量受试者的能力；②研究者在临床试验约定的期限内有足够的时间实施和完成临床试验；③研究者在临床试验期间有权支配参与临床试验的人员，具有使用临床试验所需医疗设施的权限，正确、安全地实施临床试验；④研究者在临床试验期间确保所有参加临床试验的人员充分了解试验方案及试验用药品，明确各自在试验中的分工和职责，确保临床试验数据的真实、完整和准确；⑤研究者监管所有研究人员执行试验方案，并采取措施实施临床试验的质量管理；⑥临床试验机构应当设立相应的内部管理部门，承担临床试验的管理工作。

研究者应当给予受试者适合的医疗处理：①研究者为临床医生或者授权临床医生需要承担所有与临床试验有关的医学决策责任。②在临床试验和随访期间，对于受试者出现与试验相关的不良事件，包括有临床意义的实验室异常时，研究者和临床试验机构应当保证受试者得到妥善的医疗处理，并将相关情况如实告知受试者。研究者意识到受试者存在合并疾病需要治疗时，应当告知受试者，并关注可能干扰临床试验结果或者受试者安全的合并用药。③在受试者同意的情况下，研究者可以将受试者参加试验的情况告知相关的临床医生。④受试者可以无理由退出临床试验。研究者在尊重受试者个人权利的同时，应当尽量了解其退出理由。

研究者和临床试验机构对申办者提供的试验用药品有管理责任：①研究者和临床试验机构应当指派有资格的药师或者其他人员管理试验用药品。②试验用药品在临床试验机构的接收、贮存、分发、回收、退还及未使用的处置等管理应当遵守相应的规定并保存记录。试验用药品管理的记录应当包括日期、数量、批号/序列号、有效期、分配编码、签名等。研究者应当保存每位受试者使用试验用药品数量和剂量的记录。试验用药品的使用数量和剩余数量应当与申办者提供的数量一致。③试验用药品的贮存应当符合相应的贮存条件。④研究者应当确保试验用药品按照试验方案使用，应当向受试者说明试验用药品的正确使用方法。⑤研究者应当对生物等效性试验的临床试验用药品进行随机抽取留样。临床试验机构至少保存留样至药品上市后2年。临床试验机构可将留存样品委托具备条件的独立的第三方保存，但不得返还申办者或者与其利益相关的第三方。

研究者应当遵守临床试验的随机化程序。盲法试验应当按照试验方案的要求实施揭盲。若意外破盲或者因严重不良事件等情况紧急揭盲时，研究者应当向申办者书面说明原因。

研究者应当提供试验进展报告，包括：①研究者应当向伦理委员会提交临床试验的年度报告，或者应当按照伦理委员会的要求提供进展报告。②出现可能显著影响临床试验的实施或者增加受试者风险的情况，研究者应当尽快向申办者、伦理委员会和临床试验机构书面报告。③临床试验完成后，研究者应当向临床试验机构报告；研究者应当向伦理委员会提供临床试验结果的摘要，向申办者提供药品监督管理部门所需要的临床试验相关报告。

试验的记录和报告应当符合以下要求：

1）研究者应当监督试验现场的数据采集、各研究人员履行其工作职责的情况。

2）研究者应当确保所有临床试验数据是从临床试验的源文件和试验记录中获得的，是准确、完整、可读和及时的。源数据应当具有可归因性、易读性、同时性、原始性、准确性、完整性、一致性和持久性。源数据的修改应当留痕，不能掩盖初始数据，并记录修改的理由。以患者为受试者的临床试验，相关的医疗记录应当载入门诊或者住院病历系统。临床试验机构的信息化系统具备建立临床试验电子病历条件时，研究者应当首选使用，相应的计算机化系统应当具有完善的权限管理和稽查轨迹，可以追溯至记录的创建者或者修改者，保障所采集的源数据可以溯源。

3）研究者应当按照申办者提供的指导说明填写和修改病例报告表，确保各类病例报告表及其他报告中的数据准确、完整、清晰和及时。病例报告表中数据应当与源文件一致，若存在不一致应当做出合理的解释。病例报告表中数据的修改，应当使初始记录清晰可辨，保留修改轨迹，必要时解释理由，修改者签名并注明日期。

申办者应当有书面程序确保其对病例报告表的改动是必要的、被记录的，并得到研究者的同意。研究者应当保留修改和更正的相关记录。

4）研究者和临床试验机构应当按"临床试验必备文件"和药品监督管理部门的相关要求，妥善保存试验文档。

5）在临床试验的信息和受试者信息处理过程中应当注意避免信息的非法或者未授权的查阅、公开、散播、修改、损毁、丢失。临床试验数据的记录、处理和保存应当确保记录和受试者信息的保密性。

6）申办者应当与研究者和临床试验机构就必备文件保存时间、费用和到期后的处理在合同中予以明确。

7）根据监察员、稽查员、伦理委员会或者药品监督管理部门的要求，研究者和临床试验机构应当配合并提供所需的与试验有关的记录。

研究者的安全性报告应当符合以下要求：除试验方案或者其他文件（如研究者手册）

中规定不需立即报告的严重不良事件外，研究者应当立即向申办者书面报告所有严重不良事件，随后应当及时提供详尽、书面的随访报告。严重不良事件报告和随访报告应当注明受试者在临床试验中的鉴认代码，而不是受试者的真实姓名、身份证号码和住址等身份信息。试验方案中规定的、对安全性评价重要的不良事件和实验室异常值，应当按照试验方案的要求和时限向申办者报告。

涉及死亡事件的报告，研究者应当向申办者和伦理委员会提供其他所需要的资料，如尸检报告和最终医学报告。研究者收到申办者提供的临床试验的相关安全性信息后应当及时签收阅读，并考虑受试者的治疗，是否进行相应调整，必要时尽早与受试者沟通，并应当向伦理委员会报告由申办方提供的可疑且非预期严重不良反应。

提前终止或者暂停临床试验时，研究者应当及时通知受试者，并给予受试者适当的治疗和随访。研究者未与申办者商议而终止或者暂停临床试验，研究者应当立即向临床试验机构、申办者和伦理委员会报告，并提供详细的书面说明。申办者终止或者暂停临床试验，研究者应当立即向临床试验机构、伦理委员会报告，并提供详细书面说明。伦理委员会终止或者暂停已经同意的临床试验，研究者应当立即向临床试验机构、申办者报告，并提供详细书面说明。

申办者应当建立临床试验的质量管理体系，应当涵盖临床试验的全过程，包括临床试验的设计、实施、记录、评估、结果报告和文件归档。质量管理包括有效的试验方案设计、收集数据的方法及流程、对于临床试验中做出决策所必需的信息采集。

临床试验质量保证和质量控制的方法应当与临床试验内在的风险和所采集信息的重要性相符。申办者应当保证临床试验各个环节的可操作性，试验流程和数据采集避免过于复杂。试验方案、病例报告表及其他相关文件应当清晰、简洁和前后一致。

申办者应当履行管理职责，根据临床试验需要可建立临床试验的研究和管理团队，以指导、监督临床试验实施。研究和管理团队内部的工作应当及时沟通。在药品监督管理部门检查时，研究和管理团队均应当派员参加。

申办者委托合同研究组织应当符合以下要求：

1）申办者可以将其临床试验的部分或者全部工作和任务委托给合同研究组织，但申办者仍然是临床试验数据质量和可靠性的最终责任人，应当监督合同研究组织承担的各项工作。合同研究组织应当实施质量保证和质量控制。

2）申办者委托给合同研究组织的工作应当签订合同。合同中应当明确以下内容：委托的具体工作以及相应的标准操作规程；申办者有权确认被委托工作执行标准操作规程的情况；对被委托方的书面要求；被委托方需要提交给申办者的报告要求；与受试者的损害赔偿措施相关的事项；其他与委托工作有关的事项。合同研究组织如存在任务转包，应当获得申办者的书面批准。

3）未明确委托给合同研究组织的工作和任务，其职责仍由申办者负责。

4）本规范中对申办者的要求，适用于承担申办者相关工作和任务的合同研究组织。

申办者应当采取适当方式保证可以给予受试者和研究者补偿或者赔偿，包括：①与临床试验的风险性质和风险程度相适应，与临床试验相关的法律上、经济上的保险或者保证；②承担受试者与临床试验相关的损害或者死亡的诊疗费用，以及相应的补偿。

申办者负责药物试验期间试验用药品的安全性评估，应当将临床试验中发现的可能影响受试者安全、可能影响临床试验实施、可能改变伦理委员会同意意见的问题，及时通知研究者和临床试验机构、药品监督管理部门，按照要求和时限报告药物不良反应。

申办者应当建立系统的、有优先顺序的、基于风险评估的方法，对临床试验实施监察。申办者应当制定监察计划和监察标准操作规程，监察员在监察工作中应当执行标准操作规程。

申办者为评估临床试验的实施和对法律法规的依从性，可以在常规监察之外开展稽查。应当选定独立于临床试验的人员担任稽查员，不能由监察人员兼任。稽查员应当经过相应的培训和具有稽查经验，能够有效履行稽查职责。申办者应当制定临床试验和试验质量管理体系的稽查规程和稽查计划，并确保临床试验中稽查规程的实施。

申办者提前终止或者暂停临床试验，应当立即告知研究者和临床试验机构、药品监督管理部门，并说明理由。临床试验完成或者提前终止，申办者应当按照相关法律法规要求向药品监督管理部门提交临床试验报告。临床试验总结报告应当全面、完整、准确反映临床试验结果，临床试验总结报告安全性、有效性数据应当与临床试验源数据一致。

4. 药物临床试验的开展

药物临床试验应当在具备相应条件并按规定备案的药物临床试验机构开展。其中，疫苗临床试验应当由符合国家药品监督管理局和国家卫生健康委员会规定条件的三级医疗机构或者省级以上疾病预防控制机构实施或者组织实施。

申请人完成支持药物临床试验的药学、药理毒理学等研究后，提出药物临床试验申请的，应当按照申报资料要求提交相关研究资料，如实报送研制方法、质量指标、药理及毒理试验结果等有关数据、资料和样品。

国家药监局受理后，药品审评中心组织药学、医学和其他技术人员对已受理的药物临床试验申请进行审评。对药物临床试验申请应当自受理之日起60日内决定是否同意开展，并通过药品审评中心网站通知申请人审批结果；逾期未通知的，视为同意，申请人可以按照提交的方案开展药物临床试验。申请人拟开展生物等效性试验的，应当按照要求在药品审评中心网站完成生物等效性试验备案后，按照备案的方案开展相关研究工作。

开展药物临床试验，应当经伦理委员会审查同意。药物临床试验用药品的管理应当符合药物临床试验质量管理规范的有关要求。获准开展药物临床试验的，申办者在开展后续分期药物临床试验前，应当制定相应的药物临床试验方案，经伦理委员会审查同意后开展，并在药品审评中心网站提交相应的药物临床试验方案和支持性资料。

获准开展药物临床试验的药物拟增加适应证（或者功能主治）以及增加与其他药物联合用药的，申请人应当提出新的药物临床试验申请，经批准后方可开展新的药物临床试验。获准上市的药品增加适应证（或者功能主治）需要开展药物临床试验的，应当提出新的药物临床试验申请。

申办者应当定期在药品审评中心网站提交研发期间安全性更新报告。研发期间安全性更新报告应当每年提交一次，于药物临床试验获准后每满一年后的两个月内提交。药品审评中心可以根据审查情况，要求申办者调整报告周期。

对于药物临床试验期间出现的可疑且非预期严重不良反应和其他潜在的严重安全性风险信息，申办者应当按照相关要求及时向药品审评中心报告。根据安全性风险严重程度，可以要求申办者采取调整药物临床试验方案、知情同意书、研究者手册等加强风险控制的措施，必要时可以要求申办者暂停或者终止药物临床试验。

药物临床试验期间，如果发生药物临床试验方案变更、非临床或者药学的变化或者有新发现，申办者应当按照规定，参照相关技术指导原则，充分评估对受试者安全的影响。申办者评估认为不影响受试者安全的，可以直接实施并在研发期间安全性更新报告中报告。可能增加受试者安全性风险的，应当提出补充申请。对补充申请应当自受理之日起60日内决定是否同意，并通过药品审评中心网站通知申请人审批结果；逾期未通知的，视为同意。申办者发生变更的，由变更后的申办者承担药物临床试验的相关责任和义务。

药物临床试验期间，若发现存在安全性问题或者其他风险，申办者应当及时调整临床试验方案、暂停或者终止临床试验，并向药品审评中心报告。有下列情形之一的，可以要求申办者调整药物临床试验方案、暂停或者终止药物临床试验：

①伦理委员会未履行职责的；②不能有效保证受试者安全的；③申办者未按照要求提交研发期间安全性更新报告的；④申办者未及时处置并报告可疑且非预期严重不良反应的；⑤有证据证明研究药物无效的；⑥临床试验用药品出现质量问题的；⑦药物临床试验过程中弄虚作假的；⑧其他违反药物临床试验质量管理规范的情形。

药物临床试验中出现大范围、非预期的严重不良反应，或者有证据证明临床试验用药品存在严重质量问题时，申办者和药物临床试验机构应当立即停止药物临床试验。药品监督管理部门依职责可以责令调整临床试验方案、暂停或者终止药物临床试验。

药物临床试验被责令暂停后，如果申办者拟继续开展药物临床试验，应当在完成整改后提出恢复药物临床试验的补充申请，经审查同意后方可继续开展药物临床试验。如果药物临床试验暂停时间满3年且未申请并获准恢复药物临床试验，则该药物临床试验许可自行失效。药物临床试验终止后，继续开展药物临床试验需要重新提出药物临床试验申请。

药物临床试验应当在批准后3年内实施，3年内没有受试者签署知情同意书，该药物临床试验许可自行失效，仍需实施应当重新申请。

申办者应当在开展药物临床试验前在药物临床试验登记与信息公示平台登记药物临床试验方案等信息。药物临床试验期间，申办者应当持续更新登记信息，并在药物临床试验结束后登记药物临床试验结果等信息。登记信息在平台进行公示，申办者对药物临床试验登记信息的真实性负责。

5. 同情用药制度

2019新型冠状病毒肺炎（COVID-19）疫情向全球蔓延，据报道，正在进行临床试验的抗病毒药物瑞德西韦具有潜在的抗新冠病毒活性，该药在体外及动物研究中对

SARS冠状病毒和MERS冠状病毒等显示了较好的抑制活性。美国临床医师将该试验性抗病毒药进行了特许用药（即同情用药），在治疗后该患者病情获得快速好转。关于瑞德西韦的同情用药进入了公众视野。

2017年国家药监局曾发布《拓展性同情使用临床试验用药物管理办法（征求意见稿）》，就拓展性同情使用临床试验用药物（简称同情用药）广泛征求意见。对于患有危及生命或严重影响患者生活质量需早期干预且无有效治疗手段的疾病的患者，不能通过参加临床试验来获得临床试验用药物时，由注册申请人向药品监管部门申请，允许在开展临床试验的机构内使用尚未得到批准上市的药物给急需的患者，进行"更及时的治疗"。该征求意见稿到目前为止尚未正式颁布。2019年新《药品管理法》第二十三条规定："对正在开展临床试验的用于治疗严重危及生命且尚无有效治疗手段的疾病的药物，经医学观察可能获益，并且符合伦理原则的，经审查、知情同意后可以在开展临床试验的机构内用于其他病情相同的患者。"这标志着同情用药制度在我国正式落地，具体适用条件和程序仍有待进一步细化。2019年9月30日公布的《药品注册管理办法（征求意见稿）》第三十四条重申了新《药品管理法》的规定，并没有进一步的细化规定，由于内容重复，在2020年1月正式发布版本中被删除。

（1）同情用药的适用条件。

第一，可以适用的药物必须是"正在开展临床试验"的药物，并且在开展该临床试验的机构内进行。同情用药实际是临床试验用药的扩展，尽管目前尚无具体的实施审批程序，但后续的实际开展主要还是基于临床试验进行，使用的药物应当是在中国境内经审批的正在进行临床试验的药物，具体实施主体也应是正在开展该临床试验的机构。因此，如果无境内经审批、正在开展的临床试验，同情用药也将无开展的可能。

第二，适用的疾病必须是"严重危及生命且尚无有效治疗手段的疾病"，并且经医学观察可能获益，符合伦理原则。对于未经上市审批的药物直接用于人体，涉及患者生命健康的基本人权和医疗伦理方面的风险，应当进行严格限制，否则将导致药物研发注册和审批流程失败。

第三，必须经药品监管机构审查，患者知情同意后方可实施。在病情相同的患者不能通过参加临床试验来获得临床试验用药物时，可以允许在开展临床试验的机构内使用尚未得到批准上市的药物给急需的患者，使之成为拓展性同情使用临床试验用药物，是临床试验的拓展性试验的一种形式，应当经药品监管机构审查和患者知情同意。

（2）知情同意的执行。

同情用药是以未上市药物进行临床治疗，其安全性、有效性均无法得到如上市药物同样的保障，因此，患者知情同意相比于上市药物的使用更为关键，应当符合医学伦理。结合国际上同情用药制度的实践经验，至少应该满足用药对患者造成的风险小于疾病自然发展对患者造成的风险时，才考虑给予同情用药。

考虑到同情用药制度本质上其实是临床试验的扩展，适用同情用药制度进行治疗的患者，身份属性等同于临床试验的受试者，因此同情用药制度项下的披露义务应与临床试验中的披露义务保持一致，由研究者负责，同情用药制度项下不应加重生产研发企业的披露义务。

三、药品上市许可

（一）创新药上市许可

申请人在完成支持药品上市注册的药学、药理毒理学和药物临床试验等研究，确定质量标准，完成商业规模生产工艺验证，并做好接受药品注册核查检验的准备后，提出药品上市许可申请，按照申报资料要求提交相关研究资料。

经对申报资料进行形式审查合格后予以受理，药品审评中心组织药学、医学和其他技术人员，按要求对已受理的药品上市许可申请进行审评。审评过程中基于风险启动药品注册核查、检验，相关技术机构应当在规定时限内完成核查、检验工作。

药品审评中心根据药品注册申报资料、核查结果、检验结果等，对药品的安全性、有效性和质量可控性等进行综合审评，非处方药还应当转药品评价中心进行非处方药适宜性审查。

申报药品拟使用的药品通用名称，未列入国家药品标准或者药品注册标准的，申请人应当在提出药品上市许可申请时同时提出通用名称核准申请。药品上市许可申请受理后，通用名称核准相关资料转药典委，药典委核准后反馈药品审评中心。申报药品拟使用的药品通用名称，已列入国家药品标准或者药品注册标准，药品审评中心在审评过程中认为需要核准药品通用名称的，应当通知药典委核准通用名称并提供相关资料，药典委核准后反馈药品审评中心。

综合审评结论通过的，批准药品上市，发给药品注册证书。综合审评结论不通过的，做出不予批准决定。药品注册证书载明药品批准文号、持有人、生产企业等信息。非处方药的药品注册证书还应当注明非处方药类别。

经核准的药品生产工艺、质量标准、说明书和标签作为药品注册证书的附件一并发给申请人，必要时还应当附药品上市后研究要求。上述信息纳入药品品种档案，并根据上市后变更情况及时更新。

药品批准上市后，持有人应当按照国家药品监督管理局核准的生产工艺和质量标准生产药品，并按照药品生产质量管理规范要求进行细化和实施。

药品上市许可申请审评期间，发生可能影响药品安全性、有效性和质量可控性的重大变更的，申请人应当撤回原注册申请，补充研究后重新申报。

申请人名称变更、注册地址名称变更等不涉及技术审评内容的，应当及时书面告知药品审评中心并提交相关证明性资料。

（二）仿制药上市许可

仿制药、按照药品管理的体外诊断试剂以及其他符合条件的情形，经申请人评估，认为无须或者不能开展药物临床试验，符合豁免药物临床试验条件的，申请人可以直接提出药品上市许可申请。

仿制药应当与参比制剂质量和疗效一致，申请人应当参照相关技术指导原则选择合理的参比制剂。符合以下情形之一的，可以直接提出非处方药上市许可申请：

1）境内已有相同活性成分、适应证（或者功能主治）、剂型、规格的非处方药上市的药品；

2）经国家药品监督管理局确定的非处方药改变剂型或者规格，但不改变适应证（或者功能主治）、给药剂量以及给药途径的药品；

3）使用国家药品监督管理局确定的非处方药的活性成分组成的新的复方制剂；

4）其他直接申报非处方药上市许可的情形。

四、药品上市许可持有人制度

（一）药品上市许可持有人制度概述

药品上市许可持有人（Marketing Authorization Holder，MAH）制度是指拥有药品技术的药品研发机构、科研人员、药品生产企业、集团公司等主体，通过提出药品上市许可申请获得药品上市许可批准件，以自己的名义将药品推向市场，并对药品质量在其整个生命周期内承担相应责任的制度。药品上市许可持有人是指取得药品注册证书的企业或者药品研制机构等。这种机制下，上市许可与生产许可相互独立，上市许可持有人和生产许可持有人可以是同一主体，也可以是两个相互独立的主体。上市许可持有人可以将产品委托给不同的生产商生产，药品的安全性、有效性和质量可控性均由上市许可人对公众负责。

欧盟对药品上市许可申请人类型未设限制，但必须在欧盟境内设立，若非欧盟境内的企业或个人要成为 MAH，应在欧盟境内成立公司或者授权给欧盟境内销售商，由销售商申请上市该药品。

在美国，任何人（包括自然人、合伙企业、公司和协会）均可提交药品上市申请。如果申请人在美国境内没有居住地或者营业地点，必须指定境内代理人负责 FDA 与境外 MAH 的沟通。

在日本，药品上市许可申请前，相关的申请人须基于药物质量管理规范（Good Quality Practice，GQP）和药物警戒质量管理规范（Good Vigilance Practice，GVP）符合性获得销售许可。同时该申请人的生产基地或者委托生产商须基于 GMP 符合性获得生产许可。药品上市许可申请人再基于申报药品的质量、安全、有效及相关数据，接受厚生劳动省的审查，获得该品种的制造销售认可（药品上市许可），并成为 MAH。MAH 必须为在境内设立的机构，非日本设立的机构需要通过日本境内的代理 MAH 实现产品在日本的上市，该代理 MAH 需要拥有同类医药产品的 MAH 许可证。

2015 年 11 月，《全国人民代表大会常务委员会关于授权国务院在部分地方开展药品上市许可持有人制度试点和有关问题的决定》授权国务院在 10 个省（市）开展 MAH 试点工作。2019 年修订《药品管理法》，正式规定国家对药品管理实行药品上市许可持有人制度，药品上市许可持有人依法对药品研制、生产、经营、使用全过程中药品的安全性、有效性和质量可控性负责。这标志着我国正式建立药品上市许可持有人制度。

(二)上市许可持有人的主体责任

根据《药品管理法》的相关规定,药品上市许可持有人应当对药品的非临床研究、临床试验、生产经营、上市后研究、不良反应监测及报告与处理等从研制到生产、经营、使用的全过程承担责任。其他从事药品研制、生产、经营、储存、运输、使用等活动的单位和个人依法承担相应责任。药品上市许可持有人、药品生产企业、药品经营企业和医疗机构应当建立并实施药品追溯制度,按照规定提供追溯信息,保证药品可追溯。药品上市许可持有人应当建立年度报告制度,每年将药品生产销售、上市后研究、风险管理等情况按照规定向省级药品监督管理部门报告。

药品上市许可持有人为境外企业的,应当由其指定的在中国境内的企业法人履行药品上市许可持有人义务,与药品上市许可持有人承担连带责任。

中药饮片生产企业履行药品上市许可持有人的相关义务,对中药饮片生产、销售实行全过程管理,建立中药饮片追溯体系,保证中药饮片安全、有效、可追溯。

经国务院药品监督管理部门批准,药品上市许可持有人可以转让药品上市许可。受让方应当具备保障药品安全性、有效性和质量可控性的质量管理、风险防控和责任赔偿等能力,履行药品上市许可持有人义务。

药品上市许可持有人可以自行生产药品,也可以委托药品生产企业生产。药品上市许可持有人应当建立药品质量保证体系,配备专门人员独立负责药品质量管理,其法定代表人、主要负责人对药品质量全面负责。

药品上市许可持有人可以自行生产药品,也可委托生产。自行生产应当依照规定取得药品生产许可证;委托生产应当委托符合条件的药品生产企业,药品上市许可持有人和受托生产企业应当签订委托协议和质量协议,并严格履行协议约定的义务。药品上市许可持有人应当对受托药品生产企业、药品经营企业的质量管理体系进行定期审核,监督其持续具备质量保证和控制能力。国务院药品监督管理部门制定药品委托生产质量协议指南,指导、监督药品上市许可持有人和受托生产企业履行药品质量保证义务。血液制品、麻醉药品、精神药品、医疗用毒性药品、药品类易制毒化学品不得委托生产;但是,国务院药品监督管理部门另有规定的除外。

药品上市许可持有人应当建立药品上市放行规程,对药品生产企业出厂放行的药品进行审核,经质量受权人签字后方可放行。不符合国家药品标准的不得放行。

药品上市许可持有人可以自行销售其取得药品注册证书的药品,也可以委托药品经营企业销售。药品上市许可持有人从事药品零售活动的,应当取得药品经营许可证。药品上市许可持有人自行销售药品的,应当具备药品经营许可的相关条件;委托销售的,应当委托符合条件的药品经营企业。药品上市许可持有人和受托经营企业应当签订委托协议,并严格履行协议约定的义务。

药品上市许可持有人、药品生产企业、药品经营企业委托储存、运输药品的,应当对受托方的质量保证能力和风险管理能力进行评估,与其签订委托协议,约定药品质量责任、操作规程等内容,并对受托方进行监督。

《国家药监局关于贯彻实施〈中华人民共和国药品管理法〉有关事项的公告》(2019

年第 103 号）明确，自 2019 年 12 月 1 日起，凡持有药品注册证书（药品批准文号、进口药品注册证、医药产品注册证）的企业或者药品研制机构为药品上市许可持有人，应当严格履行药品上市许可持有人义务，依法对药品研制、生产、经营、使用全过程中药品的安全性、有效性和质量可控性负责。

（三）上市许可持有人制度对药品注册的影响

1. 责任承担模式的转变

在原药品注册制度下，申请人与生产企业共同持有批准文号或研发单位隐性持有批准文号，造成产权和责任模糊的情况。在药品上市许可持有人制度下，产权的客体是药品上市许可，主体是药品上市许可持有人，其对药品上市许可拥有使用权、收益权、处置权和转让权，也可以有出资权、经营权和管理权，使得产权更加明晰，同时，药品损害责任主体也更加明确。

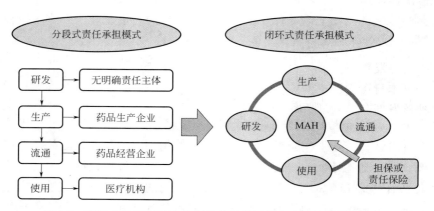

图 1-7　药品上市许可持有人制度实施前后损害责任承担模式变化

药品上市许可持有人制度下，持有人负责药品全生命周期管理，对药品临床前研究、临床试验、生产制造、经销配送、不良反应监测等承担全部法律责任。从责任承担模式看，由以往的分段式承担责任转为闭合式管理，药品上市许可持有人对上市销售的药品质量负全部责任，受托生产企业、销售企业承担法律法规规定的责任和协议约定的责任。从责任承担方式看，持有人制度实施前，药品生产企业拥有厂房、资金、土地等，有能力对被侵权人的损害予以赔偿；持有人制度实施后，基于其"轻资产化"的特点，为进一步保障科研机构、科研人员作为持有人时的风险责任承担能力，试点期间要求持有人应当提供与担保人签订的担保协议或者与保险机构签订的保险合同。同时，部分省市也开始探索药品伤害救济等相关配套制度的建立与完善。

《药品上市许可持有人制度试点方案》要求，对于科研人员申请药物临床试验的，应当提交药物临床试验风险责任承诺书，承诺在临床试验开展前，向其所在地省级药品监督管理部门提交与担保人签订的担保协议或者与保险机构签订的保险合同。药品研发机构或者科研人员申请成为持有人的，应当提交药品质量安全责任承诺书，承诺在药品上市销售前,向其所在地省级药品监督管理部门提交与担保人签订的担保协议或者与保险机构签订的保险合同;对于注射剂类药品,应当承诺在药品上市销售前提交保险合同。

2. 行政许可更加简化

药品上市许可持有人制度符合国务院"放管服"改革精神,推进简政放权、放管结合、优化服务改革,使市场在资源配置中起决定性作用和更好发挥政府作用。

药品上市许可持有人在市场资源配置中成为责任主体,药品审评审批理念也因此发生转变,即从以往以审批为主,转向加强对药品上市许可持有人责任义务履行的监督,加强对药品上市许可持有人的动态检查和监管为主。药品上市许可持有人的责任和义务履行,一方面通过自身承担,另一方面可以通过合同约定的方式依法分担法律责任。

原来分散的、碎片化的审批模式,例如进口药品单独审批、委托生产审批、技术转让审批,核发新药证书等均可以用上市许可及其变更管理予以涵盖。

(1)取消进口药品单独行政许可事项。

由于上市许可是以上市地点作为许可前提,药品生产地点不再要求限于境内,可以在境外生产。因此,进口药品不需要单独设立许可事项。

(2)不再核发新药证书。

上市许可本身可以转让,是产权确认形式,没有必要再发新药证书。对于以往对研发单位单独核发新药证书的情况,也将不复存在,因为药品从研发阶段到上市,必须要进行规模化生产工艺和标准等研究,在实验室制备或中试阶段生产的产品不能上市销售。因此,新修订《药品管理法》实施之日起,批准上市的药品发给药品注册证书及附件,不再发给新药证书。药品注册证书中载明上市许可持有人、生产企业等信息,同时附经核准的生产工艺、质量标准、说明书和标签。

(3)委托生产审批改为申请变更。

药品上市许可持有人制度下,申请人在提交上市许可申请时,必须有生产场地,但申请人与生产企业可以不同,申请人可以委托其他企业生产,生产场地包括境内外场地。药品提交上市许可申请时,委托生产合同作为申请的一部分,获得批准后,如果变更生产企业,提交变更申请即可。

此外,对于原辅料和制剂生产场采取备案制,作为药品生产参与方责任追溯机制的基础,约束药品上市许可持有人承担主体责任,使所有药品生产参与方在监管机构视野之下,以备现场检查。

(4)技术转让审批改为持有人变更。

在药品上市许可持有人制度下,药品技术转让的实质是新旧持有人的产权交易,不需要监管机构审批,但应得到监管机构确认,例如通过备案的方式,以确认上市许可附带的责任和义务转移的时间节点和合法性。

3. 药品市场退出与恢复机制

药品上市许可审评的标准是药品对于特定使用者具有合适的风险效益平衡。药品的风险效益平衡处于不断的变化当中,药品上市许可持有人的责任主要是监测、识别、控制风险，使药品处于风险效益平衡状态；一旦风险无法控制平衡，药品可能会被监管机构撤市，风险如果被控制住，则可以恢复上市。所有的风险效益平衡判断必须以安全性和有效性证据为基础。药品上市许可持有人承担药品全生命周期的安全性和有效性保证义务，对药品全生命周期的风险进行控制，直至药品撤市或退出市场。

五、药品加快上市注册程序

（一）突破性治疗药物程序

药物临床试验期间，用于防治严重危及生命或者严重影响生存质量的疾病，且尚无有效防治手段或者与现有治疗手段相比有足够证据表明具有明显临床优势的创新药或者改良型新药等，申请人可以向药品审评中心申请适用突破性治疗药物程序。符合条件的，药品审评中心按照程序公示后纳入突破性治疗药物程序。

对纳入突破性治疗药物程序的药物临床试验，给予以下政策支持：①申请人可以在药物临床试验的关键阶段向药品审评中心提出沟通交流申请，药品审评中心安排审评人员进行沟通交流；②申请人可以将阶段性研究资料提交药品审评中心，药品审评中心基于已有研究资料，对下一步研究方案提出意见或者建议，并反馈给申请人。

对纳入突破性治疗药物程序的药物临床试验，申请人发现不再符合纳入条件时，应当及时向药品审评中心提出终止突破性治疗药物程序。药品审评中心发现不再符合纳入条件的，应当及时终止该品种的突破性治疗药物程序，并告知申请人。

（二）附条件批准程序

附条件批准目的在于解决临床急需需求，在已有一定的药物临床试验数据的前提下，采取特事特办的一种非常规的快速审评方式。由于药品上市的临床试验数据不够充分，所以需要附上特别的风险控制措施，即要有一定的附带条件才予以批准上市。2019年修订的《药品管理法》第二十六条规定："对治疗严重危及生命且尚无有效治疗手段的疾病以及公共卫生方面急需的药品，药物临床试验已有数据显示疗效并能预测其临床价值的，可以附条件批准，并在药品注册证书中载明相关事项"。2020年修订的《药品注册管理办法》第六十三条进一步规定："药物临床试验期间，符合以下情形的药品，可以申请附条件批准：①治疗严重危及生命且尚无有效治疗手段的疾病的药品，药物临床试验已有数据证实疗效并能预测其临床价值的；②公共卫生方面急需的药品，药物临床试验已有数据显示疗效并能预测其临床价值的；③应对重大突发公共卫生事件急需的疫苗或者国家卫生健康委员会认定急需的其他疫苗，经评估获益大于风险的"。

经审评符合附条件批准要求的，在药品注册证书中载明附条件批准药品注册证书的有效期、上市后需要继续完成的研究工作及完成时限等相关事项。上市许可持有人应当在药品上市后采取相应的风险管理措施，并在规定期限内按照要求完成药物临床试验等相关研究，以补充申请方式申报。

为了兼顾"临床急需需求"与"药品上市安全"，在审评过程中发现纳入附条件批准程序的药品注册申请不能满足附条件批准条件的，药品审评中心应当终止该品种附条件批准程序，并告知申请人按照正常程序研究申报。对附条件批准的药品，持有人逾期未按照要求完成研究或者不能证明其获益大于风险的，国家药品监督管理局应当依法处理，直至注销药品注册证书。

丧失附条件批准条件的原因是多方面的，例如：所治疗严重危及生命且尚无有效治疗手段的疾病，已经出现其他有效治疗手段；公共卫生事件已经得到有效控制；国家卫健部门认定急需的其他疫苗已有有效替代等。

（三）优先审评审批程序

我国药品审评时间过长一直是药品注册行业关注的重点，审评资源的缺乏一度造成药品注册申请积压。近几年来，为了解决药品注册申请积压并使临床急需药品及时上市，在不断扩大审评队伍的同时，原国家食品药品监督管理总局先后发布《关于解决药品注册申请积压实行优先审评审批的意见》和《关于鼓励药品创新实行优先审评审批的意见》。2019年新版《药品管理法》第十六条规定了对儿童用药品予以优先审评审批，第九十六条规定，"国家鼓励短缺药品的研制和生产，对临床急需的短缺药品、防治重大传染病和罕见病等疾病的新药予以优先审评审批"。2020年新版《药品注册管理办法》规定了可以适用优先审评审批程序的具有明显临床价值的药品包括：①临床急需的短缺药品、防治重大传染病和罕见病等疾病的创新药和改良型新药；②符合儿童生理特征的儿童用药品新品种、剂型和规格；③疾病预防、控制急需的疫苗和创新疫苗；④纳入突破性治疗药物程序的药品；⑤符合附条件批准的药品；⑥国家药品监督管理局规定其他优先审评审批的情形。

药品注册审评体系作为改善药品可及性的重要政策，优先审评审批制度的实施对企业研发方向具有指导性的意义，让创新及临床急需药品缩短注册时间，这从根本上确立了医药研发以临床需求为导向，确定了我国医药行业的发展方向，最终缓解药品市场的供需矛盾，惠及大众。

对纳入优先审评审批程序的药品上市许可申请，《药品注册管理办法》给予以下政策支持：①药品上市许可申请的审评时限为130日；②临床急需的境外已上市境内未上市的罕见病药品，审评时限为70日；③需要核查、检验和核准药品通用名称的，予以优先安排；④经沟通交流确认后，可以补充提交技术资料。

审评过程中，发现纳入优先审评审批程序的药品注册申请不能满足优先审评审批条件的，药品审评中心应当终止该品种优先审评审批程序，按照正常审评程序审评，避免挤占有限的审评资源。

（四）特别审批程序

面对突发公共卫生事件，有效的治疗药物、疫苗是救治患者并防止疫情扩散的重要手段，也是最终战胜病毒的关键。《药品注册管理办法》第七十二条至七十五条规定了特别审批程序，在发生突发公共卫生事件的威胁时以及突发公共卫生事件发生后，国家药品监督管理局可以依法决定对突发公共卫生事件应急所需防治药品实行特别审批。对实施特别审批的药品注册申请，国家药品监督管理局按照统一指挥、早期介入、快速高效、科学审批的原则,组织加快并同步开展药品注册受理、审评、核查、检验工作。特别审批的情形、程序、时限、要求等按照药品特别审批程序规定执行。

对纳入特别审批程序的药品,可以根据疾病防控的特定需要,限定其在一定期限和范围内使用。对纳入特别审批程序的药品,发现其不再符合纳入条件的,应当终止该药品的特别审批程序,并告知申请人。

在2019年新型冠状病毒肺炎疫情暴发后,为了适应防疫需要,国家药监局对疫情防控所需的药品注册申请在产品的安全性和有效性的基础上加快审评审批,应急审批了瑞德西韦、法匹拉韦等多个新药用于新冠肺炎防治的临床试验,还批准了多家企业的核酸诊断试剂。对医用口罩、医用防护服等医疗器械产品的注册、生产许可和检验检测等实施特别程序、特别措施,合并审批流程。对于转产生产医疗器械的企业,实行应急审批,依法办理医疗器械注册证和生产许可证,来全力满足防疫所需。这些特别审批措施在应对新型冠状病毒肺炎疫情中发挥了积极作用。

六、药品注册核查与注册检验

(一)药品注册核查

药品注册核查,是指为核实申报资料的真实性、一致性以及药品上市商业化生产条件,检查药品研制的合规性、数据可靠性等,对研制现场和生产现场开展的核查活动,以及必要时对药品注册申请所涉及的化学原料药、辅料及直接接触药品的包装材料和容器生产企业、供应商或者其他受托机构开展的延伸检查活动。

药品审评中心根据药品注册申请受理时间,对注册申请进行风险等级标注,根据药物创新程度、申报注册的品种、工艺、设备、药物研究机构既往接受核查情况等因素,基于风险决定是否开展药品注册研制现场核查。原则上高风险等级的注册申请均启动药品注册核查,中、低风险等级药品注册申请启动注册核查的比例,由国家药品监督管理局相关部门协调药品审评中心、药品核查中心确定,并根据上一年度注册申报数量及检查能力建设情况定期调整。

药学研制现场核查原则上和生产现场核查一并启动。药品审评中心决定启动药品注册研制现场核查的,通知药品核查中心在审评期间组织实施核查,同时告知申请人。

对于创新药、改良型新药以及生物制品等,应当进行药品注册生产现场核查和上市前药品生产质量管理规范检查。对于仿制药等,根据是否已获得相应生产范围药品生产许可证且已有同剂型品种上市等情况,基于风险进行药品注册生产现场核查、上市前药品生产质量管理规范检查。以下药品注册申请,可不启动相关注册核查:①对于仿制药上市许可申请,可不启动非临床研究现场核查;②对于无新增药学研究的注册申请,可不启动药学研究现场和生产现场核查;③对于药品上市申请,如经审评后批准临床试验的,可不启动药物临床试验现场核查、药学研究现场和生产现场核查;④对于采用同一套生物等效性数据已在欧美日获批上市的化学药品仿制药,可不启动生物等效性数据方面的药物临床试验现场核查。

药品注册申请受理后,药品审评中心应当在受理后40日内进行初步审查,需要药品注册生产现场核查的，通知药品核查中心组织核查，提供核查所需的相关材料，同时告知申请人以及申请人或者生产企业所在地省、自治区、直辖市药品监督管理部门。药品核查中心原则上应当在审评时限届满40日前完成核查工作，并将核查情况、核查结果等相关材料反馈至药品审评中心。

需要上市前药品生产质量管理规范检查的，由药品核查中心协调相关省、自治区、直辖市药品监督管理部门与药品注册生产现场核查同步实施。这种将药品注册研制现场核查和上市前药品生产质量管理规范检查两类不同目的的两次检查合并为一次，对于提高核查质量和效率，加强与药品上市后监管有机衔接具有积极意义，不仅减轻了企业负担，而且缩短了时间，加快了药品上市进程。

（二）药品注册检验

药品注册检验包括标准复核和样品检验。标准复核，是指对申请人申报药品标准中设定项目的科学性、检验方法的可行性、质控指标的合理性等进行的实验室评估。样品检验，是指按照申请人申报或者药品审评中心核定的药品质量标准对样品进行的实验室检验。

与国家药品标准收载的同品种药品使用的检验项目和检验方法一致的，可以不进行标准复核，只进行样品检验。其他情形应当进行标准复核和样品检验。

申请人完成支持药品上市的药学相关研究，确定质量标准，并完成商业规模生产工艺验证后，可以在药品注册申请受理前向中检院或者省级药品监督管理部门提出药品注册检验；申请人未在药品注册申请受理前提出药品注册检验的，在药品注册申请受理后四十日内由药品审评中心启动药品注册检验。原则上申请人在药品注册申请受理前只能提出一次药品注册检验，不得同时向多个药品检验机构提出药品注册检验。

药品审评中心启动注册核查同时需抽样检验的，由药品审评中心通知药品检验机构，并告知申请人按照相关要求送样。在药品审评、核查过程中，发现申报资料真实性存疑或者有明确线索举报，或者认为有必要进行样品检验的，可抽取样品进行样品检验。在药品审评过程中，药品审评中心可基于风险提出质量标准单项复核，提出检验要求，并通知申请人和药品检验机构。

申请人提交的药品注册检验资料应当与药品注册申报资料的相应内容一致，不得在药品注册检验过程中变更药品检验机构、样品和资料等。

境内生产药品的注册申请，申请人在药品注册申请受理前提出药品注册检验的，向相关省级药品监督管理局申请抽样，省级药品监督管理局组织进行抽样并封签，由申请人将抽样单、样品、检验所需资料及标准物质等送至相应药品检验机构。药品注册申请受理后需要药品注册检验的，药品审评中心应当在受理后40日内向药品检验机构和申请人发出药品注册检验通知。申请人向相关省级药品监督管理局申请抽样，省级药品监督管理局组织进行抽样并封签，申请人应当在规定时限内将抽样单、样品、检验所需资料及标准物质等送至相应药品检验机构。

境外生产药品的注册申请，申请人在药品注册申请受理前提出药品注册检验的，申请人应当按规定要求抽取样品，并将样品、检验所需资料及标准物质等送至中检院。药品注册申请受理后需要药品注册检验的，申请人应当按规定要求抽取样品，并将样品、检验所需资料及标准物质等送至中检院。

药品检验机构应当在5日内对申请人提交的检验用样品及资料等进行审核，做出是否接收的决定，同时告知药品审评中心。需要补正的，应当一次性告知申请人。药品检验机构原则上应当在审评时限届满40日前，将标准复核意见和检验报告反馈至药品审评中心。

在药品审评、核查过程中，发现申报资料真实性存疑或者有明确线索举报，或者认为有必要进行样品检验的，可抽取样品进行样品检验。审评过程中，药品审评中心可以基于风险提出质量标准单项复核。

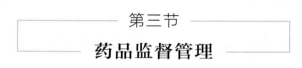

第三节 药品监督管理

一、药品供应保障体系

（一）国家基本药物制度

1. 国家基本药物制度概述

20世纪70年代，为解决必需药品短缺等问题，世界卫生组织首次提出基本药物概念，即能够满足大部分人口卫生保健需要，人们健康需要中最重要的、最基本的、必要的、不可缺少的药品。其所遵循的原则是有效、安全并具有成本效果。2002年，世界卫生组织建议各国，特别是发展中国家建立国家基本药物政策，以保障公众能以低廉的价格获得基本医疗所需的必需药物。

2009年新一轮医改明确加快建立以国家基本药物制度为基础的药品供应保障体系，规范药品生产流通，保障人民群众安全用药。原卫生部、国家发展和改革委员会等9部委于2009年8月18日发布了《关于建立国家基本药物制度的实施意见》和《国家基本药物目录管理办法（暂行）》，卫生部同时发布了《国家基本药物目录（基层医疗卫生机构配备使用部分）》（2009版），标志着我国建立国家基本药物制度工作正式实施。

国家实行基本药物制度、药品招标制度以来，有部分低价基本药物在市场上消失了，而广大人民群众仍然需要使用这些药物，出现了基本药物短缺现象。为了保证这些基本药物供应，2017年2月国务院印发的《"十三五"国家药品安全规划》中特别提出，要完善短缺药品供应保障和预警机制，保证临床必需、用量不确定的低价药、抢救用药和罕见病用药的市场供应。2018年9月19日，国务院办公厅发布《关于完善国家基本药物制度的意见》，明确了基本药物"突出基本、防治必需、保障供应、优先使用、保证质量、降低负担"的功能定位。2018年10月25日，国家卫生健康委发布《国家基本药物目录（2018年版）》，更加突出药品价值，满足临床基本用药需求，药品数量由520种增加到685种，重点聚焦癌症、儿童、慢性病等病种，增加肿瘤用药12种、临床急需儿童药品22种和丙肝治疗新药，其中包括埃克替尼、吉非替尼、替诺福韦酯、康柏西普、培门冬酶等抗癌药。

根据文件精神，基本药物目录制定更加关注定期评估，动态调整，调整周期原则上不超过3年。国家将开展以基本药物为重点的药品临床综合评价和药品使用监测工作。对新审批上市、疗效较已上市药品有显著改善且价格合理的药品，可适时启动调入程序。通过一致性评价的药品品种，按程序优先纳入基本药物目录，未通过一致性评价的基本药物品种，逐步调出目录。对于基本药物目录内的治疗性药品，医保部门在调整医保目录时，按程序将符合条件的优先纳入目录范围或调整甲乙分类。

2019年新修订的《药品管理法》从法律层面规定了国家实行基本药物制度、短缺药品清单管理制度以及上市许可持有人制度等内容。《药品管理法》第九十三条规定："国家实行基本药物制度，遴选适当数量的基本药物品种，加强组织生产和储备，提高基本药物的供给能力，满足疾病防治基本用药需求。"

2019年12月28日第十三届全国人民代表大会常务委员会第十五次会议通过了我国卫生健康领域的第一部基础性、综合性法律《基本医疗卫生与健康促进法》，于2020年6月1日正式实施，其第五十九条明确规定："国家实施基本药物制度，遴选适当数量的基本药物品种，满足疾病防治基本用药需求。国家公布基本药物目录，根据药品临床应用实践、药品标准变化、药品新上市情况等，对基本药物目录进行动态调整。基本药物按照规定优先纳入基本医疗保险药品目录。国家提高基本药物的供给能力，强化基本药物质量监管，确保基本药物公平可及、合理使用。"

国家基本药物制度的法律法规体系日趋完善，国家基本药物目录及其遴选标准日趋合理。

2. 基本药物制度在基本医疗卫生中的作用

基本药物概念诞生以来，即成为基本医疗卫生的基石，因为它被证明是优化遴选和使用、控制费用、促进基本医疗卫生的有力工具。这意味着公共和非营利私立领域的药品供应和使用应限于基本药物。利用循证方法遴选出的基本药物可以指导药品采购和供应，确定社会保障安全网的最低补贴和报销水平，指导药品捐赠、药品生产、医学培训和医疗服务提供人员的在职培训。40年来，基本药物概念已被普遍接受，并与公平、现实和善政等理念相关联。WHO一直是这个领域在概念上和技术上的先锋。WHO帮助政府确定公共资金投入的优先领域和优化药品资源，使有限资源投入到基层医疗卫生所需的基本药物，确保20%最低收入人群能够无障碍地获得基本医疗卫生和基本药物。这样的途径还可以通过医疗保险体系，扩展基本药物的范畴，用于中等收入人群的医疗卫生保障。

（二）短缺药品供应保障

1. 药品短缺

短缺药品是指经药品监督管理部门批准上市，临床必需且不可替代或者不可完全替代，在一定时间或一定区域内供应不足或不稳定的药品。从经济学视角分析，可能是由于供应不及时、不充足、价格低廉、企业不愿生产，或者客观产能不足等原因，导致药品的生产和供应不能有效满足需求，即供需失衡。

药品短缺尤其是临床必需且不可替代的基本药物短缺给疾病治疗和公众健康带来巨大威胁。有必要建立短缺药品供应保障体系。新的《药品管理法》第九十四条至九十七条建立了药品供求监测体系，规定了对短缺药品实行预警和清单管理制度，鼓励短缺药品的研制和生产，对临床急需的短缺药品、防治重大传染病和罕见病等疾病的新药予以优先审评审批。

2. 药品短缺的主要原因

药品短缺的原因往往不是单一因素，既有药品集中采购的政策因素，又有药品供应链中从研发、原料供应、制剂生产到药品流通以及医疗机构使用各环节穿插其中。

（1）药品采购政策不完善。

药品集中采购的出发点是为了进一步降低药品价格，解决老百姓看病贵的现实问题，而实际操作中存在低价运作，过度压低价格，唯低价取、价低者中标。企业低价中标后，若医疗机构的预采购量与实际采购量相差甚远，用量没有合同保证，即量价脱钩，企业生产不能形成规模效应，一些生产企业出于利润的考虑，无法按照原中标价格供应，就会逐步减产限供直至停产弃标不供，由此引发中而不供的药品短缺。此外，部分企业为确保不出现药品价格低洼，直接弃标，医疗机构无法在网上采购未中标的药品，造成区域性短缺。

（2）药品生产环节。

目前来看，价格上涨过快，易发生短缺的主要是急抢救、专科用药、罕见病用药、日用量单价较低的药品。这些药品有些临床需求较小，但属用药刚需，生产厂家数量也不多，不少还是独家生产，企业生产积极性并不高。主要涉及以下因素：一是上游原料药供应不稳，某些品种的原料药只有少数几家化工药企可以生产，易形成短缺和垄断，不仅会抱团涨价，还引起产能不足。二是环保监管日趋收紧，随着环保税的实施，药企需要优化工艺，转型升级或者缩减规模，导致企业生产意愿不足。三是生产线的改造、药品标准的提高以及产品需要通过仿制药质量和疗效一致性评价，企业在短期内无法达到相应标准，都会导致停产。四是研发动力不足，针对儿童用药，研发的成本和风险比普通新药大，需要对不同年龄段的儿童进行不同的规格、剂型以及口味的药学研究，且受限于儿童药物临床试验机构少和受试者缺乏保障机制，儿童适宜的剂型和规格较短缺。

（3）药品流通环节。

我国药品流通环节较复杂，从生产企业到各级分销商，再到医疗机构和社会药房，每个环节都牵扯到利益分配。引起药品短缺的主要原因有：其一，偏远地区多为基层医疗机构，使用价格低廉的药物较多，配送成本更高，流通企业还要承担垫付资金、药物效期的管理，配送利润相对低，配送的积极性也不强。再加上配送企业在中、西部偏远地区发展不平衡，配送能力较弱，受两票制政策的影响，部分药品不能通过击鼓传花的方式供应到农村地区。其二，随着流通行业的重组整合，市场集中度不断提高，形成寡头垄断配送企业，少数企业掌控了大部分药品市场供应时，便会联合生产企业恶意囤积、抬高药价获取超额利润，进而造成药品短缺。

（4）以药补医的机制加剧短缺。

研究发现，即使质优价廉的药品供应充足，很多医疗机构也不愿意使用。目前在医疗机构药价加成已是零差率，仍然不能改变医生偏好高价药的习惯。这种价高者得市场的趋势，倒逼价格低廉的药品市场被更换了剂型、规格、包装材质的新品种替代。企业利用新药注册制度将同类药品改变给药途径、规格等，在不增加新的适应证情况下，轻而易举将药理作用相同的药品提高价格，为医生偏好创造条件。

此外，社会药房也难觅优质廉价药踪影。社会药房的逐利本性促使其对顾客强制性推荐高毛利的非品牌或者贴牌药品，利润较低的品牌药和常用药遭到冷落逐步撤柜直至消失，只保留少量的低价促销商品吸引顾客。

（5）需求的增长超过供应量的增长。

突发疫情、气候变化、自然灾害会影响药品供应链，使药品供需关系发生变化，市场上对某种药品的需求激增，需求的增加量远远超过供应量的增加量，生产厂商对药品的供应不充足、不及时也会导致短缺药品的出现。此次新冠肺炎疫情期间，不仅防控药品和物资需求激增，而且因交通管制、物流不畅等因素导致药品供应"进不去、出不来"的区域性短缺。

3. 短缺药品的供应保障机制

（1）建立短缺药品供求监测体系和预警制度。

根据新的《药品管理法》的有关规定，国家建立药品供求监测体系，及时收集和汇总分析短缺药品供求信息，对短缺药品实行预警，采取应对措施。

搭建多主体参与的短缺药品信息网络平台，构建不同主体数据库上报信息模板，从原料生产、制药生产、配送企业、医疗机构及公众多源头收集信息，掌握潜在药品及原料药短缺的信息。由药品生产企业上报生产中断等潜在的药品短缺信息，医疗机构、集中采购监管部门报告实际的药品短缺信息，公众和患者等其他利益相关者通过邮件或电话上报药品短缺信息。相关部门要强化对短缺药品全生命周期的信息监测，对临床必需易短缺药品重点监测，利用大数据定期分析配送率低的产品。强化生产企业上报潜在短缺药品信息的责任，药品上市许可持有人停止生产短缺药品的，应当按照规定向国务院药品监督管理部门或者省级政府药品监督管理部门报告。

实行药品流通动态监测体系，由政府主导建立短缺低价基本药物信息报告平台，加强药品短缺信息资源的搜集和利用，提高政府解决药品短缺问题的效率，促进公众对政府处理药品短缺问题的认知。同时，加强各省、各部门信息共享，互联互通，对各省汇集的频次较高的短缺药品，及时追溯短缺原因，形成长效保障机制。

（2）完善短缺药品清单和储备制度。

国家实行短缺药品清单管理制度，为加强药品短缺风险预警，以保障临床需求为导向，对临床必需易短缺药品进行重点监测，重点关注基本药物和急（抢）救、重大疾病、公共卫生及特殊人群等用药，制定国家短缺药品清单和临床必需易短缺药品重点监测清单，并动态调整。

国家卫生健康委明确承担短缺药品监测工作的部门，综合分析短缺药品多源信息采集平台监测信息和部门共享信息，原则上以同期纳入 3 个及以上省级短缺药品清单，省级联动机制通过直接挂网、自主备案和药品储备等方式在一定时间内仍无法有效解决短缺问题的药品，形成国家短缺药品基础清单。根据以下信息综合分析，形成国家临床必需易短缺药品重点监测基础清单：

① 纳入省级临床必需易短缺药品重点监测清单的药品；

② 省级报告的短缺药品信息；

③ 国家短缺药品多源信息采集平台监测信息；

④ 部门共享信息；

⑤ 生产企业数量少、临床需求量小且不确定的基本药物、急（抢）救、重大疾病、公共卫生、特殊人群等用药信息。

（3）完善药品采购政策。

对于国家和省级短缺药品清单中的品种，允许企业在省级药品集中采购平台上自主报价、直接挂网，医疗机构自主采购。对于临床必需易短缺药品重点监测清单和短缺药品清单中的药品，省级药品集中采购平台上无企业挂网或没有列入本省份集中采购目录的，医疗机构可提出采购需求，线下搜寻药品生产企业，并与药品供应企业直接议价，按照公平原则协商确定采购价格，在省级药品集中采购平台自主备案，做到公开透明。

国家将加强短缺药品清单和临床必需易短缺药品重点监测清单中药品的价格异常情况监测预警，强化价格常态化监管，加大对原料药垄断等违法行为的执法力度，分类妥善处理药品价格过快上涨问题。

针对急抢救、专科用药、临床需求小、日用量单价较低的药品采用以省为单位直接挂网的方式列入采购范围，由医疗机构与企业直接议价，充分考虑市场供应、实际生产经营成本和企业合理利润等因素，避免因利润过低影响企业生产的积极性。一方面，为防止临床必需不可替代的品种"就地起价"，可借鉴国外经验，发挥医保控费的作用，由市场引导合理药价形成机制；另一方面，为避免质优价廉的药品遭到医疗机构的"冷落"，通过加强医保基金的合理配置，激励医务人员对质优价廉药品的使用，让他们重新回归医疗机构和社会药房。

（4）完善短缺药品研发激励政策。

国家鼓励短缺药品的研制和生产，对临床急需的短缺药品、防治重大传染病和罕见病等疾病的新药予以优先审评审批。2018 年，国家药监局、国家卫生健康委发布《关于临床急需境外新药审评审批相关事宜的公告》，提出对临床急需的境外新药审批实行绿色通道，加快审批办理。

对于短缺药品，国务院可以限制或者禁止出口。必要时，国务院有关部门可以采取组织生产、价格干预和扩大进口等措施，保障药品供应。药品上市许可持有人、药品生产企业、药品经营企业应当按照规定保障药品的生产和供应。

除了在价格政策和医保支付方面倾斜，还应在税收优惠、科研经费资助、审批手续方面给予政策支持，颁布更全面的科学指导，促进短缺药品研发良性发展。比如针对儿童用药研发，临床前安全性需要更多幼小动物实验数据支持，技术上药品评审中心应发布更全面的指导原则引导研发企业，并与成人用药区分，建立快速审评审批通道。

（5）建立短缺低价基本药物价格再论证制度。

对短缺低价基本药物的价格需要进行再论证，药品集中招标采购中价格的恶性竞争所造成的不合理低价不利于企业生产药品的积极性，通过公开竞标，增加透明度，不光从价格，还应该从质量、疗效、稀缺性多方面来评价药品，低价基本药物专家库也应充分发挥作用，从药物经济学、循证医学角度来评价药品，并制定合理价格。定期公开发布遴选结果，并根据生产成本等及时调整。

（6）建立短缺基本药品定点生产制度。

对于短缺且不可替代的药品品种，需要建立应急供应机制，可以通过指定有相应资质的药品生产企业进行定点生产，并根据成本和合理的利润确定价格，建立生产激励机制，鼓励生产企业的积极性，保障生产企业的利益。

（三）应急药品的储备与供应

突发性灾害事件具有突发性、复杂性和公共性等特点，有较强的社会和政治影响。一旦大型灾害性事件发生，可能给国家和人民造成巨大损失。突发灾害事件下，如何建立我国快速有效反应的药品应急保障体系意义重大。应急事件中的药品和物资储备是一个系统工程，需要采用科学、全面、系统的管理方法和应急机制。

长期以来，我国药品应急供应体系主要以国家医药储备的方式运作，在历次灾害救援中有力地保障了医疗救援工作的开展。特别是在经历了2003年严重急性呼吸综合征（SARS）、2008年汶川地震、2009年甲型H1N1流感和2019年新型冠状病毒肺炎之后，国家应对此类突发事件的能力有了显著提高，积累了一定经验，我国医药储备供应制度对确保应急药品的迅速供应发挥了重大作用。

我国应急药品供应体系主要以国家医药储备的方式运作。国家医药储备是指国家为确保在发生灾情、疫情及突发事故时，药品、医疗器械能够及时有效供应、维护社会稳定所进行的医药物资储备，是突发公共事件物资应急保障行动方案的重要组成部分，具体包括以下几部分：

（1）医药储备供应管理体系。

我国实施两级储备，中央医药储备部分由工业和信息化部及财政部管理，主要负责储备重大灾情、疫情及重大突发事故和战略储备所需的特种药品、专项药品及医疗器械。而地方医药储备为参照中央医药储备计划并结合当地实际情况制定，主要负责储备地区性或一般灾情、疫情及突发事故和地方常见病防治所需的药品和医疗器械。医药承储企业依照目录储备药品，储备总量不能低于计划总量的70%。迄今为止，中央医药储备只在 2003 年 SARS 期间和 2008 年汶川地震时动用过。

（2）医药储备供应法律体系。

我国尚未建立专门的药品储备供应法律体系，在实际的运行中暂由各种突发事件应急法律法规作为行动依据。目前我国的突发事件应急法律法规以《突发事件应对法》为核心，涵盖卫生应急的《传染病防治法》《职业病防治法》《国境卫生检疫法》《食品安全法》《疫苗管理法》等法律，以及《突发公共卫生事件应急条例》等行政法规，此外还有《国家突发公共卫生事件应急预案》《国家突发公共事件医疗卫生救援应急预案》以及以一些针对某些突发性传染病的防控、诊疗方案和指南为主体的预案体系。在药品管理领域，有《药品管理法》《药品经营质量管理》，涉及国家医药储备和紧急药品调运等问题；但针对医药储备的专项药品应急规范主要是《国家医药储备资金财务管理办法》（1997年）和《国家医药储备管理办法》（1999年）。

（3）药品储备类型。

我国药品储备分为专项储备和常规储备。专项储备包括生物疫苗制品、抗核辐射救治药品、消杀药品、化学中毒救治药品和抗病毒药品等，应对反恐、非典、禽流感、甲型 H1N1 流感、艾滋病等突发事故和疫情。常规储备包括抗生素、降压药、镇痛药、麻醉药等应对疫情、灾情及突发事故所需的普通药品和医疗器械。目前，国内没有统一的应急药材品种目录。

（4）中央医药储备资金。

中央医药储备资金依年度进行专项储备的核销补足，常规储备由承储企业自行轮储不予资金补贴。地方上，广东和上海等部分省市采取银行专项贷款财政贴息的方式。

灾害期间的药品短缺管理取决于通过日常互动中建立的关系，应建立适合国情的多方协调机制及信息沟通平台，做好短缺药品的评估和应对计划。同时，积极预防灾害期间药品短缺需要优先考虑潜在影响最大、短缺风险最高的药品。在重大灾害应急期间，除了做好医疗救援队的紧急药品保障外，还应建立灾害应急期间最低限度必要的药品清单，以保证民众的基本用药需求。

灾害应急期间做好灾害处置的同时，也需要关注灾害对药品保障的影响，特别是受灾害影响较大的药品，如灾害地区受影响的药厂相关药品或原料药、短缺药品以及基本需求用药，应当建立长期治疗中断后风险较大的药品清单，根据各地实际情况和患者实际需求，建立多方协调机制及信息沟通平台，积极做好灾害期间的药品保障，特别是优先考虑受灾害潜在影响大、断药后风险高的药品供应保障。

应急药品、基本药物及基本医疗保险药品从某种程度上都属于国家为保障所有居民生命安全的公共产品。应急药品是针对灾区的所有受灾群众免费使用的救援药品。基本医疗保险药品是针对参与国家基本医疗保险的城镇职工和居民予以报销药品。我国的基本药物全部纳入国家基本医疗保险报销范围。突发事件下的医疗救援是有阶段性的，国家能提供给受灾人群的免费应急药品在时间和数量上都是有限的。但对于灾区的受灾人群而言，财产的严重损失、疾病的恶化或新疾病的出现，会对受灾者产生长期的和持续的健康影响。所以，为让受灾人群能更好地抵御灾害所带来的健康和经济损害风险，建立长期的医疗救援措施是不可缺的。国家应当将更多的应急药品纳入到基本药物和基本医疗保险收载药品中，让受灾人群以更低的成本长期获得国家的医疗救援。

（四）药品价格监管

1. 药品定价机制

在我国，药品定价的形式主要有三种：政府定价、政府指导价和市场调节价。

政府定价是指依照《价格法》的规定，由政府价格主管部门按照定价权限和范围制定的价格。政府指导价是指依照《价格法》的规定，由政府价格主管部门按照定价权限和范围，规定基准价及其浮动幅度，指导经营者制定的价格。

药品政府定价管理分为中央和地方两级：国务院价格主管部门负责制定国家基本医疗保险用药目录中的甲类药品和生产经营具有垄断性的少量特殊药品价格，如国家计划生产供应的精神药品、麻醉药品、计划免疫药品、计划生育药品等。省级价格主管部门负责制定国家基本医疗保险用药目录中的乙类药品和中药饮片价格，以及医疗机构制剂价格。

市场调节价是指通过市场竞争形成的、由药品生产经营企业依法根据生产经营成本和市场供求状况自主制定的价格，是相对于政府定价和政府指导价而言的。

此外，国家规定的药品生产质量标准是药品生产企业应达到的最低标准，不同企业由于生产所采用的工艺不同、原材料的质量不同、管理水平不同，生产出的药品虽然都是合格的，但质量仍有差异，有时差异还很大。为了鼓励企业生产优质药品，国家采取了对少数企业优质产品单独定价的办法。

2015 年 5 月，国家发展改革委等七部门下发《关于印发推进药品价格改革意见的通知》，决定从 2015 年 6 月 1 日起，除麻醉药品和第一类精神药品外，对市场上绝大多数药品正式取消政府定价，药品价格市场化放开基本全面实现，市场对价格的决定作用日益凸显。药品价格的市场化改革，有利于鼓励药品生产企业通过正当竞争提高生产效率、降低药品价格，从而在整体上降低药品价格水平。

2. 医保药品支付价格

医保药品目录准入及定价的目的，是为了控制和平衡医保基金。现在医保部门不仅需要控制医保药品支付价格，还需要监管合理用药，即对于药品价格，医保考虑的第一要素是药品的价值问题。因此，决定药品价格的 6 大因素分别是临床疗效、经济学评价、同一适应证或疾病下其他现有治疗的成本、成本加成估算、产品的国际价格比较、国产创新药价格比较。

医保支付标准，又称医保支付价格、药品支付价、参考价格等，其本质是一种价格，并作为医保控费的一种手段被很多国家广泛使用。医保支付标准对药品价格的影响主要表现在三个方面。一是在形成基础上，由于我国建立起全民医疗保险制度，医保方较大程度整合了需方资源，在药品、服务购买方面形成巨大的话语权，一定程度上能够左右市场价格；二是在影响供需方面，由于医保支付标准是报销价格，对于超出价格的部分将由患者承担，从而减少对高价药的需求，进而影响市场供求关系；三是在产品质量、创新上，通过对不同品质的药品设置不同的支付价格并根据创新程度设计支付价格，达到鼓励创新、提高品质的目的。

3. 药品价格谈判

药品价格谈判是药品供应链中各个环节相关者之间为了达成协议、获得相应利益所进行的沟通行为。我国的药品价格谈判机制是建立在医疗保障制度之下的，医保制度中引入药品价格谈判机制是一种全新的探索。国家药品价格谈判机制作为药品流通领域的基础性制度之一，有利于完善药品价格形成机制，合理降低专利药品和独家生产药品价格，减轻医药费用负担，提高药品可及性和可负担性，对保障相应的药品供应意义重大。通过价格谈判可以提高医疗保险管理服务的效率和水平，提升医疗保险基金的承受力水平，扩大医保对医药价格的影响，实现合理配置医疗保险资源的目标。

2015年2月，国务院办公厅下发《关于完善公立医院药品集中采购工作的指导意见》，明确提出"专利药品、独家生产药品，建立公开透明、多方参与的谈判机制形成价格"，标志着针对部分专利药、独家生产药品的价格谈判工作从国家层面开始实施。

国家医疗保障局结合我国国情，充分发挥政府和市场的双重作用，在国产仿制药通过质量和疗效一致性评价的基础上，采用带量采购、挂网阳光采购等多种方法，同时配合制定支付标准，扩大带量采购政策的溢出效应，促使原研药主动降价，使药品价格回归到公正定价的水平。公正价格是指医保系统和患者个人均可承受的价格；它可使药企有足够市场，激励药物研发和创新；政府可以发挥采购和价格谈判的作用。

在医保药品目录调入时，采用价格谈判方式，使进口药和国产药同台竞标，以及将同类药品同时纳入目录，通过国家医保政策和市场竞争机制来宏观调控医疗保险基金的平衡。谈判机制遵循平等协商、利益均衡、以量换价，谈判成果显著，最终形成医保基金可承受、更多患者受益、药企愿意让利的"三赢"局面。

目前我国药品谈判模式可分为药品价格折扣模式和药品赠送模式。

药品价格折扣模式是指医疗保险经办机构与药品供应商直接谈判，由医保经办机构向药品供应商以优惠价格集中采购部分药品，直接供应参保患者。药品价格折扣较符合我国当前的购销模式，实施成本较低，难度在于如何避免谈判之后的"二次议价"，谈判结果的实施方式可按照我国目前药品购销模式和医保偿付模式进行。

价格折扣的操作流程可以概括为：①根据全国疾病谱和基金情况确定药品谈判范围和适应证；②统计各地基金情况和该药品以往的购销情况，进行药品谈判的量价预测，国家层面出台谈判相关指导意见；③各地依据本地区的情况，达成谈判协议，规定药品的支付比例，谈判结果实施中物流、资金流和信息流的运行方式和监管方式；④协调药品谈判结果与药品集中招标采购的关系，可以由药品集中招标采购来贯彻药品谈判结果；⑤根据对实施的监测情况，定期评价实施效果，为下一轮谈判奠定基础。

价格折扣模式不涉及药品购销模式的变化，在实施过程中的管理成本较小，合理的医保基金管理方式是监督管理的基础。除了完善医保患者信息系统、加强医保基金审查和医疗保险支付制度改革以外，还需要制定控制医疗行为的相关政策。

药品赠送模式在我国主要以第三方机构也就是慈善基金会作为监督机构进行，各省慈善基金会在总会基础上调整实施药品赠送项目。在我国，部分地区在昂贵药品纳入医保乙类目录的药品谈判中采用了药品赠送的方式。对于价格昂贵并且因价格策略不能大幅度给予价格折扣的药品，可以采用药品赠送的谈判方式。医疗保险经办机构作为代表患者利益的单位，在药品赠送中可以担任第三方的角色，负责赠送药品的管理，接受药品供应商的监督。

4. 药品带量采购

药品带量采购是世界卫生组织普遍推荐的药品采购方式，指通过以量换价的方式，达到合理降低药品价格的目的，带量采购要求政府在招标时明确采购数量，企业根据需求量报价。

2010年7月15日，原卫生部颁布《医疗机构药品集中采购工作规范》，药品集采从地方性探索到全国性试点并逐渐推广完善。2018年11月14日，中央全面深化改革委员会第五次会议审议通过了《国家组织药品集中采购试点方案》，2019年2月，国务院办公厅印发《关于国家组织药品集中采购和使用试点的通知》，选择北京、天津、上海、重庆、沈阳、大连、厦门、广州、深圳、成都、西安等11个城市（简称"4+7城市"）试点实行药品带量采购，按照试点地区所有公立医疗机构年度药品总用量的60%～70%估算采购总量，进行带量采购、以量换价，形成药品集中采购价格。与"4+7城市"2017年同种药品最低采购价相比，此次药品带量采购中标的25个药品品种的中选价平均降幅达52%，部分中标药品的降价幅度达90%以上，降价效果显著。2019年年中，国家医保局启动集采扩面，将25个试点品种的集采扩展到全国范围。2019年12月，药品集中采购和使用联合采购办公室在《关于发布〈全国药品集中采购文件〉的公告》中提出，应建立规范化、常态化的药品带量采购模式。

带量采购基于规模经济边际成本降低的经济学原理，通过对于采购总量的承诺，来换取药品生产厂家定价的降低，不仅稳定了供应商的心理预期、保障了其利润空间，也为患者用药的稳定性和持续性提供了有力支持。此项改革还能够引导药品生产企业将更多资本投入到药品研发创新，有利于提高我国原研药的比例。由于药品价格由集中采购合同决定，药品销售模式发生巨变，医疗机构的议价空间被大大压缩，"以药养医"的痼疾将得以克服。

5. 两票制

2016年4月，国务院办公厅发布《深化医药卫生体制改革2016年重点工作任务》（国办发〔2016〕26号），提出优化药品购销秩序，压缩流通环节，综合医改试点省份要在全省范围内推行"两票制"（即，生产企业到流通企业开一次发票，流通企业到医疗机构开一次发票），积极鼓励公立医院综合改革试点城市推行"两票制"，鼓励医院与药品生产企业直接结算药品货款、药品生产企业与配送企业结算配送费用，压缩中间环节，降低虚高价格。两票制压缩了药品流通环节和开票环节，促进药品销售模式转型，力争消除带金销售顽疾，创新药品流通格局，使药品价格更趋透明化。

2016年5月，国家在前期充分试点总结经验的基础上，在全国范围内全面推行"营改增"改革，即逐步取消营业税税种，之前缴纳营业税的纳税人改征收增值税。通过"营改增"，减少对商品流转额的重复征税，促进税收中性、公平，有利于拉长产业链，激励创业创新，催生新业态，激发市场活力。为确保改革稳步推进，中央出台多项配套措施保障"营改增"过程中所有行业的税负只降不增。

在实施两票制之后，药品在流通的各环节开具两张增值税发票，缩短了药品流通环节，降低了药品行业税票的开支，降低了药品流通环节成本。同时两票制的全面推广，也使得药品在流通环节更加透明化与公开化，药品从出厂开始经过药品批发公司流通给消费者，药品批发公司的每笔成本费用更加透明与公开，有效遏制了过去药品批发公司与药品经销商买票冲账的现象。随着两票制的全面推行，药品流通行业的成本也将呈现逐渐下降的趋势，这对大型药品企业而言利好，为大型药品企业走向规模化与集团化提供了更为良好的条件。

两票制实施之后，各药品生产企业的招商模式也受到影响，药品销售环节的利润空间将被压缩，药品生产企业的利润空间也被压缩，导致药品生产企业通过提升药品出厂价格来确保企业的发展，提高了企业的获利难度。此外，两票制压缩了药品的中间环节，各类中间环节的企业竞争加剧，小型的药品流通企业将受到多方面的挤压，甚至出现严重的生存危机，面临被兼并收购甚至是破产的风险。

随着两票制在全国范围内的全面推行，药品格局也受到了极大的改变，药品的利润变得透明化，医院的医疗服务取代药品收入成为医院的主要经济来源。随着两票制的推行，医院的药品经营模式要求零加价，将给医院经营和药品企业的经营带来重大的冲击，影响药品行业的利润结构，这样的改变会给药品企业的业务链带来极大的冲击，也促进了药品行业内部结构的升级与转型。

电商药品公司能剔除各级代理商在代理过程中的水分，从而降低采购与出售价格，在两票制实施后获得了良好的竞争优势，为电商药品批发公司的整体利润提升提供保障。药品批发公司作为药品的供货方，通过电子商务也能够有效降低销售成本，快速占领市场份额。因此两票制有助于电商药品企业实现高速发展。

二、药品广告监管

（一）药品广告监管的必要性

药品作为一种特殊商品，直接关系到公众健康和生命安全。药品的特殊性决定了药品广告规制具有不同于其他广告的特点。

1）药品信息的不对称性。患者相对于药品生产经营企业处于药品信息获取和理解的弱势地位，药品广告作为消费者获取药品信息的主要途径之一，对于弥补或加剧患者的弱势地位具有重要影响。

2）药品疗效的双重性。药品被用于治疗某些疾病，同时也会对人体产生一定的毒副作用或不良反应，因此药品广告的真实性不仅要求不含虚假性或误导性信息，且不得隐瞒真实信息。

3）药品需求的刚性。药品供求变化受价格影响较小，患者对特定药品的购买需求在相当长期限内不会受药品价格升降而发生变化，因而成为药品广告的最终买单者。

4）药品对生命健康影响的严重性。由于药品与人的生命健康密切相关，其研发、生产、销售等全过程受到严格监管，其中作为药品生产经营的重要方面，药品广告的发布主体、程序及其内容也被予以严格规范。

正因如此，一些媒体上的虚假药品广告，夸大或虚构药品治疗效果，或者将普通药品甚至非药品包装成包治百病的神药，严重损害了公众的生命健康，也损害了合法药品生产经营者的利益，扭曲了正常的市场竞争秩序。因此，为了改善药品消费者的信息弱势地位，充分保障公众知情权，保障其用药安全，规范药品广告市场，营造公平有序的药品市场竞争环境，推动我国药品产业持续健康发展，药品广告应当进行严格监管。

需要说明的是，药品、医疗器械、保健食品、特殊医学用途配方食品广告的监管模式基本类似，下文一并阐述。

（二）药品广告的事前审批制度

依据《行政许可法》《广告法》《药品管理法》《药品、医疗器械、保健食品、特殊医学用途配方食品广告审查管理暂行办法》（以下简称《广告审查管理暂行办法》）等法律、法规和规章，我国药品广告监管采取事前审批制度。

事前审批即行政许可，是干预力度最强的规制工具，《行政许可法》第十二条规定，对于直接关系人身健康、生命财产安全等特定活动，需要按照法定条件予以批准的事项，可以设定行政许可。鉴于药品的特殊性，我国建立包括药品广告在内诸多药品行政许可事项。《广告法》第四十六条规定："发布医疗、药品、医疗器械、农药、兽药和保健食品广告，以及法律、行政法规规定应当进行审查的其他广告，应当在发布前由有关部门（以下称广告审查机关）对广告内容进行审查；未经审查，不得发布。"《药品管理法》第八十九条规定："药品广告应当经广告主所在地省、自治区、直辖市人民政府确定的广告审查机关批准；未经批准的，不得发布。"《广告法》第四十七条规定，"广告审查机关应当依照法律、行政法规规定作出审查决定，并应当将审查批准文件抄送同级市场监督管理部门。广告审查机关应当及时向社会公布批准的广告"。

《广告审查管理暂行办法》第二条第二款规定，未经审查不得发布药品、医疗器械、保健食品和特殊医学用途配方食品广告。第十三条规定，药品、特殊医学用途配方食品广告审查申请应当依法向生产企业或者进口代理人等广告主所在地广告审查机关提出。医疗器械、保健食品广告审查申请应当依法向生产企业或者进口代理人所在地广告审查机关提出。

（三）药品广告的限制性准则

根据《广告法》《药品管理法》《药品、医疗器械、保健食品、特殊医学用途配方食品广告审查管理暂行办法》的相关规定，我国药品、医疗器械等医药广告实行分类规制制度。

一是特殊药品和医疗器械不得作广告，包括麻醉药品、精神药品、医疗用毒性药品、放射性药品、药品类易制毒化学品，以及戒毒治疗的药品、医疗器械和治疗方法，均不得作广告。

二是处方药只能在国家卫健委和国家药监局共同指定的医学、药学专业刊物上作广告。

三是对广告内容进行明确的限制。非药品广告不得有涉及药品的宣传,药品、医疗器械、保健食品和特殊医学用途配方食品广告不得含有下列内容:①表示功效、安全性的断言或者保证;含有"安全""安全无毒副作用""毒副作用小",明示或者暗示成分为"天然",因而安全性有保证等内容;②说明治愈率或者有效率;③违反科学规律,明示或者暗示可以治疗所有疾病、适应所有症状、适应所有人群,或者正常生活和治疗病症所必需等内容;④与其他药品、医疗器械的功效和安全性或者其他医疗机构比较;⑤利用广告代言人作推荐、证明,特别是利用国家机关、科研单位、学术机构、行业协会或者专家、学者、医师、药师、患者等的名义或者形象作推荐、证明;⑥引起公众对所处健康状况和所患疾病产生不必要的担忧和恐惧,或者使公众误解不使用该产品会患某种疾病或者加重病情的内容;⑦含有"热销、抢购、试用""家庭必备、免费治疗、免费赠送"等诱导性内容,"评比、排序、推荐、指定、选用、获奖"等综合性评价内容,"无效退款、保险公司保险"等保证性内容,怂恿消费者任意、过量使用药品、保健食品和特殊医学用途配方食品的内容;⑧含有医疗机构的名称、地址、联系方式、诊疗项目、诊疗方法以及有关义诊、医疗咨询电话、开设特约门诊等医疗服务的内容;⑨法律、行政法规规定禁止的其他内容。

四是广告主应当对广告内容的真实性和合法性负责。药品广告的内容应当真实、合法,以国家药品监督管理部门核准的药品说明书为准,涉及药品名称、药品适应证或者功能主治、药理作用等内容的,不得超出说明书范围,不得含有虚假或者引人误解的内容。医疗器械广告的内容应当以药品监督管理部门批准的注册证书或者备案凭证、注册或者备案的产品说明书内容为准,涉及医疗器械名称、适用范围、作用机理或者结构及组成等内容的,不得超出注册证书或者备案凭证、注册或者备案的产品说明书范围。

五是明确广告内容中应当显著标明的事项。药品、医疗器械、保健食品和特殊医学用途配方食品广告应当显著标明广告批准文号。药品广告应当显著标明禁忌和不良反应,处方药广告应当显著标明"本广告仅供医学药学专业人士阅读",非处方药广告还应当显著标明非处方药标识(OTC)和"请按药品说明书或者在药师指导下购买和使用"。医疗器械产品注册证明文件中有禁忌内容、注意事项的,广告中应当显著标明"禁忌内容或者注意事项详见说明书"。推荐给个人自用的医疗器械的广告,应当显著标明"请仔细阅读产品说明书或者在医务人员的指导下购买和使用"。广告中应当显著标明的内容,其字体和颜色必须清晰可见、易于辨认,在视频广告中应当持续显示。

三、药品生产质量监督管理

(一)主体责任

原料药生产企业应当按照核准的生产工艺组织生产,严格遵守药品生产质量管理规范,确保生产过程持续符合法定要求。经关联审评的辅料、直接接触药品的包装材料和容器的生产企业以及其他从事与药品相关生产活动的单位和个人依法承担相应责任。

药品上市许可持有人应当建立药品质量保证体系，履行药品上市放行责任，对其取得药品注册证书的药品质量负责。中药饮片生产企业应当履行药品上市许可持有人的相关义务，确保中药饮片生产过程持续符合法定要求。药品上市许可持有人的法定代表人、主要负责人对药品质量全面负责。

药品上市许可持有人应当配备专门人员独立负责药品质量管理，承担对受托药品生产企业、药品经营企业的质量管理体系审核和监督其持续具备质量保证和控制能力的义务。药品上市许可持有人应当对受托方的质量保证能力和风险管理能力进行评估，与其签订质量协议以及委托协议，监督受托方履行有关协议约定的义务。受托方不得将接受委托生产的药品再次委托第三方生产。

药品生产企业应当建立药品出厂放行规程，明确出厂放行的标准、条件，并对药品质量检验结果、关键生产记录和偏差控制情况进行审核，对药品进行质量检验。符合标准、条件的，经质量受权人签字后方可出厂放行。药品上市许可持有人应当建立药品上市放行规程，对药品生产企业出厂放行的药品检验结果和放行文件进行审核，经质量受权人签字后方可上市放行。不符合国家药品标准的，不得放行。执行此规定应当根据具体情况，当前绝大多数情况下，生产企业即是持有人，可以整合出厂放行和上市放行程序，采取单一放行程序。而对于持有人与生产企业不是同一主体的情形，应当严格执行双放行要求。

药品上市许可持有人的法定代表人、主要负责人应当对药品质量全面负责，履行以下职责：①配备专门质量负责人独立负责药品质量管理；②配备专门质量受权人独立履行药品上市放行责任；③监督质量管理体系正常运行；④对药品生产企业、供应商等相关方与药品生产相关的活动定期开展质量体系审核，保证持续合规；⑤按照变更技术要求，履行变更管理责任；⑥对委托经营企业进行质量评估，与使用单位等进行信息沟通；⑦配合药品监督管理部门对药品上市许可持有人及相关方的延伸检查；⑧发生与药品质量有关的重大安全事件，应当及时报告并按持有人制订的风险管理计划开展风险处置，确保风险得到及时控制；⑨其他法律法规规定的责任。

药品生产企业的法定代表人、主要负责人应当对本企业的药品生产活动全面负责，履行以下职责：①配备专门质量负责人独立负责药品质量管理，监督质量管理规范执行，确保适当的生产过程控制和质量控制，保证药品符合国家药品标准和药品注册标准；②配备专门质量受权人履行药品出厂放行责任；③监督质量管理体系正常运行，保证药品生产过程控制、质量控制以及记录和数据真实性；④发生与药品质量有关的重大安全事件，应当及时报告并按企业制订的风险管理计划开展风险处置，确保风险得到及时控制；⑤其他法律法规规定的责任。

在药品生产许可证中登记持有人和药品生产企业中的关键人员，一方面明确责任人，另一方面，当出现违反《药品管理法》等法律的违法行为时能处罚到人，涉及《药品管理法》第一百一十八条、第一百二十条、第一百二十三至一百二十六条等条款，具体处罚措施包括罚款、行政拘留、禁业处罚等。

（二）现场核查与飞行检查

药品监督管理部门应当建立健全职业化、专业化检查员制度，明确检查员的资格标准、检查职责、分级管理、能力培训、行为规范、绩效评价和退出程序等规定，提升检查员的专业素质和工作水平。检查员应当熟悉药品法律法规，具备药品专业知识。药品监督管理部门应当根据监管事权、药品产业规模及检查任务等，配备充足的检查员队伍，保障检查工作需要。有疫苗等高风险药品生产企业的地区，还应当配备相应数量的具有疫苗等高风险药品检查技能和经验的药品检查员。

建立持有人与药品生产企业属地化监督检查原则，必要时开展跨区域联合检查。药品上市许可持有人和受托生产企业不在同一省、自治区、直辖市的，以企业所在地省级药监部门负责监管为基本原则。省级药品监督管理部门应当加强监督检查信息互相通报，及时将监督检查信息更新到药品安全信用档案中，必要时可以开展联合检查。生产监管办法还特别规定，省级药品监管部门可以依据更新到药品安全信用档案中的跨省监管结果开展调查并采取相应的监管措施，提升跨省监管效能。

省级药品监督管理部门根据监管需要，对持有药品生产许可证的药品上市许可申请人及其受托生产企业，按以下要求进行上市前的药品生产质量管理规范符合性检查：

1）未通过与生产该药品的生产条件相适应的药品生产质量管理规范符合性检查的品种，应当进行上市前的药品生产质量管理规范符合性检查。其中，拟生产药品需要进行药品注册现场核查的，国家药品监督管理局药品审评中心通知核查中心，告知相关省级药品监督管理部门和申请人。核查中心协调相关省级药品监督管理部门，同步开展药品注册现场核查和上市前的药品生产质量管理规范符合性检查。

2）拟生产药品不需要进行药品注册现场核查的，国家药品监督管理局药品审评中心告知生产场地所在地省级药品监督管理部门和申请人，相关省级药品监督管理部门自行开展上市前的药品生产质量管理规范符合性检查。

3）已通过与生产该药品的生产条件相适应的药品生产质量管理规范符合性检查的品种，相关省级药品监督管理部门根据风险管理原则决定是否开展上市前的药品生产质量管理规范符合性检查。

开展上市前的药品生产质量管理规范符合性检查的，在检查结束后，应当将检查情况、检查结果等形成书面报告，作为对药品上市监管的重要依据。上市前的药品生产质量管理规范符合性检查涉及药品生产许可证事项变更的，由原发证的省级药品监督管理部门依变更程序作出决定。

通过相应上市前的药品生产质量管理规范符合性检查的商业规模批次，在取得药品注册证书后，符合产品放行要求的可以上市销售。药品上市许可持有人应当重点加强上述批次药品的生产销售、风险管理等措施。

新《药品管理法》实施以前，国家药品监管部门对于通过 GMP 认证的企业颁发认证证书，有效期为 5 年，从某种意义上相当于药监部门认可，该药品生产企业在 5 年内的生产活动符合 GMP 规范。但是 GMP 是一个日常活动，并不是今天符合 GMP 规范明天就一定符合，很多企业都只是为了认证而认证，检查人员一离开，马上就不按规范操作，使得GMP认证证书变成了违规操作的"遮羞布"。因此，一些国家只有GMP现场检查，没有GMP认证，如美国的FDA。

2019年新《药品管理法》及2020年新《药品生产监督管理办法》取消了GMP认证，将采取更严格和更科学的监管方式，更加注重全过程监管，进行常态化的飞行检查，促进药品上市许可持有人和药品生产企业承担质量保证义务和责任，药品生产活动持续合规，促进行业逐步走向规范。GMP认证取消后，既不会降低药品生产质量标准，也不意味着药企生产门槛的降低，相反，药企将面临更加常态化和更加严苛的检查。国家不断强化飞行检查，细化国家和省级药监局的责任分工，日常监管逐渐代替认证监管。

药品生产监督检查包括许可检查、常规检查、有因检查和其他检查。监督检查的主要内容包括：①药品上市许可持有人、药品生产企业执行有关法律、法规及实施药品生产质量管理规范、药物警戒质量管理规范以及有关技术规范等情况；②药品生产活动是否与药品品种档案载明的相关内容一致；③疫苗储存、运输管理规范执行情况；④药品委托生产质量协议及委托协议；⑤风险管理计划实施情况；⑥变更管理情况。

省级药品监督管理部门应当坚持风险管理、全程管控原则，根据风险研判情况，制订年度检查计划并开展监督检查。年度检查计划至少包括检查范围、内容、方式、重点、要求、时限、承担检查的机构等。

省级药品监督管理部门应当根据药品品种、剂型、管制类别等特点，结合国家药品安全总体情况、药品安全风险警示信息、重大药品安全事件及其调查处理信息等，以及既往检查、检验、不良反应监测、投诉举报等情况确定检查频次：①对麻醉药品、第一类精神药品、药品类易制毒化学品生产企业每季度检查不少于一次；②对疫苗、血液制品、放射性药品、医疗用毒性药品、无菌药品等高风险药品生产企业，每年不少于一次药品生产质量管理规范符合性检查；③对上述产品之外的药品生产企业，每年抽取一定比例开展监督检查，但应当在三年内对本行政区域内企业全部进行检查；④对原料、辅料、直接接触药品的包装材料和容器等供应商、生产企业每年抽取一定比例开展监督检查，五年内对本行政区域内企业全部进行检查。省级药品监督管理部门可以结合本行政区域内药品生产监管工作实际情况，调整检查频次。

（三）监管新措施

新《药品生产监督管理办法》确立了检查后监管新措施，明确了告诫信的发布条件。告诫信是指药品监督管理部门在药品监督管理活动中，对有证据证明可能存在安全隐患的，依法发出的信函。告诫信应当载明存在缺陷、问题和整改要求。国家药品监督管理局和省级药品监督管理部门通过监督检查发现药品生产管理或者疫苗储存、运输管理存在缺陷，有证据证明可能存在安全隐患的，应当依法采取相应措施：①基本符合药品生产质量管理规范要求，需要整改的，应当发出告诫信并依据风险相应采取告诫、约谈、限期整改等措施；②药品存在质量问题或者其他安全隐患的，药品监督管理部门根据监督检查情况，应当发出告诫信，并依据风险相应采取暂停生产、销售、使用、进口等控制措施。

药品存在质量问题或者其他安全隐患的,药品上市许可持有人应当依法召回药品而未召回的,省级药品监督管理部门应当责令其召回。风险消除后,采取控制措施的药品监督管理部门应当解除控制措施。

发生与药品质量有关的重大安全事件,药品上市许可持有人应当立即对有关药品及其原料、辅料以及直接接触药品的包装材料和容器、相关生产线等采取封存等控制措施,并立即报告所在地省级药品监督管理部门和有关部门,省级药品监督管理部门应当在24小时内报告省级人民政府,同时报告国家药品监督管理局。

(四)吹哨人制度

药品行业关系重大,技术纷繁复杂,药监部门不可能实时监控企业生产的每一个环节,相比之下,内部员工更能及时掌握真实情况,可在第一时间、第一地点察觉问题,吹响哨声,制止问题。2019年9月国务院发布《国务院关于加强和规范事中事后监管的指导意见》,明确提出建立"吹哨人"、内部举报人等制度,对举报严重违法违规行为和重大风险隐患的有功人员予以重奖和严格保护。这是国务院层面首次对建立"吹哨人"制度做出部署。新修订《药品管理法》也明确规定,药品监督管理部门应当公布本部门的电子邮件地址、电话,接受咨询、投诉、举报,并依法及时答复、核实、处理。对查证属实的举报,按照有关规定给予举报人奖励。药品监督管理部门应当对举报人的信息予以保密,保护举报人的合法权益。举报人举报所在单位的,该单位不得以解除、变更劳动合同或者其他方式对举报人进行打击报复。

对内部举报者进行一定的经济激励,既能及早发现问题,排除风险,降低监管成本,又能体现出政府严抓药品安全的决心,不失为一种有效的监管手段。

四、药品上市后监管

(一)上市后研究

药品上市许可持有人应当制订药品上市后风险管理计划,主动开展药品上市后研究,对药品的安全性、有效性和质量可控性进行进一步确证,加强对已上市药品的持续管理。

药品上市许可持有人应当主动开展药品上市后研究,对已上市药品的安全性、有效性和质量可控性定期开展上市后评价和进行进一步确证,加强对已上市药品的持续管理。必要时,国务院药品监督管理部门可以责令药品上市许可持有人开展上市后评价或者直接组织开展上市后评价。经评价,对疗效不确切、不良反应大或者因其他原因危害人体健康的药品,应当注销药品注册证书。

药品批准上市后,持有人应当持续开展药品安全性和有效性研究,根据有关数据及时备案或者提出修订说明书的补充申请,不断更新完善说明书和标签。药品监督管理部门依职责可以根据药品不良反应监测和药品上市后评价结果等,要求持有人对说明书和标签进行修订。

药品注册证书及附件要求持有人在药品上市后开展相关研究工作的,持有人应当在规定时限内完成并按照要求提出补充申请、备案或者报告。

对附条件批准的药品，药品上市许可持有人应当采取相应风险管理措施，并在规定期限内按照要求完成相关研究；逾期未按照要求完成研究或者不能证明其获益大于风险的，国务院药品监督管理部门应当依法处理，直至注销药品注册证书。

已被注销药品注册证书的药品，不得生产或者进口、销售和使用。已被注销药品注册证书、超过有效期等的药品，应当由药品监督管理部门监督销毁或者依法采取其他无害化处理等措施。

药品上市许可持有人应当开展药品上市后不良反应监测，主动收集、跟踪分析疑似药品不良反应信息，对已识别风险的药品及时采取风险控制措施。

对已确认发生严重不良反应的药品，由国务院药品监督管理部门或者省级药品监督管理部门根据实际情况采取停止生产、销售、使用等紧急控制措施，并应当在5日内组织鉴定，自鉴定结论作出之日起15日内依法作出行政处理决定。

（二）生产变更

对药品生产过程中的变更，按照其对药品安全性、有效性和质量可控性的风险和产生影响的程度，实行分类管理，分为审批类变更、备案类变更和报告类变更。属于重大变更的，应当经国务院药品监督管理部门批准，其他变更应当按照国务院药品监督管理部门的规定备案或者报告。

持有人应当按照相关规定，参照相关技术指导原则，全面评估、验证变更事项对药品安全性、有效性和质量可控性的影响，进行相应的研究工作。

对于药品生产过程中的重大变更，药品说明书中涉及有效性内容以及增加安全性风险的其他内容的变更，持有人转让药品上市许可等变更事项，持有人应当以补充申请方式申报，经批准后实施。

对于药品生产过程中的中等变更、药品包装标签内容的变更和药品分包装等变更事项，持有人应当在变更实施前，报所在地省级药品监督管理部门备案。境外生产药品发生上述变更的，应当在变更实施前报药品审评中心备案。

对于药品生产过程中的微小变更以及国家药品监督管理局规定需要报告的其他变更，持有人应当在年度报告中报告。

（三）药品追溯体系和药物警戒制度

1. 药品追溯体系

药品信息化追溯体系，是指药品上市许可持有人、生产企业、经营企业、使用单位、监管部门、消费者等药品追溯参与方，运用通过信息化手段，采集记录药品生产、流通、消费等各环节的信息并进行追踪、溯源的一套制度体系，是实现来源可查、去向可追、责任可究，强化全品种全过程质量安全管理与风险控制的一种有效措施。

《药品管理法》第七条规定，"从事药品研制、生产、经营、使用活动，应当遵守法律、法规、规章、标准和规范，保证全过程信息真实、准确、完整和可追溯"。第十二条第一款规定,"国家建立健全药品追溯制度,国务院药品监督管理部门制定统一的药品追溯标准和规范,推进药品追溯信息互通互享,实现药品可追溯"。第三十六条规定,"药品上市许可持有人、药品生产企业、药品经营企业和医疗机构应当建立并实施药品追溯制度,按照规定提供追溯信息,保证药品可追溯"。第三十九条规定,"中药饮片生产企业履行药品上市许可持有人的相关义务,对中药饮片生产、销售实行全过程管理,建立中药饮片追溯体系,保证中药饮片安全、有效、可追溯"。第一百二十七条规定了"未按照规定建立并实施药品追溯制度"的违法责任:责令限期改正,给予警告;逾期不改正的,处10万元以上50万元以下的罚款。

《疫苗管理法》第十条规定,国家实行疫苗全程电子追溯制度,国务院药品监督管理部门会同国务院卫生健康主管部门制定统一的疫苗追溯标准和规范,建立全国疫苗电子追溯协同平台,整合疫苗生产、流通和预防接种全过程追溯信息,实现疫苗可追溯。疫苗上市许可持有人应当建立疫苗电子追溯系统,与全国疫苗电子追溯协同平台相衔接,实现生产、流通和预防接种全过程最小包装单位疫苗可追溯、可核查。疾病预防控制机构、接种单位应当依法如实记录疫苗流通、预防接种等情况,并按照规定向全国疫苗电子追溯协同平台提供追溯信息。

国家药品监督管理局先后已经发布《药品信息化追溯体系建设导则》《药品追溯码编码要求》《药品追溯系统基本技术要求》《疫苗追溯基本数据集》《疫苗追溯数据交换基本技术要求》《药品上市许可持有人和生产企业追溯基本数据集》《药品经营企业追溯基本数据集》《药品使用单位追溯基本数据集》《药品追溯消费者查询基本数据集》《药品追溯数据交换基本技术要求》共10个药品追溯相关标准,包括药品追溯基础通用标准、疫苗追溯数据及交换标准、药品(不含疫苗)追溯数据及交换标准三大类,基本建立起了完整的药品追溯体系技术标准。

药品信息化追溯体系包含药品追溯系统、药品追溯协同服务平台和药品追溯监管系统。药品追溯系统应包含药品在生产、流通及使用等全过程追溯信息,并具有对追溯信息的采集、存储和共享功能,可分为企业自建追溯系统和第三方机构提供的追溯系统两大类。协同平台应包含追溯协同模块和监管协同模块,追溯协同模块服务企业和消费者,监管协同模块服务监管工作。协同平台提供准确的药品品种及企业基本信息、药品追溯码编码规则的备案和管理服务以及不同药品追溯系统的地址服务,辅助实现不同药品追溯系统互联互通。药品追溯监管系统包括国家和各省药品追溯监管系统,根据各自监管需求采集数据,监控药品流向,包含追溯数据获取、数据统计、数据分析、智能预警、召回管理、信息发布等功能。

药品上市许可持有人和生产企业承担药品追溯系统建设的主要责任,可以自建药品追溯系统,也可以采用第三方技术机构提供的药品追溯系统。药品上市许可持有人、生产企业、经营企业和使用单位应当按照质量管理规范要求对相关活动进行记录,记录应当真实、准确、完整、防篡改和可追溯,并应按照监管要求,向监管部门提供相关数据,追溯数据字段应符合追溯基本数据集相关技术标准的规定,实现药品流通全过程来源可查、去向可追,这是药品追溯体系的基础。药品追溯数据记录和凭证保存期限应不少于五年。

药品上市许可持有人和生产企业在销售药品时，应向下游企业或医疗机构提供相关追溯信息，以便下游企业或医疗机构验证反馈。及时、准确获得所生产药品的流通、使用等全过程信息，并应按照监管要求，向监管部门提供相关数据。应通过药品追溯系统为消费者提供药品追溯信息查询，查询内容应符合药品追溯消费者查询信息基本数据集相关标准要求。

药品经营企业和药品使用单位应配合药品上市许可持有人和生产企业建设追溯系统，并将相应追溯信息上传到追溯系统。药品批发企业、药品零售企业和药品使用单位在采购药品时，应向上游企业索取相关追溯信息，在药品验收时进行核对，并将核对信息反馈上游企业。药品批发企业在销售药品时，应向下游企业或使用单位提供相关追溯信息。药品零售企业和药品使用单位在销售药品时，应保存销售记录明细，并及时更新售出药品的状态。

药品监管部门在药品信息化追溯体系建设中应当发挥督促引导作用，监督持有人、药品生产企业、药品经营使用单位建立药品追溯系统，指导行业协会在药品信息化追溯体系建设中发挥积极作用。国家药品监管部门应建设协同平台，提供准确的药品品种及企业基本信息、药品追溯码编码规则的备案和管理服务以及不同药品追溯系统的地址服务，为药品追溯系统互联互通提供支持。国家级和省级药品监管部门应建设药品追溯监管系统，根据各自监管需求采集其行政区域内药品追溯相关数据，充分发挥追溯数据在日常监管、风险防控、产品召回、应急处置等监管工作中的作用。

2. 药物警戒制度

（1）法律框架。

药品安全与公众健康息息相关，药物警戒在其中发挥了重大作用。药物警戒是指发现、评价、理解和预防药品不良反应或其他任何与药物相关问题的科学和活动。药物警戒与药物不良反应监测和报告有所关联，但不仅仅局限于药物不良反应监测和报告，还包含上市后药物的再评价和药物不良反应的预警。药物警戒贯穿在药品前期研发和上市后的全生命周期中，同时，包括了药品误用、滥用、用法错误及药物相互作用等情况。

《药品管理法》第十二条第二款规定，"国家建立药物警戒制度，对药品不良反应及其他与用药有关的有害反应进行监测、识别、评估和控制"。第八十条规定，"药品上市许可持有人应当开展药品上市后不良反应监测，主动收集、跟踪分析疑似药品不良反应信息，对已识别风险的药品及时采取风险控制措施"。第八十一条规定，"药品上市许可持有人、药品生产企业、药品经营企业和医疗机构应当经常考察本单位所生产、经营、使用的药品质量、疗效和不良反应。发现疑似不良反应的，应当及时向药品监督管理部门和卫生健康主管部门报告"。第一百三十四条规定了药品上市许可持有人、药品经营企业和医疗机构未按照规定开展药品不良反应监测或者报告疑似药品不良反应的违法责任。这标志着我国正式引入药物警戒制度，并明确了药品上市许可持有人、药品生产企业、药品经营企业和医疗机构主动开展药物警戒的义务。

表 1-1　我国药物警戒相关指导文件

发布时间		文件名称
上市前报告	2003 年 8 月	《药物临床试验质量管理规范》
	2018 年 4 月	关于发布《药物临床试验期间安全性数据快速报告的标准和程序》的通知
	2019 年 8 月	《中华人民共和国药品管理法》（2019 年修订）
	2020 年 4 月	《药品注册管理办法》
上市后报告	2011 年 5 月	《药品不良反应报告和监测管理办法》
	2015 年 7 月	《药品不良反应报告和监测检查指南（试行）》
	2018 年 1 月	关于适用国际人用药品注册技术协调会二级指导原则的公告
	2018 年 9 月	关于药品上市许可持有人直接报告不良反应事宜的公告
	2019 年 8 月	《中华人民共和国药品管理法》（2019 年修订）
	2019 年 11 月	《药品上市许可持有人药物警戒年度报告撰写指南（试行）》
	2020 年 1 月	《上市许可持有人药品不良反应报告表（试行）》及填表说明

（2）组织机构。

作为我国药物警戒工作技术支撑的主要机构是国家药品监督管理局药品评价中心，即国家药品不良反应监测中心，全国各省自治区、直辖市也已建立起省级药品不良反应监测中心。国家药品不良反应监测中心承担国家药品不良反应报告和监测资料的收集、评价、反馈和上报，以及全国药品不良反应监测信息网络的建设和维护等职责，负责将严重药品不良反应报告的综合分析结果及时上报国家药品监督管理局；其下设的化学药品监测和评价一部和二部（生物制品监测与评价部）承担化学药品和生物制品的不良反应监测与上市后安全性评价工作。省级药品不良反应监测中心负责本行政区域内的药品不良反应报告和监测的技术工作，每季度对收到的药品不良反应报告进行分析评价，及时上报省级药品监督管理局和国家药品不良反应监测中心。其中，药品上市许可持有人承担药品不良反应的报告工作，按照可疑即报原则，通过国家药品不良反应监测系统等途径报告来自个人、医疗机构和药品经营企业的药品不良反应信息。这种层层上报、各省负责各自行政区域的药品不良反应监管的模式能够减少国家药品不良反应监测中心的工作量，提高处理药品安全性问题的效率。

（3）药品不良反应监测方式。

我国药品不良反应监测采取被动监测的方式，同时也在探索主动监测的模式。由 1 个国家中心、34 个省级中心和超过 400 个市级中心组成的自发报告系统（Spontaneous Reporting System，SRS）是我国被动监测的信息网络，通过收集医院、药品上市许可持有人和药品经营企业的自发报告实现药品不良反应监测，在药品安全性监管方面发挥了重要作用。但是，被动监测方式对风险信号识别不够灵敏，容易出现漏报现象。国家药品不良反应监测中心于 2015 年开始主动监测工作，于 2016 年启动药品不良反应监测哨点项目，成立国家药品不良反应监测哨点联盟。我国将监测哨点联盟组织接入中国医院药物警戒系统（Chinese Hospital Pharmacovigilance System，CHPS），实现药品不良反应信息的自动采集、上报、评价，开展重点监测、上市后再评价，提高药品不良反应的上报效率及报告质量。基于医药信息系统（Hospital Information System，HIS），CHPS与电子病历、药库信息管理系统等数据接口对接，将被动监测转变为主动监测，助益我国药物警戒活动的开展。

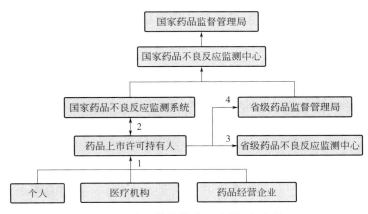

图 1-8　我国药物警戒活动的组织机构

（4）数据库建设。

国家药品不良反应监测系统，作为我国的药物警戒数据库，目前设有持有人报告、医疗机构/经营企业报告、监测机构管理3个入口。2018年，全国药品不良反应监测网络共收到149.9万份"药品不良反应/事件报告表"。1999～2018年累计收到1368万份"药品不良反应/事件报告表"，其中86.8%的报告来自医疗机构，来自药品生产企业的报告仅占5.1%。该系统目前仅持有人、医疗机构和监管机构能够查询使用；公众没有访问权限，因此无法获取药品不良反应相关的信息。目前，公众仅能通过《药品不良反应信息通报》获知我国上报的药品不良反应信息，但该通报发布时间无规律且自2010年后每年发布的期数明显减少。

3. 药品生产企业如何建立药物警戒体系

药物警戒体系的建立和有效的运行，不仅可以有效监测上市药品的安全性、评估药品风险效益平衡的动态变化并采取有效措施，也能通过药物警戒工作强化药品生产企业对药品安全性监测和风险管理的能力，确保公众用药安全。药品生产企业可依据全面质量管理理论中影响产品质量的主要因素来构建药物警戒体系。

（1）组建专门机构和专职人员。

专门的药物警戒组织机构是开展药物警戒工作的必要保障。建立一个高效、合理的药物警戒组织机构是药物警戒体系存在和运行的基础，是开展药物警戒工作的前提和基础，因此，药品生产企业应当设立专门机构并配备专职人员，开展药物警戒相关工作。在企业的组织架构中，可将药物警戒部与质量部、销售部、医学部等权重部门并行，直属总经理或总监等高层直接领导。还可建立由跨部门高级管理人员组成的药品警戒委员会，如企业产品有任何重大的药品安全隐患时，可以在第一时间召集药品警戒部门以及其他部门相关人员，召开会议评估问题严重性、快速处理和分析事件发生原因，提出解决方案，第一时间响应和控制事态的发生，第一时间保障公共用药安全。

专职人员应具有医学、流行病学、药学或者统计学等相关专业背景，熟悉药品不良反应监测和管理的相关法律法规，并具备监督和指导企业按规定实施药品不良反应监测和报告的专业技能和解决实际问题的能力。药物警戒专职人员应负责药品不良事件的收集、核实、分析、评价和按规定上报各类药品不良反应/事件等，及时有效地在内外部反馈和交流药品的安全性信息。

（2）建立广泛的安全性信息收集途径。

足够且高质量的药品安全性信息是开展药物警戒工作的基础。据调查，国内生产企业收集到的安全性信息大部分来自国家不良反应监测中心定期反馈的数据，而其他的收集途径较为狭窄。安全性信息的收集途径大致可分为以下几种。

① 医院拜访：可以通过日常拜访医生，收集临床发生的药品不良反应。

② 热线电话：设立专门的药品咨询电话或药品安全呼叫中心，提供 24 小时服务，将免费热线号码印制在公司处方药说明书及官方网站中，方便药品使用者咨询用药信息以及上报不良反应。

③ 科学文献：科学文献是高质量个例药品不良反应报告的来源之一，应按要求报告文献来源的不良反应。生产企业应制定文献检索方案或程序，对文献检索频率、时间范围、文献来源、文献类型、检索策略等进行规定。

④ 上市后研究：根据研究目的的不同，由企业发起的上市后研究主要分为两类：一类是以了解药品安全性、有效性为主要目的的上市后研究，如 IV 期临床试验、观察性流行病学研究、药品重点监测；另一类是以市场推广为主要目的的市场项目，如患者支持项目、市场调研、患者教育活动等。

⑤ 互联网：上市许可持有人、生产企业可以通过公司网站、微信公众号、微博等，建立药品不良反应报告的专门路径，提供报告方式和用于报告的药品不良反应/事件报告表，发布药品不良反应相关知识，为收集不良反应信息提供便利。

⑥ 其他途径：上市许可持有人、生产企业还可利用专门论坛、群聊、病例分享会等方式收集药品不良反应信息。

（3）建立高效的药物警戒数据系统。

企业药物警戒数据库对安全性信息的存储容量、处理速度、管理能力和传递效率均显示出了极大的优越性，药品上市许可持有人和药品生产企业可以根据自身的实际情况建立相应的数据库和数据处理系统。各企业可通过临床试验不良反应数据、自发呈报系统数据、观察性研究、临床前安全信息、文献综述等多种渠道收集上市药物安全性信息，进行一系列核实、报告、分析、评价、汇总等处理，建立企业药物警戒数据库，对个各种药品安全性信息进行管理和维护。文献数据是药品安全性信息的一个重要来源，生产企业应设专人定期对广泛使用的文献数据库进行系统化的检索和回顾。常用的文献数据库包括：中国知网、万方数据库、维普网、**PubMed** 数据库、**Embase** 数据库、**Ovid** 数据库、互联网资源等，生产企业可根据具体情况灵活选择，定期检索分析文献数据并补充到企业药物警戒数据库中。

（4）制定完善的规章制度和标准操作规程。

保障药物警戒体系运行的规章制度和标准操作规程构成了药物警戒质量体系文件，大致可分为四个层次的目标文件：①药物警戒质量方针和质量目标（STP），即需要企业管理层讨论后发布的药物警戒相关的宗旨和工作方向，质量目标的建立是在质量方针的基础上，通过分解质量目标，有效贯彻质量方针的正确执行；②管理标准/法律规范性文件（SMP），即根据管理标准，主要是各类文件的标准和要求，框架性文件；③标准操作规程（SOP），即药物警戒工作的标准操作，要求文件的可操作和执行性强，必须详细描述从某一项工作从开始到结束的工作过程；④各类文件的关联记录（SRP），即记录药物警戒工作的相关表格、报告、登记表或台账等。其文件架构图如图 1-9 所示。

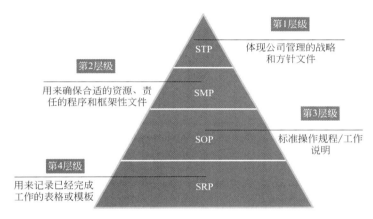

图 1-9　药物警戒质量体系文件架构图

药物警戒质量体系文件是根据企业开展药物警戒工作发展趋势不断增加的，一般要包括：清晰的组织架构图、人员和责任的说明、体系有效运转的保障文件、药物安全部门的人员及职责、药物警戒授权人的职责、信息采集、单个病例、死亡病例、定期安全性更新报告、风险管理、信号检测、内外部审计、沟通机制、培训体系等方面的相关文件。

（5）树立合适的药物警戒企业文化。

依据企业的自身特点配备相应的各类办公硬件设施及保障药物警戒工作的办公环境，塑造能够保障药物警戒工作的企业文化。药物警戒部门应通过各种形式的涵盖全员的培训，把握分层培训、普适性培训与重点提高相结合、培训与考核相结合的原则，对企业内部的不仅限于从事药品不良反应监测和报告的人员进行全方位、多角度的培训，培训的内容可包括：国内外药品不良反应监测现状和发展趋势、药品群体不良事件的收集和上报、定期安全性更新报告的撰写和递交计划的制订、文献检索、信息挖掘、风险管理、如何与医护人员、患者及公众沟通药物安全问题、风险评估的相关方法研究、药物警戒的审计、药物流行病学知识等。培训结束后要注意对培训档案的存档以备查。

企业领导层应重视药物警戒日常工作，提升企业的药物警戒意识，构建关于将"患者安全第一位"的企业文化和良好氛围，全方位地推进药物警戒的工作。

4. 药品召回制度

（1）药品召回概述。

《药品管理法》（2019）、《药品生产监督管理办法》（2020）、《药品生产质量管理规范》（2010）、《药品召回管理办法》（2007）均对药品召回做了规定。

药品召回，是指药品生产企业（包括进口药品的境外制药厂商）按照规定的程序收回已上市销售的存在安全隐患的药品，安全隐患是指由于研发、生产等原因可能使药品具有的危及人体健康和生命安全的不合理危险。根据药品安全隐患的严重程度，药品召回分为：①一级召回：使用该药品可能引起严重健康危害的；②二级召回：使用该药品可能引起暂时的或者可逆的健康危害的；③三级召回：使用该药品一般不会引起健康危害，但由于其他原因需要收回的。

药品生产企业应根据召回分级与药品销售和使用情况，科学设计药品召回计划并组织实施。

《药品管理法》第八十二条规定，药品存在质量问题或者其他安全隐患的，药品上市许可持有人应当立即停止销售，告知相关药品经营企业和医疗机构停止销售和使用，召回已销售的药品，及时公开召回信息，必要时应当立即停止生产，并将药品召回和处理情况向省、自治区、直辖市人民政府药品监督管理部门和卫生健康主管部门报告。药品生产企业、药品经营企业和医疗机构应当配合。药品上市许可持有人依法应当召回药品而未召回的，省、自治区、直辖市人民政府药品监督管理部门应当责令其召回。

根据上述规定，药品召回分为主动召回和责令召回两类。

（2）主动召回。

主动召回由药品生产企业发出。药品生产企业对收集的信息进行分析，对可能存在安全隐患的药品按照要求进行调查评估，发现药品存在安全隐患，应当主动实施召回。进口药品的境外制药厂商在境外实施药品召回的，应当及时报告国家药品监督管理局；在境内进行召回的，由进口单位按照规定负责具体实施。

药品生产企业在作出药品召回决定后，应当制订召回计划并组织实施，一级召回在24小时内，二级召回在48小时内，三级召回在72小时内，通知到有关药品经营企业、使用单位停止销售和使用，同时向所在地省级药品监督管理部门报告。在启动药品召回后，一级召回在1日内，二级召回在3日内，三级召回在7日内，应当将调查评估报告和召回计划提交给所在地省级药品监督管理部门备案。如为一级药品召回，省级药品监督管理部门应当将收到的调查评估报告和召回计划报告国家药品监督管理局。药品生产企业在召回完成后，应当对召回效果进行评价，向所在地省级药品监督管理部门提交药品召回总结报告。省级药品监督管理部门自收到总结报告之日起10日内对报告进行审查，并对召回效果进行评价，必要时组织专家进行审查和评价，审查和评价结论以书面形式通知药品生产企业。经过审查和评价，认为召回不彻底或者需要采取更为有效的措施的,药品监督管理部门应当要求药品生产企业重新召回或者扩大召回范围。

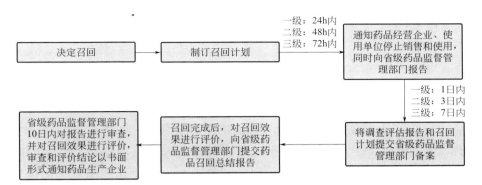

图 1-10　药品主动召回的大致流程

（3）责令召回。

责令召回由药品监督管理部门发出。药品监督管理部门经过调查评估认为存在安全隐患,药品生产企业应当召回药品而未主动召回的,应当责令药品生产企业召回药品,必要时可要求药品生产企业、经营企业和使用单位立即停止销售和使用该药品。药品监督管理部门作出责令召回决定,应当向药品生产企业发出责令召回通知书。药品生产企业在收到责令召回通知书后,应当制订、提交召回计划,并组织实施。具体实施过程与前述药品主动召回程序类似。

（4）法律责任。

《药品管理法》第一百三十五条规定,药品上市许可持有人在省、自治区、直辖市人民政府药品监督管理部门责令其召回后,拒不召回的,处应召回药品货值金额五倍以上十倍以下的罚款;货值金额不足十万元的,按十万元计算;情节严重的,吊销药品批准证明文件、药品生产许可证、药品经营许可证,对法定代表人、主要负责人、直接负责的主管人员和其他责任人员,处二万元以上二十万元以下的罚款。药品生产企业、药品经营企业、医疗机构拒不配合召回的,处十万元以上五十万元以下的罚款。

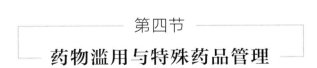

第四节　药物滥用与特殊药品管理

一、药物滥用及其危害

药品滥用尤其是阿片类和可卡因等各种精神活性物质、毒性药品和麻醉药品的滥用,包括吸食毒品,非医疗目的服用阿片类、可卡因等各种现象,成为全球性的严重社会问题,对人民健康、经济发展和社会稳定均造成了巨大的危害。联合国毒品和犯罪问题办公室(UNODC)发布的《2020年世界毒品报告》指出,全球目前有3500多万人吸毒成瘾,2018年全球约有2.69亿人滥用毒品,比2009年增长了30%。2019年,中国共破获毒品犯罪案件8.3万起,抓获犯罪嫌疑人11.3万名,缴获各类毒品65.1吨,查处吸毒人员61.7万人次。

药物滥用在全球导致巨大的疾病负担,吸毒者中共用注射器、不安全性行为等高危行为使得吸毒者极易造成艾滋病病毒(human immunodeficiency virus,HIV)和丙型肝炎病毒(hepatitis C virus,HCV)等的感染和传播。据UNODC、WHO等机构共同估计,全球注射吸毒者人数达1270万人(890万~2240万人),其中HIV感染率达13.1%,全球因注射吸毒而携带艾滋病病毒者达170万人(90万~480万人),而HCV的感染率高达50%。由吸毒导致的精神疾病和自杀也造成重大的疾病负担。据估计,若要支付与全世界毒品治疗有关的所有费用需要大约2000亿~2500亿美元(占全球国内生产总值的0.3%~0.4%)。同时吸毒对社会生产力造成重大影响,美国的一项研究表明,由滥用药物导致的生产力损失占国内生产总值的0.9%。根据美国国家卫生统计中心(NCHS)2011年发布的报告,止痛药、镇静剂和兴奋剂等精神活性药物滥用第一次取代车祸成为美国人意外死亡的首要原因,而且是导致美国人死亡的三大原因之一。另外,由于吸毒导致的毒驾、暴力和犯罪等问题是威胁社会稳定的重要因素。一项研究表明,英格兰和威尔士与毒品犯罪有关的费用相当于国内生产总值的1.6%。

我国药物滥用逐渐呈现多元化和年轻化的态势,其中合成毒品、医疗用药品(包括麻醉药品、精神药品、其他处方药和非处方药)的滥用和其他物质的滥用现象都应引起社会各界的关注和警觉。近年来,受国际药物滥用形势以及合成毒品滥用在我国的迅速蔓延所造成的影响,我国药物滥用模式由原来的单一海洛因滥用转变成了现在的多药合并滥用模式,已形成传统毒品、合成毒品、麻醉药品、精神药品等交叉滥用的局面。研究发现,在维持治疗期间的美沙酮维持治疗患者的多药滥用率高达78.7%,其中主要滥用物质为海洛因、安定、冰毒、麻谷等。

二、麻醉药品和精神药品的管理

(一)麻醉药品和精神药品的特殊性

麻醉药品和精神药品,是指列入麻醉药品目录、精神药品目录的药品和其他物质。其中,麻醉药品包括阿片类、古柯类、大麻类以及一些临床合成制剂。精神药品包括镇静催眠药、苯丙胺类兴奋剂和致幻剂等,依据其成瘾性和危害程度分为第一类精神药品和第二类精神药品。

麻醉药品和精神药品(麻精药品)滥用是指非医疗目的反复连续使用具有依赖性潜力的麻醉药品和精神药品,主动滥用国家列管的麻精药品等同于吸毒。人群中滥用的毒品种类以麻精药品为主,大部分麻精药品具有药理价值,多用于镇痛以及精神心理疾病的治疗，但因其具有较高的成瘾性，不按处方使用或非医疗目的滥用会导致药物依赖和成瘾，尤其是老年人具有较为特殊的生理和心理特点，滥用麻精药品会带来更为特殊和广泛的健康问题。

因此，国家对麻醉药品药用原植物以及麻醉药品和精神药品实行管制，除了依据《药品管理法》《药品注册管理办法》《麻醉药品和精神药品管理条例》等法律法规的规定外，任何单位、个人不得进行麻醉药品药用原植物的种植以及麻醉药品和精神药品的实验研究、生产、经营、使用、储存、运输等活动。

（二）麻醉药品和精神药品的研究和生产

1. 按需生产

根据《麻醉药品和精神药品管理条例》的有关规定，我国的麻醉药品和精神药品实行按需生产。具体来说，国家根据麻醉药品和精神药品的医疗需要、国家储备和企业生产所需原料的需要来确定需求总量，对麻醉药品药用原植物的种植、麻醉药品和精神药品的生产实行总量控制。国家药品监督管理部门根据麻醉药品和精神药品的需求总量制订年度生产计划；国家药品监督管理部门和农业主管部门根据麻醉药品年度生产计划，制订麻醉药品药用原植物年度种植计划，企业根据年度种植计划种植麻醉药品药用原植物，并向国家药品监督管理部门和农业主管部门定期报告种植情况。

2. 定点生产

我国的麻醉药品和精神药品实行定点生产制度。麻醉药品药用原植物种植企业由国家药品监督管理部门和农业主管部门共同确定，其他单位和个人不得种植麻醉药品药用原植物。从事麻醉药品、精神药品生产的企业，应当经所在地省级药品监督管理部门批准。国家药品监督管理部门根据麻醉药品和精神药品的需求总量，确定麻醉药品和精神药品定点生产企业的数量和布局，并根据年度需求总量对数量和布局进行调整、公布。定点生产企业应当严格按照麻醉药品和精神药品年度生产计划安排生产，并依照规定向所在地省级药品监督管理部门报告生产情况，将所生产的麻醉药品和精神药品销售给具有麻醉药品和精神药品经营资格的企业或者依照规定批准的其他单位。除国家药品监督管理部门另有规定的外，麻醉药品和精神药品不得委托生产，标签和说明书应当印有国家药品监督管理部门规定的标志。

麻醉药品和精神药品的定点生产企业应当具备下列条件：

①有药品生产许可证；②有麻醉药品和精神药品实验研究批准文件；③有符合规定的麻醉药品和精神药品生产设施、储存条件和相应的安全管理设施；④有通过网络实施企业安全生产管理和向药品监督管理部门报告生产信息的能力；⑤有保证麻醉药品和精神药品安全生产的管理制度；⑥有与麻醉药品和精神药品安全生产要求相适应的管理水平和经营规模；⑦麻醉药品和精神药品生产管理、质量管理部门的人员应当熟悉麻醉药品和精神药品管理以及有关禁毒的法律、行政法规；⑧没有生产、销售假药、劣药或者违反有关禁毒的法律、行政法规规定的行为；⑨符合国家药品监督管理部门公布的麻醉药品和精神药品定点生产企业数量和布局的要求。

确定定点生产企业和定点批发企业，审批部门应当在经审查符合条件的企业中，根据布局的要求，通过公平竞争的方式初步确定定点生产企业和定点批发企业，并予公布。其他符合条件的企业可以自公布之日起10日内向审批部门提出异议。审批部门应当自收到异议之日起20日内对异议进行审查，并作出是否调整的决定。

生产麻醉药品和精神药品应当依照药品管理法的规定取得药品批准文号。国家药品监督管理部门应当组织医学、药学、社会学、伦理学和禁毒等方面的专家成立专家组，由专家组对申请首次上市的麻醉药品和精神药品的社会危害性和被滥用的可能性进行评价，并提出是否批准的建议。

发生重大突发事件，定点生产企业无法正常生产或者不能保证供应麻醉药品和精神药品时，国家药品监督管理部门可以决定其他药品生产企业生产麻醉药品和精神药品。重大突发事件结束后，国家药品监督管理部门应当及时决定这些企业停止麻醉药品和精神药品的生产。

麻醉药品药用原植物种植企业违反规定，未依照麻醉药品药用原植物年度种植计划进行种植，未依照规定报告种植情况，或者未依照规定储存麻醉药品的，由药品监督管理部门责令限期改正，给予警告；逾期不改正的，处5万元以上10万元以下的罚款；情节严重的，取消其种植资格。

定点生产企业违反规定，有下列情形之一的：①未按照麻醉药品和精神药品年度生产计划安排生产，②未依照规定向药品监督管理部门报告生产情况，③未依照规定储存麻醉药品和精神药品，或者未依照规定建立、保存专用账册，④未依照规定销售麻醉药品和精神药品的，⑤未依照规定销毁麻醉药品和精神药品，由药品监督管理部门责令限期改正，给予警告，并没收违法所得和违法销售的药品；逾期不改正的，责令停产，并处5万元以上10万元以下的罚款；情节严重的，取消其定点生产资格。

3. 实验研究

实验研究是指以医疗、科学研究或者教学为目的的临床前药物研究。开展麻醉药品和精神药品实验研究活动应当经国家药品监督管理部门批准，并应具备下列条件：

①以医疗、科学研究或者教学为目的；②有保证实验所需麻醉药品和精神药品安全的措施和管理制度；③单位及其工作人员2年内没有违反有关禁毒的法律、行政法规规定的行为。

麻醉药品和第一类精神药品的临床试验不得以健康人为受试对象。药物临床试验机构以健康人为麻醉药品和第一类精神药品临床试验的受试对象的，由药品监督管理部门责令停止违法行为，给予警告；情节严重的，取消其药物临床试验机构的资格；构成犯罪的，依法追究刑事责任。对受试对象造成损害的，药物临床试验机构依法承担治疗和赔偿责任。

药品研究单位在普通药品的实验研究过程中，产生《麻醉药品和精神药品管理条例》规定的管制品种的，应当立即停止实验研究活动，并向国家药品监督管理部门报告。国家药品监督管理部门应当根据情况，及时作出是否同意其继续实验研究的决定。药品研究单位未依照规定报告的，由药品监督管理部门责令改正，给予警告，没收违法药品，拒不改正的，责令停止实验研究和研制活动。

（三）麻醉药品和精神药品的经营和使用

1. 麻醉药品和精神药品的经营

国家对麻醉药品和精神药品实行定点经营制度。国家药品监督管理部门应当根据麻醉药品和第一类精神药品的需求总量，确定麻醉药品和第一类精神药品的定点批发企业布局，并应当根据年度需求总量对布局进行调整并公布。药品经营企业不得经营麻醉药品原料药和第一类精神药品原料药，但是供医疗、科学研究、教学使用的小包装的上述药品可以由国家药品监督管理部门规定的药品批发企业经营。

疫苗、血液制品、麻醉药品、精神药品、医疗用毒性药品、放射性药品、药品类易制毒化学品等国家实行特殊管理的药品不得在网络上销售。进口、出口麻醉药品和国家规定范围内的精神药品，应当持有国家药品监督管理部门颁发的进口准许证、出口准许证。禁止使用现金进行麻醉药品和精神药品交易，但是个人合法购买麻醉药品和精神药品的除外。

麻醉药品和精神药品定点批发企业除应当具备《药品管理法》规定的药品经营企业的开办条件外，还应当具备下列条件：①有符合《麻醉药品和精神药品管理条例》规定的麻醉药品和精神药品储存条件；②有通过网络实施企业安全管理和向药品监督管理部门报告经营信息的能力；③单位及其工作人员 2 年内没有违反有关禁毒的法律、行政法规规定的行为；④符合国务院药品监督管理部门公布的定点批发企业布局。

麻醉药品和第一类精神药品的定点批发企业，还应当具有保证供应责任区域内医疗机构所需麻醉药品和第一类精神药品的能力，并具有保证安全经营的管理制度。

跨省从事麻醉药品和第一类精神药品批发业务的全国性批发企业应当经国务院药品监督管理部门批准；国家药品监督管理部门在批准全国性批发企业时，应当明确其所承担供药责任的区域。全国性批发企业可以向区域性批发企业，或者经批准可以向取得麻醉药品和第一类精神药品使用资格的医疗机构以及依照规定批准的其他单位销售麻醉药品和第一类精神药品。全国性批发企业向取得麻醉药品和第一类精神药品使用资格的医疗机构销售麻醉药品和第一类精神药品，应当经医疗机构所在地省级药品监督管理部门批准。

在本省级行政区域内从事麻醉药品和第一类精神药品批发业务的区域性批发企业应当经所在地省级药品监督管理部门批准；省级药品监督管理部门在批准区域性批发企业时，应当明确其所承担供药责任的区域。区域性批发企业可以从全国性批发企业购进麻醉药品和第一类精神药品；经所在地省级药品监督管理部门批准，也可以从定点生产企业购进麻醉药品和第一类精神药品。区域性批发企业之间因医疗急需、运输困难等特殊情况需要调剂麻醉药品和第一类精神药品的，应当在调剂后 2 日内将调剂情况分别报所在地省级药品监督管理部门备案。

全国性批发企业和区域性批发企业向医疗机构销售麻醉药品和第一类精神药品，

应当将药品送至医疗机构。医疗机构不得自行提货。麻醉药品和第一类精神药品不得零售。经所在地设区的市级药品监督管理部门批准，实行统一进货、统一配送、统一管理的药品零售连锁企业可以从事第二类精神药品零售业务。第二类精神药品零售企业应当凭执业医师出具的处方，按规定剂量销售第二类精神药品，并将处方保存2年备查；禁止超剂量或者无处方销售第二类精神药品；不得向未成年人销售第二类精神药品。

专门从事第二类精神药品批发业务的企业应当经所在地省级药品监督管理部门批准，全国性批发企业和区域性批发企业也可以从事第二类精神药品批发业务。第二类精神药品定点批发企业可以向医疗机构、定点批发企业和符合规定的药品零售企业以及依照规定批准的其他单位销售第二类精神药品。

2. 麻醉药品和精神药品的使用

药品生产企业需要以麻醉药品和第一类精神药品为原料生产普通药品的，应当向所在地省级药品监督管理部门报送年度需求计划，由省级药品监督管理部门汇总报国家药品监督管理部门批准后，向定点生产企业购买。

药品生产企业需要以第二类精神药品为原料生产普通药品的，应当将年度需求计划报所在地省级药品监督管理部门，并向定点批发企业或者定点生产企业购买。

食品、食品添加剂、化妆品、油漆等非药品生产企业需要使用咖啡因作为原料的，应当经所在地省级药品监督管理部门批准，向定点批发企业或者定点生产企业购买。

科学研究、教学单位需要使用麻醉药品和精神药品开展实验、教学活动的，应当经所在地省级药品监督管理部门批准，向定点批发企业或者定点生产企业购买。

需要使用麻醉药品和精神药品的标准品、对照品的，应当经所在地省级药品监督管理部门批准，向国务院药品监督管理部门批准的单位购买。

医疗机构需要使用麻醉药品和第一类精神药品的，应当经所在地设区的市级人民政府卫生主管部门批准，取得麻醉药品、第一类精神药品购用印鉴卡。医疗机构应当凭印鉴卡向本省行政区域内的定点批发企业购买麻醉药品和第一类精神药品。

设区的市级人民政府卫生主管部门发给医疗机构印鉴卡时，应当将取得印鉴卡的医疗机构情况抄送所在地设区的市级药品监督管理部门，并报省级卫生主管部门备案。省级卫生主管部门应当将取得印鉴卡的医疗机构名单向本行政区域内的定点批发企业通报。

医疗机构取得印鉴卡应当具备下列条件：①有专职的麻醉药品和第一类精神药品管理人员；②有获得麻醉药品和第一类精神药品处方资格的执业医师；③有保证麻醉药品和第一类精神药品安全储存的设施和管理制度。

医疗机构应当按照国务院卫生主管部门的规定，对本单位执业医师进行有关麻醉药品和精神药品使用知识的培训、考核，经考核合格的，授予麻醉药品和第一类精神药品处方资格。医疗机构应当将具有麻醉药品和第一类精神药品处方资格的执业医师名单及其变更情况，定期报送所在地设区的市级人民政府卫生主管部门，并抄送同级药品监督管理部门。

执业医师取得麻醉药品和第一类精神药品的处方资格后，方可在本医疗机构开具麻醉药品和第一类精神药品处方，但不得为自己开具该种处方。医务人员应当根据国务院卫生主管部门制定的临床应用指导原则，使用麻醉药品和精神药品。对确需使用麻醉药品或者第一类精神药品的患者，应当满足其合理用药需求。

执业医师应当使用专用处方开具麻醉药品和精神药品，单张处方的最大用量应当符合国务院卫生主管部门的规定。对麻醉药品和第一类精神药品处方，处方的调配人、核对人应当仔细核对，签署姓名，并予以登记；对不符合规定的，处方的调配人、核对人应当拒绝发药。医疗机构应当对麻醉药品和精神药品处方进行专册登记，加强管理。麻醉药品处方至少保存3年，精神药品处方至少保存2年。

麻醉药品药用原植物种植企业、定点生产企业、全国性批发企业和区域性批发企业以及国家设立的麻醉药品储存单位，应当设置储存麻醉药品和第一类精神药品的专库，该专库应当符合下列要求：①安装专用防盗门，实行双人双锁管理；②具有相应的防火设施；③具有监控设施和报警装置，报警装置应当与公安机关报警系统联网。

麻醉药品和第一类精神药品的使用单位应当设立专库或者专柜储存麻醉药品和第一类精神药品。专库应当设有防盗设施并安装报警装置；专柜应当使用保险柜。专库和专柜应当实行双人双锁管理。

麻醉药品药用原植物种植企业、定点生产企业、全国性批发企业和区域性批发企业、国家设立的麻醉药品储存单位以及麻醉药品和第一类精神药品的使用单位，应当配备专人负责管理工作，并建立储存麻醉药品和第一类精神药品的专用账册。药品入库双人验收，出库双人复核，做到账物相符。专用账册的保存期限应当自药品有效期期满之日起不少于5年。

第二类精神药品经营企业应当在药品库房中设立独立的专库或者专柜储存第二类精神药品，并建立专用账册，实行专人管理。专用账册的保存期限应当自药品有效期期满之日起不少于5年。

对已经发生滥用，造成严重社会危害的麻醉药品和精神药品品种，国务院药品监督管理部门应当采取在一定期限内中止生产、经营、使用或者限定其使用范围和用途等措施。对不再作为药品使用的麻醉药品和精神药品，国务院药品监督管理部门应当撤销其药品批准文号和药品标准，并予以公布。

药品监督管理部门、卫生主管部门发现生产、经营企业和使用单位的麻醉药品和精神药品管理存在安全隐患时，应当责令其立即排除或者限期排除；对有证据证明可能流入非法渠道的，应当及时采取查封、扣押的行政强制措施，在7日内作出行政处理决定，并通报同级公安机关。

麻醉药品和精神药品的生产、经营企业和使用单位对过期、损坏的麻醉药品和精神药品应当登记造册，并向所在地县级药品监督管理部门申请销毁。对依法收缴的麻醉药品和精神药品，除经国务院药品监督管理部门或者国务院公安部门批准用于科学研究外，应当依照国家有关规定予以销毁。

发生麻醉药品和精神药品被盗、被抢、丢失或者其他流入非法渠道的情形的，案发单位应当立即采取必要的控制措施，同时报告所在地县级公安机关和药品监督管理部门。医疗机构发生上述情形的，还应当报告其主管部门。

第五节 疫苗监督管理

一、疫苗基本制度

（一）国家免疫规划制度

国家免疫规划是指按照国家或者省级卫生行政部门确定的疫苗品种、免疫程序或者接种方案，在人群中有计划地进行预防接种，以预防和控制特定传染病的发生和流行。免疫规划是在预防接种工作规范化、科学化、法制化管理的基础上，进一步巩固计划免疫已取得的成果，提高和维持免疫覆盖率，扩大预防接种服务人群，积极推广应用新疫苗的一种免疫预防的新策略，它是随着生物科学技术的发展、新疫苗的不断开发和应用发展起来的，有利于我国预防接种工作与国际接轨，可以更加合理地使用疫苗和开展预防接种工作，以达到控制及至最终消灭传染病的目的。

儿童免疫系统尚未发育完全，体质较差，易感染各类传染病，在影响自身健康的同时也有可能造成疾病的大范围传播，引起社会恐慌。采取有计划的预防接种能够使儿童身体在长时间内维持良好的免疫水平，降低各类传染病的发病率，同时可在传染病大规模流行期间阻断病毒的传播，实现对传染病的有效预防控制。

《疫苗管理法》第六条规定，国家实行免疫规划制度，居住在中国境内的居民，依法享有接种免疫规划疫苗的权利，履行接种免疫规划疫苗的义务。政府免费向居民提供免疫规划疫苗，县级以上人民政府及其有关部门应当保障适龄儿童接种免疫规划疫苗，监护人应当依法保证适龄儿童按时接种免疫规划疫苗。

疫苗包括免疫规划疫苗和非免疫规划疫苗。免疫规划疫苗即第一类疫苗，是指居民应当按照政府的规定接种的疫苗，包括国家免疫规划确定的疫苗，省、自治区、直辖市人民政府在执行国家免疫规划时增加的疫苗，以及县级以上人民政府或者其卫生健康主管部门组织的应急接种或者群体性预防接种所使用的疫苗。接种单位接种免疫规划疫苗不得收取任何费用。

非免疫规划疫苗即第二类疫苗，是指由居民自愿接种的其他疫苗。接种单位接种非免疫规划疫苗，除收取疫苗费用外，还可以收取接种服务费。国家免疫规划疫苗以外的其他免疫规划疫苗、非免疫规划疫苗由各省、自治区、直辖市通过省级公共资源交易平台组织采购。疾病预防控制机构配送非免疫规划疫苗可以收取储存、运输费用。

国务院卫生健康主管部门制定国家免疫规划,国家免疫规划疫苗种类由国务院卫生健康主管部门会同国务院财政部门拟订,报国务院批准后公布。国务院卫生健康主管部门建立国家免疫规划专家咨询委员会,并会同国务院财政部门建立国家免疫规划疫苗种类动态调整机制。省、自治区、直辖市人民政府在执行国家免疫规划时,可以根据本行政区域疾病预防、控制需要,增加免疫规划疫苗种类,报国务院卫生健康主管部门备案并公布。

国家免疫规划疫苗由国务院卫生健康主管部门会同国务院财政部门等组织集中招标或者统一谈判,形成并公布中标价格或者成交价格,各省、自治区、直辖市实行统一采购。省级疾病预防控制机构应当根据国家免疫规划和本行政区域疾病预防、控制需要,制订本行政区域免疫规划疫苗使用计划,并按照国家有关规定向组织采购疫苗的部门报告,同时报省、自治区、直辖市人民政府卫生健康主管部门备案。

(二) 疫苗储备制度

疫苗作为用于健康人的特殊产品,对疫情防控至关重要,是人类已知的预防传染病最有效的手段,是人类战胜疾病、降低死亡率的重要武器,也是节约医疗卫生支出的重要手段。在重大突发公共卫生事件中,单一市场机制无法有效供给疫苗,而且我国疫苗产业存在常态总产能过剩与应急状态有效产能不足并存的现象,需要从战略层面谋划国家疫苗产能储备制度。

《疫苗管理法》第四条规定,国家坚持疫苗产品的战略性和公益性,国家支持疫苗基础研究和应用研究,促进疫苗研制和创新,将预防、控制重大疾病的疫苗研制、生产和储备纳入国家战略。第六十六条规定,国家将疫苗纳入战略物资储备,实行中央和省级两级储备,国务院工业和信息化主管部门、财政部门会同国务院卫生健康主管部门、公安部门、市场监督管理部门和药品监督管理部门,根据疾病预防、控制和公共卫生应急准备的需要,加强储备疫苗的产能、产品管理,建立动态调整机制。

在新型冠状病毒肺炎全球大流行的情境下,习近平总书记强调,推进疫苗研发和产业化链条有机衔接,加快建立以企业为主体、产学研相结合的疫苗研发和产业化体系,建立国家疫苗储备制度。

在全新的病原体导致的疫情中,疫苗储备制度的核心是研发储备和产能储备,即技术性储备,能够快速将知识转化为产能。疫苗研发是一个长期、耗资巨大且充满未知的过程,有极高的失败风险。例如世界各国对艾滋病疫苗的开发已历时 30 多年,200 多项临床试验遭遇失败,至今仍未出现成功上市的 HIV 疫苗。过去 50 多年来人类发现了 44 个新型传染病病原体,其中只有 6 个疫苗成功开发上市。在常态下,人们遵循"临床前研究→临床 Ⅰ、Ⅱ、Ⅲ 期试验→上市许可→大规模量产"的线性步骤开发疫苗,从开始研发到疫苗产品最终上市需要大约 5~18 年时间。全球大流行情境中疫苗开发则应遵循全新范式,不仅需要迅速启动临床前研究,还必须在某些特定步骤成功之前平行开展后续研究,即由"串联"改"并联",通过阶段重叠将疫苗开发时间压缩到 12~18 个月,提高疫苗技术储备能力。

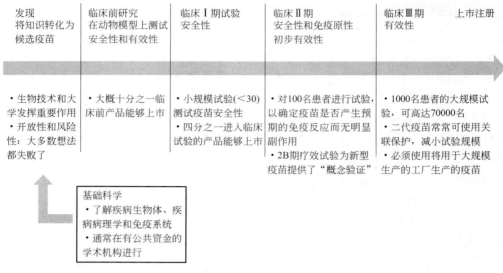

图 1-11 疫苗研发常规流程

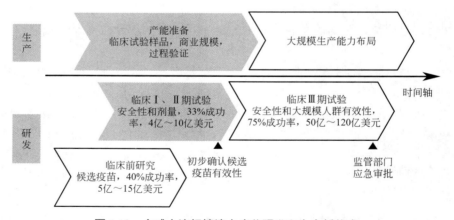

图 1-12 全球大流行情境中疫苗研发和生产新范式

上述研发范式的转变，需要在一个开放环境中规范并共享临床前研究的评估方法，制定疫苗研发临床评估的标准化方法，最大限度提高临床试验能力和效果，同时以前所未有的透明度协调利益相关者，从而加速疫苗研发和相应产能储备。

"公共卫生安全是人类面临的共同挑战，需要各国携手应对。"任何一个国家想储备大量疫苗都非常难，可一旦需要，往往需求量较大。世界上各种分散的力量去寻找一剂共同"解药"，会消耗太多资源。如果不同国家能进行科学地协调和储备，在生产能力储备方面有一个局部优化，在对方亟需时可立即提供支持，对于全球控制疫情传播将非常有利。中国于 2019 年率先制定了世界上首部疫苗管理法，建立国家疫苗储备制度，将预防、控制重大疾病的疫苗研制、生产和储备纳入国家战略，通过制定疫苗行业发展规划和产业政策，支持疫苗产业发展和结构优化，鼓励疫苗生产规模化、集约化，不断提升疫苗生产工艺和质量水平。

二、疫苗生产和批签发

（一）疫苗生产主体责任

我国对疫苗生产实行严格准入制度，从事疫苗生产活动应当经省级以上人民政府药品监督管理部门批准，取得药品生产许可证。从事疫苗生产活动，除符合《药品管理法》规定的从事药品生产活动的条件外，还应当具备下列条件：

①具备适度规模和足够的产能储备；②具有保证生物安全的制度和设施、设备；③符合疾病预防、控制需要。

疫苗是一种特殊的药品，同样实行上市许可持有人制度。疫苗上市许可持有人应当具备疫苗生产能力，超出疫苗生产能力确需委托生产的，应当经国务院药品监督管理部门批准。接受委托生产的，应当遵守《疫苗管理法》规定和国家有关规定，保证疫苗质量。

疫苗上市许可持有人的法定代表人、主要负责人应当具有良好的信用记录，生产管理负责人、质量管理负责人、质量受权人等关键岗位人员应当具有相关专业背景和从业经历。

疫苗上市许可持有人应当建立完整的生产质量管理体系，持续加强偏差管理，采用信息化手段如实记录生产、检验过程中形成的所有数据，确保生产全过程持续符合法定要求。疫苗应当按照经核准的生产工艺和质量控制标准进行生产和检验，生产全过程应当符合药品生产质量管理规范的要求，应当按照规定对疫苗生产全过程和疫苗质量进行审核、检验。

（二）疫苗批签发制度

根据《疫苗管理法》的相关规定，我国实行疫苗批签发制度。疫苗等生物制品的生产都是分不同批次进行的，每批次所使用的原材料和设备可能会略有差异，批签发制度是对上市疫苗类制品和血液制品的质量管理的一个重要环节。"批签发"是对获得上市许可的疫苗类制品、血液制品等，在每批产品上市销售前或者进口时，由国家药品监督管理部门指定批签发机构按照相关技术要求进行审核、检验的监督管理行为。符合要求的，发给批签发证明；不符合要求的，发给不予批签发通知书。不予批签发的疫苗不得销售，并应当由省级药品监督管理部门监督销毁；不予批签发的进口疫苗应当由口岸所在地药品监督管理部门监督销毁或者依法进行其他处理。但是，预防、控制传染病疫情或者应对突发事件急需的疫苗，经国家药品监督管理部门批准，免予批签发。

企业应在完成产品生产并自检合格后才可提出批签发申请，只有通过批签发机构审核以后才能上市销售。对于企业，申请批签发时需要按照规定向批签发机构提供批生产及检验记录摘要等资料和同批号产品等样品，进口疫苗还应当提供原产地证明、批签发证明，在原产地免予批签发的，应当提供免予批签发证明。企业提交资料的真实、可靠是批签发的重要基础。

疫苗批签发应当逐批进行资料审核和抽样检验，检验项目和检验频次应当根据疫苗质量风险评估情况进行动态调整。对申请资料或者样品的真实性有疑问，或者存在其他需要进一步核实的情况的，批签发机构应当予以核实，必要时应当采用现场抽样检验等方式组织开展现场核实。

批签发机构在批签发过程中发现疫苗存在重大质量风险的，应当及时向国家药品监督管理部门和省级药品监督管理部门报告。接到报告的部门立即对疫苗上市许可持有人进行现场检查，根据检查结果通知批签发机构对疫苗上市许可持有人的相关产品或者所有产品不予批签发或者暂停批签发，并责令疫苗上市许可持有人整改。疫苗上市许可持有人应当立即整改，并及时将整改情况向责令其整改的部门报告。

对生产工艺偏差、质量差异、生产过程中的故障和事故以及采取的措施，疫苗上市许可持有人应当如实记录，并在相应批产品申请批签发的文件中载明。可能影响疫苗质量的，疫苗上市许可持有人应当立即采取措施，并向省级药品监督管理部门报告。

有下列情形之一的，不予批签发：①资料审核不符合要求的；②样品检验不合格的；③现场检查发现违反药品生产质量管理规范、存在严重缺陷的；④现场检查发现产品存在系统性质量风险的；⑤批签发申请人无正当理由，未在规定时限内补正资料的等。

图 1-13 示出了生物制品的批签发流程大致。

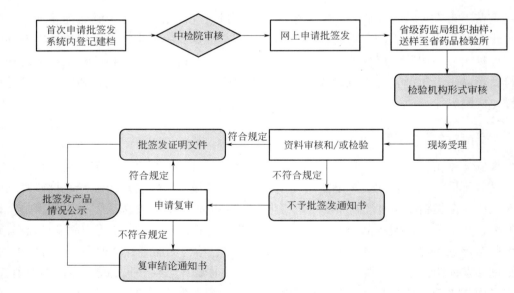

图 1-13　生物制品的批签发流程

第一步，建档。新批准上市的生物制品首次申请批签发前，批签发申请人应当在批签发信息管理系统内登记建档，同时，批签发申请人应当建立独立的批签发生产及检定记录摘要模板，报中检院审核，通过后发放密钥。

第二步，申请。按照批签发管理的生物制品在生产、检验完成后，批签发申请人应当在批签发信息管理系统内填写生物制品批签发申请表，并根据申请批签发产品的药品生产企业所在地或者拟进口口岸所在地，向相应属地的批签发机构申请批签发。

第三步，抽样。批签发申请人凭生物制品批签发申请表向省、自治区、直辖市药品监督管理部门或者其指定的抽样机构提出抽样申请，抽样人员在5日内组织现场抽样，并将所抽样品封存。批签发申请人将封存样品在规定条件下送至批签发机构办理批签发登记，同时提交批签发申请资料。

第四步，登记。批签发机构收到申请资料及样品后，应当立即核对，交接双方登记签字确认后，妥善保存。批签发申请人无法现场签字确认的，应当提前递交书面承诺。批签发机构应当在5日内决定是否受理。同意受理的，出具生物制品批签发登记表；不予受理的，予以退回，发给不予受理通知书并说明理由。

第五步，资料审核（或检验）。批签发机构批签发可以采取资料审核的方式，也可以采取资料审核和样品检验相结合的方式进行，并可根据需要进行现场核实，按照要求完成相关工作。

第六步，批签发。批签发机构根据资料审核、样品检验或者现场检查等结果作出批签发结论。符合要求的，签发生物制品批签发证明，加盖批签发专用章，发给批签发申请人；不符合要求的，不予批签发，向批签发申请人出具生物制品不予批签发通知书，并抄送批签发申请人所在地省、自治区、直辖市药品监督管理部门，并按照有关规定监督批签发申请人销毁。进口生物制品由口岸所在地药品监督管理部门监督销毁，或者退回境外厂商。

第七步，公示。批签发机构应当在本机构每一批产品批签发决定做出后7日内公开批签发结论等信息。

如果申请人对不予批签发通知书有异议，可以自收到通知书之日起7日内，向原批签发机构或者直接向中检院提出复审申请。复审内容仅限于原申请事项及原报送资料。但是下列情况不予复审：

①不合格项目为无菌、热原（细菌内毒素）等药品监督管理部门规定不得复验的项目；②样品明显不均匀的；③样品有效期不能满足检验需求的；④批签发申请人书面承诺放弃复验的；⑤未在规定时限内提出复审申请的；⑥其他不宜进行复审的。

三、疫苗接种

（一）对接种单位的要求

疫苗接种单位应当具备下列条件：①取得医疗机构执业许可证；②具有经过县级人民政府卫生健康主管部门组织的预防接种专业培训并考核合格的医师、护士或者乡村医生；③具有符合疫苗储存、运输管理规范的冷藏设施、设备和冷藏保管制度。

县级以上地方人民政府卫生健康主管部门指定符合条件的医疗机构承担责任区域内免疫规划疫苗接种工作。符合条件的医疗机构可以承担非免疫规划疫苗接种工作，并应当报颁发其医疗机构执业许可证的卫生健康主管部门备案。

接种单位应当加强内部管理，开展预防接种工作应当遵守预防接种工作规范、免疫程序、疫苗使用指导原则和接种方案。各级疾病预防控制机构应当加强对接种单位预防接种工作的技术指导和疫苗使用的管理。

医疗卫生人员实施接种，应当告知受种者或者其监护人所接种疫苗的品种、作用、禁忌、不良反应以及现场留观等注意事项，询问受种者的健康状况以及是否有接种禁忌等情况，并如实记录告知和询问情况。受种者或者其监护人应当如实提供受种者的健康状况和接种禁忌等情况。有接种禁忌不能接种的，医疗卫生人员应当向受种者或者其监护人提出医学建议，并如实记录提出医学建议情况。

医疗卫生人员在实施接种前，应当按照预防接种工作规范的要求，检查受种者健康状况、核查接种禁忌，查对预防接种证，检查疫苗、注射器的外观、批号、有效期，核对受种者的姓名、年龄和疫苗的品名、规格、剂量、接种部位、接种途径，做到受种者、预防接种证和疫苗信息相一致，确认无误后方可实施接种。

医疗卫生人员应当对符合接种条件的受种者实施接种。受种者在现场留观期间出现不良反应的，医疗卫生人员应当按照预防接种工作规范的要求，及时采取救治等措施。

医疗卫生人员应当按照国务院卫生健康主管部门的规定，真实、准确、完整记录疫苗的品种、上市许可持有人、最小包装单位的识别信息、有效期、接种时间、实施接种的医疗卫生人员、受种者等接种信息，确保接种信息可追溯、可查询。接种记录应当保存至疫苗有效期满后不少于五年备查。

（二）预防接种

我国对儿童实行预防接种证制度，在儿童出生后一个月内，其监护人应当到儿童居住地承担预防接种工作的接种单位或者出生医院为其办理预防接种证，接种单位或者出生医院不得拒绝办理。预防接种实行居住地管理，儿童离开原居住地期间，由现居住地承担预防接种工作的接种单位负责对其实施接种。

儿童入托、入学时，托幼机构、学校应当查验预防接种证，发现未按照规定接种免疫规划疫苗的，应当向儿童居住地或者托幼机构、学校所在地承担预防接种工作的接种单位报告，并配合接种单位督促其监护人按照规定补种。疾病预防控制机构应当为托幼机构、学校查验预防接种证等提供技术指导。

接种单位接种免疫规划疫苗不得收取任何费用。接种单位接种非免疫规划疫苗，除收取疫苗费用外，还可以收取接种服务费。

任何单位和个人不得擅自进行群体性预防接种。县级以上地方人民政府卫生健康主管部门根据传染病监测和预警信息，为预防、控制传染病暴发、流行，报经本级人民政府决定，并报省级以上人民政府卫生健康主管部门备案，可以在本行政区域进行群体性预防接种。需要在全国范围或者跨省、自治区、直辖市范围内进行群体性预防接种的，应当由国务院卫生健康主管部门决定。作出群体性预防接种决定的县级以上地方人民政府或者国务院卫生健康主管部门应当组织有关部门做好人员培训、宣传教育、物资调用等工作。

（三）异常反应监测和处理

预防接种异常反应，是指合格的疫苗在实施规范接种过程中或者实施规范接种后造成受种者机体组织器官、功能损害，相关各方均无过错的药品不良反应。

国家加强预防接种异常反应监测，接种单位、医疗机构等发现疑似预防接种异常反应的，应当按照规定向疾病预防控制机构报告。

疫苗上市许可持有人应当设立专门机构，配备专职人员，主动收集、跟踪分析疑似预防接种异常反应，及时采取风险控制措施，将疑似预防接种异常反应向疾病预防控制机构报告，将质量分析报告提交省级药品监督管理部门。

对疑似预防接种异常反应，疾病预防控制机构应当按照规定及时报告，组织调查、诊断，并将调查、诊断结论告知受种者或者其监护人。对调查、诊断结论有争议的，可以根据国务院卫生健康主管部门制定的鉴定办法申请鉴定。

因预防接种导致受种者死亡、严重残疾，或者群体性疑似预防接种异常反应等对社会有重大影响的疑似预防接种异常反应，由设区的市级以上人民政府卫生健康主管部门、药品监督管理部门按照各自职责组织调查、处理。

国家实行预防接种异常反应补偿制度。实施接种过程中或者实施接种后出现受种者死亡、严重残疾、器官组织损伤等损害，属于预防接种异常反应或者不能排除的，应当给予补偿。补偿范围实行目录管理，并根据实际情况进行动态调整。

接种免疫规划疫苗所需的补偿费用，由省、自治区、直辖市人民政府财政部门在预防接种经费中安排；接种非免疫规划疫苗所需的补偿费用，由相关疫苗上市许可持有人承担。国家鼓励通过商业保险等多种形式对预防接种异常反应受种者予以补偿。

预防接种异常反应补偿应当及时、便民、合理。预防接种异常反应补偿范围、标准、程序由国务院规定，省、自治区、直辖市制定具体实施办法。

第六节 医疗器械监管制度

一、分级分类监管

医疗器械是指直接或者间接用于人体的仪器、设备、器具、体外诊断试剂及校准物、材料以及其他类似或者相关的物品，包括所需要的计算机软件。其效用主要通过物理等方式获得，不是通过药理学、免疫学或者代谢的方式获得，或者虽然有这些方式参与但是只起辅助作用。目的是疾病的诊断、预防、监护、治疗或者缓解；损伤的诊断、监护、治疗、缓解或者功能补偿；生理结构或者生理过程的检验、替代、调节或者支持；生命的支持或者维持；妊娠控制；通过对来自人体的样本进行检查，为医疗或者诊断目的提供信息。

医疗器械的种类繁多复杂，例如临床上常用的核磁共振成像设备（MRI）、植入式心脏起搏器、超声诊断仪、电子体温计、心血管支架、关节假体、整形用透明质酸钠凝胶、一次性输液器、血压计、血糖分析仪、基因测序仪等等，涉及光、电、磁、材料、医学等多专业领域。

近年来，随着3D打印、信息技术、人工智能（AI）、纳米材料、组织工程等新技术、新材料的交叉融合并在医疗器械领域深度应用，由此开发设计的创新型医疗器械促使医疗器械行业飞跃发展。同时，为满足临床需要越来越多的研发人员还将医疗器械与药品、生物制品等结合研制开发新型的多功能产品。新技术、新产品不断涌现，给医疗器械行业的监管和技术审评带来巨大挑战，因此必须建立科学的医疗器械监管体系。

我国对医疗器械的监督管理是根据医疗器械的风险程度采取不同的管控措施，施行分级分类管理制度，管理类别直接影响其监管模式。医疗器械根据其风险程度由低到高，分别按一、二、三类管理。第一类是风险程度低，实行常规管理可以保证其安全、有效的医疗器械。第二类是具有中度风险，需要严格控制管理以保证其安全、有效的医疗器械。第三类是具有较高风险，需要采取特别措施严格控制管理以保证其安全、有效的医疗器械。

医疗器械上市准入实行第一类医疗器械备案管理，第二类和第三类医疗器械注册管理。其中境内第一类医疗器械由设区的市级人民政府负责药品监督管理的部门备案，第二类医疗器械由省级药品监督管理部门审批，第三类医疗器械由国家药品监督管理局审批；进口的第一类医疗器械由国家药品监督管理局备案，第二、三类产品由国家药品监督管理局审批。医疗器械的生产管理，第一类医疗器械实行备案管理，第二类和第三类医疗器械实行生产许可。医疗器械的经营管理则是第一类产品无须备案或许可，第二类实行备案管理，第三类实行经营许可管理。

评价医疗器械风险程度，应当考虑医疗器械的预期目的、结构特征、使用方法等因素。依据影响医疗器械风险程度的因素，一般可进行如图1-14所示分类：

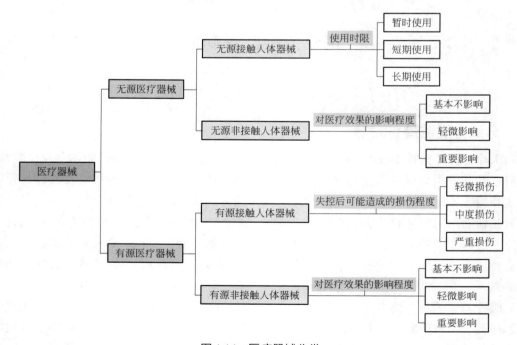

图1-14　医疗器械分类

无源医疗器械是指不依靠电能或者其他能源，但是可以通过由人体或者重力产生的能量，发挥其功能的医疗器械。有源医疗器械是指任何依靠电能或者其他能源，而不是直接由人体或者重力产生的能量，发挥其功能的医疗器械。

无源接触人体器械包括液体输送器械、改变血液体液器械、医用敷料、侵入器械、重复使用手术器械、植入器械、避孕和计划生育器械、其他无源接触人体器械。根据使用时限分为暂时使用、短期使用、长期使用；接触人体的部位分为皮肤或腔道（口）、创伤或组织、血液循环系统或中枢神经系统。

无源非接触人体器械包括护理器械、医疗器械清洗消毒器械、其他无源非接触人体器械。根据其对医疗效果的影响程度分为基本不影响、轻微影响、重要影响。

有源接触人体器械包括能量治疗器械、诊断监护器械、液体输送器械、电离辐射器械、植入器械、其他有源接触人体器械。根据失控后可能造成的损伤程度分为轻微损伤、中度损伤、严重损伤。

有源非接触人体器械包括临床检验仪器设备、独立软件、医疗器械消毒灭菌设备、其他有源非接触人体器械。根据对医疗效果的影响程度分为基本不影响、轻微影响、重要影响。

医疗器械的分类应当根据医疗器械分类判定表进行分类判定。有以下情形的，还应当结合下述原则进行分类：

1）如果同一医疗器械适用两个或者两个以上的分类，应当采取其中风险程度最高的分类；由多个医疗器械组成的医疗器械包，其分类应当与包内风险程度最高的医疗器械一致。

2）可作为附件的医疗器械，其分类应当综合考虑该附件对配套主体医疗器械安全性、有效性的影响；如果附件对配套主体医疗器械有重要影响，附件的分类应不低于配套主体医疗器械的分类。

3）监控或者影响医疗器械主要功能的医疗器械，其分类应当与被监控、影响的医疗器械的分类一致。

4）以医疗器械作用为主的药械组合产品，按照第三类医疗器械管理。

5）可被人体吸收的医疗器械，按照第三类医疗器械管理。

6）对医疗效果有重要影响的有源接触人体器械，按照第三类医疗器械管理。

7）医用敷料如果有以下情形，按照第三类医疗器械管理，包括：预期具有防组织或器官粘连功能，作为人工皮肤，接触真皮深层或其以下组织受损的创面，用于慢性创面，或者可被人体全部或部分吸收的。

8）以无菌形式提供的医疗器械，其分类应不低于第二类。

9）通过牵拉、撑开、扭转、压握、弯曲等作用方式，主动施加持续作用力于人体、可动态调整肢体固定位置的矫形器械（不包括仅具有固定、支撑作用的医疗器械，也不包括配合外科手术中进行临时矫形的医疗器械或者外科手术后或其他治疗中进行四肢矫形的医疗器械），其分类应不低于第二类。

10）具有计量测试功能的医疗器械，其分类应不低于第二类。

11）如果医疗器械的预期目的是明确用于某种疾病的治疗，其分类应不低于第二类。

12）用于在内窥镜下完成夹取、切割组织或者取石等手术操作的无源重复使用手术器械，按照第二类医疗器械管理。

设计研发新医疗器械时如改变其用途，管理类别可能发生变化，从而监管途径发生变化。例如超声医用耦合剂，如果用于经直肠、经阴道、经食管等接触黏膜的操作及对非完好皮肤和新生儿进行的操作，按第二类医疗器械管理，如果用于完好皮肤上，则按第一类医疗器械管理。如果医疗器械与药品（生物制品）结合，管理属性可能发生改变。例如组织工程支架材料中用于皮肤、真皮的修复和再生的胶原蛋白支架材料按第三类医疗器械管理，如果与活细胞结合而开发新的组织工程医疗产品，其管理属性可能会发生改变。

因此，企业在设计开发新产品时应关注新产品结构特征或预期用途的改变是否影响其管理属性或管理类别的改变。否则，会存在上市准入要求的合规性风险，从而带来投资等风险。尤其是企业研发应用新技术新材料的创新医疗器械时，在保证产品安全有效性的同时，还应关注产品商业化问题。如用于医疗诊断的人工智能产品，若用于给出临床诊断治疗依据和建议，为第三类医疗器械；若是给出临床参考值，则为第二类医疗器械。

二、医疗器械注册与备案流程

（一）注册申报资料准备

第一类医疗器械产品备案和申请第二类、第三类医疗器械产品注册，应当提交下列资料：①产品风险分析资料；②产品技术要求；③产品检验报告；④临床评价资料；⑤产品说明书及标签样稿；⑥与产品研制、生产有关的质量管理体系文件；⑦证明产品安全、有效所需的其他资料。

申报前首先需要对医疗器械产品进行分类，可通过查询医疗器械分类目录确定属于哪类产品。如果不确定产品类型，可直接按第三类医疗器械产品申报，医疗器械技术审批中心根据申报产品的实际情况判定类别。对于属于创新、优先或药械组合的产品在办理进入相应流程后，可随即进行产品类别判定。

第一类产品不需要做注册检验，第二、三类产品均需要做注册检验。检验前应当提供符合国家医疗器械质量管理相关要求生产的样品。原则上注册检验应当在具有医疗器械检验资质且检验项目在其承检范围内的检验机构进行，出具检测报告。

医疗器械临床评价是指申请人通过临床文献资料、临床经验数据、临床试验等信息对产品是否满足使用要求或适用范围进行确认的过程。所有医疗器械产品都需要临床评价，产品风险不同，临床评价资料要求不同。

临床评价应全面、客观，应通过临床试验等多种手段收集相应数据，临床评价过程中收集的临床性能和安全性数据、有利的和不利的数据均应纳入分析。临床评价的深度和广度、需要的数据类型和数据量应与产品的设计特征、关键技术、适用范围和风险程度相适应，也应与非临床研究的水平和程度相适应。

第一类医疗器械产品备案，不需要进行临床试验。申请第二类、第三类医疗器械产品注册，应当进行临床试验，但下列情形可以免于进行临床试验：①工作机理明确、设计定型，生产工艺成熟，已上市的同品种医疗器械临床应用多年且无严重不良事件记录，不改变常规用途的；②通过非临床评价能够证明该医疗器械安全、有效的；③通过对同品种医疗器械临床试验或者临床使用获得的数据进行分析评价，能够证明该医疗器械安全、有效的。

临床评价的方式有三种，一是对于列入《免于进行临床试验的医疗器械目录》的产品，须提交《目录》所述内容的对比资料和与已获准境内注册的《目录》中医疗器械的对比说明。二是可进行同品种比对，申请人通过同类已上市医疗器械临床试验或临床使用获得的数据进行分析，证明两者基本等同。三是可提供临床试验相关资料，在具备相应条件的临床试验机构中，对拟申请注册的医疗器械在正常使用条件下的安全有效性进行确认。

第三类医疗器械进行临床试验对人体具有较高风险的，应当经国家药品监督管理部门批准。列入《需进行临床试验审批的第三类医疗器械目录》中的医疗器械应当在中国境内进行临床试验。对于在中国境内进行临床试验的医疗器械，其临床试验应在取得资质的临床试验机构内，按照医疗器械临床试验质量管理规范的要求开展。注册申请人在注册申报时，应当提交临床试验方案和临床试验报告。

对于在境外进行临床试验的进口医疗器械，如其临床试验符合中国相关法规、注册技术指导原则中相应技术要求，如样本量、对照组选择、评价指标及评价原则、疗效评价指标等要求，注册申请人在注册申报时，可提交在境外上市时提交给境外医疗器械主管部门的临床试验资料。资料至少应包括伦理委员会意见、临床试验方案和临床试验报告，申请人还需提交论证产品临床性能和/或安全性是否存在人种差异的相关支持性资料。

（二）注册审批程序

1. 注册审批流程概述

完成注册申报资料准备工作后，可通过 eRPS 系统线上提交符合《医疗器械注册申请电子提交技术指南（试行）》要求的电子资料，也可通过邮寄或者现场等线下途径提交医疗器械注册申请。图 1-15 示出了一般的注册审批流程（来源：国家药品监督管理局医疗器械技术审评中心）。

注册申请受理后，转交技术审评机构进行技术审评。在注册审评过程中，当申请人/注册人所提交的注册资料不能满足相关要求时，需要申请人/注册人提交所缺漏部分的资料。主审将一次性告知申请人/注册人所需补充的资料，并以"补正资料通知单"形式告知申请人/注册人。申请人/注册人收到补充资料通知单后，应严格按照补充通知单的要求，1 年内完成补充资料的提交。申请人/注册人对补正资料通知内容有异议的，可以向相应的技术审评机构提出书面意见，说明理由并提供相应的技术支持资料。申请人逾期未提交补充资料的，技术审评机构终止技术审评，提出不予注册的建议，由药品监督管理部门核准后做出不予注册的决定。

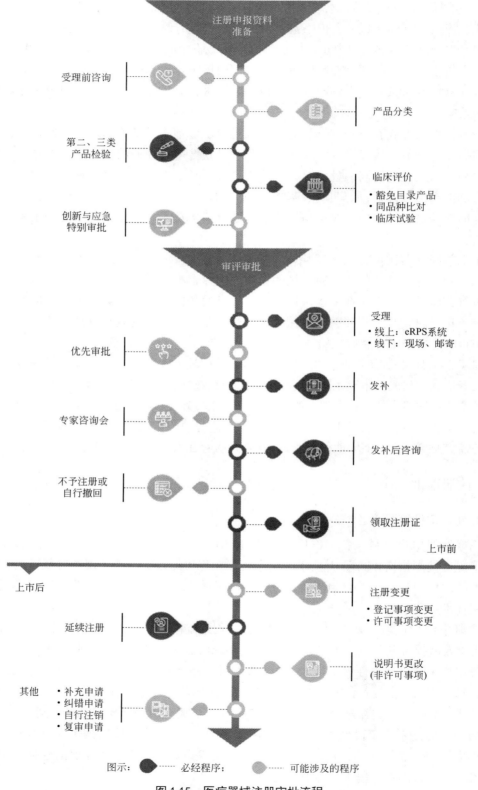

图 1-15 医疗器械注册审批流程

医疗器械技术审评中心在医疗器械注册审评工作中，对需要咨询的技术问题可召开专家咨询会。下列情形之一可召开专家咨询会：①通过创新审查的医疗器械；②通过优先审批的医疗器械；③通过应急审批的医疗器械；④同品种首个的医疗器械；⑤其他产品在审评中的技术问题，由各分技术委员会自行研究解决，存在争议的可提交中心技术委员会讨论，确需咨询专家意见的经中心技术委员会同意后可提出专家咨询会申请。

受理注册申请的药品监督管理部门应当在技术审评结束后20个工作日内做出决定。对符合安全、有效要求的，准予注册，自做出审批决定之日起10个工作日内发给医疗器械注册证，经过核准的产品技术要求以附件形式发给申请人。医疗器械注册证有效期为5年。

有下列情形之一的，药品监督管理部门做出不予注册的决定，并告知申请人：①申请人对拟上市销售医疗器械的安全性、有效性进行的研究及其结果无法证明产品安全、有效的；②注册申报资料虚假的；③注册申报资料内容混乱、矛盾的；④注册申报资料的内容与申报项目明显不符的。

对不予注册的，应当书面说明理由，并同时告知申请人享有申请复审和依法申请行政复议或者提起行政诉讼的权利。

2. 优先审批程序

为保障医疗器械临床使用需求，对于临床急需、具有明显临床优势的医疗器械实行优先审批。申请优先审评需符合下列条件：

1）符合下列情形之一的医疗器械：①诊断或者治疗罕见病，且具有明显临床优势；②诊断或者治疗恶性肿瘤，且具有明显临床优势；③诊断或者治疗老年人特有和多发疾病，且目前尚无有效诊断或者治疗手段；④专用于儿童，且具有明显临床优势；⑤临床急需，且在我国尚无同品种产品获准注册的医疗器械。

2）列入国家科技重大专项或者国家重点研发计划的医疗器械。

3）其他应当优先审批的医疗器械。

并且上述医疗器械均需属于境内第三类、进口第二类和第三类医疗器械。

对于其他应当优先审批的医疗器械，由国家药品监督管理局广泛听取意见，并组织专家论证后再确定是否予以优先审批。

优先审批的好处是体系核查优先，审评审批优先，专项交流。

3. 创新和应急特别审批程序

为了鼓励医疗器械的研究与创新，促进医疗器械新技术的推广和应用，推动医疗器械产业发展，对于创新医疗器械可以申请特别审批。包括以下情形：

1）申请人经过其技术创新活动，在中国依法拥有产品核心技术发明专利权，或者依法通过受让取得在中国发明专利权或其使用权；或者核心技术发明专利的申请已由国务院专利行政部门公开。

2）产品主要工作原理/作用机理为国内首创，产品性能或者安全性与同类产品比较有根本性改进，技术上处于国际领先水平，并且具有显著的临床应用价值。

3）申请人已完成产品的前期研究并具有基本定型产品，研究过程真实和受控，研究数据完整和可溯源。

申报创新医疗器械产品的好处是早期介入，专人负责，检测、体系核查、审评优先。

当社会存在突发公共卫生事件威胁以及突发公共卫生事件发生时，为了有效预防、及时控制和消除突发公共卫生事件危害，确保应急所需医疗器械能够尽快完成注册审批的程序，可申请应急审批。包括以下情形：①对突发公共卫生事件应急所需；②在我国境内尚无同类产品上市，或虽在我国境内已有同类产品上市，但产品供应不能满足突发公共卫生事件应急处理需要；③经国家药品监督管理局确认。

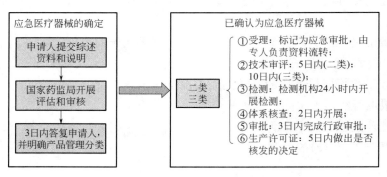

图 1-16　应急医疗器械审评流程

三、不良事件处理与召回

我国建立医疗器械不良事件监测制度，对医疗器械不良事件及时进行收集、分析、评价、控制。医疗器械生产经营企业、使用单位应当对所生产经营或者使用的医疗器械开展不良事件监测；发现医疗器械不良事件或者可疑不良事件，应当按照国家药品监督管理局的规定，向医疗器械不良事件监测技术机构报告。

任何单位和个人发现医疗器械不良事件或者可疑不良事件，有权向药品监督管理部门或者医疗器械不良事件监测技术机构报告。

国家药品监督管理部门应当加强医疗器械不良事件监测信息网络建设。医疗器械不良事件监测技术机构应当加强医疗器械不良事件信息监测，主动收集不良事件信息；发现不良事件或者接到不良事件报告的，应当及时进行核实、调查、分析，对不良事件进行评估，并向药品监督管理部门和卫生健康主管部门提出处理建议。

国家药品监督管理部门应当根据医疗器械不良事件评估结果及时采取发布警示信息以及责令暂停生产、销售、进口和使用等控制措施。省级以上人民政府药品监督管理部门应当会同同级卫生主管部门和相关部门组织对引起突发、群发的严重伤害或者死亡的医疗器械不良事件及时进行调查和处理，并组织对同类医疗器械加强监测。

有下列情形之一的，省级以上人民政府药品监督管理部门应当对已注册的医疗器械组织开展再评价：

① 根据科学研究的发展，对医疗器械的安全、有效有认识上的改变的；

② 医疗器械不良事件监测、评估结果表明医疗器械可能存在缺陷的；

③ 国家药品监督管理部门规定的其他需要进行再评价的情形。

再评价结果表明已注册的医疗器械不能保证安全、有效的，由原发证部门注销医疗器械注册证，并向社会公布。被注销医疗器械注册证的医疗器械不得生产、进口、经营、使用。

医疗器械生产企业发现其生产的医疗器械不符合强制性标准、经注册或者备案的产品技术要求或者存在其他缺陷的，应当立即停止生产，通知相关生产经营企业、使用单位和消费者停止经营和使用，召回已经上市销售的医疗器械，采取补救、销毁等措施，记录相关情况，发布相关信息，并将医疗器械召回和处理情况向药品监督管理部门和卫生健康主管部门报告。

医疗器械经营企业发现其经营的医疗器械存在前述规定情形的，应当立即停止经营，通知相关生产经营企业、使用单位、消费者，并记录停止经营和通知情况。医疗器械生产企业认为属于依照前款规定需要召回的医疗器械，应当立即召回。

医疗器械生产经营企业未依照规定实施召回或者停止经营的，药品监督管理部门可以责令其召回或者停止经营。

第二章

医药企业的设立

Chapter 2

第一节
医药企业的分类

医药企业按经营范围可以分为生产企业、经营企业和外包服务企业三大类。医药产品生产企业根据产品类型不同可分为化学制药企业、中药生产企业、生物制品生产企业、医疗器械生产企业、特殊食品生产企业等；不同的医药产品具有不同的技术特点，需要满足不同的法规要求。医药外包服务企业主要以合同形式为药品和医疗器械企业提供研发、生产和经营等方面的技术服务。

一、化学制药企业

（一）化学制药企业概述

化学药即通常所称的西药，是通过化学合成或半合成途径获得的具有治疗或诊断作用的化合物或其组合。化学制药企业包括原料药生产企业和制剂生产企业。原料药即活性药物成分（Active Pharmaceutical Ingredients，API），是药品生产的物质基础和直接原料，本身不能在临床上直接使用，必须经过加工制成适于给药的药物制剂。据统计，目前我国有化学药品高技术产业企业2300多家，是世界上最大的化学原料药生产国和出口国，可生产1500多种化学原料药产品，占全球原料药生产种类的四分之三，产能在200万～300万吨左右。药物制剂技术是化学制药的核心技术，通过对原料药加工可获得更高的附加值。目前我国药物制剂与美国等领先国家还存在较大差距，仿制药大而不强，创新药还处于起步阶段。

（二）化学制药行业的特点和趋势

化学制药工业涉及品种繁多，产品更新速度快，生产工艺复杂，原辅料繁多，但每种产品的产量一般不大，大多采用间歇式生产方式，原辅料和中间体不少是易燃、易爆、有毒物质，环境污染严重，对"三废"处理要求非常高。

当前，加快推进绿色工业发展已成为国家顶层设计的重要课题。党的十九大报告指出，必须坚定不移贯彻创新、协调、绿色、开放、共享的发展理念。在国家绿色制造发展战略的引导下，绿色制造、清洁生产已成为化学制药企业提高核心竞争力、谋求长远发展的关键任务。

化学药制造业属于高能耗、高污染行业，是环保治理的重点对象之一。从 2016 年起，国家环保治理趋严，行业准入门槛随之提高，企业运行成本提升，产业结构发生了重大改变。制药企业着力开发、引进和应用新技术和新工艺，提高产品收率，降低原材料消耗，从源头减少制药生产过程中产生的污染物。可以预见，注重环境保护、秉持先进环保理念和绿色发展观念，将成为我国制药行业未来发展的主旋律。

改革开放以来，我国化学制药行业快速发展，国家也推出系列举措助力产业转型升级。2016 年开始试点药品上市许可持有人制度，不断推动我国药品研发创新，鼓励科研成果转化，明确权责归属，综合提升药品质量，优化整合医药资源，实现产业链分工合作优势，近几年涌现出了很多以创新药研发为主业的研发型制药企业。

仿制药质量和疗效一致性评价也给医药行业带来巨大影响。通过仿制药一致性评价的品种，国家在招标采购和医保支付方面给予大力支持。实施仿制药一致性评价，将有效刺激国产仿制药的良性发展，加快推动进口替代，更好满足人民群众对高质量仿制药的增长需求。

带量采购政策是 2018 年推出的另一枚"重磅炸弹"，对药品竞争格局产生深远影响，促进药品生产企业转型升级。

新的药品管理法实施以后，正式取消了 GMP 认证，以动态和全过程的监管取代之前的静态监管，将事前审批转变为事中事后监管，而且注重进行药品注册现场核查和上市前 GMP 检查，促进企业在药品生产过程中应当保证持续合规。

二、中药生产企业

（一）中药生产企业概述

中药是指在我国中医药理论指导下使用的药用物质及其制剂，是包含汉族和少数民族传统药物在内的我国各民族医药的统称，它反映了中华民族对生命、健康和疾病的认识，具有悠久的历史传统和独特的理论及技术方法的医药学体系。

国家鼓励开办药品生产企业，重在运用现代科学技术和传统中医药研究方法，开展中医药科学研究，加强中西医结合更深层次的探索，积极促进中医药理论和技术方法的继承和创新。

新冠疫情期间，中医药发挥了重要作用，由化湿败毒方、宣肺败毒方、清肺排毒汤、连花清瘟胶囊、金花清感颗粒、血必净注射液组成的"三药三方"，使我国疫情迅速得到防控；并且连花清瘟胶囊等中药在国际抗疫上也发挥了重要作用，国家药监局已批准其用于轻型、普通型新冠肺炎。因为中药自身成分的复杂性，让其发展之路一直备受议论，发展速度也相对较为迟缓，如今国家大力主张中西医结合发展，又因其在新冠肺炎疫情期间发挥了举足轻重的作用，中医药的发展再度上升为重点关注问题之一。

中医药事业是我国医药卫生事业的重要组成部分。随着科技的飞速发展，中药已走向批量化、高端化，存在形式也发生了一系列的更新，中药生产企业合法合规地设立成了新时期必须驻足优化的阶段。发展中医药事业应当遵循继承与创新相结合的原则，保持和发扬中医药特色和优势，积极利用现代科学技术，促进中医药理论和实践的发展，推进中医药现代化。

（二）中药生产企业的特点

1. 现代科技与传统技术相结合

中药企业是从长期的中医药事业的发展中逐渐演化而来，中药产品和生产工艺具有很强的中国传统医药特色，以中医药理论为指导，而且药物成分复杂，多采用水、醇提取工艺。随着现代生物学和医药科技的发展，中药这门古老行业的生产技术也变得多样化、复杂化和综合化，其涉及的内容几乎包含了天然药物化学、有机化学、分析化学、仪器分析、药理学、制剂学、生物学、物理化学、材料学、热力学等自然科学的一切最新成果。在现代中药企业中，科技人员的比重也列在了各行各业的前面；中药新药的研究开发、工艺规程的制定和修改，操作方法的选择和生产过程的组织，都要求科技人员在中医药理论的指导下，系统地、综合地运用现代科学技术来解决。过去那种"膏、丹、丸、散，神仙难辨"的说法已经成为历史。对自然科学的认识越深入、越全面，就越能充分发挥企业的主观能动作用，从而有效地利用现代技术方法和技术装备，合理地组织生产，提高中药生产的现代化水平。

国家针对中医药专门立法，制定了《中华人民共和国中医药法》，加强中药保护与发展，鼓励和支持中药新药的研制和生产，保护传统中药加工技术和工艺，支持传统剂型中成药的生产，鼓励运用现代科学技术研究开发传统中成药。企业生产符合国家规定条件的来源于古代中医典籍所记载的古代经典名方中药复方制剂和同名同方药，在申请药品批准文号时，可以仅提供非临床安全性研究资料。

2. 投入大，增长速度快

中药企业作为高科技企业，其投入也相对高于其他行业，中药企业从事中药生产必须持续符合 GMP 规范，生产成本高。同时，中药新产品的研发也要遵循药品研发的一般规律，投入大，成本高，研发周期长。当然，中药企业的投入大，发展速度也快，过去二十年间，中药饮片产业规模突飞猛进，取得了长足的发展。在全国医药工业各子行业中，中药饮片的增速一直是最高的，如从 2006—2015 年的 10 年复合增长率高达 29.7%，远远高于医药行业整体的 21%，而近年，随着对中药饮片行业从企业 GMP 到具体品种系列监管的加强，饮片行业增速有所下滑。2019 年中国中药饮片行业市场规模约 315.5 亿元，到 2025 年将达 6100.2 亿元。

2016 年中共中央、国务院印发了《"健康中国 2030"规划纲要》，明确要求充分发挥中医药独特优势，推进中医药继承创新。2020 年 7 月国家中医药管理局启动"十四五"中医药发展规划编制专班工作。根据数据显示，2018 年我国中医药大健康产业市场规模已超 2 万亿元，在利好政策及大健康概念等因素的影响下，我国中医药大健康市场将进一步扩大，预计 2020 年将超 3 万亿元，2025 年有望达到 7.5 万亿元。在中医药产业发展形势一片大好的情况下，相关企业在研发生产中应尽可能朝着自动化、信息化、智能化方向发展，促进生产方式的转变和企业的转型升级，才能实现中药饮片生产过程的规范化、标准化、集约化、科学化、现代化，也才能使产品在市场上更有话语权，拥有更多市场份额。

3. 中药产品的性价优势突出

随着国家药品分类管理的实施、基本医疗保险药品目录的制定、药品降价和市场定价趋势以及全球非处方药物市场的迅猛发展，中药品种在"有效、稳定、方便、价廉、毒副作用小"等方面表现出来的性价比优势，是其他药品无法比拟的，这在一定程度上不仅缓解了西药竞争的压力，还为中药发展腾出更大的空间。在2020年的新型冠状病毒肺炎疫情中，在尚无有效治疗手段的情况下，中医药为迅速控制疫情立下了汗马功劳，例如金花清感颗粒、连花清瘟胶囊等中成药在临床应用中显示出对治疗新冠肺炎具有确切疗效，由国药集团中国中药控股有限公司旗下的广东一方制药有限公司生产的"肺炎1号方"（透解祛瘟颗粒），在广东、湖北等地多家定点救治医院临床使用并发挥了重要作用。

4. 具有显著的社会效益和经济效益

近年来，随着全球经济一体化步伐的加快，各国人员之间的往来与交流日益频繁，中医药在世界上的影响力也越来越大，其确切的疗效、平和的作用、天然产物的来源不仅深受国人的喜爱，也越来越受到世界各国人民的重视与青睐，欧盟对草药进行了统一立法，加拿大、澳大利亚、美国等国家也对中草药制定了统一的管理办法，中医药在医药行业的地位逐渐合法化。据统计，全球有80%左右的人口使用天然药物，2017年全球植物提取物销售额接近390亿美元，年均市场发展速度约为12.5%。中药行业在我国医药行业中的历史悠久，其发展非常迅速，无论是中药业比较发达的地区还是边远地区，都建立起了不同规模的中药生产企业，形成了独立的、较为完整的中药工业体系。

5. 中药替代品及药理学研究为中药现代化奠定了基础

经过多年的努力，我国已经成功研究了一批濒危动植物资源替代品，例如人工麝香、人工牛黄等；对中医"证"的现代科学基础、针刺镇痛原理和经络以及中药复方作用机理等方面的研究都有了深入的认识；中医药对特殊病及疑难杂症治疗的特殊疗效、中药活血化瘀治疗心脑血管病的重大疗效、外固定方法治疗四肢骨折的成果等都得到世界医学界的公认；中医药的古典医籍挖掘整理工作和信息网络建设也取得了显著的成绩。随着我国经济不断的高速发展，规范的现代化中药企业的相继建立，中药产业必将形成我国国民经济新的增长点，同时也担负着以发展的观点传播中医药文化的责任。

6. 对中药管理的法律法规日趋完善

中药是用于防病、治病，有目的地调节人的生理机能并规定有适应证、用法和用量的特殊商品，其质量优劣是关系到患者生命安危的重大问题。世界各国对药品的生产经营都颁布了严格的法律法规。我国先后制定或修订了《基本医疗卫生与健康促进法》《药品管理法》《中医药法》《药品注册管理办法》《药品生产质量管理规范》《药品经营质量管理规范》等重要法律法规，依法对中药进行科学管理。

（三）中药生产企业设立的特殊性

根据中药生产企业的行业特点，设立中药企业的资质是十分严密的。中药生产最大的原则性条件是中药提取物只能自行提取，不能委托其他企业生产，这一条件的固定化源于2015年的"银杏叶"事件。为了继承和发展中医药学，保障和促进中医药事业的发展，保护人体健康，中药的研制、生产、经营、使用和监督管理都要符合《药品管理法》及相关法规的规定。

1. 中药饮片的生产

中药饮片是中药材的炮制加工品，是可供配方用或直接用于中医临床的中药，是中医药的精华所在。但中药材的炮制加工是中药产业链中最薄弱的环节，长期以来生产工艺和设备落后，管理不规范等，导致炮制工艺参差不齐，饮片质量难以保证。新的《药品管理法》明确对中药饮片生产企业做出规定，要履行药品上市许可持有人的相关义务，对中药饮片生产、销售要实行全过程管理，要建立中药饮片追溯体系，进而保证中药饮片安全、有效、可追溯。此外，国家鼓励研制开发临床有效的中药品种，对质量稳定、疗效确切的中药品种进行分级保护。

生产中药饮片需要具备以下条件：

① 必须持有药品生产许可证；
② 必须以中药材为起始原料，且符合药用标准，尽量固定药材产地；
③ 必须严格执行国家药品标准和地方中药饮片炮制规范；
④ 必须在符合GMP条件下生产，出厂的中药饮片应检验合格，随货附纸质或电子版检验报告书。

中药饮片的炮制必须按国家药品标准炮制，国家药品标准没有规定的，必须按省级药品监督管理部门制定的炮制规范炮制，省级炮制规范收载范围仅限于确有地方炮制特色和中医用药特点的炮制方法及中药饮片。

在中药饮片生产环节，严禁未取得合法资质的企业和个人从事中药饮片生产、中药提取，严禁生产企业外购中药饮片半成品或成品进行分包装或者改换包装标签等行为。在药品经营环节，严禁经营企业从事中药饮片分包装、改换标签活动，严禁从中药材市场或其他不具备饮片生产经营资质的单位或个人采购中药饮片。

对于毒性中药饮片，实行定点生产管理和经营管理。对于市场需求量大，毒性药材生产较多的地区实行省区定点生产，定点要合理布局，相对集中。对于产地集中的毒性中药材品种（朱砂、雄黄、附子等）要全国统一定点生产，供全国使用。逐步实现以毒性中药材主产区为中心择优定点。毒性中药饮片定点生产企业要符合《医疗用毒性药品管理办法》的要求。

2. 中药提取物的生产

中药提取物，是中成药国家药品标准的处方项下载明，并具有单独国家药品标准，且用于中成药投料生产的挥发油、油脂、浸膏、流浸膏、干浸膏、有效成分、有效部位等成分。中药提取和提取物是保证中药质量可控、安全有效的前提和物质基础。为了保证使用中药提取物的中成药安全、有效和质量可控，对中成药国家药品标准处方项下载明，且具有单独国家药品标准的中药提取物实施备案管理。凡生产或使用上述应备案中药提取物的药品生产企业，均应按照《中药提取物备案管理实施细则》进行备案。中成药生产企业应严格按照药品标准投料生产，并对中药提取物的质量负责。对属于备案管理的中药提取物，可自行提取，也可购买使用已备案的中药提取物；对不属于备案管理的中药提取物，应自行提取，不得委托加工。

（1）自行提取生产。

中药提取是中成药生产和质量管理的关键环节，生产企业必须具备与其生产品种和规模相适应的提取能力。药品生产企业可以异地设立前处理和提取车间，也可与集团内部具有控股关系的药品生产企业共用前处理和提取车间。

如果异地设立前处理或提取车间，需经企业所在地省级药品监督管理局批准。跨省（区、市）设立异地车间还应经车间所在地省级药品监督管理局审查同意。中成药生产企业药品生产许可证上应注明异地车间的生产地址。

如果与集团内部具有控股关系的药品生产企业共用前处理和提取车间，该车间应归属于集团公司内部一个药品生产企业，并应报经所在地省级药品监督管理局批准。跨省（区、市）设立共用车间须经双方所在地省级药品监督管理局审查同意。该集团应加强统一管理，明确双方责任，制定切实可行的生产和质量管理措施，建立严格的质量控制标准。共用提取车间的中成药生产企业药品生产许可证上应注明提取车间的归属企业名称和地址。

中成药生产企业应对其异地车间或共用车间相关品种的前处理或提取质量负责，将其纳入生产和质量管理体系并对生产的全过程进行管理，提取过程应符合所生产中成药的生产工艺。提取过程与中成药应批批对应，形成完整的批生产记录，并在贮存、包装、运输等方面采取有效的质量控制措施。共用车间所属企业应按照《药品生产质量管理规范》组织生产，严格履行双方质量协议，对提取过程的质量负责。

（2）中药提取物生产备案。

中药提取物生产企业应当按要求提交中药提取物生产备案资料，包括：

①"中药提取物生产备案表"原件。

②证明性文件彩色影印件，包括有效的营业执照等。

③国家药品标准复印件。

④生产该提取物用中药材、中药饮片信息。包括产地、基原、执行标准或炮制规范。

⑤关键工艺资料，包括主要工艺路线、设备，关键工艺参数等，关键工艺资料应提供给中药提取物使用企业。

⑥内控质量标准，包括原料、各单元工艺环节物料及过程质量控制指标、提取物成品检验标准，以及完整工艺路线、详细工艺参数等。用于中药注射剂的中药提取物应提交指纹或特征图谱检测方法和指标等质量控制资料。

⑦中药提取物购销合同书彩色影印件，购销合同书应明确质量责任关系。

⑧其他资料。

中药提取物生产备案信息不得随意变更，如有变更，中药提取物生产企业应及时通知相关中药提取物使用企业，并提交变更相关资料，按上述程序和要求重新备案。

（3）中药提取物使用备案。

中药提取物使用企业应通过中药提取物备案信息平台进行中药提取物使用备案，并提交以下资料：

① "中药提取物使用备案表"原件。

② 证明性文件彩色影印件，包括有效的药品生产许可证、营业执照、使用中药提取物的中成药品种批准证明文件及其变更证明文件等。

③ 使用中药提取物的中成药国家药品标准复印件。

④ 中药提取物购销合同书彩色影印件。购销合同书应明确质量责任关系。

⑤ 对中药提取物生产企业的质量评估报告。重点包括评估中药提取物生产企业的生产条件、技术水平、质量管理、中药提取物原料、生产过程和提取物质量等方面。

⑥ 对中药提取物生产企业的供应商审计报告。

⑦ 中药提取物关键工艺资料。

⑧ 其他资料。

中成药生产企业自主生产中药提取物供本企业使用的，应分别对该中药提取物进行生产及使用备案。

三、生物制品生产企业

生物制品是应用普通的或以基因工程、细胞工程、蛋白质工程、发酵工程等生物技术获得的微生物、细胞及各种动物和人源的组织和液体等生物材料制备的，用于人类疾病预防、治疗和诊断的药品。

生物制品按其用途可分为三类：预防类生物制品（含细菌类疫苗、病毒类疫苗）、治疗类生物制品（含抗毒素及抗血清、血液制品、生物技术制品等）和诊断制品（体内诊断制品和体外诊断制品）。根据产品性质可分为：疫苗、重组 DNA 蛋白制品、重组单克隆抗体、血液制品、抗毒素和抗血清、微生态活菌制品、诊断试剂等。

生物制品在传染病的预防、疑难病的诊断和治疗上起着其他药物不能替代的作用。2019 年销售额超过 50 亿美元的药物共 11 个，其中 8 个为单抗药物，2 个为融合蛋白药物，1 个疫苗，其中阿达木单抗（商品名修美乐）的年销售额自 2012 年超过立普妥夺冠以来，长期霸占全球畅销药榜首，2018 年全球销售额达到创纪录的 199.36 亿美元。

生物制品具有以下特殊性：①生物制品的生产涉及生物过程和生物材料，如细胞培养、活生物体材料提取等。这些生产过程存在固有的可变性，因而其副产物的范围和特性也存在可变性，甚至培养过程中所用的物料也是污染微生物生长的良好培养基。②生物制品质量控制所使用的生物学分析技术通常比理化测定具有更大的可变性。③为提高产品效价（免疫原性）或维持生物活性，常需在成品中加入佐剂或保护剂，致使部分检验项目不能在制成成品后进行。

因此，应当对生物制品的生产过程和中间产品的检验进行特殊控制。生物制品批签发是指国家药品监督管理局对获得上市许可的疫苗类制品、血液制品、用于血源筛查的体外诊断试剂以及其他生物制品，在每批产品上市销售前或者进口时，指定药品检验机构进行资料审核、现场核实、样品检验的监督管理行为。未通过批签发的生物制品不得上市销售或者进口。

疫苗生产企业在投产前，必须经省级以上人民政府药品监督管理部门批准，取得药品生产许可证，除符合《中华人民共和国药品管理法》规定的从事药品生产活动的条件外，还应当具备适度规模和足够的产能储备；具有保证生物安全的制度和设施、设备；并符合疾病预防、控制需要。

血液制品的原材料来自人体血液，使用血液制品存在经血液途径传播疾病的风险。一旦发生血液制品用药风险，需立即召回患者，开展进一步检测，甚至行干预治疗。因此，对血液制品实行追溯管理，是应对血液制品风险的主要措施，血液制品生产企业应当建立追溯制度。

血液制品生产企业在原料血浆投料生产前，必须使用有产品批准文号并经国家药品生物制品检定机构逐批检定合格的体外诊断试剂，对每一人份血浆进行全面复检，并做检测记录。原料血浆经复检不合格的，不得投料生产，并必须在省级药品监督员监督下按照规定程序和方法予以销毁，并做记录。原料血浆经复检发现有经血液途径传播的疾病的，必须通知供应血浆的单采血浆站，并及时上报所在地省、自治区、直辖市人民政府卫生行政部门。

血液制品不得委托生产；但是，国务院药品监督管理部门另有规定的除外。国家严禁血液制品生产企业出让、出租、出借以及与他人共用"药品生产企业许可证"和产品批准文号。不得向无"单采血浆许可证"的单采血浆站或者未与其签订质量责任书的单采血浆站及其他任何单位收集原料血浆。血液制品生产企业不得向其他任何单位供应原料血浆。

四、医疗器械生产企业

医疗器械生产企业实行分类分级监督管理，根据医疗器械的风险程度、医疗器械生产企业的质量管理水平，并结合医疗器械不良事件、企业监管信用及产品投诉状况等因素，将医疗器械生产企业分为不同的类别，并按照属地监管原则，实施分级动态监管。医疗器械生产企业分为四个监管级别。

四级监管是对《国家重点监管医疗器械目录》涉及的生产企业和质量管理体系运行状况差、存在较大产品质量安全隐患的生产企业进行的监管活动。实施四级监管的医疗器械生产企业，各级药品监督管理部门应当采取特别严格的措施，加强监管。省级药品监督管理部门确定本行政区域内四级监管企业的检查频次，实施重点监管，每年对每家企业的全项目检查不少于一次。

三级监管是对《省级重点监管医疗器械目录》涉及的生产企业和质量管理体系运行状况较差、存在产品质量安全隐患的生产企业进行的监管活动。实施三级监管的医疗器械生产企业，各级药品监督管理部门应当采取严格的措施，防控风险。省级药品监督管理部门确定本行政区域内三级监管企业的检查频次，每两年对每家企业的全项目检查不少于一次。

二级监管是对除《国家重点监管医疗器械目录》和《省级重点监管医疗器械目录》以外的第二类医疗器械涉及的生产企业进行的监管活动。实施二级监管的医疗器械生产企业，由设区的市级药品监督管理部门确定本行政区域内二级监管企业的检查频次，每四年对每家企业的全项目检查不少于一次。

一级监管是对除《国家重点监管医疗器械目录》和《省级重点监管医疗器械目录》以外的第一类医疗器械涉及的生产企业进行的监管活动。实施一级监管的医疗器械生产企业，设区的市级药品监督管理部门在第一类产品生产企业备案后三个月内须组织开展一次全项目检查，并每年安排对本行政区域内一定比例的一级监管企业进行抽查。

医疗器械生产企业涉及多个监管级别的，按最高级别对其进行监管。

五、特殊食品生产企业

特殊食品包括国家对保健食品、特殊医学用途配方食品和婴幼儿配方食品等。特殊食品虽然不是药，但作为特殊生理时期及特殊病理时期人群的营养补充剂，国家对保健食品、特殊医学用途配方食品和婴幼儿配方食品等特殊食品实行严格监督管理。

特殊医学用途配方食品（以下简称"特医食品"），是指为满足进食受限、消化吸收障碍、代谢紊乱或者特定疾病状态人群对营养素或者膳食的特殊需要，专门加工配制而成的配方食品，包括适用于0月龄至12月龄的特殊医学用途婴儿配方食品和适用于1岁以上人群的特医食品。此类产品必须在医生或临床营养师的指导下，按照患者个体的特殊医学状况，与其他特医食品或普通食品配合使用。

适用于0月龄至12月龄的特殊医学用途婴儿配方食品包括无乳糖配方食品或者低乳糖配方食品、乳蛋白部分水解配方食品、乳蛋白深度水解配方食品或者氨基酸配方食品、早产或者低出生体重婴儿配方食品、氨基酸代谢障碍配方食品和母乳营养补充剂等。

保健食品产业在我国起步较早、发展迅速，产品种类繁多；而特殊医学用途配方食品在我国还是新生事物，其前身肠内营养制剂在我国一直作为药品管理，消费者以及媒体对其还不够熟悉。保健食品是声称具有保健功能的食品，其所谓的保健功能应当具有科学依据，不得对人体产生急性、亚急性或者慢性危害。从功能验证、产品申报、生产监管、指导应用上，特医食品都要比保健食品严格。对于保健食品中的一些生理活性成分，往往没有经过临床试验验证，缺乏医学证据。而对于特殊医学用途配方食品，其具有充分的理论基础和临床证据，并且必须在医生或者营养师的指导下使用。

特医食品实行注册制，应当按照《食品安全法》规定经国务院食品安全监督管理部门注册。注册时，应当提交产品配方、生产工艺、标签、说明书以及表明产品安全性、营养充足性和特殊医学用途临床效果的材料。

依法应当注册的保健食品，应当提交保健食品的研发报告、产品配方、生产工艺、安全性和保健功能评价、标签、说明书等材料及样品，并提供相关证明文件，经国务院食品安全监督管理部门注册；依法应当备案的保健食品，应当提交产品配方、生产工艺、标签、说明书以及表明产品安全性和保健功能的材料，经国务院食品安全监督管理部门备案。

婴幼儿配方乳粉的产品配方应当经国务院食品安全监督管理部门注册，婴幼儿配方食品生产企业应当将食品原料、食品添加剂、产品配方及标签等事项向省、自治区、直辖市人民政府食品安全监督管理部门备案。不得以分装方式生产婴幼儿配方乳粉，同一企业不得用同一配方生产不同品牌的婴幼儿配方乳粉。

保健食品、特殊医学用途配方食品、婴幼儿配方乳粉生产企业应当按照注册或者备案的产品配方、生产工艺等技术要求组织生产。

六、医药外包服务企业

医药外包服务企业包括合同研究组织（Contract Research Organization，CRO）、合同生产组织（Contract Manufacture Organization，CMO）、合同销售组织（Contract Sales Organization，CSO），分别服务于医药行业的研发、生产、销售三大环节。

CRO 于 20 世纪 80 年代初起源于美国，它是通过合同形式为制药企业、医疗机构、中小医药医疗器械研发企业甚至各种政府基金等机构在基础医学和临床医学研发过程中提供专业化服务的一种学术性或商业性的科学机构。

随着各国对新药研究开发管理法规的不断完善，使得药品的研究开发过程相应地变得更为复杂、更为耗时且费用也更高。制药企业逐渐面对种种压力，如新药研发极大的投资风险，过长的上市周期，缩短的专利保护期等。制药企业要在这样一个管理愈加严格、竞争愈加激烈的环境中求得生存与发展，就必须尽力缩短新药研究开发所用的时间且同时又必须控制成本和降低失败风险。而解决这一矛盾的关键，就在于如何在整个新药开发过程中获得高质量的研究和成功地把握每一个战略性的决策。

CRO 以合同为纽带，以外包的形式承担医药工业在研究开发、注册过程中的一项或多项服务的机构或公司。因其以合同的操作形式进行，明确了合作双方的责任和权利，能够得到法律的有效约束与保护。科学技术的发展与法规的进一步规范，单纯依靠一家企业自身能力已经越来越难覆盖研发、注册、生产与上市全过程的每一细节，而外包形式的出现使得企业能够将一些耗时费力的研究与注册工作委托出去，得到更加专业化的技术支持与服务，使得企业能够更加专注在核心技术的研发或者经营领域，极大地增强了灵活性。CRO 不仅能够消除或降低了新药或新医疗器械在开发与注册所可能涉及的风险，同时也更符合国际化分工的浪潮。

CRO 具有专业化和高效性的特点，作为制药企业的一种可借用的外部资源，可在短时间内迅速组织起一个具有高度专业化的和具有丰富临床研究经验的临床研究队伍，并能降低整个制药企业的管理费用和研发费用，成就其快速发展。正是这些特有的优势，CRO 可以在这些方面为制药业提供技术支持和专业化服务。

CRO 的工作可以覆盖新药研发及试验的各个环节，包括新药发现（化合物合成和筛选）、临床前试验（药理学和毒理学试验）、临床试验、新药注册等。按照覆盖的药物研发环节的不同，CRO 又可以分为临床前 CRO 和临床 CRO。

临床前 CRO 主要是在实验室条件下，通过对化合物研究阶段获得的候选药物分别进行实验室研究和动物实验研究，以观察化合物对目标疾病的生物活性，并对其进行安全性评估的研究活动。临床前 CRO 主要业务包括药物的合成或提取工艺研究、剂型和处方筛选、制剂工艺研究、质量标准和检验方法研究、药效学研究、药理毒理学研究和动物药代动力学研究等。

临床 CRO 一般包括对 Ⅰ~Ⅳ 期的临床试验以及 BE 试验等提供临床试验技术服务、现场管理、数据管理和统计分析等，同时也包括提供注册及申报服务等。

CMO 主要接受制药公司的委托，提供原料药及制剂生产、包装等服务。在药品上市许可持有人制度下，上市许可与生产许可相互独立，上市许可持有人可以将产品委托给不同的生产商生产，CMO 得到快速发展。近年来，在药品上市许可持有人制度和医疗器械注册人制度推动下，医药行业新兴外包合作形式进一步扩展到了研发生产外包组织 CDMO（Contract Developmentand Manufacturing Organization）和 CMO 领域。CDMO 从临床前研究、临床试验到商业化生产阶段与企业的研发、采购、生产等整个供应链体系深度对接，为药品、医疗器械生产企业提供创新性的工艺研发及规模化生产服务，以附加值较高的技术输出取代单纯的产能输出。CDMO 核心在于"Development"，能够帮助更多研发型的企业进行实际的技术转化，缩短产品上市时间，促进商业化。

CRO 企业的业务范围主要涉及临床前试验和临床试验，分别应当满足 GLP 和 GCP 的相关法规要求。CMO 企业的业务范围主要涉及药品生产，生产厂房和设施需要满足 GMP 的相关法规要求。

七、药品经营企业

（一）药品经营企业概述

当前，药品企业的经营活动在不断发生变化，我国的药品质量管理规范也在不断地完善与改革。因此，药品企业也应该灵活地变通自己企业的药品质量管理制度，以便适应新时代的药品质量管理要求。药品生产经营企业不仅具有发展推广市场、促进后续发展的一般产业职能，还负有稳定民生、维护群众生命健康的重大社会责任。医药行业是我国发展最快的产业之一。1978 年全国医药工业销售收入仅为 72.8 亿元，到 2017 年，我国规模以上医药企业主营业务收入达 29826 亿元。但随着医药经济快速发展，监管体系建设、相关法律法规相对滞后，药品安全问题频繁出现，社会反应相当强烈。假药劣药渗透在药品生产经营的各个环节，从正规厂家到暗藏黑窝点，从原辅料到生产工艺以及贮存、运输、销售整个供应链，药品质量安全风险无处不在，这与人民日益增长的对美好生活需要的要求相距甚远。为此，习近平总书记明确指出，药品安全责任重于泰山，一定要做到"四个最严"：最严谨的标准、最严格的监管、最严厉的处罚、最严肃的问责。这就对药品生产、经营、使用及监管的全链条提出了非常严格的要求。监督药品企业生产经营过程合法合规，保障药品质量全生命周期安全，责任重大，任务艰巨。

保障药品安全是一个非常专业的领域，目前我国药品监督管理体制实行的是分段监管、事前监管，也就是药品的研发、审批在国家药品监督管理局，省级药品监督管理部门负责药品的生产环节，以及药品批发许可、零售连锁总部许可、互联网销售第三方平台备案及检查和处罚，市、县两级市场监督管理部门负责药品零售和使用环节的检查和处罚，也就是药品流通实行属地监管，点多面广，市场庞大，监管难度很大。为此，加大监管力度，充实监管力量，使对药品生产、经营、流通、储存和监管等全链条严格管理成为必然。实现药品企业生产经营全过程规范化根据风险管控要求，安全药品首先是生产出来的，就要求企业主体必须合规和行业自律，企业在发展壮大的同时，应严格遵守审批标准，持续稳定地生产符合标准要求、高质量的产品。因此企业决策者、管理层，以及每一个普通员工，都必须强化安全风险意识，建立完善的质量管理体系，明确各级管理层和员工在合规体系中的角色和职责，规范化生产经营，不能存侥幸心理，留下安全漏洞。

在药品经营企业的药物供应与销售过程中，其药品质量与供应流程中的管理规范决定着患者们的用药安全。药物作为特殊的商品，多年来一直积聚着政府和群众的关注，政府投入大量的精力对药品经营企业的供应制度与管理规范进行管理。基于新的政策环境，对药品经营企业质量管理工作中存在的问题进行分析，提出加强质量管理工作的方法与策略。

新时期，我国已经取消了药品供应认证的工作，对我国药品经营企业在药物销售中所销售的药物质量有了新的要求，急需药品经营企业做好人民群众用药安全的基础性工作。在取消 GSP（Good Supply Practice，药品经营质量管理规范）认证后，由于相关的药品经营企业缺乏系统的管理措施与管理规划，一些药品经营企业在药品质量管理工作中仍然存在着一定的问题，影响我国药品质量管理工作的提升。

（二）药品经营企业的不同经营方式及市场分析

1. 药品零售经营企业

我国药品零售企业之间的竞争越来越激烈，药店的数量随着人类社会的发展在不断增加，但是在激烈的竞争环境下，药店面临着非常严重的生存考验。因此药品的零售企业管理者要有一个相对明确的思路，探索符合药店发展规律的营销思路才能在激烈的市场竞争中占据非常重要的地位。但是在当前阶段大部分的药品零售企业将关注度放在了药品的品种和价格的定位以及促销服务上面，导致了很多药店的经营成本在不断上升，企业的利润也越来越低，而顾客对药店的要求却越来越高，若药店不做出改变，药店的经营将会陷入一个怪圈：药店越来越难经营，顾客对药店越来越失望。药品零售企业必须顺应时代潮流，改变经营策略。因为药品是属于相对比较特殊的商品，在市场营销的时候和普通的商品存在本质的差别，因此当前的药品零售企业管理者必须要重新理顺思路，结合时代的发展创新营销思路实现多元化的经营才能提高企业的核心竞争力。

在当前阶段随着我国综合国力的不断上升，对医疗投入了大量的精力，国家近年来对药品进行多次降价，旨在能够帮助现代社会的人们缓解医疗的压力，减轻一定的负担。但是在国家政策支持的时代背景下对药品零售企业的压力在逐渐增大，有部分的药品零售企业为了提高企业的竞争力，增强客流量而不得不采取打折或者是赠送礼品的方式来进行药品的销售,这对于药品零售企业来说是一种强大的压力。

在当前阶段医药连锁零售市场集中程度在现代社会发展的过程中不断提高,这就使得原本竞争就比较激烈的药品零售市场竞争环境就更加激烈,导致了药品零售企业的利润在不断下降。顾客意识提高了药品零售企业的服务水平随着我国现代社会的不断创新和发展,人们的生活水平得到了一定程度的提升,有越来越多的人提高了对自我生活质量的要求,越来越多的人开始注重养生和保健,因此对药店的服务要求也在不断上升。

在当前阶段,执业药师的数量相对比较少,执业药师的工作大部分都是由药师完成的,但是药师的整体素质还需要进一步的提升和完善。这样的情况就导致了单体药店内部的管理水平相对比较低,没有形成统一规范的管理模式。在当前激烈的竞争环境中药品零售企业要想脱颖而出就要实现转型升级,从单一的销售走向多元的发展,在现代企业经营的过程中多元化的经营模式也是使用较为广泛的方法之一。

2. 药品批发经营企业

作为医药产业链上重要的一环,药品批发企业在历经连续降价、药品分类管理、广告监管、打击商业贿赂等监管政策的高压之后,终于迎来了获得实现自身价值、恢复公众信赖的良好机遇。充分解读新医改政策,寻找新的发展空间是企业当前的重要任务之一。

目前药品批发企业经营管理混乱主要表现为以下几种形式。

1)挂靠经营。药品批发企业给没有合法经营资质的自然人(非企业职工),甚至药贩子提供合法的药品购销手续,开具合法票据,挂靠人以所挂靠企业的名义从事药品购销业务。挂靠经营企业一般设立账外账,挂靠人的药品销售体外循环,在药品质量管理上不履行职责,这是产生药品质量隐患的重要原因。

2)承包经营。药品批发企业以实行经济责任制或目标责任管理的名义,将购销业务承包给企业职工。承包者网罗经营人员,承担药品质量管理和经营风险,自负盈亏;公司负责按照承包者的要求或经营需要出具证照复印件、委托书和开具票据,收取对方的承包经营费用,往往对承包者所经营的药品质量不闻不问。承包经营其实质就是药品批发企业向无合法资质的个人提供或出租合法经营手续,谋取不正当利益。

3)过票经营。过票经营的显著特征是批发企业间有票据往来,而无实质的药品进出库买卖。过票经营是造成药品价格虚高的原因之一,其规避了国家关于药品批零差价折算的规定,造成价格混乱。过票不过货,"买空卖空",使药品批发企业的购销记录不具有真实性。

4)过户销售。医疗机构等药品使用单位只从已在本单位开户的批发企业购进药品,因此,其他药品生产企业的药品要进入医院使用,需要找一个在该医院有户头的药品批发企业合作,以该批发企业的名义将药品销往医院,并缴纳一定的过户费,由此造成药品经营企业过户销售大量存在,增加了药品购销环节,增大了经营成本。过户经营致使医疗机构不认真履行审核供货单位资格和药品合法性的义务。

5)买卖税票。这是不法药品批发企业在没有发生购销业务关系的情形下,为使非法药品流入合法渠道或逃避税收,买卖购销发票的行为。买卖药品购销发票是典型的非法经营行为,不仅使来路不正的药品进入正常的购销渠道,造成市场秩序混乱,同时偷税漏税损害国家利益。

6）挂户销售。药品批发企业对不具有购买药品资质的单位或个人采取放任态度，随意将其购买的药品挂在具有合法资质的销售对象户头上。挂户销售行为使药品流向无法核查，出现质量事故时无法追踪，损害了消费者的合法利益，对人民用药安全构成威胁。

为应对上述情况的弊端，需要做好以下几个方面的工作。

1）制定并颁布对药品违规经营的处罚性法规。新的《药品流通监督管理办法》虽已颁布实施，但对买卖税票、过票经营、挂户销售等相关内容仍没有明确规定，对这些违规经营的处理仍无法可依、无据可查，难以扼制违规经营恶性发展的态势。

2）实行药品营销员资格认定和登记备案制度。目前，在GSP认证条款中对销售人员虽规定了相应的资格和培训等要求，但没有真正得到落实。建立药品营销员资格认定及工作单位备案制有利于克服当前挂靠、过票等违规经营现象。构建药品经营综合管理机制。努力构建药品监督管理部门、卫生行政部门、工商管理部门、税务部门齐抓共管的新机制，各部门相互配合，加强信息沟通，对药品批发企业的经营形成一个监督网络。

3）加强GSP认证后的跟踪检查。对已取得GSP证书的药品经营企业要及时组织跟踪检查，掌握企业经营管理状况，对跟踪检查中发现违规经营的企业要给予严惩，直至收回GSP证书，对药品经营企业的经营行为实行有效的监督。药品批发企业经营管理水平直接影响药品流通秩序，重视和加强对不规范药品经营行为的整治，提高企业经营管理水平应成为当前整治药品市场的重要工作之一。

（三）药品经营企业设立的注意事项

第一，药品经营企业没有取得药品经营许可证的，根据法律规定不得经营药品。因此，药品经营企业首要取得的是药品经营许可证。不同的企业类型审批程序稍有差异，对于从事药品批发活动，须经所在地省、自治区、直辖市人民政府药品监督管理部门批准，取得药品经营许可证；对于从事药品零售活动，须经所在地县级以上地方人民政府药品监督管理部门批准，取得药品经营许可证。凭药品经营许可证到工商行政管理部门办理登记注册。药品经营许可证上会标明有效期和经营范围，到期后将重新审查发证。

第二，药品经营企业必须严格遵守药品经营质量管理规范经营药品，建立一套完善的药品经营质量管理体系，确保药品的全过程能够持续性地符合法定要求。对于从事药品零售连锁经营活动的，其企业总部也必须建立统一的质量管理制度，对所属零售企业的依法进行经营活动履行管理责任。药品经营企业的法定代表人、主要负责人对本企业的药品经营活动全面负责。

第三，设立药品经营企业必须具备四个条件：具有依法经过资格认定的药学技术人员；具有与所经营药品相适应的营业场所、设备、仓储设施、卫生环境；具有与所经营药品相适应的质量管理机构或者人员；具有保证所经营药品质量的规章制度。

第四，对药品的购进和销售都应当严格履行其法定要求。在购进药品时，必须建立并执行进货检查验收制度,验明药品合格证明和其他标识;不符合规定要求的,不得购进。需要购销药品的,必须有真实完整的购销记录。销售药品是消费者服用药品的最后一道线,为保障消费者的生命健康,销售行为必须精确无误,并正确说明用法、用量和注意事项;调配处方必须经过核对,对处方所列药品不得擅自更改或者代用。对有配伍禁忌或者超剂量的处方,应当拒绝调配;必要时,经处方医师更正或者重新签字,方可调配。

第五,对药品的保管。药品经营企业必须制定和执行药品保管制度,采取必要的冷藏、防冻、防潮、防虫、防鼠等措施,保证药品质量。药品入库和出库必须执行检查制度。

最后,药品经营企业销售中药材的,必须标明产地。城乡集市贸易市场可以出售中药材,国务院另有规定的除外。城乡集市贸易市场不得出售中药材以外的药品,但持有药品经营许可证的药品零售企业在规定的范围内可以在城乡集市贸易市场设点出售中药材以外的药品。

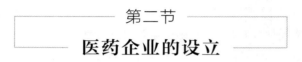

第二节 医药企业的设立

一、医药企业的设立条件

根据《药品管理法》和《疫苗管理法》的规定,从事药品生产活动,应当经所在地省、自治区、直辖市人民政府药品监督管理部门批准,取得药品生产许可证。无药品生产许可证的企业不得生产药品。药品生产许可证应当标明有效期和生产范围,到期重新审查发证。

从事药品生产活动,应当具备以下条件:①有依法经过资格认定的药学技术人员、工程技术人员及相应的技术工人,法定代表人、企业负责人、生产管理负责人、质量管理负责人、质量受权人及其他相关人员符合《药品管理法》《疫苗管理法》规定的条件;②有与药品生产相适应的厂房、设施和卫生环境;③有能对所生产药品进行质量管理和质量检验的机构、人员;④有能对所生产药品进行质量管理和质量检验的必要的仪器设备;⑤有保证药品质量的规章制度,并符合国务院药品监督管理部门制定的药品生产质量管理规范要求。

从事制剂、原料药、中药饮片生产活动,申请人应当按照药品生产监督管理办法和国家药品监督管理局规定的申报资料要求,向所在地省级药品监督管理部门提出申请。委托他人生产制剂的药品上市许可持有人,应当具备前述第①③⑤项的条件,并与符合条件的药品生产企业签订委托协议和质量协议,将相关协议和实际生产场地申请资料合并提交至药品上市许可持有人所在地省级药品监督管理部门,按照规定申请办理药品生产许可证。

从事疫苗生产活动，除符合上述条件外，还应当具备下列条件：①具备适度规模和足够的产能储备；②具有保证生物安全的制度和设施、设备；③符合疾病预防、控制需要。

从事药品生产活动，应当遵守药品生产质量管理规范，建立健全药品生产质量管理体系，保证药品生产全过程持续符合法定要求。药品生产企业的法定代表人、主要负责人对本企业的药品生产活动全面负责。

药品监督管理部门对药品上市许可持有人、药品生产企业、药品经营企业和药物非临床安全性评价研究机构、药物临床试验机构等遵守药品生产质量管理规范、药品经营质量管理规范、药物非临床研究质量管理规范、药物临床试验质量管理规范等情况进行检查，监督其持续符合法定要求。

药品上市许可持有人、药品生产企业、药品经营企业和医疗机构中直接接触药品的工作人员，应当每年进行健康检查。患有传染病或者其他可能污染药品的疾病的，不得从事直接接触药品的工作。

二、医药企业的设立登记

依照相关法律法规，不同主营业务的医药企业设立需要取得的资质证书也不相同，实行一企一证。2018年，国家药品监督管理局发布的《关于贯彻落实国务院"证照分离"改革要求做好药品监管相关审批工作的通知》要求，各地药品监管部门要简政放权、放管结合、优化服务，进一步优化行业准入环境，强化事中事后的监管制度，严格配合做好药品监管相关审批工作。

改革措施包括：开办药品生产企业审批推广网上业务办理；压缩审批时限，将法定审批时限压缩三分之一（现场检查不计入审批时限）；精简审批材料，在线获取核验营业执照、法定代表人或负责人、质量负责人的身份证明等材料；公示审批程序、受理条件和办理标准，公开办理进度；对药品生产经营许可等审批事项中相关联的现场检查进行合并，提高审批效率；推进部门间信息共享应用，加强事中事后监管。

以设立药品生产企业为例，主要流程如下：

1）筹建申请与完成筹建。申请人应当向省级药品监督管理部门提出申请由省级药品监督管理部门按照国家发布的药品行业发展规划和产业政策进行审查，并做出是否同意筹建的决定。在同意筹建后申请人需要完成相关的筹建工作。此外，开办药品生产企业还应符合国家制定的药品行业发展规划和产业政策，防止重复建设。

2）申请药品生产许可证。申请人完成拟办企业筹建后，应向省级药品监督管理部门申请验收。省级药品监督管理部门根据开办条件组织验收，验收合格的，发给药品生产许可证。

3）申请工商登记。申请人到市场监督管理部门依法办理登记注册领取营业执照。自2015年4月24日以后，药品生产许可证不再是领取营业执照的前提条件。设立药品生产企业可按照常规企业流程办理登记注册手续。

4) GMP 备案。药品管理法自 2019 年 12 月 1 日起取消 GMP 认证后，不再发放 GMP 证书。原已取得 GMP 证书的生产线由药监部门主动发起 GMP 检查；新开办药品生产企业和新建生产线需先申请 GMP 符合性检查。

除上述主要步骤以外，与一般的生产性企业类似，设立药品生产企业也需要取得发改委的项目核准、环保部门的环境审批等。对于外商投资药品生产企业的设立，需要在申请工商登记之前向有关商务部门提交申请，取得批准证书。

三、医药企业设立的合规检查

医药企业在设立时需要注意合规问题，主要包括药品质量合规与环保合规两方面。

（一）药品质量合规

"山东疫苗事件"引起了全社会对药品安全问题的高度关注，也使得药品监管部门痛下决心加强监管。药品监管部门从药品研发、注册、生产和流通等多领域、全方位严控上市药品质量。在药品研发注册阶段，国家药监局临床数据核查与仿制药质量和疗效一致性评价政策在 2016 年共同掀起了一场行业整顿大风暴。同时，针对 2007 年前批准上市的品种未按照批准的生产工艺组织生产以及改变生产工艺不按规定研究和申报等情况，国家药监局正式启动药品生产工艺核对工作。同时，针对 2007 年前批准上市的品种未按照批准的生产工艺组织生产以及改变生产工艺不按规定研究和申报等情况，国家药监局已正式启动药品生产工艺核对工作。

2015 年开展的飞行检查逐渐成为日常监管的重要手段。通过飞行检查发现的银杏叶、小牛血等重大药品安全问题，直接导致不合规企业受到处罚。在生产领域，2016 年飞行检查主要集中在生化药、中药提取物和注射剂企业，其中生化药原辅料飞检力度加大。截至 2016 年 12 月，国家药监局审核查验中心总计检查了 611 个企业/品种，派出检查组 515 个。在流通领域，针对"山东疫苗事件"，政府不再允许药品批发企业经营疫苗产品。同时，国家药监局启动了对药品经营企业的飞行检查。据不完全统计，2016 年被撤销和收回的 GSP 证书（含批发和零售）总计超过 1500 张。此后，药品质量监管持续保持高压态势，飞行检查成为常态。药品生产和流通企业必须全面落实药品生产经营规范和药品经营质量规范的各项要求，确保生产和经营过程持续合规，数据完整、真实、可溯源。

（二）环保合规

作为国家环保规划重点治理的行业之一，医药生产企业的环保问题日益受到关注，环保合规已经成为制约制药行业发展的重要因素。2016 年 11 月，在严重雾霾等环境问题压力下，石家庄市政府出台《关于开展利剑斩污行动实施方案》，对工业企业，特别是制药等重点行业实施严格调控措施，要求全市所有制药企业全部停产，未经市政府批准不得复工生产。紧随其后，国务院办公厅于 2016 年 11 月 21 日印发《关于控制污染物排放许可证实施方案的通知》，提出规范有序发放排污许可证，严格落实企事业单位环境保护责任。随着污染问题的不断加剧，制药企业，特别是污染比较大的药品原料生产企业，可能会被要求不定期停产、长期停产甚至关闭。

2016年12月25日，全国人大常委会通过了《中华人民共和国环境保护税法》，成为我国第一部专门体现"绿色税制"的单行税法，并于2018年1月1日起执行。环保税的征税范围为直接向环境排放的大气、水、固体和噪声等污染物。《环保税法》从税收杠杆入手，规定企业多排污多交税，倒逼企业减排。分析预计每年环保税征收规模可达500亿元，其中制药、化工等重污染企业缴纳的税款将占80%。必须明确的是，排污企业缴纳环保税并不能使其免于承担其他与污染物排放有关的民事损害赔偿责任、行政责任以及其他法律责任。

2016年12月26日，最高人民法院、最高人民检察院发布办理环境污染刑事案件司法解释，特别明确重点排污单位篡改、伪造自动监测数据或干扰自动监测设施等行为应被认定为"严重污染环境"；实施或参与实施篡改、伪造行为的人员应当从重处罚。

毫无疑问，今后医药产业将面临环保成本飙升和监管趋紧的双重压力。一些制药企业会因为环保合规问题遭受到严重的行政处罚、巨额的民事赔偿甚至刑事责任。制药企业从粗放型、以环境为代价换取利润的原始生存方式转向绿色的产业升级已经非常紧迫，环保合规工作的重要性将显著提升。

第三节 药品／医疗器械生产许可

一、药品／医疗器械生产许可

（一）药品的生产许可

新版《药品管理法》及《药品生产监督管理办法》全面加强对药品生产活动的监管，严格药品生产准入条件，从事药品生产活动，应当经所在地省、自治区、直辖市人民政府药品监督管理部门批准，取得药品生产许可证。

药品生产许可证实行分类管理。从事药品生产活动，应当经所在地省级药品监督管理部门批准，依法取得药品生产许可证，严格遵守药品生产质量管理规范，确保生产过程持续符合法定要求。从事制剂、原料药、中药饮片生产活动，申请人应当按照相关规定向所在地省级药品监督管理部门提出申请。

充分考虑药品属地化监管的基本原则，除药品生产企业外，将境内上市许可持有人和受托生产企业纳入生产许可管理范围，均需到所在地省级药监部门办理生产许可证。委托他人生产制剂的药品上市许可持有人，应当与符合条件的药品生产企业签订委托协议和质量协议,将相关协议和实际生产场地申请资料合并提交至药品上市许可持有人所在地省级药品监督管理部门,按照相关规定申请办理药品生产许可证。委托生产不再实行单独审批,按照生产地址变更程序办理,属于生产许可证生产地址和生产范围许可事项变更范围,由省级药品监管部门审查决定。对上述变更涉及注册事项的,在省级药品监管部门批准后还要报送国家药品监督管理局药品审评中心更新相关的药品注册证书及其附件内容。

从事制剂、原料药、中药饮片生产活动,申请人应当按照《药品生产监督管理办法》和国家药品监督管理局规定的申报资料要求,向所在地省级药品监督管理部门提出申请,并对其申请材料全部内容的真实性负责。

省级药品监督管理部门收到申请后,应当根据下列情况分别做出处理:

① 申请事项依法不属于本部门职权范围的,应当即时做出不予受理的决定,并告知申请人向有关行政机关申请;

② 申请事项依法不需要取得行政许可的,应当即时告知申请人不受理;

③ 申请材料存在可以当场更正的错误的,应当允许申请人当场更正;

④ 申请材料不齐全或者不符合形式审查要求的,应当当场或者在五日内发给申请人补正材料通知书,一次性告知申请人需要补正的全部内容,逾期不告知的,自收到申请材料之日起即为受理;

⑤ 申请材料齐全、符合形式审查要求,或者申请人按照要求提交全部补正材料的,予以受理。

省级药品监督管理部门受理后,按照药品生产质量管理规范等有关规定组织开展申报资料技术审查和评定、现场检查,并应当自受理之日起30日内做出决定。经审查符合规定的,予以批准,并自书面批准决定作出之日起10日内颁发药品生产许可证;不符合规定的,做出不予批准的书面决定,并说明理由。

省级药品监督管理部门受理或者不予受理药品生产许可证申请的,应当出具加盖本部门专用印章和注明日期的受理通知书或者不予受理通知书。

申请办理药品生产许可证直接涉及申请人与他人之间重大利益关系的,申请人、利害关系人依照法律、法规规定享有申请听证的权利。在对药品生产企业的申请进行审查时,省级药品监督管理部门认为涉及公共利益的,应当向社会公告,并举行听证。

药品生产许可证有效期为五年,分为正本和副本。药品生产许可证样式由国家药品监督管理局统一制定。药品生产许可证电子证书与纸质证书具有同等法律效力。药品生产许可证应当载明许可证编号、分类码、企业名称、统一社会信用代码、住所(经营场所)、法定代表人、企业负责人、生产负责人、质量负责人、质量受权人、生产地址和生产范围、发证机关、发证日期、有效期限等项目。企业名称、统一社会信用代码、住所(经营场所)、法定代表人等项目应当与市场监督管理部门核发的营业执照中载明的相关内容一致。

药品生产许可证载明事项分为许可事项和登记事项。许可事项是指生产地址和生产范围等。登记事项是指企业名称、住所(经营场所)、法定代表人、企业负责人、生产负责人、质量负责人、质量受权人等。

变更药品生产许可证许可事项的，向原发证机关提出药品生产许可证变更申请。未经批准，不得擅自变更许可事项。原发证机关应当自收到企业变更申请之日起 15 日内做出是否准予变更的决定。不予变更的，应当书面说明理由，并告知申请人享有依法申请行政复议或者提起行政诉讼的权利。变更生产地址或者生产范围，药品生产企业应当按照《药品生产监督管理办法》第六条的规定及相关变更技术要求，提交涉及变更内容的有关材料，并报经所在地省级药品监督管理部门审查决定。

原址或者异地新建、改建、扩建车间或者生产线的，应当符合相关规定和技术要求，提交涉及变更内容的有关材料，并报经所在地省级药品监督管理部门进行药品生产质量管理规范符合性检查，检查结果应当通知企业。检查结果符合规定，产品符合放行要求的可以上市销售。有关变更情况，应当在药品生产许可证副本中载明。

上述变更事项涉及药品注册证书及其附件载明内容的，由省级药品监督管理部门批准后，报国家药品监督管理局药品审评中心更新药品注册证书及其附件相关内容。

变更药品生产许可证登记事项的，应当在市场监督管理部门核准变更或者企业完成变更后 30 日内，向原发证机关申请药品生产许可证变更登记。原发证机关应当自收到企业变更申请之日起 10 日内办理变更手续。

药品生产许可证变更后，原发证机关应当在药品生产许可证副本上记录变更的内容和时间，并按照变更后的内容重新核发药品生产许可证正本，收回原药品生产许可证正本，变更后的药品生产许可证终止期限不变。

药品生产许可证有效期届满，需要继续生产药品的，应当在有效期届满前 6 个月，向原发证机关申请重新发放药品生产许可证。

原发证机关结合企业遵守药品管理法律法规、药品生产质量管理规范和质量体系运行情况，根据风险管理原则进行审查，在药品生产许可证有效期届满前做出是否准予其重新发证的决定。符合规定准予重新发证的，收回原证，重新发证；不符合规定的，做出不予重新发证的书面决定，并说明理由，同时告知申请人享有依法申请行政复议或者提起行政诉讼的权利；逾期未做出决定的，视为同意重新发证，并予补办相应手续。

有下列情形之一的，药品生产许可证由原发证机关注销，并予以公告：
① 主动申请注销药品生产许可证的；
② 药品生产许可证有效期届满未重新发证的；
③ 营业执照依法被吊销或者注销的；
④ 药品生产许可证依法被吊销或者撤销的；
⑤ 法律、法规规定应当注销行政许可的其他情形。

药品生产许可证遗失的，药品上市许可持有人、药品生产企业应当向原发证机关申请补发，原发证机关按照原核准事项在 10 日内补发药品生产许可证。许可证编号、有效期等与原许可证一致。

省级药品监督管理部门应当将药品生产许可证核发、重新发证、变更、补发、吊销、撤销、注销等办理情况，在办理工作完成后 10 日内在药品安全信用档案中更新。

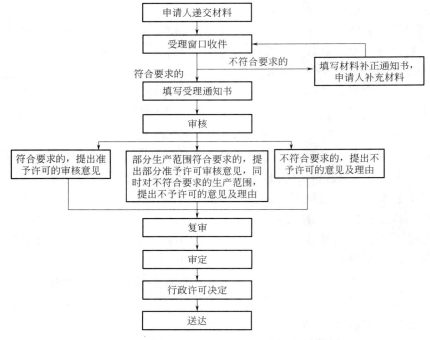

图 2-1　药品生产许可证核发业务流程图

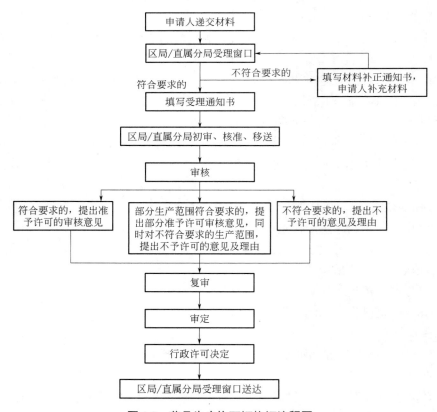

图 2-2　药品生产许可证换证流程图

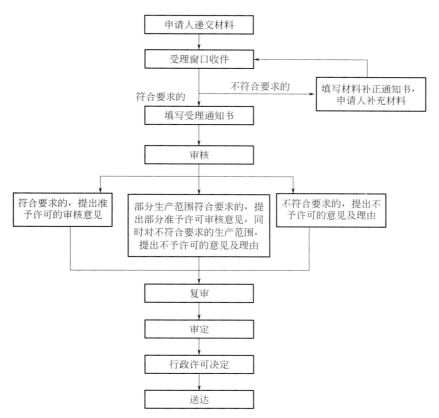

图 2-3　药品生产许可证变更生产范围、生产地址业务流程图

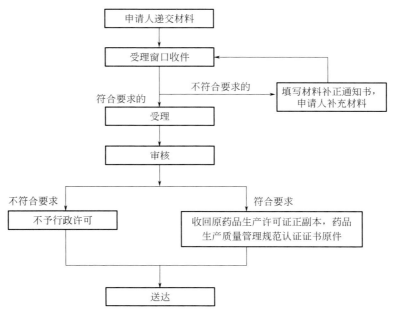

图 2-4　药品生产许可证注销业务流程图

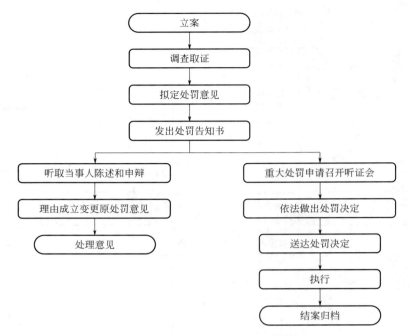

图 2-5 药品生产许可证吊销流程图

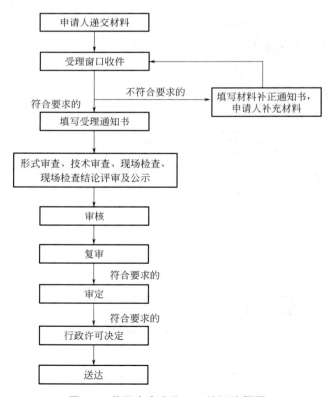

图 2-6 药品生产企业 GMP 认证流程图

（二）医疗器械生产许可

1. 医疗器械的生产许可

经营一类、二类医疗器械需要医疗器械备案凭证，经营三类的医疗器械需要经营生产许可证。境内第一类医疗器械由设区的市级药品监督管理部门予以备案。境内第三类医疗器械由国家药品监督管理局审查，批准后发给医疗器械注册证。进口第一类医疗器械由国家药品监督管理局予以备案。进口第二类、第三类医疗器械由国家药品监督管理局审查，批准后发给医疗器械注册证。

2. 医疗器械的应急审批

当社会存在突发公共卫生事件威胁以及突发公共卫生事件发生时，为有效预防、及时控制和消除突发公共卫生事件危害，要确保应急所需医疗器械产品能够尽快完成注册审批程序。

同时，应急医疗器械产品需满足在我国境内尚无同类产品上市，或虽在我国境内已有同类产品上市，但产品供应不能满足突发公共卫生事件应急处理需要的条件。

当应急审批程序启动后，各级药品监督管理部门及相关技术机构，会根据各自职能和程序规定，开展相关医疗器械注册检测、质量管理体系考核、技术审评和行政审批等工作。

应急医疗器械的确定程序如下：

第一，医疗器械生产企业应将产品应急所需的情况及产品研发情况事先告知相应的药品监督管理部门。

第二，药品监督管理部门会及时了解相关医疗器械研制情况，必要时将采取早期介入的方式，对拟申报产品进行技术评估。

第三，医疗器械生产企业应向药品监督管理部门先行提交综述资料及相关说明。

第四，药品监督管理部门会设立特别专家组，对申请应急审批的医疗器械产品进行有效评估和审核。

第五，对于确定为应急医疗器械的产品，相关企业应向医疗器械注册部门递交注册资料。相关部门按照应急程序进行审评审批。

医疗器械应急审批程序如下：

首先，确定为应急医疗器械产品的企业需递交注册申报资料，相应医疗器械注册受理部门受理后，将该注册申请项目标记为"应急审批"，并于受理当日由专人负责进行注册申报资料流转。其次，第二类应急审批医疗器械注册申请受理后，药品监督管理部门应当在5日内完成技术审评；技术审评结束后，在3日内完成行政审批。同时，第三类应急审批医疗器械注册申请受理后，药品监督管理部门应当在10日内完成技术审评；技术审评结束后，在3日内完成行政审批。再次，对于应急审批医疗器械，相关医疗器械检测机构应当在接收样品后24小时内组织开展医疗器械注册检测，并及时出具检测报告。此外，对于应急审批医疗器械，相应的药品监督管理部门在接到生产企业质量管理体系考核申请后，应当在2日内组织开展现场考核工作，并及时出具质量管理体系考核报告。最后，药品监督管理部门按照统一指挥、早期介入、快速高效、科学审批的原则对应急医疗器械产品进行审评审批，相关企业在审评审批过程中可及时与相关工作人员联系，确保效率。

3. 医疗器械的网络销售

医疗器械网络销售的主体是"从事医疗器械网络销售的企业"与"医疗器械网络交易服务第三方平台提供者"。

从事医疗器械网络销售的企业，其申请主体应当是依法取得医疗器械生产许可、经营许可或者办理备案的实体医疗器械生产经营企业以及销售条件符合《医疗器械监督管理条例》和《医疗器械网络销售监督管理办法》要求的医疗器械上市许可持有人（即医疗器械注册人或者备案人），运营模式为通过自建网站（包含网络客户端应用程序）或医疗器械网络交易服务第三方平台销售医疗器械。

医疗器械网络交易服务第三方平台提供者，是指在医疗器械网络交易中仅提供网页空间、虚拟交易场所、交易规则、交易撮合、电子订单等交易服务，供交易双方或者多方开展交易活动，不直接参与医疗器械销售的企业。

《办法》明确规定，医疗器械网络信息服务按照《互联网药品信息服务管理办法》执行。因此，通过自建网站从事医疗器械网络销售的企业和医疗器械网络交易服务第三方平台提供者应当按照《互联网药品信息服务管理办法》取得互联网药品信息服务资格证书。

医疗器械网络销售的企业和医疗器械网络交易服务第三方平台提供者的主要义务有：①履行备案义务。从事医疗器械网络销售的企业应向所在地设区的市级药品监督管理部门备案，相关信息发生变化的，应当及时变更备案信息。医疗器械网络交易服务第三方平台提供者应当向所在地省级药品监督管理部门备案。相关备案信息发生变化的，应当及时变更备案。②建立医疗器械质量管理相关制度。医疗器械网络交易第三方平台提供者应当建立并执行入驻平台的医疗器械生产经营企业核实登记、质量安全监测、交易安全保障、网络销售违法行为制止及报告、严重违法行为平台服务停止、安全投诉举报处理、消费者权益保护、质量安全信息公告等管理制度。③审查登记义务。医疗器械网络交易第三方平台提供者应当对申请入驻平台的医疗器械生产经营企业提供的医疗器械生产经营许可证件或者备案凭证、医疗器械注册证或者备案凭证、企业营业执照等材料进行核实登记，建立档案并及时更新，并与入驻平台的医疗器械生产经营企业签订入驻协议，明确双方义务及违约处置措施等相关内容。④资质、场所、技术条件及管理人员的相关要求。从事医疗器械网络销售的企业和医疗器械网络交易服务第三方平台提供者应当依法取得互联网药品信息服务资格证书，具备与其规模相适应的办公场所以及数据备份、故障恢复等技术条件，设置专门的医疗器械网络质量安全管理机构或者医疗器械质量安全管理人员。⑤平台管理义务。医疗器械网络交易第三方平台提供者应当对平台上的医疗器械销售行为及信息进行监测，发现入驻网络交易服务第三方平台的医疗器械生产经营企业存在违法行为，应当立即对其停止网络交易服务，并保存有关记录，向所在地省级药品监督管理部门报告。发现入驻网络交易服务第三方平台的医疗器械生产经营企业被药品监督管理部门责令停产停业、吊销许可证等的，应当立即对其停止提供网络交易服务。⑥记录义务。从事医疗器械网络销售的企业和医疗器械网络交易第三方平台提供者应当记录医疗器械交易信息，记录应当保存至医疗器械有效期后 2 年；无有效期的，保存时间不得少于 5 年；植入类医疗器械交易信息应当永久保存。应当采取技术措施，保障医疗器械网络销售数据和资料真实完整、安全可追溯。

医疗器械网络经营范围不得超出其生产经营许可或者备案的范围。医疗器械批发企业从事医疗器械网络销售，应当销售给具有资质的医疗器械经营企业或者使用单位。医疗器械零售企业从事医疗器械网络销售，应当销售给消费者个人。销售给消费者个人的医疗器械，应当是可以由消费者个人自行使用的，其说明书应当符合医疗器械说明书和标签管理相关规定，标注安全使用的特别说明。应是医疗机构使用的医疗器械不能销售给个人。

从事医疗器械网络销售的企业，应当按照医疗器械标签和说明书标明的条件贮存和运输医疗器械。委托其他单位贮存和运输医疗器械的，应当对被委托方贮存和运输医疗器械的质量保障能力进行考核评估，明确贮存和运输过程中的质量责任，确保贮存和运输过程中的质量安全。对违法违规医疗器械网络销售企业、医疗器械网络交易服务第三方平台提供者主要责任人的惩戒措施。

《医疗器械网络销售监督管理办法》不仅明确了器械网络销售企业、医疗器械网络交易服务第三方平台提供者的法律责任，还规定了相关责任人的惩戒措施。对于拒不执行暂停网络销售、暂停提供相关网络交易服务或被约谈后拒不按照要求整改的网络销售企业、医疗器械网络交易服务第三方平台提供者，药品监督管理部门可以将其法定代表人或者主要负责人列入失信企业和失信人员名单，并向社会公开。

二、药品生产质量管理规范

（一）药品生产质量管理规范概述

药品生产质量管理规范（GMP）是药品生产和质量管理的基本准则。GMP 在原料药、药用辅料、药物制剂以及涉及药品质量相关的物料生产等方面均做了详细规定。GMP 精于对每个环节的设计，从人员配备、厂房选址、设施设备、物料投入，到生产、检验、包装、贮存、发运、召回等，每一环节都以高标准要求，对企业实施规范管理，高质量生产出合法合规、毒性低、效果优的药品，并且有效组织、准确实时地对药品生产的所有链条进行追踪记录。

依据新修订的《药品管理法》，2019 年 12 月 1 日起，取消药品 GMP 认证，随之而来的是对药品生产企业进行飞行检查。飞行检查是一种跟踪检查的方法，指事先不通知被检查部门而实施的现场检查，即突击检查。飞行检查的优势在于避免其他检查方式中可能出现的形式主义问题，有利于发现被检查对象的真实情况，及时依法查处违法违规的情况，早期介入、及时介入，避免可能造成的严重危害后果。

从这个意义上讲，GMP 认证发生了一次蜕变，从静态的规范认证变成了对医药企业平稳健康运营的动态化保障。虽取消了发放证书，却更注重实际，医药企业在设立时仍然要达到 GMP 认证规范的要求，只是把力度落到了实处，可以说，飞检的实施对医药企业的监督可谓一次质的飞跃。

药品是一类特殊产品，药品生产是一门十分复杂的科学。在药品的生产过程中要涉及许多技术细节、管理规范及药政管理问题，其中任何一个环节的疏忽，都可能导致药品生产不符合质量要求。因此，必须在药品生产全过程中进行全面质量管理。药品生产质量管理规范就是根据全面质量管理思想，运用推行全面质量管理所形成的方法、措施、制度、标准加以规范化，从而对药品生产过程中影响药物质量的主要因素做出最低要求的一系列规定。GMP 是一种特别注重制造过程中产品质量与卫生安全的自主性管理制度，是一套适用于制药、食品等行业的强制性标准，要求企业从原料、人员、设施设备、生产过程、包装运输、质量控制等方面按国家有关法规达到卫生质量要求，形成一套可操作的作业规范。

（二）GMP 的主要内容

GMP 的目标是把一切都标准化、规则化，通过不同的途径达到相同的目的。

1. 质量管理体系

在质量管理体系方面，药品生产企业应当建立符合药品质量管理要求的质量目标，将药品注册的有关安全、有效和质量可控的所有要求，系统地贯彻到药品生产、控制及产品放行、贮存、发运的全过程中，确保所生产的药品符合预定用途和注册要求。企业高层管理人员应当确保实现既定的质量目标，不同层次的人员以及供应商、经销商应当共同参与并承担各自的责任。企业应当配备足够的、符合要求的人员、厂房、设施和设备，为实现质量目标提供必要的条件。

药品生产的质量管理体系包括质量保证、质量控制、质量风险管理等内容。药品生产企业必须建立质量保证系统，同时建立完整的文件体系，以保证系统有效运行。质量控制包括相应的组织机构、文件系统以及取样、检验等，确保物料或产品在放行前完成必要的检验，确认其质量符合要求。质量风险管理是在整个产品生命周期中采用前瞻或回顾的方式，对质量风险进行评估、控制、沟通、审核的系统过程。应当根据科学知识及经验对质量风险进行评估，以保证产品质量。质量风险管理过程所采用的方法、措施、形式及形成的文件应当与存在风险的级别相适应。

医药产品是防病治病、救死扶伤、保障人民生命健康安全的特殊产品。药品生产是整个社会经济的一个组成部分，它的基本任务是为人们提供安全有效的产品，同时又给企业和社会带来一定的经济效益。因此，必须坚持产品的使用价值和经济价值的统一性，生产出高效、低毒、安全的合格产品，把药品质量放在首位。为了成功地领导和运作一个组织，需要采用一种系统和透明的方式进行管理。针对所有相关方的需求，实施并保持持续改进其业绩的管理体系，可使组织获得成功。

药品质量的优劣直接影响到药品的安全性和有效性，关系到用药者的健康和生命安危。由于药品生产各厂家的生产工艺不同，技术水平及设备条件的差异，贮运与保存情况各异，都将影响到药品的质量。为了加强对药品质量的控制及行政管理，必须有个统一的药品质量标准。药品质量标准是国家对药品质量规格及检验方法所做的技术规定，是药品生产、供应、使用、检验药政管理部门共同遵循的法定依据。制定并贯彻统一的药品标准，将对我国的医药科学技术、生产管理、经济效益和社会效益产生良好的影响与促进作用。搞好药品标准工作，必将有利于促进药品国际技术交流和推动进出口贸易的发展。

2. 机构与人员

在机构与人员方面，组织机构是质量管理活动的载体，是质量体系存在及运行的基础。药品生产企业组织机构的设置与企业的规模、历史、生产的品种、人员素质及企业的经营目标等因素有关。药品生产企业应当建立与药品生产相适应的管理机构，并有组织机构图，应当设立独立的质量管理部门，履行质量保证和质量控制的职责。质量管理部门可以分别设立质量保证部门和质量控制部门。质量管理部门应当参与所有与质量有关的活动，负责审核所有与本规范有关的文件，质量管理部门人员不得将职责委托给其他部门的人员。

药品的质量问题容不得拖拉和推诿，明确职责既能防止侵权也能防止失职。企业管理层应根据药品生产质量的生产流程和管理要求，确保所分配的职权和职责能够生产出符合要求产品所需要的生产、质量和管理活动。从事药品生产与质量管理的人员应具有相应的权限和职责，明确管理的责任，并有书面的程序文件加以说明。

人员是软、硬件系统的制定者，是组成 GMP 的第一要素。良好的硬件设备和设施、实用的软件系统、高素质的人员参与是组成 GMP 体系的重要因素，缺一不可。在 GMP 的三大要素中，人是主导因素，软件靠人来制作、执行，硬件靠人来设计、使用。人是 GMP 的直接执行者，同时又是造成药品污染和混淆的最大污染源和肇事者。因此，人员管理是 GMP 实施和管理的重点，GMP 要求参与药品生产的生产人员、管理人员及其组织者都必须有良好的素质。

药品生产企业关键人员应当为企业的全职人员，至少应当包括企业负责人、生产管理负责人、质量管理负责人和质量受权人。质量管理负责人和生产管理负责人不得互相兼任，质量管理负责人和质量受权人可以兼任。应当制定操作规程确保质量受权人独立履行职责，不受企业负责人和其他人员的干扰。

企业负责人是药品质量的主要责任人，全面负责企业日常管理。为确保企业实现质量目标并按照 GMP 规范要求生产药品，企业负责人应当负责提供必要的资源，合理计划、组织和协调，保证质量管理部门独立履行其职责。

生产管理负责人应当至少具有药学或相关专业本科学历（或中级专业技术职称或执业药师资格），具有至少三年从事药品生产和质量管理的实践经验，其中至少有一年的药品生产管理经验，接受过与所生产产品相关的专业知识培训。

质量管理负责人应当至少具有药学或相关专业本科学历（或中级专业技术职称或执业药师资格），具有至少五年从事药品生产和质量管理的实践经验，其中至少一年的药品质量管理经验，接受过与所生产产品相关的专业知识培训。

质量受权人应当至少具有药学或相关专业本科学历（或中级专业技术职称或执业药

师资格），具有至少五年从事药品生产和质量管理的实践经验，从事过药品生产过程控制和质量检验工作。质量受权人应当具有必要的专业理论知识，并经过与产品放行有关的培训，方能独立履行其职责。

企业应当指定部门或专人负责培训管理工作，应当有经生产管理负责人或质量管理负责人审核或批准的培训方案或计划，培训记录应当予以保存。与药品生产、质量有关的所有人员都应当经过培训，培训的内容应当与岗位的要求相适应。高风险操作区（如高活性、高毒性、传染性、高致敏性物料的生产区）的工作人员应当接受专门的培训。

所有人员都应当接受卫生要求的培训，企业应当建立人员卫生操作规程，最大限度地降低人员对药品生产造成污染的风险。

3. 厂房与设施

在厂房与设施方面，药品生产企业的地点、规模和投资直接决定企业的后天发展，硬件设施是药品生产的根本条件。厂房主要是指生产、储存、检验所需的空间场所。设施是指向该空间场所提供条件并使其状态符合要求的装置或措施，主要包括：厂区建筑物实体（含门、窗），道路，绿化草坪，围护结构；生产厂房附属公用设施，如洁净空调和除尘装置，照明，消防喷淋，上、下水管网，生产工艺用纯化水、注射用水，生产工艺用洁净气体管网等。对以上厂房设施的合理设计，直接关系到药品质量，乃至人们的生命安全。设备是药品生产中物料投入到转化成产品的工具或载体。

对于药品生产企业，按照GMP和其他有关法律法规要求搞好厂房和其他设施等硬件建设，是GMP工程系统建设中资金投入最大的部分，是GMP的基础。药品质量的形成是通过生产完成的，药品质量的优劣与设备这个生产的主要要素息息相关，药品生产的质量需要获得设备系统的支持。所以，不论是新建厂房与设施设备的GMP建设，还是原有厂房与设施设备的GMP改造，都应做到遵照法规，认真研究，精心策划，满足要求，经济可行，谨慎施工。医药工业洁净厂房设施的设计除了要严格遵守GMP的相关规定之外，还必须符合国家的有关政策，执行现行有关的标准、规范，符合实用、安全、经济的要求，节约能源和保护环境。在可能的条件下，积极采用先进技术，既满足当前生产的需要，也要考虑未来的发展。对于现有建筑技术改造项目，要从实际出发，充分利用现有资源。

在药品生产过程中，设施也扮演着不可或缺的角色，存在着各种各样的影响药品质量的因素，包括环境空气带来的污染，药品间的交叉污染和混淆，操作人员的人为差错等。为此，必须建立起一套严格的药品生产质量管理制度，最大限度地降低影响药品质量的风险，确保患者的安全用药。药厂的厂房布局、洁净室（区）的建立在硬件方面从总体上把握了预防、减少与清除污染（交叉污染）和差错，但还需要从支持（辅助与配合）方面通过采取一系列措施使这种把握得以可行。主要设施有：空气净化处理设施，电气与安全设施，预防、减少、清除污染（交叉污染）和差错的相关设施，洗涤、消毒与卫生设施，通风除尘设施等。

4. 设备

在设备方面，当前我国制药企业发展迅猛，已摆脱单机加手工业小规模生产，进入自动化设备大规模生产，产品的质量、数量、成本都依赖于设备的运行状态，建立有效、规范的设备管理体系，确保所有生产相关设备自计划、设计、使用直至报废的生命周期全过程均处于有效控制之中，最大限度降低设备对药品生产过程发生的污染、交叉污染、混淆和差错，并需持续保持设备的此种状态，是当前制药企业管理设备始终追求的目标。

药品生产设备的设计、选型、安装、改造和维护必须符合预定用途，应当尽可能降低产生污染、交叉污染、混淆和差错的风险，便于操作、清洁、维护，以及必要时进行的消毒或灭菌。药品生产企业应当建立设备使用、清洁、维护和维修的操作规程，并保存相应的操作记录。应当建立并保存设备采购、安装、确认的文件和记录。

药品质量的最终形成是通过生产完成的，所以，药品生产的质量保证就需要获得设备系统的支持。需要根据药品生产不同产品剂型的要求和规模，选择和使用合理的生产设备，配备必要的工艺控制及设备的清洗、消毒、灭菌等功能，满足其生产工艺控制需要，降低污染和交叉污染的发生，并保证药品生产的质量、成本和生产效率的管理需要。设备的清洁是防止污染与交叉污染的一个重要手段，应强调清洁方法的有效性和可重现性。建立完善的设备管理系统保证设备的选型，通过完整的验证流程保证设备的性能满足预期要求，在使用中通过必要的校准、清洁和维护手段，保证设备的有效运行，并通过生产过程控制、预防维修、校验、再验证等方式保持持续验证状态。建立设备档案，设置注册登记台账，包括所有过程与环节所产生的原始资料，如技术资料、图纸、记录、验证台账，包括所有过程与环节所产生的原始资料，如技术资料、图纸、记录、验证报告、事故分析、变动记载等。

设计、选型与安装是药品生产设备GMP建设的起始环节，是符合生产要求、符合GMP提出的主要原则的前提与基础，是药品生产设备的制造企业和药品生产企业经营决策活动的重要内容之一。GMP对制药设备的要求主要包括：满足工艺生产技术要求；使用时不污染药物和环境；有利于清洗、消毒或灭菌；能适应设备验证需要。建立设备维修、保养、清洗、校验、验证等管理制度，配备专职或兼职管理人员，确保设备始终如一地符合GMP要求。

5. 物料与产品

在物料与产品方面，物料是产品实现过程中最复杂的关键要素之一，其复杂性主要来源于三个方面：物料对药品生产工艺影响的复杂性、物料性质的复杂性和物料供应链的复杂性。

GMP对药品生产所用的原辅料、与药品直接接触的包装材料、不合格物料、制剂产品、返工或重新加工产品以及退货的质量标准均做出了要求。

药品生产所用的原辅料、与药品直接接触的包装材料应当符合相应的质量标准。药品上直接印字所用油墨应当符合食用标准要求。印刷包装材料印制的内容与药品监督管理部门核准的一致；过期或废弃的印刷包装材料应当予以销毁。进口原辅料应当符合国家相关的进口管理规定。

药品生产企业应当建立物料和产品的操作规程，确保物料和产品的正确接收、贮存、发放、使用和发运，防止污染、交叉污染、混淆和差错。物料和产品的处理应当按照操作规程或工艺规程执行，并有记录。使用计算机化仓储管理的，应当有相应的操作规程，防止因系统故障、停机等特殊情况而造成物料和产品的混淆和差错。

物料供应商的确定及变更应当进行质量评估，并经质量管理部门批准后方可采购。物料和产品的运输应当能够满足其保证质量的要求，对运输有特殊要求的，其运输条件应当予以确认。

物料流转涵盖从原辅料进厂到成品出厂的全过程，它涉及企业生产和质量管理的所有部门。因此，要保证药品质量必须从生产药品的基础物质——物料抓起，从药品生产所需物料的购入、储存、发放和使用过程中加强管理。企业应采用风险管理方法对物料进行科学合理的分类管理，风险评估时一般应考虑的因素有：Ⅰ类物料，是对产品内在质量无直接影响的物料，例如外包材、托盘、干燥剂、消毒剂等；Ⅱ类物料，对药品质量没有直接影响或影响可以被后续工艺步骤去除的物料；Ⅲ类物料，关键物料，为保证药品符合质量标准必须对工艺中使用的物料质量进行严格控制的物料。

企业应结合自身品种和工艺的特点建立适合本企业的分类原则，并针对不同类型的物料制定与其风险水平相对应的管理原则。企业也可以根据具体品种和工艺的需要采用其他基于科学和风险管理的分类方式，例如综合考虑产品质量和工艺安全要求进行物料分类等。

不合格的物料、中间产品、待包装产品和成品的每个包装容器上均应当有清晰醒目的标志，并在隔离区内妥善保存，它们必须经质量管理负责人批准后再行处理；制剂产品不得进行重新加工；只有不影响产品质量、符合相应质量标准，且根据预定、经批准的操作规程以及对相关风险充分评估后，才允许返工处理并留好记录；对返工或重新加工或回收合并后生产的成品，要经过质量管理部门进行额外相关项目的检验和稳定性考察。

药品生产企业必须建立退货的操作规程，并对每一个环节进行追踪记录，只有经检查、检验和调查，有证据证明退货质量未受影响，且重新经过质量管理部门评价后，才可以考虑将退货重新包装、重新发运销售。当然，对退货进行回收处理的，回收后的产品也必须符合预定的质量标准和法律规定。

6. 确认与验证

在确认与验证方面，GMP较详细地规定了确认和验证的对象、目的、文件的要求、计划和实施，以及对确认和验证状态的维护等。药品生产企业应当确定需要进行的确认或验证工作，以证明有关操作的关键要素能够得到有效控制。确认或验证的范围和程度应当经过风险评估来确定。企业的厂房、设施、设备和检验仪器应当经过确认，应当采用经过验证的生产工艺、操作规程和检验方法进行生产、操作和检验，并保持持续的验证状态。

验证是指证明任何程序、生产过程、设备、物料、活动或系统确实能达到预期结果的有文件证明的一系列活动。验证主要考察生产工艺、操作规程、检验方法和清洁方法等。确认主要针对厂房、设施、设备和检验仪器。其中厂房和设施主要指药品生产所需的建筑物以及与工艺配套的空调系统、水处理系统等公用工程；生产、包装、清洁、灭菌所用的设备以及用于质量控制（包括用于中间过程控制）的检测设备、分析仪器等也都是确认的考察对象。

企业必须建立确认与验证的文件和记录，并能以文件和记录证明达到预定的目标，如：设计确认应当证明厂房、设施、设备的设计符合预定用途和本规范要求；安装确认应当证明厂房、设施、设备的建造和安装符合设计标准；运行确认应当证明厂房、设施、设备的运行符合设计标准；性能确认应当证明厂房、设施、设备在正常操作方法和工艺条件下能够持续符合标准；工艺验证应当证明一个生产工艺按照规定的工艺参数能够持续生产出符合预定用途和注册要求的产品。

此外，对采用新的生产处方或生产工艺的前期工作进行了规定，应当验证其常规生产的适用性。生产工艺在使用规定的原辅料和设备条件下，应当能够始终生产出符合预定用途和注册要求的产品。当影响产品质量的原辅料、与药品直接接触的包装材料、生产设备、生产环境（或厂房）、生产工艺、检验方法等发生变更时，要进行确认或验证。必要时，还须经过药品监督管理部门的批准。对于清洁方法，也是需要经过验证的，重在证实其清洁的效果，防止污染和交叉污染。

确认和验证不是一次性的行为。企业要制订验证的总计划方案，以文件形式说明确认与验证工作的关键信息，并做记录留档。首次确认或验证后，企业应当根据产品质量回顾分析情况进行再确认或再验证。对于关键的生产工艺和操作规程要定期进行再验证，确保达到预期结果。

7. 文件管理

在文件管理方面，文件管理是整个药品质量保证系统的基本要素，涉及 GMP 的各个方面，与生产、质量、储存和运输等相关的所有活动都应在文件系统中明确规定。企业必须有内容正确的书面的质量标准、生产处方和工艺规程、操作规程以及记录等文件，才能系统地建立文件管理的操作规程，进行设计、制定、审核、批准和发放文件。所有相关活动的计划和执行都必须通过文件和记录证明，并与药品生产许可、药品注册等相关要求保持一致；文件的起草、修订、审核、批准、替换企业的厂房、设施、设备和检验仪器应当经过确认，采用经过验证的生产工艺、操作规程和检验方法进行生产、操作和检验，使其保持持续的验证状态，并确保药品的可追溯性。

医药企业对每批药品都应当做好批记录，由质量管理部门负责管理，至少保存至药品有效期后一年。如使用电子数据处理系统、照相技术或其他可靠方式记录数据资料，应当有所用系统的操作规程；记录的准确性要经过核对，并采用磁带、缩微胶卷、纸质副本或其他方法进行备份，确保记录的安全以及在保存期内便于查阅。

质量管理系统中，企业要根据自己质量管理系统的实际范围而定。不同企业的文件名称可能有所差别，但确保有相应内容的文件即可。具体负责部门，企业可根据各自公司的组织结构而定。需要注意的是，一些与 GMP 不直接相关的领域，如临床研究、开发、IT 领域、市场和销售，与质量相关的活动也必须有相应的文件和记录。

8. 生产管理

药品是生产出来的，而不是检验出来的，生产合格的药品是药品生产企业最基本的任务，因此生产管理也就成了在药品生产过程中执行 GMP 最重要的环节。所有药品的生产和包装均应当按照批准的工艺规程和操作规程进行操作并有相关记录，以确保药品达到规定的质量标准，并符合药品生产许可和注册批准的要求。

药品的生产制造过程同其他商品一样，都是以工序生产为基本单元，生产过程中某一工序或影响这些工序的因素出现变化，如环境、设施、设备、物料、控制、程序等，必然要引起药品质量及其生产过程的波动。因此，不仅药品成品要符合质量标准，而且药品的生产工作质量也要符合要求。

药品的生产工艺过程对药品的最终质量起到至关重要的作用，应该在整个药品生命周期的过程中对药品生产工艺过程进行有效的控制和管理。药品的生产工艺过程是在药品研发过程中建立起来的，并通过技术转移实现在药品生产厂家进行生产，在药品生产过程中通过对产品工艺过程进行有效的监控，以保证工艺过程的稳定性。

药品生产过程中发生问题和事故的主要因素有两个：一是没有标准的书面操作规程或指令，有的企业有这些文件和指令但不完善，或者有这些文件和指令，但不执行或严格执行；二是口头传达信息导致的信息传递失真。那么在生产操作过程中如何克服上述的问题呢？我国新版 GMP 规定，"所有药品的生产和包装均应当按照批准的工艺规程和操作规程进行操作并有相关记录，以确保药品达到规定的质量标准，并符合药品生产许可和注册批准的要求"。

生产操作中的主要规程和指令有生产工艺规程、岗位操作法和标准操作程序，它们在生产中起着非常重要的作用。

GMP 规范对所有药品的生产批次、包装、分装、封口、药品批号和确定生产日期做出要求，必须建立与之相应的操作章程，定期检查防止污染和交叉污染的措施，从而评估其适用性和有效性。包装，要在开始前进行检查，确保工作场所、包装生产线、印刷机及其他设备已处于清洁或待用状态，无上批遗留的产品、文件或与本批产品包装无关的物料，并留有记录。所有产品分装、封口后要及时贴签，且包装材料上印刷或模压的内容必须清晰可见，不易褪色或被擦除。对于样品，从包装生产线取走后不能再返还，避免产品混淆或污染。

因包装过程产生异常情况而需要重新包装的，必须经专门检查、调查并由指定人员批准且保存记录。在物料平衡检查中，如果发现待包装产品、印刷包装材料以及成品数量有显著差异的，要及时进行调查，未得出结论前，成品不得放行。包装结束时，已打印批号的剩余包装材料应当由专人负责全部计数销毁，并有记录。如将未打印批号的印刷包装材料退库，应当按照操作规程执行。

9. 质量控制与质量保证

质量控制（quality control，QC）与质量保证均为质量管理的一部分。质量控制强调的是质量要求，具体是指按照规定的方法和规程对原辅料、包装材料、中间品和成品进行取样、检验和复核，以保证这些物料和产品的成分、含量、纯度和其他性状符合已经确定的质量标准。质量控制包括相应的组织机构、文件系统以及取样、检验等，确保物料或产品在放行前完成必要的检验，确认其质量符合要求。质量保证强调的是为达到质量要求应提供的保证。质量保证是一个广义的概念，它涵盖影响产品质量的所有因素，是为确保药品符合其预定用途，并达到规定的质量要求，所采取的所有措施的总和。

质量控制需要关注取样代表性、数据真实性、可靠性、文件记录可追溯性的要求；需要从人员、设备/仪器、方法、样品、试剂/标准品/实验用品、测试环境等方面确保不影响样品本身的特性，尽可能确定方法和设备带来的误差，控制人为产生的偶然误差，保证记录的真实、客观和全面。

药品生产企业应当建立符合药品质量管理要求的质量目标，将药品注册的有关安全、有效和质量可控的所有要求，系统地贯彻到药品生产、控制及产品放行、贮存、发运的全过程中，确保所生产的药品符合预定用途和注册要求。我国 GMP 规定，"应当分别建立物料和产品批准放行的操作规程，明确批准放行的标准、职责，并有相应的记录"。

GMP 对偏差管理也进行了系统规定。偏差是指偏离已批准的程序（指导文件）或制药企业为实现药品质量而建立的各种技术标准的情况，包括物料的分析检验标准。"偏差"定义的核心是"偏离"，没有区分偏离程度的大小，所有偏离程序或标准的情况都属于偏差的范畴。如果企业在程序中对生产过程中可能出现的不同正常情况及其预先确定的操作方法进行了描述，则此种情况的出现就应视为正常操作的一部分。

有效的偏差管理是建立在有效的、足以控制生产过程和药品质量的程序（指导文件）或标准的基础之上的。在企业的程序（指导文件）和标准不足以控制产品质量的情况下，即使制药企业已经建立了一个很完整的偏差程序，也不能认为该偏差系统能有效地保证产品质量。假设某企业根据供应商的确认程序要求，批准一个新供应商必须要由采购部、生产部、研发部（或技术部）和质量管理部门共同签字同意，但是没有定义任何技术标准，没有定义哪些质量风险必须得到控制作为供应商确认的基本要求（例如杂质的控制标准），只要所有的签字收集齐全，就符合程序要求。这属于典型的有程序、无标准，无法对产品质量进行有效控制，这种情况下，即使该企业在批准新供应商时完全没有发生偏差（所有签字都齐全），也可能导致药品质量失控，这时其偏差系统缺乏一个有效的基础。

制药企业应精心设计其偏差系统，清晰定义该系统的适用范围。有些企业实施的是环境健康安全质量综合管理体系，其偏差系统不仅适用于与药品质量相关的偏差，而且覆盖了环境健康安全相关的所有偏差；有些企业的偏差管理程序仅覆盖狭义"生产"（production）活动相关的偏差，对于其他"生产"（manufacturing）活动的偏差，没有相关的偏差管理程序文件和配套的记录表格，这时该企业的偏差系统的范围是不完整的。偏差系统的适用范围应全面覆盖 GMP 所要求的范围。

偏差系统应能控制偏差对产品质量的影响，在根本原因被识别和纠正（correction）活动被确定之前，相关产品不得放行。企业应建立合理的生产工艺、质量标准、检验方法和操作规程，作为实现产品质量的基本条件和偏差系统的基础。此外，企业还应建立偏差程序、标准（例如偏差分类标准等）和相应的记录表格，充分培训并运行该系统。各部门负责人应确保所有人员严格、正确执行预定的生产工艺、质量标准、检验方法和操作规程，及时报告、记录、调查、处理偏差，生成和保存相应的记录和报告。企业应进行偏差趋势分析，推动公司产品质量和质量管理体系的持续改进，防止偏差的产生。预防偏差的产生比在偏差发生后处理偏差更为重要。

任何企业，无论设备多先进，管理多严格，在生产过程中都不可避免地存在发生偏差的可能性。GMP 要求必须记录发生的任何偏差以及相应的现场处理过程。一般在批生产记录和其他相关的记录上都留有一定的空白，用于记录异常情况和处理过程，必要时可增加额外的记录和报告。制药企业可以根据对产品质量潜在影响的程度进行分类，例如：重大偏差，次要偏差；关键偏差，中等偏差，微小偏差；关键偏差，重要偏差，小偏差；Ⅰ类偏差、Ⅱ类偏差、Ⅲ类偏差等。除此之外，企业还可以建立其他的辅助分类系统和相应的编码规则，以帮助进行偏差趋势的统计分析。

10. 产品发运与召回

每批产品均应当有发运记录。根据发运记录，应当能够追查每批产品的销售情况，必要时应当能够及时全部追回。发运记录内容应当包括：产品名称、规格、批号、数量、收货单位和地址、联系方式、发货日期、运输方式等。药品发运的零头包装只限两个批号为一个合箱，合箱外应当标明全部批号，并建立合箱记录。发运记录应当至少保存至药品有效期后一年。

企业应当建立产品召回系统，必要时可迅速、有效地从市场召回任何一批存在安全隐患的产品。因质量原因退货和召回的产品，均应当按照规定监督销毁，有证据证明退货产品质量未受影响的除外。

为了避免不符合标准的物料和产品造成的污染、混淆和误用，企业必须对不合格物料和产品制定严格的管理程序。不合格品主要是指因为不符合质量标准或存在缺陷，被质量部门评价为不合格从市场召回和退回的产品，可能因为产品的质量原因，也可能因为和质量无关的其他商业原因，因此，召回和退回产品可能会被质量部门评价为不合格产品或合格产品。另外，市场上的产品被退回或召回，当无证据证明产品质量不受影响时，产品将被质量管理部门评价为不合格而产生不合格品。

召回是药品生产企业按照规定的程序收回已上市销售的存在安全隐患的药品。由于产品违背法规或注册信息，产品存在缺陷或该产品被报告有严重的不良反应等原因，需从市场或临床试验中收回一批或者几批产品。

根据召回活动发起主体的不同，药品召回分为主动召回和责令召回两类。主动召回：药品生产企业通过信息的收集分析，调查评估，根据事件的严重程度，在没有官方强制的前提下主动对存在安全隐患的药品进行召回。责令召回：药品监督管理部门通过调查评估，认为存在潜在安全隐患，企业应当召回药品而未主动召回的，责令企业召回药品。

11. 自检

自检又称内部质量审核或内部质量审计，是质量审核（质量审计）的一项重要内容。质量管理部门应当定期组织对企业进行自检，监控 GMP 的实施情况，评估企业是否符合 GMP 要求，并提出必要的纠正和预防措施。

药品生产企业按照 GMP 要求实施自检是企业保证与 GMP 要求一致的重要措施。定期进行自检，也是药品全面质量管理的要求，是药品质量改进的前提。所以，药品生产企业应重视对企业实施 GMP 情况的定期检查，评估企业是否符合 GMP 要求，并提出必要的纠正和预防措施。企业自检报告应能准确而清楚地描述所有的观察项目以及缺陷，这是企业在将来理解缺陷背景、追踪整改完成情况和回顾的基础。如果仅仅写违背 GMP 哪一条款是不可取的，因为在将来的检查中，检查员无法得知原先列举偏差项目究竟对应的是什么情况。只要有可能，自检报告应在偏差事实后面注明偏差所违背的标准或法规的具体条款。

自检报告需要分发到相关的检查部门和企业管理层手中，从而保证工艺、产品质量和质量系统的维护。企业需要建立接受外部检查的程序，保证外部检查的顺利进行。外部检查包括官方检查、客户审计以及其他非强制性的认证（如 ISO 9001）等。官方检查包括定期的 GMP 认证、专项检查和飞行检查，以及工厂改造或扩建而进行的验收检查等。

第四节　药品／医疗器械经营许可

一、药品／医疗器械经营许可

（一）药品的经营许可

根据《药品管理法》《药品经营质量管理规范》等相关法律法规的规定，经营药品的企业必须首先取得药品生产许可证。药品上市许可持有人、药品经营企业通过网络销售药品，应当遵守药品经营的有关规定。疫苗、血液制品、麻醉药品、精神药品、医疗用毒性药品、放射性药品、药品类易制毒化学品等国家实行特殊管理的药品不得在网络上销售。

药品网络交易第三方平台提供者应当按照国务院药品监督管理部门的规定，向所在地省、自治区、直辖市人民政府药品监督管理部门备案。第三方平台提供者应当依法对申请进入平台经营的药品上市许可持有人、药品经营企业的资质等进行审核，保证其符合法定要求，并对发生在平台的药品经营行为进行管理。第三方平台提供者发现进入平台经营的药品上市许可持有人、药品经营企业有违反本法规定行为的，应当及时制止并立即报告所在地县级人民政府药品监督管理部门；发现严重违法行为的，应当立即停止提供网络交易平台服务。

新发现和从境外引种的药材，经国务院药品监督管理部门批准后，方可销售。药品应当从允许药品进口的口岸进口，并由进口药品的企业向口岸所在地药品监督管理部门备案。海关凭药品监督管理部门出具的进口药品通关单办理通关手续。无进口药品通关单的，海关不得放行。口岸所在地药品监督管理部门应当通知药品检验机构按照国务院药品监督管理部门的规定对进口药品进行抽查检验。

允许药品进口的口岸由国务院药品监督管理部门会同海关总署提出，报国务院批准。进口、出口麻醉药品和国家规定范围内的精神药品，应当持有国务院药品监督管理部门颁发的进口准许证、出口准许证。禁止进口疗效不确切、不良反应大或者因其他原因危害人体健康的药品。

国务院药品监督管理部门对下列药品在销售前或者进口时，应当指定药品检验机构进行检验，未经检验或者检验不合格的，不得销售或者进口：首次在我国境内销售的药品；国务院药品监督管理部门规定的生物制品；国务院规定的其他药品。

（二）医疗器械的经营许可

医疗器械经营企业需要申请医疗器械经营许可证。从事医疗器械经营活动，应当有与经营规模和经营范围相适应的经营场所和贮存条件，以及与经营的医疗器械相适应的质量管理制度和质量管理机构或者人员。

从事第二类医疗器械经营的，由经营企业向所在地设区的市级人民政府药品监督管理部门备案并提交其符合《医疗器械监督管理条例》第二十九条规定条件的证明资料。

从事第三类医疗器械经营的，经营企业应当向所在地设区的市级人民政府药品监督管理部门申请经营许可并提交其符合《医疗器械监督管理条例》第二十九条规定条件的证明资料。

受理经营许可申请的药品监督管理部门应当自受理之日起30个工作日内进行审查，必要时组织核查。对符合规定条件的，准予许可并发给医疗器械经营许可证；对不符合规定条件的，不予许可并书面说明理由。医疗器械经营许可证有效期为5年。有效期届满需要延续的，依照有关行政许可的法律规定办理延续手续。

医疗器械经营企业、使用单位购进医疗器械，应当查验供货者的资质和医疗器械的合格证明文件，建立进货查验记录制度。从事第二类、第三类医疗器械批发业务以及第三类医疗器械零售业务的经营企业，还应当建立销售记录制度。记录事项包括：医疗器械的名称、型号、规格、数量；医疗器械的生产批号、有效期、销售日期；生产企业的名称；供货者或者购货者的名称、地址及联系方式；相关许可证明文件编号等。进货查验记录和销售记录应当真实，并按照国家药品监督管理部门规定的期限予以保存。国家鼓励采用先进技术手段进行记录。

运输、贮存医疗器械，应当符合医疗器械说明书和标签标示的要求；对温度、湿度等环境条件有特殊要求的，应当采取相应措施，保证医疗器械的安全、有效。

医疗器械使用单位应当有与在用医疗器械品种、数量相适应的贮存场所和条件。医疗器械使用单位应当加强对工作人员的技术培训，按照产品说明书、技术操作规范等要求使用医疗器械。医疗器械使用单位配置大型医用设备，应当符合国务院卫生健康主管部门制定的大型医用设备配置规划，与其功能定位、临床服务需求相适应，具有相应的技术条件、配套设施和具备相应资质、能力的专业技术人员，并经省级以上人民政府卫生健康主管部门批准，取得大型医用设备配置许可证。

医疗器械使用单位对重复使用的医疗器械，应当按照国务院卫生健康主管部门制定的消毒和管理的规定进行处理。一次性使用的医疗器械不得重复使用，对使用过的应当按照国家有关规定销毁并记录。

医疗器械使用单位对需要定期检查、检验、校准、保养、维护的医疗器械，应当按照产品说明书的要求进行检查、检验、校准、保养、维护并予以记录，及时进行分析、评估，确保医疗器械处于良好状态，保障使用质量；对使用期限长的大型医疗器械，应当逐台建立使用档案，记录其使用、维护、转让、实际使用时间等事项。记录保存期限不得少于医疗器械规定使用期限终止后 5 年。医疗器械使用单位应当妥善保存购入第三类医疗器械的原始资料，并确保信息具有可追溯性。

使用大型医疗器械以及植入和介入类医疗器械的，应当将医疗器械的名称、关键性技术参数等信息以及与使用质量安全密切相关的必要信息记载到病历等相关记录中。发现使用的医疗器械存在安全隐患的，医疗器械使用单位应当立即停止使用，并通知生产企业或者其他负责产品质量的机构进行检修；经检修仍不能达到使用安全标准的医疗器械，不得继续使用。

药品监督管理部门和卫生健康主管部门依据各自职责，分别对使用环节的医疗器械质量和医疗器械使用行为进行监督管理。医疗器械经营企业、使用单位不得经营、使用未依法注册、无合格证明文件以及过期、失效、淘汰的医疗器械。医疗器械使用单位之间转让在用医疗器械，转让方应当确保所转让的医疗器械安全、有效，不得转让过期、失效、淘汰以及检验不合格的医疗器械。

进口的医疗器械应当是依照有关规定已注册或者已备案的医疗器械。进口的医疗器械应当有中文说明书、中文标签。说明书、中文标签应当符合医疗器械监督管理条例规定以及相关强制性标准的要求，并在说明书中载明医疗器械的原产地以及代理人的名称、地址、联系方式。没有中文说明书、中文标签或者说明书、标签不符合条规定的，不得进口。

出入境检验检疫机构依法对进口的医疗器械实施检验；检验不合格的，不得进口。国家药品监督管理部门应当及时向国家出入境检验检疫部门通报进口医疗器械的注册和备案情况。进口口岸所在地出入境检验检疫机构应当及时向所在地设区的市级人民政府药品监督管理部门通报进口医疗器械的通关情况。出口医疗器械的企业应当保证其出口的医疗器械符合进口国（地区）的要求。

医疗器械广告应当真实合法，不得含有虚假、夸大、误导性的内容。

二、药品经营质量管理规范

药品经营质量管理规范（GSP）是国家针对药品经营企业的质量管理进行监督检查的一种手段。GSP 实施的目的是加强药品经营质量管理，保证人民用药安全有效。它是药品经营管理和质量控制的基本准则，企业应当在药品采购、储存、销售、运输等环节采取有效的质量控制措施，确保药品质量。

GSP 规范主要内容简单而言包括两方面：批发企业质量管理体系、组织机构与质量管理职责、人员与培训、质量管理体系文件、设施与设备、校准与验证、计算机系统、采购、收货与验收、储存与养护、销售、出库、运输与配送、售后服务；零售企业质量管理与职责、人员管理、文件、设施与设备、采购与验收、陈列与储存、销售管理与售后管理。

在企业管理方面，企业应当依据有关法律法规及 GSP 规范的要求建立质量管理体系，确定质量方针，制定质量管理体系文件，开展质量策划、质量控制、质量保证、质量改进和质量风险管理等活动。企业制定的质量方针文件应当明确企业总的质量目标和要求，并贯彻到药品经营活动的全过程。企业质量管理体系应当与其经营范围和规模相适应，包括组织机构、人员、设施设备、质量管理体系文件及相应的计算机系统等；定期以及在质量管理体系关键要素发生重大变化时，组织开展内审并进行分析，依据分析结论制定相应改进措施，不断提高质量控制水平，保证质量管理体系持续有效运行；制定药品采购、收货、验收、储存、养护、销售、出库复核、运输等环节及计算机系统的操作规程；建立药品采购、验收、养护、销售、出库复核、销后退回和购进退出、运输、储运温湿度监测、不合格药品处理等相关记录，做到真实、完整、准确、有效和可追溯。

在人员管理方面，对企业关键人员的学历、经验均做了要求。比如，企业负责人应当具有大学专科以上学历或者中级以上专业技术职称，经过基本的药学专业知识培训，熟悉有关药品管理的法律法规及本规范。企业质量负责人应当具有大学本科以上学历、执业药师资格和 3 年以上药品经营质量管理工作经历，在质量管理工作中具备正确判断和保障实施的能力。企业质量管理部门负责人应当具有执业药师资格和 3 年以上药品经营质量管理工作经历，能独立解决经营过程中的质量问题。企业岗位人员均应符合《药品经营质量管理规范》的要求，具备相应药学学历及从业年限经历等。从事质量管理、验收工作的人员应当在职在岗，不得兼职其他业务工作。质量管理、验收、养护、储存等直接接触药品岗位的人员应当进行岗前及年度健康检查，并建立健康档案。患有传染病或者其他可能污染药品的疾病的，不得从事直接接触药品的工作。身体条件不符合相应岗位特定要求的，不得从事相关工作。

在文件管理方面，企业制定质量管理体系文件应当符合企业实际。文件包括质量管理制度、部门及岗位职责、操作规程、档案、报告、记录和凭证等。

文件的起草、修订、审核、批准、分发、保管，以及修改、撤销、替换、销毁等应当按照文件管理操作规程进行，并保存相关记录。企业应当定期审核、修订文件，使用的文件应当为现行有效的文本，已废止或者失效的文件除留档备查外，不得在工作现场出现；保证各岗位获得与其工作内容相对应的必要文件，并严格按照规定开展工作。通过计算机系统记录数据时，有关人员应当按照操作规程，通过授权及密码登录后方可进行数据的录入或者复核；数据的更改应当经质量管理部门审核并在其监督下进行，更改过程应当留有记录。书面记录及凭证应当及时填写，并做到字迹清晰，不得随意涂改，不得撕毁。更改记录的，应当注明理由、日期并签名，保持原有信息清晰可辨。

记录及凭证应当至少保存 5 年。疫苗、特殊管理的药品的记录及凭证按相关规定保存。

在经营场所与库房管理方面，库房的选址、设计、布局、建造、改造和维护应当符合药品储存的要求，防止药品的污染、交叉污染、混淆和差错。药品储存作业区、辅助作业区应当与办公区和生活区分开一定距离或者有隔离措施。库房的规模及条件应当满足药品的合理、安全储存，达到 GSP 要求，且便于开展储存作业。经营中药材、中药饮片的，应当有专用的库房和养护工作场所，直接收购地产中药材的应当设置中药样品室（柜）。

在运输管理方面，运输药品应当使用封闭式货物运输工具。运输冷藏、冷冻药品的冷藏车及车载冷藏箱、保温箱应当符合药品运输过程中对温度控制的要求。冷藏车具有自动调控温度、显示温度、存储和读取温度监测数据的功能；冷藏箱及保温箱具有外部显示和采集箱体内温度数据的功能。储存、运输设施设备的定期检查、清洁和维护应当由专人负责，并建立记录和档案。

企业应当按照国家有关规定，对计量器具、温湿度监测设备等定期进行校准或者检定。企业应当对冷库、储运温湿度监测系统以及冷藏运输等设施设备进行使用前验证、定期验证及停用时间超过规定时限的验证；根据相关验证管理制度，形成验证控制文件，包括验证方案、报告、评价、偏差处理和预防措施等。验证应当按照预先确定和批准的方案实施，验证报告应当经过审核和批准，验证文件应当存档；并根据验证确定的参数及条件，正确、合理使用相关设施设备。

在计算机系统管理方面，企业计算机系统主要要求具有可追溯性，应当符合的要求有：支持系统正常运行的服务器和终端机；安全、稳定的网络环境，有固定接入互联网的方式和安全可靠的信息平台；实现部门之间、岗位之间信息传输和数据共享的局域网；药品经营业务票据生成、打印和管理功能；符合本规范要求及企业管理实际需要的应用软件和相关数据库。各类数据的录入、修改、保存等操作应当符合授权范围、操作规程和管理制度的要求，保证数据原始、真实、准确、安全和可追溯。计算机系统运行中涉及企业经营和管理的数据应当采用安全、可靠的方式储存并按日备份，备份数据应当存放在安全场所，记录类数据的保存时限应当符合《药品经营质量管理规范》第四十二条的要求。

在采购管理方面，企业的采购活动应当符合以下要求：①确定供货单位的合法资格；②确定所购入药品的合法性；③核实供货单位销售人员的合法资格；④与供货单位签订质量保证协议。采购中涉及的首营企业、首营品种，采购部门应当填写相关申请表格，经过质量管理部门和企业质量负责人的审核批准。必要时应当组织实地考察，对供货单位质量管理体系进行评价。

采购首营品种应当审核药品的合法性，索取加盖供货单位公章原印章的药品生产或者进口批准证明文件复印件并予以审核，审核无误的方可采购。以上资料应当归入药品质量档案。企业与供货单位签订的质量保证协议，核实、留存供货单位销售人员资料。采购药品应当建立采购记录。采购记录应当有药品的通用名称、剂型、规格、生产厂商、供货单位、数量、价格、购货日期等内容，采购中药材、中药饮片的还应当标明产地。

发生灾情、疫情、突发事件或者临床紧急救治等特殊情况，以及其他符合国家有关规定的情形，企业可采用直调方式购销药品，将已采购的药品不入本企业仓库，直接从供货单位发送到购货单位，并建立专门的采购记录，保证有效的质量跟踪和追溯。采购特殊管理的药品，应当严格按照国家有关规定进行。

企业应当定期对药品采购的整体情况进行综合质量评审，建立药品质量评审和供货单位质量档案，并进行动态跟踪管理。

在验收管理方面，验收药品应当按照药品批号查验同批号的检验报告书。供货单位为批发企业的，检验报告书应当加盖其质量管理专用章原印章。检验报告书的传递和保存可以采用电子数据形式，但应当保证其合法性和有效性，并做好验收记录。企业应当按照验收规定，对每次到货药品进行逐批抽样验收，抽取的样品应当具有代表性；特殊管理的药品应当按照相关规定在专库或者专区内验收。

在储存管理方面，企业应当建立库存记录，验收合格的药品应当及时入库登记；验收不合格的，不得入库，并由质量管理部门处理。企业应当根据药品的质量特性对药品进行合理储存，应当采用计算机系统对库存药品的有效期进行自动跟踪和控制，采取近效期预警及超过有效期自动锁定等措施，防止过期药品销售。对质量可疑的药品应当立即采取停售措施，并在计算机系统中锁定，同时报告质量管理部门确认。对存在质量问题的药品应当及时采取符合GSP规范的措施进行应对处理。企业应当对库存药品定期盘点，做到账、货相符。

在销售管理方面，企业销售药品，应当如实开具发票，做到票、账、货、款一致。企业应当做好药品销售记录。出库时应当对照销售记录进行复核。发现以下情况不得出库，并报告质量管理部门处理；药品出库复核应当建立记录，包括购货单位、药品的通用名称、剂型、规格、数量、批号、有效期、生产厂商、出库日期、质量状况和复核人员等内容。特殊管理的药品出库应当按照有关规定进行复核。

在运输管理方面，企业应当按照质量管理制度的要求，严格执行运输操作规程，并采取有效措施保证运输过程中的药品质量与安全。运输药品，应当根据药品的包装、质量特性并针对车况、道路、天气等因素，选用适宜的运输工具，采取相应措施防止出现破损、污染等问题。企业应当严格按照外包装标示的要求搬运、装卸药品。企业应当根据药品的温度控制要求，在运输过程中采取必要的保温或者冷藏、冷冻措施。运输过程中，药品不得直接接触冰袋、冰排等蓄冷剂，防止对药品质量造成影响。企业委托运输药品应当有记录，实现运输过程的质量追溯。已装车的药品应当及时发运并尽快送达。委托运输的，企业应当要求并监督承运方严格履行委托运输协议，防止因在途时间过长影响药品质量。企业应当加强对退货的管理，保证退货环节药品的质量和安全，防止混入假冒药品。

在售后管理方面，企业应当按照质量管理制度的要求，制定投诉管理操作规程，内容包括投诉渠道及方式、档案记录、调查与评估、处理措施、反馈和事后跟踪等；配备专职或者兼职人员负责售后投诉管理，对投诉的质量问题查明原因，采取有效措施及时处理和反馈，并做好记录，必要时应当通知供货单位及药品生产企业；及时将投诉及处理结果等信息记入档案，以便查询和跟踪。企业发现已售出药品有严重质量问题，应当立即通知购货单位停售、追回并做好记录，同时向药品监督管理部门报告；协助药品生产企业履行召回义务，按照召回计划的要求及时传达、反馈药品召回信息，控制和收回存在安全隐患的药品,并建立药品召回记录;按照国家有关药品不良反应报告制度的规定,收集、报告药品不良反应信息。

在营业场所的管理方面,企业应当在营业场所的显著位置悬挂药品经营许可证、营业执照、执业药师注册证等。非本企业在职人员不得在营业场所内从事药品销售相关活动。企业应当在营业场所公布药品监督管理部门的监督电话,设置顾客意见簿,及时处理顾客对药品质量的投诉。

在产品召回方面,企业发现已售出药品有严重质量问题,应当及时采取措施追回药品并做好记录,同时向药品监督管理部门报告。企业应当协助药品生产企业履行召回义务,控制和收回存在安全隐患的药品,并建立药品召回记录。

第三章

医药企业合规问题与法律风险防范

Chapter 3

企业合规和法律风险防范最近几年在各个行业内广泛探讨，尤其在医药行业，其已成为医药行业企业从业者及相关人士最为关注和谨慎的话题之一。随着一系列医药企业违法违规问题被曝光，医药行业被推向风口浪尖之上，合规和风险防范不再是医药企业口头承诺或宣传标语，已经成为医药企业对内经营管理、对外参与市场交易的核心和守则。

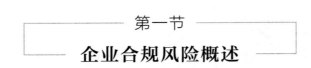

第一节 企业合规风险概述

企业合规风险管理一直是理论界与实务界共同关注的焦点问题。从实务的角度来看，风险之于企业，一般情况下是指影响其总体或部门生产经营目标的不确定性。在市场经济环境中，企业的生产经营行为应该遵循合规义务，而一旦违反合规义务，就会产生合规风险。在ISO 19600—2014《合规管理体系指南》中明确指出："合规风险是对合规目标影响的不确定性。合规风险是不符合组织合规义务的可能性和后果。"在合规管理体系中，合规目标是由组织制定的，与组织适用的合规义务的要求一致。合规风险主要涉及不合规事件发生的可能性以及不合规导致的后果，其中，不合规是指未履行合规义务或者违反合规义务。

从这个角度出发，合规义务与合规风险之间存在一一对应的关系。目前，大多数公司在考虑生产经营活动面临的一般性市场风险、管理风险的过程中，如销量下降、质量或财务问题的同时，更要考虑到生产经营活动合规风险，特别是一些企业已经连续发生越来越多的合规风险。同时，相关政府监管部门也正以更大力度宣传、颁布或施行更具体的法律法规，并积极应对、规制企业的违规行为。

一、企业合规的概念与内涵

（一）企业合规概念

从字面上来看，"合规"具有"合乎规定"的意思。作为一种舶来品，"合规"在英文中的表述是compliance，通常包含着三层意思：一是企业在运营过程中要遵守法律法规；二是企业要遵守商业行为守则和企业伦理规范；三是企业要遵守自身所制定的规章制度。假如我们仅仅从这一角度观察合规问题，那么，合规就会被简单理解为"企业守法"或者"企业依法经营"，这与我们通常说的自然人要遵纪守法并没有什么实质性的区别。

越来越多的企业都制定了合规制度，并将其作为企业管理和企业文化的有机组成部分。甚至就连一些国际组织都制定了企业合规的基本指引或最低标准，并向其成员加以推广。我国金融监管机构和国资管理部门也都通过了多份合规指南或者合规指引，引导国有企业建立并完善合规机制。这些合规指南或合规指引均提醒企业注意"合规风险",强调将合规管理作为企业管理的重要内容,并将建立合规团队、健全合规管理体系、激活合规风险识别和防控机制作为公司治理的重要方式。

(二)企业合规的作用

一个公司一旦建立有效的合规制度,将会给公司治理结构带来显著变化。在传统的由董事会、监事会、高级管理层、审计部门组成的公司管理体系中,引入合规部门和合规团队有两种方式,一是在董事会之下设立合规委员会,其负责人通常由董事会的一名主要成员担任;二是在首席执行官之下设立首席合规官,由后者领导起一个自上而下的合规管理团队。公司在各项业务运行、财务管理乃至审计监督等环节,都要接受合规部门的独立审查,一旦发现公司存在合规风险,合规部门将会承担报告责任,不仅要向高级管理层进行报告,而且还要有向董事会直接报告的机制。一言以蔽之,在传统的由公司决策者、执行者和监督者所构成的三角结构之外,组建起一个独立的法律合规风险防控部门,并发挥其不可替代的独立作用。

那么,合规在企业日常内部管理和对外经营中究竟能发挥什么样的作用呢?原则上,企业建立合规制度的直接目的在于避免合规风险的发生。所谓"合规风险",通常是指企业因未能遵循法律法规、监管要求、规则、自律性组织制定的有关准则以及适用于企业自身业务的行为准则,而可能遭受法律处罚、监管处罚、重大财务损失或声誉损失的风险。相对于传统的业务风险和审计风险而言,合规风险属于因企业自身违法违规原因所遭受的各种损失,会造成更为严重的后果,企业因此付出的代价也更为巨大。

首先,企业通过建立有效的合规制度,可以避免企业整体利益的损失。准确地说,合规无法直接帮助企业创造商业价值,却可以帮助企业避免重大的经济损失。从短期效果来看,企业违法违规开展经营活动,例如贿赂政府官员、采用恶性竞争方法、实施欺诈手段等,可能增加企业营业收入,获取暂时的经济利益。但是,这种违法违规经营活动却破坏了企业竞争的公平性,导致企业运营成本大幅度增加,甚至会因为其他企业普遍采取不正当的手段而失去更大的利益。而唯有建立有效的合规制度,企业才能在遵守法律法规的前提下开展经营活动,具有一个相对公平的经营环境和秩序,从而获得整体的利益保障。

其次,合规机制的引入,可以使企业避免因为被定罪判刑或者受到监管处罚而付出极为惨痛的代价。在美国20世纪发生的安然事件和安达信事件中,联邦司法部对这两家企业提起刑事诉讼,最终导致两家企业相继破产,数以万计的公司员工失业,当地经济出现严重震荡。这显然表明,一个没有合规制度的企业,难以预防企业及其高管犯罪行为的发生,而企业一旦被定罪判刑,将会导致其无辜的员工、股东、投资者、代理商、经销商的利益受到严重损失,企业的信誉和声望受到挫败,企业轻则失去大量交易机会和交易资格,重则失去上市的资格,特别严重的企业犯罪案件,还会造成企业被宣告破产。而唯有建立有效的合规制度,企业才能避免上述最坏的结局,从而获得长远健康发展的机会。

最后,通过建立合规制度,企业可以承担更大的道德责任和社会责任,并树立良好的社会形象，获得长久的商业信誉，从而实现可持续的业务增长。在一个法治社会中，企业一旦建立合规制度，不仅可以减少多方面的损失，还可以获得一系列商业回报。一个在合规经营中成长的企业，也将因其合规经营而受益，并最终成为业内的模范企业，进而实现"百年老店"的目标。

（三）企业合规管理的意义

构建全面完善的企业合规经营管理制度，不仅可以有效推动企业稳健运行，同时也可以进一步丰富与优化企业文化。通过形成高效科学的企业合规文化，不仅可以有效促进医药行业的工作人员自觉遵守国家相关法律法规、行为准则及监管规则，有效树立高度合规工作意识，并将其有效贯彻与运用到实际工作当中，推动其成为一种具有自觉性、内发性与必然性的行为。

推动企业构建完备科学的企业合规经营管理制度，可以有效避免企业内部员工出现违法违规操作行为。只有不断推动企业完善合规经营管理制度，规范企业员工工作行为，培育企业员工形成高度合规工作意识，让广大工作人员自觉主动遵守相关法律法规及行为准则，才能有效预防合规风险，堵塞合规经营漏洞，从而做到从根源上控制与防范合规风险发生。

建立健全的企业合规制度，有利于及时发现员工的违规行为并且及时纠正。员工在日常行为中或多或少会出现这样那样的违规行为，健全的合规制度能够及时发现并规避相关的操作风险，减少企业不必要的资源浪费。从实质层面来说，合规经营管理对于制药企业的要求是回归本位职责，如制药企业内部销售部门及其工作人员在开展工作的过程当中，逐步从提供物质利益转变为提供信息与学术服务。

二、企业合规风险的分类

合规风险是一个相对概念，它是比照"合规义务"是否履行的不确定性而产生的"合规风险"。假如企业没有承担"合规义务"，就无所谓"合规风险"。反之，承担"合规义务"越多，未履行或者违反合规义务而导致的"合规风险"也越多。同时，如果承担"合规义务"标准越高，企业是否能够履行就更具有不确定性，由此未能达到合规义务要求而导致的"合规风险"发生的概率也越高。

合规义务是企业追求商业行为价值观水平的综合反映。不同的企业，因为其生产经营管理水平、规模、复杂性、结构、运营的方式和市场竞争地位不同，所坚守的商业行为价值标准有高有低，从而主动承担的"合规义务"也各不同。除了强制性的合规要求以外，合规承诺的高低、多少也决定了企业生产经营活动中对应的合规风险点的多少，从有利于企业长期健康、持续发展的角度出发，企业必须承担足够多的"合规义务"，合规经营，企业才能够基业长青。

（一）根据合规义务内容划分

根据合规义务的内容不同，可以将合规风险分为行为不合纪律与道德规范的风险、行为不合企业合规承诺的风险、行为不合法律法规监管规定等的风险。

行为不合纪律与道德规范的风险可能包括但不限于：违反发布的各种纪律风险、违反社会道德风险、违反社会文明约定风险、违反社区文化风俗风险等。

行为不合企业合规承诺风险可能包括但不限于：违反产品技术承诺风险、违反产品质量承诺风险、违反售后服务承诺风险、违反产品功能承诺风险、违反产品节能承诺风险、违反产品绿色承诺风险等。

行为不合法律法规监管规定等的风险包括但不限于：违反安全生产法风险、违反反垄断风险、违反商业法规风险、违反职业健康安全法规风险、违反环境法规风险等。

（二）根据合规风险发生处划分

根据合规风险可能发生的地方还可以分为可能发生在岗位上的合规风险和可能发生在流程上的合规风险。

可能发生在岗位上的合规风险，是指岗位人员在履行岗位授予的职责过程中对合规目标产生影响的不确定性。

可能发生在流程上的合规风险，是指在流程运行过程中，流程某环节中的人员行为对合规目标产生影响的不确定性。

事实上，合规风险一旦发生，它既存在于某个岗位上，也同时存在于某流程的某个环节。但这样分类的优势在于，从岗位定义的合规风险，适合于科层制管理体系比较健全、强调岗位管理和岗位履行职责的企业，开展基于岗位合规风险识别分析评估，建立合规管理体系；从流程定义的合规风险，适合于流程型管理体系比较完善的企业，开展基于流程合规风险识别评估，建立合规管理体系。

（三）从管理效能划分

从管理措施是否有效管理控制合规风险出发，合规风险可以分为固有合规风险和剩余合规风险。

固有合规风险是在没有对应的合规风险管理控制措施，处于无管控状态下的全部合规风险。存在合规义务的地方，就存在不遵循和违反合规义务的不确定性，就存在合规风险，在没有任何合规管理控制措施状态下，合规风险处于最大值发生状态时即处于固有合规风险状态。固有合规风险存在原因源自所有合规义务的不遵循和违反的可能性。比如，在企业生产经营决策流程和决策岗位上，假如对企业生产经营决策的全部合规义务有 50 项，在企业对生产经营决策流程和决策岗位履行职责方面没有采取任何合规风险管控的前提下，则企业生产经营决策流程和决策岗位上的合规风险也有 50 项，这即是决策固有合规风险。

剩余合规风险是在企业当前已有的合规风险管理措施管控下，仍然还有未被有效管控的部分残留合规风险。剩余合规风险是在固有合规风险基础上做了减法的合规风险。存在合规义务的地方，就存在固有合规风险，但是不一定存在剩余合规风险。有没有剩余合规风险，必须考察企业为了管理和控制固有合规风险，是否采取合规风险管理控制措施，并要证实这些合规风险管理控制措施是否得到落实和有效管理全部合规风险，减去已经有效管控的合规风险，残留剩余下来的合规风险即剩余合规风险，因此剩余合规风险可以等于零，或者小于固有合规风险。还是拿上面的决策合规风险为例，假如对企业生产经营决策的全部合规义务有50项，在企业对生产经营决策流程和决策岗位履行职责方面采取了多个决策管理控制制度进行决策合规风险管控，假设得到有效管控的合规风险有30项，则企业生产经营决策流程和决策岗位上的合规风险为50减去30项，残留剩余20项，这即是决策剩余合规风险。在一个管理制度比较完善的企业里，合规从业人员面对的是剩余合规风险识别与管理。

（四）从合规风险源划分

从有无合规风险源角度，合规风险可以分为有源合规风险和无源合规风险。

有源合规风险是指存在合规风险源的合规风险，合规风险发生时，是由一个或者多个因素组合引致发生的合规风险。比如企业某岗位人员负责的一项社会人员招聘工作任务，该工作任务实际是一项具体人事权力，该岗位人员就可以利用这种人事权力进行违规，既可以主动违规，也可以被动违规，一般为主观故意违规、不合规，这时候，企业即使有比较好的制度措施，该岗位人员也会挺而冒险不顾制度措施的约束，其风险管控难度显然加大。

无源合规风险是指没有合规风险源引致但存在合规义务的合规风险。当合规风险发生时，当事人一般为客观无意违规、不合规，往往是因为当事人员不了解合规义务、未告知、未接受对应合规义务培训。这样的合规风险，我们进行合规风险管控方法比较简单，一个新的合规义务出来，或者发生变化调整，企业合规管理部门及时组织相关人员进行合规义务的内容宣传、培训和考试就可以有效解决。

区分有源合规风险、无源合规风险，目的在于风险管理控制措施的区分对待，最大限度地降低合规管控成本。经过合规义务内容宣传、培训和考试后，合规管理部门主要面对的合规风险基本就是有源合规风险，因此在没有特别说明的时候，我们谈到的合规风险识别时，实际指的是有源合规风险的识别。只有这样的合规风险，企业管理层才需要投入一定的人力物力去进行管理控制，仅进行合规义务内容的宣传、培训和考试往往没有风险控制效果。

第二节　医药企业刑事合规风险

在企业合规"刑事化"发展趋势的影响下，刑事法的理念及规则被深入贯彻到企业合规的规则建构和企业内部治理。通过对违法企业设置相应的刑事责任，改变企业内控机制，约束企业员工行为，刑事化的企业合规一定程度上将刑法的威慑力由企业外部贯彻落实到了企业内部。这样，刑事化的企业合规不仅缓解了刑法外部治理的压力与负担，而且有效预防并制止了企业内部的违法犯罪行为，同时避免了企业因非理性的刑事干预遭受不必要的损失。一言以蔽之，企业合规的刑事化发展使得企业合规计划成为刑事法乃至国家干预企业内部运作的有力手段和工具。从企业合规与刑事法的互动关系来看，刑事法威慑效应与强制效力在企业合规的全球发展上发挥了至关重要的作用。具体到国内医药企业合规的构建与实施问题，企业合规刑事化演进过程中的诸多经验可以提供有益借鉴。

一、企业刑事合规风险防控的定义和内涵

（一）企业刑事合规风险防控的定义

合规之"规"指各种法律规章制度，乃至国际标准、地方规定与企业内部管理制度。单从法律之规而言，依据其轻重程度，应首先要符合刑事法律规范，因此，企业做好合规首先要做好刑事法律风险的防控与规范，简称"刑事风险合规"。

对医药行业企业而言，更应该把刑事风险合规置于合规工作之首。一旦医药行业企业触及刑事法律风险，其付出的代价及成本是最为高昂的，有时候甚至会给企业带来灭顶之灾。比如：浙江地区某厂家的一次安全责任事故，最终导致法定代表人及核心高层管理人员被追究刑事责任，直接导致企业的停产甚至无限期停业。因此，一个企业要稳健长期发展，必须做好刑事风险合规工作，医药行业企业更是如此。

（二）企业刑事合规风险防控的内涵

企业合规本质上是一种企业的内部管理，从一定意义上来看，企业合规从企业诞生之初就已然存在，但企业合规真正作为一种同外部法律规范结合起来的固定化制度，源于19世纪末期的美国。1887年美国的《州际商业法》是最早与企业合规相关联的成文法，其首次以法律文本的形式规定了行业自律和企业内部监管内容。尽管此时"合规"一词尚未被提出，但却是后续一系列企业监管法律的先驱。自1887年《州际商业法》之后，美国又陆续颁布了一系列企业监管法律，其中金融领域和垄断领域是早期企业监管的重点领域。为了回应外部的法律要求，美国金融企业最早提出了"合规"这一概念，通过加强金融企业内部的法律风险管理，避免金融企业由于违背监管法律而受到处罚，确保金融企业稳定运行的预期。

对企业合规发展带来变革性影响的法律是美国1977年的《反腐败法》和1991年的《联邦组织体量刑指南》，前者明确了企业在预防犯罪中的内部管理法律义务，并通过法律自身的"长臂管辖"将这一义务从美国国内企业扩张到与美国开展业务的所有企业；后者则明确了企业合规的概念、基本内容和法律激励机制。因此，在美国企业自身示范效应和美国法律长臂管辖的影响下，源起于美国的企业合规，逐步成为世界范围内的企业法律风险防控机制。2014年国际标准化组织（ISO）发布了《合规管理体系指南》，从而使企业合规成为国际通行的企业规范化管理的重要内容。2018年，我国国家发展和改革委员会等六部委联合出台了《企业海外经营合规管理指引》，国务院国有资产监督管理委员会也颁布了《中央企业合规管理指引（试行）》，企业合规在我国开始正式从理论走

向法律实践。

关于企业合规的界定，无论是从理论层面还是法律层面都尚未形成统一的概念。早期理论界对企业合规概念的界定多围绕着美国《联邦组织体量刑指南》进行，根据美国《联邦组织体量刑指南》的规定，"企业合规是企业进行预防、发现和制止企业违法犯罪行为的内部管理机制"。此类概念实际上是从企业合规的实质目的来界定的。而我国《企业海外经营合规管理指引》中规定，合规是指"企业及其员工的经营管理行为符合有关法律法规、国际条约、监管规定、行业准则、商业惯例、道德规范和企业依法制定的章程及规章制度等要求"。与此同时，《中央企业合规管理指引（试行）》中将合规界定为"中央企业及其员工的经营管理行为符合法律法规、监管规定、行业准则和企业章程、规章制度以及国际条约、规则等要求"。上述两种概念实际上是从企业合规的外部形式来界定的。

尽管具体阐述各有不同，但企业合规概念界定实际上都存在一种共性，企业合规实际上是企业内部经营管理行为同外部规范之间的一种"映射"，使企业经营管理不违背外部规范。当然，这种外部规范的范围不仅限于刑事法律规范领域，但刑事规范无疑是企业合规的首要关注领域，企业刑事合规是一种使企业经营管理符合刑事法律规范要求，防控刑事法律风险的企业内部机制，是企业合规的核心内容。从企业合规的发展历程来看，企业刑事合规是推动整个企业合规发展的重要外部力量。企业刑事合规通过将刑事法律规范中预防犯罪的注意义务内化为企业合规的组成部分，增强了企业对犯罪风险的整体防控能力。

因此，企业刑事合规的基本内涵实际上是一种刑事犯罪风险企业内部防控机制：一方面，其以外部刑事法律为基础，以满足刑事法律义务、避免刑事法律责任为建构的核心目标；另一方面，其又是外部刑事法律的一种功能促进，企业通过刑事合规，增强刑事犯罪风险防控能力，有利于刑事法律预防犯罪功能的实现。因此，企业刑事合规与刑事法律风险防控的价值追求是一致的。企业刑事合规制度是预防企业刑事法律风险相对最有效的措施，其能够最大限度地防控来源于企业内部或外部的刑事法律风险。因此，健全企业刑事合规制度，可以最大限度上防范企业刑事法律风险，从而促进企业经营目标的实现，实现企业利益的最大化。

（三）企业刑事合规风险防控的功能

明确企业刑事合规的功能是建构具体企业刑事合规制度的前提和指引。虽然企业刑事合规尚未形成通行的国际法规则，世界各国、各地区的刑事合规制度也各有差异，但整体上可以归结为基础功能和扩展功能两类。

1. 基础功能：降低企业刑事犯罪风险

推广实施企业的刑事合规制度，能起到预防公司犯罪、强化公司治理、构建和完善现代企业制度的重要作用。由于刑事合规的实施使企业内部管理更为细化、合理、严密，有助于堵塞各类犯罪可能利用的漏洞。目前，企业的法律风险防控的重点偏向于企业民商法律风险和经济风险的审查和管理，对于刑事法律风险的关注度不够。即便是企业合规部门识别并注意刑事法律风险的存在，由于缺乏有效的刑事风险审查、管理措施，往往放任了刑事法律风险的发生。然而一旦确实发生了刑事法律风险，企业会承担相比遭受其他法律风险更大的损失。刑事领域疏忽 1% 的错误，往往会导致 100% 的企业失败。

2. 扩展功能：推动企业合理承担社会责任

从社会责任的角度考量，企业作为社会活动的参与主体，主要承担两方面责任：一方面是从事生产服务经营职责，创造社会财富和经济效益；另一方面是进行企业人员和经营范围内的社会管理职责，确保社会整体秩序稳定。刑事合规对企业合理承担上述两类社会责任都有明显的推动作用：其一，刑事合规旨在防止刑事犯罪造成的损害。良好的刑事合规制度建构有利于保持企业的长期稳定以及体现企业自身的价值。"生产经营"与"风险防范"两条腿走路，实现利益最大化与风险最小化。企业建立健全刑事合规制度，就是针对不同企业订制个性化的"体检套餐"。通过合规审查，能够提早发现潜在的刑事法律风险，提前进行预防和控制，进而保障企业的生产经营，实现企业利益最大化与风险最小化的良性互动。其二，企业建立合规制度，能够强化企业预防犯罪的责任感，增强对自身人员和业务中可能出现的犯罪的预防，从而积极分担社会责任，弥补国家预防犯罪力量的不足。实际上我国《公司法》第五条对公司的义务中已有类似规定，"公司从事经营活动，必须遵守法律、行政法规，遵守社会公德、商业道德，诚实守信，接受政府和社会公众的监督，承担社会责任"。企业刑事合规正是企业承担社会责任的重要举措。

（四）企业刑事合规风险防控的内容

1. 建立企业刑事法律风险的全面调查机制

企业刑事合规需要对企业的全部经营管理和业务开展定期的全面刑事法律风险调查，使企业内部充分认识到法律事务的重要性、法律风险防控的必要性，才能使企业内部对企业的法律风险有全面的认知，并且清楚基于企业自身的业务所具有的特殊法律风险点，从而"有的放矢"，才能进一步建立完善的预防机制，避免企业陷入刑事合规风险。

2. 建立企业法律事务的刑事合规融合机制

企业法律事务的关注具有整体性，然而，刑事合规应当成为企业法律事务中的关键环节和重要内容。因此，不能将刑事合规同企业的整体法律事务割裂开来，而是应当将刑事合规理念全面融合到企业法律事务的资源配备、工作流程之中，使企业的法律事务成为一种突出刑事合规重点亦兼顾全面的系统化、规模化机制。

3. 建立企业刑事犯罪风险事先预防机制

建立事先防范机制是法律风险防控最有效、成本最低的防控方式。在企业经营和管理中，对于某项业务或企业内容关联行为是否具有刑事法律风险的考察，应当作为企业行为的必备前置程序。通过事先预防机制的建立，可以有效避免企业陷入刑事犯罪的风险之中，也有助于整个企业树立较强的危机意识，防患于未然。

4. 建立企业刑事合规风险的固定培训机制

企业刑事合规的重要内容是实现企业内部规范化、制度化、动态化的刑事犯罪防控机制，而这一目标的最终实现高度依赖企业内部成员主观上的认可和客观上的行为遵循，因此对企业人员的刑事合规风险培训应当具有全面覆盖性，而不是仅停留在企业高管层面，同时，考虑到企业内部的人员自然流动和外部的法律更新，这种培训应当长期和固定。

5. 建立企业重大决策的刑事合规参与机制

企业家基于自身的创业和管理经验，对于企业市场机会的把握、企业的重大机构调整有着敏锐的洞察力，但是囿于专业的限制，企业家往往无法对重大法律事务的法律风险进行准确评估。通过刑事法律合规业务，可以充分运用专业优势，在企业家处理重大法律事务时提出法律工作者有建设性的意见，使企业在重大法律事件中保持"安全的航向"。

6. 建立特定企业刑事风险应对机制

企业刑事合规并不仅停留在刑事犯罪风险的事先预防层面，对已形成的特定企业刑事犯罪具体风险，不能被动地等待其从风险转化为现实损害，而是应当积极进行应对和化解。例如，特定情形下，特定问题或企业人员、特定事件被调查、特定高管被限制出境、企业账户被冻结等，都是刑事风险来临的标志，预示着特定案件、特定罪名的刑事风险即将出现。此时，企业刑事合规应当及时介入，对刑事风险进行诊断和预测，提供风险防控方案，并提出进一步完善方案，避免风险进一步扩大。

7. 建立企业刑事犯罪回应机制

当企业或企业高管已经涉嫌犯罪，进入刑事诉讼程序后，刑事合规服务将充分发挥自身优势，结合企业自身处境，做到具体问题具体分析，拿出优质可行的解决方案，帮助企业了解涉嫌的罪名及可能引起的刑事处罚，为面对违法调查提供法律指引，积极收集无罪、罪轻的证据，为企业争取最优的刑事处遇，将刑事犯罪对企业的损害降至最低。

（五）企业刑事合规风险防控构建的一般方案

有效企业刑事合规制度的建立是一种精细化操作的模板化、流程化、专业化的过程，对不同的企业领域甚至同一领域的不同企业，具体的刑事合规制度的建构也都会体现出同企业自身特点契合的特殊性。但与此同时，基于企业经营管理的共通性，我们也可从差异化的企业刑事合规中提取出一般性步骤，作为建构具体方案的指引。

1. 前提性步骤：刑事风险点的定位

刑事风险点的定位是企业刑事合规制度建构的前提，企业面临的刑事犯罪风险可以分为一般风险和特殊风险两类：前者是企业作为市场经营主体必然会存在的刑事犯罪风险，例如，商业贿赂犯罪风险，这是所有企业都必须关注的领域；而后者则是企业基于自身业务特殊性而产生的刑事犯罪风险，例如，企业是否有海外业务直接影响其是否要关注海外刑事犯罪风险。换言之，刑事犯罪风险点的定位是一个共性和特性兼顾的刑事合规前提，而刑事法律规定则是风险定位的"尺子"，在特定情况下，可能还不仅是一把"尺子"，还要考虑企业的经营范围，将域外的法律规范也作为风险定位工具。

2. 起始性步骤：刑事法律风险评估

在完成企业刑事风险定位后，开始进入刑事合规的正式阶段，需要将零散的刑事风险进行系统化整理，对识别出的刑事法律风险进行定性、定量分析，评估导致刑事法律风险发生的原因、刑事法律风险发生的可能性及其后果、影响可能性及后果的因素等。风险评估的结果将成为制订有效刑事合规计划的路线引导图。

3. 指导性步骤：制订刑事合规计划

现实社会中的企业不可能完美无缺，企业的内部管理受到多方面挑战，特别是由于当前社会处于经济转型期，企业经营管理日趋复杂。近年来，同企业相关的刑事犯罪数量激增，这也无疑增加了企业和企业内部人员的刑事法律风险。具体来看，刑事合规计划应当兼顾以下三个层次目标：

第一层次是宏观目标，主要包括：如何预防企业内部和外部的刑事犯罪风险；如何在企业刑事犯罪风险产生后，及时发现并将其化解，当刑事犯罪风险由风险转化为现实犯罪时，减少犯罪对企业利益的损害。

第二层次是价值目标，主要包括：如何提供一个正式的规范化文件，建立企业内部制度机制，确保刑事合规被广泛地理解和执行；如何使刑事合规成为企业经营管理的关键性环节，提升企业高管、企业法务人员和企业一般人员的刑事合规意识；如何遵循外部刑事法律规范的发展趋势，使刑事合规体现最新的刑事立法更新，履行企业刑事法律义务，在拓展新的企业经营范围时，首先明确新领域的相关法律义务。

第三层次是功能目标，主要包括：如何为企业提供一个独立的、方便的途径，随时对企业经营管理行为的刑事犯罪风险进行确定和反馈，寻求法律专业性的帮助和建议；如何顺应企业发展，利用多样化的评估主体和外部服务主体，为企业提供实时更新的刑事犯罪风险预警，将刑事合规同企业业务扩展和外部法律更新联系起来；如何收集企业内部和外部对刑事合规工作的意见和期望等信息，修正错误、改进不足、提升企业刑事合规的刑事犯罪风险防控效果；如何评估企业刑事合规的现实效果，对企业刑事合规效果工作有清晰的认识，并使这种评估具有真实性、长期性和稳定性；如何建立重大事件、紧急事件、突发性事件发生时，刑事合规的介入程序和介入方式。

4. 跟踪性步骤：刑事合规计划的执行

刑事合规的关键在于执行，可以说大部分企业在设立之初都具有一定的风险防控机制，但是随着企业的运行，很多被忽视甚至是故意弃用，因此，刑事合规的执行是整个刑事合规的核心。刑事合规行为的执行不力会直接引发刑事合规风险，这种风险的存在本身就会对企业造成巨大的损害，而如果风险爆发导致企业破产、股权强迫转让等严重后果，企业的损失无疑更为巨大，会对企业内部人员、企业整体乃至相关的行业造成严重影响。为了加强企业对刑事合规执行的重视，有必要进一步加强企业刑事合规的审查和问责机制。同时，应当对企业刑事合规领域加强资源投入，使其作为企业经营成本的基本内容之一。再者，有必要适当引入外部监督机制，我国目前正在建立企业监管的相关法律体系，对特定企业刑事合规执行的监督已然成为部分政府机关的重要工作内容，后期有必要进一步扩张法律体系，加强外部监管。同时可合理地引入域外的行业协会自治和监管的做法，从而形成企业自身、行业监督、政府监管的三层合规执行监管体系，确保刑事合规计划从纸面走向实践。

5. 后续性步骤：监测与评估

刑事合规制度是一个动态的制度，不能停滞不前。连续的、主动的监测和审查是刑事合规的标志性组成部分，从而使公司企业能够适应不断变化的风险，因此，刑事合规的监测和评估应当成为企业自身管理工作的一部分。为了使刑事合规取得最大的效果，可以考虑引入外部专业评估。具体来看，对于刑事合规效果的评价应当从以下几个方面开展：其一，企业中刑事合规工作开展的数量和规模，刑事合规工作同企业自身经营管理的契合性；其二，企业刑事合规在企业经营管理中的地位和功能，企业经营管理行为是否经过刑事合规环节；其三，基于刑事合规所预防、发现、化解的刑事犯罪风险的数量和类型；其四，企业高管参与企业刑事合规工作的交流情况，包括主动的和被动的；其五，企业根据刑事合规建议的反馈所做的实际行动的情况。

二、生产、销售假药罪与生产、销售劣药罪

药品，是一种直接关系人类身体健康及生命安全的特殊商品。近年来频繁发生的大规模假药质量侵权事件，让所有人对药品质量产生深深的疑虑。假药在生产出厂后与越来越丰富的药品销售网络一起迅速进入病人的用药范围，严重侵害了病人身体健康，严重影响药品管理制度正常运行。

实际上，药品质量安全问题已经成为一个世界性的问题。近年来，多数学者倡议在产品质量领域内（特别是药品领域）建立惩罚性赔偿制度。我国历来都十分重视通过刑事立法来打击生产、销售假药的犯罪行为。生产、销售假药罪，是指生产、销售假药的行为。本罪是行为犯，行为人只要实施刑法规定的生产、销售假药的行为，即构成本罪。

（一）生产、销售假药罪的客观构成要件

生产、销售假药罪侵犯的客体是国家对药品的生产、销售管理秩序。生产、销售假药罪在客观方面表现为生产、销售假药的行为。生产假药，是指生产加工、配制假药；销售假药，是指将自己或他人生产的假药予以出售。

这里所说的假药，是指依照《药品管理法》的规定属于假药的药品与非药品。根据《药品管理法》第九十八条规定，有下列情形之一的，为假药：

① 药品所含成分与国家药品标准规定的成分不符的；
② 以非药品冒充药品或者以他种药品冒充此种药品的；

③ 变质的；

④ 药品所标明的适应证或者功能主治超出规定范围的。

由此可知，我国规定的"假药"分为两种，一是纯正的假药，二是拟制的假药。所谓纯正的假药是指在成分、药效方面确实对人体有害的假药，而所谓拟制的假药是由法律规定为假药的情形。需要指出的是，作为本罪对象的假药专指人用药，不包括兽用药或者其他动植物用药。

（二）生产、销售假药罪的犯罪主体及主观方面构成

本罪的犯罪主体是一般主体，包括自然人和单位。有学者认为本罪的主体是特殊主体，即生产者和销售者，这是对犯罪主体的一种狭义理解，刑法中所谓特殊主体，是指除一般主体的资格即达到法定刑事责任年龄，且具有刑事责任能力的自然人或单位外，还应具备法定的特殊身份的犯罪主体。所谓特殊身份，是指刑法所规定的影响行为人刑事责任的行为人人身方面特定的资格、地位或状态。在贪污罪的主体构成要件中，是特殊主体，只有具有国家工作人员这一特殊身份的人才能构成贪污罪。故而，就生产、销售假药罪而言，其主体依然是一般主体。在本罪中，宜从广义上理解犯罪主体的含义，任何具有刑事责任能力的人或单位，只要实施了生产、销售的行为，就可成为生产者、销售者，不管是合法的还是非法的生产者和销售者都在其列，并不需要法定的特殊身份。

生产、销售假药罪在主观方面表现为故意，即明知是假药而生产、销售的心理状态。针对犯罪的主观方面，学术界历年来有几种不同的观点，归纳起来，主要有以下几种：第一，犯罪主观方面是指犯罪主体对自己的行为及其危害社会的结果所抱的心理态度，它包括犯罪的故意或者犯罪的过失以及犯罪的目的和动机这几种因素；第二，犯罪主观方面是指犯罪主体对他所实施危害社会的行为的一种故意或过失的心理态度；第三，犯罪主观方面是指行为人对自己的行为将引起的危害社会的结果所持的一种故意或过失的态度；第四，犯罪主观方面是指犯罪主体对他所实施的危害社会的行为及结果所持的心理态度。

《刑法》第十四条规定："明知自己的行为会发生危害社会的结果，并且希望或者放任这种结果发生，因而构成犯罪的，是故意犯罪。"第十五条规定："应当预见自己的行为可能发生危害社会的结果，因为疏忽大意而没有预见，或者已经预见而轻信能够避免，以致发生这种结果的，是过失犯罪。"从这两条可以看出，立法者的本意都是从行为人对自己实施的危害行为造成的危害社会的结果所持的心理态度的角度做出的。因此，笔者认为第三种说法更为合理。

而对于本罪的主观方面，理论界有着以下四种不同的观点。

第一种观点认为，该罪的主观方面要求必须是出于故意，也就是说要求行为人明知该物品属于我国《药品管理法》明文规定的"假药"，还加以生产或者销售，行为人一般还具有非法营利的目的。这种观点下的故意包括直接故意（明知其实施的行为的性质和可能引发的后果而追求结果的发生）和间接故意（明知其实施的行为的性质和可能引发的后果，但是对此持放任的心理状态），而主观方面若为过失状态则不构成本罪。

第二种观点认为，间接故意才是此罪的主观方面。即行为人明知其行为对象是假药，并且也明知自己的行为将会对社会上不特定对象的生命健康产生不良影响，行为人对此持有的是放任的心理状态。这种观点认为，在实践中，大多数行为人对他们的行为所导致的不良后果并非持积极追求的主观状态，相反，他们为了免受法律的严惩还会极力避免不良后果的出现，因此如果行为人的主观方面是直接故意，即对自己的行为所造成的不良后果持积极追求的心理状态，则应当构成其他的、犯罪性质更为恶劣的犯罪，如以危险方法危害公共安全罪等。笔者认为，此种观点有其合理性。

第三种观点认为，此罪的主观方面应当为直接故意但这种直接故意必须带有牟取非法利益的意图。即明知自己的行为对象是假药，而且认识到该犯罪对象必然会对社会上不特定对象的生命健康造成不良后果，但行为人在高额利润的驱使下，仍然实行该生产、销售的行为。这一种观点更加强调犯罪主体应当具有牟取非法利润的意图。而该罪中的"销售"行为本身就包含了牟取非法利益的目的，再加以强调显得烦琐。而"生产"行为，根据我国《刑法》规定，只要求具备向不特定多数人投放的目的即可，不要求一定具有牟取非法利益的目的，因此无须再对"牟取非法利益"这一主观目的进行强调。

第四种观点认为，这一犯罪的主观方面并非单一形式，而是既包括两种故意形态，也包括两种过失形态，是两种犯罪形态的混合。这种观点将行为人实施的一个完整的行为分开定性，即行为人必须明知其实施的行为会造成侵犯《药品管理法》的后果，这一故意是直接故意，且一般要求以营利为目的；同时要求行为人对自己所实施的行为造成的损害社会上不特定对象生命健康的不良后果，持有的内心状态须为间接故意或者过失；还要求对其行为所引发的严重损害人的身体健康或者致人死亡的结果所持的内心状态，须为过失。

（三）主观明知的认定

生产、销售假药罪主观方面表现为故意，即明知是假药而生产、销售，对不知道是假药而生产、销售的不构成该罪，主观明知既是辩方辩解（辩护）的主要"阵地"，也是办案人员指控犯罪的难点。实践中，在趋利避害本能的支配下，犯罪嫌疑人往往辩解主观上"不知道是药""不知道是假的药""不知道没有中文标识的药不允许在国内销售"，以此来逃避刑事惩罚。主观意图见之于客观行为，可以从其客观行为表现综合判断推定主观是否明知，主要从以下方面予以审查判断：

犯罪嫌疑人的从业经历、学历、专业知识。

销售价格是否明显低于市场价格；进货渠道是否正当，有无合法手续；我国对药品实行严格的审批、许可制度，如行为人从没有合法手续的人员处以明显低于市场价格购买，应当推定为其认识到假药的可能性，主观上系明知。

销售方式是否正常；从买卖药品的交接方式、时间、地点分析，如是否在正规药店进行销售，是否在正常交易时间内销售，如夜间或小作坊地点交易，则反映出其对假药的认知度。

从药品包装、标签、说明书等方面审查。

有无批准文号、合法的经营执照及许可，是否盗用他人的批准文号，或假冒他人的注册商标。

此外,要注意审查案发现场的证据,并结合犯罪嫌疑人供述和辩解、证人证言、被害人陈述等言辞证据综合判断犯罪嫌疑人主观上的明知。现场收获的证据包括:现场勘查检查笔录、照片;查封、扣押假药的实物证据及清单、照片;查封、扣押生产假药的设备及清单、照片;与生产、销售有关假药相关的合同、销售收据,交易账目、邮寄单据等材料;相关的电子证据、视听资料,如网络聊天记录、网络支付凭证等。

(四)生产、销售劣药罪的概念与构成要件

生产、销售劣药罪,是指生产、销售劣药,对人体健康造成严重危害的行为。该罪与生产、销售假药罪在犯罪客体、犯罪主体、犯罪主观方面都相同,区别在于犯罪客观方面,区分两罪的关键在于犯罪对象不同。此外,生产、销售假药罪属于行为犯,只要实施生产、销售行为的,就构成本罪;而生产、销售劣药罪是结果犯,要求实际上对人体健康造成严重危害的,才构成本罪,因为劣药相对于假药,其危害性要轻一些。这种危害表现为人体器官、组织功能的丧失、减弱或者生命的终结,既包括患者因服用劣药而直接引起诸如人身伤亡等严重后果,也包括患者因服用劣药而延误治疗导致病情加重甚至难以治愈的严重后果。

这里所说的劣药,是指依照《药品管理法》的规定属于劣药的药品。根据《药品管理法》第九十八条规定,有下列情形之一的药品,为劣药:

① 药品成分的含量不符合国家药品标准的;
② 被污染的;
③ 未标明或者更改有效期的;
④ 未注明或者更改产品批号的;
⑤ 超过有效期的;
⑥ 擅自添加防腐剂、辅料的;
⑦ 其他不符合药品标准的。

(五)生产、销售假药罪与生产、销售劣药罪的司法认定

生产、销售假药罪是故意犯罪,行为人必须明知自己生产、销售的是假药,才能构成本罪。只要行为人知道可能是假药,就具有本罪故意所要求的明知。此外,对于经过若干环节才到患者手中的假药,每个环节的销售者都应对其销售假药的行为负责。

根据最高人民法院、最高人民检察院《关于办理生产、销售假药、劣药刑事案件具体应用法律若干问题的解释》(以下简称《解释》)第四条第一款规定,医疗机构知道或者应当知道是假药而使用或者销售,符合《解释》第一条或者第二条规定标准的,以销售假药罪追究刑事责任。如现在有很多医院都设有自己的制剂室,用以生产供本单位使用的药品,如果医院明知自己配置的是假药而违规销售,就可构成生产假药罪。另外,医疗机构虽自己不生产药品,但如果明知其进购的药品是假药而予以销售,包括对患者使用假药,医疗机构和开具药品的医务人员应对自己的行为负责,构成销售假药罪。

《解释》第四条第二款规定,医疗机构知道或者应当知道是劣药而使用或者销售,

符合《解释》第三条规定标准的，以销售劣药罪追究刑事责任。

《解释》第五条规定，知道或者应当知道他人生产、销售假药、劣药，而有下列情形之一的，以生产、销售假药罪或者生产、销售劣药罪等犯罪的共犯论处：

① 提供资金、贷款、账号、发票、证明、许可证件的；

② 提供生产、经营场所、设备或者运输、仓储、保管、邮寄等便利条件的；

③ 提供生产技术，或者提供原料、辅料、包装材料的；

④ 提供广告等宣传的。

《解释》第六条规定，实施生产、销售假药、劣药犯罪，同时构成生产、销售伪劣产品、侵犯知识产权、非法经营、非法行医、非法采供血等犯罪的，依照处罚较重的规定定罪处罚。

《解释》第七条规定，在自然灾害、事故灾难、公共卫生事件、社会安全事件等突发事件发生时期，生产、销售用于应对突发事件药品的假药、劣药的，依法从重处罚。

对于无生产、销售药品资格的企业生产、销售药品的行为如何定性的问题，目前学界认识不一。笔者认为，判定无生产、销售药品资格的企业生产、销售药品的行为是否构成生产、销售假药罪，关键还是在于其生产、销售的药品是否属于法律规定的"假药"范畴，如果无生产药品资格或经营销售资格的企业生产、销售的是属于法律规定的"假药"，那么其行为就应当属于生产、销售假药的行为，并不一定要以取得生产、销售资质为条件。

需要强调的是，生产、销售假药罪侵犯的客体是国家对药品的生产、销售管理秩序，即使生产、销售的假药具有与真药同样的疗效，如果没有履行相应的行政申请和批准手续，也会被认定为犯罪，如以下三个案例。

2002年，陆某被医院确诊为慢粒性白血病，这种病需要长期服用抗癌药物"格列卫"，在国内医药市场中，该抗癌物价格每盒高达2万余元。2004年9月，通过熟人代购，陆某获得了印度产的"格列卫"仿制药，效果与原产相同。此后，陆某相继为病友代购该印产"格列卫"。2013年，沅江市公安局将陆某抓获并拘留。2014年，沅江市人民检察院以陆某涉嫌销售假药罪向沅江市人民法院提起公诉。

张某是海归医学博士后，其利用山东滨州及浙江东阳两家制药公司的实验室，相继研究出治疗癌症的靶向药物吉非替尼（治疗肺癌药物）、伊马替尼（治疗白血病药物）、厄洛替尼（治疗肺癌药物）。后其到相关部门申请生产许可证等手续，但未获批准。随后，张某在山东省潍坊雇佣他人帮助生产吉非替尼、伊马替尼、厄洛替尼药品的成品并且包装销售。案发后，张某因生产国外相关公司拥有专利的抗癌特效药被认定为假药，被江苏省淮安市清河区法院一审判处有期徒刑4年6个月，并处罚金230万元。经上海市药品检验所检验，上述药品有效成分达到同类正品标准。

江湖医生倪某用其"祖传秘方"研究出了能够医治癌症的中草药秘方，并成功诊治癌症患者数百人。其后创建民间草药研究所，并申请了肿瘤内服中草药片剂国家发明专利，但其研制的中草药片剂没有获得相应的生产许可与批准文号。2013年4月8日，倪某被浙江省金华市婺城区法院的一审判决犯生产、销售假药罪，并且被判处10年有期徒刑。

（六）生产、销售假药罪的处罚

根据《刑法》第一百四十一条规定，生产、销售假药的，处三年以下有期徒刑或者拘役，并处罚金；对人体健康造成严重危害或者有其他严重情节的，处三年以上十年以下有期徒刑，并处罚金；致人死亡或者有其他特别严重情节的，处十年以上有期徒刑、无期徒刑或者死刑，并处罚金或者没收财产。

根据《刑法》第一百五十条规定，单位犯本罪的，对单位判处罚金，并对其直接负责的主管人员和其他直接责任人员，依照上述规定处罚。

参照《解释》第二条规定精神，生产、销售的假药被使用后，造成轻伤以上伤害，或者轻度残疾、中度残疾，或者器官组织损伤导致一般功能障碍或者严重功能障碍，或者有其他严重危害人体健康情形的，应当认定为《刑法》第一百四十一条规定的"对人体健康造成严重危害"。

生产、销售的假药被使用后，造成重度残疾、三人以上重伤、三人以上中度残疾或者器官组织损伤导致严重功能障碍、十人以上轻伤、五人以上轻度残疾或者器官组织损伤导致一般功能障碍，或者有其他特别严重危害人体健康情形的，应当认定为《刑法》第一百四十一条规定的"对人体健康造成特别严重危害"。

（七）生产、销售劣药罪的处罚

根据《刑法》第一百四十二条规定，生产、销售劣药，对人体健康造成严重危害的，处三年以上十年以下有期徒刑，并处销售金额百分之五十以上二倍以下罚金；后果特别严重的，处十年以上有期徒刑或者无期徒刑，并处销售金额百分之五十以上二倍以下罚金或者没收财产。

根据《刑法》第一百五十条规定，单位犯本罪的，对单位判处罚金，并对其直接负责的主管人员和其他直接责任人员，依照上述规定处罚。

参照《解释》第三条规定精神，生产、销售的劣药被使用后，造成轻伤以上伤害，或者轻度残疾、中度残疾，或者器官组织损伤导致一般功能障碍或者严重功能障碍，或者有其他严重危害人体健康情形的，应当认定为《刑法》第一百四十二条规定的"对人体健康造成严重危害"。

生产、销售的劣药被使用后，致人死亡、重度残疾、三人以上重伤、三人以上中度残疾或者器官组织损伤导致严重功能障碍、十人以上轻伤、五人以上轻度残疾或者器官组织损伤导致一般功能障碍，或者有其他特别严重危害人体健康情形的，应当认定为《刑法》第一百四十二条规定的"后果特别严重"。

三、生产、销售不符合标准的医用器材罪

随着现代医疗科技的不断发展，各种新的医疗器材和医用卫生材料不断出现，大大改进了医疗卫生条件，促进了医疗卫生事业的发展。但是，一些人为了牟取暴利，置广大患者的生命健康于不顾，生产严重不符合标准的医用器材。这些器材不仅不能起到治病救人的作用，反而会导致医务人员错诊、误诊，恶化患者病情，酿成医疗事故，甚至

造成病员伤亡的恶果。2020年伊始，新型冠状病毒引起的疫情突然肆虐全国，尤其以湖北最为严重。由于这种病毒可以通过飞沫在人与人之间传播，使得口罩瞬间成为最紧俏的产品，线上线下所有渠道的口罩都被抢购一空。可在如此严重的疫情之下，竟然还有人大量生产、销售劣质口罩、假口罩，各地警方密集破案，抓获了一批发"国难财"的不法分子，他们就涉嫌构成生产、销售不符合标准的医用器材罪。

（一）概念与构成要件

生产、销售不符合标准的医用器材罪，是指生产不符合保障人体健康的国家标准、行业标准的医疗器械、医用卫生材料，或者销售明知是不符合保障人体健康的国家标准、行业标准的医疗器械、医用卫生材料，足以严重危害人体健康的行为。生产、销售不符合标准的医用器材罪属于危险犯，是指将不法行为对法益侵害的危险作为处罚根据的犯罪，即该类犯罪不需要具有现实的法益侵害结果，只需要将某种法益置于一种危险境地就可以构成。相对应的，侵害犯则是指将对法益的现实侵害作为处罚根据的犯罪，即侵害犯需要对法益造成了实际侵害，否则无法构成本类犯罪。过失犯罪一般都属于侵害犯，只有造成了严重后果才能够定罪量刑，而很多故意犯罪则属于危险犯，尤其是《刑法》分则中规定的危害公共安全罪和破坏社会主义市场经济秩序罪，生产、销售不符合标准的医用器材罪就属于破坏社会主义市场经济秩序罪项下的一种具体罪名。

生产、销售不符合标准的医用器材罪具有以下构成要件。

1. 客体要件

生产、销售不符合标准的医用器材罪侵犯的客体是国家对医用器材的质量监督管理秩序和公众身体健康。从侵害的法益来讲，该罪名既侵害了不特定主体的身体健康和生命安全，即公共安全，也侵犯了国家对于医疗器材的管理制度。当然，公共安全是一个更重要的法益，是该罪侵犯的主要客体。

生产、销售不符合标准的医用器材罪的犯罪对象是不符合标准的医用器材，包括医疗器械和医用卫生材料。根据国务院颁布的《医疗器械监督管理条例》中的定义，所谓"医疗器械"，是指直接或者间接用于人体的仪器、设备、器具、体外诊断试剂及校准物、材料以及其他类似或者相关的物品，用于人体疾病诊断、治疗、预防，调节人体生理功能或者替代人体器官的仪器、设备、装置、器具、植入物、材料和相关物品，如超声波诊断仪、心脏起搏器、心脏瓣膜、注射器，包括所需要的计算机软件等。该条例将医疗器械按照风险程度由低至高分为第一类、第二类和第三类医疗器械，其中第二类、第三类医疗器械实行产品注册管理，而且从事第二类、第三类医疗器械生产的生产企业应当向所在地省、自治区、直辖市人民政府药品监督管理部门申请生产许可，并提交其符合该条例第二十一条规定条件的证明资料以及所生产医疗器械的注册证。很明显，第二类、第三类医疗器械因其风险程度较高，获得了较为严格的管控。所谓"医用卫生材料"是指用于诊断、治疗、预防人的疾病，调节人的生理功能的辅助材料，如医用纱布、药棉、救济包、滑石粉、橡皮管、胶皮手套等。

2. 客观要件

生产、销售不符合标准的医用器材罪在客观方面表现为生产不符合保障人体健康的国家标准、行业标准的医疗器械、医用卫生材料，或者销售明知是不符合保障人体健康的国家标准、行业标准的医疗器械、医用卫生材料，足以严重危害人体健康的行为。

需要注意的是，在没有国家标准、行业标准的情况下，如何认定产品"不符合标准"？根据《最高人民法院、最高人民检察院关于办理生产、销售伪劣商品刑事案件具体应用法律若干问题的解释》第六条第五款的规定，没有国家标准、行业标准的医疗器械，注册产品标准可视为"保障人体健康的行业标准"。以此类推，没有国家标准、行业标准和注册产品标准的，必须符合保障人体健康和人身、财产安全的要求；如果不符合该要求，即视为不符合标准的产品。

3. 主体要件

生产、销售不符合标准的医用器材罪的主体为一般主体，包括自然人和单位。

4. 主观要件

生产、销售不符合标准的医用器材罪在主观方面表现为故意。行为人明知是不符合标准的医疗器械，却仍然在生产和销售。明知是其犯罪故意中的认识因素，放任危害结果的发生是其意志因素。国家对于医疗器械、医用卫生材料的生产单位有严格的审批程序，还制定了严格的国家标准、行业标准，产品不符合标准的，不准出厂。作为生产者，对于所生产的医疗器械、医用卫生材料是否达到国家标准、行业标准是十分清楚的，如果生产不符合标准的医疗器材，其主观故意是明显的。作为销售者，本条规定是在明知是不符合标准的医疗器械、医用卫生材料的情况下销售的，才构成本罪，这种情况销售者当然在主观上是故意的。如果销售者不知道是不符合标准的医疗器械、医用卫生材料而销售的，不构成本罪。

（二）司法认定

《最高人民检察院、公安部关于公安机关管辖的刑事案件立案追诉标准的规定（一）》第二十一条规定，生产、销售不符合标准的医用器材案中，生产不符合保障人体健康的国家标准、行业标准的医疗器械、医用卫生材料，或者销售明知是不符合保障人体健康的国家标准、行业标准的医疗器械、医用卫生材料，涉嫌下列情形之一的，应予立案追诉：

① 进入人体的医疗器械的材料中含有超过标准的有毒有害物质的；

② 进入人体的医疗器械的有效性指标不符合标准要求，导致治疗、替代、调节、补偿功能部分或者全部丧失，可能造成贻误诊治或者人体严重损伤的；

③ 用于诊断、监护、治疗的有源医疗器械的安全指标不符合强制性标准要求，可能对人体构成伤害或者潜在危害的；

④ 用于诊断、监护、治疗的有源医疗器械的主要性能指标不合格，可能造成贻误诊治或者人体严重损伤的；

⑤ 未经批准，擅自增加功能或者适用范围，可能造成贻误诊治或者人体严重损伤的；

⑥ 其他足以严重危害人体健康或者对人体健康造成严重危害的情形。

1. 本罪与医疗事故罪的区别

从犯罪构成的角度来看，生产、销售不符合标准的医用器材罪主体为一般主体，医疗事故罪主体为特殊主体；生产、销售不符合标准的医用器材罪在主观方面既可是故意也可是过失，医疗事故罪则只能是过失；在客观方面，生产、销售不符合标准的医用器材罪表现为生产、销售、购买并使用不符合标准的医用器材而出现了严重危害结果，而医疗事故罪表现为医务人员严重不负责任而造成就诊人死亡或严重损害就诊人身体健康；生产、销售不符合标准的医用器材罪的犯罪客体为社会主义市场经济秩序，医疗事故罪的客体为社会管理秩序。二者在犯罪构成上的上述区别，使两罪好像没有什么易混淆之处。但是，当医疗机构或者个人知道或应当知道是不符合标准的医疗器材而购买、使用从而发生了严重后果时，就容易在认定上出现混乱。因为对于《最高人民法院、最高人民检察院关于办理生产、销售伪劣商品刑事案件具体应用法律若干问题的解释》（以下简称《解释》）中的"个人"，我们认为应是指医务人员，即有合法行医资格的医疗机构的职工和个体医生，而这与医疗事故罪中的主体资格是一致的。该《解释》中的"应当知道"又说明了行为人行为时是出于过失心态，由这种过失导致的结果也应被理解为是一种责任事故。由于上述两方面的原因，就使两罪在这种情况下具有犯罪构成上的重合性。因而，在此情况下行为人一个行为就可能触犯两个罪名，这在理论上应属于想象竞合犯。依想象竞合犯的处罚原则，应择一重罪处断，即以销售不符合标准的医用器材罪处罚。

2. 本罪与生产、销售伪劣产品罪的区别

这两个罪名是特别法与一般法的关系。依照刑法理论，当特别法与一般法出现竞合时应以特别法优于一般法为主、重法优于轻法为辅的原则。依据上述原则在认定二罪时就应注意：若生产、销售不符合标准的医用器材尚未对人体健康造成严重危害，但其销售金额已达 5 万元时，受前罪对犯罪结果要求的限制，就只能以生产、销售伪劣产品罪定罪处罚。若销售金额未达 5 万元，也未对人体健康造成严重危害的，则不应以犯罪论处。

（三）处罚

根据《刑法》第一百四十五条规定，生产不符合保障人体健康的国家标准、行业标准的医疗器械、医用卫生材料，或者销售明知是不符合保障人体健康的国家标准、行业标准的医疗器械、医用卫生材料，足以严重危害人体健康的，处三年以下有期徒刑或者拘役，并处销售金额百分之五十以上两倍以下罚金；对人体健康造成严重危害的，处三年以上十年以下有期徒刑，并处销售金额百分之五十以上两倍以下罚金；后果特别严重的，处十年以上有期徒刑或者无期徒刑，并处销售金额百分之五十以上两倍以下罚金或者没收财产。

根据《解释》第六条规定，生产、销售不符合标准的医疗器械、医用卫生材料，致人轻伤或者其他严重后果的，应认定为生产、销售不符合标准的医用器材罪的"对人体健康造成严重危害"。生产、销售不符合标准的医疗器械、医用卫生材料，造成感染病毒性肝炎等难以治愈的疾病，一个以上重伤、三人以上轻伤或者其他严重后果的，应认定为"后果特别严重"。生产、销售不符合标准的医疗器械、医用卫生材料，致人死亡、严重残疾、感染艾滋病、三人以上重伤、十人以上轻伤或者造成其他特别严重后果的，应认定为"情节特别恶劣"。

根据《最高人民法院、最高人民检察院关于办理妨害预防、控制突发传染病疫情等灾害的刑事案件具体应用法律若干问题的解释》第三条的规定，在预防、控制突发传染病疫情等灾害期间，生产用于防治传染病的不符合保障人体健康的国家标准、行业标准的医疗器械、医用卫生材料，或者销售明知是用于防治传染病的不符合保障人体健康的国家标准、行业标准的医疗器械、医用卫生材料，不具有防护、救治功能，足以严重危害人体健康的，依照《刑法》第一百四十五条的规定，以生产、销售不符合标准的医用器材罪定罪，依法从重处罚。

四、污染环境罪

（一）污染环境罪的构成要件

污染环境罪是指违反防治环境污染的法律规定，造成环境污染，后果严重，依照法律应受到刑事处罚的行为。《刑法》第三百三十八条规定，"违反国家规定，排放、倾倒或者处置有放射性的废物、含传染病病原体的废物、有毒物质或者其他有害物质，严重污染环境的，处三年以下有期徒刑或者拘役，并处或者单处罚金；后果特别严重的，处三年以上七年以下有期徒刑，并处罚金"。其构成要件分述如下。

1. 客体要件

为了防治环境污染、保护和改善生活、生态环境，国家先后制定了《环境保护法》《大气污染防治法》《水污染防治法》《海洋环境保护法》《固体废物污染环境防治法》等法律，以及《放射防护条例》《工业"三废"排放试行标准》《农药安全使用条例》等一系列专门法规。违反这些法律、法规的规定，构成犯罪的行为，就是侵犯国家对自然环境的保护和管理制度。

本罪的对象为危险废物。所谓危险废物，是指列入国家危险废物名录或者根据国家规定的危险废物鉴别标准和鉴别方法认定的具有危险特性的废物。具体包括放射性废物、含传染病病原体的废物、有毒物质或者其他危险废物。放射性废物是指放射性核素超过国家规定限值的固体、液体和气体废弃物；含传染病病原体的废物是指含有传染病病菌、病毒的污水、粪便等废物；有毒物质是指对人体有毒害，可能对人体健康和环境造成严重危害的固体、泥状及液体废物；其他危险废物则是指上述列举之外的，列入国家危险废物名录或者根据国家规定的危险废物鉴别标准和鉴别方法认定的具有危险特性的废物。

放射性废物主要包括放射性废水、废气和固体废物。放射性废水是指放射性核素含超过国家规定限值的液体废弃物。主要包括核燃料前处理（如铀矿开采、水冶、精炼，核燃料制造等过程中）产生的废水，核燃料后处理第一循环产生的废液，原子能发电站，应用放射性同位素的研究机构、医院、工厂等排出的废水。放射性废气是指放射性核素含量超过国家规定限值的气体废弃物。由于在原子能工业的生产中或核设施运行中，随着不同的工艺过程均有不同性质的含有核素的排气产生。诸如铀矿山和铀水冶厂会产生来自矿井的含有氡、钍、锕射气及其子体的气溶胶；核反应堆中产生的气体在后处理厂进行处理时释放的废气中含有氩、氪、氙等放射性核素、射碘蒸汽、氚以及二氧化碳形式存在的碳-14等；此外，还有大量的放射性气溶胶；核企业的各生产车间、设备室、热室及手套箱等地，均有放射性气体排出。放射性固体废物是指放射性核素含量超过国家规定限值的固体废弃物。主要包括从含铀矿石提取铀的过程中产生的废矿渣；铀精制厂、燃料元件加工厂、反应堆、核燃料后处理厂以及使用放射性同位素研究、医疗等单位排出的沾有人工或天然放射性物质的各种器物，放射性废液经浓缩、固化处理形成的固体废弃物。

含传染病病原体的废物（亦称传染性废物）是指带有病菌、病毒等病原体的废物。其中传染性是指由致病性的各种病原体引起的可在适宜传播途径下对人群有传播可能的感染。《传染病防治法》第三条对传染病做了规定。所谓病原体亦称病原物或病原生物，是指能引起病的微生物和寄生虫的统称。主要包括病菌、寄生虫和病毒三类。由上述之传染病病原体而产生的废物，如污水、污物、粪便等皆属于含传染病病原体之废物。

有毒物质是对机体发生化学或物理化学的作用，因而损害机体，引起功能障碍、疾病，甚至死亡的物质。有毒物质可分为无机毒物和有机毒物两大类。如汞、铅、砷、镉、铬、氟等属于无机毒物，其中有许多能在生物体中富集积累。有机毒物如酚、氰、有机氯、有机磷、有机汞、乙烯等。

其他危险废物则是指上述列举之外的，列入国家危险废物名录或根据国家规定的危险废物鉴别标准和鉴别方法认定的具有危险特性的废物。根据我国加入的《巴塞尔公约》，其他危险废物主要是指从住家搜集的废物和焚化住家废物产生的残余物。

2. 客观要件

本罪在客观方面表现为违反国家规定，向土地、水体、大气排放、倾倒或者处置有放射性的废物、含传染病病原体的废物、有毒物质或其他危险废物，造成环境污染，致使公私财产遭受重大损失或者人身伤亡的严重后果的行为。

（1）实施本罪必须违反国家规定。

这是指违反全国人大及其常务委员会制定的有关环境保护方面的法律，以及国务院制定的相关行政法规、行政措施、发布的决定或命令。这些法律、法规主要包括《环境保护法》《大气污染防治法》《水污染防治法》《海洋环境保护法》《固体废物污染环境防治法》等法律，以及《放射防护条例》《工业"三废"排放试行标准》等一系列专门法规。

（2）实施排放、倾倒和处置行为。

其中排放是指把各种危险废物排入土地、水体、大气的行为，包括泵出、溢出、泄出、喷出、倒出等；倾倒是指通过船舶、航空器、平台或者其他载运工具，向土地、水体、大气倾卸危险废物的行为；处置是指以焚烧、填埋或其他改变危险废物属性的方式处理危险废物或者将其置于特定场所或者设施并不再取回的行为。

（3）必须造成了环境污染，致使公私财产遭受重大损失或者人身伤亡的严重后果。

本罪属结果犯，行为人非法排放、倾倒、处置危险废物的行为是否构成犯罪，应对其行为所造成的后果加以认定。如该行为造成严重后果，则以本罪论；否则，不能以犯罪论处。至于"严重后果"的标准是什么，有待相关部门进一步做出解释。可参照国家环境保护局1987年9月10日发布的《报告环境污染与破坏事故的暂行办法》规定以及国务院1989年3月29日公布的《特别重大事故调查程序暂行规定》。

3. 主体要件

本罪的主体为一般主体，即凡是达到刑事责任年龄具有刑事责任能力的人，均可构成本罪。单位可以成为本罪主体。

4. 主观要件

本罪在主观方面表现为过失。这种过失是指行为人对造成环境污染，致公私财产遭受重大损失或者人身伤亡严重后果的心理态度而言，行为人对这种事故及严重后果本应预见，但由于疏忽大意而没有预见。或者虽已预见到但轻信能够避免。至于行为人对违反国家规定排放、倾倒、处置危险废物这一行为本身有时则常常是为意为之，但这并不影响本罪的过失犯罪性质。

（二）司法认定

根据《最高人民法院、最高人民检察院关于办理环境污染刑事案件适用法律若干问题的解释》第一条规定，具有下列情形之一的，应当认定为"严重污染环境"：

① 在饮用水水源一级保护区、自然保护区核心区排放、倾倒、处置有放射性的废物、含传染病病原体的废物、有毒物质的；

② 非法排放、倾倒、处置危险废物三吨以上的；

③ 排放、倾倒、处置含铅、汞、镉、铬、砷、铊、锑的污染物，超过国家或者地方污染物排放标准三倍以上的；

④ 排放、倾倒、处置含镍、铜、锌、银、钒、锰、钴的污染物，超过国家或者地方污染物排放标准十倍以上的；

⑤ 通过暗管、渗井、渗坑、裂隙、溶洞、灌注等逃避监管的方式排放、倾倒、处置有放射性的废物、含传染病病原体的废物、有毒物质的；

⑥ 二年内曾因违反国家规定，排放、倾倒、处置有放射性的废物、含传染病病原体的废物、有毒物质受过两次以上行政处罚，又实施前列行为的；

⑦ 重点排污单位篡改、伪造自动监测数据或者干扰自动监测设施，排放化学需氧量、氨氮、二氧化硫、氮氧化物等污染物的；

⑧ 违法减少防治污染设施运行支出一百万元以上的;
⑨ 违法所得或者致使公私财产损失三十万元以上的;
⑩ 造成生态环境严重损害的;
⑪ 致使乡镇以上集中式饮用水水源取水中断十二小时以上的;
⑫ 致使基本农田、防护林地、特种用途林地五亩以上,其他农用地十亩以上,其他土地二十亩以上基本功能丧失或者遭受永久性破坏的;
⑬ 致使森林或者其他林木死亡五十立方米以上,或者幼树死亡二千五百株以上的;
⑭ 致使疏散、转移群众五千人以上的;
⑮ 致使三十人以上中毒的;
⑯ 致使三人以上轻伤、轻度残疾或者器官组织损伤导致一般功能障碍的;
⑰ 致使一人以上重伤、中度残疾或者器官组织损伤导致严重功能障碍的;
⑱ 其他严重污染环境的情形。

五、医药行业的商业贿赂犯罪

医药生产营销关系着国人的健康,在任何一个国家其重要性不言而喻。随着市场竞争越来越激烈,个别医药企业通过不正当的手段来进行竞争,大大阻碍了行业的正常发展运行,影响到了人民群众的身体健康。尤其是最近几年,在医药营销过程中,经常出现商业贿赂行为,特别是在一些同类型的医药产品大规模抢占市场时,这种现象频繁发生造成了很严重的负面影响,严重阻碍了医药行业的发展,扰乱了正常的市场秩序。因此国家和相关部门必须引起重视,加大打击力度,建构一个更加公平透明和充满活力的市场环境。本文对相关问题予以阐述。

(一)商业贿赂犯罪概述

商业贿赂是发生在经济活动领域的贿赂行为。商业贿赂最早出现在19世纪中叶,起源于西方国家铁路运输部门为增加货运量而给付托运方或其代理人一定数额的回扣。根据《元照英美法词典》条文进行解释,商业贿赂是指在不公平的商业活动中,买卖一方以给付对方雇员或代理人利益的方式击败其他竞争对手的行为。西方资本主义国家在其市场经济发展的前期,并没有通过法律方式对经济交往中的商业贿赂行为进行任何的干预,崇尚自由的西方政府甚至将这些视为一种商业行为的模式。但在此行为对自由竞争不断产生冲击并造成越来越大危害的情况下,西方各国对其越来越重视,并通过制定法律来维护健康的市场秩序。从法律角度讲,对商业贿赂的法律规制最早出现于我们行政法体系中。在我国1993年颁布的《反不正当竞争法》中首次对商业贿赂行为做出了立法上的回应。该法第八条规定:"经营者不得采用财物或其他手段进行贿赂以销售或购买商品。在账外暗中给与对方单位或者个人回扣的,以行贿论处;单位或者个人在账外暗中收受回扣的,以受贿论处。经营者销售或者购买商品,可以明示方式给对方折扣,可以给中间人佣金。经营者给对方折扣、给中间人佣金的,必须如实入账。接受折扣、佣金的经营者必须如实入账。"但是,该法并没有采纳"商业贿赂"一词,也没有对"商业贿赂"进行定义。原国家工商行政管理总局于1996年11月颁发的《关于禁止商业贿赂行为的暂行规定》中首次将"商业贿赂"一词作为法律术语使用，并对商业贿赂的内涵和外延做了规定。此外，《药品管理法》《土地管理法》《商业银行法》《关于禁止串通招标投标行为的暂行规定》等法律法规都对商业贿赂行为做出了相应的处罚规定。

对商业贿赂的定义，学界有广义和狭义两种学说。广义说认为商业贿赂概念以行为发生的领域作为其标准，认为发生于商业交往领域的各种贿赂行为均构成商业贿赂。狭义说则以贿赂行为的主体作为标准来判断是否构成商业贿赂，认为仅有非国家工作人员能够成为商业贿赂主体而排斥对国家工作人员的认定。狭义说着重研究贿赂行为对公平的市场竞争秩序的破坏，但其忽视了公务人员的职务行为在商业活动中产生的巨大影响力和作用。广义说则更好地兼顾了对商业活动中公务人员职务行为廉洁性的保护。就目前而言，我国《刑法》中尚未有法律条文对"商业贿赂犯罪"（医药行业）的概念做出具体的界定。因此，商业贿赂犯罪既不是刑法意义上的类罪，也不是刑法分则中的单独罪名，而仅仅是从学术理论上将散于刑法分则中涉及商业领域贿赂情形的若干罪名进行归类。因为医药行业贿赂现象主要存在于医疗卫生服务及医药产品购销过程中，所以业界学者常将其划为医疗个人贿赂和医疗商业贿赂。首先，医疗个人贿赂并非严格意义上的刑事贿赂，因其通常表现为患者或家属为了满足尽快尽好治病的愿望而向医务人员进行送"红包"等形式的"行贿行为"，并不符合我国《刑法》"对非国家工作人员行贿罪"中"为谋取不正当利益"的主观要件；其次，医疗商业贿赂主要是指医药生产厂家和销售公司在产品生产购销环节对享有审批、决定及选择权的机关、单位、个人等行贿及后者的受贿索贿的行为，即存在于医药产品购销领域中的"权钱交易"。这里我们将"医药行业商业贿赂犯罪"的概念界定为：机关、单位、个人及其彼此之间在医药购销等贸易过程中，为争取更多交易机会而故意采取不正当手段破坏公平的竞争秩序，且依照我国刑法构成犯罪的行为。

我国《刑法典》中并没有商业贿赂罪这一罪名，它并非是《刑法》上具有独立意义的具体犯罪概念。商业贿赂罪这种说法没有《刑法》上的根据，它仅是作为一种区别普通商业贿赂的概念而存在，犹如人们一般将与经济相关的犯罪称为经济犯罪。商业贿赂罪不论是作为个罪罪名还是类罪罪名均不存在，它仅用来表述发生在商业交往领域的贿赂犯罪。但对于商业贿赂的犯罪行为，我们可以依照现有《刑法》进行制裁，无须通过颁布新法来实施处罚。2008年，最高人民法院与最高人民检察院联合发布了《关于办理商业贿赂刑事案件适用法律若干问题的意见》，其明确了《刑法典》中规定的八个罪名适用于我国在办理商业贿赂犯罪案件，即非国家工作人员受贿罪、对非国家工作人员行贿罪、受贿罪、单位受贿罪、行贿罪、对单位行贿罪、介绍贿赂罪、单位行贿罪。这些罪名都指向在市场交易活动中，严重违背公平竞争的市场原则的犯罪行为。它们不仅会侵害国家对公司、企业的正常管理秩序，破坏社会主义市场经济秩序，而且针对公权力的行贿行为也腐蚀了国家机关的声誉和国家工作人员职务行为的廉洁性。

（二）医药行业商业贿赂犯罪特点

结合我国《刑法》、相关司法解释及实际情况分析，医药行业商业贿赂犯罪具有以下特征：第一，犯罪形式多样化和隐蔽性，包括财物、回扣、折扣、附赠、手续费、性、荣誉等物质和精神层面的形式；第二，犯罪时间长和涉及金额大，包括事后受贿、收受干股、合作投资及利用影响力等方式进行的贿赂，其周期普遍较长，当然不排除短时间的小规模赌博、贿赂决定权医生开具医药公司产品等方式所带来的长期连续性谋取正当利益的情形；第三，由于医药购销过程较为复杂且环节较多，导致各个环节的主体之间存在相对稳定利益链条，从而导致该类犯罪具有"犯罪主体多元化"和"犯罪主体群体性"的特点；第四，因为我国长期存在以政策趋向为主导来治理贪污贿赂这一"国情"，故导致了商业贿赂犯罪的间歇性反弹现象较为严重，当然医药行业的商业贿赂犯罪也不例外。

（三）医药行业商业贿赂的危害

医药行业关系到国民健康、经济发展以及社会安定等重大事项，是国民经济的重要组成部分。然而，由于法律法规的缺失、"以药养医、以设备养医"的医疗体制以及行政监管的缺位等原因，商业贿赂逐渐深入到医药行业的各个领域，给社会、市场和国家带来了极大的危害。

1. 导致过度医疗，医患矛盾激化

由医药商业贿赂产生的"不良成本"，造成了医疗服务价格虚高，最终是由患者埋单。医药贿赂诱使医生舍弃职业道德、滥用药物、过度检查，浪费了有限的医药资源，既加重了患者的经济负担，又损害了患者的身体健康。过重的医疗负担，激化了医患矛盾，医疗纠纷增多，医院管理混乱。在病人眼中，有些医务人员不是治病救人的"天使"，而是唯利是图的"魔鬼"。近年来，各种暴力事件在医院时有发生，例如，2019年12月4日，北京民航总医院发生暴力杀医案，孙某及亲属将其母孙魏氏送至民航总医院治疗，因孙某不满医生杨某对其母的治疗，怀恨在心、意图报复。12月24日6时许，孙某在急诊抢救室内，持事先准备的尖刀反复切割、扎刺值班医生杨某颈部，致杨某死亡。2020年1月20日，北京朝阳医院再现暴力伤医事件，共有三名医护人员被砍伤，另有一位患者受伤，其中一名陶姓医生受伤最为严重，后脑勺、胳膊多处被砍伤。

2. 腐蚀医务人员，滋生腐败犯罪

"医者仁术，贵在医德。"古今中外，人们对医德的要求远远胜过对医术的要求，医德是对医术的决定性基础。医疗机构及其医务人员在医疗活动中应遵守国家法律法规、物价政策，按标准合理收取费用，不能有多收费、乱收费或开大处方、用贵药、滥检查、收贿赂等行为。对医务工作者来说，这并非过高的要求，而是基本的职业道德体现。然而现实情况却是，医药商业贿赂扭曲了一些医务人员、卫生行政人员的价值观、道德观，使得这些人员利用手中的职权或行业影响力大量收取医药代理的回扣、提成，导致医疗卫生队伍逐渐被腐化，引发了整个医药行业的信任危机。一些医疗机构管理者甚至成为商业贿赂的拥簇者与保护伞，医药行业然成为行贿受贿、贪污腐败等经济犯罪的温床。

3. 破坏医药市场秩序和医药卫生事业的发展

面对医药行业商业贿赂的"潜规则",医药企业无法规避,为保证市场竞争力不得不选择屈从。由于所得收益大部分用于商业贿赂,导致研发资金不足,缺乏自主研发能力。目前,我国医药市场上充斥着各种仿制药品,有的只是更换药品名称将老药变"新药",真正属于自主研发、创新研制的药品非常少,甚至一些质次价高、假冒伪劣的药品和医疗器械通过商业贿赂,混迹于医药市场,严重破坏了正常的市场交易秩序。药品的价格信号无法真正反映质量,扭曲了市场竞争的公平本质,使合法经营的医药企业沦为受害者。由于在医疗市场中存在着严重的信息不对称现象,患者不具备专业知识,作为患者代理人的医生就可以凭借其专业能力和权限,在各种治疗方案中选取一种最有利于自身利益的方案,而患者即使存在质疑也无法改变这种现实情况。而且,医疗服务市场的需求价格缺乏弹性,患者无法充分自由的选择,更无法与医疗提供者进行讨价还价。再加上中国药品零售市场的都是由医院卖给患者的,医院可以决定进什么药,从哪个供应商进货,因此医药企业也只能按照医疗机构的意愿去做。于是,医院就可以凭借医生控制用药与患者被动消费这两方面左右药品的价格,影响医药企业的市场行为,长此以往,整个医药行业都不在产品研发、技术质量等方面下功夫,而是一心扑在商业贿赂上,那么必将严重影响医药行业的健康发展。同时,这种"潜规则"逐步架空了医疗机构的各项规章制度,无法充分发挥竞争机制、奖惩机制、分配机制的引导约束作用,阻碍了医院科学管理和医疗体制改革的进程,不利于我国医疗卫生事业的健康发展。

(四)医药商业贿赂的主要表现形式

直接给付财物。直接的给付现金或者实物是最原始也是最为普遍的一种贿赂形式。这种方式直接且为隐蔽,不易被第三人获知,所以在贿赂时最易被采用。医药行业商业贿赂犯罪中,直接给付财物多被用于医院采购药品及医疗器械时,医药企业向负责采购的医院院长、副院长等具有决定权的个人使用。

返还回扣。回扣最早出现于19世纪中叶,相比直接给付财物,返还回扣是种较新的贿赂手段。这种方式主要用在医药零售商和享有"处方权"的医生身上。行贿企业通过回扣鼓励受贿方更多的销售本企业产品或开具有本企业产品的处方来间接地帮助销售。

折扣。与回扣不同的是,回扣一般发生在销售后,通过每段时间销量来计算返还。而折扣发生在销售过程中,医药产品销售时销售方按比例将这部分金钱直接扣除贿赂给相关的人或单位。

附赠。即药企在产品销售过程中,附带性地向交易对方(一般是单位性质)提供财物的贿赂行为。例如,医院在采购某公司产品达一定数额后,该公司会额外提供轿车给医院美其名曰赞助办公用具或者直接以赞助费的名义向医院贿赂金钱。

间接贿赂。这种形式的贿赂有着不同于以上贿赂的特性,它的出现是在我国物质生活不断发展繁荣的前提背景下,迎合了某些人追求精神层面享受的需求。如:医药企业投入资金以"学术交流会"或"技术研讨会"等名义召集医学领域人士,并借此机会捧红其要行贿的人,借此满足这些人对名誉的追求等。

其他形式贿赂。当下人们生活方式不断多元化，随着人们需求的变化，贿赂的方式也不断发生改变，表现出纷繁复杂的各种形态。

（五）医药行业商业贿赂犯罪界定

医药行业商业贿赂犯罪是商业贿赂犯罪在医药行业的表现，与后者是特殊与一般的关系，因此，研究医药行业商业贿赂犯罪首先要对商业贿赂犯罪有明确的界定。学术界关于商业贿赂犯罪概念的争议，主要存在以下几种观点：第一种观点为广义说，此观点认为，商业贿赂犯罪是指发生在商业交易中的贿赂行为，不仅包括非国家工作人员受贿罪和对非国家工作人员行贿罪，还包括公职贿赂犯罪中的受贿罪、行贿罪、单位受贿罪、单位行贿罪、介绍贿赂罪等。第二种观点为狭义说，此观点认为，商业贿赂犯罪仅包括非国家工作人员受贿罪和对非国家工作人员行贿罪。这种观点对商业贿赂犯罪的界定范围过窄，在司法实践中，不但存在公司、企业或其他单位的工作人员实施的贿赂行为，而且还存在国有公司、企业工作人员在商业领域实施的贿赂行为，该观点将后者排除在外，明显不妥。第三种观点为权利说，此观点认为商业贿赂犯罪中受贿人利用的是社会权力即其从事的行为具有商业交易性质，而公职贿赂犯罪中受贿人利用的是公共权力，根据受贿人利用权力的性质将二者区分开来。笔者认为应该将第一种观点与第三种观点结合起来更为可取，对于商业贿赂犯罪应该从广义上进行界定，并且根据受贿主体从事的活动是否有商业交易的性质，而不是依据主体的身份进行界定。这样能将犯罪行为最大限度地纳入《刑法》规制范围，而且在司法实践中容易认定。

根据上述分析，在医药行业中无论是国有医院还是非国有医院的医务工作人员只要其从事的活动具有商业交易的性质都构成商业贿赂犯罪，如国有医院医务人员接受药品回扣的行为也属于商业贿赂犯罪的范畴。在医药行业医生收受红包的行为屡见不鲜，笔者认为这种行为不构成商业贿赂犯罪，原因在于患者给予医生红包不是为了获取经济利益，而是确保医生能够尽责的为自己治疗，这种行为不具有商业交易的性质。因此，医药行业商业贿赂犯罪是在药品、医疗器械等医用物品交易过程中，医药企业为了获取交易机会，取得竞争优势，给予医疗机构负责人、医务工作人员、医疗耗材采购人员好处或者上述人员向医药生产与经营企业索取好处，中间人为医药企业与医疗机构负责人、医务工作人员、医疗耗材采购人员介绍贿赂的行为。

（六）医药行业商业贿赂犯罪构成

犯罪构成是犯罪成立的标准，研究具体犯罪时必须对其犯罪构成有清晰的认识。我国现行《刑法》没有规定商业贿赂罪这一具体罪名，但可以根据《刑法》与《反不正当竞争法》的相关规定从学理上对商业贿赂犯罪的犯罪构成进行归纳。医药行业商业贿赂犯罪与商业贿赂犯罪是特殊与一般的关系，因此，可以参照商业贿赂犯罪的构成要件总结出医药行业商业贿赂犯罪的犯罪构成。

1. 医药行业商业贿赂犯罪的主体

首先，从商业行贿罪来看，商业行贿罪的主体主要是指经营者。根据《反不正当竞争法》规定，经营者是指从事商品经营或者营利性服务的法人、其他经济组织和个人。学术界对于"经营者"的理解，主要有两种观点，第一种观点从权利能力角度理解，认为经营者必须具有从事市场经营资格并且经过工商管理机关核准登记。这种观点认为经营者必须是具有合法资质的市场主体。第二种观点从行为性质角度理解，认为只要行为人从事市场经营行为，不论是否有合法的市场主体资格，是否经过工商管理机关核准，都属于经营者的范畴，都应在法律的规制范围之内。笔者认为第二种观点更为可取，对于判定一个主体是否为经营者，不应当单纯从表面上看其是否具有市场主体资格并且经过核准登记，而是要从本质上进行判断，看其在市场上从事的行为是否属于经营性行为。根据以上分析，可以对"经营者"界定为在市场活动中从事市场经营的自然人和法人。

其次，从商业受贿罪来看，理论界关于受贿主体范围的争议主要有以下几种观点。第一种观点即广义说，该学说认为，商业贿赂犯罪包括了《刑法》中所有的贿赂犯罪，因此商业受贿罪主体既包括非国家工作人员也包括国家工作人员。第二种观点即狭义说，这种观点认为，商业受贿罪主体仅指公司、企业工作人员。第三种观点以受贿人从事行为的性质为角度，认为商业受贿罪的主体是利用社会权力从事商业交易的市场主体，既包括非国有公司、企业的工作人员，也包括部分国有公司、企业的工作人员。笔者认为第三种观点更为可取，凡是从事商业交易并对市场交易有决定权的人，都可以成为商业受贿罪的主体，既包括非国家工作人员，也包括部分国家工作人员。

最后，从介绍贿赂行为来看，商业贿赂犯罪中介绍贿赂行为的主体只能是自然人，既包括国家工作人员也包括非国家工作人员。由上述分析，可以归纳出医药行业商业贿赂犯罪的主体。从行贿主体看，主要是从事医药经营的医药生产、经营企业及其代理商、经销商等。从受贿主体看，受贿主体既包括非国有医院的领导、医生、采购人员，也包括与商业交易行为有关的国有医院的领导和医务工作人员。从介绍贿赂行为来看，主要是在医疗机构的工作人员与行贿者之间传递信息、牵桥搭线，使贿赂行为得以实现的中间人，既包括非国家工作人员也包括国家工作人员。

2. 医药行业商业贿赂犯罪的客体

学术界对于商业贿赂犯罪客体的争议与商业贿赂犯罪的概念是一脉相承的，主要有以下几种观点：第一种观点认为，商业贿赂犯罪的客体是复杂客体。商业贿赂犯罪是发生在商业交易过程中的犯罪行为，商业贿赂作为一种不正当竞争行为，它必然破坏了公平竞争的市场秩序，是商业贿赂犯罪的主要客体。商业贿赂行为从本质上是一种贿赂行为，实质是权钱交易，因而侵犯了有关人员职务行为的廉洁性，这里的职务行为的廉洁性是社会事务行为所产生的。第二种观点认为，商业贿赂犯罪侵犯的法益是国家对公司、企业或者其他单位的管理秩序。理由主要是我国《刑法》对于商业贿赂犯罪的相关规定分布在妨害对公司、企业的管理秩序罪中，而没有将其规定在扰乱市场秩序罪中。第三种观点认为，商业贿赂犯罪的客体是单一客体，是公司、企业有关人员职务上的廉洁性，理由在于经营者给予受贿方好处与对方所掌握的社会权力进行交易，必然损害了后者职务行为的廉洁性。笔者认为第一种观点更为可取，一方面，商业贿赂行为本质上是权钱交易，只不过这里的权力是指社会权力，必然侵犯了有关人员职务行为的廉洁性。另一方面，商业贿赂是发生在商业交易中的行为，实质上是一种不正当竞争手段，因此侵犯了公平竞争的市场秩序。由上述分析可知，医药行业商业贿赂犯罪所侵犯的客体应当是复杂客体，既侵犯了医疗机构工作人员职务上的廉洁性，又侵犯了医药市场公平竞争的市场秩序，主要客体是医药市场公平竞争的市场秩序。

3. 医药行业商业贿赂犯罪的主观方面

从商业行贿罪分析，行为人明知其采用的手段违反了公平交易的规则，会损害公平竞争的市场秩序以及有关人员职务的廉洁性，仍以不正当手段在市场经营活动中谋取交易机会或竞争优势。该罪的主观目的是获取竞争优势或交易机会，这一目的决定了行为人的行为都向着这一目标努力，即行为人只可能"希望"这种结果发生，而不可能"放任"这种结果的发生。因此，商业行贿罪的主观方面只能是直接故意而不能是间接故意。根据《刑法》规定，成立行贿罪需以"为谋取不正当利益"为成立条件，笔者认为此规定限制了商业行贿罪的成立，致使犯罪的成立范围过窄，不能满足惩治商业贿赂犯罪的需求。不正当利益不应限于非法利益，许多违反行业规定、政策规定、公序良俗的利益都可谓不正当利益。不正当利益不仅包括目的不正当而且包括手段不正当。在司法实践中有些行为人有给予对方财物的行为，但所谋取的并不是不正当利益，只是为了获取该利益或者增加获取该利益的可能性而采取贿赂行为，也即以不正当的程序或手段获得可能的未来正当的利益。从商业受贿罪分析，受贿者在很多情况下，只是为了获得私人利益，对于公平竞争的市场秩序的侵犯，采取的是放任的态度，因此，商业受贿罪既可以由直接故意构成也可以由间接故意构成。商业受贿罪表现为受贿方利用职务上的便利，在商业交易中违反国家法律、法规的规定，索取或者接受对方提供的好处，为其谋取利益的行为。意志因素包括两个方面的内容：一是行为人具有索取或非法接受他人财物的意图；二是行为人具有违反职责，利用职务上的便利的意图。从程度上来讲，索取贿赂的行为具有主动性，行为人在主观上积极追求危害结果的发生，与被动接受贿赂的行为相比具有更强的主观恶性，对社会的危害性也更大。由上述分析可知，医药行业商业贿赂犯罪中的行贿罪只能由直接故意构成，即行为人对结果的发生只能是希望。受贿罪既可以由直接故意构成也可以由间接故意构成。受贿罪表现为受贿人接受行贿方好处和索取对方好处两种行为，且索贿行为具有更大的主观恶性。

4. 医药行业商业贿赂犯罪的客观方面

商业贿赂犯罪是发生在商业交易过程中的犯罪行为，因而，"商业交易"是其客观方面的应有之义，学术界对于商业贿赂内容的争议主要有以下几种不同观点。第一种观点为财物说，该学说认为，贿赂应该严格限定在金钱与物品范围之内。理由在于范围扩大到其他财产利益性和非财产性利益，不但在司法实践中认定会存在困难，而且市场主体在商业交易中的行为会受到更多的干预，阻碍市场经济的正常发展。第二种观点为财产性利益说，该学说认为商业贿赂的内容不应限于金钱、物品，还包括其他可以直接用金钱计算的财产性利益，例如实物招待、免费旅游、免费娱乐等。第三种观点为利益说，该学说认为贿赂的范围不仅指财物还应该包括其他利益，既包含财产性利益也包含非财产性利益。理由在于司法实践中，商业贿赂犯罪的手段多种多样，行贿人既会向对方赠送财物，也会采用非财产性利益向对方行贿，如提供性贿赂。非财产性利益虽然不能直接用金钱量化，但实质上却对职务行为的收买起到了重要作用，甚至相比财产性利益更加有效。我国现行《刑法》关于贿赂范围的规定采用财产性利益说，不包括那些不能用金钱计算其价值的非财产性利益。笔者认为利益说更能满足惩治商业贿赂犯罪的需求，在实践中，行为人用非财产性利益行贿的现象已普遍存在，这种形式的贿赂行为具有更强的腐蚀性，如果采用"财产性利益说"则无法将这种行为纳入《刑法》的规制范围。根据以上分析可知，医药行业商业贿赂犯罪是发生在药品、医疗器械等产品交易过程中的犯罪行为。在实际操作中行贿人既采用财产性利益，如回扣、赞助费、劳务费等，又采用非财产性利益，如性贿赂向医疗机构工作人员行贿。根据"利益说"的观点，这些利益作为医务工作人员职务行为的对价，都对职务行为的收买起到了作用，都应该属于刑法的规制范围。

第三节 医药企业民商事法律风险

一、企业法律风险概述

（一）企业法律风险的定义

认识企业法律风险，首先应当把握风险的概念。风险是无处不在的，既来自自然，也来自社会，但这里所说的风险并非是纯粹自然意义上的风险，而是人类行为和决策意义上的风险。企业风险是个二维概念，一维表示损失的大小，另一维表示损失发生概率的大小。现代风险管理已将"损失"的概念推广至"损失或获利"，当损失值为负时即为获利。

企业法律风险是一个不断发展和完善的概念，对于企业法律风险的内涵、外延及其表现形式，人们有着不同的看法。2004年6月生效的《国有企业法律顾问管理办法》首次提出了企业法律风险的概念，但是其对企业法律风险的内涵并没有做出明确的界定。2006年6月6日国务院国有资产监督管理委员会公布的《中央企业全面风险管理指引》（以下简称《指引》）第三条指出，"企业风险，指未来的不确定性对企业实现其经营目标的影响。企业风险一般可分为战略风险、财务风险、市场风险、运营风险、法律风险等"。可见，法律风险是企业诸多风险中的一种。自《国有企业法律顾问管理办法》首次提出企业法律风险的概念以来，法律风险防范的问题越来越得到企业的普遍关注和重视。但是，至今无论是理论界还是实务界对于企业法律风险的概念依然没有形成统一的见解。

国际律师协会对法律风险的定义是，法律风险是对机构造成损失的风险，其主要原因是：有缺陷的交易；或提出索赔（包括对索赔或反索赔的抗辩）或发生其他事件，导致对机构或其他损失的责任（例如，由于合同终止）；或没有采取适当措施保护机构拥有的资产；或法律改变。

巴塞尔银行监管委员会在《有效银行监管核心原则》中以列举的方式对法律风险下了一个定义，即，法律风险主要表现为因下列情形而引发的风险：①不完善或者不正确的法律意见或者业务文件；②现有法律可能无法解决与银行有关的法律问题；③法院针对特定银行做出的判决；④影响银行和其他商业机构的法律可能发生变化；⑤开拓新业务且交易对手的法律权利不明确。《新巴塞尔资本协议》在前述定义的基础上又做了概括性的说明，指出法律风险意指包括导因于监理措施所产生的罚款、惩罚性赔偿及私下和解等。

一般认为，法律风险是一种商业风险，是指在法律实施过程中，由于行为人做出的具体法律行为不规范而导致的，与企业所期望的目标相违背的法律责任发生的可能性。法律风险的种类包括：经营性损失（收益或利润损失、成本或责任增加等）；民事赔偿、判决或裁决（包括辩护及和解费用）；行政或刑事处罚或制裁；企业资产（包括有形和无形资产）受损；商誉受损；其他损害。

（二）法律风险的特征

与企业的自然风险、商业风险相比，企业的法律风险具有如下特征。

1. 法律风险具有相对的确定性

由于自然风险、商业风险产生的原因分别是不可抗力和市场因素，自然风险、商业风险的产生具有不确定性。与之相反，法律风险的产生具有相对的确定性，这是因为法律风险主要是由于企业违反法律或者是没有及时采取法律手段进行救济导致的。这种确定性是相对的，例如侵犯他人著作权的行为，如果该著作权人追究侵权人的民事责任，该企业就一定会承担民事责任；也可能该著作权人没有追究其侵权责任从而使侵权企业的这种法律风险没有发生。但是这种法律风险的发生是必然的，不发生是偶然的。而自然风险、商业风险的发生正相反。法律风险的相对确定性主要表现在两个方面：一是法律风险的发生具有相对确定性。企业违犯了法律、法规规定，侵犯了他人的合法权利，只要国家机关或被侵权人追究其法律责任，该企业就肯定承担法律责任。二是法律风险给企业带来的经济损失是相对确定的。企业违犯法律进行经营，就会受到行政处罚；企业侵犯了他人的知识产权，应当承担民事责任。法律明文规定了行政处罚和民事责任的幅度和方式。由于法律的可预知性，因此法律风险给当事人带来的损失，当事人是可以事先确定的，即使当事人事先确定的数额与法院最终判决确定的数额有一定的偏差。因此，法律风险从损害结果上也具有确定性特征。

2. 法律风险是可防可控的

自然风险和商业风险虽然也可以通过风险管理，使发生风险的可能性降到最低，但是由于自然风险和商业风险产生的原因是不可抗力和市场因素，因此它不可能从根本上避免风险的发生。而法律风险完全可以从根源上加以防范和控制。只要企业建立了完善的法律风险防控机制，在懂法、守法的基础上从事各种生产经营活动，在他人侵犯自己的合法权利时能够及时拿起法律武器，法律风险的发生基本上是可以得到杜绝的。

3. 法律风险具有损害性

法律风险一旦发生，企业就会遭受严重的经济损失。企业的经济损失分为两种情况：一种是由于企业的违法行为而承担的行政责任、民事责任，甚至是刑事责任。企业承担的行政责任往往是罚款、吊销营业执照。罚款给企业带来直接的经济损失；吊销营业执照会使企业停止经营活动从而影响赢利。企业承担民事责任的方式一般表现为赔偿损失。企业承担刑事责任的方式为主刑由企业的法定代表人承担，附加刑由企业承担。另一种是由于企业主观上认为某种损失不能通过法律途径救济，而忽视了那一方面的权利保护，从而使企业遭受了经济损失。法律风险的损害与企业的其他风险相比，有过之而无不及。

二、医药企业民商事法律风险的主要内容

（一）设立中的法律风险防范

企业设立是指发起人为了企业成立而实施的一系列行为，企业成立的标志是工商部门颁发营业执照。现实中，大部分企业发起人仅仅重视企业设立的结果，不重视企业设立过程中存在的法律风险，从而导致企业不能如期成立或企业成立后出现大量纠纷。企业设立过程中存在的法律风险如下。

1. 医药行业企业组织形态的选择

现实中的医药行业企业经营组织形态可分为个人独资企业、合伙企业、公司制企业。公司制企业又可分为有限责任公司和股份有限公司。企业组织形态不同，反映了不同的企业性质、地位和作用，因此，不同企业组织形态的法律风险及后果不同。

要避免对特定产业、行业领域设立企业组织形态的相关规定不了解而导致的盲目选择企业组织形态。投资者违反法律法规的强制性规定，选择不适当的企业组织形态，可能导致企业设立申请无法获批，造成企业设立成本的增加。为此，投资者应对涉及企业组织形态的相关知识点进行深入了解，在选择企业组织形式时，严格遵守法律法规政策，确保企业形式与法律法规政策相符合。

要避免资金不足却坚持选择不适当的企业组织形态。发起人在资金不足的情况下如果采取违法手段追求较高的组织形态，则面临需要发起人补足出资，缴纳罚款，以及承担虚假出资、虚报注册资本、抽逃出资的行政和刑事责任风险。同时，公司可能面临罚款、撤销登记或吊销营业执照的风险。建议投资者依照法律法规的规定履行出资义务，切忌拖延出资、虚假出资、虚报注册资本、抽逃出资等。可根据资金情况，用变通的形式暂时开展业务，等资金条件成熟时再进行注册变更。

要避免缺乏综合考量而选择不适当的企业组织形态。如果对出资人责任大小、税负、企业组织正式化程度、存续期限、运营成本、股东对企业财产的控制权、股份权益转移自由度等因素缺乏综合考量，容易导致选择不适合企业组织经营发展和发起人利益的企

业形态。建议投资者充分考量发起人的条件及资格，选择合适的企业组织形态；综合考量出资人的出资目的、经营预期和管理能力等因素，以选择适当的企业组织形态。

2. 出资形式

私人出资是医药行业企业的资本来源之一。出资是投资者向企业投入的资本，是企业赖以生存的物质基础，是企业对外承担债务的前提，同时也是权益划分的依据来源。投资者应充分注意出资的法律风险，并加以防范。

要避免出资形式选择不当。出资形式选择不当将导致企业的设立申请不被受理和批准、出资协议无效、向其他债权人承担无限清偿责任或有限补充清偿责任的法律后果。建议投资者在出资前对关于公司设立的法律规定进行全面的了解，或者借助专业机构的帮助，对出资资产进行严格的审核。现金出资要注意资金来源是否合法，外币出资的还要注意汇率折算，以房屋、土地使用权等非货币的出资，要注意及时办理产权转移手续。

要避免出资实际价额显著低于其出资时的评估价额等资产评估不实的情形。出资实际价额显著低于其出资时的评估价额，可能导致评估结果不被有关机关认可、延误企业设立或者最终使企业设立不能等法律风险。建议聘请有资质的机构进行评估、签署有效的作价认可协议。对于投资者而言，在资本认缴制度下，没有必要夸大注册资本，合理控制注册资本数额，减少股东因出资对企业产生的负债。在确定注册资本数额时，要考虑企业发展的实际需要、企业未来为取得某项资质可能需要的注册资本，以及企业与投资者的税务筹划，既不可盲目求大，也不可过于贪小。

要避免虚假出资。虚假出资的法律后果是，虚假出资人要为自己的虚假行为向其他出资人承担违约赔偿责任、向公司承担补缴出资责任及赔偿责任、向公司债权人承担无限清偿责任或有限补充清偿责任等。建议严格遵守验资制度，在公司成立后，要设立专门的账户保障公司资金的安全，并且严格监督资金的流向，防止股东抽逃资金；通过审计确定是否抽逃出资；审计由专业机构和专业人员审查，并由其签名和盖章；建立严格的公司内部管理制度。

要避免以股权、债权出资的法律风险。出资人单纯以其对第三人的债权出资、以对公司的债权出资、用限制的股权出资，容易导致出资无效、债权到期后无法实现、债权价值被不合理估算等风险。出资人以股权出资的，建议确保：①出资的股权由出资人合法持有并依法可以转让；②出资的股权无权利瑕疵或者权利负担；③出资人已履行关于股权转让的法定手续；④出资的股权已依法进行了价值评估。出资人以债权出资的，在法律没有明确规定前，应尽量避免用于新设立的公司。出资人债转股增资的，确保债权应当符合下列情形之一：①债权人已经履行债权对应的合同义务，且不违反法律、行政法规、公司章程的禁止性规定；②经人民法院生效裁判文书或者仲裁机构裁决确认；③公司破产重整或者和解期间，列入经人民法院批准的重整计划或者裁定认可的和解协议。此外，如有可能，要求第三人提供担保。

3. 关于法定代表人

通常而言，法定代表人根据法律、法规和公司章程的规定，以企业名义所从事的行为,即视为企业行为,由企业承担相应法律后果。在某些特殊情况下,由于法定代表人的特殊身份和职责,在一定条件下,可能会就企业的行为承担相应的民事、行政或刑事责任,而这种情况往往是法定代表人违反法律、法规和公司章程规定而产生。但无论是法定代表人本人还是企业均应对法定代表人的法律风险防范有所了解。

要避免法定代表人与法人或法人代表发生概念性混淆。法定代表人是指依法律或法人章程规定代表法人行使职权的负责人。我国法律规定了单一的法定代表人制,一般认为法人的正职行政负责人为其唯一法定代表人。企业法人是指具有民事权利能力和民事行为能力,依法独立享有民事权利和承担民事义务的企业本身。法人代表是指根据法人的内部规定,担任某一职务或由法定代表人指派代表法人对外依法行使民事权利义务的人。作为民事权利主体的法人,其法人代表可以有多个,但均须法定代表人的授权而产生。

要避免轻易挂名法定代表人。实践中,医药行业企业出于种种原因,有的股东或投资人并不愿出任法定代表人,而是以他人的名义担任企业法定代表人。对于企业,一旦挂名法定代表人与实际股东或投资人发生矛盾或争议,整个企业将处于难以控制的风险之中。由于只需签名即发生法律效力,该挂名法定代表人直接以企业名义对外举债或进行担保的后果,将全部由企业承担。对于挂名者,如果实际控制人操纵企业时存在虚假或抽逃出资等行为,或者在诉讼过程中有隐匿、转移资产等违法行为,公司的法定代表人都要面临承担相应的民事赔偿责任的法律后果。因此,股东或投资人借助他人担任法定代表人必须慎重,个人也不要轻易担任他人企业的挂名法定代表人。

要避免法定代表人的越权代表行为。除了法律有强制性规定或者第三人知道外,法定代表人以企业名义做出的代表人行为对企业具有法定约束力,企业必须承担该越权行为带来的不利风险及法律后果。建议强化企业财务负责人对法定代表人的制衡机制,保证财务负责人能事先制止法定代表人超越内部权力机制以企业名义做出的代表行为;实行企业印章分类管理机制,企业印章保管和使用分离,通过印章保管人对印章使用人的监督确保以企业名义做出的行为符合公司利益。

4. 关于企业注册

在企业注册过程中,应注意以下几个容易被忽略但在现实中往往会引起纠纷或给投资者带来意料之外法律风险的问题。

要避免注册地与经营地不一致。实践中,医药行业企业出于经营成本或税收政策的考虑,企业注册地和实际经营地往往不一致,这也容易滋生法律风险,如容易出现债权债务履行地点不明确,遇诉讼事项时,可能涉及管辖法院、法律文书送达等问题。建议变更工商登记,将企业注册地址变更为经营所在地;设立分公司,即在经营所在地以外设立分公司;如涉及税收优惠,流转税可以在经营地缴纳,也可以由总公司汇算清缴,所得税由总公司汇算清缴;注册地址应有文书信函联络人,签收文书信函能够及时转发至企业经营所在地。

要避免超经营范围经营。企业超经营范围经营,轻则面临罚款的行政处罚,重则将被吊销营业执照,失去经营资格;涉及合同的,也可能导致合同无效,无法得到法律保护。每个企业都需要根据其业务来确认其经营范围。确定企业的经营范围时有几点需要注意：

① 在确定经营范围时，不仅要考虑目前的业务与经营活动，也要考虑近期有计划开展或从事的业务与经营活动；

② 不仅要考虑实际从事的业务与经营活动，还要考虑与该等实际业务和经营活动相关的或周边的业务与经营活动；

③ 关于业务经营范围的具体描述，工商登记部门有专门的规范用语，不能随意编写。

要避免出现因企业设立不能而产生的各类债务及责任。由于企业资本没有筹足、未能达到我国法律规定的成立要件、发起人未按期召开设立大会、创立大会做出不设立公司的决议等各种原因，导致企业的设立申请没有被审核批准。这种情况下，医药行业企业发起人要对企业设立行为所产生的债务和费用、应返还认股人的股款及同期利息、过失致企业利益受到损害等事项承担连带责任。建议发起人在签订设立协议的过程中，要尽量完善相关条款，提前做好各项防范。

（二）治理中的法律风险防范

医药企业的治理是一种指导和控制企业的体系，企业治理结构明确了企业的不同参与者之间的权利义务分配。投资者投资成立医药企业，目的是为了投资收益。就企业治理而言，应注意防范以下法律风险。

1. 关于企业设立协议和章程的制定

医药行业企业治理结构设计直接关系到企业成立后运营过程中各股东权利与利益的平衡以及企业利益的维护，因此，需要各投资者在企业设立之前，对企业治理结构予以足够关注，并在企业章程中予以确定，以防范其法律风险，其中最为重要的就是企业设立协议及企业章程。

（1）要避免企业设立协议缺失。

由于出资人之间缺少设立协议的约束，当出资活动出现与出资人预期相悖的情况时，纠纷和诉讼的可能性增加，而且各种不确定的法律风险将一直持续于股东之间。建议出资人坚持签署书面的投资协议，并约定完备的投资协议内容；对小股东而言，还应考虑监督和制衡的特别约定，如约定某股东对公司高管的提议权，由小股东举荐的人担任财务总监或董事会秘书，不但可以清楚企业各项运转情况，而且可以进行最直接有效的制衡。

（2）要避免轻视企业章程。

很多投资者认为企业章程就是市场监管局注册公司要求提供的文件，很多企业章程简单照搬《公司法》的规定或者照搬其他企业的章程，导致章程可操作性弱，发生相关内部纠纷时，章程不能发挥作用。建议严格按照企业的需要设置企业章程，尽量做到：

① 无违反法律强制性规范的内容；

② 企业管理事项有明晰、可操作的规范；

③ 对股东、董事、监事、经理等的权利义务有明确规定；
④ 对企业出现异常状况的事件有明确的可操作性规定；
⑤ 具有符合企业特殊情况的不同规定。

另外，小股东应该利用企业章程确保自己的权益不被侵犯。

（3）要避免设立协议与章程规定不一致。

设立协议与章程规定不一致时，可能导致相关内容没有约束力。设立协议和章程各有不同的约束力，建议如只涉及当事人间的问题，通过协议约束解决；如只涉及企业事项，可通过章程来约束；既涉及当事人间的问题，也与企业运行有关，最好是协议及章程都作规定。另外需要注意的是协议和章程对同一问题规定的侧重点可以有所区别，协议可对违约救济做出明确的规定，而章程可侧重于操作程序。

（4）要避免随意修改企业章程。

建议严格依照法定要求修改企业章程：
① 提出章程修改草案；
② 股东会对拟修改条款进行表决；
③ 拟修改内容涉及需要审批事项时，报政府主管机关批准；
④ 拟修改内容涉及需要登记事项的，报企业登记机关核准；未涉及登记事项的，送企业登记机关备案；
⑤ 拟修改内容需要公告的，依法公告。

对控股股东或大股东而言，修改企业章程具有绝对的优势，没有必要因为程序不合法导致新修改的章程无效或被撤销。

2. 关于股东（大）会、董事会及监事会的设置

企业治理结构是指所有者、经营者和监督者之间通过股东大会（权力机关）、董事会（决策和执行机关）、监事会（监督机关）形成的权责明确、相互制约、协调运转和科学决策的联系。目前，治理结构没有一个优良的标准，在公司法的背景下，应注意防范下列法律风险：

（1）要避免股东会、董事会僵局。

例如股权设置畸形、企业章程中设置了过高的表决比例要求，导致股东会无法形成决议，从而形成股东会僵局，最终导致企业无法正常运转。建议充分利用企业章程，设立避免股东会或董事会僵局的机制以及出现僵局后的解决机制。

（2）要避免会议召开瑕疵。

因会议通知方式、程序、内容不当或出席人数比例不当等原因，导致会议召开不能或无效，致使股东的权益可能受到损害。建议充分发挥章程的"自治"作用，在章程里规定会议通知的主体、方式、内容等；为了确保会议的决策符合大多数股东的利益，同时防止因人数不足导致会议无法召开，以及若干会议同时召开等情况的发生，应在章程中规定会议最低出席人数，以及人数不足时的补救方法。

（3）要避免会议决议瑕疵。

无法形成决议、形成决议的程序不合法、决议形式不合法等可能导致决议无效、不

成立或被撤销。建议股东会企业章程应详细规定表决时间、表决方式、表决标准（按人还是按资）、未按规定表决的法律后果等。此外，对在瑕疵出现后如何补救的问题，应有所了解，如通知程序上的瑕疵，可通过事后取得该部分股东的同意予以补救；会议召集程序存在瑕疵，可因全体应到会成员出席而予以补救；通过章程的法定修改方式弥补之前决议违反章程的瑕疵等。

（4）要避免股东权益受损。

控股股东利用控股地位，滥用权力，藐视中小股东，损害小股东利益，或以自己的意志取代公司的意志，拒绝为中小股东分配利润，导致公司因此陷入僵局，或被小股东诉请司法解散。建议股东充分利用章程"自治"原则，如规定当控股股东侵害公司利益时，赋予任一股东直接代为提起赔偿之诉的权利，或赋予异议股东回购请求权等。

（5）要避免董事履行职务瑕疵。

董事违反忠实义务，利用职务上的优势和信息获取经济上的优势或其他优势地位，为自身谋利，损害其他股东或公司利益，这是一种违法行为，容易引起其他股东猜忌从而影响公司发展。建议对董事的此种行为采取事先和事后两种救济方式：一是在违法行为发生前行使阻却请求权；二是行为发生后要求公司对董事提起诉讼或股东直接提起诉讼，请求赔偿公司损失。

（6）要避免监事会无法履行监督职能。

监事会成员达不到法定人数或董事、高级管理人员兼任监事，使监事会决议归于无效。建议严格筛查拟任职人员，确保符合条件的人员纳入监事会。

（三）合同履行过程中的法律风险防范

合同的履行，指的是合同约定义务的执行。合同主体在履行合同过程中，应当遵守一些合同履行的基本规则，涉及履行主体、履行标的和期限、履行地点和方式、合同履行中的第三人、合同履行不能抗辩权、补充协议等。

1. 要避免履行合同义务违约

依法成立的合同受法律保护，企业和客户之间订立的合同如果不存在违反法律、行政法规的强制性规定、损害社会公共利益等情形，即为受法律保护的有效合同，双方有义务严格遵循约定，全面履行合同义务。无论是单位改变名称、企业股权易手，还是法定代表人、负责人、经办人变更，都不能成为不履行合同的理由，这也是维系企业商业信誉的重要保证。

2. 要避免选择不当的合同纠纷解决方式

经济形势的变化往往导致货物市场价格发生剧烈波动，建议不要轻易选择主动违约、解除合同或者提起诉讼等方式解决，与客户平等协商、寻找双方都能接受的解决方案更加有利于减少损失。即便是在诉讼程序中，接受法院主持下的调解将也更加有助于企业利益的保护，不主动寻求和解而一味等待裁决不一定最符合企业利益。

3. 要避免不当的合同结算方式

在确定付款方式时，无论是付款方还是收款方，除了金额较小的交易外，尽量通过银行结算，现金结算可能会带来不必要的麻烦。

4. 要避免验收货物不及时而错过异议期

购进货物是企业经营的日常业务，需要注意及时验收货物，发现货物不符合合同约定的，务必在法律规定或者合同约定的期限内尽快以书面方式向对方明确提出异议。不必要的拖延耽搁，将可能导致丧失索赔权。

5. 要避免泄露商业秘密

在磋商、履行合同过程中，经常不可避免地接触到交易伙伴的商业信息甚至是商业秘密，在磋商、履行合同乃至履行完毕后务必不要泄露或者使用这些信息，否则将可能承担相应责任。

6. 要避免错失行使不安抗辩权的时机

在合同履行过程中，如果有确切证据证明对方经营状况严重恶化、转移财产或者抽逃资金以逃避债务、丧失商业信誉、有丧失或者可能丧失履行债务能力的其他情形的，可以及时通知对方中止履行依照合同约定应当先履行的义务，等待对方提供适当担保。中止履行后，对方在合理期限内未恢复履行能力并且未提供适当担保的，可以解除合同。

7. 要避免超期提出解除合同的异议

一旦客户通知企业解除合同，而企业对此存在异议，如果合同中约定了异议期限，则务必在约定期限内向对方以书面方式提出。如果在约定期限届满后才提出异议并向法院起诉的，法院将无法支持；如果合同中没有约定异议期间，务必在解除合同通知到达之日起三个月内向法院起诉，否则法院将不能支持对合同解除的异议。

8. 合同相对方违约时及时采取措施

要避免因合同相对方违约时，己方不采取措施而造成损失扩大。如果合同相对方违约，不管是什么理由，都应该及时采取措施，防止损失扩大，由此产生的合理费用将由违约方承担。如果消极对待、放任损失的扩大，对于扩大的损失法院将无法予以保护。

9. 要避免权利超出诉讼时效

合同相对方拖欠货款现象在企业经营过程中时有发生，注意法律关于诉讼时效的规定，向法院请求保护民事权利的诉讼时效期间一般为三年。为了保护己方的权利不因时间流逝而丧失，可以在诉讼时效期间届满前以向对方发送信件或者数据电文等可以证明主张权利的有效方式进行处理，信件中务必要有催请尽快支付拖欠货款的内容。

（四）合同纠纷解决过程中的法律风险防范

在合同履行过程中发生纠纷而协商不成时，就要考虑用法律手段来维护自己的权益。诉讼作为一种维权手段，其中蕴涵着众多的因素，像如何顺延诉讼时效、怎样选择最佳的诉讼期、诉讼之前要做好哪些准备工作等等，都会影响诉讼的结果。而且，再成功的诉讼如果没有进行财产保全也会导致胜诉却无法执行，也不能算是完美的诉讼。所以，企业用诉讼手段来维权时，一定要及时准确。

　　同时，也要注意不要盲目选择救济途径。通过诉讼途径解决债务纠纷虽然具有效力强、权威高的优点，但确也存在成本高、时间长等缺点。在集团公司及下属公司遇到债务纠纷时，如果灵活选取和运用其他的法律规则，可一定程度避免上述问题，从而控制成本、提高效率、降低风险，具体来讲可以采用以下规则：①灵活约定仲裁：在合同签定时，如果面临标的大、对方履约诚信差以及地方保护主义严重等情形时，一般可以采用仲裁的方式，仲裁具有的专业性、灵活性、保密性、快捷性、经济性、独立性的特点以及一裁终局的属性，就可以使我们减少成本、缩短时间、提高效率，减少诉讼带来的麻烦。②适当采用公证：在合同签定时，也可以通过当地公证处进行公证，公证书具有比其他单位和个人提供的证明文件更高的证据能力，除有提交证据足以推翻以外，司法机关和仲裁机关可以直接作为认定事实的根据。对于经过公证的合同，在一方违约时，由于公证具有强制执行的效力，对于不履约的经过公证的合同，可以提交法院申请强制执行。③巧妙选取代理：在异地诉讼的时候，由于存在个别地方保护主义的干扰，对方当事人具有"主场优势"，因此为了保证诉讼取得良好的效果，在必要的时候选取一定的代理机构，对于债务的解决也具有润滑和加持的作用。但是代理的方式对于当事人来说可以灵活选取，如可以打包一并代理，也可以分拆部分代理，通过这种灵活处理，可以有效地节约费用、降低成本。④适时申请支付令：当双方是金钱债务纠纷，并且在债权债务关系清晰的情况下，债权人通过向法院申请支付令，由法院向对方当事人发送支付令，在规定时期不履行时，可通过法院强制执行。缺点是一旦对方提出异议，就要进入普通诉讼程序，所以具有不确定的因素。

（五）物权保护方面的法律风险防范指引

　　物权是经济发展的基础，是交换的前提，是人生存发展的物质保障。同理，医药行业企业要生存发展，非常重要的一点，就是必须要重视保护自己的物权。针对医药行业企业物权保护法律风险防范做以下提示：

　　1）企业通过改制、买卖、共有物的分割、投资等方式取得土地、房屋等不动产，法律规定应当办理登记的，应及时办理不动产物权登记，取得不动产权属证书。切勿为不正当目的而与他人达成不办理不动产转移登记的"内部协议"，这种协议既不受法律保护，也可能给企业带来很大的风险。

　　2）企业的动产权利凭证应当妥善保管。通过买卖、共有物的分割、融资租赁、投资等方式取得的动产，应当及时办理交付手续，实际占有动产。对于法律规定需要办理登记的船舶、航空器、机动车等特殊动产，应当及时办理变更登记，以避免发生权属争议的风险。

　　3）如果企业购买不动产或接受他人以不动产的投资，应当仔细审查不动产权属是否清晰、有无争议、不动产上是否存在担保物权等其他物权。可以要求不动产所有人协助企业到登记机关查询不动产的权属状况，对于交易金额较大的不动产，还可以委托律师就不动产权属是否清晰、是否涉诉、是否设立担保物权进行调查。受让权属不清、有争议或者设立有其他物上权利的不动产可能会让企业陷入纠纷，带来财产损失。

4）对于无规划行政部门、建设行政部门核准审批建造的房屋（除历史形成的合法建筑外），通常属于违法建筑。租赁或受让违法建筑，既可能面临该建筑物被拆除而无法获得补偿的风险，也要承担违法建筑因建筑质量安全、消防安全引发的人身伤亡、财产损失的巨大风险，企业务必慎重。

5）企业通过买卖、以物抵债等方式受让他人的土地使用权、房屋时，应审查是否为集体土地使用权、是否为在集体土地修建对外出售的房屋（俗称小产权房）。除法律另有规定外，企业与他人签署的有关受让集体土地使用权、买卖小产权房或以物抵债协议均无法得到法律保护。

6）如果企业以按揭方式购买商品房时，预告登记可以保障买受人将来取得物权，建议向登记机关申请预告登记。但应该清楚预告登记并不直接具有排他的物权效力，应在能够进行不动产登记之日起三个月内向登记机关办理所有权登记；否则，如他人在该房屋或其他不动产上设定了所有权或担保物权，企业将无法取得协议约定的不动产。

7）如果企业的业务需要对方提供抵押担保，建议在签署抵押合同时立即与客户到相关部门办理登记手续。仅有抵押合同而未办理抵押登记，将可能导致不享有抵押权或者抵押权不能对抗他人在抵押物上设定的权利。不必要的拖延和耽搁将可能使权利劣后于在这之前办理抵押登记手续的其他债权人。同时，请务必在主债权诉讼时效期间届满前行使抵押权，否则抵押权可能得不到人民法院的保护。

8）如果企业的业务需要对方提供质押担保的，建议在签署合同时立即与客户办理质押担保物或者权利凭证的交接手续。仅仅签署质押合同而没有实际占有质押物的，法院将无法保护实现质押权的请求。如果客户以可以转让的股权或商标专用权、著作权中的财产权出质的，建议在签署合同时立即向证券登记机构或相应知识产权管理部门办理出质登记。

9）对于债务人到期未履行债务，如果企业是抵押权人、质权人、留置权人，可以到担保财产所在地或者担保物权登记地的基层人民法院通过实现担保物权特别程序，高效维护企业的合法利益。

三、医药企业投资法律风险防控

（一）企业投资法律风险的理论分析

"风险"意味着"可能发生的危险"，具有潜在性。按照投资理论，投资是一定经济主体为了获取预期的不确定的经济利益而将现期的一定收入通过特定的方式转化为投资资本的行为和过程。企业投资是企业存在的基本形式，也是企业生存和发展的前提条件，主要包括企业设立时的投资和企业发展过程中的投资。在法律体系框架下，企业的投资行为如何选择、是否符合法律的要求，对于能否实现企业的发展目标影响极大，而且时刻也伴随着法律风险。因此，所谓的企业投资的法律风险也就是指投资人依法对企业投资时所存在的基于法律责任承担带来的危险。

（二）企业投资法律风险的类型

1. 投资的规范风险

市场经济是法治经济，企业投资行为方方面面都将受到法律的约束。投资违法风险，主要就是企业投资行为违反法律、法规的强制性规范可能带来的现实或者潜在的直接或者间接的损失。投资违法风险的范围非常广泛，主要涉及投资对象违法风险、投资方式违法风险、投资违反垄断法律规范等。

（1）投资对象违法。

为了保护国家经济安全和维护市场秩序和社会公共利益的需要，绝大多数国家或者地区都在不同性质的投资主体可以进行投资的对象范围上设定了一定的限制，如果投资主体突破这些限制，就需要承担法律责任。比如，我国现行法律对企业投资对象的限制主要有以下三种：

一是一般限制，此类规定是对所有或者大多数企业都适用的限制。如《公司法》第十五条规定，公司可以向其他企业投资；但是，除法律另有规定外，不得成为对所投资企业的债务承担连带责任的出资人。也就是说，公司不得向非公司性质的普通合伙企业投资，也不能以普通合伙人的身份向有限合伙企业投资。

二是对特殊类别企业投资对象的限制。比如对非国有民间资本投资领域的限制，截至目前，我国对民间资本准入领域的限制仍比较多，如电信等垄断行业仍然对民间资本大门紧闭。

三是对跨国投资领域的限制。一方面是我国法律法规对国内企业在国外市场投资领域的限制，另一方面是投资目的地国家或者地区对外来投资领域范围的限制。

（2）投资方式违法。

投资方式违法主要包括出资标的违法、资本投资途径违法、资本投入程序违法三种。

1）出资标的违法。目前不可以作为出资标的的财产主要涉及两类：第一，不能依法转让的财产权利，主要包括土地所有权、集体土地使用权、划拨土地的使用权等；第二，法律法规明确规定不能作为出资标的的财产。根据现行《公司登记管理条例》的规定，劳务、信用、自然人姓名、商誉、特许经营权以及设立担保的财产，都不能作为出资标的。

2）资本投资途径违法。根据我国现行法律，企业投资途径主要有成为公司的股东、成为合伙企业的合伙人、成为债券或者其他有价证券持有人等。资本投入途径违法风险，主要表现为投资人试图成为公司股东、合伙人、债券持有人等的过程中违反法律强制性规定的风险。

3）资本投入程序违法。《公司法》《合伙企业法》等对公司、合伙的设立、股份转让等都做了程序上的规定，例如《公司法》规定，有限公司股东向外人转让股份的应当经其他股东过半数同意，并且规定在同等条件下原有股东有优先受让权。如果企业在投资过程中违反了这些规定，将有可能导致投资行为无效的法律后果。对于购买股权、实施并购等间接投资，金融证券相关法律规定对投资程序的规定更加细密，投资人如果违法这些规定，将承担法律上的不利后果。

（3）违反反垄断法律法规。

我国《反垄断法》认定的垄断行为主要有三种：一是经营者达成垄断协议；二是经营者滥用市场支配地位；三是具有或者可能具有排除、限制竞争效果的经营者集中。其中，"经营者集中"又包括以下三种情形：经营者合并、经营者通过取得股权或者资产的方式取得对其他经营者的控制权、经营者通过合同等方式取得对其他经营者的控制权或者能够对其他经营者施加决定性的影响。如果投资行为属于上述第一种或者第三种情形，则可能导致交易无效。

与国内投资相比，违反垄断法律法规风险更有可能出现在跨国并购投资中。能够进行跨国并购的投资人一般在本行业中都具有一定影响，东道国为了保护本国的相关产业，防止外资通过并购控制本国市场、破坏原有的竞争秩序，一般都对外来投资并购设置了严格的特别反垄断审查制度。反垄断审查程序通常包括"界定相关市场""评价并购是否产生反竞争效果"等。这些程序不仅烦琐，而且耗时长，投资人为了应付审查，需要花费高额成本，如果事先未充分论证，导致不能通过审查，就要承担高额损失。

2. 法律规范的不确定性以及变动的风险

法律法规的不确定性，不仅仅是指法律法规本身的模糊不清晰，更是指投资人在投资决策时对既定相关事实法律适用判断的不确定性。随着信息技术飞速发展带来的市场交易的复杂话，以及处于保护国家经济安全和本国投资人利益的需要，公权力越来越频繁地通过调整法律法规措施干预市场，投资人不得不采取积极的防范措施来应对法律可能随时变动带来的不确定。最常见的法律法规变动风险表现在跨国投资领域，主要包括主权风险、国有化政策变动风险、土地、税收等政策变动风险以及政府违约风险。

3. 合同效力存在瑕疵所带来的法律风险

所谓的合同效力瑕疵主要包括合同无效、合同效力待定以及合同可变更、可撤销等。导致合同效力存在瑕疵的情况一般涉及缔约主体瑕疵、缔约过程瑕疵以及合同形式存在瑕疵等三个方面。

（1）缔约主体瑕疵。

一是缔约人不具备完全的缔约能力。《合同法》第九条规定，当事人订立合同，应当具有相应的民事权利能力和民事行为能力。二是缔约人不是权利所有人，即缔约对象错误，这将涉及无权处分等情形。三是缔约对方的分支机构缺乏完整的缔约代理权。

（2）缔约过程瑕疵。

一是导致合同无效的情形：一方以欺诈、胁迫的手段订立合同，损害国家利益；恶意串通，损害国家、集体或者第三人利益；以合法形式掩盖非法目的；损害社会公共利益；违反法律、行政法规的强制性规定。

二是导致合同可变更、可撤销的情形：因重大误解订立的；在订立合同时显失公平的；一方以欺诈、胁迫的手段或者乘人之危，使对方在违背真实意思的情况下订立的合同。

因此，如果投资人在缔约过程中存在上述情形的，缔约相对方可以向法院申请变更或者撤销合同，并可以要求投资人承担缔约过失责任。

（3）合同形式瑕疵。

一是书面形式缺乏。根据《合同法》第十条规定，当事人订立合同，有书面形式、口头形式和其他形式。法律、行政法规规定采用书面形式的，应当采用书面形式。当事人约定采用书面形式的，应当采用书面形式。实践中，现行法律法规要求采用书面形式的主要有：投资人作为出租人的融资租赁合同、投资人是借款人的借款合同、投资行为涉及的技术开发或者技术转让合同、与投资有关的土地使用权流转合同等。书面合同除了要求有某种书面文字作为凭据，此外还需要缔约人或者其代理人进行签字或者盖章。

二是登记、审批等程序的缺乏。《合同法》第四十四条规定，依法成立的合同，自成立时生效。法律、行政法规规定应当办理批准、登记等手续生效的，依照其规定。当前，我国企业投资合同需要办理登记、审批的主要是涉及对外投资项目。

4. 合同存有漏洞所具有的法律风险

所谓合同漏洞法律风险，是指因投资人疏忽大意导致合同条款存在漏洞，从而使自己的合法权益难以得到充分保护。不利于投资人的合同漏洞有很多，在实践中主要表现在以下几个方面。

（1）合作方存在"虚假出资"。

实践中，最常见的"虚假出资"是非货币财产出资不实，《公司法》第三十条规定，有限责任公司成立后，发现作为设立公司出资的非货币财产的实际价额显著低于公司章程所定价额的，应当由交付该出资的股东补足其差额；公司设立时的其他股东承担连带责任。除了非货币出资不实以外，常见的虚假出资还有以虚构的资产出资、以他人的财产进行出资、隐名出资等。尽管公司法并没有要求出资人对合伙方的这些"虚假出资"行为承担连带责任，但是如果因合作方不能补足出资，合营公司将有可能面临被解算的风险，从而损害投资人的利益。

（2）合作方以知识产权出资的风险。

以知识产权出资的风险主要有：知识产权权利瑕疵，如作为出资的知识产权不具有合法性，权属存在争议等；知识产权逾期，专利权和商标权都是有期限限制，如果权利超过保护期限，其实际价值将会大打折扣；出资后的知识产权被转移，如果合作协议投资没有约定知识产权出资后不得在进行转让，没有约定知识产权出资人的保密义务，对方就有可能利用合同漏洞为自身谋取不当利益，损害非知识产权投资人的利益。

（3）以一人公司形式投资的法律风险。

第一，一人有限公司独立法人地位被否定的法律风险。《公司法》第二十条规定，公司股东滥用公司法人独立地位和股东有限责任，逃避债务，严重损害公司债权人利益的，应当对公司债务承担连带责任。一人公司独立法人地位被否定的常见形式是其缺乏独立性。

第二，一人公司不能证明其财产独立性的法律风险。《公司法》第六十四条规定，一人有限责任公司的股东不能证明公司财产独立于股东自己的财产的，应当对公司债务承担连带责任。

(4)"抽逃出资"带来的法律风险。

所谓的抽逃出资是指股东在公司成立后将其所缴纳的出资暗中抽回的行为。有学者认为抽逃出资的行为是一种违反出资义务的独立形态。但笔者认为,实际上抽逃出资是一种典型的侵犯公司财产权的行为,对债权人构成了欺诈;《公司法》明文规定,公司成立后,股东不得抽逃出资。

(5)并购投资的法律风险。

并购投资中合同存在的漏洞主要是由于交易双方的信息不对称所导致,即与投资人相比,被并购方对企业财产状况、债权债务状况、经营状况等方面享有明显的资讯优势,被并购企业极有可能会隐瞒对自身不利的信息,反而夸大甚至杜撰对自己有利的信息。此外,由于被收购对象存在多种生产要素,多重法律关系错综复杂,并购投资人很难在有限的缔约时间内彻底弄清被收购方的真实状况、债务风险分担等,容易陷入对方的"收购陷阱",从而给投资人造成巨大的损失。

5. 投资者疏于保护自身权利的法律风险

投资者疏于保护自身权利的法律风险,指的是投资人在自身合法权利被侵犯后未积极采取法律行动予以维护,从而导致利益受损。实践中常见的此类风险主要包括以下三种:

1)投资人怠于行使股东权利。实践中,有的投资人不参与投资项目的实际执行,股东的权利形同虚设,导致投资对象企业被个别股东、经理人所控制,为他们谋取自身利益打开方便之门,从而损害公司和投资人的利益。

2)投资人怠于行使诉权。任何诉权的行使都是有期限限制的,也就是所谓的法律并不保护躺在权利上睡觉的人。如果投资人在知道或者应当知道自身权利被侵犯后没有在法定期限内提起诉讼进行维权,其权利将面临得不到法律保护的风险。

3)投资人怠于行使合同权利。考虑到诉讼维权成本高,并具有不确定性,投资人有时会在投资合同中约定一些对抗行为条款,即合作方违约,自己可以采取相应的行为减少自身的损失。比如,投资人可以选择分批支付投资,如合同方存在实质违约行为,投资人可不履行后续出资义务,但是如投资人怠于行使合同约定的这些对抗权的,投资人的自身利益也将面临损失。

(三)企业投资法律风险的防范与控制

为了有效地控制企业投资风险,企业可以从以下几个方面入手。

1. 建立高质量的投资法律风险监督防范职能部门

通过建立投资法律风险监督防范职能部门(法务部)是有效的预防和控制企业投资法律风险的重要途径。当然监控主体的质量也可以直接影响到监控的效果;一般来说,高质量的投资法律风险监控防范职能部门应当包括以下因素:

(1)法律顾问具备良好素质。

在欧美发达国家,企业对法律顾问的要求非常严格,大多数受过良好的高等教育,很多公司要求法律顾问必须取得博士或者硕士学位,他们不仅精通法律,而且常常掌握几门外语。与国外相比，当前我国的企业法律工作者的素质普遍不高；有些企业的法律顾问，不仅没有良好的综合知识素养，甚至连法律专业知识也存在欠缺；更为甚者，一些中小企业并没有专职的法律机构和人员，只是在有需要时才向律师事务所或者律师朋友进行咨询。

针对上述问题，企业应把加强法律顾问队伍建设、提高法律顾问综合素质的任务作为防范投资法律风险的重中之重，一方面企业要严格法律顾问聘任的程序和条件，为公司注入新鲜血液；另一方面，要做好现有法律顾问的履职培训，不仅需要加强法律专业知识素养的培训，还要培训企业管理、金融证券、外语、计算机等方面的知识，争取让每一位法律顾问都能够成为一名复合型人才。

（2）增加法律部门的履行职权。

在发达国家，企业法律部门拥有很高的职权，大型企业中普遍设立总法律顾问职务，总法律顾问属于企业的高管之一，直接对董事会和 CEO 负责，其职权非常广泛。而我国企业法律部门的职权普遍薄弱，法律部门很难进入决策核心，很多企业把法律部门仅仅当作"灭火器"，只有具体出现法律纠纷时才想到它，有些企业高管甚至认为法律顾问不仅不能为企业创造效益，反而会使经营管理变得烦琐复杂、增加管理费用、降低经营效率。有职无权是当前我国企业法律人员难以发挥应有效益的另一个重要原因，提高法律部门的履行职权，是当前企业防范投资法律风险亟须解决的另一个问题。

（3）科学的组织结构。

企业法律部门有效履职还需要自身有一个科学的组织结构，发达国家的法律机构主要有三种模式：一是集中模式，二是分散模式，三是混合模式。这三种模式各有优势和缺陷，企业在具体选择通常需要考虑以下因素：企业的规模、法律事务的特点和复杂程度等。

一般来说，大型企业多选择混合模式，即由总法律顾问领导一个独立的法律工作部门，在部门内部实行业务分工，具体负责企业不同的经营部门或者不同的法律事务类别。混合模式能够提高法律部门职权，增强防范投资法律风险的决策效率，缺点是组织成本较高，因此，中小企业可以考虑分散模式，同时加强不同业务领域法律顾问的沟通与协调。

2. 提高投资决策执行人员的法律素质，有效的利益诱导

作为投资决策执行者应当具备履行职责所需要的法律知识和素养，因此，加强对他们的法律素质培训，提高他们的法律风险防范意识和防范水平尤为重要。要将投资决策执行人防范法律风险的成效与其利益直接挂钩，让他们切实感受到无法律风险投资决策执行对自己的利益。利益诱导的方式是多种多样的，比如将重大投资决策权收归企业高管，通过股权激励措施将决策人利益与企业利益统一起来。当然除了物质奖励，晋升激励甚至精神激励也是行之有效的利益诱导方式。

3. 适时对投资决策执行行为进行事后评估

通过事后评估，可以及时发现可能存在的问题并予以纠正。尽管投资人个人利益与企业利益相辅相成，但是由于个人固有的心理性格弱点及其局限性，难免会存在不当行

为，因此，企业有必要建立完整科学的事后评估机制，对投资决策执行行为及时进行评估，如发现投资行为存在违法或者有不当的，应当通过公正程序对具体的负责人进行处罚。当然，处罚要让被处罚人心服口服，不能损伤他们对企业的认同感。

4. 高度关注经济法律与政策动向，采取相应的应对措施

在经济实践中，经济活动是动态的，并具有明显的周期性和阶段性，相比而言，经济法律是处于相对稳定的状态，一方面，经济法律应随着经济的发展、政策的变化而做相应的调整；另一方面，经济法律具有相对滞后性，在旧法没有被修改或者废除，新法还未出台的情况下，经济领域会出现介于合法与非法的灰色地带，在此种情况下，经济选择从而具有了不确定性，相关的投资行为也具有法律上的不确定性特征。为此，企业投资者必须高度关注经济法律与政策的变动，预测到未来法律调整所可能给自己带来的法律风险，并提前考虑新法颁布后自身投资行为的调整性措施，从而避免不必要的损失或者将损失降低到最低。

四、医药企业诉讼法律风险防范指引

（一）民事诉讼中的法律风险防范

民事诉讼是一个复杂的概念，涉及起诉、应诉、举证、代理、回避、诉讼时效、管辖等。在企业的各类诉讼中，与企业日常运营活动关系最为密切，导致企业承担不利诉讼后果风险最多的也是民事诉讼。

1. 起诉与受理

民事诉讼中的起诉，是指公民、法人及其他民事主体在认为自己的民事权益受到侵害或者与其他民事主体发生争议时，向法院提出诉讼请求，要求获得法院的司法救济，请求法院依法做出裁判的行为。起诉必须符合以下条件：原告是与本案有直接利害关系的公民、法人或其他组织；有明确的被告；有具体的诉讼请求和事实、理由；属于人民法院主管范围和受诉人民法院管辖。

受理是指人民法院对公民、法人或者其他组织的起诉进行审查后，对符合法律规定的起诉条件的案件决定立案审理，从而引起诉讼程序开始的诉讼行为。

在起诉和法院受理阶段，企业应注意防范以下风险：①避免起诉不符合法定条件。此种情况下的起诉，人民法院不会受理，即使受理也会驳回起诉。②避免诉讼请求不适当。此种情况下，可能无法获得法院的支持或因诉讼标的额而多付诉讼费用。③避免逾期变更诉讼请求。当事人增加、变更诉讼请求或者提出反诉，超过人民法院许可的期限或者法定期限的，人民法院不予审理。④避免超诉讼时效。当事人在诉讼时效届满后提起诉讼的，如果其没有合理理由，其诉讼请求得不到支持。⑤避免诉讼主体不适格。在审判程序开始之后，法院发现当事人不适格的，会裁定驳回起诉。⑥避免逾期交纳诉讼费。当事人起诉，不按时预交诉讼费，或者提出缓交、减交、免交诉讼费用未获批准，但仍不交纳诉讼费用的，法院将会裁定按自动撤回起诉处理；当事人提出反诉，不按规定预交相应的案件受理费，法院将不会审理。

2. 应诉与答辩

企业接到了法院的应诉通知书，就说明已经涉诉，企业应该按照法律规定和法院要求积极应诉，同时运用法律武器来维护自己的合法权益。

合理的应诉活动包括以下几个方面：①签收法院送达的各种诉讼文书；②企业委托代理人代为诉讼；③提交答辩状；④收集、提交证据；⑤按时参加庭审；⑥裁判文书出来以后，如果不服，在指定的期限内上诉或申请再审。

答辩就是针对原告或者上诉人的诉讼（上诉）请求及其所依据的事实与理由进行反驳与辩解。答辩内容要尊重案件事实、要有鲜明的针对性、要紧扣争议的焦点、要科学地运用反驳和立论的方法。

在应诉与答辩阶段，企业应注意防范以下风险：①避免超期提出管辖权异议。提出管辖权异议的期限是自收到起诉状副本之日起十五日内，未按时提出的，人民法院不予处理。②避免超期提出反诉。被告提起反诉的，最好在举证期限届满前提出；超期提出，人民法院不予受理的，可以另行起诉。③证据的提供。当事人应当在举证期限内向人民法院提交证据材料，在举证期限内提交证据材料确有困难的，应当在举证期限内向人民法院申请延期举证，经人民法院准许的，可以适当延长举证期限。在延期的举证期限内提交证据材料仍有困难的，可以再次提出延期申请，是否准许由人民法院决定。④申请延期审理。被告企业及其法定代表人有延期审理的理由，应当向法院提交申请。可以延期审理的情形包括：一是必须到庭的当事人和其他诉讼参与人有正当理由没有到庭的；二是当事人临时提出回避申请的；三是需要通知新的证人出庭，调取新的证据，重新鉴定、勘验或者需要补充调查的；四是其他应当延期的情形。

3. 诉讼保全

诉讼保全是指法院审理案件时，在做出判决前，为防止当事人转移、隐匿、变卖财产，依职权或依当事人申请对财产做出的保护措施，以保证将来判决生效后能得到顺利进行。具体措施一般包括查封、扣押、冻结。在诉讼保全阶段，企业应注意防范以下风险：①避免保全后不起诉。采取诉前财产保全后，未在法定期限内提起诉讼，或在保全后申请撤诉，被诉企业可能因此转移财产。企业如果确定不起诉，必须与债务人落实还款计划及有效的担保措施。在人民法院解除财产保全措施后，仍要继续加强对债务人财产的监控，防范债务人拖延时间，转移财产逃债，一旦出现不利情况，应立即起诉，并申请采取诉讼中的财产保全措施。②避免保全措施不当。针对不同的被保全财产，采取相应的财产保全措施。财产保全措施包括查封、扣押、冻结以及法律规定的其他方式。债权人在申请财产保全措施时，应针对动产或不动产等具体财产的性质、属性等，采取相应的保全措施。③避免超标的查封。保全申请人申请保全财产数额较诉讼请求数额过多，可能不被受理或因此给被申请人造成不必要的损失，须承担赔偿责任。④避免续封不及时。原财产保全查封到期后，企业没有及时申请续查封，极易致使原查封财产流失。

4. 庭审

开庭审理，是案件审判的中心环节。为了有效地准备或者进行诉讼，企业应当了解开庭审理的主要过程。开庭审理大致分成庭前准备、法庭调查、法庭辩论和评议、宣判等几个阶段。企业在参加庭审的过程中，要注意防范以下风险：①避免忽视申请司法人员回避权。在参加民事诉讼的过程中，如发现司法人员与案件或案件的当事人有某种特殊的关系，应及时申请相关人员回避。②避免证人不到庭作证。提供证人证言的，证人需亲自出庭作证，否则会导致证言效力降低，甚至不被法院采信的后果。③避免原告不到庭。原告经传票传唤，无正当理由拒不到庭，人民法院将按自动撤回起诉处理。④缺席审理。被告无正当理由未到庭或未经法庭许可中途退庭的，法院将缺席审理，缺席者丧失申辩、质证和发表自己意见的机会。

5. 上诉

上诉是当事人的诉讼权利，这是我国审级制度决定的。当事人行使上诉权，依照法律规定必须具备以下条件：第一，提起上诉必须是享有上诉权或可依法行使上诉权的人；第二，提起上诉的对象必须是依法允许上诉的判决或裁定；第三，必须在法定期限内提起上诉；第四，必须递交上诉状。上述四个条件须同时具备。企业决定提起上诉后，应注意以下事项：①上诉时间。对一审判决、裁定不服的，可在法定期间内向上一级法院提起上诉；逾期不上诉的，则一审判决、裁定发生法律效力，将承担丧失上诉权的风险。②撤回上诉。上诉人在上诉后因其他原因撤回上诉，法律后果是一审人民法院的判决或裁定发生法律效力和当事人丧失对本案的上诉权。建议在撤回上诉前应考虑各种可能，确因双方协商一致的，可以要求法院出具调解书。

（二）在商事仲裁中的法律风险防范

为了适应现代社会及时合理解决民事纠纷的需求，我国建立了多元化的民事纠纷解决机制，其中包括和解、调解、仲裁（这里所述仲裁仅指商事仲裁）及民事诉讼。

仲裁是指纠纷当事人在自愿的基础上达成协议，将纠纷提交非司法机构的第三者审理，第三者就纠纷居中评判是非，并做出对争议各方均有约束力的裁决的一种纠纷解决制度、方法或方式。仲裁的主要特点如下：仲裁以当事人协议一致为前提；仲裁非国家裁判行为，与法院对民事案件的裁判在性质上截然不同，虽然国家承认仲裁裁决具有与法院判决同等效力，可以通过法院强制执行，但国家享有对仲裁的监督权；仲裁的事项应当是当事人可以自由处分的部分民事权利和财产权利；仲裁裁决一裁终局。

1. 仲裁协议

仲裁协议是指双方当事人在自愿、协商、平等互利的基础上将双方已经发生或可能发生的争议提交仲裁裁决的书面文件，是申请仲裁的必备材料。

要避免没有仲裁协议。合同中如没有列明通过仲裁程序解决纠纷，双方也没有另外达成仲裁协议，一方申请仲裁的，仲裁委员会不予受理。

要避免有仲裁约定但选择向法院起诉。当事人达成仲裁协议或有仲裁的条款，但在纠纷发生后，一方选择向人民法院起诉，此种情况下，存在法院不受理或受理后予以驳回起诉的风险。作为起诉一方的企业，如果存在仲裁约定，应谨慎选择向法院起诉，避免徒增费用和时间。作为被诉方，如不想通过法院解决纠纷，可以在首次开庭前提交仲裁协议，要求人民法院驳回起诉。在首次开庭前未对人民法院受理该案提出异议的，视为放弃仲裁协议，被推定为默示司法管辖，人民法院可以继续审理。

要避免因超出法律规定的仲裁范围而使仲裁协议无效。企业在确定通过仲裁解决纠纷前应做到：了解可以通过仲裁解决纠纷的范围；不能与无民事行为能力人或者限制民事行为能力人订立仲裁协议；应书面约定仲裁，避免以口头方式订立仲裁协议；选择存在的仲裁机构，如仲裁机构不存在，仲裁协议无效；仲裁协议的裁决事项可确定，有的仲裁协议规定，合同执行过程中出现的问题双方应协商解决，协商不成的，可提交某仲裁机构仲裁，如对仲裁裁决不服的，可向人民法院起诉，这种协议因违背仲裁终局性原则而无效。

要避免仲裁协议瑕疵。仲裁协议对仲裁事项没有约定或约定不明确，或者仲裁协议对仲裁委员会没有约定或约定不明确，当事人对此约定瑕疵又达不成补充协议的，仲裁协议无效。

要避免仲裁机构选择的随意性。仲裁委员会应由当事人协议选定，仲裁不实行级别管辖和地域管辖，双方确实有意通过仲裁解决纠纷的，可以选择双方都可信赖的第三地仲裁机构。

2. 选择仲裁员

在仲裁制度中，根据当事人意思自治的基本原则，当事人享有选择仲裁员的权利；仲裁庭的组成人员由当事人双方在仲裁机构聘任的仲裁员名册中选定。企业在选择仲裁员时一般应遵循以下几个原则：①选择自己信任的仲裁员；②选择熟悉与纠纷相关的专业知识的仲裁员；③当事人尽量选择仲裁机构所在地或就近地区的仲裁员；④避免选择符合法定回避条件的仲裁员；⑤遵守仲裁员选定的期限。

3. 关于一裁终局及救济途径

一裁终局，即裁决一旦做出就发生法律效力，并且当事人对仲裁裁决不服是不可以就同一纠纷再向仲裁委员会申请复议或向法院起诉的，仲裁也没有二审、再审等程序。法律规定对仲裁的司法救济方式主要表现在以下两个方面：一是不予执行，二是撤销仲裁。

（三）在强制执行中的法律风险防范

诉讼有风险，执行亦有风险。作为企业，不能忽略在执行中存在的风险。企业在强制执行中的法律风险包括：①企业作为申请执行人向法院申请强制执行已经生效的法律文书后，由于被执行人住址不明、没有履行能力或其他不宜强制执行的客观情况而被法院裁定中止执行或终结执行，因而存在不能实现自身权利的可能性；②企业作为被执行人，拒绝履行或不能履行有效的法律文书确定的应负义务，因而面临被法院强制拍卖、变卖、划拨属于企业的资产，甚至被列入失信企业"黑名单"等风险，拒绝履行情节严重的，责任人还有可能存在被拘留等其他风险；③企业作为案外第三人，存在财产被错误执行或存在拒绝协助执行义务而导致的法律风险。

1. 申请执行人

申请执行条件。当事人向人民法院申请执行应当符合以下条件：据以申请执行的法律文书已经生效，生效法律文书具有给付内容且执行标的和被执行人明确；申请执行人是生效法律文书确定的权利人或继承人、权利承受人；生效法律文书确定的履行期已经届满，义务人仍未履行的；应当向有管辖权的人民法院提出申请；必须在法律规定的期限内提出申请。

申请执行的主体。申请执行的主体是法律文书确定的权利人。该权利人可能是审判程序中的原告，也可能是被告，还有可能是有独立请求权的第三人。

申请执行的期限。根据《中华人民共和国民事诉讼法》第二百三十九条的规定，申请执行的期间为二年。申请执行时效的中止、中断，适用法律有关诉讼时效中止、中断的规定。

2. 被申请执行人

作为被执行人，企业在案件执行期间有如下权利和义务：①被执行人应在收到人民法院执行通知书后，按指定的履行期限积极履行生效法律文书确定的义务；②被执行人应当向人民法院如实申报财产状况，如故意隐匿不报或申报不实，应予以罚款、拘留；③被执行人不得隐匿、转移、变卖、损毁已被查封、扣押的财产及证据材料，或者已被清点并责令保管的财产及证据材料，不得转移已被冻结的财产，不得擅自撕毁法院张贴的公告及封条，不得在法院查封、冻结的财产上再设定其他权利，否则将依法追究有关人员的责任；④对必须到人民法院接受询问的被执行人或被执行人的法定代表人或负责人，经两次传票传唤，无正当理由拒不到场的，人民法院可以对其进行拘传；⑤在人民法院依法采取查封、扣押、搜查等措施的过程中，被执行人应配合法院执行，不得有妨害司法工作人员执行公务的行为；⑥人民法院采取强制执行措施后，如有其他法院或有关职能机构又要求查封财产的，被执行人应当主动出示法院民事裁定书、查封或扣押清单等查封手续；⑦在执行过程中，被执行人可以与申请执行人协商一致，签订执行和解协议；⑧被执行人不服人民法院据以执行的生效法律文书而提起申诉，或该案被审判监督程序已经提审或再审的，被执行人可向人民法院告知情况，但被执行人对生效法律文书申请再审不影响该法律文书的执行，在上级法院或本院做出中止执行裁定书之前，不得以此拒绝履行法定义务或对抗法院执行。

3. 送达地址的特别提示

最高人民法院于 2016 年 9 月 13 日颁布的《最高人民法院关于进一步推进案件繁简分流优化司法资源配置的若干意见》第 3 条规定："当事人在纠纷发生之前约定送达地址的，人民法院可以将该地址作为送达诉讼文书的确认地址。"根据上述规定，企业可以在签订合同时或事后达成的有关债权、债务结算清理条款中以及诉前达成的解决纠纷的协议中，约定发生诉讼后人民法院的送达地址，人民法院可以将该地址作为确认的诉讼文书送达地址。

第四节 医药企业行政法律风险

一、强化药品信息管理真实准确

药品属于事关人的生命健康的特殊商品,是基于信息而生的"信任品"。新修订《药品管理法》的制度创新之一是实行药品管理与信息管理的结合,在强调药品安全、有效和质量可控的同时,突出药品信息的真实、准确、完整和可追溯要求。在此基础上,医药企业更应当注意全面加强药品信息管理,构建良好的药品生态环境,避免因药品信息违规而遭致处罚。

(一)强化药品信息管理

根据消费者与厂商的信息不对称程度,有经济学家将产品分为三类:一是搜寻品(Search goods),消费者在购买之前就能知道其质量的产品;二是体验品(Experience goods),只有在消费之后才能知道其质量的产品;三是信任品(Credence goods),即使在消费之后也很难知道其质量的产品。药品属于信任品。消费者在购买药品时,不是像搜寻品、体验品那样,可以凭借眼观、鼻闻、口尝来识别,而是基于信息来进行选择。因此,药品信息真实与否,对于消费者的选择至关重要。

必须看到,药品安全直接关系公众的生命健康。药品信息的真实与否,药品质量的合格与否,直接关系着社会和谐、经济发展、民生福祉、国家形象。药品审评审批、检验检测、检查核查、监测评价等活动,基本属于专业识别或者专业判断活动,而这种专业识别或者判断活动,往往是建立在信息的基础上,信息是否真实、准确、完整、可追溯,在一定程度上影响着甚至决定着药品监管工作的成效。信息是否真实,不仅关系着每个企业药品的质量安全,而且关系着整个药品产业的生态环境。所以,信息真实,是实现药品安全监管和治理的重要前提和基础。

一般说来,信息具有以下不同于产品的显著特点:一是可贮存。信息可以贮存,以备他时或者他人使用,且信息的贮存手段多种多样。二是可传递。无传递、无信息。信息的传递方式亦多种多样。三是可扩充。产品在使用中往往会减少,而信息在使用中却往往会再生、扩展。四是可浓缩。可以对大量的信息进行归纳、综合,予以浓缩。五是可共享。只有通过共享,才能实现信息的更大价值。六是可预测。可以通过信息分析来预测未来。

鉴于信息对药品研制、生产、经营、使用以及药品审评、检验、检查、评价等工作的特殊重要性,新《药品管理法》在"总则"第七条明确规定,从事药品研制、生产、经营、使用活动，应当遵守法律、法规、规章、标准和规范，保证全过程信息真实、准确、完整和可追溯。这就对医药企业提出了更高的要求。

（二）确保药品信息真实

对于何为"信息"，不同的专家学者有不同的认知。一般认为，信息是对事物存在方式或者运动状态的直接或间接的表述。事物存在的方式、运动的状态具有多样性，药品信息载体也呈现多样性的特征。信息是一种抽象的、无形的资源，需要依附于具有一定能量的载体才能实现传递。一般说来，药品信息载体包括标签、说明书、广告、报告、数据、资料、记录、档案、结论、意见等。这些载体直接或者间接地反映着药品的状况，都应当达到真实、准确、完整和可追溯的基本要求。

1. 标签和说明书

新《药品管理法》涉及药品"标签""说明书"分别有8处、10处，主要内容为：一是药品标签、说明书必须符合法定要求。如第四十九条规定，药品包装应当按照规定印有或者贴有标签并附有说明书。标签或者说明书应当注明药品的通用名称、成分、规格、上市许可持有人及其地址、生产企业及其地址、批准文号、产品批号、生产日期、有效期、适应证或者功能主治、用法、用量、禁忌、不良反应和注意事项。标签、说明书中的文字应当清晰，生产日期、有效期等事项应当显著标注，容易辨识。麻醉药品、精神药品、医疗用毒性药品、放射性药品、外用药品和非处方药的标签、说明书，应当印有规定的标志。二是药品标签、说明书须经审批部门审核。如第二十五条第二款规定，国务院药品监督管理部门在审批药品时，对药品的标签和说明书一并核准。三是药品说明书是药品广告的重要依据。如第九十条规定，药品广告的内容应当真实、合法，以国务院药品监督管理部门核准的药品说明书为准，不得含有虚假的内容。

2. 广告

新《药品管理法》涉及"广告"有10处。主要内容为：一是发布药品广告应当经过批准。如第八十九条规定，药品广告应当经广告主所在地省、自治区、直辖市人民政府确定的广告审查机关批准；未经批准的，不得发布。二是药品广告内容应当真实合法。如第九十条规定，药品广告的内容应当真实、合法，以国务院药品监督管理部门核准的药品说明书为准，不得含有虚假的内容。药品广告不得含有表示功效、安全性的断言或者保证；不得利用国家机关、科研单位、学术机构、行业协会或者专家、学者、医师、药师、患者等的名义或者形象作推荐、证明。非药品广告不得有涉及药品的宣传。三是明确药品广告的法律适用。如根据第九十一条规定，药品广告，《药品管理法》未做规定的，适用《中华人民共和国广告法》的规定。

3. 宣传

新《药品管理法》涉及"宣传"有4处。其中，第十三条第二款规定，新闻媒体应当开展药品安全法律法规等知识的公益宣传，并对药品违法行为进行舆论监督。有关药品的宣传报道应当全面、科学、客观、公正。第九十条第三款规定，非药品广告不得有涉及药品的宣传。

4. 记录

新《药品管理法》涉及"记录"有 8 处。主要内容为：一是生产、检验记录。如第四十四条规定，生产、检验记录应当完整准确，不得编造。二是购销记录。如第五十七条规定，药品经营企业购销药品，应当有真实、完整的购销记录。购销记录应当注明药品的通用名称、剂型、规格、产品批号、有效期、上市许可持有人、生产企业、购销单位、购销数量、购销价格、购销日期及国务院药品监督管理部门规定的其他内容。三是评议、考核记录。如第一百零九条第四款规定，约谈情况和整改情况应当纳入有关部门和地方人民政府药品监督管理工作评议、考核记录。

5. 报告

新《药品管理法》涉及"报告"有 18 处之多。主要内容为以下几个方面：

一是临床试验期间风险报告。如第二十二条规定，药物临床试验期间，发现存在安全性问题或者其他风险的，临床试验申办者应当及时调整临床试验方案、暂停或者终止临床试验，并向国务院药品监督管理部门报告。

二是企业年度报告。如第三十七条规定，药品上市许可持有人应当建立年度报告制度，每年将药品生产销售、上市后研究、风险管理等情况按照规定向省、自治区、直辖市人民政府药品监督管理部门报告。

三是网络交易违法行为报告。如第六十二条规定第三款规定，第三方平台提供者发现进入平台经营的药品上市许可持有人、药品经营企业有违反本法规定行为的，应当及时制止并立即报告所在地县级人民政府药品监督管理部门。

四是生产变更报告。如第七十九条规定，对药品生产过程中的变更，按照其对药品安全性、有效性和质量可控性的风险和产生影响的程度，实行分类管理。属于重大变更的，应当经国务院药品监督管理部门批准，其他变更应当按照国务院药品监督管理部门的规定备案或者报告。

五是不良反应报告。如第八十一条规定，药品上市许可持有人、药品生产企业、药品经营企业和医疗机构应当经常考察本单位所生产、经营、使用的药品质量、疗效和不良反应。发现疑似不良反应的，应当及时向药品监督管理部门和卫生健康主管部门报告。

六是药品召回报告。如第八十二条规定，药品存在质量问题或者其他安全隐患的，药品上市许可持有人应当立即停止销售，告知相关药品经营企业和医疗机构停止销售和使用，召回已销售的药品，及时公开召回信息，必要时应当立即停止生产，并将药品召回和处理情况向省、自治区、直辖市人民政府药品监督管理部门和卫生健康主管部门报告。

七是停止生产短缺药品报告。如第九十五条第二款规定，药品上市许可持有人停止生产短缺药品的，应当按照规定向国务院药品监督管理部门或者省、自治区、直辖市人民政府药品监督管理部门报告。

（三）强化信息流程管理

信息的全生命周期包括信息的生成、收集、分析、发布、使用等。药品研制、生产、经营、使用以及药品审评、检查、检验、监测评价等监督管理过程中，都涉及药品相关信息。新《药品管理法》对药品研制生产经营使用全流程的信息要求是：

一是保证药物非临床研究和临床试验数据、资料真实。如第十八条规定，开展药物非临床研究，应当符合国家有关规定，有与研究项目相适应的人员、场地、设备、仪器和管理制度，保证有关数据、资料和样品的真实性。第十九条规定，开展药物临床试验，应当按照国务院药品监督管理部门的规定如实报送研制方法、质量指标、药理及毒理试验结果等有关数据、资料和样品，经国务院药品监督管理部门批准。

二是保证注册申报的数据、资料真实、充分和可靠。如第二十四条第二款规定，申请药品注册，应当提供真实、充分、可靠的数据、资料和样品，证明药品的安全性、有效性和质量可控性。

三是保证生产、检验记录完整准确。如第四十四条规定，药品应当按照国家药品标准和经药品监督管理部门核准的生产工艺进行生产。生产、检验记录应当完整准确，不得编造。

四是保证购销记录真实、完整。如第五十七条规定，药品经营企业购销药品，应当有真实、完整的购销记录。

五是加强上市后信息管理。如第八十条规定，药品上市许可持有人应当开展药品上市后不良反应监测，主动收集、跟踪分析疑似药品不良反应信息，对已识别风险的药品及时采取风险控制措施。第八十二条规定，药品存在质量问题或者其他安全隐患的，药品上市许可持有人应当立即停止销售，告知相关药品经营企业和医疗机构停止销售和使用，召回已销售的药品，及时公开召回信息，必要时应当立即停止生产，并将药品召回和处理情况向省、自治区、直辖市人民政府药品监督管理部门和卫生健康主管部门报告。

六是建立相对人药品安全信用档案，建立联合惩戒机制。第一百零五条规定，药品监督管理部门建立药品上市许可持有人、药品生产企业、药品经营企业、药物非临床安全性评价研究机构、药物临床试验机构和医疗机构药品安全信用档案，记录许可颁发、日常监督检查结果、违法行为查处等情况，依法向社会公布并及时更新；对有不良信用记录的，增加监督检查频次，并可以按照国家规定实施联合惩戒。

（四）警惕因违规行为而受到处罚

新《药品安全法》坚持"四个最严"要求，对药品领域中的各类信息违法犯罪行为予以严惩。

一是严惩骗取许可证明的行为。第一百二十三条规定，提供虚假的证明、数据、资料、样品或者采取其他手段骗取临床试验许可、药品生产许可、药品经营许可、医疗机构制剂许可或者药品注册等许可的，撤销相关许可，十年内不受理其相应申请，并处五十万元以上五百万元以下的罚款；情节严重的，对法定代表人、主要负责人、直接负责的主管人员和其他责任人员，处二万元以上二十万元以下的罚款，十年内禁止从事药品生产经营活动，并可以由公安机关处五日以上十五日以下的拘留。

二是严惩药品标签、说明书违法行为。对使用未经核准的标签、说明书的，根据新《药品管理法》第一百二十五条规定，没收违法生产、销售的药品和违法所得以及包装材料、容器，责令停产停业整顿，并处五十万元以上五百万元以下的罚款；情节严重的，吊销药品批准证明文件、药品生产许可证、药品经营许可证，对法定代表人、主要负责人、直接负责的主管人员和其他责任人员处二万元以上二十万元以下的罚款，十年直至终身禁止从事药品生产经营活动。对未按照规定印有、贴有标签或者附有说明书，标签、说明书未按照规定注明相关信息或者印有规定标志的，根据新《药品管理法》第一百二十八条规定，责令改正，给予警告；情节严重的，吊销药品注册证书。

三是严惩违法发布信息行为。第一百四十三条规定，违反本法规定，编造、散布虚假药品安全信息，构成违反治安管理行为的，由公安机关依法给予治安管理处罚。

四是依法处理未履行相关报告义务行为。药物临床试验期间，发现存在安全性问题或者其他风险，临床试验申办者未及时调整临床试验方案、暂停或者终止临床试验，或者未向国务院药品监督管理部门报告的，或者未按照规定提交年度报告的，或者未按照规定对药品生产过程中的变更进行备案或者报告的，责令限期改正，给予警告；逾期不改正的，处十万元以上五十万元以下的罚款。药品上市许可持有人未按照规定开展药品不良反应监测或者报告疑似药品不良反应的，责令限期改正，给予警告；逾期不改正的，责令停产停业整顿，并处十万元以上一百万元以下的罚款。药品经营企业未按照规定报告疑似药品不良反应的，责令限期改正，给予警告；逾期不改正的，责令停产停业整顿，并处五万元以上五十万元以下的罚款。医疗机构未按照规定报告疑似药品不良反应的，责令限期改正，给予警告；逾期不改正的，处五万元以上五十万元以下的罚款。

五是严惩购销记录违法行为。第一百三十条规定，药品经营企业购销药品未按照规定进行记录，零售药品未正确说明用法、用量等事项，或者未按照规定调配处方的，责令改正，给予警告；情节严重的，吊销药品经营许可证。

六是严惩编造生产、检验记录违法行为。第一百二十四条规定，对编造生产、检验记录等违法行为，没收违法生产、进口、销售的药品和违法所得以及专门用于违法生产的原料、辅料、包装材料和生产设备，责令停产停业整顿，并处违法生产、进口、销售的药品货值金额十五倍以上三十倍以下的罚款；货值金额不足十万元的，按十万元计算；情节严重的，吊销药品批准证明文件直至吊销药品生产许可证、药品经营许可证或者医疗机构制剂许可证，对法定代表人、主要负责人、直接负责的主管人员和其他责任人员，没收违法行为发生期间自本单位所获收入，并处所获收入百分之三十以上三倍以下的罚款，十年直至终身禁止从事药品生产经营活动，并可以由公安机关处五日以上十五日以下的拘留。

七是严惩虚假检验报告。根据第一百在一十八条规定，药品检验机构出具虚假检验报告的，责令改正，给予警告，对单位并处二十万元以上一百万元以下的罚款；对直接负责的主管人员和其他直接责任人员依法给予降级、撤职、开除处分，没收违法所得，并处五万元以下的罚款；情节严重的，撤销其检验资格。药品检验机构出具的检验结果不实，造成损失的，应当承担相应的赔偿责任。

八是严惩瞒报、谎报、缓报、漏报药品安全事件行为。根据第一百四十八条、第一百四十九条规定，县级以上地方人民政府、药品监督管理等部门，瞒报、谎报、缓报、漏报药品安全事件，分别对直接负责的主管人员和其他直接责任人员给予记过或者记大过处分；情节较重的，给予降级或者撤职处分；情节严重的，给予开除处分。此外，根据第一百四十一条规定，违反药品管理法规定，构成犯罪的，依法追究刑事责任。

二、药品生产安全责任

《药品生产监督管理办法》（以下简称《办法》）于 2020 年 7 月 1 日起施行。该《办法》的制定依据多个重要法律，包括《药品管理法》《中医药法》《疫苗管理法》《行政许可法》《药品管理法实施条例》等，适用于在我国境内上市药品的生产及监督管理活动，包括了生产场地在境内和境外的情形。办法明确了取消 GMP 认证后，全面加强药品生产活动监管，践行"四个最严"监管理念的全新监管思路。

（一）许可证实行分类管理

第一，上市许可持有人和受托生产企业需要办理生产许可证。充分考虑药品属地化监管的基本原则，除药品生产企业外，将境内上市许可持有人（以下简称持有人）和受托生产企业纳入生产许可管理范围，均须到所在地省级药监部门办理生产许可证。

第二，从事制剂、原料药和中药饮片生产活动需要办理生产许可证。注意，原料药在我国实行审批制（关联审评审批）和生产许可证管理。

第三，生产许可证增加英文字母分类编码（第七十七条），大写代表生产主体类型，小写字母代表制剂属性，例如 A 代表自行生产的持有人，B 代表委托生产的持有人，C 代表接受委托的生产企业，D 代表原料药生产企业。

（二）持有人委托生产管理

委托生产不再实行单独审批，按照生产地址变更程序办理，属于生产许可证生产地址和生产范围许可事项变更范围。具体分为两种情况。第一种是不涉及注册变更的委托生产，实际上就是变更生产地址，按照该《办法》第十六条等规定办理，这两条也适用于生产企业变更生产地址、改建、扩建异地搬迁等的情形。第二种是涉及注册变更的委托生产，主要是持有人在上市后委托生产的情形，需要与《药品注册管理办法》的注册变更关联办理，该《办法》中第五十二条规定了省级药监部门对申请人和受托生产企业的 GMP 符合性检查和注册现场检查联合开展。许可事项变更的审批时限为 15 天，但涉及注册变更的事项，在省局批准后还要报送国家药品监督管理局药品审评中心更新药注册证书及其附件内容。

明确委托生产责任链。第二十七条规定，药品上市许可持有人应当建立药品质量保证体系，配备专门人员独立负责药品质量管理，承担对受托药品生产企业、药品经营企业的质量管理体系审核和监督其持续具备质量保证和控制能力的义务。第四十二条规定药品上市许可持有人应当对受托方的质量保证能力和风险管理能力进行评估，与其签订质量协议以及委托协议，监督受托方履行有关协议约定的义务。受托方不得将接受委托生产的药品再次委托第三方生产。

明确经批准或者通过关联审评审批的原料药应当自行生产，不得再行委托他人生产。

（三）全过程持续合规

《办法》中多达33处强调遵守药品生产质量管理规范，特别强调了上市许可持有人、药品生产企业、供应商等主体保证药品生产全过程持续符合法定药品，强调药品生产、原料辅料等遵守生产质量管理规范和药品标准。办法给产业界一个明显的信号，取消GMP认证后，通过动态持续合规要求实际上加强了药品生产监管。这里重点强调"全过程"和"持续合规"是生产监管办法的重点，应当全面把握，深入理解，务实推进实施。

明确关键责任人配备与登记要求。上市许可持有人和药品生产企业的法定代表人、主要负责人职责（第二十八条、第二十九条），配备专门质量负责人和质量受权人独立负责质量管理和上市放行。在药品生产许可证中登记持有人和药品生产企业中的关键人员，一方面明确责任人，另一方面，当出现违反《药品管理法》等法律的违法行为时可能处罚到人，涉及《药品管理法》第一百一十八、一百二十、一百二十三到一百二十六条等条款，具体处罚措施包括罚款、行政拘留等。

明确出厂放行与上市放行要求。药品生产企业负责药品出厂放行，经质量受权人签字后方可出厂放行。药品上市许可持有人负责药品上市放行，对药品生产企业出厂放行的药品检验结果和放行文件进行审核，经质量受权人签字后方可上市放行。执行此条规定应当根据具体情况，当前绝大多数情况下，生产企业即是持有人，可以整合出厂放行和上市放行程序，采取单一放行程序。而对于持有人与生产企业不是同一主体的情形，应当严格执行双放行要求。

明确持有人和生产企业的多项义务。主要包括持续更新药品生产场地主文件（第二十四条）、年度自检（第三十八条）、年度报告（第三十九条）、上市后风险管理计划（第四十条）、建立药物警戒体系（第四十一条）、工艺变更管理和控制（第四十三条）、关键人员变更登记（第十五条、第四十五条）、短缺药品报告（第四十六条）、境外持有人代理人和境外场地检查（第四十七条、第四十八条）。

（四）严格生产安全风险监管

细化职业化专业化检查员制度落实要求。第五十一条规定药品监督管理部门应当建立健全职业化、专业化检查员制度，明确检查员的资格标准、检查职责、分级管理、能力培训、行为规范、绩效评价和退出程序等规定，提升检查员的专业素质和工作水平。

建立持有人与药品生产企业属地化监督检查原则，必要时开展跨区域联合检查。按第五十条规定，药品上市许可持有人和受托生产企业不在同一省、自治区、直辖市的，以企业所在地省级药监部门负责监管为基本原则。省级药品监督管理部门应当加强监督检查信息互相通报，及时将监督检查信息更新到药品安全信用档案中，必要时可以开展联合检查。办法还特别规定，省局可以依据更新到药品安全信用档案中的跨省监管结果采取相应的监管措施。

明确上市前 GMP 符合性检查与注册现场核查的关系。第五十二条按照未曾通过 GMP 检查的品种需要注册现场核查的同步开展 GMP 符合性检查；不需要注册现场核查的省级药监部门自行开展上市前 GMP 符合性检查；之前已经通过 GMP 符合性检查的品种，省级药监部门决定是否开展上市前 GMP 符合性检查。

允许通过上市前 GMP 符合性检查的商业规模批次，在取得药品注册证书后，符合放行要求的，可以上市销售。该项规定改变以往批准后才能生产药品的规定，有利于持有人和生产企业更好地计划药品实际上市时间，降低不必要的生产浪费，同时，要求企业加强对上述药品的生产销售、风险管理等措施，有效管控产品风险。

确立以风险为基础的检查频次，高风险药品提高检查频次。对麻醉药品、第一类精神药品、药品类易制毒化学品生产企业每季度检查不少于一次；对疫苗、血液制品、放射性药品、医疗用毒性药品、无菌药品等高风险药品生产企业，每年不少于一次药品生产质量管理规范符合性检查；对上述产品之外的药品生产企业，每年抽取一定比例开展监督检查，三年内全覆盖；对原料、辅料、直接接触药品的包装材料和容器等供应商、生产企业抽查并且五年内全覆盖。省级药监部门有权合理调整检查频次。

确立检查后监管新措施。第一，明确告诫信的发布条件。告诫信，是指药品监督管理部门在药品监督管理活动中，对有证据证明可能存在安全隐患的，依法发出的信函。告诫信应当载明存在缺陷、问题和整改要求。发布告诫信适用于检查后需要整改的，以及发现质量问题或者其他安全隐患的情形。第二，对于药品质量问题或者其他安全隐患的，还要依据风险相应采取暂停生产、销售、使用、进口等控制措施，药品上市许可持有人应当依法召回药品。第三，风险消除后，采取控制措施的药品监督管理部门应当解除控制措施。第四，发生与药品质量有关的重大安全事件，药品上市许可持有人应当立即对有关药品及其原料、辅料以及直接接触药品的包装材料和容器、相关生产线等采取封存等控制措施，并立即报告所在地省级药品监督管理部门和有关部门，省级局应当向国家药监局报告。

三、医药企业涉税风险

（一）监管政策

近年来，医药企业传统的开票和结算模式被彻底打破，医药行业的财务与税务法律风险管控体系面临重构，面临着前所未有的监管压力。

2016 年 5 月起，"营改增"全面推开，所有营业税征税项目改征增值税，对医药行业的最大影响来自税率调整和增值税抵扣链条的引入。所有增值税专用发票均从全国联网的增值税系统开具，并且要求交易的票、账、货相符；并且增值税抵扣链条完整，货物进出记录清晰可查。

2017年1月，国务院办公厅在《关于进一步改革完善药品生产流通使用政策的若干意见》中提出，在试点的基础上，争取2018年在全国推行两票制。两票制，就是国家要求药品从出厂到进入医院，只能开具两次发票。两票制的执行，迫使药品生产企业从之前的低开票，转变为高开票；企业的账务处理和经营模式面临挑战。而在流通领域，药品代理商、经销商、配送商的角色将被压缩成一个。在整个流通环节的压缩过程中，多票、过票、挂靠、避税行为将大大减少，利润更为透明。

打虚打骗就是打击虚开发票和骗取出口退税。作为行政执法的常态工作，从中央到地方，各级税务与公安、海关和人民银行都已建立部门协作机制，每年都会对打击虚开骗税违法活动做出工作部署。税务总局也会对全国各地的打击情况进行专项统计。医药行业作为虚开增值税专用发票的重灾区，每年都被确定为打虚打骗的重点行业。

国务院推动建立社会信用体系。税务总局发布《重大税收违法案件信息公布办法》，建立税收违法黑名单公布制度，惩戒严重涉税违法行为。税务总局与21个中央部委联合签署了《关于对重大税收违法案件当事人实施联合惩戒措施的合作备忘录》，地方各级税务局也牵头签署了本地联合惩戒合作备忘录，共有联合惩戒措施28项。

在如此严厉的监管措施下，医药企业更应当加强税务风险管控及涉税危机应对，做好合法合规运营，防控法律风险。

（二）应对策略

1. 做好事前风险预警

医药企业需要加强涉税风险的事前管控，实现经营业务与财税处理无缝对接。良好的财税处理能力关乎企业生存和长远发展。增值税方面，要尽量扩大取得增值税进项发票的范围，对所取得发票的真实性进行严格审核；同时，对购进货物和服务进行跟踪管理，对不符合抵扣条件的，及时转出。企业开展营销活动，应与服务提供机构签订协议，并要求按服务项目提供合规的增值税专用发票，保留完整的营销活动记录。企业所得税方面，企业应充分利用税收优惠政策。

2. 探寻合规运营模式

医药行业的营销过程决定了中间代理环节不可或缺，但必须符合合规监管的要求。医药行业正在探索合同销售模式（CSO），推动医药营销往专业化、学术化方向发展，但是CSO同样面临营销费用的变现及成本控制问题。因此，医药销售企业要切实转变营销模式，杜绝以行贿换销售的模式，真正转轨到以学术性为主的合规营销模式，通过合法合规手段，主要凭借客观疗效和数据等药品的真实信息向医生和医院推荐药品；同时应积极取得地方政府和行政管理部门的理解和支持，确保医药行业的改革有序前行、健康发展。

3. 加强合同风险管理防控虚开发票风险

对于制药企业而言,对企业涉药交易进行有效的合同管理可以切实管控虚开发票风险的。具体来说就是要在合同洽谈、签订、履行等各个合同环节采取针对性的措施,对虚开发票等涉税风险进行防控。例如,在签约之前要对交易相对方的资信情况进行审核;在合同条款的约定方面,要对开具发票的类型、项目、税率、开票时间、税款承担主体、价外费用、违约责任等涉税条款进行明确约定;在合同履行过程中,对于取得发票要及时进行申报认证,对于需要发生开具红字发票的情况要及时与交易方进行沟通,保证及时申报;交易完成后要保存与交易相关的资料和证据。

4. 规范发票及凭证的审核与管理

医药行业在两票制下最需要解决的就是销售费用的合规管理问题。具体而言可以通过规范企业的发票管理和凭证管理入手降低销售费用,从而真正管控住虚开发票的风险。举例来说,在业务推广方面,对于会议费,除了保留发票外,应当留存反映会议真实性的相关证明文件。另外,对于制药企业采购药品原材料的,一是要加强对采购人员及财务人员的发票相关知识培训;二是要尽量避免大规模直接向农户直接采购,对农产品经营者及加工企业,在台账中详细登记其基本信息。总之,对医药企业而言所有的销售费用必须首先遵循真实性原则,这样才能有效降低被认定为虚开发票的法律风险。

5. 引入税法培训、专家支持

由于药企税案往往涉及虚开增值税专用发票犯罪,税务机关必须将涉嫌犯罪的案件移交公安机关处理;因此,涉税案件刑事风险较大,药企应当及早受训了解相关法律规定。处理药企涉税案件,既需要熟练行业运营模式,还要有高超的法律特别是税法分析能力。医药企业可以通过合法、合理的节税筹划减轻企业的税收负担。

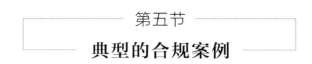

第五节 典型的合规案例

一、银杏叶事件

2015年5月,因企业擅自改变银杏叶提取物生产工艺所引发行业轩然大波的"银杏叶事件",不断牵连出新的下游制药、保健品企业,整个植物提取物市场正面临严峻的行业整顿,原国家食品药品监督管理总局开展银杏叶药品和保健食品专项治理行动,旨在彻底净化银杏叶药品市场,严厉打击各种违法、违规行为,维护公众用药安全。

（一）事件起因

2015年5月8～10日，国家药监局组织湖南省药监局对万邦德（湖南）天然药物有限公司进行了飞行检查，发现存在违规购进银杏叶提取物投料生产银杏叶片和银杏叶胶囊，生产管理混乱，伪造物料购进台账及银杏叶提取物的批生产记录、批检验记录等问题。

2015年5月9～11日，国家药监局组织广西壮族自治区药监局对桂林兴达药业有限公司进行了飞行检查，发现擅自改变提取工艺生产银杏叶提取物，由稀乙醇提取改为3%盐酸提取；从不具备资质企业违规购进银杏叶提取物，且其提取工艺也为3%盐酸提取；将非法银杏叶提取物用于银杏叶片生产并销售；将外购的银杏叶提取物重新更换该厂标签后销售给其他药品生产企业；伪造批生产、物料管理记录。

（二）治理行动

国家药监局综合各种手段在全国范围内掀起一场针对"问题"银杏叶提取物安全性风险的彻查风暴，各地的药监局纷纷开始查封、下架相关含有问题企业的银杏叶提取物的系列产品。

从2015年5月19日至11月5日，国家药监局以通告、通知和公告等形式发布37次有关"银杏叶"的专项治理的文件。

国家药监局5月19日发布了《关于桂林兴达药业有限公司等企业违法生产销售银杏叶药品的通告》。5月20日发布银杏叶药品专项治理的通知，对所有银杏叶提取物和银杏叶制剂生产企业进行全面检查，重点检查擅自改变提取工艺、非法添加相关物质、从不具备资质企业购进银杏叶提取物等违法行为。

5月21日召开电视电话会议，进一步部署银杏叶药品专项治理工作。强调要对已有案件线索一查到底，对从桂林兴达药业有限公司购买非法银杏叶提取物的24家药品生产企业，逐一核查，一经发现问题立即采取停售停用、查清流向、召回产品、暂停生产等措施，依法严肃处罚企业违法行为。要求充分认识当前银杏叶药品问题的严重性，采取有力措施加以治理，彻底净化银杏叶药品市场，严厉打击各种违法违规行为，维护公众用药安全。

5月25日向最高法、最高检、公安部、原监察部通报桂林兴达药业有限公司等企业违法生产销售银杏叶药品案件查处情况。

5月29日飞行检查查明，宁波立华制药有限公司从不具备资质的企业购进部分批次银杏叶提取物，并以本企业名义销售给其他药品生产企业，其行为涉嫌违法。

6月4日颁布《银杏叶提取物、银杏叶片及银杏叶胶囊中游离槲皮素、山柰素、异鼠李素检查项补充检验方法》，应对银杏叶提取物生产中的违规环节。

6月10日对使用银杏叶提取物生产保健食品的企业开展执法检查。

8月10日颁布《银杏叶滴剂中游离槲皮素、山柰素、异鼠李素检查项补充检验方法》《银杏叶提取物、银杏叶片及银杏叶胶囊中槐角苷检查项补充检验方法》等五个检查项补充检验方法。

9月10日开展第3阶段银杏叶药品专项监督抽检,旨在药品专项监督抽验的基础上,对已检出的不合格药品按《槐角苷检查项补充检验方法》进行检验,为后续银杏叶药品案件查处工作提供技术支持。

(三)发生该事件的原因

1. 质量标准不完善

行业标准长期处于真空状态,而《中国药典》银杏叶提取标准流程长期不被生产企业所执行,导致整个行业处于长期混乱无序的状态。然而由于植物提取物作为刚性需求产品,世界主要经济体对其需求非常旺盛,导致不断增长的市场规模掩盖了标准缺失给行业带来的负面影响。

针对这次银杏叶提取物事件国家药监局颁布了两个补充检查方法来监控行业中广泛存在的工艺改变和非法添加问题。国家药监局称,擅自改变提取工艺存在"分解药品有效成分,影响药品疗效"风险,但由于缺乏临床数据,目前并不清楚会产生什么具体危害。而盐酸代替稀乙醇生产的银杏叶提取物制药(保健食品)究竟会对人体产生哪些健康危害还有待进一步研究。

2. 暴利的诱惑

我国现行银杏叶提取物标准不能检测出"工艺过程的改变"。有媒体公开指出,如果改用3%盐酸提取,每吨能够节约4000元成本;不仅能降低成本,还能提高得率。用稀乙醇生产1吨银杏叶提取物,需要约1周时间,1年也就几吨的产量。改用盐酸提取,可以缩短基础工艺流程时间。此外,仅从这一销售路径来看,不具备资格的企业生产的银杏叶提取物,经过3次具有一定规模的企业"倒卖",其中的利润可见一斑。

3. 缺乏有效监管

银杏叶提取物事件进一步凸显加强提取物生产监管的必要性。银杏叶提取物违规提取是一直以来就存在的问题,不是这两年才出现的,而且有问题的不仅是银杏叶提取物。相比于药品而言,我国对于保健食品的监管力度更为薄弱,对于原材料的生产工艺没有审查,缺乏统一执行的质量标准,国家药监局在2014年开始要求保健食品生产要符合GMP标准,但是事实上对于保健食品生产企业并不存在GMP认证,也没有相应的审查,处于监管真空状态。

(四)事件各方法律责任分析[①]

1. 银杏叶提取物生产方法律责任

银杏叶提取物广泛应用于药物、保健食品、食品添加剂、功能性饮料、化妆品等领域。《中国药典》规定的银杏叶提取方法是对用于药物制剂而言的,对用于其他领域的银杏叶提取物的提取方法就不具约束力。因此,对银杏叶提取物生产企业的法律责任也是有区分的。

---

① 此处的法律责任分析根据当时有效的相关法律规定,部分规定可能已发生修订或删改。

（1）取得药品生产许可证企业的法律责任。

已经取得药品生产许可证并在其生产范围中核定了银杏叶提取物的企业，如果存在使用盐酸提方法生产银杏叶提取物，则违反了《药品管理法》第十条规定，未按国家药品标准生产药品。其产品法律定性宜装入"其他不符合药品标准的"的大框里，定为"按劣药论处"。

（2）未取得药品生产许可证企业的法律责任。

鉴于银杏叶提取物用途广泛，对未取得药品生产许可证而从事银杏叶提取加工的企业，依据药品监管相关法规，需要分别不同情形，确定法律责任。如果企业已经按规定通过中药提取物生产备案，则因对其生产行为是否符合国家药品标准承担法律责任。如果企业未进行中药提取物生产备案，则难以按照药品管理法规追究其法律责任。

2. 银杏叶提取物经营方法律责任

（1）药品生产企业销售非本企业产品的法律责任。

依据药品管理相关法规，药品生产企业将本企业产品销售给药品生产、流通企业及医疗机构，不需要取得药品经营许可。如果药品生产企业销售非本企业产品（药品），则须依法取得药品经营许可。国家药监局第15号通告中提及的桂林兴达药业有限公司将外购的提取物销售给其他的药品生产企业的行为，违反了《药品管理法》第十四条，涉嫌无药品经营许可证经营药品。如果外购转手销售的是不符合国家药品标准的银杏叶提取物，则又构成销售劣药违法情节。

（2）销售银杏叶提取物的法律责任。

药品经营企业（批发）购进与销售银杏叶提取物，其相关法律责任亦应区别不同情形。从具有合法的药品生产、经营资格的企业购进符合国家标准的产品，销售给不同用途的企业（包括药品生产企业），均属合法经营行为。如果从合法的药品企业购进了不符合药品标准的产品，若不存在其他违规行为，则可以按照《药品管理法实施条例》第八十一条规定，需要没收违法产品和违法所得，但可以免除其他处罚。

如果购进了非合法药品生产企业（包括未按规定备案的企业）生产的银杏叶提取物，无论该产品是否符合药典标准，只要是与正常经营的药品品种未做区分（同库区管理），则不论销售给何种用途的企业，均可认定其违反了《药品管理法》第三十四条规定；从不具有药品生产、经营资格的企业购进药品，应按照《药品管理法》第八十条追究责任。倘若其产品不符合药品标准，则同时违反了《药品管理法》第四十八、四十九条禁止销售、假劣药的相关规定，还须按照其他相关责任条款处罚。

（3）销售银杏叶制剂的法律责任。

药品经营企业销售了在此次银杏叶事件中涉及的不符合药品标准的银杏叶制剂，应严格以国家药监局的相关公告的内容及时间节点为依据，确定其法律责任。凡是在公告中明确了企业名称、品种及其不合格批号并明确要求停止销售使用的，若在公告发布后仍存在销售使用行为，则应按照《药品管理法》第七十五条规定，承担销售劣药法律责任。如果在国家公告发布后，严格按照要求，配合制剂生产企业做好停售、召回等工作，并且不存在其他方面的违规行为，则可以免除相关行政处罚。

3. 制剂生产方法律责任

（1）自行提取生产制剂企业的法律责任。

生产企业利用自行提取的银杏叶提取物生产制剂，存在擅自改变提取工艺的情形，国家药监局在第 15 号通告中虽然明确了上述行为涉嫌违反《药品管理法》第九条、第三十二条等有关规定，违反《中国药典》关于银杏叶提取物的标准要求，但其提取物生产的制剂如何定性，当时尚未明确。

2015 年 6 月 4 日，国家药监局发布《银杏叶提取物、银杏叶片、银杏叶胶囊中游离槲皮素、山柰素、异鼠李素检查项补充检验方法》。根据这个补充检验方法，凡是采用盐酸工艺生产的银杏叶提取物及其制剂，检测结果均不合格。作为自行提取生产制剂的企业，鉴于其擅自改变工艺在前，其补充检验方法只是对其违法行为的确认。因此，对其改变工艺后生产的所有制剂均应依法认定为劣药，并承担相应法律责任。

（2）外购提取物生产制剂企业的法律责任。

制剂生产企业从取得相关许可的药品生产企业（包括已经按规定实施品种备案的提取物生产企业）购进银杏叶提取物，并按照国家药品标准检验合格后投料，药品生产过程控制符合 GMP 要求，成品检验符合药品标准，在补充检验方法颁布之前生产、上市的产品，在补充检验方法颁布后被检测不合格的，如已经按照规定对市场不合格产品实施了有效召回措施，可以按规定免予处罚。

制剂生产企业从未取得相关许可的药品生产企业、流通企业以及未实施品种备案的提取物生产企业购进银杏叶提取物，用于制剂生产，鉴于其存在严重违反药品监管法律规范（包括 GMP 规定）情形，对其抽检不合格产品，其行政处罚不应免除。

在补充检验方法颁布后上市的产品，若仍然存在检验不合格情况，应在查明原因后，依法从重处罚。

二、长春长生疫苗事件

（一）事件概况

2018 年 7 月 15 日，国家药监局对长春长生开展飞行检查，发现该企业在狂犬疫苗生产过程中存在记录造假情况。根据国务院调查组的通报，长春长生存在违反所批准的生产工艺而组织生产的行为，包括使用不同批次原液勾兑进行产品分装，对原液勾兑后进行二次浓缩和纯化处理等；且为掩盖其违法违规行为，还系统地编造生产、检验记录及有关票据。经调查审理后，国家药监局责令吉林省食品药品监督管理局对"长春长生疫苗事件"中的相关责任人员做出组织处理。10 月 16 日，国家药监局、吉林省食药监局分别对长春长生做出行政处罚，其中包括撤销长春长生狂犬病疫苗的药品批文，撤销涉及本案的生物制品批签发合格证，并处罚款人民币 1203 万元，吊销其药品生产许可证，没收其违法所得款 18.9 亿元，罚款 72.1 亿元（罚没款共计 91 亿元）；同时，对高某等 14 名涉案人员做出依法不得从事药品生产经营活动等行政处罚，司法机关依法追究涉嫌犯罪人员的刑事责任。

而在 2017 年 11 月 3 日，原国家食药监总局在《百白破疫苗效价指标不合格产品处置情况介绍》中就有披露，在药品抽样检验中发现长春长生所生产的批号 201605014-01 的百白破疫苗效价不合格。经调查审理后，吉林省食品药品监督管理局决定，没收该批次百白破疫苗共 186 支，没收违法所得 85.9 万元，处以行政罚款 258 万元（罚没款总计 344 万元）。

（二）案件法律分析

1. 从行政法律角度看，长春长生所应承担的法律责任

根据吉林省食药监局所下达的行政处罚决定书，认定该疫苗为劣药。原《药品管理法》第七十四条规定："生产、销售劣药的，没收违法生产、销售的药品和违法所得，并处违法生产、销售药品货值金额一倍以上三倍以下的罚款；情节严重的，责令停产、停业整顿或者撤销药品批准证明文件、吊销《药品生产许可证》、《药品经营许可证》或者《医疗机构制剂许可证》；构成犯罪的，依法追究刑事责任。"该法条给予了食药监局行政处罚的依据。此外，《药品管理法实施条例》第七十三条规定："违反《药品管理法》和本条例的规定，有下列行为之一的，由药品监督管理部门在《药品管理法》和本条例规定的处罚幅度内从重处罚：（一）以麻醉药品、精神药品、医疗用毒性药品、放射性药品冒充其他药品，或者以其他药品冒充上述药品的；（二）生产、销售以孕产妇、婴幼儿及儿童为主要使用对象的假药、劣药的；（三）生产、销售的生物制品、血液制品属于假药、劣药的；（四）生产、销售、使用假药、劣药，造成人员伤害后果的；（五）生产、销售、使用假药、劣药，经处理后重犯的；（六）拒绝、逃避监督检查，或者伪造、销毁、隐匿有关证据材料的，或者擅自动用查封、扣押物品的。"基于这两条的规定，吉林省食药监局对长春长生做出了如下行政处罚：①没收违法所得；②处以违法生产药品货值金额三倍罚款。值得说明的是，2019 年修正的《药品管理法》对此条的内容进行修改，罚款改为十倍以上二十倍以下（见第一百一十七条）。

2. 从刑事法律角度看，长春长生所应承担的法律责任

根据吉林省食药监局的认定，该事件中的疫苗属于劣药，而我国《刑法》也规定了生产、销售劣药罪。我国《刑法》第一百四十二条规定："生产、销售劣药，对人体健康造成严重危害的，处三年以上十年以下有期徒刑，并处销售金额百分之五十以上二倍以下罚金；后果特别严重的，处十年以上有期徒刑或者无期徒刑，并处销售金额百分之五十以上二倍以下罚金或者没收财产。本条所称劣药，是指依照《中华人民共和国药品管理法》的规定属于劣药的药品。"该罪名最高刑罚是无期徒刑。7 月 23 日公安机关已经对该案立案侦查。但是，生产、销售劣药这个罪名是结果犯，即需要发生严重的实害结果，目前仍未有足够的证据证明该实害结果，并且对于该严重的实害结果举证也十分困难。

即便如此，《刑法》对该类罪名也规定了一个兜底罪名，即便无法认定危害结果，但却可以以生产、销售伪劣产品罪定罪论处。

我国《刑法》第一百四十条规定："生产者、销售者在产品中掺杂、掺假，以假充真，

以次充好或者以不合格产品冒充合格产品,销售金额五万元以上不满二十万元的,处二年以下有期徒刑或者拘役,并处或者单处销售金额百分之五十以上二倍以下罚金;销售金额二十万元以上不满五十万元的,处二年以上七年以下有期徒刑,并处销售金额百分之五十以上二倍以下罚金;销售金额五十万元以上不满二百万元的,处七年以上有期徒刑,并处销售金额百分之五十以上二倍以下罚金;销售金额二百万元以上的,处十五年有期徒刑或者无期徒刑,并处销售金额百分之五十以上二倍以下罚金或者没收财产。"从该法条可见,只要长春长生的疫苗销售金额达到五万元即可对其主管人员等定罪量刑,若达到两百万元,甚至可能被判处无期徒刑,并没收财产。关键就在于长春长生生产劣药的行为是否产生了严重的实害结果,从而影响对其犯罪行为的罪名认定。

除了上述罪名之外,还可以对高某等犯罪嫌疑人以危险方法危害公共安全罪进行定罪量刑。以危险方法危害公共安全罪是一个概括性罪名,是故意以放火、决水、爆炸以及投放危险物质以外的并与之相当的危险方法,足以危害公共安全的行为。首先,高某等人生产无效狂犬疫苗,使得该疫苗无法有效预防疾病,在我国,狂犬病一旦发病,死亡率是百分之百。换言之,若疫苗接种者被咬伤,自认为已接种过疫苗,咬伤后便没有再接种,若该接种者狂犬病发,等待他的就是死亡。所以,高某等人对死亡率百分之百的狂犬病生产无效疫苗,并投放于市场,该行为已经危及公众安全。其次,疫苗投放于市场之后,接种的是公众,即不特定的多数人,该客体也已经符合以危险方法危害公共安全罪的规定。再次,高某等人明知该疫苗无效,仍旧投放于市场,明知而为之,符合《刑法》上对于犯罪故意的定义。由此可见,高某等人的行为已经满足以危险方法危害公共安全罪的构成要件,可以以该罪进行定罪量刑。而我国《刑法》规定,以危险方法危害公共安全尚未造成严重后果的,处三年以上十年以下有期徒刑。造成严重后果的,处十年以上有期徒刑、无期徒刑或者死刑。该罪的最高刑是死刑,处罚力度较重,高某等人的行为严重危害了各婴幼儿等疫苗接种者的身体健康,甚至威胁生命,其危害行为满足以危险方法危害公共安全罪的构成要件,用该罪对其进行定罪量刑也是合适的。

3. 从民事法律角度看,长春长生所应承担的法律责任

长春长生生产疫苗并营利,在民事法律关系上,疫苗也属于一种产品,长春长生属于生产者。我国《产品质量法》第二十六条的规定:"生产者应当对其生产的产品质量负责。产品质量应当符合下列要求:(一)不存在危及人身、财产安全的不合理的危险,有保障人体健康和人身、财产安全的国家标准、行业标准的,应当符合该标准;(二)具备产品应当具备的使用性能,但是,对产品存在使用性能的瑕疵作出说明的除外;(三)符合在产品或者其包装上注明采用的产品标准,符合以产品说明、实物样品等方式表明的质量状况。"长春长生所生产的疫苗存在着危及人生的不合理的危险,应当承担相应的产品质量责任。该法第四十一条规定:"因产品存在缺陷造成人身、缺陷产品以外的其他财产损害的,生产者应当承担赔偿责任。"同时,第四十四条规定:"因产品存在缺陷造成受害人人身伤害的,侵害人应当赔偿医疗费、治疗期间的护理费、因误工减少的收入等费用;造成残疾的,还应当支付残疾者生活自助具费、生活补助费、残疾赔偿金以及由其扶养的人所必需的生活费等费用；造成受害人死亡的，并应当支付丧葬费、死亡赔偿金以及由死者生前扶养的人所必需的生活费等费用。"由此可见，目前长春长生被爆出疫苗的质量有问题，若日后出现了受害者，长春长生即使接受行政处罚，也被处以刑罚，依旧需要赔偿受害者相应的损失，承担相应的产品责任。

除《产品质量法》以外，《侵权责任法》第五十九条规定："因药品、消毒药剂、医疗器械的缺陷，或者输入不合格的血液造成患者损害的，患者可以向生产者或者血液提供机构请求赔偿，也可以向医疗机构请求赔偿。患者向医疗机构请求赔偿的，医疗机构赔偿后，有权向负有责任的生产者或者血液提供机构追偿。"所以，从民事侵权的角度上而言，若日后出现受害者，受害者也可以要求长春长生承担相应的侵权责任。

第四章

医药知识产权保护

Chapter 4

第一节 药品专利保护

一、药物专利类型

药物相关发明根据发明主题可分为产品发明、方法发明和用途发明三大类,其中,产品发明包括化合物发明、组合物发明、物质特殊形态发明、专用生产设备/器具发明等;方法发明包括制备方法发明、分析/检测方法发明等;用途发明包括制药用途发明、其他用途型发明等。用途发明是一种特殊的方法发明,撰写方式和审查标准与一般的方法发明存在很大不同,因此单独列出。

(一)产品发明

1. 化合物发明

(1)通式化合物/具体化合物。

通式化合物/具体化合物作为药物的基础物质专利,是创新型药物知识产权保护的基础,往往决定了药物上市后的命运。通式化合物发明通常以马库什结构通式表示,包括若干可变的取代基变量,通常涵盖了同类化合物及其衍生物,保护范围较大,保护力度强,难以规避。由于具体开发药物时只能针对通式中一个个具体化合物进行测试,具有离散性,且测试成本很高,而马库什通式具有极强的概括能力,因此通式化合物发明能够在研发早期对真正的目标化合物进行隐藏,赢得时间。

需要注意的是,由于通式化合物是对一类化合物的高度概括,在审查实践中往往被视为一个整体技术方案,在核实是否能够享受优先权以及在专利无效程序中修改专利文件时会产生一定限制,可能对专利权的稳定性产生影响。因此,对于此类发明的专利申请文件撰写提出了较高要求,应当设置足够数量并具有一定层次的从属权利要求。

(2)化合物的盐。

对于有机药物而言,成盐能够在某种程度上改善药物本身的稳定性和溶解性,提高药物的生物利用度,并且成盐后更容易形成结晶,简化药物的纯化工艺。因此,盐型筛选是新药在临床前研究的重要内容,很大比例的药物最终都以盐的形式上市,例如甲磺酸伊马替尼片、阿托伐他汀钙、盐酸帕罗西汀、磷酸西格列汀等。化合物的盐型发明是药物专利保护的重要方面。

(3) 化合物的异构体。

生物体内大多数有机化合物都具有手性。药物在体内处于一个"手征性"环境中，一些药物在药理作用、性质、强度及药物代谢动力学过程等方面往往表现出差异。许多手性药物往往只有其中一种异构体有效而另一种疗效甚低、无效甚至具有毒性，例如，普萘洛尔 L-异构体的药理活性比 D-异构体大 100 倍，(-) 美沙酮是强效镇痛剂而 (+) 美沙酮无效，沙利度胺的致畸作用完全由 (-) 异构体所致。在进行手性药物开发时常常需要考虑异构体的活性和／或毒性差异，对手性药物的异构体进行拆分和研究，并将具有突出优势的异构体申请专利是药物专利布局的重要内容。

(4) 同位素取代的化合物。

同位素取代的化合物有两类，一类是放射性同位素标记的药物，常用于临床诊断、检测，或者用作放射性治疗药物，诊断药物主要有 99mTc 标记的各种化合物，放射性治疗药物是对病者提供体内器官的放射性照射，有 ^{131}I、^{32}P、^{198}Au、^{186}Re 等核素标记的化合物；另一类是活性药物的同位素取代物，最常见的为氘代药物。氘代药物的碳氘键（C—D）与常规的碳氢键（C—H）相比稳定性更高，氘代可延缓药物代谢速度或者改变代谢途径，延长药物在体内的作用时间，改善药物的药代动力学、药效动力学，降低药物代谢毒性，进而可能改变药物的有效性、安全性、耐受性等性质。目前，欧美已经有多个氘代药物进入临床到上市的不同阶段。

例如，帕罗西汀分子中亚甲基的碳-氢键在体内经代谢酶 CYP2D6 氧化和脱水后会形成高反应活性的卡宾，它会与 CYP2D6 共价结合形成不可逆复合物，具有潜在的药物-药物相互作用。其活性代谢位点的氘代物 CTP-347 中碳-氘键很难被 CYP2D6 氧化（见 PCT 专利 WO2007016431A2），封闭了帕罗西汀的代谢位点，改变了代谢途径，减少活性代谢产物的生成，降低了对 CYP2D6 的抑制作用，增强了在体内的代谢稳定性，但其药理作用基本保持不变。

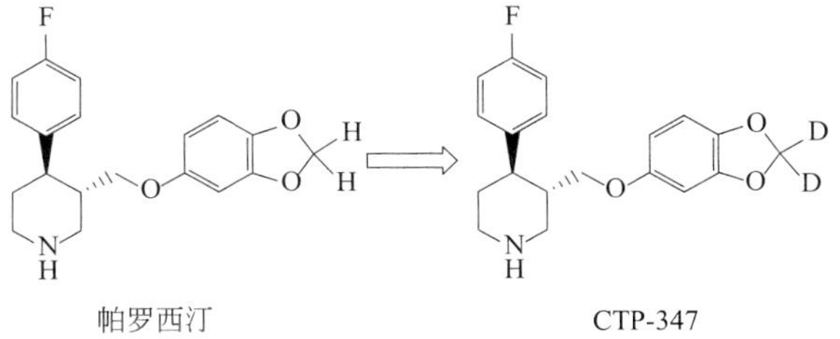

图 4-1　帕罗西汀及氘代物的结构

对已上市药物进行氘代是相对简单的开发策略，因为现有药物的有效性与安全性都已经过验证，氘代不会影响药物分子的构象，能够最大限度地保留其结合属性。对于在临床上做出显著优效的氘代药物，商业价值等同于传统创新药，已经成为传统药物发现的一个补充手段。由于每种元素一般都存在一定自然丰度的同位素，对于同位素取代的化合物发明，撰写时需要特别注意将其与自然丰度的普通化合物区分开。

对于前述的药物化合物的盐型、异构体和同位素取代等改进型发明，可由通式化合物或具体化合物本身出发进行二次创新，间接延长相关药物的专利保护期。例如辉瑞公司曾经最畅销的降血脂药阿托伐他汀（立普妥），于1986年5月30日申请的美国专利US4681893保护了含有阿托伐他汀的通式化合物及其药学上可接受的内酯水解盐，其后续专利US5273995则保护了阿托伐他汀及其钙盐，两件专利分别都通过儿科用药6个月的市场独占期规定，获得专利期延长半年，其过期日分别为2010年3月24日、2011年6月28日，这两个重要的专利使得该药物的专利保护期延长了5年。

对于化合物改进型发明，在申请专利时其相应的化合物可能已经成为现有技术，给改进型发明的授权造成障碍，授权后还可能影响权利的稳定性。因此，在撰写申请文件时应当在说明书中记载足够的对比实验数据，例如将所要保护的盐与化合物本身或者与其他不同形式的盐进行效果对比，将不同异构体之间进行比较，或者将不同位置的同位素取代的效果进行比较等，为在审查程序中的创造性争辩留下空间。

2. 组合物发明

组合物是由两种及以上物质组成的混合物，包括活性物质与无生理活性的助剂组成的制剂组合物，两种或两种以上活性物质组成的复方。

在药物制剂研究中，需要综合考虑化合物的各种性质，使用恰当的填料、赋形剂、稀释剂、润滑剂、乳化剂、稳定剂等助剂，解决制剂学上的各种技术问题，开发出最合理的药物剂型和制剂工艺。药物制剂组合物发明不仅仅局限于延长药物专利的保护期限，更重要的是对药物的改良剂型提供专利保护，拓展现有药物的使用范围，延长药物的生命周期。

包括多种活性成分的复方组合物，即通常所说的药物联用，是为了达到治疗目的而采用的两种或两种以上药物联合应用，其结果主要是为了增加药物的疗效或减轻药物的毒副作用，或者使不同药物的药理作用互补，扩大适应证范围等。

3. 固体物质状态发明

目前市面上的药物绝大多数都是固态物质。固态物质的分子排列方式不同会产生多晶型现象，包括晶态和非晶态（无定型态）。晶型是药物存在的固体物质状态，一种化学药物可有多种不同的晶型状态，药物晶型可以影响药物的理化性质，这可能直接影响药物临床有效性和安全性。对于具有多种形式物质状态的药物而言，应具备晶型物质相对稳定、能够最好地发挥防治疾病作用、毒副作用较低的晶型物质状态，称为优势药物晶型。因此，对于药物晶型研究，尤其是寻找优势药物晶型是进行药物研发的重要组成部分。对优势药物晶型进行专利保护是对化合物产品专利保护的有力补充。

对于晶型发明而言，多数情况下相应化合物或其类似物已经成为现有技术，给晶型专利授权产生障碍，授权后还可能影响权利的稳定性。因此，在撰写申请文件时应当在说明书中记载足够的实验数据。例如将所要保护的晶型与其他存在状态进行效果对比，包括稳定性、溶解性、溶出速度和溶出率、生物利用度、药物吸收分布、半衰期、临床疗效、毒副作用等等，凡是与制剂生产工艺和药物临床应用密切相关的技术效果数据，只要能够解决一定的实际技术问题，都可以作为实验数据记载在说明书中，为在审查程序中争辩创造性留下空间。

4. 核酸与基因发明

核酸是脱氧核糖核酸（DNA）和核糖核酸（RNA）的总称；带有遗传信息的 DNA 片段则称为基因，基因是产生一条多肽链或功能 RNA 所需的全部核苷酸序列。DNA、RNA 或其片段的实质是一种具有生物学功能的大分子化合物，但在很多方面又不同于有机小分子化合物。

单纯从自然界找到以天然形态存在的基因或 DNA 片段仅仅是一种科学发现，属于《专利法》第二十五条中第（一）项规定的科学发现，不能被授予专利权。但是，如果是首次从自然界分离或提取出来的基因或 DNA 片段，包括从微生物、植物、动物或人体分离获得的，以及通过其他手段制备得到的，其碱基序列是现有技术中不曾记载的，并能被确切地表征，且在产业上有利用价值，则该基因或 DNA 片段本身及其制备方法均属于可授予专利权的客体。

5. 多肽与蛋白质发明

多肽是 α-氨基酸以肽键连接在一起而形成的化合物，是蛋白质水解的中间产物。蛋白质是由一条或一条以上的多肽链经过盘曲折叠并按照特定方式结合而成的具有一定空间结构的高分子化合物。蛋白质在细胞和生物体的生命活动过程中起着十分重要的作用，生物的结构和性状都与蛋白质有关。蛋白质还参与基因表达的调节，以及细胞中氧化还原、电子传递、神经传递、免疫反应乃至学习和记忆等多种生命活动过程。在细胞和生物体内各种生物化学反应中起催化作用的酶和许多重要的激素主要也是蛋白质。常见的多肽与蛋白质类发明包括以下类型：

1）多肽类发明：主要是为了获得抗肿瘤多肽、抗病毒多肽、抗菌多肽、多肽疫苗、细胞因子模拟肽、诊断用多肽等。

2）抗体发明：抗体是机体在抗原物质刺激下，由 B 细胞分化成的浆细胞所产生的、可与相应抗原发生特异性结合反应的免疫球蛋白。专利申请中常见的抗体类别有单克隆抗体、多克隆抗体、嵌合抗体、人源化抗体、抗体片段［Fab、Fab'、Fab'-SH、Fv、scFv、F（ab'）2、双抗体等］、卵黄抗体。

3）混合肽发明：混合肽是两个或多个肽链结合在一起而形成，可以通过化学的方法连接，也可以通过基因重组来实现。专利申请中常见的混合肽主题名称有融合蛋白、缀合蛋白、杂合蛋白、嵌合蛋白等。

4）与载体结合或固定的肽多：一般为肽链与高分子聚合物（如聚乙二醇）连接，以克服生物活性肽和蛋白质在体内半衰期短、易被酶降解及免疫原性等缺点。

6. 生物芯片与试剂盒发明

生物芯片是指在固体基片表面所构建的微型生物化学分析系统，可实现对生命体中的基因、蛋白、细胞和组织进行准确、快速和大信息量的分析检测。生物芯片可分为 cDNA 芯片、寡核苷酸芯片、动电芯片、蛋白芯片、免疫芯片等。生物芯片技术已广泛应用于基因序列分析、疾病诊断、药物研究、微生物检测、农林业生产、食品、环境保护和检测等领域。

试剂盒是用于盛放检测用化学或生物试剂的盒子。试剂盒类发明的实质在于其中的检测用试剂和专用器具，例如专用引物、探针、荧光试剂、试纸、生物芯片等，因此，试剂盒权利要求常常与相关的检测试剂权利要求同时存在。

生物芯片上可固定成百上千甚至上万个核苷酸分子，这些核苷酸分子在空间上是分离的，甚至在具体使用中在时间上各分子也是分开使用的，各自所起的作用也不尽相同。生物芯片发明的一个权利要求中可能会限定几十乃至上百个核苷酸分子的序列，还可能存在多对引物或多个探针的情形。因此，生物芯片发明可能存在单一性问题。

7. 微生物与疫苗发明

微生物包括细菌、放线菌、真菌、病毒、原生动物、藻类等。由于微生物既不属于动物，也不属于植物的范畴，因而微生物不属于《专利法》第二十五条中第（四）项所列的不授予专利权的情况。但是未经人类的任何技术处理而存在于自然界的微生物由于属于科学发现，所以不能被授予专利权。只有当微生物经过分离成为纯培养物，并且具有特定的工业用途时，微生物本身才属于可给予专利保护的客体。

疫苗是采用病原微生物经除去或减弱它对动物的致病作用而制成的制剂，是为了预防、控制传染病的发生和流行，用于人或动物体的预防接种的预防性生物制品。疫苗可分为活疫苗和死疫苗两类。

微生物发明和疫苗发明所涉及的微生物样品通常需要到国家知识产权局认可的保藏单位进行保藏。

（二）方法发明

1. 制备方法发明

制备方法发明包括制备化合物、异构体、晶型、制剂等产品的新路线、新工艺，或者精制、纯化方法等。对于药物制备工艺中所使用新中间体及其制备方法、特定杂质的控制方法也可进一步申请专利保护，可对药物制备方法专利产生很好的强化作用。

对于制备方法专利，说明书中记载的技术效果应主要强调所述方法因使用了不同于现有技术工艺的原料、试剂等物质或者新的步骤所带来的效果，包括产率提高、产品质量改善、工艺简捷、环保等。

但是制备方法类专利存在发现被侵权难、维权时举证难等弱势，在某些情况下，药物制备生产工艺中的技术秘密、技术诀窍等可能更适合作为商业秘密进行保护。

2. 分析/检测方法发明

检测、检验是控制出厂药物质量的重要步骤，药物及其中间体、杂质、制剂等的分析检测方法往往会写入药品标准中，如果对于这些分析检测方法以及其中所使用的专用试剂进行专利保护，成为标准必要专利，则可能在市场竞争中占据先机。

需要注意的是，如果将分析检测方法写成质量控制标准或质量控制方法，有可能属于《专利法》第二十五条中第（二）项规定的智力活动规则，不能获得授权。此外，对于人或动物的生物样品的分析检测方法，如果能够直接或间接获得同一主体的疾病或健康状况，则可能属于《专利法》第二十五条中第（三）项所述的疾病诊断方法，将不能被授予专利权。因此，对于分析／检测方法类发明需要特别注意权利要求书的撰写技巧。

（三）用途发明

用途发明是一类特殊的方法发明，实质上是某种物质的使用方法。制药用途发明本质上是发现药物可用于治疗某种新的适应证，常常涉及老药新用。例如辉瑞公司最初研制用于治疗冠心病的药物西地那非，在临床实验中发现对冠心病的治疗效用不能达到研究预期，但是陆续发现了其用于治疗勃起功能障碍、肺动脉高压的新用途，相继于 1998 年、2005 年经 FDA 批准并应用于临床至今。

对于制药用途发明，权利要求如果撰写成"××用于治疗某种疾病""××作为治疗某种疾病的药物的应用"，则属于疾病的治疗方法，不能被授予专利权。

二、药物专利布局

（一）药物专利布局概述

1. 什么是专利布局

专利布局是一个为达到某种战略目标，有意识、有目的地进行一系列专利申请，形成专利组合的过程。它是一种构建专利组合的顶层规划和指导思想，是企业专利战略思想的体现，往往是全局性的战略考虑。专利布局既包括企业战略性的全面技术布局，也包括针对某产品或某项目的具体布局。

专利权是法律赋予的一种垄断性权利，申请专利和维持授权专利有效都需要花费不菲的成本，如果申请大量专利却不能为企业带来垄断利益，那么这样的专利是没有价值的，甚至是沉重的负担。因此，专利布局具有非常强的目的性。企业在进行专利布局时应当根据自身实际情况采取针对性策略，才能形成具备实际应用价值的专利资产。

"产品未动，专利先行"，企业的专利申请和部署是为了能够在未来的市场竞争中形成有利格局，而且专利授权程序需要消耗一定的时间，因此，企业在进行专利布局时要具有前瞻性，瞄准未来市场。

此外，在进行专利布局时，还应当根据目标技术领域的特点，统筹考虑技术链上的各项技术，系统性地考虑需要多大数量规模的专利，以及这些专利需要保护什么样的技术主题、纳入什么样的技术内容、彼此之间具备怎样的关联关系等。

2. 药物专利布局的特点

（1）离散性。

药物研发技术的最大特点是具有离散性，即不同药物之间在技术上很难发生关联，具有不连续性。即便两个药物的结构再怎么接近，而且作用机理相同，前一个药物的安全性和有效性试验结果（尤其是临床试验结果）也很难应用于后一个药物，即验证每个药物的安全性和有效性的试验都必须单独进行，无法用另一个药物的试验结果进行代替。

同样，一个药物的生产工艺也无法完全照搬另一个药物的生产工艺，当然，结构类似的药物之间仍然可能共用一些相同的中间体和中间步骤。因此，一个企业研发的多个药物很难采用统一的专利布局策略，通常只能针对每个药物单独进行布局。

由于药物研发技术具有离散性，这也决定了新药研发具有投资大、难度高、周期长、成功率低、风险高等特点。新药的竞争实质上是经济实力和科技实力的竞争，新药研发成果只有通过良好的专利保护才能在市场上取得更大的效益，药品市场的竞争归根结底是专利的竞争，如果没有专利保护，发明人很难收回高昂的研发成本。因此，专利在药品的生命周期中占有重要地位，一旦失去专利保护，相关药品一般都会面临销售额的急剧下降和利润损失，出现"专利悬崖"现象。

以立普妥为例，1997 年在美国上市，美国专利于 2011 年 11 月到期，英国专利于 2012 年 5 月 7 日到期，从立普妥全球销售额曲线可以看出，2012 年因专利相继到期销售额大幅下滑，与 2011 年相比下降达 56%。

图 4-2　立普妥全球销售额曲线

（2）产品布局的重要性。

不同药物联合使用时常常会发生药物相互作用是药物领域的另一大特点。两种药物联用时可能产生协调增效作用，或者降低毒副作用，也可能互相增强毒性，因此，药物联用在药物领域具有重要地位。制药企业可以利用这一点将本不相关的药物关联起来，形成组合产品，每种组分的专利也可能适用于组合产品，形成更大的专利布局网。

例如吉利德公司开发的索非布韦（吉一代）是迄今为止最为高效的丙肝治疗药物之一，但其仅对特定基因型 HCV 有效。2014 年开始先后布局了索非布韦与雷迪帕韦的复方组合物专利 WO2014120981A1（吉二代），与维帕他韦的复方组合物专利 WO2015030853A1（吉三代），与维帕他韦和伏西瑞韦的三组分复方组合物专利 WO2017210483A1（吉四代），并且对雷迪帕韦、维帕他韦和伏西瑞韦也单独布局了大量专利。其中索非布韦与维帕他韦的复方制剂商品名为丙通沙（Epclusa），索非布韦与维帕他韦和伏西瑞韦的三组分复方制剂商品名为 Vosevi，丙通沙和 Vosevi 对 HCV 的全部六种基因型均有效，大大扩展了适应证范围，延长了药品生命周期，系列产品专利网络的防御能力大大增强，坚不可破。

（二）药物专利申请策略

1. 时间布局

专利申请的时间布局包括两层含义，一是每件专利申请的时机选择，二是合理设计对某项技术的若干件专利申请在整个产品生命周期中的时间分布。

对于每件专利的申请时机选择，由于包括中国在内的绝大多数国家都实行先申请制，美国也已经由先发明制转变为发明人先申请制，因此将研发成果及时申请专利是十分重要的，否则可能会让竞争对手捷足先登，反受他人约束，从而带来法律风险和投资风险。但是过早申请会使药品上市后真正得到专利保护的时间被缩短。因此，首次专利申请时间的选择非常重要。

通常来说，对于新的药物化合物，首次申请专利的时机需要考虑以下因素。

（1）所选靶点或同类化合物的技术成熟度和竞争激烈程度。

如果所选择的靶点已经很成熟，或者同类化合物研究比较充分，有多家其他公司正在开展同类研究，竞争激烈，则应尽早申请，避免被竞争对手抢先申请专利或发表论文。反之，如果所选择的靶点较新，少有人涉足，或者同类化合物研究较少，则可推迟申请，尽可能使新药上市后获得的实际保护期限较长，还可避免过早暴露自己的研究内容，导致其他竞争对手获得研发信息。

（2）所选择的保护策略。

药物化合物分子设计、合成和筛选进行到某个重要节点后，需要根据已经获得的研究信息，分析化合物的构效关系，考虑如何布局专利保护的范围大小，便于进行后续研发和排斥竞争对手，以及确保研发成果能够得到充分保护。如果需要保护更大范围，则必须进行更多的实验和测试，花费更多的时间，申请就会滞后；反之，则花费时间较少，可以更快地申请专利。

（3）需要确保核心技术获得专利保护。

虽然较早申请专利通常可以抢占先机，但也不能操之过急，一定要做完必要的实验和测试，获得关键数据，对关键数据和实验方法充分验证，并整理形成规范的申请文件后再递交申请。

对于系列专利申请的整体时间分布，需要考虑研发整体进度安排、产品生命周期、需保护的技术主题的特定等因素。以药物化合物为例，在发现新的先导化合物或药物候选化合物并确证潜在用途后，可申请通式化合物或具体化合物专利。在选定候选化合物后进行临床前研究阶段，由于对药物进行各种测试需要筛选适合药用的盐型和晶型、异构体拆分、制备工艺开发、制剂开发、检测方法开发等，此阶段可申请化合物的盐型、晶型、异构体、制备方法、药物组合物、分析方法等类型专利。在临床研究阶段，主要目的是测试化合物的疗效、毒性、不良反应等，可以不良反应或毒性反应为基础，此阶段发现新的治疗用途可以申请制药用途专利，对于盐型、晶型、异构体、制备工艺的进一步研究成果也可进一步申请专利。在新药上市后，可能需要开展临床IV期试验，以及药物不良反应监测等工作，对生产工艺进一步优化，应用领域的进一步拓展等，可申请新用途、新药物组合物、新晶型等类型专利。

此外，还需要考虑不同技术主题的保护内容和保护强度具有较大差异，对不同技术主题申请专利的时机应当统筹安排。具体化合物的盐型和晶型专利对于药品的保护力度大，规避难度大，如果申请时机得当可以达到延长专利保护期的效果。在药品技术成熟期，随着仿制药逐步上市，竞争加剧，控制生产成本、推出药品的升级产品是获得竞争优势的重要手段，此时申请制备方法专利和新制剂专利则可有助于控制市场。药品质量标准是一种强制性技术标准，药物的专属分析方法是药品质量标准的核心，在药品生命周期的后期申请适当的分析方法专利，则可达到限制竞争对手的作用。

2. 地域布局

地域布局是专利布局的一个重要方面，是基于专利的地域性特征，根据企业参与市场竞争的需要，在全球范围内确定需要进行专利保护的区域，制订区域专利申请部署规划，从而确保企业在相关地域中处于有利的竞争地位。企业在选择专利申请的地域时，可以根据企业自身的现有市场地域和未来市场地域、竞争对手的现有市场地域和未来市场地域，选择不同的专利布局策略。

在企业的现有市场地域，例如原创新药首次批准的地域，企业和竞争对手之间没有直接的产品竞争关系，或者企业在竞争中占绝对优势，在这类地域主要是构建保护性专利，并适时进行储备式专利布局，通过专利巩固企业的技术优势地位，防范他人的技术模仿。在这些地域专利数量应保持一定的规模，并向其重点市场倾斜，防范竞争对手向这些地域的专利渗透，适时部署一定数量规模的对抗性专利。

在竞争对手现有市场地域，例如对于仿制药企业而言，在创新药的原研企业所在地域，企业和竞争对手之间也没有直接的产品竞争关系，或者竞争对手处于绝对优势的竞争地位，企业可立足于为未来可能的产品进入提前进行储备式专利布局，以及为应对竞争对手在其他市场发起专利诉讼而布局一定的对抗性专利。在这类地域中，无论是储备性专利和对抗性专利，布局的重点在于精而不在于多，并且向竞争对手的重点市场倾斜。

在企业和竞争对手共有市场地域，二者存在着激烈的产品竞争关系，在此地域的专利布局要立足于保护现有市场份额，并力争在下一代产品中的竞争优势，有效防范对方的专利阻击，因而需要同时进行保护性专利布局、储备性专利布局和对抗性专利布局，专利数量和规模要与竞争对手保持一定比例，并且在个别领域建立起一定的专利优势。

在企业的未来市场地域，专利布局的重点在于提前针对所准备投放的产品进行保护性专利布局，并进行适当的储备性专利布局，及早占据专利控制地位。对于与竞争对手将要共同拓展的地域，常常是整个行业的潜在新兴市场，很可能成为企业未来利润的主要来源。企业在布局专利的数量和质量上都要加以重视，可以和现有市场保持同等规模，针对双方可能投放的产品提前进行专利布局。

在竞争对手未来的市场地域，企业的专利布局主要选择对竞争对手的商业发展较为重要的区域进行储备式专利布局，提前进行专利圈地，希望能够在未来发挥限制竞争对于发展、对抗其专利攻击的作用。

举个例子，某公司在国内新上市的原研新药，在专利保护期内尚无仿制药涉足，市场上没有竞争产品，在国内市场该公司可在原始化合物基础专利的基础上，针对该创新药的 me-too 药物（派生药）或衍生物、前药、活性代谢物、盐、晶型、药物组合物、新剂型、联合用药、新适应证、制备生产工艺、杂质控制、分析检测方法等外围专利进行适当布局，形成专利保护立体网络，设置仿制药进入的技术壁垒。假如某公司还想要将该新药出口到美国，美国则是其未来市场地域，在专利布局时至少应将该药品的核心专利指定美国，例如化合物、盐、晶型、组合物等专利，待时机成熟时进入美国，进行适当的储备性专利布局。

3. 保护范围的确定

为了保证在申请日还未完全开发出来的药物至少能在某种程度上受到原申请的保护，首次申请通常希望获得最宽范围的保护。但是，过大的保护范围会增加获得授权的难度，而且有可能将企业后续研发的内容公开，导致后续研究成果不能获得专利。

因此，在考虑权利要求范围大小时，一般主要考虑以下两个因素。

（1）已完成的研究成果。

专利法对获得专利有严格的规定，要求说明书公开充分，权利要求书必须得到说明书的支持，并且保护的对象具有新颖性和创造性。这些都依赖于必要的实验结果和数据的支撑，权利要求保护范围的大小也依赖于已完成的实验内容。例如对于化合物专利，如果已经制备出来的化合物数量和种类多，而且还有数据证明它们具有说明书所述的活性，则通常可以概括出一个较大的保护范围。而如果化合物数据量不足或种类单一，则能够概括得到的范围比较有限，因此想要过大范围的权利要求可能就会不符合专利法中关于支持或创造性的要求。

（2）后续研发方向。

通常，首次申请的权利要求（特别是独立权利要求）总是追求宽泛的保护范围，跑马圈地，但是这可能对企业后续研发成果申请专利产生障碍，而且可能被竞争对手洞察到研发方向的有用信息而在这个方向上捷足先登。因此，企业在首次申请专利时，既要考虑尽量获得较大的保护范围，避免被竞争对方很容易地绕开专利，又要考虑后续研究方向，为后续研究能够获得专利保护奠定基础。

此外，对于一件专利申请而言，权利要求的保护范围要立体化，撰写多个层次和不同范围大小的权利要求，形成一个"倒金字塔"结构的保护网络。这样一方面可确保获得较大的保护范围，另一方面在专利无效程序中拥有更多的退路，权利更稳定。

（三）创新药专利布局案例

以抗病毒药物瑞德西韦为例，吉利德公司与美国疾病预防控制中心和美国陆军传染病医学研究所合作，利用了其在 20 多年来的抗病毒项目研究中获得的化合物库，其中包含了大约 1000 个不同的核苷和核苷磷酸酯类似物，从中筛选抗 EBOV 活性化合物，从而确定了先导化合物 4 和潜在的单磷酸酯前药 4a，由于磷原子具有手性，4a 是包含 Sp

异构体和 Rp 异构体的混合物。Sp 异构体即为瑞德西韦（GS-5734）。

4

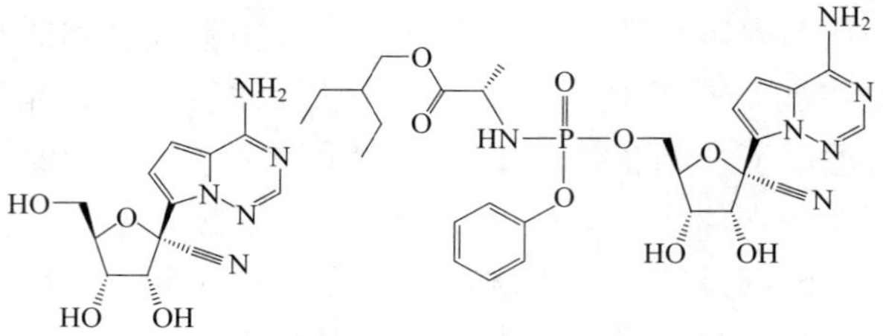

4a *Sp* and *Rp* isomers(～1∶1)
4b *Sp* isomer(GS-5734)
4c *Rp* isomer

图 4-3　瑞德西韦及其先导物的结构

瑞德西韦是一种 C- 核苷类似物，结构与腺苷酸接近，抗病毒作用机理是模拟核苷酸干扰病毒 DNA 或 RNA 的复制。

腺苷酸　　瑞德西韦(GS-5734)

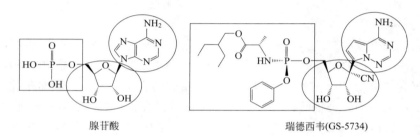

图 4-4　瑞德西韦与腺苷酸结构对比

对其结构修饰可能存在三个方向：①碱基的杂环结构，②核糖的五元环结构，③磷酸酯结构。

1. 瑞德西韦的整体专利布局

吉利德公司发现瑞德西韦相关的抗病毒化合物后，申请一系列专利，目前已公开 15 件 PCT 专利，其中 8 件已进入中国，并且有 3 件提出了分案申请，即总共 11 件中国专利申请，5 件已获得授权。

从时间线来看，吉利德公司自 2007 至 2018 年的十多年时间内一直对瑞德西韦类化合物进行持续研究和结构改进，并不断扩展抗病毒活性谱，拓展应用领域。

前期布局大量化合物核心专利，阻止跟随者进行 me-too 或 me-better 类药物研发，中期布局大量适应证专利，进一步增加跟随研发难度，后期则进行应用研究，适当布局合成方法、中间体、新晶型和新剂型等外围专利，逐渐形成专利丛林，使得跟随者和仿制者面临困难重重。

从上述专利布局可以看出，吉利德公司的专注力和持续创新能力在众多药企中首屈一指，并且专利申请时机始终密切配合研发进度，并且还善于运用分案申请制度和美国继续申请制度，不愧是药物领域专利布局的高级玩家。

图 4-5 瑞德西韦专利布局

2. 化合物专利布局

对于瑞德西韦类药物，吉利德从可能的结构修饰方向进行全方位布局，其中涉及化合物专利共 7 件：WO2008005542A1、WO2009132123A1、WO2009132135A1、WO2012012776A1、WO2012039787A1、WO2015069939A1 和 WO2019053696A1。

（1）碱基的结构修饰。

WO2008005542A1 采用与腺嘌呤结构类似的各种 5-6 元稠合杂环（B1、B2、B3）替换腺苷酸中的碱基，但连接方式仍然是通过杂环的氮原子与核糖相连，即传统的 N-核苷类似物。概括的通式结构如下：

其中 B1 可以选自以下基团：

B2 可以选自以下基团：

等（所列基团过多，此处省略）

B3 可以选自以下基团：

WO2009132123A1 和 WO2009132135A1 则采用 5-6 元稠合杂环的碳原子与核糖相连，即 C-核苷类似物。概括的通式结构如下：

（2）核糖的结构修饰。

WO2009132135A1 和 WO2012012776A1 对核糖的 1′-位进行取代，WO2012039787A1 对核糖的 2′-位进行取代，WO2015069939A1 对核糖的 4′-位进行取代，WO2019053696A1 则对核糖的 1′-、2′-、3′-、4′-位的多个位置进行取代。概括的通式结构如下：

WO2008005542A1 的核糖可在不同位置脱氧，并且膦酰基通过亚烷基氧与呋喃环相连，其中代表性化合物的结构如下：

（3）磷酸酯部分的结构修饰。

上述 7 件专利均对磷酸酯部分作了不同程度修饰，涉及单磷酸酯、多磷酸酯、磷酰氨基酸酯、环磷酸酯，磷酸酯的侧链还可被进一步酯化或硫酯化。

（4）化合物专利布局模式。

吉利德公司针对瑞德西韦的可能修饰方向布局了大量的衍生物专利，可有效防止跟随者进行 me-too 或 me-better 类药物研发。就单件或少数几件专利来说，可以认为这些专利是典型的路障式专利布局模式，但布局大量的路障式专利，将所有可能的结构修饰方向均申请专利，则形成城墙式专利布局，可使竞争对手很难进行规避设计。

3. 用途专利布局

开发新的适应证是新药研发的重要方面，能有效降低研发成本，提高研发成功率，扩大市场规模等。

吉利德公司针对瑞德西韦及其衍生物陆续测试了多种病毒活性，医药用途及治疗方法专利涉及黄病毒科感染（尤其是 HCV、寨卡病毒）、副黏病毒科感染（尤其是肺炎病毒亚科）、丝状病毒科感染（例如埃博拉病毒）、沙粒病毒科感染、冠状病毒科感染（包括猫肠道冠状病毒）等，时间上伴随了整个研发期间。

对于医药用途发明的保护，不同国家采取不同的保护政策。大多数国家都不保护疾病的治疗方法，美国则是允许保护疾病治疗方法的为数不多的国家之一，同时免除了专业医疗人员在从事医疗活动时使用医疗方法专利的侵权责任。

欧洲专利局采用医药用途专利的形式，第一医药用途专利可以撰写成产品形式，第二医药用途专利可撰写成疾病限定的产品形式，保护力度比较大。

中国只能撰写成制药用途（即瑞士型）权利要求，日本对医药用途发明的保护则相对比较灵活，既可以撰写成制药用途权利要求，也可撰写成疾病限定的产品形式。

由于美国拥有世界上最大的药物市场，吉利德公司在申请医药用途专利时兼顾了不同国家的保护政策，在这些医药用途专利中不仅设计有用途限定的产品权利要求，而且还包括治疗方法权利要求、用途型权利要求，可以在各个国家和地区获得最大的保护范围。

专利布局实际上是公司战略的一部分，应密切配合公司的市场竞争战略、产品布局和产品研发而展开，为新产品推向市场保驾护航。

三、药物专利申请文件撰写

（一）权利要求书的撰写要求

《专利法》第五十九条规定，"发明或者实用新型专利权的保护范围以其权利要求的内容为准，说明书及附图可以用于解释权利要求的内容"。也就是说，权利要求书是确定专利权保护范围的法律文件，是权利人维权的法律依据，权利要求书的撰写水平直接影响专利权能否真正保护创新成果。

《专利法》第二十六条第四款规定，"权利要求书应当以说明书为依据，清楚、简要地限定要求专利保护的范围"。《专利法实施细则》第十九条至第二十二条规定了权利要求书的具体撰写要求。

1. 清楚

权利要求书是否清楚，对于确定发明或者实用新型的保护范围极为重要。首先，每项权利要求的类型应当清楚，主题名称应当能够清楚地表明该权利要求是产品权利要求还是方法权利要求，不允许采用模糊不清的主题名称，或者在一项权利要求的主题名称中同时包含产品和方法，例如"一种……产品及其制造方法"。主题名称还应当与权利要求的技术内容相适应。例如，产品权利要求通常应当用产品的结构、组成等特征来描述，在特殊情况下无法用结构、组成特征清楚地表征时，也可借助物理或化学参数、方法特征等进行表征。方法权利要求通常应当用工艺过程、操作条件、步骤或者流程等技术特征来描述。

其次，每项权利要求所确定的保护范围应当清楚。尽可能使用规范的技术术语，用词准确，避免使用含义不清楚或不确定、容易引起歧义、边界不精确以及会导致多重保护范围的用语。

最后，构成权利要求书的所有权利要求作为一个整体，各权利要求之间的引用关系应当清楚。

2. 简要

权利要求书应当简要,除技术特征外,不得对原因或者理由做不必要的描述,也不得使用商业性宣传用语。为避免权利要求之间相同内容的不必要重复,权利要求应尽可能采取引用在前权利要求的方式撰写。

3. 以说明书为依据

权利要求书应当以说明书为依据,是指权利要求应当得到说明书的支持,所要求保护的技术方案应当是本领域技术人员能够从说明书充分公开的内容中得到或概括得出的技术方案,并且不得超出说明书公开的范围。

权利要求通常由说明书中记载的一个或者多个实施例概括而成。概括方式包括列举根据说明书给出的实施方式可以合理预测的所有等同替代方式或明显变型方式,列举多个作用和功能相似并列选项,将下位概念替换为恰当的上位概念等。权利要求概括的范围大小应当根据说明书实施方式的数量和种类来合理确定。

4. 必要技术特征

必要技术特征是指发明或者实用新型为解决其技术问题所不可缺少的技术特征,其总和足以构成发明或者实用新型的技术方案,使之区别于背景技术中所述的其他技术方案。

必要技术特征是反映发明构思的最核心部分,是整个专利申请的灵魂所在。独立权利要求是权利要求书中保护范围最宽的权利要求,因此,独立权利要求应当从整体上反映发明的技术方案,记载解决技术问题的必要技术特征,在保证技术方案完整的情况下,非必要技术特征应尽量少写,争取相对较大的保护范围。

(二) 说明书的撰写要求

《专利法》第二十六条第三款规定,说明书应当对发明或者实用新型做出清楚、完整的说明,以所属技术领域的技术人员能够实现为准。即说明书应当充分公开所要保护的发明或者实用新型。

1. 清楚

说明书的内容应当清楚,是指应当主题明确,表述准确。

(1) 主题明确。

说明书应当从现有技术出发,明确地反映出发明或者实用新型想要做什么和如何去做,使所属技术领域的技术人员能够确切地理解该发明或者实用新型要求保护的主题。即应当写明发明或者实用新型所要解决的技术问题,解决该技术问题所采用的技术方案,并对照现有技术写明该技术方案能够达到的有益效果。

(2) 表述准确。

说明书应当使用所属技术领域的规范的技术术语,准确地表达发明或者实用新型的技术内容,不得含糊不清或者模棱两可,以致所属技术领域的技术人员不能清楚、正确地理解该发明或者实用新型。

2. 完整

说明书的内容应当完整，应当包括有关理解和实现发明所需的全部技术内容。一份完整的说明书应当包括以下内容：

1）帮助理解发明不可缺少的内容。例如，有关所属技术领域、背景技术状况的描述以及附图说明等。

2）确定发明具有新颖性、创造性和实用性所需的内容。例如，所要解决的技术问题，解决其技术问题采用的技术方案和发明的有益效果。

3）实现发明所需的内容。例如，为解决发明或者实用新型的技术问题而采用的技术方案的具体实施方式。

对于克服了技术偏见的发明或者实用新型，说明书中还应当解释为什么说该发明或者实用新型克服了技术偏见，新的技术方案与技术偏见之间的差别以及为克服技术偏见所采用的技术手段。

应当指出，凡是所属技术领域的技术人员不能从现有技术中直接、唯一地得出的有关内容，均应当在说明书中描述。

3. 能够实现

能够实现，是指所属技术领域的技术人员按照说明书记载的内容，就能够实现该发明的技术方案，解决其技术问题，并且产生预期的技术效果。

说明书应当清楚地记载发明的技术方案，详细地描述实现发明的具体实施方式，完整地公开对于理解和实现发明必不可少的技术内容，达到所属技术领域的技术人员能够实现该发明的程度。以下各种情况由于缺乏解决技术问题的技术手段而被认为无法实现：

1）说明书中只给出任务和/或设想，或者只表明一种愿望和/或结果，而未给出任何使所属技术领域的技术人员能够实施的技术手段。

2）说明书中给出了技术手段，但对所属技术领域的技术人员来说，该手段是含糊不清的，根据说明书记载的内容无法具体实施。

3）说明书中给出了技术手段，但所属技术领域的技术人员采用该手段并不能解决发明或者实用新型所要解决的技术问题。

4）申请的主题为由多个技术手段构成的技术方案，对于其中一个技术手段，所属技术领域的技术人员按照说明书记载的内容并不能实现。

5）说明书中给出了具体的技术方案，但未给出实验证据，而该方案又必须依赖实验结果加以证实才能成立。

4. 医药领域发明的充分公开

（1）化学产品发明。

对于化学产品的发明专利申请，说明书中应当记载该产品的确认、制备以及用途。

1）化学产品的确认。

对于化合物发明，说明书中应当说明该化合物的化学名称及结构式，对化学结构的说明应当明确到使本领域的技术人员能确认该化合物的程度；并应当记载与发明要解决的技术问题相关的化学、物理性能参数,使要求保护的化合物能被清楚地确认。对于高分子化合物,除了应当对其重复单元的名称、结构式或者分子式按照对上述化合物的相同要求进行记载之外,还应当对其分子量及分子量分布、重复单元排列状态(如均聚、共聚、嵌段、接枝等)等要素做适当的说明;如果这些结构要素未能完全确认该高分子化合物,则还应当记载其结晶度、密度、二次转变点等性能参数。

对于组合物发明,说明书中除了应当记载组合物的组分外,还应当记载各组分的化学物理状态、各组分可选择的范围、各组分的含量范围及其对组合物性能的影响等。

对于仅用结构、组成不能够清楚描述的化学产品,说明书中应当进一步使用适当的化学物理参数、制备方法对其进行说明,使要求保护的化学产品能被清楚地确认。

2)化学产品的制备。

对于化学产品发明,说明书中应当记载至少一种制备方法,说明实施所述方法所用的原料物质、工艺步骤和条件、专用设备等,使本领域的技术人员能够实施。对于化合物发明,通常需要有制备实施例。

3)化学产品的用途。

对于化学产品发明,应当完整地公开该产品的用途和/或使用效果,即使是结构首创的化合物,也应当至少记载一种用途。对于新的药物化合物或者药物组合物,应当记载其具体医药用途或者药理作用,包括定性或定量的实验数据,同时还应当记载其有效量及使用方法。

(2)化学方法发明。

对于化学方法发明,无论是物质的制备方法还是其他方法,均应当记载方法所用的原料物质、工艺步骤和工艺条件,必要时还应当记载方法对目的物质性能的影响,使本领域技术人员按照说明书中记载的方法去实施时能够解决该发明要解决的技术问题。对于方法所用的原料物质,应当说明其成分、性能、制备方法或者来源,使得本领域技术人员能够得到。

(3)化学产品的用途发明。

对于化学产品用途发明,在说明书中应当记载所使用的化学产品、使用方法及所取得的效果,使得本领域技术人员能够实施该用途发明。如果所使用的产品是新的化学产品,则说明书对于该产品的记载应当满足化学产品发明的相关要求。对于使用效果,应当记载足以证明该物质可以用于所述用途并达到所述效果的实验数据。

5. 生物样品保藏

通常情况下,说明书应当通过文字记载充分公开申请专利保护的发明。在药物和生物技术这一特定领域中,有时由于文字记载很难描述生物材料的具体特征,即使有了这些描述也得不到生物材料本身,本领域技术人员仍然不能实施发明。因此,对于公众不能得到且完成发明所必须使用的生物材料,为了满足《专利法》第二十六条第三款关于充分公开的要求,应按规定将所涉及的生物材料到国家知识产权局认可的保藏单位进行保藏。如果申请人没有按《专利法实施细则》第二十四条的规定进行保藏,或者虽然按规定进行了保藏，但是未在申请日或者最迟自申请日起四个月内提交保藏单位出具的保藏证明和存活证明，则审查员会以该申请不符合《专利法》第二十六条第三款的规定为由驳回。

公众不能得到的生物材料包括：个人或单位拥有的、由非专利程序的保藏机构保藏并对公众不公开发放的生物材料；或者虽然在说明书中描述了制备该生物材料的方法，但是本领域技术人员不能重复该方法而获得所述的生物材料，例如通过不能再现的筛选、突变等手段新创制的微生物菌种。这样的生物材料均要求按照规定进行保藏。

在国家知识产权局认可的机构内保藏的生物材料，应当由该单位确认生物材料的生存状况，如果确认生物材料已经死亡、污染、失活或变异的，申请人必须将与原来保藏的样品相同的生物材料和原始样品同时保藏，并将此事呈报专利局，即可认为后来的保藏是原来保藏的继续。

国家知识产权局认可的保藏单位是指《布达佩斯条约》承认的生物材料样品国际保藏单位，其中包括位于北京的中国微生物菌种保藏管理委员会普通微生物中心和位于武汉的中国典型培养物保藏中心。

以下情况被认为是公众可以得到而不要求进行保藏：

1）公众能从国内外商业渠道买到的生物材料，应在说明书中注明购买的渠道。

2）已在各国专利局或国际专利组织承认的专利保藏机构保藏，且在向中国提交专利申请的申请日（或优先权日）前已在专利公报中公布或已授权的生物材料。

3）申请日（或优先权日）前已在非专利文献中公开的生物材料，应当在说明书中注明文献的出处，说明公众获得该生物材料的途径，并由专利申请人提供保证从申请日起二十年内向公众发放生物材料的证明。

（三）申请文件的撰写思路

撰写专利申请文件的一般思路如下：

第一步，根据背景技术和初步研究成果的创新程度，提炼发明构思和贡献点，设计独立权利要求可能需要保护的范围大小。

第二步，检索相关现有技术，并针对现有技术进行规避设计，调整独立权利要求的保护范围。

第三步，根据调整后的独立权利要求的技术方案，设计能够支持该范围的实施例数量和种类，设计实验方案。

第四步，根据实施例及实验结果再次概括并调整独立权利要求的技术方案。

第五步，补充检索并确认现有技术，必要时对独立权利要求进行调整。

第六步，撰写足够数量的从属权利要求，从属权利要求至少应当涵盖发明相对于现有技术的次要贡献点，或者某些重要的改进方向。

第七步，撰写说明书，至少应当包括充分公开并支持权利要求保护范围的实施例和实验数据，以及能够证明发明相对于已知最接近现有技术具备创造性的实验数据，这些实验数据是维持专利权稳定性的基础。

四、专利授权条件

（一）保护客体

1. 技术方案

《专利法》第二条第二款规定："发明，是指对产品、方法或者其改进所提出的新的技术方案。"即，发明只保护技术方案。技术方案是指对要解决的技术问题所采取的利用了自然规律的技术手段的集合。一项技术方案应该同时具备技术手段、技术问题和技术效果三要素。那些没有利用自然规律，采用技术手段来解决技术问题，以获得符合自然规律的技术效果的"方案"，不属于专利法保护客体。

判断一项权利要求是否构成技术方案，重点是判断该"方案"是否采用了技术手段，并且应当将权利要求的"方案"作为一个整体。一般包括以下步骤：

1）权利要求中是否有技术特征，如果没有技术特征，则没有采用技术手段，不是技术方案。

2）如果有技术特征，判断这些技术特征对于所要解决的问题和实现的效果能否起作用。

3）判断所要解决的问题和实现的效果是否是技术问题和技术效果。

2. 违反《专利法》第五条的发明创造

依据《专利法》第五条规定，"对违反法律、社会公德或者妨害公共利益的发明创造，不授予专利权"，"对违反法律、行政法规的规定获取或者利用遗传资源，并依赖该遗传资源完成的发明创造，不授予专利权"。

（1）违反法律的发明创造。

这里的法律是指由全国人民代表大会或者全国人民代表大会常务委员会依照立法程序制定和颁布的法律，不包括行政法规和规章。发明创造与法律相违背的，不包括仅其实施为法律所禁止的发明创造。如果仅仅是发明创造的产品的生产、销售或使用受到法律的限制或约束，则该产品本身及其制造方法并不属于违反法律的发明创造。

发明创造本身并没有违反法律，但是由于其被滥用而违反法律的，则不属此列。例如，用于医疗的各种毒药、麻醉品、镇静剂、兴奋剂和用于娱乐的棋牌等。

（2）违反社会公德的发明创造。

社会公德是指公众普遍认为是正当的并被接受的伦理道德观念和行为准则。它的内涵基于一定的文化背景，随着时间的推移和社会的进步不断地发生变化，而且因地域不同而各异。发明创造与社会公德相违背的，不能被授予专利权。例如，克隆的人或克隆人的方法，人胚胎的工业或商业目的的应用，可能导致动物痛苦而对人或动物的医疗没有实质性益处的改变动物遗传同一性的方法等。

（3）妨害公共利益的发明创造。

妨害公共利益是指发明创造的实施或使用会给公众或社会造成危害，或者会使国家和社会的正常秩序受到影响。例如，发明创造以致人伤残或损害财物为手段的，不能被授予专利权；发明创造的实施或使用会严重污染环境、严重浪费能源或资源、破坏生态平衡、危害公众健康的，不能被授予专利权；专利申请的文字或者图案涉及国家重大政治事件或宗教信仰、伤害人民感情或民族感情或者宣传封建迷信的，不能被授予专利权。

但是，如果发明创造因滥用而可能造成妨害公共利益的，或者发明创造在产生积极效果的同时存在某种缺点的，例如对人体有某种副作用的药品，则不能以"妨害公共利益"为理由拒绝授予专利权。

（4）依赖遗传资源完成的发明创造。

《专利法》第五条第二款规定，"对违反法律、行政法规的规定获取或者利用遗传资源，并依赖该遗传资源完成的发明创造，不授予专利权"。《专利法》第二十六条第五款规定，"依赖遗传资源完成的发明创造，申请人应当在专利申请文件中说明该遗传资源的直接来源和原始来源；申请人无法说明原始来源的，应当陈述理由"。

对于依赖遗传资源完成的发明，如果申请人无法说明遗传资源的直接来源和原始来源，则审查员会以《专利法》第二十六条第五款的规定驳回。如果有证据表明遗传资源的获取或者利用违反了法律、行政法规的规定，则以《专利法》第五条第二款的规定驳回。

《专利法》所称遗传资源，是指取自人体、动物、植物或者微生物等含有遗传功能单位并具有实际或者潜在价值的材料。依赖遗传资源完成的发明创造是指利用了遗传资源的遗传功能完成的发明创造。遗传功能是指生物体通过繁殖将性状或者特征代代相传或者使整个生物体得以复制的能力。遗传功能单位是指生物体的基因或者具有遗传功能的 DNA 或者 RNA 片段。

违反法律、行政法规的规定获取或者利用遗传资源，是指遗传资源的获取或者利用未按照我国有关法律、行政法规的规定事先获得有关行政管理部门的批准或者相关权利人的许可。例如，按照《畜牧法》和《畜禽遗传资源进出境和对外合作研究利用审批办法》的规定，向境外输出列入中国畜禽遗传资源保护名录的畜禽遗传资源应当办理相关审批手续，某发明创造的完成依赖于中国向境外出口的列入中国畜禽遗传资源保护名录的某畜禽遗传资源，未办理审批手续的，该发明创造不能被授予专利权。

3. 智力活动规则

智力活动，是指人的思维运动，它源于人的思维，经过推理、分析和判断产生出抽象的结果，或者必须经过人的思维运动作为媒介，间接地作用于自然产生结果。智力活动的规则和方法是指导人们进行思维、表述、判断和记忆的规则和方法。由于其没有采用技术手段或者利用自然规律，也未解决技术问题和产生技术效果，因而不构成技术方案。它既不符合《专利法》第二条第二款的规定，又属于《专利法》第二十五条第一款第（二）项规定的情形。因此，指导人们进行这类活动的规则和方法不能被授予专利权。

4. 疾病的诊断和治疗方法

疾病的诊断和治疗方法，是指以有生命的人体或者动物体为直接实施对象，进行识别、确定或消除病因或病灶的过程。

出于人道主义的考虑和社会伦理的原因，医生在诊断和治疗过程中应当有选择各种方法和条件的自由。另外，这类方法直接以有生命的人体或动物体为实施对象，无法在产业上利用，不属于专利法意义上的发明创造。因此疾病的诊断和治疗方法不能被授予专利权。但是，用于实施疾病诊断和治疗方法的仪器或装置，以及在疾病诊断和治疗方法中使用的物质或材料属于可被授予专利权的客体。

（1）疾病的诊断方法。

诊断方法是指为识别、研究和确定有生命的人体或动物体病因或病灶状态的过程。疾病的诊断方法需要同时满两个条件：一是以有生命的人体或动物体为对象；二是以获得疾病诊断结果或健康状况为直接目的。

1）离体样本。

对于离体样本的检测方法，如果是以获得同一主体疾病诊断结果或健康状况为直接目的，则该发明仍然属于以有生命的人体或动物体为对象，属于疾病的诊断方法，不能被授予专利权。

如果直接目的不是获得诊断结果或健康状况，而只是对已经脱离人体或动物体的组织、体液或排泄物进行处理或检测以获取作为中间结果的信息的方法，或处理该信息的方法，则该方法不属于疾病的诊断方法。所谓中间结果，是指根据现有技术中的医学知识和该专利申请公开的内容，仅从所获得的信息本身不能够直接得出疾病的诊断结果或健康状况的信息。

例如，一种测定血液中酒精含量的方法，该方法通过检测被测人唾液酒精含量，以反映出其血液中酒精含量。该方法的直接目的是检测该样本主体的血液中的酒精含量，并不能最终确定患者是否是酒精中毒，即不是为了获得疾病的诊断结果，因此该方法不属于疾病的诊断方法。

2）直接目的的判断方法。

对于包括了诊断步骤或者检测步骤的方法，如果根据现有技术中的医学知识和该专利申请公开的内容，只要知晓所说的诊断或检测信息，就能够直接获得疾病的诊断结果或健康状况，则该方法属于以获得疾病诊断结果或健康状况为直接目的。具体判断方法如下：

第一，如果方法中包括了诊断全过程，即包括对检测结果进行分析、比较以及得出诊断结果的过程，则该方法的直接目的是获得疾病的诊断结果或健康状况。

第二，如果方法中没有包括具体的诊断结果，但包括与正常值进行对照或比较的步骤，以确定该主体的健康状况，则该方法的直接目的是获得疾病的诊断结果或健康状况。

第三，虽然检测方法没有分析、比较过程，如果根据该检测值可以直接得到疾病的诊断结果或健康状况，则其直接目的是获得疾病的诊断结果或健康状况。

第四，如果根据该检测或测量值不能直接得到疾病的诊断结果或健康状况，则该检测或测量值属于中间结果信息，该方法不属于疾病的诊断方法。

健康状况包括患病风险度、健康状况或亚健康状况、治疗效果等。因此，患病风险度评估方法、健康状况（包括亚健康状况）的评估方法、疾病治疗效果预测方法、基因筛查诊断方法都属于疾病的诊断方法。

（2）疾病的治疗方法。

治疗方法，是指为使有生命的人体或者动物体恢复或获得健康或减少痛苦，进行阻断、缓解或者消除病因或病灶的过程。包括以治疗为目的或者具有治疗性质的各种方法，预防疾病或者免疫的方法视为治疗方法。对于既可能包含治疗目的，又可能包含非治疗目的的方法，只有明确限定该方法用于非治疗目的才能被授予专利权。

（二）新颖性

1. 现有技术

《专利法》第二十二条第五款规定，"现有技术是指申请日以前在国内外为公众所知的技术"。现有技术包括在申请日（优先权日）以前在国内外出版物上公开发表、在国内外公开使用或者以其他方式为公众所知的技术。

（1）为公众所知。

现有技术应当是在申请日以前公众能够得知的技术内容。换句话说，现有技术应当在申请日以前处于能够为公众获得的状态，并包含有能够使公众从中得知实质性技术知识的内容。

应当注意，处于保密状态的技术内容不属于现有技术。所谓保密状态，不仅包括受保密规定或协议约束的情形，还包括社会观念或者商业习惯上被认为应当承担保密义务的情形，即默契保密的情形。然而，如果负有保密义务的人违反规定、协议或者默契泄露秘密，导致技术内容公开，使公众能够得知这些技术，这些技术自泄露之日起也就构成了现有技术的一部分。

1）公众的概念。《专利法》意义上的公众，一般指不受特定条件限制的人，但人的数量、地域范围等因素不足以对《专利法》意义上的公众构成限制。对相应技术内容负有保密义务的人属于特定人，非《专利法》意义上的公众。

某些技术手册的使用者通常是具有相关行业或专业背景的人，但是该技术手册一旦公开出版发行，则使用者的行业或专业背景并不能构成对《专利法》意义上公众的限制，手册所承载的技术内容已经处于为公众所知的状态。

限地区发行的刊物，特别是其上印有"限国内发行"字样，其发行对象仍然是"公众"，而非特定人。不能认为只有在世界范围内发行，其发行的对象才构成《专利法》意义上的公众。

2）能够为公众获得的状态。为公众所知是一种能够为公众获得的状态，它并不要求公众实际获得，而是一种公众想要得知就能得知的状态，但这种状态必须实际存在，而不能仅仅是有存在的可能性。

（2）时间界限。

现有技术的时间界限是申请日，享有优先权的，则指优先权日。广义上说，申请日以前公开的技术内容都属于现有技术，但申请日当天公开的技术内容不包括在现有技术范围内。

对于出版物而言，出版物的印刷日视为公开日；印刷日只写明年月的，以所写月份的最后一日为公开日。对于使用公开或者以其他方式公开的情形，常常需要足够的证据来证明公开时间。

（3）公开方式。

现有技术公开方式包括出版物公开、使用公开、互联网公开和以其他方式公开四种，均无地域限制。

1）出版物公开。《专利法》意义上的出版物是指记载有技术内容的独立存在的传播载体，并且应当表明或者有其他证据证明其公开发表或出版的时间。出版物公开是最为常见的公开方式，不仅限于印刷品。

符合上述含义的出版物可以是各种印刷的、打字的纸件，例如专利文献、科技杂志、科技书籍、学术论文、技术手册、正式公布的会议记录或者技术报告、报纸、产品样本、产品目录、广告宣传册等，也可以是用电、光、磁、照相等方法制成的视听资料和电子数据，还可以是以其他形式存在的资料，例如存在于互联网或其他在线数据库中的资料等。

出版物不受地理位置、语言或者获得方式的限制，也不受年代的限制。出版物的出版发行量多少、是否有人阅读过、申请人是否知道是无关紧要的。

国家标准是由国务院标准化行政主管部门编制计划、组织草拟，统一审批、编号、发布的。发布即公开，因此国家标准的发布日即其公开日。

2）使用公开。由于使用而导致技术方案的公开，或者导致技术方案处于公众可以得知的状态，这种公开方式称为使用公开。

使用公开的方式包括能够使公众得知其技术内容的制造、使用、销售、进口、交换、馈赠、演示、展出等方式。只要通过上述方式使有关技术内容处于公众想得知就能够得知的状态，就构成使用公开，而不取决于是否有公众得知。但是，未给出任何有关技术内容的说明，以致所属技术领域的技术人员无法得知其结构和功能或材料成分的产品展示，不属于使用公开。

如果使用公开的是一种产品，即使所使用的产品或者装置需要经过破坏才能够得知其结构和功能，也仍然属于使用公开。此外，使用公开还包括放置在展台上、橱窗内公众可以阅读的信息资料及直观资料，例如招贴画、图纸、照片、样本、样品等。

电子商务系统类网站常常不仅是产品信息发布和销售平台，还提供交易完成后买家商品评价或发布附有图片的晒单功能，则网络晒单可以使得相关产品处于公众想得知就能够得知的状态。对于其公开日，通常网页显示的时间为服务器自动生成的发布时间，并且在已经确定评价内容或晒单图片一旦生成不能再进行编辑的情况下，可以认定相关信息自发布时间起处于为公众所知的状态。

3）互联网公开。随着信息传播技术的迅速发展，现有技术或设计的表现形式已经不再局限于传统的纸质印刷品、照片，或者录像带、磁带、光盘等信息传播载体。互联网以及其他在线数据库传播的信息迅速快捷，体量巨大；并且互联网日益深入人们的生活，与各行各业紧密结合，通过互联网进行的产品交易、展示以及公众交流等形式多种多样，各种网站运行机制也各不相同，使得互联网已经不再单纯地仅以出版物的方式公开各种技术或设计信息。

如果政府行政监管部门在政府网站上为公众提供了查询涉及消费者安全、健康等产品基础数据信息的途径，则该途径可以使相关信息自发布之日起即处于公众想得知就能够得知的状态，但公众能够从中得知的信息仅限于其能够在网站上查询到的内容。

通过网络发布新闻报道，能够使其报道的内容处于公众想得知就能够得知的状态。鉴于新闻的时效性以及新闻媒体的公信力，通常可以认为该新闻于网页或新闻客户端上所显示的时间为其公开日。

4) 以其他方式公开。为公众所知的其他方式，主要是指口头公开等。例如，口头交谈、报告、讨论会发言、广播、电视、电影等能够使公众得知技术内容的方式。口头交谈、报告、讨论会发言以其发生之日为公开日。公众可接收的广播、电视或电影的报道，以其播放日为公开日。

2. 新颖性的判断原则

新颖性，是指该发明或者实用新型不属于现有技术；也没有任何单位或者个人就同样的发明或者实用新型在申请日以前向专利局提出过申请，并记载在申请日以后（含申请日）公布的专利申请文件或者公告的专利文件中。

判断发明是否具备新颖性，是在准确解读涉案发明专利权利要求和对比文件公开内容的基础上，运用单独对比原则，判断对比文件是否公开了与权利要求所述同样的发明。

对于化学医药领域的发明，因权利要求的撰写方式、技术效果的可预期性等方面具有不同于其他领域发明的特点，使得这类发明的新颖性判断也带有一定的特殊性，例如，晶体发明常常用 X 粉末衍射峰表征晶体微观结构，需要将所有 X 粉末衍射峰作为一个整体特征与对比文件进行比对。

（1）同样的发明。

将发明的权利要求与现有技术或者抵触申请公开的相关内容相比，如果其技术领域、所解决的技术问题、技术方案和预期效果实质上相同，则认为两者为同样的发明。如果专利申请与对比文件公开的内容相比，其权利要求所限定的技术方案与对比文件公开的技术方案实质上相同，本领域技术人员根据两者的技术方案可以确定两者能够适用于相同的技术领域，解决相同的技术问题，并具有相同的预期效果，则认为两者为同样的发明。

在判断权利要求与对比文件相比是否属于同样的发明时，应当整体考虑技术领域、解决的技术问题、技术方案、预期达到的技术效果四个要素，技术方案是否实质相同为其核心。如果技术方案实质上相同，本领域技术人员据此可以确定两者能够适用于相同的技术领域，解决相同的技术问题，并具有相同的预期效果，则认为两者属于同样的发明；如果技术方案实质上不同，则可以直接认定二者属于不同的发明。

（2）单独对比原则。

判断新颖性时，应当适用单独对比原则，即应当将专利申请要求保护的各项权利要求分别与每一项现有技术或抵触申请的每一个技术方案单独地进行比较，不得将其与几项现有技术或者抵触申请的内容组合或者与一份对比文件中的多项独立技术方案的组合进行对比。

使用同一本书中分布于不同章节的内容组合与专利申请进行新颖性对比时，应当判断这些内容是否紧密关联为同一个技术方案。如果不能认定这些内容属于同一个技术方案，则这种对比方式不符合单独对比原则的要求。如果不同部分的内容之间存在足够的指引，使其相互关联构成一项完整的技术方案，则符合单独对比原则。

单独对比原则不仅要求将专利申请的一项权利要求与对比文件的一个技术方案进行对比，还要求针对同一权利要求中每个并列技术方案分别与对比文件公开的技术方案单独对比，逐一判断各个技术方案是否具备新颖性。

【案例】 权利要求1：保护一种制备2-甲基-10-(4-甲基-1-哌嗪基)-4H-噻吩并[2,3-b][1,5]苯并二氮杂䓬或其酸加成盐的方法。该化合物的结构如下：

对比文件公开了如下通式（Ⅰ）化合物的制备方法：

化合物（Ⅰ）

对通式（Ⅰ）的取代基可选范围定义中，T环是噻吩环时可以被C_{1-6}烷基取代。此外，该对比文件还公开了一个具体化合物乙基奥氮平，其对应于通式（Ⅰ）中R^1和R^2是氢，R^5是N-甲基哌嗪基，T环是2位被甲基取代的噻吩环。其中，通式（Ⅰ）化合物的制备方法是一个技术方案。具体化合物乙基奥氮平是另一个技术方案。如果将对比文件中的通式（Ⅰ）化合物与具体化合物乙基奥氮平这两个技术方案中的取代基定义进行组合后与涉案专利的权利要求进行对比，这种对比方式并非是将权利要求与现有技术中的每一个技术方案单独进行比较，违反了新颖性判断时应遵循的单独对比原则。

3. 化合物的新颖性

（1）具体化合物。

对于要求保护具体化合物的权利要求，如果在一份对比文件中已经提到该化合物，即推定该权利要求不具备新颖性，但申请人/专利权人能提供证据证明在申请日以前无法获得该化合物的除外。

这里的"提到"是指明确定义或者说明了该化合物的化学名称、结构式、理化参数或制备原料及方法，使得本领域技术人员能够确认该化合物就是权利要求所要保护的化合物。

如果对比文件中所公开的化合物的名称和结构式难以辨认或者不清楚,但该文件公开了与发明要求保护的化合物相同的理化参数或者鉴定化合物用的其他参数,则可推定该化合物不具备新颖性,但申请人能提供证据证明在申请日之前无法获得该化合物的除外。

如果对比文件中所公开的化合物的名称、结构式和理化参数不清楚,但该文件公开了与发明要求保护的化合物相同的制备方法,可推定该化合物不具备新颖性。

如果现有技术仅仅记载了化合物的部分结构,根据现有技术公开的信息无法确定该化合物与发明要求保护的化合物结构完全相同,则不能认为现有技术"提到"了要求保护的具体化合物。

(2)具体化合物的立体异构体和互变异构体。

当发明请求保护某一具体化合物的特定立体异构体时,如果现有技术公开了所述立体异构体的名称,通常认为现有技术已经提到该立体异构体,应当推定该立体异构体不具备新颖性,但申请人能提供证据证明在申请日之前无法获得该立体异构体的除外。

当要求保护的化合物存在互变异构体时,虽然权利要求以其中一种互变异构体结构形式进行表征,但由于互变异构体通常为平衡混合物,所要求保护的化合物产品不可避免地包含另一种互变异构体。如果现有技术提到了其中一种互变异构体,则隐含了该现有技术产品必然包含了另一种互变异构体,可以推定现有技术产品和发明所保护的化合物实质上均是两种互变异构体的混合物,导致该权利要求的化合物不具备新颖性。

【案例】 权利要求 1:请求保护一种具有光学活性的组氨酸去甲斑蝥酰亚胺。

其中,R 为 —CH$_2$-咪唑基

对比文件 1 公开了通式表示的氨基酸去甲斑蝥酰亚胺化合物,其中所述氨基酸包括 D-丙氨酸、L-丙氨酸、D-苯丙氨酸、L-苯丙氨酸……D-组氨酸和 L-组氨酸,并公开了所述通式化合物的一般合成方法,在表格中列出了 D-组氨酸去甲斑蝥酰亚胺和 L-组氨酸去甲斑蝥酰亚胺的产率和生理活性数据(见表 4-1)。

表 4-1 D-/L-组氨酸去甲斑蝥酰亚胺的产率和生理活性

Compound	Parent Amino Acid	Yield (%)	PP1 Inhibition IC$_{50}$(μM)^a	PP2A Inhibition IC$_{50}$(μM)^a	PP2A Selectivity
14	D-His	8	3.22±0.7	0.81±0.1	4.0
15	L-His	14	2.82±0.6	1.35±0.3	2.1

由于对比文件1已经公开了两个具体化合物的立体异构体的名称和结构式，可以确认L-组氨酸的结构与权利要求1的光学活性组氨酸去甲斑蝥酰亚胺相同，并且，根据对比文件1公开的产率、生理活性数据以及相关通式的一般合成方法可进一步确定对比文件1已经制备得到了D-和L-组氨酸去甲斑蝥酰亚胺两个立体异构体。因此，对比文件1破坏了权利要求1的新颖性。

（3）通式化合物。

"通式化合物"是化学医药领域中对一组结构和性能相似的化合物进行概括的一种常见方式，通过对组内化合物的共有结构单元以及该共有结构单元上的取代基定义共同限定出通式化合物，也被称为"马库什化合物"，其中至少一个取代基被定义为可具有多种选择的基团变量。

通常来说，具体概念或下位概念的公开使采用上位概念限定的发明丧失新颖性，但上位概念的公开并不影响采用具体概念或下位概念限定的发明的新颖性。具体到化合物发明，通式化合物通常被认为是一个整体，是一个集合概念，并不等价于对其所包含的所有具体化合物的并列列举，因此，通式化合物的公开不能破坏该通式范围内的某一具体化合物的新颖性，而某一具体化合物的公开则使包括该具体化合物的通式化合物丧失新颖性。

如果发明请求保护的通式化合物与现有技术公开的通式化合物母核相同，各个取代基变量范围均有重叠，但现有技术没有提到发明请求保护的通式化合物范围内的任何具体化合物，则所述现有技术不能破坏发明的新颖性。

如果对比文件公开了一个较小范围的通式化合物以及其范围内的具体化合物，并且该较小通式落入了权利要求保护的较大通式化合物的范围内，判断新颖性时应当选择该对比文件中的具体化合物而不是所述的较小通式化合物进行比较。

值得注意的是，如果一个通式化合物仅有一个取代基是变量，且该变量的所有可选择项均为具体基团，则该通式化合物可被看作这些具体基团所对应的具体化合物集合；如果通式化合物只有两个取代基是变量，且每个变量均仅有两个具体基团可选，则该通式化合物也可被看作是四个具体化合物的集合。在此情况下，该通式化合物的公开相当于提到了相应的具体化合物的结构式，可使相应的具体化合物丧失新颖性。

（4）晶体化合物。

对于晶体化合物发明，权利要求通常以化学结构式或化学名称结合晶胞参数、空间群、X-射线衍射数据和/或固相核磁共振数据等参数来表征。

当对比文件仅公开了化合物的固态形式、没有提供任何晶体表征参数时，如果对比文件的晶体产品与发明所要求保护的晶体的制备方法相同，通常可推定发明所要求保护的晶体不具备新颖性。如果晶体制备方法存在差异，本领域技术人员通常认为不同结晶方法可能会对晶体的微观结构产生影响，但并不意味着必然得到不同的晶型产品，在这种情况下能否推定发明所要求保护的晶体不具备新颖性尚存在争议，这涉及举证责任分配问题。如果在实质审查或复审程序中，审查员可以推定不具备新颖性进行初步质疑，通过由申请人举证来查明事实。在专利无效程序中，则应由请求人举证证明不同结晶方法实际得到的晶型相同。

(5) 纯度限定的化合物。

一般而言，通过化学合成方法或者天然来源的提取方法获得的化合物均会含有或多或少的杂质，完全不含任何杂质的绝对纯的化合物是不存在的。对合成或提取获得的化合物进行纯化是实践中的常规做法，一般的纯化方法也属于所属领域技术人员应该掌握的普通技术知识和能力范围，因此，当权利要求以纯度对已知化合物进行限定时，原则上不应将纯度限定视为赋予所述已知化合物新的结构特征，即不能据此而使所述已知化合物具备新颖性，除非专利申请人/专利权人能够提供证据证明在申请日之前所属领域技术人员无法获得该纯度的化合物。

4. 组合物的新颖性

组合物权利要求一般用组合物的组分、含量等组成特征来表征。在判断组合物发明的新颖性时，应该比较现有技术公开的组合物与要求保护的组合物的组成特征是否相同。如果组合物权利要求还通过组成特征以外的其他特征予以表征，则应该考虑其他特征能否使得该组合物在组成上与现有技术公开的组合物区分开。

组合物权利要求可以采用开放式和封闭式两种表达方式，通常情况下，开放式表达的权利要求表示组合物中并不排除权利要求中未指出的组分，封闭式表达的权利要求则表示组合物中仅包括所明确限定的组分而排除其他组分。

对于开放式组合物权利要求，只要对比文件公开了其明确限定的组分和含量等特征，不管该对比文件是否还存在其他成分，都可以认定开放式权利要求不具备新颖性。例如，权利要求保护一种组合物，包括组分 A 和 B，并不排除其他成分的存在，如果对比文件公开的组合物由 A+B+C 三种成分组成，那么其仍然破坏了该权利要求的新颖性。

对于封闭式组合物权利要求，采用例如"由 A 和 B 组成"的方式限定，排除了其他成分存在的情况，如果对比文件公开的组合物由 A+B+C 三种成分组成，那么其不能破坏该权利要求的新颖性。

5. 参数/方法/用途/制备方法限定的产品

在化学医药领域，某些化学产品仅用结构和组成特征难以清楚表征，需要借助性能、参数、用途、制备方法等特征进行表征。对于这类产品权利要求，新颖性判断时，应当考虑权利要求中的性能、参数、用途特征是否隐含了要求保护的产品具有某种特定结构和/或组成，或者该制备方法是否导致产品具有某种特定的结构和/或组成。

（1）包含性能、参数特征的产品权利要求。

如果权利要求所限定的性能、参数特征使得要求保护的产品具有区别于对比文件产品的结构和/或组成，则该权利要求具备新颖性。相反，如果所属技术领域的技术人员根据该性能、参数无法将要求保护的产品与对比文件产品区分开，则可推定要求保护的产品与对比文件产品相同，从而权利要求不具备新颖性，这时，申请人应举证证明权利要求中包含性能、参数特征的产品与对比文件产品在结构和/或组成上不同。

（2）包含用途特征的产品权利要求。

如果该用途由产品本身固有的特性决定，而且用途特征没有隐含产品在结构和/或组成上发生改变，则该用途特征限定的产品权利要求相对于对比文件的产品不具有新颖性。例如，用于抗病毒的化合物 X 与用作催化剂的化合物 X 相比，虽然化合物 X 用途改变，但决定其本质特性的化学结构式并没有任何变化，因此用于抗病毒的化合物 X 相对于用作催化剂的化合物 X 不具备新颖性。

但是，如果该用途隐含了产品具有特定的结构和/或组成，即该用途表明产品结构和/或组成发生改变，则该用途作为产品的结构和/或组成的限定特征必须予以考虑。

（3）包含制备方法特征的产品权利要求。

如果本领域技术人员可以断定该方法必然使产品具有不同于对比文件产品的特定结构和/或组成，则该权利要求具备新颖性。相反，如果权利要求所限定的产品与对比文件产品相比，尽管所述方法不同，但产品的结构和组成相同，则该权利要求不具备新颖性，这时申请人应当举证证明该方法导致产品在结构和/或组成上与对比文件产品不同，或者该方法给产品带来了不同于对比文件产品的性能从而表明其结构和/或组成已发生改变。

6. 制药用途的新颖性

（1）包含用药特征的制药用途发明。

制药用途权利要求实际上是医药用途发明的变型，因为这类发明如果撰写成"化合物 A 用作治疗 B 疾病的药物"或者"化合物 A 用于治疗 B 疾病"等形式，因属于疾病的治疗方法而不能被授予专利权。有些医药用途发明的做出依赖于药物的使用方法，这类发明常常采用用药特征限定制药用途的形式。

对于这类制药用途发明，在判断其新颖性时，一要考虑权利要求中的技术特征是否对制药过程产生影响，二要考虑发明与现有技术的适应证是否实质相同。对于权利要求中存在给药对象、给药方式、给药途径、药物用量及给药时间间隔等用药特征的情形，如果这些特征仅仅体现在用药过程中，不会对制药过程产生影响，也没有导致所治疗或诊断的适应证区别于现有技术公开的用途，则这类用药特征不能使所述制药用途发明具备新颖性。如果这些特征体现在制药过程中，例如对药物制剂的组成、含量、剂型的结构产生影响，则可使所述制药用途发明具备新颖性。

（2）用药效果限定的制药用途发明。

对于用药效果限定的发明，在所使用的药物及所治疗的病症与现有技术完全相同的情况下，如果用药后出现某些新的效果，如低的毒副作用等并未导致药物本身和适应证发生实质变化，则不能使所述发明具备新颖性。

（3）机理限定的制药用途发明。

对于以药物作用机理限定的制药用途发明，在对比文件公开了药物针对的具体适用症相同但没有公开作用机理，或者公开的作用机理与涉案专利不同的情况下，如果涉案专利只是对已知的药物用途发现了其作用机理，则该发现应当被归属于科学发现，不能使药物用途相对于对比文件产生实质性差异，从而不能使所述制药用途发明具备新颖性。反之，如果作用机理的限定使得药物用途与对比文件相比产生了实质性差异，则所述制药用途发明具备新颖性。

当对比文件仅公开了物质的作用机理、没有公开具体的适用症时，如果所属领域技术人员能将该作用机理直接对应于发明所要求保护的制药用途,则涉案发明不具备新颖性;相反,如果所属领域技术人员通过该作用机理尚不能认识到发明所要求保护的制药用途,则涉案发明具备新颖性。

(三)创造性

发明的创造性,是指与现有技术相比,该发明有突出的实质性特点和显著的进步。发明有突出的实质性特点,是指对本领域技术人员来说,发明相对于现有技术是非显而易见的。如果发明是本领域技术人员在现有技术的基础上仅仅通过合乎逻辑的分析、推理或者有限的试验可以得到的,则该发明是显而易见的,也就不具备突出的实质性特点。发明有显著的进步,是指发明与现有技术相比能够产生有益的技术效果。例如,发明克服了现有技术中存在的缺点和不足,或者为解决某一技术问题提供了一种不同构思的技术方案,或者代表某种新的技术发展趋势。

1. 三步法

判断要求保护的发明相对于现有技术是否显而易见,通常可按照以下三个步骤进行。

(1)确定最接近的现有技术。

最接近的现有技术,是指现有技术中与要求保护的发明最密切相关的一个技术方案,它是判断发明是否具有突出的实质性特点的基础。最接近的现有技术可以是与要求保护的发明技术领域相同,所要解决的技术问题、技术效果或者用途最接近和/或公开了发明的技术特征最多的现有技术,或者虽然与要求保护的发明技术领域不同,但能够实现发明的功能,并且公开发明的技术特征最多的现有技术。在确定最接近的现有技术时,应首先考虑技术领域相同或相近的现有技术。

(2)确定发明的区别特征和实际解决的技术问题。

首先客观分析要求保护的发明与最接近的现有技术相比有哪些区别特征,然后根据该区别特征所能达到的技术效果确定发明实际解决的技术问题。

发明实际解决的技术问题,是指为获得更好的技术效果而需对最接近的现有技术进行改进的技术任务。无论是将发明说明书记载的技术问题确定为发明实际解决的技术问题,还是重新确定发明实际解决的技术问题,均应当重视对发明的技术效果的考察,这是确定发明实际解决的技术问题的事实基础。

确定发明实际解决的技术问题所依据的技术效果,应当是区别特征给发明带来的技术效果,而不是其他非区别特征产生的技术效果。但是,不能仅局限于区别特征自身固有的性能,而应当将发明作为一个整体看待,考虑区别特征的引入对整个发明技术方案产生的影响。

区别特征带来的技术效果,应当是本领域技术人员根据说明书的记载能够确定的、区别特征在客观上带来的技术效果,应当是发明能够实现的效果。如果说明书中仅提及某种技术效果,但本领域技术人员根据说明书的内容及其掌握的普通技术知识,无法确认该技术效果能否实现,则该技术效果不能作为确定发明实际解决的技术问题的依据。

【案例】 权利要求1：请求保护具有通式结构的奎宁环衍生物。说明书中记载了奎宁环衍生物具有对毒蕈碱M3受体的充分选择性，但是未公开任何具体化合物针对M3受体选择性的测试方法和测试条件，以及由此得到的定性或者定量实验数据。现有技术公开了一种结构接近的奎宁环衍生物，同样是用作M3受体拮抗剂。在确定区别特征所带来的技术效果时，由于此类化合物对于M3受体的选择性与结构关系密切，存在着不可预期性，本领域技术人员根据其说明书的记载无法确定该化合物是否具有声称的M3选择性，因此，所述化合物"对毒蕈碱M3受体的充分选择性"这一技术效果不能作为确定涉案申请实际解决的技术问题的基础。

（3）判断发明对本领域技术人员来说是否显而易见。

从最接近的现有技术和发明实际解决的技术问题出发，判断要求保护的发明对本领域技术人员来说是否显而易见，即现有技术整体上是否存在某种技术启示，促使本领域技术人员在面对发明实际解决的技术问题时，有动机将上述区别特征应用到该最接近的现有技术中以解决该技术问题，并获得要求保护的发明。如果现有技术存在这种技术启示，则发明是显而易见的，不具有突出的实质性特点。反之，则是非显而易见的。

2. 化合物的创造性

判断化合物的创造性，应选择与发明所要保护的化合物用途相同或相似且化学结构尽可能接近的化合物作为最接近的现有技术。通常来说，化合物的结构与效果之间的关系是判断化合物发明是否具备创造性的关键。

判断现有技术化合物与发明化合物结构是否接近，不仅应关注使二者产生结构差异的结构单元，而且应当关注二者之间相同的结构单元，以及该相同结构单元是否对于化合物的活性起到决定作用。在二者结构接近的情况下，如果发明化合物对现有技术化合物结构的改变不能带来预料不到的技术效果，则意味着通过这种结构改进获得的发明化合物对于所属领域技术人员而言是显而易见的。

【案例】 权利要求1：保护一种用于抗HIV的双异丙氧基羰基氧甲基9-(2-膦酰甲氧基丙基)腺嘌呤化合物[简称bis(POC)PMPA]。现有技术公开了9-(2-膦酰甲氧基丙基)腺嘌呤双(特戊酰氧甲基)酯[简称bis(POM)PMPA]，并且公开了这类化合物具有抗HIV活性。两者均为PMPA的前药，具有相同的PMPA结构单元，区别特征在于：涉案专利的化合物中磷酸酯基上连接的成酯基团修饰为异丙氧基（对应的酯为碳酸酯），而现有技术的成酯基团修饰为叔丁基（对应的酯为羧酸酯）。

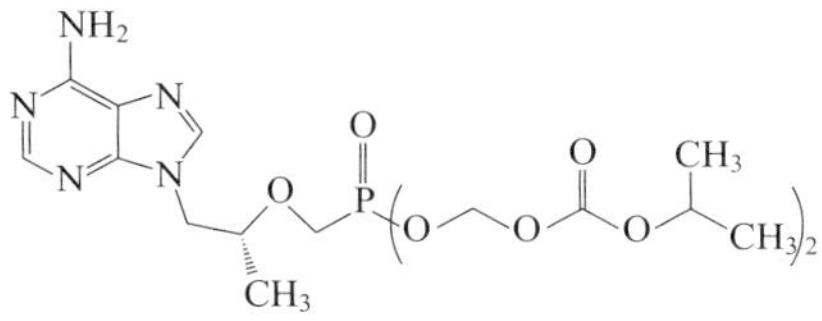

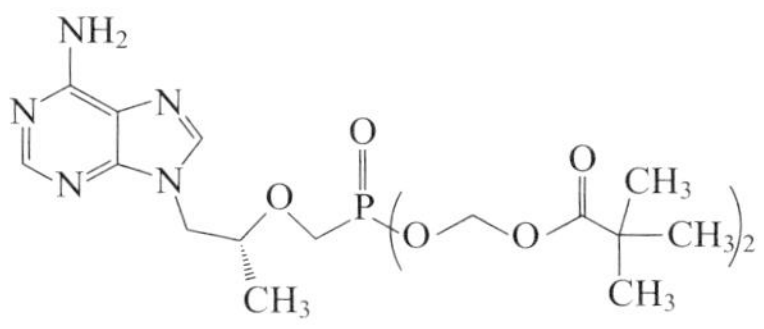

图4-6 bis(POC)PMPA与bis(POM)PMPA的结构对比

由于二者均是作为PMPA的前药,在人体内经代谢分解出母体药物PMPA从而发挥疗效,即二者的相同结构单元PMPA决定了化合物的活性,而分别使用不同取代基的前药修饰的目的在于改善PMPA的药物代谢动力学性质,涉案专利的技术效果并未取得实质性改进,因此涉案专利相对于现有技术实际解决的技术问题仅是提供另一种适于口服给药的新的PMPA前药化合物。判断涉案专利是否具备创造性的关键就在于,现有技术中是否存在由羧酸酯前药制备成碳酸酯前药的技术启示。整体来看,该现有技术已经公开了PMPA原药吸收效果不佳的原因,并指明了改进的方向,即通过形成酯将PMPA原药中的膦酰基团负电荷掩盖,可以增加许多无环核苷磷酸酯的细胞吸收和生物活性,并且还通过制成羧酸酯类前药bis(POM)PMPA可以达到改善PMPA前药的细胞吸收、稳定性以及抗病毒活性和选择性的目的。涉案专利虽是通过制成碳酸酯类前药而使得PMPA前药同样更适于口服给药,但本领域技术人员公知,碳酸酯和羧酸酯均是前药修饰的常用酯类基团,并且结构类似,可以预期二者的替换能达到相似的技术效果,因此,本领域技术人员为解决获得新的适于口服给药的PMPA前药这一技术问题,有动机采用这种类似的结构修饰基团替换羧酸酯基团对磷酸酯基进行修饰,由此获得涉案专利要求保护的技术方案是显而易见的。

3. 组合物的创造性

判断药物联用的组合物是否具备创造性,需要分析现有技术是否给出将所述药物组分联用可有助于发挥其功效的指引,以及是否存在妨碍所属领域技术人员将所述组分联用的技术障碍或技术偏见,例如所述组分之间是否存在疗效、毒副作用或稳定性等方面的相互影响,并且,应对联用后是否取得了预料不到的技术效果做出认定。

除药物组合物外,在化学领域还涉及材料组合物、化妆品组合物、洗涤剂组合物等其他组合物类型,这些组合物中往往通过各组分之间的相互配合,实现组合物的技术效果。判断这类组合物创造性时,应当关注构成与现有技术组合物之间的区别特征的组分在现有技术中所起的作用和其在该发明中所起作用是否相同。

4. 制备方法的创造性

在化学产品的制备方法权利要求中,通常包括产物、原料、步骤、工艺、条件甚至设备等多个技术特征,由此容易导致权利要求与现有技术间可能出现较多的区别。在这类权利要求的创造性判断过程中,需要围绕发明解决的技术问题对所存在的较多区别特征进行梳理,通过分析技术特征的功能及其在所述制备方法中起到的作用以确定不同的技术特征在技术问题的解决过程中所扮演的角色,从而找到评判的重点。

5. 制药用途的创造性

已知化合物的制药用途发明的核心通常在于发现已知化合物可以用于治疗新的适应证。在这类权利要求的创造性判断过程中,需要分析所述新的适应证和现有技术公开的适应证之间的关系,重点考察从现有技术能否推知该已知化合物可以用于治疗所述新的适应证以及该已知化合物在治疗效果方面是否产生了预料不到的技术效果。

五、专利审批程序

(一) 专利审批程序概述

在申请人提出专利申请并被受理后,由初审部门进行初步审查。初步审查的主要任务包括:①审查申请文件是否符合《专利法》及其实施细则的规定,包括申请文件的形式审查和明显实质性缺陷审查;②审查申请人提交的与专利申请有关的其他文件是否是在规定或指定的期限内提交,以及所述其他文件的形式是否符合《专利法》及其实施细则的规定;③审查申请人缴纳的有关费用的金额和期限是否符合《专利法》及其实施细则的规定。

经初步审查后,经过申请人补正和陈述意见后仍然不合格的,驳回申请。对于发明专利申请,初步审查合格后进行公布,并依申请人请求进行实质审查,专利局认为必要的时候也可以自行对发明专利申请进行实质审查。对于实用新型和外观设计专利申请,初步审查合格后即授予专利权并进行公告,不进行实质审查。

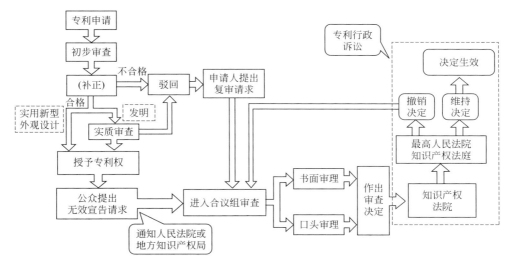

图 4-7　专利审批程序

实质审查的目的在于确定发明专利申请是否应当被授予专利权,特别是确定其是否符合专利法有关新颖性、创造性和实用性的规定。每一件发明专利申请在被授予专利权前都应当进行检索,其目的是找出与申请的主题密切相关的现有技术文件、抵触申请文件以及可能重复授权的文件,以确定申请的主题是否具备《专利法》第二十二条第二款和第三款规定的新颖性和创造性,或者是否符合《专利法》第九条的规定。

在发明专利申请的实质审查程序中,如果审查员认为该申请不符合《专利法》及其实施细则的有关规定,应当发出通知书(包括审查意见通知书、分案通知书或提交资料通知书等)通知申请人,要求其在指定的期限内陈述意见或者对申请文件进行修改,审查员的通知书和申请人的答复可能反复多次。

经实质审查没有发现驳回理由,或者经申请人陈述意见或修改后消除了原有缺陷的专利申请，审查员应当发出授予发明专利权的通知书。

经申请人陈述意见或者修改后，如果专利申请仍然存在通知书中指出过的属于《专利法实施细则》第五十三条所列情形的缺陷，审查员应当予以驳回。

申请人无正当理由对审查意见通知书、分案通知书或者提交资料通知书等逾期不答复的，该申请被视为撤回。在审查过程中，申请人也可随时撤回专利申请。

对于在初步审查阶段或实质审查阶段被驳回的专利申请，申请人不服可以向专利局复审和无效审理部提出复审请求。对于已经授予的专利权，任何人都可向复审和无效审理部请求宣告专利权无效。对于复审决定和无效宣告决定，当事人不服的可以向知识产权法院起诉，对知识产权法院的判决不服的，可以上诉至最高人民法院知识产权法庭。

（二）专利复审程序

1. 复审程序的性质

发明专利在初步审查或实质审查过程中，经申请人陈述意见或者进行修改后，专利局认为仍然不符合专利法有关规定的，则会予以驳回。申请人对驳回决定不服的，可以自收到通知之日起三个月内，向专利局复审和无效审理部（简称复审无效部）请求复审。申请人对复审决定不服的，可以自收到通知之日起三个月内向人民法院起诉。

复审程序是申请人对驳回决定不服而启动的救济程序，同时也是专利审批程序的延续。

2. 复审程序的基本原则

（1）请求原则。

复审程序首先是一种救济程序，应当基于当事人的请求启动。请求人在复审无效部做出复审请求审查决定前撤回其请求的，其启动的审查程序终止。但是，请求人在审查决定的结论已宣布或者书面决定已经发出之后撤回请求的，不影响审查决定的有效性。

（2）依职权审查原则。

在复审程序中，合议组一般仅针对驳回决定所依据的理由和证据进行审查，不承担对专利申请全面审查的义务。但是，为了提高专利授权的质量，避免不合理地延长审批程序，合议组也可以对所审查的复审案件依职权进行审查，而不受当事人请求的范围和提出的理由、证据的限制。在复审程序中合议组可以依职权审查的理由包括：

1）在驳回决定做出前已告知过申请人且足以导致申请被驳回的缺陷及相关证据。如果复审程序不进行审查而撤销驳回决定，那么回到实审程序后可以直接以该理由再次驳回而导致程序震荡，不合理地延长审批程序。

2）驳回决定未指出的明显实质性缺陷。例如，明显不属于专利保护客体、明显不具备实用性、明显公开不充分以及明显修改超范围等。

3）与驳回决定所指出缺陷性质相同的缺陷。例如，驳回决定仅指出权利要求1中某个术语因含义不确定导致保护范围不清楚，合议组发现其他权利要求中同样存在该术语而导致保护范围不清楚时，应当在复审程序中一并告知复审请求人。

4）明显存在无法对复审请求进行有效审查的缺陷。例如，驳回决定以权利要求不具备创造性为由做出，在复审程序中，合议组认为该权利要求因不清楚而无法确定其保护范围，从而不存在审查创造性的基础，则合议组可以引入《专利法》第二十六条第四款对该权利要求进行审查。

5）驳回决定仅指出权利要求之间存在引用关系的某些权利要求存在缺陷，而未指出其他权利要求存在同样的缺陷，不引入对所述缺陷的审查将得出不合理审查结论。例如，驳回决定指出独立权利要求1相对于对比文件1不具备新颖性，从属权利要求2相对于对比文件1不具备创造性。在复审程序中，合议组经审查认定权利要求1相对于对比文件1具备新颖性但不具备创造性，合议组应当引用对比文件1对权利要求1的创造性进行审查。

此外，在合议审查中，合议组可以依职权引入所属技术领域的公知常识，或者补充相应的技术词典、技术手册、教科书等所属技术领域中的公知常识性证据。

（3）听证原则。

在做出审查决定之前，应当给予审查决定对其不利的当事人针对审查决定所依据的理由、证据和认定的事实陈述意见的机会，即审查决定对其不利的当事人已经通过通知书、转送文件或者口头审理等形式被告知过审查决定所依据的理由、证据和事实，并且具有陈述意见的机会。

在做出审查决定之前，在已经根据人民法院或者地方知识产权管理部门做出的生效的判决或者调解决定变更专利申请人的情况下，应当给予变更后的当事人陈述意见的机会。

（4）合法原则。

复审无效部应当依法行政，复审请求案件和无效宣告请求案件的审查程序和审查决定应当符合法律、法规、规章等有关规定。

（5）公正执法原则。

复审无效部以客观、公正、准确、及时为原则，坚持以事实为根据，以法律为准绳，独立地履行审查职责，不徇私情，全面、客观、科学地分析判断，做出公正的决定。

（6）公开原则。

除了根据国家法律、法规等规定需要保密的案件（申请人不服初审驳回而提出复审请求的案件）以外，其他各种案件的口头审理应当公开举行，审查决定应当公开出版发行。

3. 前置审查程序

复审请求受理后，复审无效部应当将经形式审查合格的复审请求书连同案卷一并转交做出驳回决定的原审查部门进行前置审查。原审查部门应当提出前置审查意见，做出前置审查意见书。前置审查意见分为下列三种类型：

1）复审请求成立，同意撤销驳回决定。

2）复审请求人提交的申请文件修改文本克服了申请中存在的缺陷，同意在修改文本的基础上撤销驳回决定。

3）复审请求人陈述的意见和提交的申请文件修改文本不足以使驳回决定被撤销，因而坚持驳回决定。

前置审查意见同意撤销驳回决定的，复审无效部不再进行合议审查，应根据前置审查意见做出复审决定，通知复审请求人，并且由原审查部门继续进行审批程序。前置审查意见坚持驳回决定的，应当对所坚持的各驳回理由及其涉及的各缺陷详细说明意见。

如果复审请求人提交修改文本，原审查部门应当对修改文本进行审查。复审请求人提交新证据或者陈述新理由的，原审查部门应当对该证据或者理由进行审查。原审查部门在前置审查意见中补充驳回理由和证据仅限于下列情形：

1）对驳回决定和前置审查意见中主张的公知常识补充相应的技术词典、技术手册、教科书等所属技术领域中的公知常识性证据。

2）审查文本中存在驳回决定做出前已告知过申请人且足以导致申请被驳回的缺陷，应当在前置审查意见中指出该缺陷。

3）认为驳回决定指出的缺陷仍然存在的，如果发现审查文本中还存在其他明显实质性缺陷或者与驳回决定所指出缺陷性质相同的缺陷，可以一并指出。

4. 复审请求的合议审查

（1）合议审查。

专利局复审和无效审理部对复审案件和无效宣告案件采取合议审查的形式，合议组由三或五人组成，其中包括组长一人、主审员一人、参审员一人或三人。组长负责主持复审或者无效宣告程序的全面审查，主持口头审理，主持合议会议及其表决。主审员负责案件的全面审查和案卷的保管，起草审查通知书和审查决定，负责合议组与当事人之间的事务性联系。参审员参与审查并协助组长和主审员工作。

针对一项复审请求，合议组可以采取书面审理、口头审理或者书面审理与口头审理相结合的方式进行审查。在下列情形下，合议组应当发出复审通知书或者进行口头审理：

①复审决定将维持驳回决定；②需要复审请求人依照专利法及其实施细则和专利审查指南有关规定修改申请文件，才有可能撤销驳回决定；③需要复审请求人进一步提供证据或者对有关问题予以说明；④需要引入驳回决定未提出的理由或者证据。

针对合议组发出的复审通知书，复审请求人应当在收到该通知书之日起一个月内针对通知书指出的缺陷进行书面答复。期满未进行书面答复的，复审请求视为撤回。复审请求人提交无具体答复内容的意见陈述书，视为对通知书中的审查意见无反对意见。

针对合议组发出的口头审理通知书，复审请求人应当参加口头审理或者在收到该通知书之日起一个月内针对通知书指出的缺陷进行书面答复。如果该通知书已指出申请不符合《专利法》及其实施细则和审查指南有关规定的事实、理由和证据，复审请求人未参加口头审理且期满未进行书面答复的，其复审请求视为撤回。

经过合议审查后，合议组做出维持或者撤销驳回决定的复审请求审查决定。复审决定分为下列三种类型：

①复审请求不成立，维持驳回决定；②复审请求成立，例如驳回决定适用法律错误、

驳回理由缺少必要证据支持、审查违反法定程序等，撤销驳回决定；③专利申请文件经复审请求人修改克服了驳回决定所指出的缺陷，在修改文本的基础上撤销驳回决定。

（2）申请文件的修改。

在提出复审请求、答复复审通知书或者参加口头审理时，复审请求人可以对申请文件进行修改。所作修改应当符合《专利法》第三十三条和《专利法实施细则》第六十一条第一款的规定，即修改不能超出原申请文件记载的范围，并且应当仅限于消除驳回决定或者合议组指出的缺陷。下列情形通常不符合上述规定：

①修改后的权利要求相对于驳回决定针对的权利要求扩大了保护范围。②将与驳回决定针对的权利要求所限定的技术方案缺乏单一性的技术方案作为修改后的权利要求。③改变权利要求的类型或者增加权利要求。④针对驳回决定指出的缺陷未涉及的权利要求或者说明书进行修改。但修改明显文字错误，或者修改与驳回决定所指出缺陷性质相同的缺陷的情形除外。

在复审程序中，复审请求人提交的申请文件不符合《专利法实施细则》第六十一条第一款规定的，合议组一般不予接受，并应当在复审通知书中说明该修改文本不能被接受的理由，同时对之前可接受的文本进行审查。如果修改文本中的部分内容符合《专利法实施细则》第六十一条第一款的规定，合议组可以对该部分内容提出审查意见，并告知复审请求人应当对该文本中不符合《专利法实施细则》第六十一条第一款规定的部分进行修改，并提交符合规定的文本，否则合议组将以之前可接受的文本为基础进行审查。

（三）无效宣告程序

1. 专利无效程序的性质

（1）无效程序的社会监督功能。

虽然发明专利申请需经检索和实质审查后方能授权，但由于审查能力、检索手段以及客观条件所限，在已授予的专利权中存在将现有技术囊括在其保护范围内的情况，或者其他不应授权而被授予专利权的情况是不可避免的，因此《专利法》引入了无效宣告制度。

专利无效宣告制度为各种原因导致的不当授权提供了纠偏机制和社会监督机制，任何单位或者个人认为专利权的授予不符合《专利法》有关规定的，都可以请求宣告该专利权无效。通过无效程序将不应获得保护的专利权剔除，保护范围不恰当的专利权进行调整以便与其技术贡献相匹配，使得真正的发明创造得到应有的保护。

（2）无效程序解决的并非民事争议，而是对不当授权的纠错。

据《专利法》第四十五条规定，"任何单位或者个人"均可以请求宣告某专利权无效，专利权人自己也可以提出请求，表明《专利法》并不要求无效程序的双方当事人之间存在实质上的、民法上的权利义务争议。

专利无效程序中争议的问题是"专利权的授予是否合法"，公众参与专利无效程序的目的在于充分发挥公众的监督作用，使公众与专利审查机关相结合，纠正专利申请审查过程中可能发生的失误，取消本来就不应当获得的专利权。无效程序是对此前专利行政机构授权行为的再次检视。

因此，尽管专利无效程序借鉴了民事诉讼的一些诉讼规则，但是其本质上仍然是一种社会监督程序。例如，民事诉讼采取当事人处分原则，当事人有权在法律许可的范围内自由支配自己的民事权利和诉讼权利，例如原告可以随时撤回诉讼请求。在专利无效宣告程序中也借鉴了当事人处置原则，请求人可以在国家知识产权局做出决定之前撤回其请求，但是，如果国家知识产权局认为根据已进行的审查工作能够做出宣告专利权全部无效或者部分无效的决定，不终止审查程序。也就是说，专利无效程序启动后，在根据已有证据和理由能够宣告专利权全部或者部分无效的情况下，合议组可以不依赖于请求人的请求而做出宣告专利权全部或者部分无效的审查决定，这体现了国家知识产权局的纠错职能，将已经发现的不符合授权条件的专利权剔除掉。

无效程序的纠错职能还体现在国家知识产权局在特定条件下可以依职权进行审查，包括：

1）合议组可以依职权变更适用正确的法律。如果请求人提出的无效宣告理由明显与其提交的证据不相对应，合议组可以告知其有关法律规定的含义，允许其变更或者依职权变更为相对应的无效宣告理由。例如，请求人提交的证据为抵触申请文件（同一专利权人在申请日前申请并在申请日后公开的中国发明专利文件），而其请求宣告无效的理由为不符合《专利法》第九条第一款，合议组可以告知请求人《专利法》第九条第一款和第二十二条第二款的含义，允许其将无效宣告理由变更为该专利不符合《专利法》第二十二条第二款的规定，或者依职权进行变更并告知双方当事人。

2）专利权存在请求人未提及的明显不属于专利保护客体的缺陷，合议组可以引入相关的无效宣告理由进行审查。

3）专利权存在请求人未提及的缺陷而导致无法针对请求人提出的无效宣告理由进行审查的，合议组可以依职权针对专利权的上述缺陷引入相关无效宣告理由并进行审查。例如，无效宣告理由为独立权利要求1不具备创造性，但该权利要求因不清楚而无法确定其保护范围，从而不存在审查创造性的基础的情形下，合议组可以引入涉及《专利法》第二十六条第四款的无效宣告理由并进行审查。

4）请求人请求宣告权利要求之间存在引用关系的某些权利要求无效，而未以同样的理由请求宣告其他权利要求无效，不引入该无效宣告理由将会得出不合理的审查结论的，合议组可以依职权引入该无效宣告理由对其他权利要求进行审查。例如，请求人以权利要求1不具备新颖性、从属权利要求2不具备创造性为由请求宣告专利权无效，如果合议组认定权利要求1具有新颖性，并且从属权利要求2不具备创造性，则可以依职权对权利要求1的创造性进行审查。

5）请求人以权利要求之间存在引用关系的某些权利要求存在缺陷为由请求宣告其无效，而未指出其他权利要求也存在相同性质的缺陷，合议组可以引入与该缺陷相对应的无效宣告理由对其他权利要求进行审查。例如，请求人以权利要求1增加了技术特征而导致其不符合《专利法》第三十三条的规定为由请求宣告权利要求1无效，而未指出从属权利要求2也存在同样的缺陷，合议组可以引入《专利法》第三十三条的无效宣告理由对从属权利要求 2 进行审查。

6）请求人以不符合《专利法》第三十三条或者《专利法实施细则》第四十三条第一款的规定为由请求宣告专利权无效，且对修改超出原申请文件记载范围的事实进行了具体的分析和说明，但未提交原申请文件，合议组可以引入该专利的原申请文件作为证据。

7）合议组可以依职权认定技术手段是否为公知常识，并可以引入技术词典、技术手册、教科书等所属技术领域中的公知常识性证据。

（3）审查决定的对世效力。

首先，宣告专利权无效的决定具有一定的追溯效力及普遍约束力。被宣告无效的专利权视为自始不存在，视同专利权根本就没有授予一样，即宣告专利权无效的决定追溯至专利权授予时发生效力，不仅对专利权人、请求人是无效的，而且对整个社会来讲也是无效的。

无论在宣告专利权无效之前还是之后，任何人都有权自由实施该专利要求保护的发明创造，无须获得专利权人的许可，也无须支付任何专利使用费。因此，专利权被宣告无效后，就意味着所有以该专利权有效为前提的有关司法判决、行政决定和交易行为都失去法律基础。

对于原专利权人指控他人侵犯其专利权的行为而言，尚未执行或者正在执行的法院侵权判决或者专利侵权行政处理决定应当立即停止执行，对于原专利权人转让专利权或者许可他人实施其专利的行为而言，尚未履行和正在履行的专利许可合同和专利权转让合同应当立即停止履行，受让人或者被许可人可以停止支付有关费用。

但是，对于在该决定做出以前法院做出并已经执行的判决、调解书，已经履行或者强制执行的专利侵权纠纷处理决定，以及已经履行的专利实施许可合同和专利权转让合同，不具有追溯力。上述情况有两种例外：一是因专利权人的恶意给他人造成的损失，应由专利权人赔偿；二是如果专利权人或者专利权转让人不向被许可实施专利权人或者专利权受让人返还专利使用费或者专利权转让费明显违反公平原则时，专利权人或者专利权转让人应当向被许可实施人或者专利权受让人全部或者部分返还上述使用费或转让费。

其次，专利权无效宣告审查决定做出后即产生一事不再理的效力，任何单位和个人均不能基于同一事实、理由和证据再次请求宣告同一专利权无效。对于以同样的理由和证据提出的在后请求不予受理，对于已经受理的在后请求，涉及在先决定中的相同理由和证据不予审理。但是，如果在后请求中的理由或者证据因时限等原因未被在先决定所考虑，则该请求不属于上述不予受理的情形。

2. 举证责任和举证期限

（1）举证责任。

专利无效程序是一种由双方当事人参与的特殊的行政程序。为了充分调动请求人参与无效程序，一般情况下，合议组仅居中裁决，并严格限制依职权审查的条件。因此，在无效程序中分配举证责任时也采取谁主张谁举证的模式，请求人对自己提出的无效宣告请求所依据的事实或者反驳对方所依据的事实有责任提供证据加以证明,专利权人对反驳对方无效宣告请求所依据的事实有责任提供证据加以证明。

在依据前述规定无法确定举证责任承担时,国家知识产权局可以根据公平原则和诚实信用原则,综合当事人的举证能力以及待证事实发生的盖然性等因素确定举证责任的承担。

没有证据或者证据不足以证明当事人的事实主张的,由负有举证责任的当事人承担不利后果。

(2)举证期限。

请求人可以在提出无效宣告请求之日起一个月内补充证据,对于补充的证据,应当在该期限内结合该证据具体说明相关的无效宣告理由,否则,合议组不予考虑。请求人提交的证据是外文的,提交其中文译文的期限适用该证据的举证期限。

请求人在提出无效宣告请求之日起一个月以后补充的证据,合议组一般不予考虑,但下列情形除外:①针对专利权人提交的反证,请求人在复审无效部指定的期限内补充证据,并在该期限内结合该证据具体说明相关无效宣告理由;②在口头审理辩论终结前提交技术词典、技术手册和教科书等所属技术领域中的公知常识性证据或者用于完善证据法定形式的公证文书、原件等证据,并在该期限内结合该证据具体说明相关无效宣告理由。

专利权人应当在复审无效部指定的答复期限内提交证据,但对于技术词典、技术手册和教科书等所属技术领域中的公知常识性证据或者用于完善证据法定形式的公证文书、原件等证据,可以在口头审理辩论终结前补充。专利权人提交或者补充证据的,应当在上述期限内对提交或者补充的证据具体说明。专利权人提交的证据是外文的,提交其中文译文的期限适用该证据的举证期限。专利权人提交或者补充证据不符合上述期限规定或者未在上述期限内对所提交或者补充的证据具体说明的,复审无效部不予考虑。

对于有证据表明因无法克服的困难在上述期限内不能提交的证据,当事人可以在所述期限内书面请求延期提交。不允许延期提交明显不公平的,复审无效部应当允许延期提交。

3. 专利文件的修改

(1)修改原则。

对于发明和实用新型专利权,保护范围是以权利要求文字记载的实质内容为准,说明书和附图可以解释权利要求。权利要求是专利权公示性的最重要内容,一旦被授予专利权并公告,对全社会产生法律约束力,授权后的权利要求修改应受到严格限制。在无效程序中,发明或者实用新型专利文件的修改仅限于权利要求书,其原则是:

① 不得改变原权利要求的主题名称。
② 与授权的权利要求相比,不得扩大原专利的保护范围。
③ 不得超出原说明书和权利要求书记载的范围。
④ 一般不得增加未包含在授权的权利要求书中的技术特征。

（2）修改的方式。

在满足上述修改原则的前提下，修改权利要求书的具体方式一般仅限于权利要求的删除、技术方案的删除、权利要求的进一步限定、明显错误的修正等。

权利要求的删除是指从权利要求书中去掉某项或者某些项权利要求，例如独立权利要求或者从属权利要求。

技术方案的删除是指从同一权利要求中并列的两种以上技术方案中删除一种或者一种以上技术方案。

权利要求的进一步限定是指在权利要求中补入其他权利要求中记载的一个或者多个技术特征，以缩小保护范围，替换原权利要求。

（3）修改方式的限制。

在复审无效部做出审查决定之前，专利权人可以删除权利要求或者权利要求中包括的技术方案。仅在下列三种情形的答复期限内，专利权人可以以删除以外的方式修改权利要求书：

① 针对无效宣告请求书。
② 针对请求人增加的无效宣告理由或者补充的证据。
③ 针对复审无效部引入的请求人未提及的无效宣告理由或者证据。

（4）马库什权利要求的修改。

在医药化学领域，马库什通式化合物是对一类化合物的高度概括，在审查实践中，包括若干取代基选项的基团变量被整体视为一个技术特征，相应的通式化合物则被视为一个整体技术方案而不是所包含的所有具体化合物的并列技术方案，因此删除通式中某个基团变量中若干取代基选项的部分取代基通常认为不属于技术方案的删除，因此在专利无效程序中是不允许的修改。

如果对马库什通式化合物撰写了足够数量的从属权利要求，假如该通式化合物包含5个取代基变量 $R^1 \sim R^5$，从属权利要求 $2 \sim 6$ 分别对 $R^1 \sim R^5$ 做进一步限定，那么在无效程序中，专利权人可以将从属权利要求 $2 \sim 6$ 任一项或多项的技术特征限定到独立权利要求 1 中，也可将这些从属权利要求进行合并，这样的修改均属于权利要求的进一步限定，是允许的修改。可以看出，在通式化合物发明的专利申请文件中撰写足够数量的从属权利要求是十分必要的，在授权后的专利无效程序中掌握更多的主动权。

4. 无效请求的合议审查

请求人提出无效宣告请求后，专利局复审和无效审理部首先进行形式审查。形式审查的内容包括：所针对的客体必须是已经公告授权的专利权；请求人必须具备相应的主体资格；无效宣告请求书中应当明确无效宣告请求范围；无效宣告理由仅限于《专利法实施细则》第六十五条第二款规定的理由；是否属于一事不再理的情形；请求人应当结合证据具体说明无效宣告理由；请求书及其附件是否符合规定的格式。请求人可以在提出无效宣告请求后一个月内补充理由和证据，超出一个月之后补充的理由和证据将不予考虑。

形式审查不合格的，应当发出补正通知书，要求请求人在收到通知书之日起十五日内补正；经补正后仍然不合格的，将被视为未提出或者不予受理。形式审查合格后，发出受理通知书并将请求书及其附件转送给专利权人，专利权人收到受理通知书后应当在一个月内答复，逾期不答复不影响复审无效部审理。

受理后，复审无效部成立合议组进行合议审查。合议组依据具体案情决定采取书面审查或者书面审查结合口头审理的方式，有关当事人也可以书面方式向复审无效部提出进行口头审理的请求，并且说明理由。无效宣告程序的当事人可以依据下列理由请求进行口头审理：

① 当事人一方要求同对方当面质证和辩论。
② 需要当面向合议组说明事实。
③ 需要实物演示。
④ 需要请出具过证言的证人出庭作证。

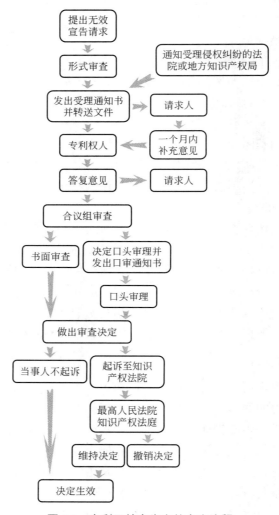

图 4-8 专利无效宣告案件审查流程

对于尚未进行口头审理的无效宣告案件，合议组在审查决定做出前收到当事人依据上述理由以书面方式提出口头审理请求的，应当同意进行口头审理。

经过合议审查后，合议组依据查清的事实、理由和证据做出无效宣告请求审查决定。决定的结论包括三种类型：①宣告专利权全部无效；②宣告专利权部分无效；③维持专利权有效。根据《专利法》第四十七条的规定，宣告无效的专利权被视为自始即不存在。

六、医药专利侵权判定

（一）权利要求的解释

权利要求的解释就是要明确权利要求中每个技术术语和语句的含义，确定其保护范围。判定目标产品或方法是否侵犯一项专利权，前提条件就是准确确定该专利权的保护范围。

1. 本领域技术人员是解释权利要求的主体

任何技术术语都有其特定的适用领域，同一词语在不同的技术领域和语言环境中可能具有不同的含义，具有不同知识水平的人对同一术语的理解也会不同。如果他对发明所属技术领域没有足够的了解，就不可能准确理解技术术语的含义；如果他是某方面的专家，其对技术术语的理解与该领域的普通技术人员的理解也会不一样。因此，要准确、客观确定一项权利要求中技术术语的含义，必须以所属技术领域为基础，以该领域的普通技术人员为视角进行解读。即，解释权利要求的主体应该是本领域技术人员。

一般情况下，确定权利要求中使用的技术术语或技术特征的含义，应当基于本领域技术人员的通常理解进行解释。如果说明书中对相关技术术语或特征给出的定义或说明不同于本领域的通常含义，则应当按照说明书中的定义或说明为准。对于专利权人自定义的术语，应当按照说明书中的定义或说明为准。

2. 以权利要求记载的内容为准

根据《专利法》第五十九条的规定，"发明或者实用新型专利权的保护范围以其权利要求的内容为准，说明书及附图可以用于解释权利要求的内容"。其中"以权利要求的内容为准"的含义是，以权利要求所限定的技术特征为基础，技术术语应以文字表述为准，即对权利要求的内容进行文义解释，不得将仅在说明书或实施例中予以描述而未在权利要求中记载的技术特征解释到权利要求中，从而不恰当地限缩权利要求的保护范围。这是解释权利要求的基础，在所有解释方法中具有优先地位。

当本领域普通技术人员可以清楚确定权利要求术语的含义，且说明书又未对该术语的含义做特别界定时，应当以本领域普通技术人员对权利要求自身内容的理解为准，而不应以说明书的内容否定权利要求。

当然，"以权利要求的内容为准"并不意味着一定要拘泥于权利要求中的措辞，而是要避免用说明书的内容对权利要求进行事实上的修改。

"以权利要求的内容为准"还应当包括以权利要求书的整体内容为准的含义,对权利要求的解释还要考虑权利要求书整体的上下文语境及逻辑关系,例如,当独立权利要求中的技术术语的含义不明确时,可以参考其从属权利要求对该技术术语的限定来理解。

3. 说明书和附图的解释作用

说明书及其附图是对权利要求相关术语进行解释的重要载体。专利申请人在撰写申请文件时常常在说明书中对所使用的一些技术术语进行解释或举例说明,在实施例中还常常使用上位概念或抽象概念的一些具体实例,附图通过图形形式显示出难以用简单语言准确描述的结构及相互关系,这些内容对于理解发明的技术方案至关重要。因此,说明书及其附图是专利权人的技术辞典,当权利要求的字面含义存在歧义,或者仅根据权利要求的字面含义难以确定保护范围时,根据说明书及其附图对权利要求中相关术语的含义进行解释是十分必要的。

利用说明书和附图解释权利要求时,应当以说明书为依据,使权利要求的保护范围与说明书公开的范围相适应。具体而言,首先要看权利要求和/或说明书中是否对争议术语或特征存在特定的解释,如果权利要求和/或说明书未对其做特别的定义,一般应将其解释为所属领域通用的含义,然后再看说明书的整体内容是否支持这样的含义。在解释权利要求的争议术语或特征的含义时,应当将说明书的各部分内容作为一个整体结合考虑。

对于专利申请人自定义的术语,如果在相关领域没有明确含义,但说明书中的记载指明了其特定含义,并且该界定明确了发明的保护范围,那么应当以说明书的界定来理解权利要求中该自定义术语的含义。如果说明书中没有明确界定该术语的含义,则应当结合说明书及附图,查明该术语的工作方式、在发明技术方案中所起的作用和功能、效果等因素,确定其在整体技术方案中的含义。

说明书的背景技术部分作为说明书的一部分,对技术术语的说明常常与发明内容密切相关,有时也可以作为解释权利要求的基础。

解释权利要求时,不仅要充分考虑专利对现有技术所做的贡献,合理界定专利权利要求限定的保护范围,保护权利人的利益,还要充分考虑权利要求的公示作用,兼顾社会公众的信赖利益,不能把不应纳入保护的内容解释到权利要求的范围当中。

利用说明书及附图解释权利要求,目的是对权利要求中的技术术语或者技术特征固有含义进行澄清,不应对权利要求的技术方案进行事实上的修改,不能将专利保护范围扩展到本领域技术人员在申请日前通过阅读说明书及附图后需要经过创造性劳动才能联想到的内容,损害权利要求的公示作用。为了区别于现有技术而将权利要求中未予限定的特征直接纳入权利要求,不属于权利要求解释的范畴。

4. 发明目的解释

语言具有模糊性,同一个术语在不同的技术领域和语言环境中可能具有不同的含义,甚至有时候即便每个词语单独来看含义都是明确的,但连成语句也可能会产生多种不同含义。这些不同的含义可能不都与发明目的相符,并不能解决发明所想要解决的技术问题。这些与发明目的不相符的含义显然不是专利权人想要保护的技术方案，因此，在确定专利权保护范围时，不应将不能实现发明目的、效果的技术方案解释到权利要求的保护范围中。本领域普通技术人员在结合相关技术背景的基础上，在阅读了说明书及附图的全部内容之后，仍然认为不能解决专利的技术问题、实现其技术效果的技术方案，应当被排除在专利权的保护范围之外。

根据发明目的解释权利要求属于主观目的解释的范畴。这里的发明应当是说明书中载明的发明目的，在说明书中能够找到明确的根据。

（二）专利侵权判定原则

侵权判定就是判断被控侵权技术方案是否落入权利要求保护范围，这与新颖性审查中判断现有技术是否落入权利要求保护范围是相同的，因此，侵权判定可以借鉴专利授权和确权程序中新颖性的判断方法。

1. 全面覆盖原则

在新颖性审查中，如果要求保护的发明与现有技术方案完全相同，或者仅仅是简单的文字变换，则该发明不具备新颖性。具体而言，如果现有技术方案公开了权利要求的全部技术特征，那么该权利要求就不具备新颖性。在侵权判定中则称为全面覆盖原则。

全面覆盖原则又称相同侵权原则，是指将权利人所主张的权利要求记载的全部技术特征与被控侵权技术方案所对应的全部技术特征逐一进行比较。若被控侵权技术方案包含权利要求记载的全部技术特征，则表明其落入了专利的保护范围。全面覆盖原则是判断一项技术方案是否侵犯发明或者实用新型专利权的最基本原则。

适用全面覆盖原则进行侵权认定时，一般包括以下几种情况：

1）被控侵权技术方案的技术特征与专利权利要求的技术特征完全相同，构成相同侵权。

2）如果被控侵权技术方案使用的是下位概念，而专利权利要求中的技术特征使用的是上位概念，或者被控侵权技术方案中的参数值落入权利要求的参数数值范围，则应当认为该特征是相同技术特征，被控侵权技术方案落入专利权利要求的保护范围，也构成侵权。

3）与专利权利要求相比，被控侵权技术方案增加了技术特征，由于其覆盖了权利要求的全部技术特征，这种情况仍然落入了专利保护范围，构成侵权，除非该权利要求采用封闭式或其他撰写形式明确排除了该技术特征。

2. 等同原则

在新颖性审查中，如果权利要求的技术方案与现有技术方案实质上相同，所属技术领域的技术人员根据两者的技术方案可以确定两者能够适用于相同的技术领域，解决相同的技术问题，并具有相同的预期效果，则认为两者为同样的发明创造。如果权利要求的技术方案与现有技术方案的区别特征仅仅是所属技术领域的惯用手段的直接置换，则该权利要求不具备新颖性。即授权的权利要求不应将现有技术及其明显变型纳入保护范围，否则将不具备新颖性。

与此类似，如果被控侵权技术方案实施了授权专利的技术方案及其明显变型，都应当属于侵犯专利权。专利的保护范围是由权利要求记载的内容界定的。在司法实践中，完全的字面侵权（即照搬照抄）并不多见，更常见的是等同侵权的行为，即变更若干非关键的技术特征，实施专利技术方案的明显变型形式，最大限度地利用专利技术又想逃避侵权指控的模仿行为。等同侵权的判定成为司法实践中的热点和难点。

《最高人民法院关于审理专利纠纷案件适用法律问题的若干规定》第17条规定："专利法第五十九条第一款所称的'发明或者实用新型专利权的保护范围以其权利要求的内容为准，说明书及附图可以用于解释权利要求的内容'，是指专利权的保护范围应当以权利要求记载的全部技术特征所确定的范围为准，也包括与该技术特征相等同的特征所确定的范围。等同特征，是指与所记载的技术特征以基本相同的手段，实现基本相同的功能，达到基本相同的效果，并且本领域普通技术人员在被控侵权行为发生时无需经过创造性劳动就能够联想到的特征。"

等同原则是指，被控侵权技术方案的某一技术特征与涉案专利权利要求中的相应技术特征从字面上看不相同，但是属于等同特征，被控侵权技术方案应当被认定落入专利权保护范围的，属于等同侵权。等同侵权需原告主张，法官应解明，法院不可以依职权主动适用。

（1）等同侵权的认定标准。

判断被控侵权技术方案中的技术特征是否属于涉案专利的等同特征，关键是判断相应的两个技术特征是否属于基本相同的手段，且其在各自技术方案中的作用和功能基本相同，达到的技术效果基本相同。

基本相同的手段是指侵权行为发生前，所属技术领域中可以直接相互替换的惯用手段。这与新颖性判断中"惯用手段的直接替换"应当具有相同或近似的含义，但判断时间界限有所不同。基本相同手段的判定时间一般是侵权行为发生时，若在申请日后出现但在侵权行为发生时属于所属技术领域普通技术人员容易想到的替换特征，可以认定为等同特征。

如下几种方式通常应当认为是基本相同的技术手段：①常用技术要素的简单替换；②产品位置的简单移动；③技术要素的简单分解或合并；④方法步骤顺序的简单变化；⑤重复单元的简单增减（数值和数值范围除外）等。

需要注意的是，意思截然相反或存在明显障碍的内容不应轻易认定为等同，例如，可拆卸和不可拆卸、密封与非密封、导电与绝缘等。

基本相同的功能和基本相同的效果强调的是技术特征在技术方案这个整体中的功能和效果，而不是指特征本身或固有的功能。如果两个技术手段本身在通常情况下具有基本相同的功能，但在各自技术方案中因与其他特征的结合而产生新的不同作用，或者技术效果产生质的飞跃，那么不能认定这两个技术手段具有基本相同的功能和基本相同的效果，不能认定为等同特征。

（2）等同侵权的判断方法。

判断被控侵权技术方案与权利要求技术方案是否构成等同侵权，可以遵循以下判断步骤：

① 划分权利要求中的全部技术特征；

② 划分被控侵权技术方案中的全部技术特征；

③ 对比涉案权利要求与被控侵权技术方案中相应的技术特征，找出相同技术特征和不同技术特征；

④ 判断所述的不同技术特征对于本领域技术人员而言熟知的程度和替换可能性，以及在各自技术方案整体中的作用和所产生的技术效果。

需要强调三点：第一，技术特征是指在所属技术方案中能够相对独立地执行一定的技术功能并能产生相对独立的技术效果的最小技术单元。划分技术特征时应当着重从技术方案的各功能单元的角度出发，将相互关联的技术要素整体考虑，避免将功能上相互关联的技术要素进行人为拆分和割裂。第二，应当对技术方案所包含的全部技术特征进行划分，权利要求前序部分和特征部分的技术特征均可适用等同。第三，若多个技术特征均适用等同，即使每个技术特征均符合等同的条件，但如果多个等同特征的叠加导致被控侵权技术方案形成了与权利要求技术构思不同的技术方案，或者被控侵权技术方案取得了预料不到的技术效果的，则表明这些技术特征相互之间存在某种内在联系，一般不宜认定为等同侵权。

（3）等同原则的限制。

等同原则是对专利权利要求保护范围的扩张，对《专利法》第五十九条的突破，如不进行严格限制，会对权利要求书的公示性带来挑战。

1）捐献规则。捐献规则，是指基于权利要求书的公示作用，仅在说明书或者附图中描述而在权利要求中未记载的技术方案，视为专利权人放弃该技术方案，权利人不能依据等同侵权将其纳入保护范围。

捐献的内容和范围需要明确，即捐献的技术方案需要在说明中明确记载，捐献以外的部分仍然可以适用等同。捐献内容的等同特征不能视为捐献，捐献规则仅限于其本身而不能延及其等同特征。

2）禁止反悔规则。禁止反悔规则是指专利权人在专利授权或确权程序中，通过对权利要求、说明书的修改或者澄清而放弃的技术方案，不得在侵权程序中反悔，将其纳入专利权保护范围。

我国适用禁止反悔规则一般认为应当符合以下几个条件：①专利权人对有关技术特征所作的限制或者放弃必须是明示的，而且已经被记录在专利文档、生效的审查决定或行政判决中；②限制承诺或者放弃保护的技术内容，必须对专利权的授予或者维持专利权有效产生了实质性作用；③禁止反悔规则的适用应当以被告提出请求为前提，并由被告提供原告反悔的相应证据。

3）特别排除规则。特别排除规则，是指根据权利要求书和说明书的记载和解读，可以推导出专利权人特意将某些技术方案排除在权利要求保护范围之外。特别排除的技术方案一般不得通过等同侵权纳入保护范围。例如，权利要求用"至少"等用语对数值特征或者采用"首先"等用语对步骤顺序特征进行界定，且本领域普通技术人员认为权利人特别强调该用语对技术特征的严格限定作用，该特征不适用等同。

数值或数值范围一般不宜认定构成等同，否则会导致权利要求中对该数值或数值范围的限制不起作用，导致专利保护范围被不合理扩大。但是，如果能证明被控侵权技术方案的数值在技术效果上与权利要求中记载的数值无实质差异，可以认定构成等同，对于数值范围的等同应当严格限制。

（三）侵犯专利权的行为

1. "为生产经营目的"的含义

根据《专利法》第十一条的规定，未经专利权人许可而实施制造、使用、许诺销售、销售或者进口行为中的任何一种，都有可能构成侵犯专利权。这些行为有可能由同一单位或者个人按先后顺序进行，也有可能由不同的单位或者个人先后分别进行，应当按照不同行为人各自的目的分别进行判断，各自承担各自的责任。

"为生产经营目的"含义极为广泛，不能理解为"营利目的"，更不能理解为"已经实际获利"。某一行为是否属于为生产经营目的，通常可以从三个角度进行判断：一是行为方式，二是行为主体，三是行为的性质和范围。

从行为方式上看，许诺销售和销售行为无论其行为主体是单位还是个人，一般都具有为生产经营目的的性质。而对于制造、使用和进口行为来说，则既可能是具有生产经营目的的行为，又可能是不具有生产经营目的的行为。

从行为主体上看，企业和营利性单位的行为一般都具有为生产经营目的的性质，而国家机关、非营利性单位、社会团体的行为一般不具有为生产经营目的的性质。但是，一个单位的性质并不决定是否构成实施专利行为的关键因素，国家机关、非营利性事业单位、社会团体的某些制造、使用和进口行为也可能具有为生产经营目的的性质。例如医院为治病而使用专利设备等。

从行为的性质和范围看，如果行为与某种生产经营活动相联系，例如，为了销售而制造或进口，使用专利产品作为原料或生产设备加工其他产品并用于销售，在经营活动中使用专利产品提供服务，或者为了推广而提供赠品或试用品，等等，则具有为生产经营目的的性质。当然，要穷举哪些类型的行为具有为"生产经营目的"十分困难，反过来，下面两种较为典型的情形不能认为是"生产经营目的"。

第一种情形是以私人方式进行的实施专利的行为，不应当被认为是"为产生经营目的"，因而不构成侵犯专利权的行为。例如，病人为了治病而服用某种专利药品，从专利法的意义上说，就是使用专利产品的行为。然而，即使该药品的制造、销售未经专利权人许可，使用该药品的人也不应当承担侵犯专利权的责任，因为服用者的目的绝非为了"生产经营目的"。当专利药品为一种中药时，某人为了给自己治病，按照获得专利权的中药药方配制并熬成药汤，供自己服用，应当说既构成"制造"该专利产品的行为，也构成了"使用"该专利产品的行为，但两者都不是"为生产经营目的"。

第二种情形是政府机关、社会团体和其他组织在公共服务、公益事业、慈善事业中实施专利的行为。需要注意的是，即使某种使用专利产品的行为本身具有真正的"公共服务、公益事业、慈善事业"性质，不是"为生产经营目的"，因而不构成侵犯专利权的行为，但是为进行上述行为的单位或者个人制造、销售该专利产品，一般仍然构成侵犯专利权的行为，因为其制造、销售行为是典型的"为生产经营目的"的行为。

2. 制造行为

制造专利产品是指做出或者形成具有权利要求所记载的全部技术特征的产品。从对世的意义上说，从无到有再现产品专利权保护客体的行为只有制造这一种行为，而使用、许诺销售、销售、进口专利产品都是利用制造者再现产品专利保护客体的结果。因此，专利法对制造专利产品行为提供绝对保护。

就行为人的主观方面而言，未经专利权人许可而制造专利产品的行为可以分成三种类型。

一是行为人明知自己的行为会对专利权人造成侵害而仍然希望或者任其发生，属于故意侵权行为。故意侵犯专利权在很多国家要受到从重处理。

二是行为人对自己行为的后果应当预见而未预见，或者虽有预见却轻信其不会发生，属于过失侵权行为。例如在授予专利权之后，行为人在没有阅读专利说明书的情况下独立地开发并制造与专利产品相同的产品，也要承担侵犯专利权的民事责任。

三是既非故意，也非过失，但是其行为仍会受到一定的限制。例如在某项产品申请了发明专利但尚未公布的期间内，行为人独立地研究开发并制造了相同的产品，在发明专利申请公布之后的临时保护期内继续制造的，就要支付适当的使用费；在授予专利权之后仍然继续制造的，就要承担侵犯专利权的民事责任。

总之，不论制造者的主观意愿如何，也不论制造者是否实际知晓专利申请或者专利权的存在，未经许可制造其产品的，都会构成侵犯专利权的行为，都要承担一定的法律责任。

专利法对使用、许诺销售、销售、进口专利产品的行为提供的是相对保护，与对制造专利产品行为提供的绝对保护相比，存在以下区别：①如果使用、许诺销售、销售、进口的是非法制造的专利产品，并非在任何情况下都要承担法律规定的全部侵权责任。例如，在不知道是未经专利权人许可而制造并售出的专利侵权产品的情况下，能证明该产品合法来源的，不承担赔偿责任，可适用合法来源抗辩。②如果使用、许诺销售、销售、进口的专利产品是合法制造的，并且通过正常途径购买，则不构成侵犯专利权，可适用专利权用尽抗辩。

作为专利权用尽原则的例外，专利产品的合法拥有者如果通过"修理"或者"再造"构成重新制造专利产品，则仍然构成制造专利产品的侵权行为，例如从专利产品的废物中回收、加工重新形成专利产品。

3. 许诺销售行为

许诺销售，是指以做广告、在商店橱窗中陈列或者在展销会上展出等方式做出销售商品的意思表示。许诺销售只适用于涉及专利产品或者依照专利方法所直接获得的产品的行为，对专利方法本身而言无所谓许诺销售的问题。禁止未经专利权人许可而进行许诺销售行为的目的在于尽早制止对专利产品的违法商业交易，防止未经许可而制造、进口的专利产品的扩散。未经专利权人许可而进行许诺销售行为是直接侵犯专利权的行为，与其他四种实施行为一样，都可以单独构成侵犯专利权的行为，其成立与否不取决于行为人是否同时或者随后还进行了销售行为。

专利权人指控他人进行许诺销售行为侵犯其专利权的，应当承担举证责任，证明该许诺销售行为所涉及的是其专利产品或者专利方法直接获得的产品。当行为人采取广告方式进行许诺销售行为时，专利权人要证明广告涉及的产品与专利产品相同非常困难。这种举证责任在一定程度上防止了滥用关于禁止许诺销售行为的规定，随意将他人的意思表示指控为侵犯专利权的行为。一般说来，只有在被许诺销售的产品已经实际存在的情况下，才有可能认定许诺销售行为侵犯了专利权的行为。

4. 销售行为

"销售行为"是买卖当事人之间进行的一种交易行为，即出卖人将标的物所有权转移给予买受人，而买受人将相应价款支付给出卖人。未经许可而销售专利产品的行为有可能是出卖人主动做出的行为，也有可能是应买受人要求而被动做出的行为，在判断是否构成侵犯专利权的行为时不需要加以区分，两种情况下进行的销售行为都构成侵犯专利权的行为。

对于购买者而言，单纯购买行为本身并不构成侵犯专利权，购买后在生产经营活动中使用该产品，则随后使用该专利产品的行为将构成侵犯专利权的行为；如果是为了转卖该产品，则随后销售该专利产品的行为将构成侵犯专利权的行为。

销售专利产品的行为构成侵犯专利权的行为，是指所销售的产品落入了专利权的保护范围，即销售的产品与专利权利要求的技术方案相同或者实质上相同，该产品再现了权利要求中记载的全部技术特征或其等同特征。

5. 使用行为

使用专利产品一般是指利用专利产品，使其技术功能得到应用。使用专利产品可以有不同的方式，可以直接利用专利产品以获得其所能产生的效果，也可以利用专利产品作为手段来制造其他产品，还可以采用专利产品作为零部件或原材料来生产其他产品。在最后一种情况下，无论专利产品在最终产品中占有核心地位，还是仅仅起很次要的作用，都构成使用专利产品的行为。

单纯的拥有、储备或者保存专利产品而没有实际予以利用，通常情况下不宜认定为使用专利产品的行为。但是，有些产品性质上本来就是"备而不用"的，例如消防设备、急救装置、武器装备等，拥有这些产品的单位或者个人一般将其置于"储存"状态，并没有真正利用该产品的功能，也应当认为其使用了该专利产品，而不能认为只有在真正发生时才叫"使用"。

在某些情况下，专利产品可能具有多种用途，某些用途在专利权人申请时有可能根本就没有意识到，是后来才发现的。例如，一种新的化合物可用作农药杀虫剂，后来通过临床试验发现也可以用作治疗癌症的药物。一般情况下，无论将该专利产品用于何种用途，也无论某种用途是专利申请人在提出申请时预见到的还是未曾预见到的，未经专利权人许可而使用该产品的行为都构成侵犯专利权的行为。但是，如果仅仅采用产品本身的结构特征尚不足以满足专利法规定的授权条件，为了能够获得专利权，申请人有时不得不在权利要求中写入使用领域或者用途特征。在这种情况下，对产品用途的限定实质上已经构成专利权能否成立的必要条件，忽略用途特征就会不适当地扩大专利权的保护范围，损害公众的合法利益；那么他人将其用于另外的不同用途就不构成侵犯专利权的行为。

6. 进口行为

除了在我国境内制造专利产品之外，使专利产品在我国境内出现的另一条途径是进口专利产品。制止未经专利权人许可而进口其专利产品的行为，对维护该专利权人的合法利益来说十分重要。

平行进口是指，专利权人或者其被许可人在其他国家或者地区制造并售出其专利产品后，其合法购买者将其购买的产品再进口到中国。根据《专利法》第六十九条的规定，"专利产品或者依照专利方法直接获得的产品，由专利权人或者经其许可的单位、个人售出后，使用、许诺销售、销售、进口该产品的"，不视为侵犯专利权。这里的"售出"并未限定是国内还是国外，也就是说我国采取专利权国际用尽，允许平行进口的立场。不过，平行进口仅仅是针对专利权人或者其被许可人投放外国市场的产品，不适用于外国通过强制许可投放市场的专利产品。

（四）专利侵权例外及抗辩

1. 现有技术抗辩

目前世界上没有任何一个国家的专利局能够担保被授予的每一项专利权都符合专利法的规定，各国授予的专利权中都或多或少地存在不当授权现象。这导致公众即使实施现有技术也有可能落入他人被授予专利权的保护范围。对于属于现有技术的技术方案，以及虽然不属于现有技术，但是与之相比没有实质性特点的技术方案本来就不应该被授予专利权，公众有自由予以实施的权利。这是设立现有技术抗辩原则的主要原因。

《专利法》第六十二条规定，"在专利侵权纠纷中，被控侵权人有证据证明其实施的技术或者设计属于现有技术或者现有设计的，不构成侵犯专利权"。如果被控侵权技术方案的全部技术特征，与一项现有技术方案中的相应技术特征相同或者等同，或者对于本领域技术人员而言被控侵权技术方案是一项现有技术与所属领域公知常识的简单组合，应当认定被控侵权技术方案属于现有技术，不构成侵犯专利权。

现有技术抗辩是对权利要求保护范围的一种限制。在现有技术抗辩成立的情况下，不得适用等同侵权将该现有技术纳入保护范围。

（1）现有技术的确定。

现有技术抗辩中使用的现有技术应当采用新颖性相同的标准确定，即，时间界限应当是涉案专利的申请日或优先权日，并且是依照申请日或优先权日时施行的专利法确定现有技术。

2008年《专利法》采取绝对新颖性标准,即现有技术是指申请日或优先权日以前在国内外为公众所知的技术,公开的地域范围是国内外即全世界范围,包括在国内外出版物上公开发表、在国内外公开使用或者以其他方式为公众所知的技术。而2000年《专利法》对于现有技术的确定标准是"相对新颖性标准",即,现有技术是指申请日或优先权日之前在国内外出版物上公开发表、在国内公开使用或者以其他方式为公众所知的技术,对于以出版物以外形式公开的技术仅包括国内公开的情形。

现有技术按照其所处的法律状态可以分为两种类型:第一类是不仅在涉案专利申请日之前已经为公众所知,而且在发生专利侵权纠纷时没有处于任何人拥有的有效专利权控制之下的现有技术,称为"自由现有技术";第二类是在涉案专利申请日之前已经为公众所知,但是在发生专利侵权纠纷时尚处于第三人拥有的有效专利权控制之下的现有技术,称为"非自由现有技术"。

对于自由现有技术,其已经属于公有领域,任何人都有权自由予以实施应用,进而享受其实施应用产生的利益,任何他人均无权干预、剥夺这种权利,是公众享有的一项十分基本的权利。

对于非自由现有技术,由于处于第三人的有效专利权控制之下,虽然在涉案专利申请日之前也已经为公众所知,但却不是公众中的任何人都可以自由实施的。如果被控侵权人取得了合法实施该第三人专利权的技术方案的权利,自然可以援引该第三人专利进行现有技术抗辩。如果被控侵权人没有取得这样的权利,其实施行为构成了侵犯该第三人专利权的行为,该侵权行为只能由拥有专利权的第三人来主张权利,被控侵权人亦可援引第三人专利进行现有技术抗辩,但并不意味着承认被控侵权人未经许可实施第三人专利技术方案的行为是合法行为,相反,这种援引相当于被控侵权人已经承认其实施行为侵犯了第三人专利权,可以成为第三人以后提出侵权诉讼时的证据。

(2)"属于现有技术"的含义。

判断被控侵权人实施的技术方案是否属于现有技术,应当采用与新颖性判断基本相同的判断方式。在进行现有技术抗辩的对比时,应当将被诉落入专利权保护范围的全部技术特征与一项现有技术方案中的相应技术特征进行对比。如果二者的全部技术特征都相同或者无实质性差异,则可以认为被控侵权技术方案属于现有技术。如果被控侵权的技术方案与一项现有技术方案存在的区别是本领域技术人员容易联想到的,则可认为被控侵权技术方案与现有技术无实质性差异,现有技术抗辩成立。

然而,被控侵权人实施的技术方案都是具体的产品或者方法。以产品为例,其技术因素不仅包括产品的整体机构和技术性能,还包括其各个零部件的形状、结构、功能以及相互之间的配合关系等。如果将这些技术因素不分巨细统视为"技术特征",那么其数量几乎是无限的。类似地,被控侵权人进行现有技术抗辩举证的现有技术有可能是一种已经公开销售、公开使用的产品,该产品同样也包含无穷个技术特征。在审查现有技术抗辩时,要求被控侵权产品与现有技术必须在所有的对应技术特征上都完全相同是不现实的。

按照专利侵权判断规则，只要被控侵权技术方案具备权利要求所限定的技术特征，则不论被控侵权技术方案在其他方面与专利说明书记载的具体实施方案相比有无不同，均应当得出侵权指控成立的结论。既然对侵权认定采用这样的规则，对现有技术抗辩的认定也应当采用类似的规则。因此，在审查是否属于现有技术时，只需参照涉案专利权利要求的内容，来比较被控侵权技术方案与现有技术方案，确定被控侵权技术方案中被指控落入涉案专利权保护范围的技术特征，并判断现有技术是否公开了与之相同或者等同的技术特征，至于二者是否还存在与涉案专利权利要求无关的技术特征均无关紧要。

2. 权利用尽抗辩

专利权是一项"霸道"的权利，如果权利人能够限制使用其技术方案的所有生产、销售等环节，则对于公共利益的影响太大，因此只允许权利人在专利权实施的第一个环节中获得一次利益，在获得一次利益后，此后的生产、销售等环节就与权利人再无关系。法条中是这样规定的：专利产品或者依照专利方法直接获得的产品，由专利权人或者经其许可的单位、个人售出后，使用、许诺销售、销售、进口该产品的，不视为侵犯专利权，包括：

1）专利权人或者其被许可人在中国境内售出其专利产品或者依照专利方法直接获得的产品后，购买者在中国境内使用、许诺销售、销售该产品。

2）专利权人或者其被许可人在中国境外售出其专利产品或者依照专利方法直接获得的产品后，购买者将该产品进口到中国境内以及随后在中国境内使用、许诺销售、销售该产品。

3）专利权人或者其被许可人售出其专利产品的专用部件后，使用、许诺销售、销售该部件或将其组装制造专利产品。

4）方法专利的专利权人或者其被许可人售出专门用于实施其专利方法的设备后，使用该设备实施该方法专利。

3. 先用权抗辩

"先申请"原则是我国专利制度的基本原则，对一项发明创造来说，首先提出专利申请的人并不一定是首先做出该发明创造的人，也不一定是首先开始实施该发明创造的人。在他人已经研发出同样的发明创造或者已经通过合法方式获知同样的发明创造，并且已经开始实施该发明创造或者为实施该发明创造做好了必要准备的情况下，如果允许后来者依据其获得的专利权制止先用者继续使用，则显失公平。为了避免这种不合理现象，《专利法》第六十九条第（二）项规定了先用权，可以在原有范围内继续制造、使用而不视为侵犯专利权。

先用权的实质是一种仅仅能够用于对抗专利权的抗辩权，不是一种独立存在的权利，不能主张他人实施相同发明创造的行为侵犯了其先用权，也不能主张随后授予专利权的行为妨碍影响了其先用权，更不能许可他人实施有关专利。先用权只能连同先用权人的企业一起转让和继承，而不能脱离其企业将先用权单独转让。

（1）先用权的来源。

先用者获知或者掌握有关发明创造并着手实施有两种途径。

一是独立地开发研究出其实施的或者准备予以实施的发明创造，只是没有及时提出专利申请。假如该先用者及时提出专利申请，能够获得专利权的本来应当是他而不是后来的专利权人。

二是通过合法途径从他人那里获知有关发明创造，进而予以实施或者为实施做好准备。例如先用者直接或者间接地从后来申请专利的人那里获知该发明创造，包括：①出现《专利法》第二十四条规定的可享受新颖性宽限期的情形，先用者在申请日之前从学术会议、国际展览会等公开信息中获知发明创造的内容，进而予以实施或者为实施做好了准备；②专利权人在申请专利之前出于某种需要，例如为了获得研究开发有关发明创造所需的物质、资金或者其他支持，或者为了以后能够及时实施其发明创造，将其发明创造的内容告诉了先用者，使之具备了予以实施的可能。对于第二种情况，产生先用权的前提条件是，通过合法途径获知有关发明创造，并且获知后的实施行为符合诚实信用原则，即从发明人那里获知进而实施有关发明创造实际上已经获得了专利权人的认可或者默示许可，否则能享受先用权。

（2）实施和为实施做好必要准备。

仅仅合法地获知发明创造的内容不足以产生先用权，获知者必须在申请日之前已经进行了实施行为或者为实施该发明创造做好了必要的准备，才能产生先用权。对于产品专利权，能够产生先用权的行为只包括"已经制造相同产品或者已经做好制造的必要准备"，而不包括使用、许诺销售、销售、进口相同产品的行为。对于方法专利权，能够产生先用权的行为只包括"使用相同方法"的行为，而不包括使用、许诺销售、销售、进口依照该方法所直接获得的产品的行为。

（3）先用权的效力。

1)"原有范围"的含义。对于在申请日之前仅仅为实施做好必要准备的行为来说，不得超出原来准备好的实施规模。对于在申请日之前已经予以实施的行为来说，按照通常理解，不得超过申请日之前的已有设备所能达到的实施规模。

当然，"原有的范围"还包含了不允许超出"发明的范围"的含义。例如，被授予的专利权包括两项独立权利要求，一项是产品独立权利要求，另一项是该产品的一种特殊应用方式的独立权利要求，即用途独立权利要求。如果先用者在申请日之前进行的实施行为仅仅是制造相同产品或者为之做好必要准备，却没有将其制造的产品用于该项用途，也没有为之做好必要准备，那么该先用者在授予专利权之后不得将其制造的产品用于该项用途。又例如，被授予的专利权包括一项产品独立权利要求以及若干从属权利要求，从属权利要求中记载的附加技术特征构成了对独立权利要求的改进方案。如果先用者在申请日之前进行的实施行为仅仅是制造如独立权利要求所述的产品或者为之做好了必要准备，却没有制造如从属权利要求所述的产品，也没有为之做好必要准备，那么该先用者在授予专利权之后不得制造如从属权利要求所述的产品。

2)允许先用权人进行的行为。产生先用权之后，法律允许利用先用权进行哪些类型的后续实施行为,应当与导致产生先用权的实施行为区分开来。应当理解,规定先用权的目的在于克服先申请制带来的不合理因素,豁免先用者在他人获得专利权之后继续实施有关技术的专利侵权责任。一旦先用权成立,先用者所获得的权利应当是可以继续进行其实施行为,对于产品专利来说,应当不仅包括继续制造相同产品,还包括许诺销售、销售、使用所制造的产品;对于方法专利来说,应当不仅包括使用相同方法,还包括许诺销售、销售、使用依该方法所直接获得的产品。但是应当排除在专利授权之后未经专利权人许可进口他人在我国境外制造的相同产品或者进口他人在境外使用相同方法所直接获得的产品,因为该进口行为与先用权没有任何关联。

3)允许他人进行的行为。在先用权成立的情况下,享受先用权的人在授予专利权之后有权使用、许诺销售、销售其继续制造的专利产品或者依照专利方法直接获得的产品,第三人从先用者那里获得的专利产品或者依照专利方法直接获得的产品就是通过合法途径获得的产品,应当有权利用、处置该专利产品,即有权使用、许诺销售、销售先用者制造的专利产品或者依照专利方法直接获得的产品。

需要指出,以上讨论的先用权抗辩是以保密方式实施的情形,如果先用者在专利申请日之前通过实施而使该发明创造为公众所知,即构成使用公开,其有三种选择:一是依据使用公开的事实以不具备新颖性为由请求宣告该专利权无效;二是依据使用公开的事实进行现有技术抗辩;三是进行先用权抗辩。

4. 科学研究和实验使用例外

专利制度的直接目的是保护专利申请人和专利权人的合法权益,而其终极目标是社会整体效益最大化,提高全社会的创新能力,促进科学技术进步和经济社会发展。如果专利权人不合理地限制他人利用专利技术进行科学研究和实验,或者其他方式的合理使用,必将打击社会公众对新出现专利技术的再创新热情,专利权人出于垄断市场的目的也不愿对其专利技术做进一步改进,最终将不利于促进科学技术进步和提高社会的整体创新能力。因此,《专利法》第六十九条第(四)项规定了科学研究和实验性使用不视为侵犯专利权的例外情形。

《专利法》第六十九条作为侵犯专利权的例外情形,其隐含的前提是相应行为在形式上已经满足了第十一条的侵权要件,即未经专利权人许可,为生产经营目的实施了专利技术方案。如果不满足该形式要件,则没有必要适用第六十九条而直接依据第十一条得出不侵权的结论。因此,这里的科学研究和实验应当主要是指为生产经营目的的科学研究和实验。当然,有时候是否为生产经营目的并不容易判断,这时,当事人既可依据第六十九条主张实验例外的抗辩,也可依据第十一条主张不侵权。因此,判断是否侵权的关键不是看是否以生产经营为目的,而是判断相关行为是否属于科学研究和实验。

为科学研究和实验而使用专利技术,可以分为以专利技术为研究对象和以专利技术为研究工具两种情形。"以专利技术为研究对象"旨在更好地理解或获得专利技术方案本身的已知及未知信息,作为公开制度的一种有效实现形式,可促进具有潜在竞争力的后续创新,提高公共福利,应当免于侵权责任。而"以专利技术为研究工具"并不是为了获得与专利技术本身相关的信息，而是将专利技术作为达到其他预期目的的工具或手段，是对原专利技术的一种搭便车行为，是否应免于侵权责任尚存争议，应当依据专利类型进行区分。一般来说，普通发明对后续创新的主要贡献在于其发明创意，专利权人对发明的商业化开发活动受到保护，而专利披露制度允许后续创新者利用发明创意研发改进或替代技术。与之不同，研究工具发明对技术进步的贡献通常依赖于发明的技术方案即研究工具本身，当研究工具发明获得专利后，专利权人的排他性收益主要源于对研究工具发明本身的控制。如果将研究工具专利纳入实验使用例外的范畴，会剥夺这种发明专利的全部财产价值，有违授予专利权的初衷。

例如，瑞德西韦是吉利德公司最早研发的一种抗病毒药物，并且在中国获得了化合物专利授权。如果他人未经许可，对该化合物的理化性质、药理活性和毒性进行研究，以便确定其疗效和安全性，扩展适应证范围等，或者对其制备工艺进行研究，以便优化制备工艺和降低生产成本，均属于以瑞德西韦化合物作为研究对象的情形，这种研究有助于人们对该药物的认识更加深入，有利于该专利技术的推广应用，属于为科学研究和实验而使用瑞德西韦化合物专利，应当免于侵权责任。但是，如果他人未经许可，将瑞德西韦化合物作为原料制成药物制剂，或者作为中间原料用于制备其他药物，其目的并不是为了获得与瑞德西韦化合物本身相关的信息，则属于以瑞德西韦化合物作为研究工具的情形，不能豁免侵权。

科学研究和实验豁免制度作为一种公共利益考量，既可以防止专利权抑制后续研究与发展，又可以实现更彻底、更有效的专利技术披露，是对专利权的一种必要限制。

5. Bolar 例外

《专利法》第六十九条第（五）项规定了药品和医疗器械专利的侵权例外情形，即"为提供行政审批所需要的信息，制造、使用、进口专利药品或者专利医疗器械的，以及专门为其制造、进口专利药品或者专利医疗器械的"，不视为侵犯专利权。在美国被称为 Bolar 例外，来源于美国联邦巡回上诉法院 Roche 诉 Bolar 案。

Bolar 例外条款是在专利权人、仿制厂商与社会公共利益之间进行价值选择、利益平衡的结果。由于药品和医疗器械关系人民的生命健康，需要经过漫长的行政审批程序才能上市销售，而且在行政审批过程中需要提供一定数量的样品供行政机关核查，如果等到专利到期后才允许仿制厂商生产供行政审批的样品和准备技术资料，那么仿制药就不可能在专利保护期满后及时上市，相当于变相延长了该药物的专利保护期，不利于人民群众及时获得价廉物美的药品和医疗器械。根据《专利法》第六十九条的规定，仿制厂商无须等到药品或医疗器械专利保护期届满就可准备行政审批的手续和样品，待专利届满后再批准上市，社会公众就可尽早购买到质优价廉的仿制药和仿制医疗器械。这种做法已经被多数国家所采用，成为各国降低药品价格的一种重要手段。

这里的适用对象是专利药品和专利医疗器械，即取得专利权的药品和医疗器械。"药品"应当是特指用于预防、诊断、治疗人体疾病的药品，不包括兽药和农药。

对于药品的专利权类型，不仅包括针对该药品本身能够获得的专利权，还包括对该药品的制备方法、制备该药品所需的活性成分及其制备方法等，不应将"不视为侵犯专利权"所指的专利权限定为仅仅针对药品本身的专利权。

6. 合法来源抗辩

《专利法》第七十条规定，"为生产经营目的使用、许诺销售或者销售不知道是未经专利权人许可而制造并售出的专利侵权产品，能证明该产品合法来源的，不承担赔偿责任"。合法来源是指通过合法的销售渠道、通常的买卖合同等正常商业方式取得产品。

合法来源抗辩的构成要件为包括：①行为人主观上不知情，即不知道且不应当知道所购买的产品是未经专利权人许可而制造并售出的专利侵权产品，即行为人必须是善意的；②通过合法商业渠道取得被诉侵权产品；③支付合理对价。

设置合法来源抗辩规则的目的是为了追究侵权产品的源头，鼓励不知情的销售者提供侵权源头来免责，从而规范市场。合法来源抗辩仅适用于使用、许诺销售或销售行为，而制造或进口专利侵权产品的行为则不适用于合理来源抗辩。在侵权产品的生产和流通过程中，处于上游的制造或进口行为通常具有主动性，即使上游侵权人明知其提供的是侵权产品仍然可能提供给下游侵权人，而下游侵权人有可能不知其取得的是侵权产品且通过合法渠道获得了该侵权产品。然而在专利侵权诉讼中，由于流通渠道的复杂性，对于专利权人来说通常难以找到实施了制造或进口行为的侵权人，而只能通过状告处于下游的使用、许诺销售或者销售的行为人。这种情况下，对于善意的使用者在证明合法来源的情况下，应当免除相应的责任。对于善意的使用行为，在证明合法来源且证明其已支付该产品的合理对价的，免除善意使用人停止侵权的责任。

对于合法来源的证明事项，被诉侵权产品的使用者、许诺销售者或销售者应当提供符合交易习惯的票据等作为证据。但权利人明确认可被诉侵权产品具有合法来源的，免除行为人的举证责任。

7. 不停止侵权抗辩

在以上抗辩理由都不能成立的情况下，还是可以进行不停止侵权的抗辩。具体包括以下几种：

1）使用者实际不知道且不应知道其使用的产品是未经专利权人许可而制造并售出，能够证明其产品合法来源且能够举证证明其已支付该产品的合理对价的，可以在已经支付范围内继续生产。

2）被控侵权行为构成对专利权的侵犯，但判令停止侵权会有损国家利益、公共利益的，可以不判令被控侵权人停止侵权行为，而判令其支付相应的合理费用。

3）标准必要专利案件中，被控侵权人经与专利权人协商该专利的实施许可事项，但由于专利权人故意违反其在标准制定中承诺的公平、合理、无歧视的许可义务，导致无法达成专利实施许可合同，且被控侵权人在协商中无明显过错的，对于专利权人请求停止标准实施行为的主张一般不予支持。

（五）FTO 尽职调查

1. FTO 尽职调查的概念

技术的自由实施（Freedom to Operate，简称 FTO）是指实施人可在不侵犯他人专利权或其他知识产权的前提下对目标技术自由地进行使用和开发，并将相应产品投入市场。FTO 尽职调查是指对目标技术的知识产权进行全面性调查及系统性梳理，为委托方或预期投资者提供目标技术可能侵犯他人专利权和违反其他法律法规的规定等知识产权信息，最终形成专业性综述报告的非诉讼法律服务活动。

FTO 尽职调查的目的主要是梳理目标技术的知识产权状况，包括权利内容、权利归属、权利来源、权利负担、权利价值等；分析目标技术存在的风险，包括实施风险、交易风险、管理风险等，为企业决策提供依据，同时还可避免被法院认定为故意侵权，减轻侵权赔偿责任。

2. FTO 尽职调查的时机

企业进行 FTO 尽职调查主要在以下重要节点进行：

1）在投资、并购科技企业时对目标企业的专利技术资产、主要产品侵权风险等信息进行全面调查。

2）在新技术或新产品立项前对目标技术的自由实施和侵权风险进行全面调查。

3）在将新技术或新产品推向市场之前对该新技术或新产品的自由实施和侵权风险进行全面调查。

3. FTO 尽职调查的实施

FTO 尽职调查的核心内容主要是对已公开的专利申请和已授权专利文献进行全面检索，对检索到的每一项相关专利或专利申请的权属状况、法律状态、权利内容和法律风险进行分析，并将目标技术与每一项相关专利技术方案进行对比，以评估目标技术是否落入保护范围，是否存在侵权风险。

若目标技术系通过转让或许可的方式获得，FTO 尽职调查还应对交易文件和实际执行情况进行调查，以评估目标公司对技术的使用情况是否符合交易双方的约定。

为确保目标公司所主张的技术系其自有资产，不存在权属纠纷，FTO 尽职调查也应对发明人和目标公司所签署的雇佣或委托合同关系进行调查，并会关注目标公司与第三方之间是否存在针对该技术的转让和质押。

若欲实施的技术属于在先专利权的保护范围，还应对在先专利权的有效性、稳定性和保护期限进行研究，以评估该在先专利权是否可能被宣告无效。

另外，涉及外资企业时还应当调查技术进出口是否符合《技术进出口管理条例》的相关管理规定。

4. FTO 尽职调查报告对企业决策的影响

FTO 尽职调查的目标是尽可能发现侵权风险，但仍然存在遗漏的可能。因此，结论为"被调查技术不侵犯他人在先专利权"的 FTO 尽职调查报告并不能成为技术实施企业的护身符。

如果 FTO 尽职调查结果显示，被调查的技术可能会侵犯他人在先专利权，则欲实施该技术的企业应在商业策略上做出适当调整，包括：

① 修改目标技术方案，避免落入在先专利权的保护范围。

② 等待在先专利权保护期期满后再开发和实施。

③ 针对在先专利权提起专利无效宣告请求。

④ 与在先专利权人就专利转让、许可使用、交叉许可和／或建立专利联盟等进行协商。

⑤ 放弃实施目标技术。

第二节　医药商业秘密保护

一、商业秘密概述

（一）商业秘密的概念

商业秘密的法律保护最早起源于古罗马时期的"诱惑奴隶之诉"，但是商业秘密正式成为法律概念是 1623 年的英国《垄断法》。1898 年清朝年间颁布的《振兴工艺给奖章程》中也规定了商业秘密，但是该章程并未实际实施。我国商业秘密在立法中最早出现于 1987 年《技术合同法》中，这是我国第一部实体法律对商业秘密技术进行了规定，只是并未明确使用商业秘密或者技术秘密这类词汇。

2020 年《民法典》总则编第一百二十三条将商业秘密纳入知识产权客体的范畴，明确了商业秘密与专利、商标等同属于知识产权体系之中，肯定了商业秘密的财产权属性。合同编第五百零一条规定了当事人在订立合同过程中对所知悉的商业秘密或者其他应当保密的信息具有保密义务。

目前，我国尚未对商业秘密保护单独立法，而是将其放于《反不正当竞争法》中予以保护。2019 年修正的《反不正当竞争法》第九条第三款规定：商业秘密是指不为公众所知悉、具有商业价值并经权利人采取相应保密措施的技术信息、经营信息等商业信息。根据上述定义，商业秘密包括技术性商业秘密和经营性商业秘密。

1. 技术性商业秘密

技术性商业秘密也称专有技术、技术诀窍等。专有技术是指享有一定价值的，可以利用的，为有限范围的专家知道的，未在任何地方公开过，其完整形式和未作为工业产权取得任何形式保护的技术知识、经验、数据、方法或其组合。

技术性商业秘密主要包括设计图纸、产品配方、产品模型、工艺流程、操作技巧、研究成果或研究报告、技术预测、公式和方案、计算机源程序和程序文档、数据等信息，可以是完整的、最终的技术方案，也可以是开发过程中的部分的、阶段性的技术方案和成果，以及取得的有价值的技术数据，也包括针对技术问题的技术诀窍等信息。

制造的方法和工艺可以作为技术信息的内容，实施该方法和工艺的行为是反不正当竞争法中商业秘密规制的对象。但实施该方法和工艺得到的产品或服务，是商业秘密的实施结果，并非反不正当竞争法中商业秘密保护的对象。

2. 经营性商业秘密

经营性商业秘密是指一切与企业营销活动有关的、具有秘密性质的经营管理方法和与经营管理方法密切相关的信息及情报。经营性商业秘密从涉及的内容上可以分为经营秘密和管理秘密。经营秘密通常是指企业的一些职能部门在日常经营活动中发生的一些相关的信息情报，例如企业的投资计划、财务收支、推销计划、销售渠道、客户名单等。管理秘密则涉及一个经济实体在组织管理方面的一些信息，比如企业组织机构的变更计划、企业的管理经验、管理模式等。

作为商业秘密的两个组成部分，技术性商业秘密和经营性商业秘密各自具有不同的特点。技术性商业秘密侧重于工业中的技术知识和经验，而经营秘密则侧重于在经营、管理中的知识和经验。技术秘密比经营秘密具有更明显的财产价值。

司法实践中，交易信息往往与客户名单相关联，因此关于客户名单的侵害商业秘密纠纷比例较高。商业秘密保护的客户名单是指不能通过公共渠道获得的，汇集了众多与其存在长期稳定交易关系的客户的相关交易信息的客户名册，包括客户的名称、地址、联系方式以及交易习惯、意向等构成的区别于相关公知信息的特殊客户信息。

客户名单由于具有秘密性不高的特点，又经常处于动态变化中，内容和范围都不易确定，其秘密属性的认定在国内外商业秘密案件中都是一个难点。通常在判断一份客户名单是否具有秘密性时需要考虑以下两种因素：①客户名单的可获得性；②权利人采取保密措施的程度。

（二）商业秘密的构成要件

目前，国际上广泛接受的商业秘密的构成要件包括秘密性、新颖性、实用性和价值性。

1. 秘密性

商业秘密的秘密性包含两层含义：一是不为公众所知悉，二是权利人采取了合理保密措施予以保密。秘密性是商业秘密得以存在的关键，区别于其他知识产权的主要标志之一，也是商业秘密受到法律保护的事实基础。

（1）不为公众所知悉。

商业秘密的秘密性具有相对性，"不为公众所知悉"表明商业秘密是一定范围内的人所掌握和知晓的信息，商业秘密其实是一种相对秘密，只要求其确切的内容为负有义务的特定范围内的人所知。

"公众"也是一个相对的而非绝对的概念，通常是指相关信息所属领域的不特定多数人。判断某一信息是否为公众所知悉时，通常应当考虑以下四个因素：①是否在公开出版物中有记载；②是否通过使用而被公开；③获得该信息的难易程度；④是否容易被模仿。

（2）合理的保密措施。

权利人要对相应的信息采取一定的保密措施，即指权利人对这些信息在主观上有保密意识，并在客观上采取了适当的、合理的保密措施。通常对商业秘密的保护措施包括以下六种：

1）限定知悉商业秘密的人员范围，例如可以将商业秘密的一道工序或者一个配方分解为若干部分，只让雇员接触其必须完成任务的部分，不让其接触其他部分，可以采用密码柜、门禁系统等硬件设备防止他人越权接触。

2）限制其他人员接触知悉或直接使用商业秘密的人，或者是限制其他人员接触存放商业秘密的场所。

3）制定保密规则，加强保密文件的管理，确保秘密文件及其所处区域的安全。

4）采取数据加密、密码设定、数字签名、身份认证、防火墙等科技手段对网络信息的访问和传输进行限制，防止商业秘密通过高科技手段泄露出去。

5）与知悉秘密信息的人员，包括秘密文件的保管人员、接触秘密的人员，以及知悉秘密信息的第三人签订保密协议，防止这些人员将秘密信息对外泄露。

6）对即将调离或退休的知悉某秘密信息的人员进行保密检查，提醒他们履行保密义务。

2. 新颖性

商业秘密的新颖性是要求作为商业秘密的信息应当具有一定程度的难知性、非显而易见性，即该信息达到了一定的技术高度或具有一定的难度，无论是所属技术领域普通技术人员还是同行业竞争者，不经过一定的努力是无法从公开渠道直接获取的。这是将商业秘密与公有领域、公知技术和公知信息相区别的一个标准，不具备新颖性的信息自然谈不上商业秘密。

商业秘密的新颖性与专利的新颖性和创造性在功能上有些类似，但在程度上有很大差别。一般认为，商业秘密的新颖性要求低于专利的新颖性和创造性要求，只是"不为公众所知悉"的否定性要件，只要该商业秘密不是本行业内众所周知的普通信息而且又能够与普通信息保持最低限度的不同性，就可以构成商业秘密。专利的垄断权是授予发明者的一种奖励，而商业秘密保护不是基于回报或鼓励，仅仅是反对违反诚实信用原则和以应当被谴责的方式获取他人的商业秘密，是一种有限保护。

不同的商业秘密对新颖性的要求是不同的。有的信息仅仅是通过对既存公知信息进行收集、整理、加工即可得到，与权利人处于同一领域的其他人只要以相同的方法进行相似的劳动也可以得到该信息，则这种信息的新颖性就比较低。但如果同行未进行同样的行为，那么这种新颖性很低的信息仍可构成商业秘密，该信息的拥有人有权禁止他人用不正当手段获知和使用。有的信息新颖性很高，甚至已经构成专利所要求的水平，完全可以申请专利，但拥有者仍愿意以商业秘密这种方式对该信息进行保护。

在判断某一商业秘密是否具有新颖性时往往要考虑地域范围，可以参考《专利法》中关于现有技术的定义作为判断的基础。目前体现在各国立法中的主要有以下气种判断新颖性的地域标准：

1）绝对新颖性标准（全世界范围），即在全世界任何地方都没有公开过的技术秘密才具有新颖性，包括出版物公开、使用公开和其他形式的公开。法国、德国和英国采用这种标准。

2）本国新颖性标准，即只要在本国没有以任何方式公开过的技术成果都认为具有新颖性，在外国公开与否不予考虑。澳大利亚等国采取这种标准。

3）混合标准，即出版物形式的公开采取全世界标准，以其他方式公开采取本国标准。

3. 实用性

商业秘密的实用性是指商业秘密可以在生产经营中应用，并为持有人带来经济利益。商业秘密的实用性可以包括现实的实用性和潜在的实用性两种情况。现实的实用性要求商业秘密必须已经应用于生产经营活动，而潜在的实用性则仅要求该商业秘密具有应用于生产经营活动的潜力，可以尚未实施。世界大多数要求实用性的国家仅强调商业秘密能够付诸实施，而非要求已经实施，即仅要求潜在实用性。

具有实用性的商业秘密应当是具体的、可以据以实施的方案或形式，具有具体的可表现形式，在时间与空间上具有明确和具体的范围，内容具有可传授性，可以脱离主体而独立存在，并且权利人应该能够说明商业秘密的详细内容和划定其外延边界。

4. 价值性

商业秘密的价值性是指商业秘密通过现在的或者将来的使用，能够给权利人带来现实的或者潜在的经济利益。价值性最本质的体现是权利人因掌握商业秘密而保持竞争优势，具有经济价值或商业价值。价值性是商业秘密受到法律保护的根本原因，一项商业秘密必须具有价值才有保护的必要。这里所说的价值性仅仅是指信息具有经济价值或商业价值，如果一项信息仅有精神价值、社会价值等其他方面的价值，不能构成商业秘密。

（三）商业秘密权的特点

1. 非物质性

商业秘密是人类通过智力活动而产生的智力成果的一种形式。商业秘密权的客体具有非物质性和无形性，这是商业秘密权作为一种知识产权的基本特征。虽然商业秘密往往通过一些有形载体将之表达出来并为人们所感知，例如设计图纸、实验报告、经营策略等，但商业秘密有别于有形的物权，本身不具有物质形态，不占据空间，不能发生有形挂制的占有。载体所体现出来的内容本身才是商业秘密权的客体。

2. 自发性和自力性

商业秘密权的原始取得与著作权的取得方式相同，单纯基于权利人的智力劳动自发取得，无须任何法定程序予以确认或者授权，与专利权、商标权的取得方式不同，后者需要权利人向有关部门申请并经审核批准，并颁发专门的证书予以公告，才可取得相应的专利权或商标权。

商业秘密权是自发取得的，权利人应当自己采取措施保障商业秘密不为公众所知悉，进而为其带来现实或者潜在的经济利益或竞争优势，即其保护主要依赖于自力性保障措施。法律对商业秘密的保护并不深入商业秘密的保密阶段，只是在发生商业秘密侵害时，权利人有权请求法律对侵权人予以制裁。

3. 非排他性

商业秘密权是一种非排他性权利，权利人无法排斥他人以合法方式取得或者使用商业秘密。一项商业秘密的首个获得者在无任何第二人掌握同一秘密时具有事实上的独占权。但如果他人以合法方式（例如独立研究）取得同一内容的商业秘密时，便与第一人一样，在一定范围内对该商业秘密在事实上掌握着相对的专有权。因此，商业秘密权利人无法禁止他人通过正当手段获取或者自行研制出具有相同内容的商业秘密，即一项商业秘密权可以由不同的多个主体分别拥有，他们对同一项商业秘密所取得的专有权利效力完全相同。实际上，由于商业秘密所有者之间信息交流渠道隔绝，相同内容的商业秘密被多个不同主体所掌握的现象普遍存在。

4. 保护期限的不确定性

法律对商业秘密权的保护期限并未做出统一规定，只要权利人的保密措施得当，其完全可能一直保密下去，永久地成为权利人的无形资产。同时，一些商业秘密信息可能因为获取极为容易，或者因各种原因泄密公开，只有极为有限的生命周期，在很短的时间内就成为公知公用的信息资源，或者为更新的先进技术所取代。因此，总的来说，商业秘密的保护期限是不确定性的。

此外，商业秘密权不受地域的限制，其效力完全取决于保密的情况。

二、商业秘密保护

（一）侵犯商业秘密的行为

1. 以不正当手段获取商业秘密

不正当手段是指违反诚实信用原则和公认的商业道德的手段，主要包括盗窃、贿赂、欺诈、胁迫、电子侵入以及其他不正当手段。

1）以盗窃方式获取商业秘密是指行为人在认为权利人不知晓的情况下，采用复印、照相、监听等秘密方式窃取商业秘密，既可以是将载有商业秘密的文件据为己有，也可以是复制后退回原件保留复制品,还可以是将商业秘密的内容记忆下来。

2) 以贿赂、利诱的方式获取商业秘密主要是指利用报酬、工作待遇或其他物质、精神利益引诱知悉商业秘密的人员泄露商业秘密。实践中,以高薪为诱饵,通过挖走知情雇员而取得商业秘密的现象较为多见。

3) 以胁迫方式获取商业秘密是指行为人对知悉商业秘密的人以生命、健康、荣誉、名誉、财产等进行威胁,以期达到对精神上的强制,迫使其披露商业秘密的内容或交出有关商业秘密的文件或其他载体。

4) 以欺诈方式获取商业秘密是指行为人虚构事实,使知悉商业秘密的人产生认识错误,从而导致其披露商业秘密的内容或交出有关商业秘密的文件或其他载体。

除了以上四种方式,以其他不正当手段获取他人商业秘密也构成侵权行为。由于获取权利人的商业秘密所用不正当手段的种类是一个不可穷尽的概念,所以只能根据诚实信用原则相公认的商业道德来认定手段是否得当。

2. 不正当获取商业秘密后的继续侵害行为

行为人在以不正当手段获取商业秘密后继续进行侵权的行为包括披露、使用或允许他人使用以不正当手段获取的商业秘密的行为。这类侵害行为的危害后果更为严重。

"披露"是指行为人将其以不正当手段获取的商业秘密以口头、书面或者其他方式向他人传播的行为。

依据传播的范围不同,披露行为可以分为有限范围披露和社会范围披露。有限范围披露是指行为人将该商业秘密向特定的对象或者是特定的少数人进行公开,社会范围披露则是指行为人将该商业秘密向社会公众进行公开。

"使用"是指行为人自己或许可他人将不正当手段得到的商业秘密运用于生产经营活动中,实现其预期经济目的的行为。运用在生产中可以表现为使用商业秘密改进自己的生产工艺、进行技术革新等,运用在经营中可以表现为扩宽原有的销售渠道、加强广告宣传等。

3. 来源正当但违背保密义务的行为

这种行为主要是指行为人通过正当途径知悉商业秘密后,违反明示或默示的保密义务,或者违反权利人有关保守商业秘密的要求,擅自将其知悉的商业秘密向他人或公众披露、自己使用或者允许他人使用其所掌握的商业秘密。此类侵害商业秘密行为的主体只能是因工作关系、业务关系、许可关系等受商业秘密权利人授权或委托,并与权利人订有保密约定的知悉、掌握、使用商业秘密的有关人员或单位。

4. 第三人的侵权行为

第三人教唆、引诱、帮助他人违反保密义务或者违反权利人有关保守商业秘密的要求,获取、披露、使用或者允许他人使用权利人的商业秘密,构成侵犯商业秘密。这里的第三人具有教唆、引诱、帮助侵犯商业秘密的故意,属于恶意第三人。恶意第三人的侵权行为有以下两大构成要件。

主观要件，即第三人对第二人的违法行为在主观上是"明知"或"应知"。如果是"明知"，则该第二人在主观上是一种故意的状态；如果是"应知"则该第三人在主观上应是一种过失的状态。

客观要件，即第三人在客观上实施了违法行为，一种情形是直接从负有保密义务的第二人那里获取、披露、使用或允许他人使用商业秘密；另一种情形是教唆、引诱、帮助负有保密义务的第二人获取、披露、使用或允许他人使用商业秘密。

（二）侵犯商业秘密的救济

由于商业秘密对其权利人具有很高的价值，所以对商业秘密进行保护就显得尤为必要和重要。每个国家都通过制定法律法规的形式对侵犯商业秘密的行为加以规制，以确保权利人的利益，鼓励技术创新，尊重商业道德，维护竞争秩序。在现实中，对侵犯商业秘密的行为的处理通常涉及民事救济、行政救济和刑事救济。

1. 民事救济

《民法典》合同编第五百零一条规定了当事人在订立合同过程中的保密义务，即，"当事人在订立合同过程中知悉的商业秘密或者其他应当保密的信息，无论合同是否成立，不得泄露或者不正当地使用；泄露、不正当地使用该商业秘密或者信息，造成对方损失的，应当承担赔偿责任"。

侵犯商业秘密的民事救济是通过追究民事违法者的民事责任体现的。由于商业秘密保护的基础有违反合同和侵权行为两种，因此侵犯商业秘密的民事责任包括违约责任和侵权责任承担违约责任的主要方式是停止违约行为、支付违约金或者赔偿损失等；承担侵权责任的主要方式是停止侵权行为、赔偿损失、返还商业秘密附着物。因侵权行为给权利人造成不良影响的，还应消除影响、赔礼道歉。

（1）消除危险。

消除危险指法院判决、命令被告消除即将发生的商业秘密披露、使用危险，在商业秘密侵权责任中有重要地位。消除披露、使用危险还包括责令侵权人停止雇用权利人单位的职工或限制其工作岗位等。

（2）返还财产、恢复原状。

侵权人应当返还或销毁侵害商业秘密权的一切文件和实物，对于已经散发出去的应当负责追回。

（3）恢复名誉、消除影响、赔礼道歉。

对于因侵害他人的商业秘密造成名誉损失的，应当在侵权行为造成恶劣影响的范围内予以澄清，可以通过新闻媒介公开声明。

（4）停止侵害。

法院责令侵权人停止侵犯商业秘密权的一切行为，不仅包括正在进行中的侵权行为，还包括将要进行、准备进行的侵权行为。这种救济方式主要适用于被侵犯商业秘密权尚未丧失秘密性的情况，如果商业秘密已经被广泛传播，责令停止侵权也就失去了意义。

（5）赔偿损失、支付违约金。

责令侵权人赔偿权利人因侵权行为所受到的经济损失最常用到的救济是赔偿损失和支付违约金。

在进行损失赔偿时通常要考虑的赔偿范围包括权利人的直接损失和间接损失，以及侵权人侵权行为带来的利润。直接损失包括权利人为制止侵权人行为、防止损失扩大所支付的直接费用，还包括商业秘密权人遭到侵害而受到的直接经济损失。间接损失是指权利人预期合理收入的减少，即通常所说的可得利益的减少。侵权人侵权行为带来的利润是指侵权人在侵权期间因侵权行为所获得的利润，此外，还应适当考虑侵权人因侵犯商业秘密所获得的竞争优势以及因此节约的成本。

支付违约金发生在违反合同的情况下，如果当事人一方违反了对商业秘密的相应保密义务，则应承担支付违约金的违约责任。

2. 行政救济

根据《反不正当竞争法》第二十一条的规定，经营者以及其他自然人、法人和非法人组织违反相关规定侵犯商业秘密的，受害人可主动向市场监督管理总局请求查处，由监督检查部门责令停止违法行为，没收违法所得，处十万元以上一百万元以下的罚款；情节严重的，处五十万元以上五百万元以下的罚款。

商业秘密权本身是一种私权，一旦发生侵权行为，可能导致权利人不可挽回的损失，永远失去其商业秘密，而自力救济途径有限，难以制止正在发生的侵权行为，对侵犯商业秘密的人进行行政处理，目的是通过惩罚侵犯商业秘密的行为人以维护行政管理秩序、维护公平的竞争秩序。对侵犯商业秘密的行为进行的行政救济包括责令停止违法行为、没收违法所得和罚款几种手段。

（1）责令停止违法行为。

责令停止违法行为是一种重要的行政处罚形式。对于侵犯商业秘密的，市场监督管理部门应当责令停止违法行为。此处的"违法行为"包括正在进行或即将进行的非法获取行为、使用非法获得的商业秘密的行为、非法允许他人使用商业秘密的行为等。其中责令侵权人停止使用商业秘密包括停止正在使用该商业秘密进行的商品生产行为和停止销售该类商品。如果侵权人拒不执行处罚决定，继续实施侵犯商业秘密行为的，视为新的违法行为，从重予以处罚。

（2）没收违法所得。

没收违法所得，是指行政机关或司法机关依法将违法行为人取得的违法所得财物，运用国家法律法规赋予的强制措施，对其违法所得财物的所有权予以强制性剥夺的处罚方式。追求高额利润是行为人侵犯商业秘密的根本动因，对这些高额利润的剥夺可以有效抑制侵权行为的发生。因此，2019年修订的《反不正当竞争法》对于侵犯商业秘密增加了没收违法所得的处罚，加大对违法行为的打击力度。

（3）罚款。

罚款是指行政处罚主体对被处罚人做出的让其承担金钱支付义务的行政处罚形式，是一种有效的经济制裁方式。罚款是目前行政处罚中应用最多最广的一种财产处罚。

2019年修订的《反不正当竞争法》将侵犯商业秘密的罚款最高限额提高到五百万元。但是，罚款是一种选择使用的处理方式，并非存在侵犯商业秘密的行为就必须对侵权人处以罚款。是否罚款，以及罚款的金额大小应根据侵权人侵犯商业秘密的情节，如侵权手段的恶劣程度、商业秘密的经济价值大小、侵害后果的严重程度等来决定，市场监督管理部门拥有自由裁量权。

（4）对侵权物品的处理。

为了更加彻底地制止侵权人继续侵犯商业秘密的行为，市场监督管理部门在进行处罚时，对侵权物品可以做如下处理：

1）责令并监督侵权人将载有商业秘密的图纸、软件及其他有关资料返还权利人。

2）监督侵权人销毁使用权利人商业秘密生产的、流入市场将会造成商业秘密公开的产品。但权利人同意收购、销售等其他处理方式的除外。这项规定销毁了侵权的硬件设施，从具体上杜绝侵权人继续侵犯该商业秘密。

3. 刑事救济

刑事责任是最严重的一种制裁方式，《与贸易有关的知识产权协定》（TRIPS）专门规定了刑事程序，其刑罚有监禁或罚金。目前，世界上已有不少国家的刑法对侵犯商业秘密的行为设立了专门的处罚规定。

《刑法》第二百一十九条规定了侵犯商业秘密罪，处罚有两个量刑幅度：一种为侵犯商业秘密给权利人造成重大损失的，处三年以下有期徒刑或者拘役，并处或单处罚金；另一种是造成特别严重后果的，处三年以上七年以下有期徒刑，并处罚金。这两个量刑幅度是以"给商业秘密权利人造成损失的后果大小"来区分的。

（三）商业秘密的自我保护

秘密性是商业秘密根本属性，一旦因各种原因被公开就不可逆转地进入公有领域，即便通过法律途径进行维权和追责，其损失也难以得到弥补，还有可能永久丧失竞争优势。因此，商业秘密被侵犯后的司法救济并不能真正起到防患于未然的作用，真正能够使商业秘密能够得到保护的是企业自身的保密措施和规章制度。企业应加强自我保护意识，把保护商业秘密纳入企业的管理体系中。一般而言，企业可采取以下措施：

1）企业内部设立专门的商业秘密管理机构和人员。

2）建立完善的保密制度，对商业秘密实行隔离管理，涉密文件保存在专门的隔离区域，使用专门电脑和设备处理，在保密区域外的显著位置设置警示标语，非保密人员禁止接触。

3）对商业秘密实行分级管理，将商业秘密的多道工序或配方的不同部分等要素进行分解，分别保管，每个员工只能接触自己工作职责范围内的部分，禁止接触其他部分。

4）与涉密人员签订具有针对性的保密合同和竞业限制协议，对于在保密工作中表现优秀的员工给予高薪、签订长期劳动合同或赠予股权的形式，增强员工的责任感、企业文化认同感和主人翁意识。

5）定期对企业员工尤其是涉密人员进行保密培训，加强商业秘密保护意识，提高涉密人员的商业秘密保护能力。

6）及时更新保密加密技术，增强商业秘密的不可复制性。

7）与合作单位及时签订保密协议。

三、医药技术秘密的保护方式

（一）医药技术秘密的种类

医药行业属于高科技行业，在药品的研究开发、生产经营过程中包含了大量有价值的技术信息和经营信息。其中医药技术秘密通常包括以下四种。

1. 医药产品信息

产品的组成和结构及其相关参数、医药产品的工业配方、祖传秘方、药物或制剂的配方及其含量等。例如研究开发中的新药，在申请专利或正式发表之前，也没有正式投入市场之前尚处于保密状态，此时属于商业秘密；即使是仿制的已知药物，相关的研究资料在未公开之前也属于商业秘密。

2. 工艺方法

药品生产过程中涉及的一切工艺方法只要通过公开渠道无法获得，都可能构成商业秘密。包括：药物及其中间体的合成工艺、精制工艺、医药辅料的生产工艺、医药原料和辅料的处理工艺、制剂工艺、检测分析方法、质量控制方法、消毒工艺、包装工艺以及上述工艺方法中的技术诀窍、技术参数等。

3. 机器设备

药品生产和加工过程中使用的机器设备，如果经过改进、组装或者组合以适应特定的药品生产和加工工艺，提高生产效率和产品质量，这种改进、组装或者组合可能构成商业秘密。

4. 研究开发资料

在药品研究开发过程中产生的有关文件资料及其内容，也构成商业秘密。包括设计路线及设计文件、蓝图、图样、实验记录、临床试验原始记录、质量控制参数、工艺验证资料等。

（二）保护方式的选择

1. 商业秘密与专利保护的差异分析

众所周知，医药产业是一项高投入、高风险、高收益的三高产业，专利保护对于药品的生命周期至关重要，重磅炸弹药物的专利悬崖仍然是国际制药巨头的一大心病。尽管药品专利如此重要，但制药企业要想在竞争中保持技术优势，商业秘密保护也具有举足轻重的作用。中国是名副其实的制药大国，但还远远不是制药强国，目前仍然是以生产低附加值的原料药为主、开发创新药和生产高附加值的制剂产品为辅，制剂技术没有突破性进展，其中一个重要原因在于专利之外的一些关键技术难以被攻克，投入大，产出低，国际制药巨头通过其拥有的技术秘密保持着对中国企业的巨大技术优势和竞争优势。

在药品研发生产中产生的技术创新，究竟采取商业秘密保护还是专利保护需要根据技术本身的创新高度和技术属性决定。两种不同保护方式的区别如表 4-2 所示。

表 4-2 商业秘密与专利保护的差异

项目	专利保护	商业秘密保护
取得方式	经行政机关审查后授权	创新完成后自然获得
保护客体	产品和方法的技术方案，产品设计方案	任何有价值的未公开信息
构成要件	新颖性、创造性、实用性	秘密性、新颖性、实用性、价值性
创新程度	创新程度要求较高，相对于现有技术必须具备创造性，才可能被授予专利权	创新程度要求较低，只要满足新颖性和秘密性，就可能通过商业秘密保护
权利性质	以公开换保护，排他权，任何人未经许可不得实施	秘密保护，不能限制他人独立研究获得、使用和公开
维护成本	申请费、审查费、年费、代理费	保密体系建设、维护、设备、人员等费用
保护期限	自申请日起 20 年	无固定期限
地域限制	仅授权所依据专利法的法域范围	不受地域限制
权利稳定性	发明专利经过检索和审查，权利较稳定，非经法定程序不自动丧失权利	任何原因的公开均导致权利丧失
维权难度	民事原告胜诉率大约 70%	民事原告胜诉率大约 10%

通过上表的对比可见，商业秘密保护与专利保护各有特点，适合不同类型的技术创新。对于技术创新程度较高，并且他人通过反向工程容易破解或者保密成本过高的技术创新，适合申请专利保护。例如新的药物化合物，由于在药品注册时必须要公开化合物结构，不能通过商业秘密保护，只能采取专利保护形式。

对于技术创新程度较低，难以获得专利授权的技术，或者不能构成专利法意义上的技术方案的单纯技术信息，适合以商业秘密形式保护。例如药物合成工艺、制剂工艺中的某些参数和技术诀窍，可能本身技术创新程度很低，达不到发明专利要求的创造性高度，但是在没有公开的情况下普通技术人员又不容易想到，就如同一层薄薄的窗户纸，这种情况适合采用商业秘密形式保护。

对于技术创新程度较高，且他人通过反向工程很难破解的技术创新，由于程序程度达到了专利所要求的创造性高度，并且保密成本不会太高，这种技术既可通过专利形式保护，也可以商业秘密形式保护。例如某些中药保密配方。

选择保护形式除了需要考虑技术本身的因素以外，还需要了解两种保护形式各自的优缺点，使得成本效益最大化。

首先，专利是以公开换保护，与商业秘密保护互相排斥，一旦申请专利并公开后，不能再选择商业秘密保护。由于商业秘密采取强有力保密措施，他人难以模仿，可提高竞争对手的成本，一定程度上可以有效防止山寨产品蚕食市场份额，在竞争中保持技术优势。如果在采取商业秘密保护过程中发现保密成本过高，还可以选择申请专利，切换成专利保护形式。事实上，很多专利技术在申请专利之前都是以商业秘密的形式得以保护，只是公开时机根据其具体保护策略而定。

其次，专利权是一种排他性权利，任何单位或者个人未经专利权人许可不得以生产经营为目的实施其专利技术方案，即不得为生产经营目的制造、使用、许诺销售、销售、进口其专利产品，或者使用其专利方法以及使用、许诺销售、销售、进口依照该专利方法直接获得的产品。而商业秘密权是非排他性权利，如果他人通过独立研究或者反向工程获得相同的技术内容，不能限制其使用、允许他人使用甚至公开该技术内容。一旦他人通过独立研究或者反向工程获得并公开，相关技术就会进入公有领域，任何人均可自由使用，商业秘密的权利人就会丧失相应的商业秘密权。如果他人通过独立研究或者反向工程获得后抢先申请专利，则商业秘密的权利人就会受到该专利权的限制，只能通过主张先用权的形式在原有规模范围内继续使用，而不能随意扩大生产规模。

再次，商业秘密保护没有时间限制和地域限制，例如可口可乐配方作为商业秘密保护是最成功的案例之一，保持市场领先地位百年之久。而专利的保护期限为20年，具有地域性，需要在想要专利保护的国家或地区分别申请专利，在专利保护到期后市场份额会被仿制品迅速占领。

最后，商业秘密侵权诉讼中，原告如何证明自己拥有相关的商业秘密非常困难，并且侵权人的侵权行为非常隐蔽，其取证、举证的难度较专利侵权诉讼更大，胜诉率低，维权难度大。

2. 医药技术秘密保护的考虑因素

制药领域包含了小分子化药、生物药、中药等不同技术分支，在反向工程难易上存在一定差异，这将影响着保护方式或者专利申请时机的选择。

医药领域不同技术主题的反向工程难易程度不同。如果其他企业很难或者根本不可能通过反向工程获知该技术，那么企业可以选择采用商业秘密保护的形式来保护技术秘密。如果很容易通过反向工程获得该技术内容，那么企业可以就该技术成果申请专利保护。

小分子化学药品，随着其化合物本身的披露，其涉及的方法技术，如化合物制备方法、纯化方法、治疗方法以及晶体制备方法等，都存在反向工程获得的极大可能性。生物药相关的方法技术，尽管由于生物药比较复杂，制造工艺难度更大，要求的生物技术也更多，其反向工程的难度相对小分子化药确实大许多，但随着科学技术的快速发展，这种难度具有下降的趋势，反向工程掌握方法技术的可能性在加大。因此，尽管方法的保护力度较产品的弱，且容易找到规避设计，但在具备专利三性的情况下，小分子化药及生物药涉及的方法技术都可以适当选择专利来保护。对这类技术进行专利申请，为其他企业的规避设计设置障碍，企业也可通过恰当的专利布局和保护策略最终实现药品生命周期的延长，长时间保持技术优势。

中药领域情况则完全不同。对方法技术采用专利保护，根据专利申请文件的要求，不但需要清楚的描述方法，更是需要提供实验数据来对方法的性能和效果进行说明。中药生产涉及的方法技术，一般为炮制、制备、提取等。由于中药自身特点，涉及的参数多，要将中药方法技术特征概括到较宽的保护范围需要进行较多的研究，也是件比较困难的事。而具有较为具体参数的方法专利的保护力度非常弱，不但在发生侵权现象时维权困难，而且竞争对手容易基于该专利技术开发出类似效果的新方法，此时，专利信息的公开不但不能有效保护中药生产企业的优势技术，反而使中药企业的竞争力降低，为他人提供剽窃中药资源的途径。即便在现代科技水平下，中药领域方法技术反向工程也是非常困难的。因此，中药领域中创新程度较高的技术可以采用专利保护的形式，而其中的技术细节和诀窍可以通过商业秘密保护，采取专利保护和商业秘密保护相结合的形式。

第三节 药品技术合同与知识产权

一、药品技术合同概述

（一）药品技术合同的特点

技术合同是当事人就技术开发、转让、许可、咨询或者服务订立的确立相互之间权利和义务的合同（《民法典》第八百四十三条）。药品技术合同具有如下特点。

1. 标的物是技术成果

技术合同不同于其他合同的重要特征是标的物不是一般的商品或劳务，而是一种特殊的商品，即技术成果。所谓技术成果，是指利用科学技术知识、信息和经验做出的涉及产品、工艺、材料及其改进等的技术方案，包括专利或专利申请、技术秘密、计算机软件、集成电路布图设计、植物新品种等。

技术成果是凝聚着人类智慧的无形的创造性劳动成果，它不能像有体物一样被占有，但只要为人们所掌握，就会产生巨大的经济效益。技术成果一次开发即可同时为多个主体无限次地利用而不影响其使用价值。技术成果的经济价值的评价较为困难，通常要综合技术成果对工商业的推动作用、研究开发成本、技术成果的复杂程度和成熟程度、技术成果的新旧程度、技术市场的竞争模式、价款的支付方式等因素，这些都要通过技术合同的条款设计表现出来。

对于药品技术合同尤其是药品开发相关的技术合同，技术成果通常还需要满足药品注册的相关法规要求，并且在技术成果交接时需要提供方进行技术指导。

2. 双务、有偿、诺诚合同

在技术合同中，当事人双方互负对待给付义务，一方提供技术成果或者技术服务，另一方支付经费和报酬，或者参与分工和提供协助，故为双务合同、有偿合同。

技术合同是一种诺诚合同，仅以当事人意思表示一致为成立要件，不以一方交付标的物为合同的成立要件，当事人交付标的物（即技术成果）属于履行合同，而与合同的成立无关。

3. 一方当事人须具有技术能力

技术合同当事人通常至少一方必须具有相应的技术能力，即应当具有利用自己的技术力量从事技术开发、技术转让、技术服务或咨询的能力，在技术开发合同中表现为技术开发的能力，在技术转让合同中表现为拥有成熟定型的技术成果，在技术咨询、技术服务合同中表现为掌握有关的技术知识和技能。

4. 技术合同的法律调整具有多样性

技术合同除受到《民法典》合同编调整外，技术合同所涉及的权益还受到《知识产权法》《反不正当竞争法》《科学技术进步法》《促进科技成果转化法》等法律调整。为推动科技进步、加速科学技术成果转化、应用和推广，维护技术市场秩序，贯彻国家的技术贸易政策，国家对技术合同有较多的行政管理和激励措施，表现在制度层面的有技术合同认定登记制度、技术保密制度、技术性收入的减免税收优惠制度、技术进出口合同的审批制度和许可证制度等。

（二）药品技术合同的订立原则

订立技术合同要遵守平等、自愿、公平、诚实信用、合法等基本原则。技术合同的合法性原则突出地表现在订立技术合同不得非法垄断技术或者侵害他人的技术成果。非法垄断技术或者侵害他人技术成果的技术合同无效，有过错的当事人应当对权利人承担侵权责任，对合同相对方承担损害赔偿责任。当事人使用或者转让其独立研究开发或者以其他正当方式取得的与他人的技术秘密相同或者近似的技术秘密的，不属于《民法典》合同编第八百五十条所称侵害他人技术成果。通过合法的参观访问或者对合法取得的产品进行拆卸、测绘、分析等反向工程手段掌握相关技术的，属于以其他正当方式取得，但法律另有规定或者当事人另有约定的除外。

（三）药品技术合同的类型

1. 技术开发合同

技术开发合同是指当事人之间就新技术、新产品、新工艺、新品种或者新材料及其系统的研究开发所订立的合同。技术开发合同包括合作开发合同和委托开发合同。

(1) 合作开发合同。

合作开发合同是指由两个或两个以上的自然人、法人和其他组织，共同出资、共同参与、共同研究开发完成同一研究开发项目，共同享受效益、共同承担风险的合同。合作开发合同的当事人的主要义务包括：

1) 按照约定投资。合作开发合同的当事人应当按照约定进行投资，投资方式包括资金、实物、设备、材料、场地、试验条件、技术情报资料、专利权、技术秘密等，以资金以外的方式进行投资的，应当折算为相应的金额，明确当事人在投资中所占的比例。

2) 分工参与研究开发工作。各方当事人都参与研究开发工作是合作开发合同的主要特征。所谓参与研究开发工作，包括按照研究开发计划共同进行或者分别承担设计、工艺、试验、试制等研究开发工作。

3) 协作配合研究开发工作。研究开发工作能否取得成功，一个重要的因素就是合作各方当事人能够团结协作。为此可以成立项目协调指导机构，对研究开发中的重大问题进行决策和组织协调。

当事人违反约定造成研究开发工作停滞、延误或者失败的，应当承担违约责任。

(2) 委托开发合同。

委托开发合同是指当事人双方就一方委托另一方进行一定的研究开发项目而订立的技术合同。委托开发合同的特征是委托方向研究开发方提供研究开发经费和报酬，研究开发方完成研究开发工作并向委托方交付成果。

委托人应当按照约定支付研究开发经费和报酬，提供技术资料，提出研究开发要求，完成协作事项，接受研究开发成果。研究开发人应当按照约定制订和实施研究开发计划，合理使用研究开发经费，按期完成研究开发工作，交付研究开发成果，提供有关的技术资料和必要的技术指导，帮助委托人掌握研究开发成果。委托人应当按照约定支付研究开发经费和报酬，提供技术资料，提出研究开发要求，完成协作事项，接受研究开发成果。

医药行业委托开发合同已非常普遍，并出现了众多专门的医药研发外包企业，业界称为合同研究组织（Contract Research Organization，CRO）。从医药研发外包企业承担的业务范围来看，第一类是从事临床前研究的CRO企业，主要从事与新药研发有关的化学、临床前药理学及毒理学实验等业务内容，例如无锡药明德康、北京鑫开元医药科技有限公司、上海睿智化学研究有限公司等；第二类是主要从事临床试验的CRO企业，例如杭州泰格医药等；第三类是主要从事新药研发咨询的企业，当前国内的CRO机构中从事这类业务的占绝大多数。

医药研发外包企业具有比较成熟和标准化的技术开发流程，制药企业通过委托开发合同将新药研发工作外包给CRO公司，转移部分风险，逐渐成为医药行业的一个趋势。

(3) 技术开发合同的风险负担。

技术开发风险是指在研究开发过程中，当事人一方或者双方已尽了最大努力，但因为科技知识、认识水平或者试验条件等客观因素的限制，出现无法克服的技术困难，致使研究开发全部或者部分失败所带来的损失或期待落空。研究开发风险的判定要符合三个条件：该课题在国际或国内现有的技术水平下具有足够的难度；研究开发方在主观上已经尽了最大努力；该领域专家认为研究开发失败属于合理的失败。

技术开发合同履行过程中，因出现无法克服的技术困难，致使研究开发失败或者部分失败，该风险由当事人在合同中事先约定或者事后协商解决。没有约定或者约定不明确，当事人可以协议补充，不能达成补充协议的，按照合同相关条款或者交易习惯确定；如果依据上述规则仍不能确定，风险由当事人合理分担。

当事人一方发现可能致使研究开发失败或者部分失败的情形时，应当及时通知另一方并采取适当措施减少损失。没有及时通知并采取适当措施，致使损失扩大的，应当就扩大的损失承担责任。

作为技术开发合同标的的技术成果已经由他人公开，致使技术开发合同的履行没有意义的，当事人可以解除合同。

2. 技术服务合同

技术服务合同是当事人一方以技术知识为对方解决特定技术问题所订立的合同，不包括承揽合同和建设工程合同。"特定技术问题"包括需要运用专业技术知识、经验和信息解决的有关改进产品结构、改良工艺流程、提高产品质量、降低产品成本、节约资源能耗、保护资源环境、实现安全操作、提高经济效益和社会效益等专业技术问题。

缔结技术服务合同的目的不是为了开发新的技术成果，也不是为了专利、技术秘密成果及其他知识产权的转让，而是以专业性的技术解决特定的技术问题，这是技术服务合同区别于技术开发合同和技术转让合同的重要特征。技术服务所运用的技术知识虽然已经进入公有领域，但并非行业内的常规技术，而是具有一定技术难度和复杂性的技术。

（1）委托人义务。

技术服务合同的委托人应当按照约定提供工作条件，完成配合事项，接受工作成果并支付报酬。一般来说，委托人的配合事项包括：技术问题的内容，预期要达到的目标；有关的数据、图纸和其他资料；已经进行的试验和努力；设备的特征、性能等资料；人员的组织、安排；有关技术调查的安排；样品、样机；试验、测试场地；必要的材料和经费；有关的计划和安排的资料等。

（2）受托人义务。

技术服务合同的受托人应当按照约定完成服务项目，解决技术问题，保证工作质量。未经委托人允许，不得更改合同中注明的技术指标和要求。当事人对技术服务合同受托人提供服务所需费用的负担没有约定或者约定不明确的，由受托人承担。

受托人应当按照约定传授解决技术问题的知识，因为技术服务的目的在于不仅要让委托人解决特定的技术问题，而且要让委托人获得相关的技术知识，即受托人要承担传播技术知识的任务。

受托人在合同履行过程中，还应尽到附随义务。发现委托人的资料、数据、样品、材料、场地等工作条件不符合约定,应在合理期限内通知委托人,并要求其尽快补充、修改或者更替。在工作过程中,受托人发现继续工作对委托人提供的材料、样品、样机有损坏的危险时,应当中止工作,并及时通知委托人或者提出建议。

(3)违约责任。

如果技术服务合同的委托人不履行合同义务或者履行合同义务不符合约定,影响工作进度和质量,不接受或者逾期接受工作成果,支付的报酬不得追回,未支付的报酬应当支付。

如果技术服务合同的受托人未按照约定完成服务工作,应当承担免收报酬等违约责任。

3. 技术咨询合同

技术咨询合同是当事人一方以技术知识为对方就特定技术项目提供可行性论证、技术预测、专题技术调查、分析评价报告等所订立的合同。技术咨询往往是技术开发、技术转让的先行工作,咨询内容往往成为相关合同的一部分。因此,一些综合性的技术项目中常常涉及新的技术成果研究开发或现有技术成果转让和技术咨询内容,可根据其技术内容的比重确定合同性质,分别认定为技术开发合同、技术转让合同或者技术咨询合同。

技术咨询合同的标的是一种特殊的技术劳务,即特定技术项目的咨询,内容是受托人就特定技术项目提供可行性论证、技术预测、专题技术调查、分析评价报告,委托人支付约定的报酬。技术咨询合同的决策风险一般由委托人承担。

(1)委托人义务。

第一,委托人应当按照约定阐明咨询的问题,提供技术背景材料及有关技术资料、数据。

第二,及时接受受托人的工作成果,不得迟延接受或者拒绝接受。

第三,按照约定向受托人支付报酬和相关费用。

第四,对受托人提供的咨询报告和意见,在合同约定的期限和范围内有保密的义务。合同没有约定保密义务的,委托人有引用、发表或者提供给第三人的权利,但不得因此而侵犯受托人的合法权益。

(2)受托人义务。

技术咨询合同的受托人应当按照约定的期限完成咨询报告或者解答问题,提出的咨询报告应当达到约定的要求。对于委托人提供的技术资料和数据,在合同约定的期限与范围内有保密的义务。合同未约定保密义务的,受托人有权引用、发表或向第三人提供,但不得因此侵犯委托人的合法权益。

(3)违约责任。

如果技术咨询合同的委托人未按照约定提供必要的资料,影响工作进度和质量,不接受或者逾期接受工作成果,支付的报酬不得追回,未支付的报酬应当支付。

若技术咨询合同的受托人未按期提出咨询报告或者提出的咨询报告不符合约定,应当承担减收或者免收报酬等违约责任。

技术咨询合同的委托人按照受托人符合约定要求的咨询报告和意见做出决策所造成的损失，由委托人承担，但是当事人另有约定的除外。

4. 技术转让合同

技术转让合同是合法拥有技术的权利人，将现有特定的专利、专利申请、技术秘密的相关权利让与他人所订立的合同。

技术转让合同的标的是现有的具有私权属性而不可随意获取的知识产权，包括现有的技术成果权、专利申请权、专利权、技术秘密权等，不能是不涉及知识产权的公知自由技术，也不能是尚待研究开发的技术成果。

（1）专利权转让合同。

专利权转让合同是指专利权人将其所有的发明创造的专利权转让给受让人，受让人支付约定价款的技术转让合同。专利权转让合同的让与人应保证自己是专利权的合法拥有者或者有权让与相关专利权。

合同签订前，让与人自己已经实施该专利的，双方应约定合同签订后让与人是否仍可继续实施；没有约定的，让与人应自合同生效后立即停止实施该专利。合同签订前，让与人已经许可他人实施该专利的，受许可人的法律地位不因专利权让与而受影响，让与人和受让人应当约定合同签订后原专利实施许可合同中权利义务的处理；双方未做约定的，原专利实施许可合同中约定的许可人的权利义务由受让人承担。受让人按照约定实施专利，侵害他人合法权益的，由让与人承担侵权责任。

让与人应当按照约定的时间将专利权移交给受让人，并保证所提供的技术成果完整、无误、有效，能够达到约定的目标。根据《专利法》第四十七条的规定，宣告专利权无效的决定，对已经履行的专利权转让合同不具有追溯力。但是，如果不返还专利权转让费明显不公平的，专利权人应当返还全部或部分专利转让费。例如受让人支付专利转让费后不久，专利权即被宣告无效，受让人还没有从实施该专利中获取利益，让与人不返还专利转让费即明显不公平。因专利权人的恶意给受让人造成损失的，应当负责赔偿。

（2）专利申请权转让合同。

专利申请权转让合同是指专利申请权人将其就特定发明创造申请专利权的权利转让给受让人，受让人支付约定价款的技术转让合同。

转让人应是具有专利申请权的单位或个人。在订立专利申请权转让合同前，转让人应向受让人说明欲申请专利的发明创造作为技术秘密实施和许可实施的情况，双方应对合同成立后转让人能否继续实施该技术成果做出约定，对已经签订的技术秘密转让合同中让与人的权利义务做出处理。没有约定的，合同生效后，转让人应立即停止实施该技术成果，并遵守保密义务。原技术秘密转让合同中受让人的法律地位不受影响，转让方的权利义务由受让人承受。

双方应当在合同中约定专利申请被驳回的风险。未做约定的，受让人在办理专利申请权转让登记之前，可以以专利申请被驳回或者被视为撤回为由请求解除合同；在办理专利申请权转让登记之后，专利申请被驳回或被视为撤回的风险由受让人承担。专利申请因专利申请权转让合同成立时即存在尚未公开的同样发明创造的在先专利申请被驳回，当事人可以依据《民法典》第一百五十一条的规定，以显失公平为由请求法院或者仲裁机构撤销合同。

（3）技术秘密转让合同。

技术秘密转让合同是指技术秘密的拥有人将其技术秘密成果的使用权或者转让权提供给受让人，受让人按照约定支付使用费的技术转让合同。技术秘密转让合同与专利实施许可合同具有相似性。区别在于，前者是依靠当事人保密措施维系的秘密技术，后者是受到法律保护的公开技术。

专利申请提出以后、公开以前，当事人就申请专利的技术订立的技术转让合同，属于技术秘密转让合同，受让人应承担保密义务，并不得妨碍转让人申请专利。如果该项专利申请被驳回，不影响已经签订的技术秘密转让合同的效力。专利申请公开以后、批准以前，当事人可参照专利实施许可合同订立技术秘密转让合同。一旦专利申请被批准，原来的技术秘密转让合同应成为专利实施许可合同。在专利申请公开后、批准前，专利申请被驳回的，因该项技术成为社会公知的技术，任何人均可免费实施，原技术秘密转让合同即告终止。双方当事人可能因技术秘密成为公开技术受到损失，因此事先应对此损失分担有明确约定。

技术秘密转让合同的保密条款极为重要。让与人承担保密义务，不影响其申报专利的权利，但当事人可以在合同中规定，让与人在合同有效期内不得申请专利，以避免专利申请被驳回而技术秘密却已公开带来的风险。当事人可以就技术秘密的保密期限和范围明确约定。因为在合同谈判中会就技术秘密进行协商，为避免协议不成，技术秘密泄露，最好是在合同双方订立保密协议。技术秘密只要不被公开，就有商业价值。合同终止之后，保密义务仍然存在，当事人未就保密期限做约定的，保密义务持续到该项技术秘密被他人公开时。如果技术秘密由受让方独家实施，则让与人在合同有效期内不得再将该技术秘密提供给第三人，自己也不能再实施该技术秘密；如果技术秘密由受让人与转让人同时实施，则双方都负有不得将技术秘密提供给第三人的义务；让与人如果保留将技术秘密再提供给第三人的权利，则其仅负有不将技术秘密公开的义务，受让人则不得将该技术秘密转让给第三人。如果允许受让人再将该技术秘密转让给第三人，则双方都只负有不将技术秘密公开的义务。

（4）药品生产技术转让合同。

药品生产技术转让，是指药品上市许可持有人按照相关法规的要求，将药品生产技术转让给受让方药品生产企业，由受让方药品生产企业申请药品注册的过程，包括临床批准件和生产批准件的转让。药品生产技术是一种综合性的权益，是包括行政许可相关权益、专利权、商业秘密权、未披露的药品研究数据权益等的复合型权益。

药品技术转让一般涉及药品行政许可的生产场地变更和责任主体变更，对药品质量、安全性、有效性可能带来不同程度的影响，从而可能带来一定的风险，因此，双方在签订转让合同的同时，还应按《药品技术转让注册管理规定》的要求进行转让注册。原食品药品监管总局起草了《药品上市后变更管理办法（试行）（征求意见稿）》和《药品生产场地变更研究技术指导原则（征求意见稿）》曾于 2017 年 10 月向社会征求意见，但至今仍未正式颁布实施。

《药品技术转让注册管理规定》明确，转让方应当将所涉及的药品的处方、生产工艺、质量标准等全部资料和技术转让给受让方，指导受让方完成样品试制、规模放大和生产工艺参数验证实施以及批生产等各项工作，并试制出质量合格的连续 3 个生产批号的样品。受让方生产的药品应当与转让方生产的药品质量一致。受让方的药品处方、生产工艺、质量标准等应当与转让方一致，不应发生原料药来源、辅料种类、用量和比例，以及生产工艺和工艺参数等影响药品质量的变化。受让方的生产规模应当与转让方的生产规模相匹配，受让方生产规模的变化超出转让方原规模 10 倍或小于原规模 1/10 的，需要重新对生产工艺相关参数进行验证。

5. 技术许可合同

技术许可合同是合法拥有技术的权利人，将现有特定的专利、技术秘密的相关权利许可他人实施、使用所订立的合同。其中最重要的是专利实施许可合同。

专利实施许可合同是指专利权人或者其授权的人许可受让人在约定的范围内实施专利，受让人按照约定支付专利使用费的技术转让合同。

专利实施许可合同的当事人应当约定实施专利的方式、地域和期限。实施专利的方式决定了在专利实施的地理范围内有权使用该专利的人数、受让人是否有权再许可他人使用该专利。使用专利的人数越少，使用人越有利可图，应支付的专利使用费也就越昂贵。专利实施许可包括以下方式：

1）独占实施许可：即让与人在约定许可实施专利的范围内，将该专利仅许可一个受让人实施，让与人依约定不得实施该专利。

2）排他实施许可：即让与人在约定许可实施专利的范围内，将该专利仅许可一个受让人实施，但让与人依约定可以自行实施该专利。

3）普通实施许可：即让与人在约定许可实施专利的范围内许可他人实施该专利，并且可以自行实施该专利。

没有约定或约定不明确的，认定为普通实施许可。专利实施许可合同约定受让人可以再许可他人实施专利的，认定该再许可为普通实施许可，但当事人另有约定的除外。

实务中总是把实施专利的生产地域范围与销售地域范围分开进行谈判。因为当事人可能在使用专利方法生产专利产品的地域范围很快达成一致，而在销售地域范围上却有很大分歧。

专利实施许可合同只在该专利权的存续期间内有效。因此，专利权人应在专利有效期内订立专利实施许可合同。专利实施许可合同让与人负有在合同有效期内维持专利权有效的义务，包括依法缴纳专利年费和积极应对他人提出宣告专利权无效的请求。在合同有效期内专利权有效期限届满前，专利权人没有按照规定缴纳专利年费或者以书面方式放弃专利权导致专利实施许可合同终止的，让与人应向受让人支付违约金或赔偿损失。

二、药品技术合同的成果归属与分享

(一) 成果归属与分配原则

1. 意思自治原则

无论是委托开发还是合作开发，目标都是完成一定的技术开发任务，形成符合预定目标的技术成果，因此，技术成果归属问题是技术开发合同的重要内容。

一方面，知识产权属于私权，首先要体现当事人的意思自治原则，在不违反法律强制性规定的情况下，当事人可以自由处分自己的权利。另一方面，合同当事人享有合同自由的权利，可自主地依自己的意思订立合同，确定合同的内容。因此，在签订技术开发合同时，各方当事人可以自由约定知识产权的归属、使用权、转让权以及利益分配的具体办法。

因此，在签订合同时，如果当事人对知识产权成果归属有约定，则从其约定，如果没有约定，则按法律有关规定确定。

对于技术成果利益分配的不同约定，将对各方当事人的权利义务，例如对研究开发的费用或者报酬及研发成果的应用，产生较为重大的影响。因此，当事人在合同订立之初就对即将产生的技术成果的利益分配规则做好明确约定，是非常重要和必要的。

2. 公平原则

根据《民法典》合同编第八百六十条和《专利法》第八条的规定，如果当事人之间没有约定，合作开发完成的发明创造，申请专利的权利属于合作开发的当事人共有。换句话说，谁完成的发明创造谁就拥有申请专利的权利，多个单位或个人共同完成的发明创造则归共同完成的单位或者个人共同所有。若当事人一方转让其共有的专利申请权，其他各方享有以同等条件优先受让的权利。

技术成果在申请专利之前是以技术秘密形式存在，因此，上述规则同样适用于技术秘密权的归属。对于共有的技术秘密，如果合作开发的当事人一方不同意申请专利，另一方或者其他各方不得申请专利。

因此，在当事人没有约定的情况下，处理知识产权利益分配的原则是共同完成者公平分享技术成果的知识产权。

(二) 委托开发合同的成果归属

委托开发完成的发明创造，除当事人另有约定的以外，申请专利的权利属于研究开发人。这是因为该发明创造的实质性贡献来自研究开发人。研究开发人取得专利权的，委托人可以免费实施该专利。委托人实施该发明创造的权利来自其对发明创造的贡献，而不取决于该发明创造是否获得专利权。因此，研究开发方取得的专利权并不能排除委托人的实施权。然而，研究开发人获得了专利权的事实，意味着委托人无权许可他人实施，无权转让该发明，除非与专利权人另有协议，也不能享有独占的专利实施权。研究开发人转让专利申请权的，委托人享有以同等条件优先受让的权利。

（三）合作开发合同的成果归属

合作开发完成的发明创造，除当事人另有约定的以外，申请专利的权利属于合作开发的当事人共有。当事人一方转让其共有的专利申请权的，其他各方享有以同等条件优先受让的权利。合作开发的当事人一方声明放弃其共有的专利申请权的，除当事人另有约定外，可以由另一方单独申请或者由其他各方共同申请。申请人取得专利权的，放弃专利申请权的一方可以免费实施该专利。合作开发的当事人一方不同意申请专利的，另一方或者其他各方不得申请专利。

（四）技术秘密权的归属

委托开发或者合作开发完成的技术秘密成果的使用权、转让权以及利益的分配办法，由当事人约定。没有约定或者约定不明确，可依照《民法典》第五百一十条的规定签订补充协议确定。不能达成补充协议的，按照合同相关条款或者交易习惯确定。仍不能确定的，当事人均有使用和转让的权利，但委托开发的研究开发人不得在向委托人交付研究开发成果之前，将研究开发成果转让给第三人。

"当事人均有使用和转让的权利"，包括当事人均有不经对方同意而自己使用或者以普通使用许可的方式许可他人使用技术秘密，并独占由此所获利益的权利。当事人一方将技术秘密成果的转让权让与他人，或者以独占或者排他使用许可的方式许可他人使用技术秘密，未经对方当事人同意或者追认的，应当认定该让与或者许可行为无效。

（五）技术成果转化与利益分配

技术成果转化，是指为提高生产力水平而对科学研究与技术开发所产生的具有实用价值的科技成果所进行的后续试验、开发、应用、推广直至形成新产品、新工艺、新材料，发展新产业等活动。科技成果完成单位与其他单位合作进行科技成果转化的，应当依法由合同约定该科技成果有关权益的归属。

若专利申请权或者专利权的共有人对权利的行使有约定，从其约定。合同未做约定的，按照下列原则办理：在合作转化中无新的发明创造的，该科技成果的权益归该科技成果完成单位；在合作转化中产生新的发明创造的，该新发明创造的权益归合作各方共有；对合作转化中产生的科技成果，各方都有实施该项科技成果的权利，共有人可以单独实施或者以普通许可方式许可他人实施该专利，转让该科技成果应经合作各方同意。若许可他人实施该专利，收取的使用费应当在共有人之间分配。

三、后续改进技术成果的归属与分享

后续改进的技术成果，是指在技术合同的有效期内，一方或双方对作为合同标的的专利技术或者技术秘密所作的革新和改良而取得的技术成果。受让人要分享转让人的后续改进技术成果，合同中应订立"继续授权条款"；转让方要分享受让方的后续改进技术成果，合同中应订立"回授条款"。对不同的技术转让条件，后续改进技术成果的处理也不一样。双方当事人有可能愿意分享，也可能不愿分享，当事人应当自由地约定分享与否及分享的条件与范围。

后续改进技术成果的分享应当是相互的，而不是单向的。分享的前提是，明确后续改进的技术成果归完成该项改进的一方所有，即使分享通常都是有偿的。

根据《民法典》第八百七十五条的规定，对于后续技术成果的归属与分享，当事人可以按照互利的原则，在合同中约定实施专利、使用技术秘密后续改进的技术成果的分享办法；没有约定或者约定不明确，可以依据第五百一十条的规定进行协议补充；不能达成补充协议的，按照合同相关条款或者交易习惯确定；按上述规则仍不能确定的，一方后续改进的技术成果，其他各方无权分享。

第五章

初创公司的股权架构设计

Chapter 5

综观我国医药领域的企业，其发展至今，主要分三大类，一类是原国有企业不断发展壮大，比如今天的国药、同仁堂等知名品牌；一类是国有或者集体所有制企业经营不善，被当时的管理人员或者其他人员承包或收购，比如今天的修正药业等；还有一类为创业型企业，比如复星药业、药明康德等。那么创业者创业之初应该注意哪些方面呢？

第一节　创业之初如何选择合伙人

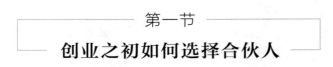

一、去哪里找合伙人

创业为什么要选择合伙人呢？首先，现在不是一个单打独斗就可以成功的年代；其次，能力互补、资源互补的合伙人将会成为坚定的战友，合伙人一起并肩作战，可以大大提高创业成功的概率。这一规律同样适用于医药行业的创业。找到合适的合伙人，才能对之后的一系列创业活动有所帮助。想要找到合适的合伙人，可以从以下几个方面入手。

（一）"兔子要吃窝边草"

对于创始团队和合伙人选择，建议"三老原则"，指的是老同事、老同学、老朋友；合适的合伙人多来自同事（包含合作伙伴）、同学和朋友，因为更知根知底。与熟人合作是绝大多数创业者的首选，强大的关系纽带能帮助合伙人们在创业过程中互相支持，共克难关。身边的朋友、同事、同学都是资源，双方相互了解，存在信任关系。因此，如果说到创业的准备，其实是时刻准备着。而与关系相对没有那么亲密的朋友、熟人创业，优点在于可以有效划清工作和私人关系的界限，劣势在于需要花一定的时间成本去更好了解对方。合伙人需要在创业中做到分工明确，以规章制度规范双方的行为，及时沟通，解决矛盾，共同分担责任。

（二）听取投资人的建议

一般情况下，投资人对产业方向的判断不是短期的、阶段性的，而是中远期的。投资人往往是市场趋势最专业的观察者，他们在进行创业团队的选择时，更多地会从是否能给企业带来帮助的角度考虑团队的搭配。因此，投资人的意见具有一定的价值，可以适当听取，但最后的合作细节仍然应当由创业者进行协商。

（三）咨询资深猎头

猎头经常会遇到各行各业的优秀人士，对很多优秀候选人有很详细的了解，其中不乏优秀人士正在寻找创业机会，这可以作为寻找合伙人方式的补充。但是，通过这种方式选择合伙人，创业者需要评判猎头的从业经验是否丰富、判断力是否准确。

（四）高质量的业界聚会

参加高质量的业界聚会，将自己寻找创业合伙人的需求尽可能多地告诉周围的人，经常与他人交流进展，在他们遇到合适的人选时，会有助于创业人员找到合适的合作伙伴。

从熟人中寻找创业合伙人，相互之间更了解彼此，比如医疗器械行业著名的迈瑞"三剑客"，三个创始合伙人在创业前就是同事。

1991年，几个雄心勃勃的年轻人离开了中国医械界的"黄埔军校"安科，一起创办了迈瑞。他们是安科的前员工徐航、李西廷、成明和。现在的迈瑞医疗已经成为全球领先的医疗器械以及解决方案供应商。

二、选择什么样的合伙人

（一）重诺守信

合伙人合伙创业时，重诺守信是对其他合伙人最起码的道德要求，也是最基本的要求。为什么重诺守信如此重要？这是因为，"堡垒最容易从内部攻破"，合伙人了解企业内部的所有情况，包括技术秘密、经营网络、人员档案，并且其拥有的权力也较大，一旦合伙人另有所图或者不守承诺，合伙就会危机重重。另一方面，如果在创业行为已经开始之后，才发现合伙人信誉较低，此时只能通过解除合作关系才可以达到目的，这将导致资金、人员、关系、精力等遭受不必要的损失，甚至会导致重新开始十分困难。

（二）志同道合

所谓"道不同，不相为谋"，选择一个三观正、理念相符的合伙人非常重要。合伙创业，彼此之间最直接的认同就是志同道合。"志同"是指双方创业的目标、动机或者说梦想是一致的。这里的"道合"，就是指合伙人的经营思路和经营策略是大致相合的，可以做到求同存异，不存在较大矛盾。不同的人创业的目的不会完全相同，而不同的动机和目标会导致经营战略和思路以及经营方法都不相同。合伙人的创业目的与动机决定了公司的发展方向与经营思路，因此，合伙人之间必须就对方的创业目的与动机方面进行了解。比如，同时成立一家企业，但是合伙人目的是办百年老店，还是只想打造"短平快"的企业、尽快地收回成本，动机和目的的不同，自然会导致经营思路和经营方法的不同。需要注意的是，在创业初期，经营目标可能只是一个朦胧的、不甚清晰的意识，但做到一定的程度，尤其是发展比较顺利、规模不断扩大时，创业目标就必须要明晰，不能一直对合伙人的创业目标不闻不问、置之不理，否则，将会对企业的发展产生不良影响。

（三）优势互补

所谓"人无完人，金无足赤"，我们每一个人有自己的长处，也有自己的不足，而这也正是我们要选择合伙人的重要原因。合伙人均有优点与缺点，而问题的关键在于合伙人之间的优点和缺点是否能够优势互补。若创业者有某一方面的缺点，比如做事容易冲动，而合伙候选人也同样容易冲动，那么就最好不要进行合伙创业；而他人做事的时候考虑得比较周密、稳妥，正好弥补创业者的缺点，那么此时的合伙人之间则相得益彰，创业成功的概率会得到提升。人和人的合作就像一架机器，机器需要许多不同零部件的密切配合。一个优秀的合作结构，不仅能够使合伙人的能力得到充分的发挥，还会产生一种新的更大的力量。有机的合作，不仅能使各自的能力得到最大限度的发挥，还会产生更大的力量，使各自的能力得到延伸、放大和强化，最终才能成功合伙创业。

著名的"复星创业四人组"是优势互补的典范。

1989 年，郭广昌大学毕业，留在了复旦大学团委工作。正是在复旦大学团委，郭广昌结识了比自己低两届的老乡、日后成为复星集团二号人物的梁信军，另外两位浙江老乡——汪群斌和范伟的加盟，坚定了在保健品行业急流勇退、将生物制药作为复星主攻方向的决心。汪范二人是浙江湖州人，也毕业于复旦大学，学的是和梁信军一样的专业：遗传工程学。四人后来被合称为"复星创业四人组"。

这个至今不离不弃的"四人团队"：郭广昌掌握大局；梁信军主管对外沟通——政府、投资者，以及抓投资项目；汪群斌内部管理比较多；范伟一方面侧重于地产业，一方面也主要掌管内部事务。"梁是前锋，汪和范偏中后卫；郭是中场，是队长。"

（四）德才并重

选择人才一定要德才兼备，全面衡量，不可只看其中一点，人们常说："有德无才是庸人，有才无德是小人"。所以，选择合伙人的时候一定不能见才忘德，也不能见德忘才。

三、应该避免与什么样的人合伙

（一）个人能力较差

创始人寻找合伙人的目的是分摊责任，共同努力促进企业的发展。如果一个合伙人只会讲故事但能力有限，他将无法支撑起自己负责的业务，对公司的发展产生负面影响。

（二）沟通能力差

公司在快速发展的过程中，管理层很可能会存在矛盾与分歧，此时解决分歧就需要合伙人拥有较强的沟通能力。有效的沟通可以使得争议得以解决，而如果缺乏沟通能力会让事情变得更加复杂和不可调节。

（三）无法全身心投入

恒瑞医药创始人孙飘扬在创业成功之前，经历了巨大的挫折。像孙飘扬这样的超级创业者在大成之前都要经历无数次的失败，从另一个维度说，创业是一件难度系数和失败概率极高的事。所以创业者在进行难度系数极高的挑战前，保证全身心投入是最基本要求，如果这个都无法保障，创业成功与否的结果也许在开始之前就已经决定了。

四、需要区别对待的合伙人

（一）顾问

创业之初，企业拥有的资源就是股权，但面临的困难是多方面的。为了能让企业顺利起步并且进一步发展，创业者在创业初期需要借助更多资源发展企业，此时创业者会向资源承诺者许诺股权，将资源承诺者作为合伙人。但是创业公司的价值需要整个创业团队长期投入时间和精力去实现，因此对于只是承诺投入资源，但不全职参与创业的人，建议优先考虑项目提成，而不是考虑投资人对市场动态的分享，股权绑定。

如果顾问只是单纯地提供资源渠道，打通人脉关系，并不全身心地投入创业过程，则要区分这种资源渠道对创业企业的影响力，决定如何对顾问进行利益安排，以及判断其是否适合成为合伙人。评估影响力可以分为两个层次：

1）如果资源渠道对创业企业有决定性的作用，决定着创业企业的成立，那么合伙人身份问题、股份问题、待遇问题就完全取决于双方的协商；价值评估模型在这种情况下则不适用。

2）如果资源渠道对创业企业具有增量性的作用，企业的生死存亡并不取决于这些资源，在对顾问许诺股权时则需要慎重。主要原因是这些资源是否可以为企业带来价值及价值的大小具有不确定性，并且在股权架构上也需要为企业后续融资的股权稀释预留空间，提前过多地许诺股权可能会在后续融资稀释时对控制权的变动有影响，所以，如果不是必须要允诺股权，也可考虑以计提工资的形式给予许诺，将来在某个时点（比如 A 轮融资时）可以按照约定的价格转换为公司股权；或者也可以由双方协商一个条件，在实现源价值时由创始大股东转让一定比例的股份给顾问作为回报，并约定违约金条款，防止对方反悔。

（二）创始合伙人的配偶

关于创始合伙人的配偶是否适合当合伙人，并没有统一的答案。一般来说，夫妻是一种非常特殊的合伙人，他们经过婚姻的选择，彼此相当了解和熟悉，双方之间的信任成本最低，法律上都有规定夫妻之间可以不经过书面授权而对日常家事相互有代理权，可见这是一种高度密切的契约关系。然而，如果合伙创业，需要考量的因素就远远不仅是简单的日常家事，各种财务问题、业务问题、人事问题、对外公关问题等会让双方在很多方面面临新的考验。

在医药行业，有这样一对夫妻：李革、赵宁。他们都是北大留美学霸，有着共同的爱好"化学"，他们携手创办了如今市值千亿的"医药界独角兽"药明康德。两人的创业史，可谓志同道合携手创业的典范。

当然也有相反例子，2020 年 7 月有个著名的事件：葵花药业原董事长关彦斌"杀妻"被判 11 年，市值缩水 124 亿元。曾几何时，关彦斌和张晓兰堪称资本市场的"明星夫妻"。关、张二人发生纠纷的原因，离不开夫妻创业后的利益之争。夫妻既是感情的结合体又是利益的结合体，尤其夫妻创业应保证双方感情不在但是生意还依旧，因此如何利用法律提前规划好利益分配以防万一也是有必要的。

（三）兼职人员

对虽然是技术人员但不全职参与创业的兼职人员，最好按照公司外部顾问标准发放少量股权。一个合格的创始人应该是全职投入公司的工作之中的，而为公司工作的兼职人员一般应当给予工资报酬，而不是承诺给予股权。如果这个"创始人"一直有其他的全职工作，直到公司拿到风投后才在公司全职工作，他与第一批员工在性质上较为相似，因为他并没有像其他创始人一样冒着巨大的风险。

（四）天使投资人

创业投资的逻辑是：第一，投资人投大钱，占小股，用真金白银买股权；第二，创业合伙人投小钱，占大股，通过长期全职为公司服务赚取股权。这种状况最容易出现在组建团队开始创业时，创始团队和投资人根据出资比例分配股权，投资人不全职参与创业或只投入部分资源，但却占据团队过多股权。投资人只出钱，不出力，而创始人既出钱（少量钱），又出力。因此，天使投资人股票购股价格应当比合伙人高，不应当按照合伙人标准低价获取股权。

（五）早期普通员工

给早期普通员工发放股权，一方面，公司股权激励成本很高；另一方面，激励效果很有限。在公司早期，给单个员工发5%的股权，对员工很可能都起不到激励效果，甚至认为公司是在忽悠、画大饼，起到负面激励。但是，如果公司在中后期（比如，B轮融资后）给员工发放激励股权，很可能5%股权就能解决500人的激励问题，且激励效果相当可观。

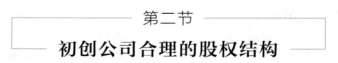

第二节 初创公司合理的股权结构

找到了合伙人，另一个关键问题就是设计更有利于公司稳定与发展的股权结构。股权结构是初创公司资本结构的主要组成部分，资本结构的合理性对公司治理效率和员工绩效有重要的影响作用。因此，股权结构作为基础的运营问题，通过在财务决策权上的影响，直接关联到公司管理过程中的效率、效果及业绩，所以初创公司的股权稳定、管理高效、业绩提升、吸引资本的重要前提是股权结构的合理性。初创公司的规模较小，股东关系、占资比重常常产生"一人独大""用脚投票"等情况，一个错误的决策将直接造成公司绩效下滑，甚至有可能断送公司的前景。股权结构设计的"质"体现在股东的性质，而股权结构设计的"量"则体现在股权的集中或分散程度。

一、关于股权、股票、股份

（一）股权

股权是股东权益的简称；一般是在公司设立或者增加资本时，根据协议的约定以及法律和章程的规定向公司交付财产（也就是出资）或履行其他义务，所得到的与股份相关的权利。简单概括就是作为公司的股东所享有的权利，通常包括监督管理权、经营决策权、资产收益权、知情权、优先认股权等，具有如下三个特征。

1. 综合性

股权包括如股息或红利分配请求权、新股优先认购权、剩余财产分配权股份转让权等财产权；包括一系列公司事务参与权，如表决权、提案权、公司文件查阅权、召开临时股东会请求权、对董事及高级职员监督权等，具有综合性。比如，万科股权争夺战中，宝能系在成为万科第一大股东后，提出了召开临时股东大会，要求罢免万科管理层的议案，并在后来引进深圳地铁的重组预案中明确表态不同意，这就是请求权、提案权、监督权、表决权的体现。

2. 社员权

股权是股东因出资成为法人社团成员，取得的一种社员权利，包括财产权和管理参与权，是一种独立类型的权利。既不同于传统私法中纯粹的物权或债权，又不同于传统私法中纯粹的人格权或身份权，更像一种资格或权限，其实质是团体中的成员依其在团体中的地位而产生的具有利益内容的权限。换言之，社员权有法律资格之外观而具法律权利之实质，其本质属性乃为新型之私法权利，而这种权利是与法律主体的财产权、人身权、知识产权相并列的权利类型。比如在雷士照明股权纠纷中，吴长江、杜刚、胡永宏三人就因出资成为雷士照明这个法人社团的成员，并享有各种权利，如财产分配权、管理监督权等。

3. 因出资形成的权利

股权是出资者向公司出资，以丧失其出资财产所有权为代价取得的一种权利。如以土地向公司出资，在取得股东地位的同时，也丧失了对土地的所有权。股东的出资主要包括货币、实物、知识产权、土地使用权、其他合法的出资方式。货币就是拿现金进行出资，这是最常见的出资方式；只要是能经过估价，能帮助创业、给公司带来利益的东西，都可以看作实物出资，包括电脑、服务器、办公设备、汽车等；以知识产权出资的，一般是指可以用来评估的商标、专利、发明、实用新型等，只有可以直接评估、量化为现金的知识产权，才可以用于出资（如果一个合伙人用技术入股，但是这个技术不能被评估、被量化为现金，这种入股在法律上是无法成立的）；土地的使用权人可以用土地使用权进行出资，但是在创业公司中比较少见；其他合法的出资方式，一般是指以一些特殊的有价证券、可评估的无形资产等出资。

(二) 股东权利

1. 股东身份权

《公司法》第三十条规定:"有限责任公司成立后,应当向股东签发出资证明书。"第三十二条规定:"有限责任公司应当置备股东名册。"此外,公司应当将股东的姓名或者名称向公司登记机关登记;登记事项发生变更的,应当办理变更登记。未经登记或者变更登记的,不得对抗第三人。

2. 参与决策权

《公司法》第一百零三条规定:"股东出席股东大会会议,所持每一股份有一表决权。但是,公司持有的本公司股份没有表决权。股东大会作出决议,必须经出席会议的股东所持表决权过半数通过。但是,股东大会作出修改公司章程、增加或者减少注册资本的决议,以及公司合并、分立、解散或者变更公司形式的决议,必须经出席会议的股东所持表决权的三分之二以上通过。"

3. 选择、监督管理者权

《公司法》第一百零五条规定:"股东大会选举董事、监事,可以依照公司章程的规定或者股东大会的决议,实行累积投票制。"股东会/股东大会作为公司的权力机构,有权选举和更换非由职工代表担任的董事、监事,决定有关董事、监事的报酬事项,审议批准董事会和监事会或者监事的报告。

4. 分红权

《公司法》第一百六十六条第四款规定:"公司弥补亏损和提取公积金后所余税后利润,有限责任公司依照本法第三十四条的规定分配;股份有限公司按照股东持有的股份比例分配,但股份有限公司章程规定不按持股比例分配的除外。"公司分配当年税后利润时,应当提取利润的10%列入公司法定公积金,并提取利润的5%～10%列入公司法定公益金。公司法定公积金累计额为公司注册资本的50%以上的,可不再提取。公司的法定公积金不足以弥补上一年度公司亏损的,在依照前款规定提取法定公积金和法定公益金之前,应当先用当年利润弥补亏损。公司在从税后利润中提取法定公积金后,经股东会决议,可以提取任意公积金。

5. 退股权

《公司法》第七十四条规定:"有下列情形之一的,对股东会该项决议投反对票的股东可以请求公司按照合理的价格收购其股权:(一)公司连续五年不向股东分配利润,而公司该五年连续盈利,并且符合本法规定的分配利润条件的;(二)公司合并、分立、转让主要财产的;(三)公司章程规定的营业期限届满或者章程规定的其他解散事由出现,股东会会议通过决议修改章程使公司存续的。"自股东会会议决议通过之日起60日内,股东与公司不能达成股购协议的,股东可以自股东会会议决议通过之日起90日内向人民法院提起诉讼。此外，在公司经营管理发生严重困难，继续存续会使股东利益受到重大损失，通过其他途径不能解决时，持有公司全部股东表决权 10% 以上的股东，可以请求人民法院解散公司。

6. 知情权

《公司法》第九十七条规定："股东有权查阅公司章程、股东名册、公司债券存根、股东大会会议记录、董事会会议决议、监事会会议决议、财务会计报告，对公司的经营提出建议或者质询。"股东还可以要求查阅公司会计账簿。股东要求查阅公司会计账簿的，应当向公司提出书面请求，说明目的。公司有合理根据认为股东查阅会计账簿有不正当目的，可能损害公司合法利益的，可以拒绝提供查阅，并应当自股东提出书面请求之日起 15 日内书面答复股东并说明理由。公司拒绝提供查阅的，股东可以请求人民法院要求公司提供查阅。

7. 提议、召集、主持股东会临时会议权

《公司法》第一百零一条第二款规定："董事会不能履行或者不履行召集股东大会会议职责的，监事会应当及时召集和主持；监事会不召集和主持的，连续九十日以上单独或者合计持有公司百分之十以上股份的股东可以自行召集和主持。"

8. 优先受让权和新股认购权

《公司法》第七十一条规定："经股东同意转让的股权，在同等条件下，其他股东有优先购买权。"第三十四条规定："股东按照实缴的出资比例分取红利；公司新增资本时，股东有权优先按照实缴的出资比例认缴出资。但是，全体股东约定不按照出资比例分取红利或者不按照出资比例优先认缴出资的除外。"

9. 关联交易审查权

股东有权通过股东会就公司为公司股东或者实际控制人提供担保做出决议，在做出该项决议时，关联股东或者受实际控制人支配的股东，不得参加该事项的表决。该项表决应由出席会议的其他股东所持表决权的过半数通过；公司的控股股东、实际控制人、董事、监事、高级管理人员不得利用其关联关系损害公司利益。违反该项规定，给公司造成损失的，应当承担赔偿责任。

10. 以自己名义向侵犯公司或股东利益的人提起诉讼的权利

《公司法》第一百五十二条规定的股东代表诉讼和第一百五十三条规定的股东直接诉讼。两者的区别主要在于前者侵犯的是公司的利益，后者侵犯的是股东的利益。相对而言，股东派生诉讼比较复杂，它指的是董事、监事、高级管理人员或其他人侵犯公司利益给公司造成损失，应该承担赔偿责任，但是公司、董事会（执行董事）、监事会（监事）怠于行使权利诉权或者情况紧急，股东可以依法以自己的名义直接向法院提起诉讼。为了防止股东滥用诉权，《公司法》对原告资格设定了一定限制，即必须是连续 180 天以上单独或者合计持有公司 1% 以上股份的股东才具有主体资格，同时《公司法》要求原告应当先用尽公司的内部救济措施，只有在股东的书面请求被公司董事会、监事会拒绝

或董事会、监事会受到股东的请求但是在30天内仍不起诉的，股东才能以自己名义代表公司起诉。

11. 分配公司利润，取得公司剩余财产

获得分红是股东出资设立公司的原动力，因此当公司在弥补亏损、提起法定公积金后，股东可以依法分配取得相应的营业利润。股东的分配比例以及利润分配的时间等问题《公司法》均不进行规定，由股东制定公司章程自行约定。当公司因各种原因决定解散或者被主管部门撤销需要解散的，公司完成清算程序后就可以注销从而终止其民事主体资格，而股东就有权在公司注销前有权依照出资比例，分配公司的剩余财产。

12. 解散公司

出现公司僵局时股东可以向法院请求解散公司。所谓"公司僵局"是指公司股东、董事之间的矛盾激化，公司运行陷入僵局，导致股东会、董事会等公司机关不能按照法定程序做出决策，从而使公司陷入无法正常运转甚至瘫痪的状况。《公司法》第一百八十二条针对公司僵局做出了股东可以请求强制解散公司的规定："公司经营管理发生严重困难，继续存续会使股东利益受到重大损失，通过其他途径不能解决的，持有公司全部股东表决权百分之十以上的股东，可以请求人民法院解散公司。"最高人民法院2008年5月颁布的《关于适用〈中华人民共和国公司法〉若干问题的规定（二）》规定了股东可以提起解散公司诉讼的四种情况："公司持续两年以上无法召开股东会或者股东大会，公司经营管理发生严重困难的；股东表决时无法达到法定或者公司章程规定的比例，持续两年以上不能作出有效的股东会或者股东大会决议，公司经营管理发生严重困难的；公司董事长期冲突，且无法通过股东会或者股东大会解决，公司经营管理发生严重困难的；经营管理发生其他严重困难，公司继续存续会使股东利益受到重大损失的情形。"这一条既是法院受理这类案件的形式审查依据，也是法院判决是否解散公司时的实体审查标准。

综上，股东权利可分财产权和管理参与权两类。前者如股东身份权、资产收益权、优先受让和认购新股权、转让出资或股份的权利；后者如参与决策权，选择、监督管理者权，提议、召集、主持股东会临时会议权，知情权。其中，财产权是核心，是股东出资的目的所在，管理参与权则是手段，是保障股东实现其财产权的必要途径。

（三）股份

股份是基于股东地位，可对公司主张权利大小的表示。一般有三层含义：一是一定量资本额的代表；二是股东出资份额和股东权利大小的表示；三是计量股份公司资本的最小计量单位。

股份具有金额性、平等性、不可分性和可转让性四个特点，可以通过股票价格的形式表现其价值。它与股权的区别在于，基于股东地位对公司主张的权利是股权；基于股东地位对公司主张权利大小的表示是股份。当表达对某公司控制权的时候，股权和股份在形式上是一样的，都是指持有某公司的部分权益，是某公司的所有人。

不过,股权侧重于表达对公司拥有权这个概念,股份则侧重于表达拥有所有权这个事实。举例来说,某人持有公司 100% 的股权,侧重于表达了对公司拥有全部的投票权、决策权、利润分红等;某人又持有公司 100% 的股份,则侧重于表达了拥有公司,是公司的所有人这个事实。

(四)股票

股票是股份的表现形式,是证明股份有限公司股东身份的凭证。股票是在股份有限公司成立之后签发的,因此股票只是将已经存在的股东权表现出来而已;股票与股份,是形式与内容的关系。

控制权的大小,也体现为拥有股票数量的多少。例如,2016 年 9 月 14 日,阳光财产保险股份有限公司通过集中交易增持伊利股份无限售条件流通股 6.79 万股,占伊利股份总股本的 0.09%,增持均价 16.10 元。增持后,阳光产险和阳光人寿保险股份有限公司合计持有伊利股份普通股股票 3.03 亿股,占上市公司总股本的 5%。这一持股数量,将改变伊利现行的股权结构,对现有股东的控制力提出挑战。

二、股权与公司治理

(一)公司治理的含义

公司治理,又称为公司治理结构、法人治理,其实质是通过对索取权和控制权的分配,建立一套机制来控制与指导公司的行为,并处理各相关方的矛盾与冲突。

良好的公司治理具有五方面作用:

第一,能够坚持以全体投资人和公司的整体利益为导向,合理配置公司资源,提高运作效率。

第二,通过董事会对企业战略体系进行咨询与审定,促进企业决策科学化。

第三,通过建立有效的监督与激励机制,使经营者守法经营并充分发挥经营才能,提高企业经营管理水平,增强企业竞争力。

第四,保证公司运作公正、透明,增强投资者的信任,从而使公司在资本市场上更有竞争力,降低融资成本。

第五,构筑抵御"野蛮人"入侵的坚固防线。

具体来说,公司治理有三方面的含义:

一是公司治理结构中各组织的设置方式、权利义务及各组织行使权利的制度或规范。

二是企业股东、董事会、监事会、经理层相互之间的激励约束机制的制度或规范。

三是相关利益对企业决策和活动的监督。

(二)公司治理问题

好的公司治理结构要求既能保障股东权利,又有助于提高企业运行效率。只有明晰以下三个问题,才能做好公司治理,为企业发展打好"地基":①确保管理团队尽职尽责，致力于企业价值的最大化；②确保企业长期价值和短期利益的统一；③对大股东的约束。

由于经营权和所有权（股权）的分离，公司治理需要通过相关机制确保管理团队尽职尽责为企业长远发展服务，如通过长期股权激励确保职业经理人致力于股东利益，通过约束机制避免职业经理人与大股东的合谋来损害中小股东利益，避免职业经理人通过关联交易等进行利益输送从而损害企业利益。

但由于董事会和管理团队任期有限，因此本质上他们可能更多关注企业短期利益，如管理团队力求在任期内做一些曝光度高的事情拉升股价，然后套现走人；或者打着节约成本的名号，减少对长期科研的投入；或者为了提高任期内的业绩，过度消费企业现有资源。

另外，公司治理还有一个重要任务就是如何有效约束大股东的行为。很多公司的大股东也是企业管理者，在企业的话语权较高，因此需要一种机制对大股东进行约束，维护各方相关主体的现实利益和合理的期望利益，避免大股东损害其他股东的利益，如在董事会引入独立董事其实就是对大股东的制约方式。

（三）公司治理分类

根据治理环境和运行机制的不同，公司治理又可分为内部公司治理和外部公司治理。

内部公司治理是指通过规章、制度和法律等手段分配包括股东大会、董事会、监事会、经理层等机构各自的权利与责任，目的是保证股东利益的最大化，同时防止所有者和经营者之间的利益有所背离。

外部公司治理主要是指企业与利益相关者之间的关系，通过内部或者外部股权控制与运营解决方案，正确应对控制权被稀释、摊薄等风险制度，或正式或非正式的制度，来协调两者之间的关系，以达到最终维护公共利益的目的。

公司就像一栋楼，地基的深度和牢固程度决定了这座楼能盖多高；浅而不稳的地基，迟早会出现"大厦倾倒"的现象。只有加强公司治理建设，才能让公司治理成为企业价值的源泉，实现基业长青。

三、股权分配的原则

（一）创始人要保证公司控制权原则

一般情况下，创业者在设立公司以后，都要快速地进行融资；而融资过程中，投资人除了看创业项目是否能赚钱，更多看重的就是创始团队的股权结构是否合理，这其中最关键的一点就是看创始人是否对项目、对公司有绝对的控制权。只有创始人对公司具有足够的控制权，投资人才会对公司进行投资。

《公司法》规定公司重大的事项，必须经代表三分之二以上表决权的股东通过后才能实施。此处"重大事项"主要是指：修改章程、增加或减少注册资本、公司合并、分立、解散或变更公司的形式。由此可知如果公司要融资，必须经三分之二以上有表决权的股东同意后才可以融资。换言之，创始人持股比例必须要占到 66.7% 以上的股权比例，才可以对绝对地控制这些事项。此外，经营方针和投资计划、任命董事、监事、减少其报酬事项、批准预算方案以及董事会、监事会的报告事项，原则上必须要有股东会半数以上通过才能实行。因此，创始人或者能紧密联系到一起的其他合伙人，原则上所占股份必须要保持在 67% 以上，才能保证创始团队对公司起到绝对的控制作用。另外，依据《公司法》的规定可知，持有 33.3% 以上股权比例的股东是有否决权的，即一个股东尽管没有占有绝对控股或者一半以上的股权比例，但只要持有三分之一以上的股份，就可以干扰或者阻止某些事项的通过。如果这位股东对某个项目不同意，此项目就无法继续进行下去。

而其他合伙人的股份，主要是按照各自在公司中所起的作用、担任的工作职务、工作内容、工作经验、是否全身心的投入等因素，综合考虑来进行合理的分配。在进行股权分配时，还需要预留一定的股份作为激励股权，这个比例一般在 20% 左右，同时也要考虑好在融资过程中对天使投资人所预留的股份，这个原则上也不应超过 20%。

（二）不得平均分配股权原则

平均分配股权的坏处是，创始人无法获得公司的控制权，极有可能会导致公司僵局。在一般公司结构中，经常出现平均分配股权这一现象，而按照法律的规定，公司的重大经营决策都要通过股东会投票表决后才能执行。所以，如果公司股东所持有股权比例比较平均，就难以按照多数表决的原则表决通过一些重大事项，项目无法继续推进，甚至很有可能导致公司陷入僵局。例如一个公司有两个股东，两个股东各持 50% 的股份；或者一个公司三个股东，持股比例为 33%、33%、34% 这样的比例。这是大多创业者容易踏入的分配误区，这种股权分配方式存在一定得风险，在创业初期看起来这似乎平衡了合伙人之间的利益，但在实际上公司没有真正的控股股东，公司一旦发展壮大以后就极其容易出现分歧，平均分配的股权会导致没有人有绝对话语权，结果可能是合伙人不欢而散，甚至公司最后四分五裂。

最典型的两个例子，一个是西少爷肉夹馍，一个是真功夫。西少爷肉夹馍当初股权分配的比例是：30%、30%、40%。所以当西少爷其中一位股东与另外的股东发生纠纷之后，各方互不相让，僵持不下，最终只得另起炉灶。而真功夫的股权结构是夫妻双方占有股权 50%，小舅子占另外的 50%，两者争执之后也是僵持不下，无法解决公司现存问题，陷入马拉松式的纠纷当中。

所以从法律角度和之后融资角度考虑，公司创始团队或创始人持股比例达到 70%～80% 是比较有利的。创始人刚开始持股比例只有 51%，经过连续几轮融资和稀释之后，最后只持有不到 10% 的股份，会影响之后对公司的控制权。

（三）股权价值最大化原则

对创业公司而言，公司的股权是极其宝贵的。主要是因为，一方面，创业公司需要通过出让部分股权换取投资人的投资，股权被看作是融资的一个手段；另一方面，创业公司在发展过程中,需要用股权引进合伙人或者作为一种激励手段,更好地促进员工的工作积极性和责任心。所以,创始人必须重视股权的价值,将股权价值利用到最大化,通过股权分配帮助公司获取更多资源,包括找到有实力的合伙人和投资人。股权是融资的一个重要手段。

通过股权分配帮助公司获得更多资源,其一是可以吸引人才,其二是可以吸引投资。所以对投资人也需要预留出一定的股份。但是在公司寻找投资人的过程中,需要注意的是:很多创业者为了吸引投资人的一两百万元的投资,就出让30%~40%的股份,这样的做法是不可取的,仍需要留用一部分,以方便之后寻找新的投资人。

四、如何根据岗位不同分配股权

不同岗位的股权比例可参考表5-1。

表5-1 不同岗位的股权

岗位	股权比例	特点
纯技术合作人	10%~20%	不需要负责管理工作,只负责对药品研发与医疗机构进行专业指导
创业发起人	45%~60%	项目以及公司的主心骨,其股份比例一般较大
运营管理合作伙伴	20%~30%	创业前期,运营管理合作伙伴可被替代;后期,运营管理伙伴作用大于技术合作人员

(一)纯技术合作人的股份,一般在10%~20%之间

纯技术投入的合伙人不需要负责管理工作,只负责对药品研发与医疗机构进行专业指导。但是,如果其已经有成熟的知识产权,则需要另行评估作价入股。如果技术负责人同时还具备运营和管理能力,则可以在此基础上再增加一定份额,如果技术合作人员本来就是公司的发起人,其股权也有可能会超过50%。

(二)创业发起人,一般在45%~60%之间

创业发起人是项目以及公司的主心骨,无论其工作内容是负责营销宣传,还是运营管理,或者是两者兼顾,作为创业主心骨的人,其股份比例一般较大,在45%~60%之间。正是由于其在整个创业活动中的地位,所以其股份与其他股东相比会多。

(三)运营管理合作伙伴,一般在20%~30%之间

剩下20%~30%左右的股份,应该属于运营管理合作伙伴。由于创业初期只要技术合作人和主心骨两个人通力合作,没有运营管理合作伙伴也可以创业,在创业前期,运营管理合作伙伴是可被替代的,因此其股份比创业发起人较低;而由于运营管理伙伴在创业后期的作用大于技术合作人员,因此其股份比例大于技术合作人。

五、股权结构，纷争背后的"硬伤"

股权结构设计，以下几种模式是需要避免的。

（一）平衡型 / 五五分股权结构

创业初期，为了体现分配的公平性，很多公司会平均分配股权，比如50%：50%。而这样导致的结果就是公司大股东之间的股权比例相同或非常接近，没有其他小股东或者其他小股东的股权比例极低，一旦出现意见分歧，很可能形成股东会僵局，无法实现有效决策。另外，由于不同的合伙人对创业项目的贡献不一样，即使合伙人的出资相同，但是在实际创业过程中，不同的人的能力不同，其贡献就会产生差别，如果股权一样，会导致公司控制权与利益索取权失衡，为未来的利益分配埋下隐患。

（二）分散型股权结构

为了凝聚人心，将公司股权分散在大量小股东手中，且持股比例相差不大，单个股东所持股份的比例大都在10%左右，没有核心大股东。这种股权结构看似相互制衡，但实际上因为有着大量小股东的存在，容易引发公司管理层道德危机，使公司各项决策变得异常复杂，公司大量的精力和能量消耗在股东之间的博弈活动中。在这种股权极度分散甚至没有实际控制人的情况下，当面对"野蛮人"踢门时，很难通过一致行动阻击恶意收购。

（三）公司只有一位股东

若公司只有一位股东，则创业必须依据《公司法》对一人有限责任公司的规定，而一人有限责任公司的股东如果不能举证证明个人财产与公司财产是独立的，必须对公司债务承担连带责任。很多创业企业初期不重视财务，会出现不规范的行为，而这种不规范行为往往经不起审计，所以以一人有限公司的模式进行创业不可取。

（四）投资人与创始人的投资比例为7∶3

这种模式同样是没有看清股权本质的具体表现，不仅仅是创业者，也包括大量非专业机构的投资人。比如，在一个创业公司中，投资人投70万元，创始人投30万元，双方的股权比例为7∶3。在项目的运营后期，创始人认为投资人是大股东，想找其他合伙人进来，但是此时没有股权空间。在其他投资机构看到该公司的具体股权结构时，不再会将其作为投资目标，导致优秀合伙人与后续机构的投资人无法再进行合作。根据统计数据，高达19.49%的创业企业由外部投资人控股。这些企业在未来招募合伙人与外部融资时，都会经历股权难题。如果没有在创业早期调整股权结构，这会给后续合伙人与机构投资人的进入增加困难，进而限制了公司的发展。

（五）高度集中型股权结构

为了获得控制权，很多创始人将公司股份集中在自己手中，拥有公司股份的80%以上,甚至全部,对公司事务拥有绝对的话语权,包括修改公司章程、决定公司分立、合并、上市、主营业务变更等重大事项。

这种股权结构虽然有利于快速决策,但类似"一言堂"和家长式的管理式,公司董事会、监事会和股东会形同虚设,企业的经营管理都由一个人说了算,缺乏制衡机制,很容易将企业行为与大股东个人行为混同,从而导致决策失误,资金运用不透明,增大企业经营风险。如果企业想上市,这种实际控制与其家族"一股独大"的股权结构是必须要妥善处理的。

2014年,自媒体"罗辑思维"突然宣告散伙,让业界唏嘘不已。"罗辑思维"曾被舆论推为最火的自媒体之一,在优酷上的总播放量达到50多万,微信公众号订阅数达110多万,有近3万会员贡献了近千万元会费收入,估值高达一亿元。对于其散伙原因,高度集中的股权结构可以说是根本。

从工商登记资料来看,该公司的大股东为申音,拥有超过82%的股份,可谓高度集权。而另一股东罗振宇所拥有的股份不到18%。从持股比例来看,申音对公司事务拥有绝对的话语权,罗振宇仅为申音打工,这似乎违背罗振宇倡导的"自由人的自由联合"精神。后期,公司的项目核心人变成了罗振宇,而这个明显不合理的股权结构则为其分道扬镳埋下了伏笔。

(六) 核心股东不明确

企业股权结构设计,核心大股东地位要明确,包括在股东会拥有的表决权的和对公司的控制力。例如,百度的核心大股东为李彦宏,360的核心大股东为周鸿祎,京东的核心大股东为刘强东,腾讯的核心大股东为马化腾。

创业企业,从一开始就要明确公司的核心股东及其拥有的核心控制权。这样一来,即使大股东依靠持股数量无法掌握控制权,企业也可以通过AB股计划、事业合伙人制度等确保大股东对公司的控制力,不至于在股东会与董事会层面,因权力无法集中致使公司沦为赌徒手里不断转售的纸牌。

(七) 股权结构过于复杂

股东人数过多,股权构成过于复杂,存在大量的代持人、期权池、交叉持股、双股权、委托投票等,都容易导致股权纠纷。初创企业最科学的配置是3个人,这样在沟通方面会有缓冲地带,有助于维护公司和创业项目稳定。

(八) 外部资本对公司控股

很多创业初期的公司缺乏启动资金,并且不能充分认识到自己公司的价值,不能合理规划股权,往往会因为一时资金紧缺,将公司的大量股权交给外部资本,从而使得控制权旁落。

外部资本控制,将影响公司的长期发展。首先,创始团队没有对公司的控制权,感觉是在为别人打工,没有足够的工作动力;其次,没有预留足够股权利益空间吸引优秀的合伙人加入,影响公司长远发展;再次,外部资本对公司的实际经营状况了解有限,容易做出错误决策。

因此，企业在设计股权结构时，事先要考虑到未来融资对股权稀释的问题，谨防外部资本控制公司。一般来说一个公司从初创到上市，需要四到五轮融资，最好采用小步快跑的方式，多融几轮没关系，但每一轮都不要对股权稀释太多，同时做好各种防备措施，确保创始团队的控制权。

资本时代，股权结构设计的意义主要体现在以下几个方面：明晰合伙人之间的权责利，科学体现各合伙人对企业的贡献、利益、责任和权利。护创业团队和项目稳定，确保创业团队对公司控制权的把握，清晰、稳定的股权结构有助于进入任何资本市场。理想情况下，一个德才兼备、行业经验丰富、善于整合资源、带领团队的CEO，应该成为公司的核心大股东。同时公司还拥有持股比例在10%～50%之间其他大股东，相互间制衡，不形成一股独大的"一言堂"模式，也不存在大量的小股权干扰股东会决策。

对于创业初期的公司而言，由于涉及后期多轮融资，建议创始人占60%～70%的股份，联合创始人占20%左右的股份，员工激励预留不超过20%。

六、合理的股权结构

（一）绝对控股

绝对控股最典型的情况是创始人持有公司67%的股权，合伙人（指的是联合创始人）持有公司18%的股份，员工期权15%。

这种股权模式适合拥有核心技术与创业思路的创始人，通过自己的团队与技术完成创业的过程。因为《公司法》规定公司的决策事项需要按照出资比例投票，其中修改公司章程、增加或减少注册资本，合并、分立及解散等重大的事项是需要三分之二以上表决权的同意的，创始人持有67%的股权已经符合法定的2/3的要求，因此此时创始人属于公司的决策人。例如2018年5月28日，宜华健康的子公司达孜赛勒康医疗投资管理有限公司在收购玉山县博爱医院有限公司的股份时，收购其70%的股份，可以通过此实现对玉山县博爱医院的控制。

反之，则可能会导致公司的运营出现问题。例如2015年11月2日，娱乐产业垂直媒体微信平台"首席娱乐官"创始人之一邹玲发文《很遗憾，"首席娱乐官"即日起将暂停更新！》，其与另一创始人陈妍妍因股权纠纷公开决裂。该公司创始股东有两人，大股东持股60%，二股东持股40%。在这样的创始股权结构，双方不产生争议或冲突时，是没有太大的问题，表面上看，大股东持股比例高，很多事情大股东应该就可以拍板确定。但是，当涉及"增加或者减少注册资本""股权转让融资"等事项时，这样的股权结构很可能因两个股东意见不一致，导致无法顺利推进。

（二）相对控股

相对控股的常见分配方式是创始人持有公司51%的股权，合伙人持有公司32%的股权，期权17%。创始人可以决定公司的一般事务，只有法律规定的修改公司章程、增加或减少注册资本，合并、分立及解散等事项需要经过三分之二的表决权。所以这种模式可以将期权池的股权由创始人代持,释放期权时只释放分红权而不释放表决权。例如中国医药公司收购北京长城制药有限公司的股份,之后持有长城制药公司 51% 的股权,有利于完善公司中成药业务;并且在持股 51% 的状况下,有利于推进公司的决策。与此相反,"西少爷"公司就是因为股东的股权设置均在 50% 以下,所以在公司刚刚走上正轨时,创始人团队就分崩离析。该公司的三个创始人分别占股 40%、30%、30%,在此种股权架构中,没有一个人占 51% 以上,也即没有一个人有公司的控制权。所以导致在事项的决策上难以推进项目。

(三)一票否决权

创始人持有公司 34% 的股权,合伙人持有公司 51% 的股权,期权 15%。在这种情况下,创始人对公司不享有控制权、决定权,但是对重大事项享有否决权,可以对重大事项进行否决。这种股权分配模式对于创始人而言,是最后的一种选择办法,在创始人资金短缺,且联合创始人或者投资人要求较强时,创始人只能保留一票否决权,阻止重大事项的通过。

表 5-2 合理的股权结构

模式	创始人	合伙人	期权	特点
模式 1	67%	18%	15%	适合拥有核心技术与创业思路的合伙人
模式 2	51%	32%	17%	创始人可以决定公司的一般事务
模式 3	34%	51%	15%	创始人对公司不享有控制权、决定权,但是对重大事项享有否决权

七、"四大线"和"四小线"

股东持股比例的多少代表着其所能行使的权利的大小,由此延伸出股权的八条生命线,即"四大线"和"四小线"。股权结构设计必须要明晰这八条线的意义,才能更好地实现股权层面的控制权。

(一)"四大线"

"四大线"即要约收购线(30%)、安全控股权(1/3)、相对控股权(1/2)、绝对控股权(2/3)。

表 5-3 四大线可行使的权利

持股比例	可以行使的权利
30%(上市公司要约收购线)	根据《上市公司收购管理办法》,收购人拥有权益的股份达到该公司已发行股份的 30% 时,继续进行收购的,应当依法向该上市公司的股东发出全面要约或者部分要约

续表

持股比例	可以行使的权利
1/3（安全控股权）	特别决议中，如果其中一个股东持有超过 1/3 的股权，那么另一方就无法达到 2/3 以上表决权，那些涉及公司生死存亡的决议就无法通过，这样就形成了安全控制权
1/2（相对控股权）	股东大会做出决议，必须经出席会议的股东所持表决权过半数通过 为公司股东或者实际控制人提供担保的，必须由股东会或股东大会决议。上述股东或者受实际控制人支配的股东，不得参加此项表决。该项表决由出席会议的其他股东所持表决权的过半数通过 创立大会应有代表股份总数过半数的发起人、认股人出席，方可举行
2/3（绝对控股权）	股东会会议做出修改公司章程、增加或者减少注册资本的决议，以及公司合并、分立、解散或变更公司形式的决议，必须经代表 2/3 以上表决权的股东通过

（二）"四小线"

"四小线"即代位诉讼权（1%）、临时提案权（3%）、重大股权变动警示线（5%）、临时会议权（10%）。

表 5-4　四小线可行使的权利

持股比例	可以行使的权利
1%（代位诉讼权）	董事、监事、高级管理人员执行公司事务时违反法律、行政法规或者公司章程的规定，给公司造成损失的，有限责任公司的股东、股份有限公司连续 180 日以上单独或者合计持有公司 1% 以上股份的股东，可以书面请求监事会或者不设监事会的有限责任公司的监事向人民法院提起诉讼
3%（临时提案权）	单独或者合计持有公司 3% 以上股份的股东，可以在股东大会召开 10 日前提出临时提案并书面提交董事会
5%（重大股权变动警示线）	持有公司 5% 以上股份的股东或者实际控制人，其持有股份或者控制公司的情况发生较大变化，投资者尚未得知时，上市公司应当立即将有关该重大事件的情况向国务院证券监督管理机构和证券交易所报送临时报告，并予公告
10%（临时会议权）	（1）有限责任公司股东会会议由董事会召集，董事长主持，董事会或者执行董事不能履行或者不履行召集股东会会议职责的，由监事会或者不设监事会公司的监事召集和主持；有限责任公司股东会临时会议可以由代表 1/10 以上表决权的股东提议召开 （2）股份有限公司股东大会会议由董事会召集，董事长主持，董事会不能履行或者不履行召集股东会会议职责的，监事会应当召集和主持 （3）代表 1/10 以上表决权的股东、1/3 以上的董事或者监事会，可以提议召开董事会临时会议 （4）公司经营管理发生严重困难，继续存续会使股东利益受到重大损失，通过其他途径不能解决的，持有公司全部股东表决权 10% 以上的股东，可以请求人民法院解散公司

如果单从股权比例考虑，只要股东的持股数量达到一定条件，上述这些权利的大门

便会向你敞开,股东只需运用好手中的"重兵",便能更好地去影响公司,更好地保护自己,让股东利益得以实现。

八、掌握控制权,做时代的股东

美国世达律师事务所创始人约瑟夫·弗洛姆曾说:"如果有一项权利是企业家非争不可的话,我想只能是控制权了。"究竟什么是控制权?美国学者伯利和米恩斯认为,控制权是通过行使法定权利或施加影响,在任免公司董事人选过程中具有决定权。德姆塞茨认为,企业控制权是一组排他性使用和处置企业稀缺资源(包括财务资源和人力资源)的权利约束。我国普遍的观点是,企业控制权就是排他性利用企业资产从事投资和市场营运的决策权。

由此可见,公司控制权是一种稀缺资源,是一种经济性的权利,是利益冲突的产物。掌握了控制权,就是掌握了对资源的配置权、决策权及利益分配权。

在 Facebook 的发展过程中,扎克伯格曾经花极大努力来确保对公司的控制权。2009 年 11 月,Facebook 调整了公司的股权结构,将所有股份分为两个级别:A 级和 B 级。A 级股和 B 级股在分红派息以及出售时的现金价值上完全一致,唯一的区别就是代表的投票权不一样。其中一个 B 系列普通股对应十个投票权,而一个 A 系列普通股对应一个投票权,扎克伯格等 Facebook 的高管通过持有 B 系列普通股来放大其对公司重大决策的话语权,稳定对公司的控制。

Facebook 招股书中披露,在 2012 年 Facebook 上市之初,扎克伯格持有 5.34 亿 B 级股,占 B 级总数的 28.4%。由于 Facebook 采用了同股不同权的股权结构,扎克伯格实际拥有的投票权远大于持股比例,使其在股东会层面拥有更多的话语权。

为了防止在引入外部股东的过程中控制权被稀释,Facebook 又加入了一个表决权委托协议。根据协议,此前十轮投资 Facebook 的所有机构和个人投资者,都需要同 Facebook 签订这份表决权代理协议,同意在某些特定的需要股权投票的场合,授权扎克伯格代表股东所持股份进行表决,且这项协议在 IPO 成后仍然保持效力。这部分代理投票权为 30.5%,加上其本人所拥有 28.4% 的 B 级股,扎克伯格总计拥有 58.9% 的投票权,这意味着他将有能力控制股东选举的结果,包括公司董事会成员选举和公司重大策略决定,比如任命自己的继任者等,从而实现对 Facebook 的绝对控制权。

借助于扎克伯格的"超级表决权",Facebook 在 2012 年斥资 10 亿美元收购了 Instagram,虽然当时的 Instagram 因为量级小、估值高、收购金额巨大,引发众股东反对,但扎克伯格以其绝对控制权力排众议,成功完成了这次收购。实践证明,这是一笔有价值的交易,Instagram 后来为 Facebook 带来了丰厚的回报,并让 Facebook 成为社交领域的"最大股东"。

2016 年 4 月,Facebook 又一次对股权结构进行了调整,通过拆股方式创建了无表决权的 C 级股票,以此扩大公司总股本,增加现有股东的持股数量,提高创始人在公司的话语权。就像扎克伯格在声明中称"调整公司的股权结构,能够让我继续以创始人的身份控制公司，继续打造公司的未来"。此次股权结构调整，能够让公司减轻"继任风险"，以及"未来表决权潜在的稀释问题"。

除此之外，扎克伯格还在融资中精心设计了一系列条款来保护其控制权，比如，投资者不得收购 Facebook 任何资产或业务的所有权；不得要求任何公司证券投票权的代理权；不得以《证券交易法》第 1 条的名义形成任何"集团"；不得提名任何没有被现任董事提名的人为新董事；不能提出任何需要股东投票的提议；不能发起、投票支持发起、呼吁发起股东大会特别会议；不得公开宣布打算做以上任何一项行动等。

控制权决定公司的命运，亦决定创始人经营和占有公司利益的命运。只有掌握控制权，才能不被资本绑架，创始人才能在创业过程中大展拳脚，按照自己的意愿制定发展战略，在提高公司运行的效率的同时，完成既定的战略目标，做自己的股东，做时代的"股东"。

九、直接持股、间接持股、交叉持股

实践中，股东可以通过直接持股、间接持股或交叉持股等方式取得企业的控股权。

（一）直接持股

直接持股，即股东以自然人身份直接持有股份，如马云持有阿里巴巴的股份，李彦宏持有百度的股份，马化腾持有腾讯的股份。

直接持股的优势在于不涉及中间公司，股权结构明晰，运作成本较低。

（二）间接持股

间接持股是指通过其他载体持有另一个公司的股份。比如 A 公司通过旗下的 B 公司收购 C 公司的股份后，A 公司将间接成为 C 公司的股东。

间接持股的方法多种多样，操作也比较灵活，实践中主要有收购方直接收购大股东股权、向大股东增资扩股、出资与大股东成立新公司、托管大股东股权等四种方式。

（1）收购大股东股权。

直接收购大股东股权，这是最普遍，也是最便捷的方式。收购人通过收购大股东的部分股权实现对大股东的控制，间接获得对公司的控制权。这种方式下，收购人需要有实际的现金流出，来支付大股东转让股权所需的资金。

（2）对大股东或母公司增资扩股。

通过对上市公司的大股东或母公司增资扩股，获得对上市公司母公司控制权，从而实现对上市公司的间接控制，这种方法可规避收购人的实际现金流出，收购方所出资金的控制权仍掌握在自己控制的公司中。

（3）出资与大股东成立新公司。

收购方出资与目标公司的大股东或母公司成立新公司，并由新公司控股目标公司。在新公司中，收购方处于控股地位，从而实现对目标公司的间接控制。这种方式与增资大股东在本质上基本相同，甚至可以认为是向大股东增资扩股的一种特殊方式。

（4）托管。

大股东把持有的公司股份委托给收购人管理，委托收购人来行使大股东的股权，从而使收购人间接控制公司。这种方式多发生在上市公司股权转让未获得批复前，先采用托管方式引入重组方，具有较大的风险，实践中采用较少。

相对于直接持股相比，间接持股具有明显的优点：

（1）规避监管。

间接持股在形式上并未对目标公司的股东进行变更，比如 A 公司通过获得 B 公司的控制权，间接成为 C 公司的控股股东，这在形式上并未对 C 公司的股东进行更换。对于一些特殊的行业或是外资在收购国内企业时，往往可以规避管理机构的监管，简化审批程序。

（2）降低税务成本。

举个简单的例子，A 集团是 B 公司的控股股东，如果 A 集团直接持有 C 公司的股份，在股转阶段 C 公司需要就此次股权出售价款缴纳两次企业所得税。C 公司在取得股权出售价款时，应在扣减相应股权计税成本和股权转让印花税等税费后依法缴纳企业所得税，C 公司的控股股东也需申报缴纳企业所得税；如果采取间接持有方式，由 B 公司充当收购主体，则股权出售价款由 B 公司直接支付给 C 公司，C 公司只需按照法律规定缴纳一次企业所得税。

（三）交叉持股

交叉持股，又称相互持股，是指两个或两个以上的公司为了特定目的而相互持有股份，从而形成一种你中有我、我中有你的股权结构。比如，甲持有乙的股权，乙持有丙的股权，丙又持有甲的股权。交叉持股的优势在于：

第一，交叉持股有助于公司抵御恶意收购。当公司面临恶意收购时，互为股东的交叉持股企业间是共同利益相关者，这就形成了一种联盟关系，可以以集团整体的股权优势使"野蛮人"望而却步，使控制权屹立不倒。

第二，交叉持股可以发挥各方的协同效应，形成互动性上涨关系。交叉持股有助于企业间的横向协作和纵向整合，比如通过在技术、销售、信息等方面的资源互补，或者上下游企业之间的纵向一体化，使公司的能力达到协调有效的利用，一旦其中一个公司的资产实现了增值，意味着相互间持有的股权也在升值，进而刺激自身股价上涨，从而形成互动性上涨关系。

第三，交叉持股可以分散企业的经营风险。交叉持股引进新股东，有助于实现业务联盟，可以起到分散风险的作用。

第四，交叉持股有助于获取资金和提高资金使用效率。公司与金融机构的交叉持股可以帮助企业引入可靠的资金来源，而母子公司之间的交叉持股可以帮助企业提高资金使用，用较少的资金获得较大的控制权。

但交叉持股也存在一定的劣势：

首先，交叉持股容易扭曲公司正常的估值。交叉持股使资金在公司间来回流动时，造成虚增资本的想象,夸大了企业真实的偿债能力,扭曲了公司的正常估值。

其次,交叉持股容易形成行业垄断,滋生内幕交易。交叉持股使相关各企业间的信息沟通渠道更加顺畅,各公司间更容易形成业务结盟,甚至是行业垄断,以排挤对手和获取垄断利润,从而破坏市场化的竞争机制。同时,在监管制度不完善的环境下,很容易滋生内幕交易或关联交易。

最后,交叉持股容易造成公司治理结构失衡。在交叉持股状态下,一个公司的管理层往往具有对另一个公司的重大决策权,如果双方管理层代为行使表决权时相互勾结,将使公司治理结构失衡。

十、代持股权的法律风险

股权代持可以有效解决合伙人的一些问题,但是由于股权代持法律关系的复杂性及隐蔽性,在实际操作中股权代持存在一定的法律风险。股权代持关系中主要涉及两类人,即代为持有股权的名义股东与实际履行出资义务的出资人。不同的人在股权代持中承担的法律风险不同。

首先,作为名义股东,其法律风险主要如下:第一,实际股东未出资。在实际股东未出资时,由于名义股东属于公司的显名股东,因此他应当承担股东的出资义务,如果实际股东未出资、出资不到位,公司或者其他股东有权要求名义股东补足出资;在《最高人民法院关于适用〈中华人民共和国公司法〉若干问题的规定(三)》(以下称《公司法司法解释三》)中规定,如果公司的股东未全面履行出资义务,公司债权人有权要求该股东在未履行或者未全面履行出资义务的范围内对公司债务不能清偿的部分承担补充赔偿责任,而名义股东作为显名股东,不得以代持股协议对抗公司或者善意第三人。虽然名义股东可以在出资后向实际股东追偿,但是也不得不提前垫付资金以及可能需要承担诉讼的风险。第二,名义股东可能被追责。在公司的实际经营过程中,如果实际股东要求名义股东必须按照其指示经营管理公司以及履行股东的权利义务,那么,如果其行为造成了公司或者其他股东等人的损失,名义股东可能会由于违反《公司法》而被追责。

其次,作为隐名股东,其法律风险主要如下:第一,显名股东与隐名股东在实践中经常出现不签订股权代持协议或者所签股权代持协议无效的情形,导致在之后发生纠纷时,实际股东无法提供有效证据证明其实际出资人的身份,更无法向名义股东主张权利。第二,实际股东可能在显名时受到阻碍。根据《公司法司法解释三》第二十五条的规定,如果实际股东想要转正成为显名股东,必须经过其他过半数股东的同意。而在实践中,存在其他股东不知道股权代持的事项,因此,实际股东想要显名时,需要经过过半数股东同意,如此,可能会造成隐名股东无法正常获得本来属于自己的股权或者需要通过较高的代价才可以实现显名。并且如果实际股东想要转让股权,则会受到限制。根据最高法解释,隐名股东转让股权必须满足四个条件:①公司向股东出具的确认股东身份及份额的文件有效,即使该股东非工商登记的股东,也可据此享有以隐名股东身份持有的股权;②股权转让的受让人明知其系隐名股东;③公司及其他登记股东均未对股权转让提出异议；④隐名股东依法转让股权所签订的《股权转让合同》合法有效。第三，名义股东可能滥用股东权利，对实际出资人造成损失。名义股东可能在表决权的行使、资产的分配方面背离实际股东的本意或者做出损害实际股东的行为。第四，名义股东可能擅自处分代持股权，对实际出资股东造成损害。由于工商登记备案以及股东名册的登记人均为名义股东。因此，只需要名义股东签署相关的转让股权或者质押股权文件，就可以依据《公司法司法解释三》第二十六条的规定，以《物权法》中关于善意取得条款的规定处理，若相对方符合善意取得的规定，为了保护善意第三人和维护社会交易秩序，实际股东只可以向名义股东主张赔偿，而不可以主张转让行为无效。第五，因为名义股东个人原因，可能会导致其股权被查封或拍卖。若名义股东不能偿还其自身债务，代持股权可能被法院或其他有权机关查封，甚至被强制执行。在"哈尔滨国家粮食交易中心与哈尔滨银行股份有限公司科技支行等执行异议纠纷"一案中，最高人民法院明确"名义股东的债权人对代持的股权申请强制执行，隐名股东以其为代持股权的实际权利人为由提出执行异议，要求停止执行的，法院不予支持"。第六，股权的权属争议。若名义股东为自然人，在该自然人发生死亡或者离婚时，代持股权有可能会被卷入继承以及离婚财产分割的案件纠纷中；即使名义股东是法人，也可能会发生公司分立、合并的事项，代持股权同样也有可能陷入争议中。

十一、公司章程的重要性

公司章程的制定在公司的运营过程中有非常重要的作用，完善的公司章程不仅可以保障公司的顺利运营，而且可以有效维护股东的合法权利。公司章程是指创始人或股东之间依据《公司法》约定公司的名称、住所、经营范围以及经营计划、管理制度等重大事项的文件，是公司进行工商登记时必需的书面文件。公司章程可以视为公司的宪法，章程作为公司的基本法律，规范公司活动的所有事宜，其范围涉及出资比例、职责担当、收益分配以及具体事项的负责人等事项。公司章程需要在公司设立前预先设定，防止在创业过程中出现分歧时，没有解决争议的合理依据。

我国《公司法》规定，设立公司的重要条件之一就是公司章程的制定。由公司登记机关审查公司章程，公司没有章程，不能予以注册登记。公司章程的制定必须采用书面形式，须经全体股东同意并在章程上签名盖章才可以生效。虽然公司的章程不具有对外效力，但是可以作为公司对外经营交往的基本依据，凡是依据公司章程而与该公司进行交易的自然人、法人等，都应当被法律保护。若在股东会或者股东大会进行表决时，股东人数或者表决权不符合公司章程的约定，股东可以主张决议不成立；若股东会或者股东大会的决议违反公司章程，股东可以自决议做出之日起的60日内，以公司为被告向人民法院依法请求撤销决议。

由此可见，《公司法》赋予了公司章程更多的自主权。目的在于增强公司的自治精神，减少对公司的干涉经营，让公司自主经营、自负盈亏。虽然国家重视公司的自治制度，但是目前我国创业人员在制定公司章程时，往往忽略公司章程的重要性，并没有在章程中约定法律规定之外的公司事项。例如，大多数创业人员之间存在某种关系，创业者对于权利、责任分配等事项难以启齿，导致权利与其责任不对等，出资多的人往往得不到相应的权利；部分创业人员的风险意识也较为淡薄，在章程的制定过程中也没有提及关于亏损的事项；有创建者缺少科学管理机制，决策权的分配较为分散，导致在公司运营时产生争议。

之前的"宝万之争"中，其重要的原因就是万科集团的公司章程存在漏洞：第一，公司的创始人没有为自己保留公司章程的控制权；第二，万科集团的董事是由股东提名，无论董事的任期是否届满，股东有权随时更换董事。因为万科集团公司章程出现的致命漏洞，使得万科集团丧失了主导权，才导致后续与宝能集团的纠纷。因此，创业公司的创始人应该抓住机会，合理设计公司章程，让公司章程规制公司的运行活动，而不是将之束之高阁。

十二、章程设计，源头阻击"野蛮人"

公司章程是规范公司治理的基础文件，也是对控制权之争很有"杀伤力"的利剑。很多时候，考虑到未来的股权融资、合伙人激励、员工激励、市场监管等因素，创始人并不能通过股权结构设计掌握绝对控制权，这时候就需要从章程入手，做一些特别约定，构筑阻击"野蛮人"的防线。

实践中，为了抵御"野蛮人"入侵，常在章程中做出如下约定。

（一）限制控股股东资格条款

控股股东意味着其表决权足以对股东会、股东大会的决议产生重大影响，进而影响企业的经营决策。限制控股股东资格，也就是提高了"野蛮人"的进入成本，可以使其知难而退，从而维护创始人的控制权。

例如，万科章程规定：持股比例若达到30%则成为公司的控股股东；对于"控股股东"万科给予了明确定义，主要包括四大条件，即相关方单独或者与他人一致行动时，可以选出半数以上的董事；或相关方单独或者与他人一致行动时，可以行使公司30%以上（含30%）的表决权或者可以控制公司30%以上（含30%）表决权的行使；或相关方单独或者与他人一致行动时，持有公司发行在外30%以上（含30%）的股份；或者相关方单独或者与他人一致行动时，以其他方式在事实上控制公司。

对于体量较大的公司，要达成30%的持股比例，需要耗费巨额资本，这往往成为很多"野蛮人"不可逾越的一道坎。

（二）绝对多数条款

绝对多数条款，是指在公司章程中规定，公司进行并购、重大资产转让或者经营管理权的变更时必须取得绝对多数股东同意才能进行，并且对该条款的修改也需要绝对多数的股东同意才能生效，如规定目标公司被并购必须取得2/3、3/4或以上的投票权，甚至高达90%以上。

（三）限制股东提案权条款

限制股东提案权条款是指在章程中规定股东必须在取得股份一定时间以后才能行使召集和主持股东会会议的权利、提案权及董事提名权。限制股东提案权能防止收购人在取得公司股份后立即要求改选董事会，有利于维持创始人在董事会层面的控制权。

十三、如何保护创始合伙人的权利

（一）保障合伙创始人对公司的控制权

保护创始合伙人的权利，必须保障合伙创始人对公司的控制权。纵观国内外上市且发展良好的公司，创始人拥有公司20%以上的股份是较常见的情况。虽然创始人只有20%的股份，但事实上，并不是只有创始人自己控股才能控制公司，创始人可以通过其他方式控制公司。牵涉到以下几种控制方式：

第一，投票权委托。"投票权委托"就是公司部分股东通过协议约定，将其投票权委托给其他特定股东（如创始股东）行使。最典型的是京东，京东在上市前发生的一系列的事情，导致刘强东的股份较少。因此，京东对之后的投资人都设定了前提条件，要求将投资人的投票权委托给刘强东。根据京东的招股书，在京东发行上市前，京东有11家投资人将其投票权委托给了刘强东行使。刘强东虽仅持股20%左右，但却通过老虎基金、高瓴资本、今日资本以及腾讯等投资人的投票权委托掌控了京东上市前过半数的投票权。因此，刘强东在上市前虽然只有20%的股份，但是享有50%的投票权。

第二，一致行动人协议。"一致行动人"就是指通过协议事先约定，签订协议的股东就特定事项需要采取一致行动；若发生意见不一致的情况时，意见不同的股东必须跟随一致行动人进行投票。比如，创始股东之间、创始股东和投资人之间可以通过签署一致行动人协议加大创始股东的投票权权重。一致行动协议内容通常体现为一致行动人同意在其作为公司股东期间，在行使提案权、表决权等股东权利时以其中某方的意见作为一致行动的意见，做出相同的意思表示，以巩固该方在公司中的控制地位。比如之前的宝万之争就是"一致行动人"的体现。简言之，所有需要经过投票表决的事项必须先在董事会内部进行民主协商，以得出一致意见，若一致行动人无法达成共识，则以约定的决策人的意见为主。

第三，持股平台。这种控制方式主要指通过有限合伙企业持股。有限合伙企业在中国是一种比较新的企业形式，有限合伙企业的合伙人分为普通合伙人（General Partner，俗称管理合伙人或GP）和有限合伙人（Limited Partner，LP）。普通合伙人执行合伙事务，承担管理职能，而有限合伙人只是作为出资方，不参与企业管理。所以，可以让股东不直接持有公司股权，而是把股东都放在一个有限合伙里面，让这个有限合伙持有公司股权，这样股东就间接持有公司股权。同时，让创始人或其名下公司担任GP，控制整个有限合伙，然后通过这个有限合伙持有和控制公司的部分股权。除创始人之外的其他股东，只能是有限合伙的LP，只享有经济收益而不参与有限合伙日常管理决策，也就不能通过有限合伙控制公司。有人专门研究发现，绿地集团采用层叠的有限合伙安排，以一个注册资本为 10 万元的公司控制约 190 亿元资产的绿地集团。

第四，境外架构的 AB 股计划。AB 股计划是指将外部投资人设置为一股一个投票权，而运营团队一股则享有十个投票权，即同股不同权。例如刘强东一股有二十个投票权，所以他享有大约 90% 的投票权。

第五，股东之间事先互相约定。依据《公司法》的规定，股东出资比例可以与表决权不一致。比如，A 公司注册资金 1000 万，由两个股东分别出资 800 万与 200 万，正常股权比例应该是 8：2，但是《公司法》第四十二条规定："股东会会议由股东按照出资比例行使表决权，但是公司章程另有规定的除外。"第三十四条规定："股东按照实缴的出资比例分取红利；公司新增资本时，股东有权优先按照实缴的出资比例认缴出资。但是，全体股东约定不按照出资比例分取红利或者不按照出资比例优先认缴出资的除外。"因此，股东可以对自己所持表决权、分红权等进行约定，因为这种约定是当事人各方的真实意思表示，且未损害他人的利益，也没有违法国家法律法规，因此是合法有效的。（很多创始人在成立公司时公司章程用的都是市场监管局的格式文本，往往会忽略法律规定的条款。）总之，通过以上几种方式可以有效地保障创始合伙人对公司的控制权。

（二）提前做好股权变动的风险防范

初创企业在实际发展过程中总会存在诸多的不确定性因素，例如股东退出产生的股权变动、股东婚姻变动引发的财产分割，甚至是股东突发意外情况产生的股权继承以及因其他不可避免的问题而导致的法律风险，都应该认真考虑这些问题引发的法律纠纷。

第一，公司在发展过程中，经常会发生股东的加入和退出，引起股权结构发生变动。《公司法》第七十一条第一款规定："有限责任公司的股东之间可以相互转让其全部或者部分股权。"可以理解为公司内部股权转让不受形式约束，且出让方和受让方的股权转让行为不需要经过其他股东同意。虽然小股东之间的股权转让不会对公司经营生产造成大的影响，但是股权不仅是收益权，还是投票权，投票权会在一定程度上影响公司的控制权，从而对公司管理产生影响。

第二，股东作为自然人，有可能存在因为其死亡产生的股权继承问题和婚姻关系破裂引发的财产分割问题，如果处理不当将会对公司产生影响。虽然《公司法》《继承法》都有规定，继承人有权继承股东资格和股权财产利益，但是创业项目讲究人和性，若是年纪太大或者年纪太小的继承人继承了股东资格，对项目会有不利的影响，因此合伙人可以在公司章程中约定继承人不能继承股东资格，只能继承股权财产权益。某著名影视公司就是因其创始人的突然离世，导致几个继承人之间纷争不断，最终风险投资人将几个继承人告上法庭，要求继承人回购股权，一个本是前途一片大好的企业最终风雨飘摇。虽然我国《公司法》第七十五条规定，股东资格可以由其合法继承人继承，但公司章程对此有另外规定的可以依据规定。因此，可以在创始人协议中对继承事项做出约定。例如 A 公司章程规定，若原股东为控股股东，因在其死亡之前未指定继承人而引起股权继承问题，其所持股份由公司的其他股东代理行使投票权，收益权由其继承人享有；若已指定继承人,则在得到公司的商议一致决定后,完成股东变更登记,指定继承人可以获得股东的身份、继承股权,以此避免在股东死亡时发生股权纠纷,导致公司陷入僵局。

第三,婚姻关系的变动也可能影响到股权的变动,甚至会对公司的重大决策事项产生严重影响。著名视频网站土豆公司的创始人因为离婚,其配偶提出分割其持有的土豆公司的股权,创始人为调解案件付出了巨额资金,同时土豆公司也错过了公司上市的最佳时机。因此,为避免此类事情的重复发生,A 公司在由于股东婚姻问题可能引发的股权变动方面提前准备了应对方案,即要求公司股东在持股期间必须保持婚姻关系不变或者要求股东与配偶达成协议,若有分割股权的法律问题发生,股东的配偶只享有收益权,而股东享有全部的投票权或者配偶因财产分割所得的股份应当采用股权转让的方式,公司股东享有优先受让权。也有部分公司在合伙人协议里会约定特别条款,所有合伙人一致与未来或现有配偶约定股权属于一方个人财产,离婚时配偶一方只可以享有股权所分得的财产利益,但不可以成为公司股东。通过以上方式,可以有效控制股东因死亡或者婚姻关系破裂引发股权变动而对公司的股权结构产生的影响。

第三节 合伙人股权的退出机制

曾有四人合伙创业,创业进行到一年半时,合伙人 A 与其他合伙人不合,此时 A 恰好有其他更好的机会。因此,他提出离职。但是,对于该合伙人持有的公司 30% 股权该如何处理,合伙人之间无法达成统一意见。A 认为自己从创业初期就参与创业,在时间、精力以及资金方面都做出了较大投资;而《公司法》以及公司章程均没有规定,股东离职必须退股;合伙人之间也未曾就合伙人的退出这一问题进行沟通,因此,A 与其他合伙人产生了矛盾。可见合伙人股权战争最大的导火索之一就是完全没有退出机制。

设计合伙人的退出机制是十分重要的。在创始人引进合伙人时就应当约定股权退出机制。不管是实股、期权还是虚拟股,股权激励作为一种激励和约束手段,最好提前约定分手时如何退出,避免不必要的纠纷,降低双方的风险。

一、股权退出的适用场景

一般股权退出的情形分为三种:正常退出、过失退出、特殊退出。

(一)正常退出

主要是针对合伙人与公司友好退出的情况,比如合伙人短期面临资金压力,想退出变现,还包括合伙人不想继续创业等情形。经过法定的程序,可以将自己的股权转让于其他股东或者股东以外的人。

（二）过失退出

又称除名退出，主要是针对由于合伙人的过失或恶意行为引发退出的情形。此种情形要强制合伙人退出，且公司有权自行取消其股东身份，原价回购其股权，并不再发放当年红利，如给公司造成损失的，须向公司进行赔偿。以下情形就可以归为此类：

1）合伙人存在严重损害公司利益的行为，比如泄露公司商业机密、吃回扣、侵犯公司知识产权。具体哪些行为属于公司红线，公司可以根据实际情况列明。

2）未经公司执行董事（或股东会）批准，擅自转让、质押、信托或以其他任何方式处分其持有的股权。

3）未经公司执行董事（或股东会）批准，自营、与他人合营或为他人经营与公司（包括其分支机构）业务相同或相似的业务的。

4）合伙人存在其他严重违反公司规章制度或者法律法规的行为。

（三）特殊退出

主要是为了防止一些特殊情况，可能合伙人均都没有过失，此时公司可规定以溢价代为回购其持有的股权，并不再发放当年度的红利。比如以下情形：

1）合伙人丧失劳动力、死亡或者失踪的，这种情况下可以要求合伙人退出；也可以允许不退，主要看公司的价值导向。出于人力资本价值和便于管理考虑，则可以约定退出。如果出于人性化考虑，也可保留其股份。

2）合伙人经人民法院宣告为无民事行为能力人或限制民事行为能力人。

3）由于不可抗力或突发事件，致使本项目在法律或事实上已经无法继续履行，或方案的根本目的已无法实现。

4）其他非合伙人与公司过错而终止劳动合同的，这种情况也可以约定退出。

二、股权退出机制与价格

（一）股权退出机制

在实务操作中，创业公司的股权退出机制主要有三种，各有不同的适用情况。

1）股权回购。实践中的"股权回购"通常包括两种情况，一是公司对退出股东的股权进行回购，也就是严格意义上的股权回购，还有一种是股东之间签订协议，约定某股东退出时，其股权由其他股东"回购"，这实质上是股东内部的股权转让。股权回购原则上是被禁止的，只有在特定情形下才可以由公司回购股权。《公司法》第七十四条规定，有限责任公司可以收购对以下决议投反对票的股东的股权："（一）公司连续五年不向股东分配利润，而公司该五年连续盈利，并且符合本法规定的分配利润条件的；（二）公司合并、分立、转让主要财产的；（三）公司章程规定的营业期限届满或者章程规定的其他解散事由出现，股东会会议通过决议修改章程使公司存续的。"除法定的三种情况的股权回购，其他的情况下的收购股权是非法的。例如，在某股权转让纠纷一案中，一审法院认定由于公司股本不变原则，因此公司只能在法定情形下回购股权。然而，司法实践中对于股东抽逃资本、损害债权人利益的顾虑还是使得公司与股东约定回购具有较大的法律风险。除此之外，股权回购之后还需要按法律规定进行减资。《公司法》第一百七十七条规定："公司需要减少注册资本时，必须编制资产负债表及财产清单。公司应当自作出减少注册资本决议之日起十日内通知债权人，并于三十日内在报纸上公告。债权人自接到通知书之日起三十日内，未接到通知书的自公告之日起四十五日内，有权要求公司清偿债务或者提供相应的担保。"可见，无论是正式的股权回购还是以减资形式进行股权回购的操作都要面临着一系列复杂的程序，付出的成本与潜在的风险较大，不适合创业公司。因此，股东间约定的"股权回购"，也就是股权转让，是更佳的选择。

2）股权转让。股权转让分为内部转让和外部转让。一个基于信任而走到一起的创业团队对公司的生存发展至关重要，因此创业公司的股东在转让股权时应当尽量在内部转让。如果需要对外转让，应当对其做出一定的限制，防止股东利用公司升值套现。在实际操作中，创业公司会在股东协议或公司章程中约定，股东不得单独对外转让股权，应当先由其他股东决定是否购买。购买价格应当根据不同类型的股东和具体的情况来设定。对外部投资者而言，购买价格应当在原投资价格的基础上设置一个合理的回报率。对于辞职的创业团队股东，应当根据其初始投入资本以及在公司的绩效表现（公司可另设制度将其量化）确定合理的回购价格。

若股东之间无法就股权转让达成一致意见，退出股东可对外转让，但其余股东有随售权，即其他股东有权按照其持股比例，以退出股东与第三方达成的价格参与到该股权交易中，一起向第三方转让股权。对第三方而言，其协商达成的股权转让份额、价格以及其他条件都不变，其利益不受任何影响。对公司股东而言，随售权可以使他们共进退，避免其成员恶意套现。虽然我国法律对随售权并无直接规定，但它是当事人意思自治的产物，并未违反法律强制性规定，应属合法有效。虽然股权转让机制有许多当事人自由发挥的空间，但仍要注意，对股权转让做出的限制需要经全体股东的一致同意，否则可能侵犯股东的股权自由转让权。例如，在腾某某诉常熟市某医药有限公司股东权纠纷案中，法院认为公司依据股东反对的公司章程条款将该股东的股权强行转让是无效的，因为股东权具有财产权与身份权的双重属性，非经权利人的意思表示或法定的强制执行程序不能变动。因此，公司无论采取公司章程还是股东协议等形式对股权转让做出规定都应当征得全体股东的一致同意，尤其不能以多数对少数表决通过的公司章程条款对抗未表决或持反对意见的股东。

3）清算优先权。当公司走到清算阶段，所有的股东都要退出，这时关系到股东利益的就是剩余财产的分配。法律对公司清算阶段财产的分配有明确的规定。《公司法》第一百八十六条第二款规定："公司财产在分别支付清算费用、职工的工资、社会保险费用和法定补偿金，缴纳所欠税款，清偿公司债务后的剩余财产，有限责任公司按照股东的出资比例分配，股份有限公司按照股东持有的股份比例分配。"然而，在这一阶段可能有特殊利益诉求的就是外部投资者。外部投资者出于防控风险的考虑，可能会要求在清算时优先分配剩余财产，即清算优先权。

清算优先权有两种，一种是标准型清算优先权，享有该权利的股东优先于其他股东获得自己对公司的投资额；另一种是参与型清算优先权，享有该权利的股东在取回自己的投资额后，若公司还有剩余财产，还可按照其持股比例参与剩余财产的分配。清算优先权虽然在风险投资领域被广泛运用，但依据我国现行法律的规定，清算优先权的适用存在一定的争议，部分观点认为在公司章程或者合同中提前约定清算优先权已经违反了《公司法》第一百八十六条，因此此项条款应视为无效条款。但是也有其他意见认为，《公司法》第一百八十六条关于公司剩余财产的分配不属于效力性强制性规定。《公司法》立法目的是在不损害公司、债权人、其他第三人和国家、社会利益的前提下允许当事人之间的意思自治，从而激发股东的积极性与创造性，以提升经济效率，股东之间对于剩余财产分配的约定应当属于当事人意思自治的范围，在不影响债权人、企业职工以及税务机关等主体的利益时，股东有权对自己的财产做出处分决定，而不应该视为无效条款。因此，在创业过程中，企业引进投资时，创业团队股东可以与外部投资者约定关于清算优先权的内容，但是参与型清算优先权对创业团队的不利影响较大，因此在设置条款时应当尽量避免这一类权利的适用。

（二）"一个原则，一个方法"

在设定创业公司退出机制时，必须考虑对退出价格的设定。公司创始人在合伙人退出定价时应该考虑"一个原则，一个方法"。一个原则，是指对于退出的合伙人，既要全部或部分收回股权，也必须承认合伙人的历史贡献，按照一定溢价或折价回购股权。这一基本原则，不仅关系到了合伙人的退出事项，更关系到企业重大长远的文化建设。一个方法，是指对于如何确定具体的退出价格，建议公司创始人考虑两个因素，一个是退出价格基数，一个是溢价或折价倍数。比如，可以考虑按照合伙人掏钱买股权的购买价格的一定溢价回购，或者退出合伙人按照其持股比例可参与分配公司净资产或净利润的一定溢价，也可以按照公司最近一轮融资估值的一定折扣价回购。至于选取哪个退出价格基数，不同商业模式的公司会存在差异。比如，京东上市时虽然估值约300亿美元，但公司资产负债表并不太好。很多互联网新经济企业都有类似情形。因此，如果按照合伙人退出时可参与分配公司净利润的一定溢价回购，合伙人可能会在创业几年退出时被"净身出户"；另一方面，如果按照公司最近一轮融资估值的价格回购，公司可能会面临较大的现金流压力。因此，在确定具体回购价格时，需要分析公司具体的商业模式，做到既可以让退出的合伙人共同分享企业成长收益，又不给公司产生过大现金流压力，还必须要预留一定的调整空间和灵活性。

三、股权退出应注意哪些问题

创业公司的发展过程中总是会遇到核心人员的变动，特别是已经持有公司股权的合伙人退出团队。正确处理合伙人手里的股份，才能避免因合伙人股权问题影响公司正常经营。

（一）提前约定退出机制，管理好合伙人预期

提前设定好股权退出机制，约定好在什么阶段合伙人退出公司后，要退回的股权和

退回形式。创业公司的股权价值是由所有合伙人持续的、长期的服务于公司而得到的。因此，当合伙人退出公司后，其所持有的股权应该按照一定的形式退出。一方面对于继续在公司里创业的其他合伙人更公平，另一方面也便于公司的持续稳定发展。

（二）约定股权退出时的价格

股东中途退出，股权溢价回购。退出的合伙人的股权回购方式只能通过提前约定的退出，退出时公司可以按照当时公司的估值对合伙人手里的股权进行回购，回购的价格可以按照当时公司估值的价格适当溢价。

（三）设定高额违约金条款

为了防止合伙人退出公司但却不同意公司回购股权，可以在股东协议中设定高额的违约金条款。

四、公司的解散与清算

公司解散，是指已经成立的公司，因公司章程或者法定事由的出现而停止公司的经营活动，并开始公司的清算，使公司法人资格消灭的法律行为。依据公司是否自愿解散，可以将公司解散分为自行解散和强制解散两种情况。自行解散是指依公司章程或股东（大）会决议而解散。强制解散是指因政府有关机关的决定或法院判决而发生的解散。《公司法》规定强制解散包括：公司因违法活动而被责令解散，及公司成立后无正当理由超过六个月未开业或开业后连续停业六个月以上而被公司登记机关吊销营业执照等情形。公司清算是指公司解散后，在公司面临终止的情况下，负有清算义务的主体按照法律规定的方式、程序对公司的资产、负债、股东权益等公司的状况做全面的清理和处置，使得公司与其他社会主体之间产生的权利和义务归于消灭，从而为公司的终止提供合理依据的行为。公司除因合并或分立而解散外，其他原因引起的解散，均须经过清算程序。公司清算分为三种，普通清算、特别清算和破产清算。

法人作为民事主体，无论其解散是基于哪种原因，公司解散后都会进行依法清算。如何预防企业解散以及清算的法律风险成为企业关注的重点。

（一）企业解散的风险

第一，在设计股权时应当避免企业陷入僵局导致企业解散。如果企业的各方利益股东之间约定的股权比例不合理，在出现股东的意见不一致，无法形成决议时，企业容易陷入僵局。因此创业公司在制定章程时，应当合理设置各方股东的股权比例，同时约定公司陷入僵局时的救济办法。第二，避免司法解散诉讼的主体资格错误。若请求法院解散企业的诉讼主体错误，可能会导致法院不予立案或者驳回诉讼请求。解散之诉的原告是"持有公司全部股东表决权 10% 以上的股东"，并且被告应当是公司，若将其他股东一并提起诉讼，应将其他股东列为第三人。

（二）企业非破产清算的风险

非破产清算是指公司法人在资产足以清偿债务的情况下进行的清算。第一，应该避免不及时清算。企业以及股东应该在解散事由出现之日起十五日内成立清算组进行清算；除此之外，在清算期间，清算组只可以申报债权，不得从事法律禁止的事项，包括：对债权人进行清偿，开展与清算无关的经营活动。企业经人民法院裁定宣告破产后，清算组应当将清算事务移交给人民法院。第二，避免未清算就注销登记。清算组应当自公司清算之日起三十日内向登记机关申请注销登记。企业若未经依法清算就注销登记，股东对公司的债务需要承担民事责任，因此必须在企业依法清算后办理注销登记手续。

第六章

医药企业投融资并购

Chapter 6

第一节 引 述

一、医药行业资本运营之道——融资并购

2019年底新型冠状病毒引发的肺炎疫情的暴发,给我国人民生命健康、社会秩序及经济生活方面带来了相当程度的影响,在此期间,未上市的瑞德西韦可能成为治疗冠状病毒有效药物的话题便引发了热议。在国际期刊《新英格兰医学》在线发表的研究论文"First Case of 2019 Novel Coronavirus in the United States"中描述:一名感染新型冠状病毒肺炎的男子在入院第7天(患病第11天)晚上开始使用静脉注射瑞德西韦进行治疗,次日即取得良好的效果。而该药物的基础专利便是由国际知名的病毒药物研发企业吉利德公司持有。

作为全球最大的生物制药公司之一,吉利德仅仅用了30多年,便成为一个无论是技术抑或营收甚至于各方各面都比肩百年巨头的医药公司。吉利德成立之后,其创始人迈克尔·奥丹就开始运用融资手段为寻求企业发展方向和企业存活之道筹集资金,先是在公司成立第二年拿到了一笔200万美元的风投资金,然后第三年又拿到了1000万美元的融资,紧接着又是一笔2000万美元的融资……成立之初的10年里,吉利德的财务状况却依然只能用"惨淡"一词来形容,可即便如此,1992年,在还没有推出新药的情况下,迈克尔·奥丹就又开始运作让吉利德在纳斯达克上市,并成功募集到8625万美元。而从1999年开始,吉利德先后进行了近10次收购:1999年收购NeXstar;2003年收购Triangle,拿到艾滋病畅销药Truvada;2009年以14亿美元收购CVTherapeutics,获得心绞痛药Ranexa;2011年以110亿美元收购丙型肝炎病毒治疗药生产商Pharmasset;2015年收购Phenex、EpiTherapeutics;2016年收购NimbusApollo;2017年收购Kite、CELLDesignLabs。

在过去的30年里,吉利德先后上市了多种抗HIV和HCV药物,抗流感病毒药物达菲便出自吉利德之手。在2019年《财富》美国500强排名中,吉利德排在第139位,年营收约221亿美元,净利润约55亿美元。据统计,在2019年前9个月,吉利德的研发投入就高达72.07亿美元(将近505亿元人民币)。吉利德在全球有11000名左右员工,其中研发人员有6000人左右,占比近55%,市场销售人员却不到3000人。相比之下,我国药企在这方面做的明显不够,中国研发投入最大的恒瑞、百济神州在2018年的年度总研发投入也没有超过 50 亿元人民币。对于吉德利，可以认为是其对抗病毒药物领域的专注，或是对研发的重视造就了如今的成就。或许存在些许机遇，但从其发展历程来看，其资本的运作才是其发展之根本，也正是得益于一系列成熟的资本运作，吉利德方才成功完成在重要领域的布局，屹立至今。

二、我国医疗健康领域融资并购现状及发展趋势

（一）现状：热度持续上升

在过去的 2019 年，我国医疗健康行业改革持续推进：主管部门组织架构迎来重大调整、药品注册审批制度不断优化、"4+7"城市药品集中采购试点，为医疗技术突破、医药和医疗器械创新夯实了制度基础。医疗健康产业的种种积极变化，令其获得了更多资本的关注，即使在资本调整期内也聚集了大量的资金涌入。

2019 年 7 月 19 日，赛迪顾问医药健康产业研究中心副总经理陈卫星在医药健康高峰论坛上表示，2018 年全球整个医药市场规模约在 2 万亿美元左右，增速为 5.5%，这在近几年也是比较稳定的增速。陈卫星指出，增速稳定的同时，应看到结构性的变化。"美国仍然是主要的贡献者，但以中国为代表的新兴国家贡献率正大幅增长，我国的贡献率达到了 19%。""中国已经成长为全球第三大医药产业大国。"陈卫星说。从历史来看，之前，我国在医药领域是追随者，而 2015—2020 年，我国则处在质量提升和本土创新的阶段。

依据承树投资根据公开披露的投融资并购案例统计显示，2019 年，我国国内医疗健康产业发生融资并购案例共 526 起，其中亿元以上（包括表述为"近亿元"的案例）案例 170 起。按消息公开披露时间，2019 年 1～6 月医疗健康产业累计发生融资并购案例 235 起，7～12 月累计发生案例 291 起。从趋势来看，下半年医疗健康领域投融资并购交易活跃度相较上半年呈现增长趋势，且集中在新药研发公司和并购上。同比 2018 年度，药品领域过 10 亿元的股权交易数量有所下降，但就总体而言，医疗健康领域的投资活动依然非常活跃，而以创新药为代表的交易更是全年热度不减。

表 6-1　药品领域融资／并购十大案例

项目名称	轮次	交易金额	投资方／收购方
金城医药	股权转让	过 20 亿元	德展健康
海南海药	战略投资	20 亿元	新兴医药
博安生物	股权转让	14.47 亿元	绿叶制药
艾力斯医药	首轮融资	11.8 亿元	拾玉资本、正心谷等
诺诚健华	战略投资	1.6 亿美元	正心谷、三正健康等
佐力药业	股权转让	10.6 亿元	华东医药

续表

项目名称	轮次	交易金额	投资方/收购方
复宏汉霖	基石投资	10.97 亿港元	Al-Rayyan Holding LLC 等
乐普生物	A 轮	9 亿元	苏民投、乐普医疗、苏州新锐等
德琪医药	B 轮	1.2 亿美元	博裕资本、方源资本等
力思特	老股转让	7.47 亿元	锦州奥鸿药业

(二) 五大投融资并购事件：预见行业风向标

1. 数额最大的并购事件：科瑞集团 13 亿欧元收购 Biotest

2018 年 1 月 31 日，德国 BiotestAG 公司公告称，来自中国的科瑞集团已经完成对其收购，相关股份已正式交割过户到科瑞集团相关收购主体名下。这个并购是 2016 年年初爱尔兰 Shire 公司 320 亿美元并购美国 Baxalta 公司后，全球血浆制品行业的第二大并购案。科瑞集团是一家成立于 1992 年的投资公司，投资领域涉及金融服务、血清药物、制造业和矿产资源。其旗下有多家上市公司，是上海莱士血液制品股份有限公司的实际控股股东之一。此次交易完成后，科瑞集团旗下将拥有六家血液制品企业（上海莱士、BPL 及 Biotest 等），整体规模跻身全球血液制品巨头行列。

2. 波折最多的并购事件：辅仁药业 78.09 亿元收购开药集团

2017 年 11 月 13 日，辅仁药业发布公告称，拟以发行股份及支付现金的方式购买辅仁药业集团有限公司等 14 个交易对方合计持有的开药集团 100%股权，并向不超过 10 名符合条件的特定对象非公开发行股份配套募集资金，总金额不超过 53 亿元。辅仁药业拟向辅仁集团、平嘉元、津诚到、万佳旺、鼎亮开耀、克瑞特、珠峰基石、领军基石、锦城至信、东土大唐、东土泰耀、佩滋投资、海洋基石、中欧基石 14 名交易对方发行股份及支付现金购买开药集团股权，交易价格 78.09 亿元。

3. 最具借鉴意义的投资事件：云南白药混改

2017 年 3 月，云南白药发布要约收购书，表示因公司控股股东白药控股进行混合所有制改革，新华都通过增资方式取得白药控股 50%的股权，白药控股层面股东结构发生重大变化。一个月后，云南白药混改的靴子正式落地，云南省国资委、新华都、鱼跃医疗分别持有云南白药控股有限公司 45%、45%和 10%的股权，云南白药控股有限公司高管都不再保留省属国企领导身份和职级待遇，而按市场化方式选聘，成为职业经理人。

可以说，云南国资委对白药控股的混改进行得比较彻底，为国有药企混改树立了一个样本。国有药企改革浪潮袭来，但成功经验还是相对较少，改革如何深化、企业管理制度如何与行政体系实现分离，仍有待探索。云南白药的成功模式，也为未来即将迈入改革的国有企业提供了经验。

4. 最有风向指标性的融资案：复宏汉霖完成 1.9 亿美元战略融资

2017 年 12 月，复星医药发布公告，拟出资 3.3 亿元认购复宏汉霖新增股份，其他投资者包括重庆高特佳、深圳高特佳、嘉兴申贸捌号、JoyfulAscent、GreenTomato、共青城英硕、银讯投资等 7 家外部投资者合计出资 1.4 亿美元，认购复宏汉霖新增发行的 4085 万股股份，占股份总数约 9.09％。增资完成后，复星医药仍持有复宏汉霖约 62.44％股权。

复宏汉霖是复星医药与美国汉霖生物合资组建的医药研发制造公司，主要方向是单克隆抗体生物类似药、生物改良药以及创新单抗的研发及产业化，目前约累计投入 4 亿元用于单抗药物的前期研发。这也代表国内医药投资的一个趋势，更为青睐有丰富产品线以及产品变现实力的企业，而以往被热捧的小型成长企业、题材概念企业将备受冷遇。"强者恒强、价值投资"概念也将成为未来几年融资界的主旋律。

5. 最被外界关注的并购案：马云、吴光明、俞熔联手收购百胜医疗

2017 年 12 月 8 日，万东医疗发布公告，披露收购意大利百胜医疗进展，以 2.48 亿欧元（约合 19.37 亿人民币）收购百胜医疗全部股权（除库存股以外）。最终股权收购价将根据 2017 年 12 月 31 日审计的实际净负债和净营运资本余额调整。本轮收购，马云的云锋基金领衔，认缴出资比例达 30.7％，吴光明旗下的鱼跃科技持股 17.1％，鱼跃旗下的万东医疗持股 18.0％，俞熔旗下的上海天亿实业持股 16.0％；上海自贸试验区三期股权投资基金持股 12.6％。

大健康产业的火热，一直以来都吸引着圈外资本的目光，而马云、吴光明、俞熔组团投资无疑是一个明智之举。三方强强联合，共同打造医疗影像的帝国：引进国际高端影像设备。万东进一步优化产品结构，抢占市场占有率，借力鱼跃科技的支持，积累大数据；美年健康的加盟带来平台流量；阿里则为技术提供支撑，在影像诊断、大数据、AI 等方面打造云技术服务，解决医疗资源痛点。医药圈外企业与圈内企业合作寻找优质标的投资，这种模式其实早已出现，不过较为少见。而此次交易，也为各界再提供了一个成功范本。一个有资金，一个有经验，强强联合，碰撞出的火花极为耀眼。

（三）未来格局：资本运营与高风险、高投入、高营收之间的长期较量

虽然行业趋势向上，但由于医药企业始终具有高投入、高风险的特征，这使得医药企业可选的资本运营方式相对受限，故而合理恰当地选择时机运用融资并购策略不仅成为企业生存发展的重要推动力，也是全面提升企业竞争力的关键因素，更是企业适应时代大潮、实现经济效益稳步提升的核心保证。

高投入这一特征是由医药行业的技术密集性而决定的，故其研发投入水平相对较高。近些年来，我国尤其强调依靠科技和技术创新提高产品竞争力，促进产业的升级和转型。这一方面给医药行业注入了新的动力，但另一方面对医药行业的发展也提出了新的要求——由于新产品开发难度大、开发周期长并且医药产品生命周期日益缩短，用于研发的资金需求明显增加，因而转型期间，医药企业的高投入特征更加突出。尽管研发投入持续快速增长，但就我国整体的投入比重分配而言，如前所述，真正用于研发的占比并

不突出，我国总体研发投入仍处于较低水平，反而是销售的总占比较重。以制药工业为例，2018年我国制药工业上市公司研发投入占营业收入比例仅为5%左右，同期美国制药工业上市公司研发投入强度接近19%。

医药企业核心技术特征和专利垄断决定了其高收益性，同时医药企业因具有核心竞争力的技术和专利，则该企业的投资价值也会提升，回报率也很高，故而对应的技术产权才是企业资产的重中之重，而与之相关的法律风险亦成为企业管理最应该关注的问题。

因为我国的医药产业起步较晚，仿制为主，重复生产，缺乏创新，每个医药产品尤其是新药开发从临床前试验、产品中试、人体临床试验以及注册上市和售后监督等一系列过程，且不论核心技术和专利的产权方面的问题，每个环节都存在着如技术风险、生产风险、市场风险等不同的风险，即便政策得以优化，在如此的行业特征下，融资和并购作为资本运作的主要方式，在未得以足够完善相应经济与法律制度的大环境下，若没有相应健全的风险管理制度，企业的发展势必亦将无法稳步前行。

无论是资本市场的大环境还是发展的历史阶段，都使得我国的医药企业必须在符合我国国情的前提下在一个循序渐进的过程中不断优化产业架构，提升行业水平。我国现在正处于相对高速的发展时期，我国的医药行业无论是产业规模还是销售额都保持增幅，丰厚的利润增长空间不仅促使业内大型企业加快了扩张步伐，并且在不断吸引国内外其他优秀企业与机构涉足医药领域，但为了争取更多的医药资源和市场份额，必须要通过融资并购整合的方式来促进医药企业的发展进程。未来格局如何，想必依然会是资本运营与高风险、高投入、高营收之间的长期较量。

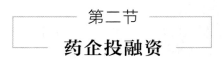

第二节 药企投融资

一、融资模式分类

与众多企业类似，医药企业的融资方式通常分为内部融资和外部融资两种。前者是指企业内部自我协调、自我互补的资金调节活动，即如初期从企业股东筹集的资金构成企业注册资本的主要组成部分，在此基础上企业谋求生存与发展；后者是指与外部市场之间的资金供需转换。

内部融资对于任何企业都是不可或缺的，特别是初创期或规模较小的企业，内部融资会占很大的比重。虽然避免了外部融资到期按时还本付息的风险，但是，如果企业只是单纯靠内部融资来谋求发展，毕竟可利用的资金有限，这样很容易使自己生产规模受到限制，一旦企业追求产量，扩大生产规模，资金链的断裂必然造成企业财务状况的恶化，甚至最终会导致企业破产。

外部融资主要是企业通过直接或间接的方式向外界筹集资金，根据企业投资者之间是否存在产权关系，可以将企业外部融资划分为债权融资与股权融资两类。

债权融资是指企业通过向银行贷款、发行企业债券等方式来增加负债最终实现企业获得营运所需资金的目的融资，此种方式筹措的资金必须按期偿还同时要支付一定的利息。除非国家组建金融资产管理公司，收购银行的不良资产，把原来银行与企业间的债权债务关系转变为金融资产管理公司与企业间的股权或产权关系，即所谓的"债转股"。从具体作用分析，债权融资可使企业更多地利用外部资金扩大自身规模，提高企业股东利益也就是通过负债管理将企业财务杠杆的效应最大化。

股权融资是指企业通过发行股票、增资扩股等增加企业所有者权益的方式吸收资金进而实现企业资本量不断增加的融资。此种方式筹措的资金不需要偿还，只要定期分红与派息。

相对于债权融资，股权融资可以很好地规避债权融资的缺点，筹措的资金也有很大的灵活性，但是它加大了股息分配的基数，摊薄了股东的每股收益影响了原有股东的既得利益，并使公司资本结构发生了变动，并对企业的控制权与所有权产生影响，会产生稀释企业股权、对企业控制权形成威胁、增加企业筹资成本等问题，因此企业必须结合企业的实际情况选择合适的方式进行科学的融资。

二、债权融资风险分析

债权融资其优势是不会稀释企业的股权，可以提升企业的发展潜力、增加企业的每股净收益率，可以使企业获得资金的同时不会改变公司的资本结构、不会影响企业的控制权，所以有一种说法是，好的公司总是优先采用债权融资；但是其劣势也是十分明显的，那便是风险太大。为了满足生产经营的需要，企业通常从不同银行借入大量不同金额、不同期限的资金，并约定到期按时偿还本金和利息；但在资金使用的过程中，如果遇到利率、汇率的变动，或者金融体制的改革，对企业借入的资金产生影响，又或者企业本身就没有合理的安排这些资金，使得现金流出量超过流入量，这都可能将企业置身于无法偿还债务的困境，企业就可能出现债务危机，甚至面临破产倒闭的危险。这种情况不仅给企业带来了信用风险，影响以后的正常贷款，对银行业来说也是一种损失，给银行的发展造成巨大的风险。虽然存在债转股的情况，即把原来银行与企业间的债权、债务关系，转变为金融资产管理公司与企业间的股权、产权关系，但依旧较多风险，具体而言，从融资企业的角度看，债权融资主要有担保风险和财务风险。作为债权融资主要渠道的银行贷款一般有三种方式：信用贷款、抵押贷款和担保贷款，为了减少风险，担保贷款是银行最常采用的形式。企业向银行借钱，先要找一家有一定经济实力的企业做担保人，对银行贷款承担连带责任。融资企业寻找担保企业时，往往对方要求融资企业也承诺为对方做担保向银行贷款，这种行为称为互保。大量的互保容易使企业间形成一个担保圈，一旦圈内一家企业运作出现问题，就有可能引起连锁反应，导致其他企业面临严重债务危机。这就是担保风险。财务风险主要指企业的资产负债结构出现问题。当企业用负债方式进行融资时，财务费用的增加会对企业经营造成很大压力，理论上，企业的净资产利润率若达不到借款利率，企业的借款就会给企业股东带来损失。但更重要的是，债权融资将提高企业的资产负债率，从而降低企业再次进行债权融资的能力，如果企业不能通过经营的赢利降低资产负债率，并获得足够的现金流来偿还到期的债务，等待企业的后果可能就是破产。史玉柱曾经的巨人集团由辉煌一下子濒临崩溃，重要的原因之一就是未做好对债权融资的管理。而在实务中主要的债权融资风险有两种，下文详述。

（一）预防合同无效带来的融资失败

企业的日常经营活动中，企业与企业之间的短期资金融借已趋于常态化，但其签订的借款合同却未必有效，司法实践中通常会区分不同情形加以认定。若贷款企业以放贷为业，根据《最高人民法院关于对企业借贷合同借款方逾期不归还借款的应如何处理的批复》和《中国人民银行贷款通则》第六十一条之规定，因其行为违反了有关金融法律法规的强制性规定，合同自始无效；若贷款企业不是以放贷为业，只是根据企业自身经营所需偶尔为之，司法实践中一般会认定为借款合同有效。作为借款企业，若合同无效，则须返还因之取得的财产；若合同有效，则依约履行合同即可。因此，无论企业间的借款合同有效与否，作为借款企业都能达到借用资金的目的。

《最高人民法院关于如何确认公民与企业之间借贷行为效力的批复》规定："公民与非金融企业之间的借贷属于民间借贷，只要双方当事人意思表示真实即可认定有效。一般而言，司法实践中也对企业与自然人间的借款合同认定为有效，但具有下列情形之一的，应当认为无效：一是企业以借贷名义非法向职工集资的；二是企业以借贷名义非法向社会集资的；三是企业以借贷名义向社会公众发放贷款的。"同理，作为借款企业，若合同无效，则须返还财产；若合同有效，则依约履行合同即可。无论企业与自然人间的借款合同有效与否，作为借款企业也都能达到借用资金的目的。

（二）非法集资、非法吸收公众存款的资金融借风险

非法集资，通俗而言，就是指通过非法的方式进行募资。并不是发生兑付危机就是非法集资（非法吸收公众存款或者集资诈骗罪），这种理解是错误的。认定非法集资的关键只有一个，就是募资行为的合法性，而不是看其是否兑付。募资行为违法，即便成功兑付，也会涉嫌非法集资；反过来，募资行为合法，即便出现兑付危机，也不能定性为非法集资。非法吸收公众存款（非法集资犯罪的最典型和最基础的罪名）最重要的四个特点：针对不特定对象集资、面向社会公开宣传、承诺保本付息、不具有合法的资质或者许可，这四个特点必须同时具备，才能构成非法吸收公众存款罪。这四个特点，也就是我们常说的"社会性、公开性、利诱性、非法性"。

三、私募股权融资估值

在我国《公司法》中，企业通过股权融资有两种途径，一是企业成立时通过发行股份向股东募集股本，这对采取公司制的中小企业具有普遍适用性；二是扩大企业募集资

金的范围,在本国和国外都可以进行资金的募集。

企业估值是股权融资的核心内容,合理的估值有助于减缓投融资双方的矛盾冲突,推动企业实现跨越式发展。常见的企业估值方法有以下五种。

(1)可比公司法。

进行可比公司法估值时,首先要挑选与非上市公司同行业可比或可参照的上市公司,以同类公司的股价和财务数据作为依据,计算出主要财务比率,然后用这些比率作为市场价格乘数来推断目标公司的价值。P/E(市盈率,价格/利润)、P/S(价格/销售额)等都是推断价值时常用的比率方法。

目前在国内投资市场,P/E 法是比较常见的估值方法。通常我们所说的上市公司市盈率有两种:历史市盈率,即当前市值/公司上一个财务年度的利润(或前 12 个月的利润);预测市盈率,即当前市值/公司当前财务年度的利润(或未来 12 个月的利润)。

投资人做投资,是投资公司的未来,是根据公司的未来经营能力评估目前的价值。因此,P/E 法的估值方法就是:公司价值=预测市盈率×公司未来 12 个月利润。其中公司未来 12 个月的利润,可以通过被评估公司的财务预测进行估算。这一方法的关键,就在于预测企业的市盈率。

一般说来,预测市盈率是历史市盈率的一个折扣,比如说纳斯达克某个行业的平均历史市盈率是 40,预测市盈率就是 30 左右。对于同行业、同等规模的非上市公司,参考的预测市盈率为 15~20。对于同行业且规模较小的初创企业,参考的预测市盈率就是 7~10。对没有利润的初创公司进行估值时,就不能用 P/E 法了。这时可以用 P/S 法来进行估值,估值方法和 P/E 法大致一样。

(2)可比交易法。

用可比交易法估值,挑选的可比对象,是和被评估公司同行业且在估值前一段合适时期被投资、并购的公司。以可比对象融资或并购交易的定价依据作为参考,得出一些相应的融资价格乘数,对目标对象进行估值。比如 B 公司需要价值评估,和它在业务领域相同的 A 公司刚刚获得融资,B 公司在经营规模上比 A 公司大一倍,那么 B 公司的估值就应该是 A 公司估值的两倍左右。

(3)现金流折现法。

巴菲特曾说,他买股票时,就是通过对未来现金流进行折现,来对公司估值。所谓的现金流折现,就是通过预测公司未来自由现金流、资本成本,对公司未来自由现金流进行折现,公司价值即为未来现金流的折现值。使用现金流折现方法为企业估值,要涉及现金流和折现率两个变量。因此在使用现金流折现方法时,首先要合理地预测现金流,要考虑影响企业未来获利能力的各种因素,客观、公正地对企业未来现金流做出预测。其次是选择合适的折现率,选择折现率是根据评估人员对企业未来风险的判断,因为企业经营存在不确定性,对企业未来收益风险的判断至关重要。当企业未来收益的风险较高时,折现率也应较高;反之,折现率也应较低。

简单地说,我们有了现金流,又有了折现率,通过现金流折现模型就可以求出资产的价值了;资产的价值等于所有的未来现金流经过折扣后的现值的总和。

作为评估企业价值的方法,现金流折现法很好地体现了企业价值的本质,因此更适合并购评估的特点。与其他企业价值评估方法相比，现金流折现法最符合价值理论，能通过各种假设，比较准确地反映企业管理层的管理水平和经验。尽管如此，使用现金流折现法对企业进行估值，也有一些不足的地方：首先，从折现率的角度看，这种方法不能反映企业灵活性所带来的收益，所以这个方法不适用于企业的战略领域。其次，这种方法没有考虑企业项目之间的相互依赖性，也没有考虑到企业投资项目之间的时间依赖性。另外，使用这种方法结果的正确性完全取决于假设条件的正确性，在应用时切不可脱离实际。如果遇到企业未来现金流量不稳定的情况，就不能用这个办法对企业进行估值了。因为初创公司的预测现金流有很大的不确定性，现金流折现法是处理预测风险的最有效的方法，初创公司的折现率比成熟公司的折现率要高得多。初创公司的资本成本大概在50%～100%之间，成熟的创业公司的资本成本为30%～50%，更加成熟的创业公司，资本成本为10%～25%。因此，现金流折现法比较适用于比较成熟、偏后期公司的估值。

（4）资产法。

使用资产法对企业进行估值，就是用公平的市场价值来评判公司所有的实物资产。这个方法给出了最现实的数据，一般情况下，是以公司发展所支出的资金为基础。使用这种方法的不足之处在于，假定价值等同于使用的资金，和公司运营相关的所有无形价值都没有被投资者考虑进去。同时，公司未来预测经济收益的价值，也没有被考虑进去。所以，使用这种方法对公司估值，结果是最低的。

（5）重置成本法。

重置成本法，就是在现实条件下重新购置或建造一个全新状态的评估对象，所需的全部成本减去评估对象的实体性陈旧贬值、功能性陈旧贬值和经济性陈旧贬值后的差额，以其作为评估对象现实价值的一种评估方法。重置成本法也称成本法。重置成本法一般选用一种价格指数，比如CPI，将资产购置年份时的价值换算为当前的价值，或者更好的办法是分别调整每一项资产以反映各项资产真正的当前重置成本，这样同时反映通货膨胀和过时贬值这两个因素。重置成本法的最大不足是它忽略了组织资本。依据重置成本评估，无论各项资产的重置成本测定得多么完美，也会忽略这样一种追加的协调价值。

不同阶段的企业宜采用不同估值选择。

1）初创企业估值。对于初创型企业而言，要对其进行恰当估值，除了要考虑企业现有的利润率和资本投资外，企业未来发展的潜在市场、无形价值和人力资本价值才是影响估值结果的重要因素。初创型企业因为不具备经营历史，没有太多可供使用的财务数据和信息，因此重置成本法并不适用。又因为即便是同一行业，同样的投资规模、产品系列，不同初创企业的内在潜力和无形价值无法被准确量化估计，因此可比估值法同样不适用。初创企业在估值的时候可以借鉴市场上具有相同发展规模和相同发展阶段企业的收益数据进行对比，以此对自身实现预估，即采用可比公司法。

2）成长期企业估值。对于成长型企业而言，已具备能反映企业实力的利润率，但经营历史不够长，相关营业指标处在不断变动中，对未来企业价值的估计仍占据了企业整体估值的较大比例。因此，重置成本法并不是恰当的估值方法。同时，随着公司的快速成长，面对的竞争和风险也随之上升，现金流折现法能抓住企业的内在价值，也不会过多地受到市场上各种因素的影响，较为适合成长型企业的估值。

3）成熟期企业估值。对于成熟型医药企业而言，企业规模已基本确定，利润、成本、内部环境等都不会出现较大幅度变化，企业价值的确定更多来自现有资产而非未来预期，同时，成熟型医药企业发展已颇具规模，具备一定可持续性，在每期收入稳定的情况下，若企业有特定的股利发放政策，那么现金流折现法同样适用于成熟型企业。

四、投融资协议中"确定关系"的交易条款

投资条款清单（Term Sheet of Equity Investment，简称 TS），是投资公司与创业企业就未来的投资交易所达成的原则性约定，其主要内容包括：交易框架、投资者相关优先权、公司治理、对创始人及团队的限制等，这些内容都将反映在最终的正式投资协议之中。在创业项目融资阶段，如果投融资双方就投资交易产生初步意向，一般在启动尽职调查前都会签订投资条款清单。投资条款清单于 20 世纪末随着外资风险投资公司进入中国而自美国引进，彼时协议体系中体现的投资理念、融资工具和风控制度等，不适用于中国投资环境之处并不鲜见。但随着中国风险投资行业蓬勃发展，投资条款清单也不再是带着深厚硅谷烙印的舶来品，而逐渐被中国的投资机构熟练地借鉴、广泛应用在投资交易中，成为助推风投企业对高新技术企业注资的有效工具之一。但是拿到投资条款清单不代表一切，投资条款清单的毁约率很高，因为其大多条款并不具有法律约束力。那么，在签署相应文件时，应该如何约束投融资双方的行为，又有哪些条款是重中之重，以下逐一进行分析。

（一）优先认购权与优先受让权：掌握主动权

1. 优先认购权

优先购买权是什么？优先购买，即为认购的优先主动权。在投融资过程中，一个项目往往要进行多轮次的融资，直至公司上市或者被收购。而对于天使轮投资人而言，如若在首轮融资后项目或公司发展势态很好，一般会要求参与下一轮融资的认购，而如若未约定优先购买权，可能全部的投资额度都会被新一轮融资的投资方瓜分，从而导致天使轮投资人认购失败，进而原来所占有的股权比例亦可能由此被稀释，届时便会显得十分被动。所谓优先认购权条款即指在一轮投资完成后，如公司发行新的股份、可转换证券、可兑换证券或其他类似证券，天使轮投资方有权基于原有持股比例享有优先认缴权。简单而言，即在完成了上一轮投资后，项目方要进行下一轮融资时，上一轮投资方有权优先于创始股东和其他投资人按照原有的持股比例认缴新增资本，从而保证相应股权不会被稀释。

2. 优先受让权

《公司法》规定，股东在向第三方转让股权的时候，其他股东对拟转让的股权有优先受让权，只有相同条件下其他股东不买的时候，该准备转让股权的股东才能把股权转

让给第三方。当然，公司章程另有约定的，会按照约定的方式处理。投资条款清单里的优先受让权其本质意义跟《公司法》里的规定是一样的，但是又有不同。主要体现在投资条款清单里的优先受让权主体具有特殊性，这个特殊性体现在转让方通常只限融资方，受让方只限投资人。这和一般意义上的股权转让受让权不同。也就是说，当融资方要进行股权转让的时候，只有投资人享有优先受让权，其优先受让权优先于其他股东或其他投资人，并且这个优先权是单向且不可逆的，也就是只有投资人对融资方的股权转让享有优先权，而融资方对投资人的股权转让没有优先权。当然双方另有约定的除外。在投资条款清单里，优先受让权条款通常描述为：如果本轮投资方以外的任何现有股东提议直接或间接对外转让其股权的，本轮投资方拥有同等条件下的优先受让被转让的全部或部分公司股权的权利。同时，也要约定优先受让权的实施程序若转让方希望向任何人出售其在公司的全部或部分股权，则转让方应给予本轮投资方一份书面通知，其中列明转让的实质条款和条件，包括但不限于拟转让股权说明、转让人可能转让的股权、该股权受让人的身份信息、拟签署的股权转让协议、股权转让价款。本轮投资方有权在收到转让通知后 30 日内书面回复转让方是否同意出售，是否行使优先受让权。如果没有优先受让权条款存在，那么融资方不受禁售条款约束，当其准备向第三方转让股权，那么投资人就没有了优先于其他股东和第三方的权利。

总而言之，优先认购权，其本质是投资人享有的优先于其他股东和投资人的优先投资项目的权利，是投资人保持自己股权不被稀释，以及增加持股比例的重要手段，尤其在好项目面前，投资人争抢激的情况下，这个权利显得尤为重要；优先受让权，本质是投资取得的优先于其他股东取得融资方转让股权的权利，也是投资人增加持股比例的手段，是限制第三方尤其是不希望进入公司的第三方进入公司的方法。

（二）强制清算权与优先清算权：投资人的救命稻草

1. 强制清算权

在投融资过程中，任何投资人都会有投资失败的项目，甚至很多时候成功的项目要少于失败的项目。一个被投项目面临失败，或者项目发展没有达到预期，又或者出现某些约定的情形，投资人觉得早点把项目结束更符合自身利益的时候，往往想降低损失，把项目提前清盘，从而实现退出项目的目的，这就是所谓的强制清算权。因此，可以给强制清算权进行简单的定义，就是投资人在投资协议里规定，在出现约定的情形时，投资人有权要求公司和创始股东配合，对公司进行清算破产，将公司财产按照约定的分配方法进行分配，实现投资人退出项目的目的。

哪些情况要约定投资人享有强制清算权？投资人要进行强制清算，从项目上看，通常因为两个原因，一个原因是项目发展未达预期目标，另一个原因是融资方或者项目出现严重违约或违规情形。从融资方的角度看分为两种情况：一种是融资方主观上有过错，投资人要求强制清算；一种是客观上项目发展不好，投资人要求清算。

2. 优先清算权

优先清算权，是指"清算事件"发生时，投资人在清算财产分配过程中享有优先顺位的权利。清算事件主要包括如下几个方面，如公司资不抵债的破产清算，这个也是《公司法》中所规定的清算；如公司按照公司章程或法律、法规的规定的清算或根据有管辖权法院的命令或判决而终止经营；比如公司向任何实体或个人转让或转移全部或实质上全部的资产以及其他导致控制权变更的合并、收购，以及出售、租赁、转让、以排他性许可或其他方式处置公司全部或大部分资产的事件等视同清算的情形。根据谈判情况，投资人有三种清算优先下的分配模式：

一是先拿回优先分配额，再按比例和其他股东一同参与剩余财产的分配；二是在按比例分配能拿回优先分配额时，全部股东按比例分配，否则，拿回优先分配额后不再参与剩余财产的分配；三是拿回优先分配额后参与分配，但会设置一个分配上限，即超过上限后，不再获得超过部分的分配。在公司卖了个好价钱的情况下，按照持股比例进行分配也许会比上限金额更高，因此在第一种情况下，投资人应保留一个放弃行使清算优先权、转而按照持股比例进行分配的权利。

清算分配的顺序是怎么样的？如果投资的项目发生了约定的视为清算事件，那么公司的财产应该怎么分配？按照法律规定，公司清算先要支付清算费用、职工工资、社会保险费用，缴纳所欠税款，偿还公司债务等。如果还有剩余，那么按照优先清算权条款，投资人可以要求先偿还投资款本金以及约定好的每年利息。

如果发生剩余资产不够满足投资人怎么办？一种方案是，认栽；另一种方案是，约定了特别条款，在清算优先权条款中加上特定股东的补足义务，要融资方承担责任，当公司的剩余财产不够了，由融资方拿自己的钱补偿给投资人的本金及利息。这种情况要看投资协议的约定。

（三）反稀释条款：价格保护机制

一般而言，反稀释条款系指如下条款：当公司后续融资的估值低于投资人投资公司的估值（或该估值按一定的年化回报率计算的数值）时，投资人有权要求公司和/或创始人采取一定的措施，以回溯性地调低投资人投资公司的估值到约定的相应估值水平。需要说明的是，"广义"的反稀释条款除包括对股权价值的反稀释之外，还包括对持股比例的反稀释。对持股比例的反稀释是指投资人为应对其在公司的持股比例因公司新一轮融资被动降低而采取的保护性措施，如通过跟投条款、强制创始人转让股权、调整转股价格等来维持投资人在公司的持股比例。

如上所述，反稀释条款是对投资人持有公司股权价值的保护；反过来，也是对创始人等股东所持公司股权价值的稀释——创始人等股东不仅面临新一轮融资"低估值"的创伤，还需要为此付出额外代价去弥补投资人的损失。有鉴于此，虽然投资人大多倾向于选择对其最有利的完全棘轮条款并尽可能争取较少的反稀释条款的限制适用条件，但是，公司和创始人亦可适当争取对其最为有利的广义加权平均条款。

此外，公司和创始人还可以本着商业合理性和交易惯例适度地设定反稀释条款的适用例外情形（换言之，在例外情形下，即便是折价融资，也不触发反稀释机制）。实践中，公司和创始人可提出的例外情形具体如下：①在投资人投资公司之前，已发行的或者经投资人同意后发行的可转换债权、认股权证、期权等金融工具实际转换/行权时发行的股份；②公司内部权力机构（如股东会、董事会等）批准的、以发行公司股份/股权方式作为支付对价的公司合并、收购或类似的交易（即换股交易）；③公司内部权力机构批准分配股票股利、股票拆分时发行的股份；④公司内部权力机构批准股权激励计划时发行的股票期权/限制性股票/股票增值权；⑤根据公司内部权力机构批准的债务融资、设备租赁或不动产租赁交易，向银行、设备出租方发行或拟发行的股份；⑥投资人考虑到公司的经营情况，为吸引新的投资人投资公司而主动放弃反稀释权利。

进一步地，在谈判中处于较为强势地位的公司及其创始人还可考虑从以下维度进一步限制反稀释条款的适用（需要指出的是，以下限制性措施并不常见，公司和创始人方面如需提出需要非常慎重，否则将对整个谈判造成不利影响）：①设置更低的触发底价。即只有公司后续融资的价格低于设置的底价时，投资人才可主张适用反稀释条款（当公司后续融资的价格略低于前轮投资人的转换价格但不低于设置的底价时，并不触发反稀释条款）。②限制适用期限。只有在前轮优先股融资后某个时间期限内的折价融资才适用反稀释条款。由于行业发展环境、政策是不断变化的，创始人难以承诺公司的估值一直不断增加，因此，可考虑在可预见的未来一段时间内适用反稀释条款。③限制调整比例。由于反稀释条款的适用将增加投资人的股比并降低创始人的股比，如果致使创始人的股比低于一定数值，则可能使公司的控制权发生变更——这从商业和法律等角度而言都有一些负面效应。故而，也不排除就此进行限制性约定。④限制适用条件。例如，投融双方可在投资文件中约定：当公司达到一定的经营目标、资产、净利润时，反稀释条款不再适用；只有前轮投资人参与公司的后续融资，才可以保有其要求行使反稀释的权利。

当然，在具体的风险投资项目中，反稀释条款究竟应当适用何种调整机制、公司/创始人能否要求设置适用例外情形或适用限制条件，以及该等例外情形和适用限制条件具体为何，取决于该项目中投资人的投资意愿、公司/创始人的融资需求以及投资人与公司/创始人的相互谈判地位等多个因素。当公司/创始人要求对反稀释条款设置相应的适用例外情形或适用限制条件时，投资人亦可要求对该等适用例外情形和/或适用限制条件进行进一步的限制和排除。例如，就相关适用例外情形中列明的融资/并购交易，是否应限于为事先得到投资人同意的融资/并购交易（换言之，未经投资人同意，投资人仍享有反稀释权）？再如，就相关适用限制条件，投资人可以拒绝接受（毕竟该等限制在风险投资中并不特别常见）或者设置对投资人更为有利的要求。境外风险投资中的反稀释条款是基于适用法律允许的优先股设置、通过调整优先股的转换价格来实现股权价值的反稀释目的。然而，现行的中国法律环境下暂无优先股的生存土壤，并且在中国法下还存在注册资本制度的限制，因此反稀释条款需要做适当的改进，以在中国法下具有更强的可执行性。一般而言，反稀释条款在中国法下可以有以下几种实现方式。

1）创始人无偿转让或以名义价格转让股权。公司未来进行折价融资导致前轮投资人的股权价值被稀释的，前轮投资人可按照反稀释条款的约定计算差额股权，由创始人向其无偿或以名义价格转让差额股权。需要注意的是，根据《股权转让所得个人所得税管理办法（试行）》（国家税务总局公告2014年第67号），不具合理性的无偿让渡股权，视为股权转让收入明显偏低，主管税务机关可以核定股权转让收入。因此，创始人如接受无偿转让方式补偿投资人的,还需考虑潜在税负风险。投资人通常会在反稀释条款中约定创始人以最低税务成本且相关税费由创始人承担的方式向投资人无偿转让差额股权。此外,如果公司在该轮融资之前有过融资,即公司除了本轮投资人和创始人,还有其他投资人或其他现有股东,则在采取以股权转让方式执行反稀释条款时,为谨慎起见,建议同时明确约定其他投资人或其他现有股东应当对此股权转让予以同意,并放弃其所享有的任何法定或约定的优先购买权。

2)公司发行新股/新增注册资本。在中国法下,反稀释条款的另一种实现方式为公司以适用法律允许的最低价格发行新股/新增注册资本补偿投资人。需要注意的是,由于《公司法》设置的股东实缴出资的强制性义务规定(即原则上每一新股/每一元注册资本的发行价格至少不低于票面价格,即每股/每一元注册资本一元),以公司发行新股方式/新增注册资本补偿投资人的方式需要考虑公司本身的股本/注册资本额,如果股本/注册资本额已经较高,理论上投资人取得新股/新增注册资本所需支付的出资款也将较高。此时,投资人可以同时要求由创始人承诺无偿提供资金支持用于认购公司发行的新股/新增注册资本。

3)现金补偿。反稀释条款还可约定由公司或创始人以现金方式补偿投资人因公司折价融资被稀释的股权价值。当然,公司以现金补偿投资人是否具有可行性还须进一步评估,例如公司以现金补偿是否会被认为股东变相抽逃注册资本,或者是否会被认为损害公司债权人利益,从而影响公司现金补偿约定的合法性,投资人均须予以全面考虑。

结合上述补偿机制,不难看出,在境外风险投资中,主要通过调整优先股转换价格来实现投资人的反稀释补偿目的,操作相对容易,一般仅需在后续融资中同步调整股东协议、公司章程中优先股的转换价格条款即可,而无实质上的弥补股权价值的动作,通常也不会涉及创始人的直接补偿义务;但在国内风险投资中,由于缺少优先股的设置,且国内司法机构对于公司向股东进行股权/现金补偿的法律效力存在一定程度上的争议,因此反稀释的补偿更多要通过绑定创始人来予以保障和实现。

(四)董事会席位保护性条款:"控制功能"最重要的条款

作为由公司最高权力机构股东会所委派或选举的董事会,其结构设置无疑是除股东会外,在公司治理中最为关键的环节。实践中,投资人通过在董事会中占据席位、引入独立董事等措施,实现其对目标公司的治理。"增资协议"中实现控制功能的关键条款便是董事会条款与保护性条款。因此,融资交易中如何均衡投资人与创始人在公司管理权利上的控制权分配,是设计董事会条款的主要考虑因素,也是董事会条款的意义所在。

董事会的表决机制关键在于所有董事拥有同样的表决权,实行多数决原则,体现少数服从多数的集体决策模式,以此取代小规模创业时期凸显效率的独裁决策方式。这也是董事会发挥管理、决策、监督作用的核心。

根据《公司法》的规定,有限责任公司和股份有限公司设立董事会的,人数分别不能少于三人和五人。当目标公司进行第一轮融资时,创始人由于还拥有公司的绝大部分股权,应尽力争取在本轮融资完成后,仍持有不少于60%的股权以及董事会的大部分席位,融资后结构如下表:

表 6-2　第一轮融资后结构

		创始人	投资人
股权比例		60%	40%
董事会席位	有限责任公司	3	2
	股份有限公司	2	1

无论是总人数为三人还是五人的董事会，创始人与投资人的谈判应坚持表达：作为公司最高权力机构的董事会，其组成成员需要反映出公司所有权的分布比例。如果投资人希望保护其投资回报的，应该通过其他保护性条款做出制约，董事会的组成基础应以全体股东的利益为出发点。但在实践中，投资人往往借由手握重金，不愿接受上述结构安排。此时，可以通过一种变通的解决方案，即引入一名独立董事，形成如下结构：

表 6-3　引入独立董事的结构

		创始人	投资人	独立董事
股权比例		60%	40%	—
董事会席位	有限责任公司	2	2	1
	股份有限公司	1	1	1

不过，财力雄厚的投资人所推荐的独立董事，无论从社会地位还是专业水准而言，都可能是公司难以拒绝的大佬。这样的独立董事的意见和立场有极大可能倾向投资人一方。那么对于创始人而言，在独立董事非经董事会一致同意产生，或者独立董事并非由创始人推荐产生之极端不利的状况时，创始人可以采取的解决方案，便是与投资人达成一致：要求无论在任何时候，一旦公司增加了一个新的投资人，便要相应地在董事会中增加一个创始人的席位，避免在完成下一轮融资后，创始人被完全踢出董事会。

投资人可能带着天使的光环，向创始人建议董事会构成规则中写入由公司 CEO 占据创始人的一个董事会席位。在公司的创业初期，CEO 一般就是创始团队的成员，与创始人站在一边。但是，CEO 是可以被董事会改选罢免的，一旦更换了新的 CEO（可能是一名专业的职业经理人），且其与投资人是处于同一阵线的话，对创始人而言，便是失去了一个重要的席位，而且只能哑巴吃黄连，有苦说不出。

理智地分析，随着公司的壮大，一名更加专业的职业经理人，可能比原有的 CEO 更胜任这个职位。那么，我们不妨为这名新任 CEO 专设一个董事会席位，将董事会的结构做如表 6-4 所示的修改。

并且可以约定，董事会中创始人的席位由创始人的股东选举产生。当然，一般而言董事会人数倾向于设定为奇数，以避免产生同票的表决，对上述表格中的四人董事会结构，可以多增加一名由 CEO 提名经董事会一致同意并批准的独立董事以做平衡。

表 6-4　引新 CEO 后的结构

		创始人	投资人	独立董事	CEO
股权比例		60%	40%	—	—
董事会席位	有限责任公司	1	1	1	1
	股份有限公司	1	1	1	—

（五）保护性条款：投资人的一票否决权

1. 保护性条款的诞生逻辑

"资本多数决"为在公司治理通常的逻辑下的决策原则。这一点在普通法系或大陆法系中均得到印证。我国公司法律规范中亦明确指出股东应按照其持有股份比例行使表决权。根据表决事项之区别，"资本多数决"决策原则项下包含股东会（股东大会）决策，和董事会（执行董事）决策；可分为简单多数决（股权比例 1/2）和绝对多数决（股权比例 2/3），而后者虽采取"一人一票"原则，但董事数量与投资人出资额占比息息相关，涉董事会决策亦存在简单多数决（董事人数 1/2）和绝对多数决（董事人数 2/3）。一般来说，凡公司运行重大事项，均须经过此种决策程序方可获得有效决策。

投资人欲保持其对融资公司因先投资而获得的优势或控制地位，存在通过股东会（或股东大会）或董事会影响决策这两条路径。投资完成后单个投资人的持股比例一般不能达到控股股东的程度，即在绝大部分情况下不超过 10%（最高不足 30%）。依据"资本多数决"的逻辑，投资人作为股东，其仅通过派送代表进入董事会担任董事的方式并不能充分保证其在公司决策中的优势或控制地位，因董事会通过董事人数表决的方式是建立于"资本多数决"的基础之上的。因此，投资人在公司运行决策中相当于小股东地位，很难在重大事项决策前和决策中施加实质的影响；在无其他约定的情况下，投资人只能通过股东代表诉讼等事后保护机制维护自身权利。很显然的是，这种机制缺少对风险的预防。

因此，在降低投资人投资风险和尊重公司内部决策逻辑的不断权衡中，保护性条款应运而生。

2. 保护性条款的概念和内容

保护性条款即投资人为保护自身利益与融资公司签订的条款。具体言之，即在融资公司作出或将对投资人利益有所损害的决策时，投资人的同意为决策有效的必要条件。在形式上，该条款可以表述为"目标公司如对外投资金额超过 × 万元，须投资方许可"等。

保护性条款的事项内容受多种因素综合影响，为投资人和融资公司创始股东博弈的结果，该条款往往诞生于投资人和融资公司的非对等状态下的谈判，其中存在保护性、对赌性条款。据此，两方谈判地位的差距直接影响保护性条款中投资人权利范围大小、所附条件有无。同时，根据风险投资项目类型、融资公司所属行业的不同，保护性条款亦将产生区别。此外，公司估值、投资后管理能力的不同，亦会造成影响。通常在投资人对融资公司信心不足时，投资人预计存在较大投资风险，此时保护性条款内容更加苛刻，条款中容错机制的规定亦越充分。基于实践经验，可将典型优先股保护性条款内容总结如下。

1）影响投资人股东的权利和地位的重大事项：对投资人股东优先权、特权的改变；批准或创设等于或优于投资人优先权利（以优先分红权、回赎权、优先清算权等经济性权利为主）的证券（包括股本性证券和债权性证券）；发行新证券（包括股本性证券和债权性证券）；批准、实施、变更员工股权激励计划等。

2）公司治理重大事项：修改公司组织章程；实质性变更公司经营范围及经营业务；变更董事会人数、架构、董事权利；任免公司高管和核心雇员、决定其薪资及涨薪幅度等。

3）公司日常运营重大事项：变更、批准公司预算、投资计划、开拓新业务领域；集团的法律结构变更；盈余分配、资产处置、借贷、担保相关问题；公司高管人员任免、会计政策变更；员工薪酬标准的调整等。

4）公司资本运作重大事项：公司合并、分离、清算、解散相关问题；募集新股、股份回购；公司上市计划制订与变更等。

除此之外，公司鉴于对业务经营、资本运作、政策等多种因素的考虑，常会设立多家由融资主体通过股权或协议实际控制的子公司，形成集团公司，如果保护性条款的范围仅涉及融资公司自身事项，则不能完整保护投资人利益，故投资人或要求将保护性条款镜像适用于集团的全部实体。

3. 保护性条款的适度性

如前面所述，保护性条款为投资人干预融资公司决策提供极大便利，体现其先行投资的时间优势、降低投资风险。但需要注意的是，对其而言保护性条款的范围也并非不受法律和商业逻辑限制。

因保护性条款通常涉及公司运营与治理中的重大事项，一票否决的存在或将干扰融资公司正常决策秩序和新业务开拓。第一，保护性条款内容不能与法律、法规强制性规定发生冲突。如《公司法》第四十三条中股东绝对多数决事项、第四十八条中董事会一人一票原则等，均不能通过保护性条款予以排除。第二，保护性条款在行使中通常体现为核心事项的否决，在公司决策机构长期无法做出有效决策的前提下，易形成公司僵局。纵然《公司法》中规定僵局的解决机制，但该机制耗费大量时间和金钱成本，且解决结果并非当然能够使各方满意。第三，考虑到融资交易的惯例，新投资人享有的权利通常优于或者等同于现有投资人的权利，在对有现有投资人约定的保护性条款范围过宽时，一方面新投资人将提出相同或更加苛刻的保护性条款；另一方面与多方投资人的谈判成本亦会显著增加。综合以上考虑，保护性条款的范围应控制在合理范围之内，这既是投融资双方共同的利益诉求，又是公司良性运行应有之义。

（六）回购权：投资人的自保退出渠道

股权投资中必不可少的一个环节是退出方式。有一种退出方式叫回购，这种方式适用于发展比较成熟但是否能 IPO 还不确定的企业。实践中，很多股权投资都采用回购作为主要或次要的退出方式。

公司回购股东股权的法定事由主要见于《公司法》第七十四条、第一百四十二条。对于有限责任公司的股权回购，《公司法》第七十四条规定，有下列情形之一的，对股东会该项决议投反对票的股东可以请求公司按照合理的价格收购其股权：（一）公司连续五年不向股东分配利润，而公司该五年连续盈利，并且符合本法规定的分配利润条件的；（二）公司合并、分立、转让主要财产的；（三）公司章程规定的营业期限届满或者章程规定的其他解散事由出现，股东会会议通过决议修改章程使公司存续的。对于股份有限公司的股权回购，《公司法》第一百四十二条规定，公司不得收购本公司股份，但是，有下列情形之一的除外：（一）减少公司注册资本；（二）与持有本公司股份的其他公司合并；（三）将股份奖励给本公司职工；（四）股东因对股东大会作出的公司合并、分立决议持异议，要求公司收购其股份的。

在私募股权投资协议中，投资人为了减少投资损失顺利退出投资，设置了股权回购条款。但是由于股权回购条款的实施而产生争议的案件有很多，所以股权回购条款的合理制定就是保证其能够顺利实施的重要保障之一。制定一个能够得到司法认定的股权回购条款就十分重要。

1）股权回购的主体选择要适合。一般来说，投资方应该选择信用高的原股东作为回购主体。因为在司法案例中，法院认为将公司作为回购的主体会损害其他股东和债权人的合法利益，对股权回购条款的审核会更加地严格，也可能会被认定为无效。不过公司可以为股东提供担保，这能够增强信用，为协议提供更强的保障，也能够在股权回购条款实行后投资者最终更加顺利地退出投资。

2）股权回购条款的设计要合理。可以制定与回购条款相对应的奖励条款。为了平衡双方的权利义务，可以在设计股权回购条款时，针对投资方设置一些追加投资或给予管理层激励条款等，给予融资方一些奖励。这既能够加强对于融资方的激励，使融资方更加积极地利用投资来经营，降低投资协议的风险，也能够维持缔约双方权利义务的平衡，使股权回购条款在司法审判时更容易被认定为有效，更大限度地保障股权回购的顺利进行。

3）协议制定的程序也要合法。协议的签署要经过股东会决议与公示，这能够保障相关股东和债权人的知情权，更能够证明合同签订双方的意思表示真实。这使得条款的有效性能够得到保证，在双方冲突时能够降低股权回购条款被司法机关认定为无效的概率。除此以外，股权回购纠纷一定程度上由于投融资双方对自身以及对方的评估的不合理造成的。一般情况下，融资方通常容易估值过高，造成不能实现预定的目标从而导致投资方利益受损的后果。这不仅对投资方的利益造成了损害，对于自身企业的发展以及中小股东的利益和债权人的利益都造成了一定程度上的侵害。所以融资企业要对自己企业的财产、经营等能力进行科学评估，拿出一份科学的报告，使协议制定以及股权回购条款目标的制定更加合理。投资方也不能过分依赖股权回购这类条款，应当对于融资公司的经营进行合理有效的监督，控制融资的风险，使得自己的投资实现收益最大化。

（七）领售权：投资人的"强卖权"

私募股权在进行投资时，投资方为保障其退出，通常在股权融资系列协议中会与非上市公司股东之间对领售权进行约定。领售权，又称拖售权、拖带权、强制出售权，是指特定条件下，领售股东（风险投资人）有权要求其他股东（主要指创始人股东和管理股东）按照领售股东与第三方（收购方）达成的交易条件，共同出售所持目标公司股权的权利。领售制度实质上赋予了投资人单方面决定整体出售公司的权利。

设置领售权主要是为了保障股权投资者能够更便捷地退出被投企业。在投资方谈判地位较高时，投资者通过股权投资可获得被投企业大部分的股权。在其以股权转让实现退出时，通常倾向于选择出售给同行业内的公司，包括上下游公司或者同业竞争者；而这样的企业通常基于战略布局以收购整个被投企业为目的进行股权交易，因此出售股权的数量可能影响着购买者的意愿。公司领售事件导致公司全体股东变更，必须修改公司章程。根据《公司法》的规定，修改公司章程须经2/3表决权股东同意。该规定系强制性法律规范，交易方无法通过协议约定排除其适用，无疑会加大领售的门槛要求。如果交易方约定的领售主体达不到法律规定的要求，为了使领售交易的商业安排合法，领售主体须促使其他股东跟随领售主体投票赞成领售交易。如果投资者与原股东或创始股东的股权一同出售，则股权转让行为实际是公司控制权甚至是公司的出售，基于协同优势增加，直接影响拟售股权的价格。在该情形下，领售权的实现有赖于司法实践与领售主体以外股东的诚信履约。作为对该不确定法律风险的救济，可以约定非领售主体较高的违约责任。对于战略投资者而言，领售权也有助于投资者以其公司并购被投企业或者出售被投企业资产，调整被投企业的业务方向等。另外，领售权的事先设置能够防止原股东或创始股东阻碍投资者顺利出售股权，同时有利于降低事后与创始股东谈判协商的成本。

领售权触发主体由投融双方在协议中根据实际情况和需求进行约定。常见触发主体可以为持有绝大多数股权的股东、绝对多数的股东、持有一定数额可转换优先股的股东或直接约定为股权投资者。首先，对股权投资方而言，在其谈判地位较高时，通常直接约定其为领售权行使主体。其次，对于持有多少比例股权的股东可以行使领售权这一问题，在投资方为领售权行使主体的情况下，投资方倾向较低比例而受领股东肯定会对比例条件作更高的限制。譬如，约定合计持有不低于40%股权的投资方拟向第三方转让其持有股权时，有权要求协议中受领股东根据同等条件转让股权。持有股权比例的约定取决于双方的谈判筹码。再次，行使主体拟转让的股权达到多少比例方可触发领售权，也是投资者和原股东之间的博弈。譬如，约定投资者拟在单个交易或一系列交易中向第三方转让其50%或以上的股权，则投资者有权要求本协议受领股东根据其与第三方间协议约定的条件按比例转让其股权。另外，对于有多名领售权人，并且在分别行使不同领售权时，应当比较分别与第三方达成交易条件的优劣程度。基于全体股东的整体利益，应当由达成最优交易条件的领售权人行使领售权。

关于行使程序中的通知程序。根据《公司法》规定，有限责任公司的股东向股东以外的第三人转让股权应当书面通知其他股东，领售交易本质上作为股权对外转让也应当依法履行通知程序。而作为特殊的股权转让交易，通常在双方在协议中会约定领售股东应当在一定期限内及时向受领股东履行书面通知义务，通知的内容通常包括受让方的相关信息、拟转让的股权数量、转让对价及支付形式以及其他重要的条款和条件；通知同时应当详细说明受领股东应当转让的股权数额，不超过（受领股东所持有的股数 × 领售股东拟转让的股权数量 / 领售股东所持有的所有股权数）。受领股东将根据通知中载明的条款和条件参与到该项交易中。

根据《公司法》规定，有限责任公司的股东向股东以外的第三人转让股权，应当经其他股东过半数同意。经股东同意转让的股权，在同等条件下，其他股东有优先购买权。领售权条款是需要优先于投资协议其他条款中关于优先购买权、优先认购权及重大事项否决权的规定的。所以一个比较完备的领售权条款应当载明，领售权的适用将不受限于投资协议中的优先购买权、优先认购权、重大事项否决权的约定。但是，在某些对普通股股东有利的安排中，会约定一个特别的优先购买权，在领售股东发起整体出售时，会给被拖售的股东一个时间窗口期；在这段时期里，被拖售的股东有权按照同等的条款与条件自行或安排第三方收购领售股东持有的这部分股权。对领售权人而言，在同等条件下，将股权转让给第三方还是受领股东，二者并不会产生多大的差异，均能让自己退出。但是对受领股东尤其是创始股东而言，优先认购权的行使能够购回公司的股权，可以防止落入竞争对手等第三方。由于《公司法》规定可以以公司章程的规定对优先认购权另作安排，领售权人通常可以通过章程安排排除受领股东优先购买权的行使，以顺利行使领售权。

董事会、股东会决议，涉及并购、重大资产处置的交易，根据《公司法》的规定，应当提交董事会和股东会进行决议，并且必须经代表三分之二以上表决权的股东通过。如果领售股东所持表决权超过三分之二时，股东会决议通过该项交易并无阻碍。而当其所持有的表决权不足三分之二时，领售权股东通常会在协议中设置受领股东必须同意表决交易的约定。

领售股东为了顺利实现领售权，通常会在协议中约定受领股东不得转让或对其股权及股权权益进行处置或者将该等股权表决权作有关任何安排或协议，并且应当配合并采取一切领售股东认为合理必要的行动以完成共同出售股权的交易，包括但不限于投票表决同意本次交易（包括同意本次交易结构），为并购或者出售所有或者绝大部分目标公司资产，并且反对任何可能阻止、阻碍本次交易完成的任何行动或者建议；与股权受让方签订协议，与领售股东就本次交易承担相同的陈述、保证以及与本次交易相关的费用等义务。为了确保受领股东能够履行其义务，双方通常会在协议中约定，受领股东将不可撤销地委托投资者就本次领售交易行使其投票权、出具同意书，只有当受领股东未能履行其义务时，投资者有权作为其代理人投票和出具同意书。同时要求非领售股东出具相应的法律文书以实现委托代理权。

为避免非领售股东不履行出具相应要求的文书或者必要的股权变更程序等义务（如

在中国需要进行工商变更登记），领售股东通常还会对其股权及对应的权利进行限制，如在协议中约定受领股东在不履行义务下，应视为受领股东同意转让股权，并在股东登记簿予以变更，同时其将丧失投票权，不享有任何股息以及作为公司股东的任何其他权利，在公司清算时，其权利次于其他股东。

双方根据公司的发展情况等实际情况约定领售权的消灭，如当公司完成了首次公开发行时或在此之前已实现并购，领售权将终止。因为公司实现了 IPO 或并购，则对投资者而言，就有了其他的退出渠道，能更顺利地实现退出。领售权作为舶来品，其相关问题目前在我国法律尚未有明确规定，因此投资方在设计领售权条款时，在保障投资方退出权利的前提下，还应当注意避免排除协议另一方的权益，避免违反公平原则以致使条款产生效力瑕疵。

（八）如何设计领售权

投资者与创始人之间对于领售权条款的设计类似于矛和盾的关系，投资者希望触发条件越少越好，可强制共同出售的股份比例越多越好，而创始人在此方面却恰恰相反。创始人和投资者在具体设计领售权时，应根据自身实际情况和议价能力着重考虑以下方面：

1. 领售权的触发条件

领售权的触发条件，关乎着领售权何时被触发的问题，也是创投双方在风险投资协议谈判中重点关注的一点。协议中有的会将该条件列为"在本轮融资满 5 年后"，有的则列为"若公司在 5 年内未成功上市"，有的则列为"公司被第三方收购或者有重大资产出售"，还有部分协议只是说明在"一定条件下"，并未列明具体条件。可以参考约定的事项有：经营业绩是否能够达到上市标准；股票发行与审核制度是否发生了重大变化；股票发行审核机关暂停股票发行上市的审核；目标公司经营性净利润或主营业务收入比上一会计年度下降 50% 以上；目标公司实际经营业绩低于承诺业绩的 50%；目标公司或其创始人在经营过程中存在重大过错的。

2. 领售权的行使期间

领售权的行使期间可以触发条件为界限分为两个阶段，第一个阶段是可触发领售权的时间阶段，例如在投资者投资目标公司 3 年后，领售权方进入可触发期；第二个阶段是在领售权被触发后，投资人应当给予原始股东合理期限寻找合适的交易方接手即将转让的股权。

3. 行使领售权的股权转让价格

在实践中，大部分领售权条款一般与清算优先权条款一同出现，而清算优先权的出现往往会导致部分股东（尤其是创始人）在公司被收购时血本无归。为防止领售权人以过低价格出售股权，创始人可以设定最低的"领售权"行使价格，同时也可以约定价款的支付方式，以保证即使领售权被触发，创始人也会有最为基本的收益，不至于血本无归。

4. 设置股权转让对手方的负面清单

为了防止利益冲突，增加领售权的行使难度，创始人可设置行使领售权的负面清单，例如创始人团队的竞争对手，本次领售权的发起方及其关联方等。FilmLoop一案中的投资人就是通过其投资过的其他公司作为交易对手，这种交易的安排存在着巨大的道德风险和利益输送的可能。

5. 程序

在程序方面，创始人与投资人可约定相关程序条款来保证交易双方的公平。领售权条款一般需要写明领售权行使时领售权人需要提前履行提前通知的程序，包括按照协议规定的时间和程序将该等收购要约及条件通知给其他股东。这条虽然属于程序性规定，而且很多协议中约定非常简单，甚至没有约定，但其实不可忽视。一般情况下，投资者会要求如果超过一定比例的投资者提出行使领售权的要求，其他优先股股东和普通股股东应予以同意。但投资者所持股相对整个公司来说毕竟少数，因此还可以约定一些条件，例如投资者行使领售权需要经公司董事会审批等，这也可以保证领售权交易上的公平正义。

6. 确认领售权条件是否确已被触发

在很多投资项目中，触发领售权是一件较为困难的事情，因为项目本身可能对领售权的生效就设置了两个维度上的标准：一是时间标准，约定领售权仅在自本轮融资交割起若干年后方可行使；二是估值标准，设定出售价格不低于最低公司整体估值的金额，或出售价格超过了本轮投后估值的若干倍数。

此外，领售权一般是在投资人无法行使其他权利的情况下的挽救自己投资的最后一根稻草，例如在俏江南一案中，因俏江南无法按期上市触发了股份回购条款，俏江南无力履行股份回购条款从而触发了领售权条款。因此，一旦投资人决定行使领售权时，首先需要做的就是根据投资协议确认领售权条款是否已经被触发，这是后续工作的关键。

7. 确认行使领售权的交易对手方是否适格

一般情况下，交易双方在设计领售权时会明确交易对手方是否包括投资者的关联方或投资过的其他公司，如上文所述，为避免利益输送等道德风险，在设计领售权条款时通常会明确排除将创始人的竞争对手、投资人的关联方或投资过的其他公司作为潜在交易对象，当然也有例外情形。但是，如果投资协议中没有就领售权的交易对手予以约定或限定，触发之后的交易对手是否可以为交易双方的关联方便会成为一个非常关键的问题。如果领售权条款中将交易对手仅限于"第三方"，那么交易双方的关联方是否能够成为交易对手，则是仁者见仁智者见智，如果涉及的利益比重较大，最终可能只能通过司法途径解决。

8. 注意其他股东优先购买权的行使

按照我国法律规定，有限责任公司内部股权转让时，其他股东具有同等条件下的优先购买权，但是，被行使领售权的股东是否还会具有《公司法》规定的优先购买权，这一点尚存疑问。首先，从领售权的设计初衷来看，领售方意在一并出售公司其他股东的股权,若承认优先购买权,那么通过优先购买权的方式获得的股权也应归属于领售权标的范围内。其次,被领售方只是将其当时持有的股权纳入领售权辐射范围之内,其他股权(包括通过领售即将获得的股权)并未被纳入领售范围之内。从逻辑上看,上述解释似乎可以接受,但是在实践中,此种情形下的领售方与被领售方常常各执一词,导致最终诉诸法院。因此,应当提前做好领售权的设计。

(九)共同出售权:融资中的"捆绑销售"

1. 共同出售权的概念和诞生逻辑

这里所说的共同出售权(或称"随售权")与之前所提的优先购买权在一定程度上存在类似的功用,均为当融资公司创始股东转让股权时对投资人的保护。但这二者行使方式上截然相反,优先购买权为投资人对于融资公司创始股东转让的股权,得以优先购买(买入期权);而共同出售权则为当发生前述情况时,投资人可要求受让方按其出资比例一同受让股份(卖出期权)。概括地说,共同出售权系当融资公司创始股东欲转让其股份时,投资人享有相同条件下请求股权潜在受让方将投资人股份一并购买的权利。

如前文中所述,投资人在目标公司融资完毕后,通常不能作为控股股东决定公司运营决策,其目的亦不在此。一方面,风险投资中对于融资公司创始股东的信任至关重要,在相当程度上,投资是对人的投资,所以融资人需要在投资前谈判中彰显与投资人共同进退的决心。另一方面,绝大部分投资人作为仅有10%股份(一般不超过30%)的小股东,与信息获悉程度和话语权均有差距,故投资人希望与公司大股东进行利益绑定,从而承担最低限度的商业风险。

投资人欲绑定融资公司创始股东,在投资条款清单中通常存在禁止融资公司创始股东在未经投资人同意的情况下转让其股份之特约。从这个角度看,共同出售权发挥效用的空间相对有限。但是根据共同出售权的内涵,其目的之一亦在于股份的变相禁转。同时,对融资公司而言,因资金的周转速度与安全性成正比,故融资公司创始股东也需要审慎考量投资人共同出售需求与股权流通性这两个因素,在协议条款中做出平衡。禁止转让股份的特约虽然可以达成这种绑定目的,但是在股权的流通符合正常商业逻辑下,禁止转让特约可能对公司的融资、股权结构调整造成消极影响。

所以在制度设计层面上,为防止融资人获得投资后提前套现,保证投资人顺利退出融资公司,共同出售条款应运而生。

2. 共同出售权的内容设计和行使

涉及股权转让的条款集中于《公司法》第七十一条,该规定第四款明确"公司章程对股权转让另有规定的,从其规定",故共同出售权的内容设计存在较大的施展空间,并不存在法律上的实质性障碍。即在不违反法律、行政法规强制性规定的前提下,赋予投资人与融资公司创始股东之间充分的协商自由。

约定共同出售权的典型示范条款为"若创始股东拟向第三方出售其持有的目标公司股份,投资人有权要求受让方以与受让方向创始股东所作要约的相同条件购买投资方所持有的目标公司股份"。同时,融资公司创始股东存在促成投资人与受让方交易的义务。

在约定完成后，共同出售权的行使存在以下几个关键：

1）融资公司创始股东欲向拟受让方转让其持有股份；
2）融资公司创始股东向投资人发出转让的通知；
3）融资公司创始股东向投资人告知拟受让方情况和拟转让价格；
4）投资人自行决定是否共同出售其持有股份。

需要注意的是，基于合同相对性原理，投资人和融资公司创始股东之间的协议约定效力不及于股份的潜在受让方，故存在受让方不欲购买投资人股份的情况。此种情况下投资人有必要做出反向安排，即与融资公司创始股东约定要求转让方购买转让失败部分股份，或要求转让方不得进行转让，以此达成共同出售的目的。

根据一般商业逻辑和投资人的利益诉求，共同出售权原则上不能覆盖全部股权转让情形，如在公司股权回购行使员工持股激励计划；符合投资条款清单中其他为保护投资人利益而需转让股权；转让涉及如婚姻、继承等人身属性；不可抗力；生效判决执行等情形下，共同出售权存在一定程度的行使限制。

除此之外，共同出售权的内容设计中还需要考虑股份转让时如何向受让方进行通知、信息披露；费用负担；受让人拒绝受让股份造成转让失败后责任的分配；共同出售权与公司章程内容之间的衔接等问题。总而言之，共同出售权的各种要点均须依据具体交易行为进行细化约定。

（十）最惠待遇条款：自动享有的"优惠券"

实际上作为投资人，都会有个心态，那就是投资了一个项目，拿到了股权，付出了金钱，获得了一些投资人特权，如果这个项目还要继续融资，后面投资人进来的时候，很有可能会向融资方要一些之前的投资人所没有的权利，甚至是特权。那么此轮投资人该怎么办？最好能要求和后面投资人一样，享有这些权利或者特权，并在投资协议中签署这样的条款。这就是最惠待遇条款，又被称为最优惠条款、最惠国待遇条款。在投资协议中，最惠待遇条款一般的表述是：如果公司在将来的融资中，对新投资方存在比本次投资更为优惠的条款，则该等更优惠条款，将自动适用于投资方所拥有的公司股权。即作为本轮投资方，和项目方签订了投资协议，并且签署了最惠待遇条款后，那么项目方此后融资中，如果给了新投资方比其更优惠、更好的条款，这些更好、更优惠的条款，本轮投资方也自动适用和享有。对于投资人来说，这个条款是一个特权条款，不但对融资方来说是特权，对项目后续进来的投资人来说，也是特权。故而后期的投资方也需要对此项进行确定。

因为前期投资人和融资方签署的投资协议中，存在最惠待遇条款，因此若新投资方与融资方签订的投资协议中，约定新投资方在融资方被上市公司收购时，新投资方可以优先退出，那么依据最惠待遇条款，项目的前期投资人就和新投资方同样享有优先退出的权利。从这个项目来看，如果项目整体被上市公司收购，那么投资人和创始股东都能退出。但是如果上市公司只收购51%股权，实现控股即可，必然有49%的股东无法立即退出套现。谁无法退出，就看投资协议约定了。从这个角度看，你会发现：项目前期投资人，因为有最惠待遇条款，取得了先发优势，只要后面的投资人提出某些前期投资人没有的权利，前期投资人都可以自动享有，似乎有了高于后面投资人一等的权利。而对于新投资人来说，必须要取得优先退出的特权，否则就会有无法优先退出的风险。其投资的目的就是已经安排设计好了接盘人，做好了退出的打算，但是因为项目曾经签署的最惠待遇条款，打乱了计划。怎么办？如果不解决这个最惠待遇条款，其优先退出就无法保证，投这个项目就有风险，甚至为前期投资人做了嫁衣。所以，不同的投资人之间也是存在利益斗争的。最惠待遇条款会让前期投资人拥有高于后续投资人一等的法律可能性或者说法律上的权利，但是，对投资人来说，现实中并不是必然能够取得这种可能性。

（十一）知情权：如何设置并执行这项基础权能

知情权，是公司股东的一项正常股东权利。无论持股多少，是公司的大股东还是小股东，都享有知情权。也就是说不论你持股100%还是99%还是1%，你都作为公司的股东享有知情权。而股东知情权是由《公司法》规定的。《公司法》第三十三条规定：股东有权查阅、复制公司章程、股东会会议记录、董事会会议决议、监事会会议决议和财务会计报告，同时规定，股东可以要求查阅公司会计账簿。股东要求查阅公司会计账簿的，应当向公司提出书面请求，说明目的。公司有合理根据认为股东查阅会计账簿有不正当目的，可能损害公司合法利益的，可以拒绝提供查阅，并应当自股东提出书面请求之日起十五日内，书面答复股东并说明理由。公司拒绝提供查阅的，股东可以请求人民法院要求公司提供查阅。这是《公司法》关于有限责任公司股东知情权的规定。《公司法》第九十七条规定，股东有权查阅公司章程、股东名册、公司债券存根、股东大会会议记录、董事会会议决议、监事会会议决议、财务会计报告，对公司的经营提出建议或者质询。这是《公司法》关于股份有限公司股东知情权的规定。简单来说知情权就是，公司股东了解公司信息的权利。而对于投资协议中的投资人，同样也是公司的股东，同样享有《公司法》规定的知情权。但是，投资人的知情权又与《公司法》规定的股东知情权有区别，投资协议中关于知情权一般的规定如下在公司实现合格上市之前，投资人有权获取公司的下列信息及资料：

1）每日历月度结束后10日内，公司未经审计的上一月度财务报表（含资产负债表、利润表和现金流量表）以及上一月度银行对账单。

2）每日历季度结束后30日内，公司未经审计的上一季度财务报表（含资产负债表、利润表和现金流量表）。

3）每日历年度结束后45日内，公司未经审计的上一年度财务报表（含资产负债表、利润表和现金流量表）。

4）每日历年度结束后90日内，经投资人认可的会计师事务所出具的公司的年度审计报表（含资产负债表、利润表、现金流量表、所有者权益变动表、财务报表附注等）。

5）每日历年度开始后30日内，公司经股东会批准的年度财务预算和经营计划。

6）投资人合理要求其他的统计数据、业务及财务信息。

同时约定，投资人代表有权在公司工作时间，对公司的资产财务账簿和其他经营记录进行查看核对，并在合理必要时，公司的经营方面事宜与公司的董事、监事、高级管理人员或公司聘请的专业服务机构沟通,或访问其顾问、雇员、独立会计师及律师。这是投资协议中,投资人作为被投项目股东,所要求享有的知情权。如果比较一下二者的差别会发现,投资人除了享有《公司法》规定的知情权外,作为特殊的公司股东投资人,在知情权的内容范围、获取时限、获取手段上都有了本质区别。从内容范围上看,投资人知情权比一般股东知情权内容范围更广,既包括查阅公司章程、股东名册、公司债券存根、股东大会会议记录、董事会会议决议、监事会会议决议、财务会计报告等常规内容,还包括公司的业务数据、经营信息等各种内容。概括一下就是,投资人股东知情权,基本涵盖了企业的所有信息。从获取时限来看,投资人知情权比一般股东知情权更灵活、更高频。对于一般的股东,知情权的行使一般以半年或者一年为时间点,而投资人知情权,你会发现,以月、季度、半年和一年为时间点,你可以理解为投资人随时享有知情的权利,了解和获取公司信息的权利。从获取手段来看,投资人知情权比一般股东知情权方法更多。一般情况下,作为一个公司的股东,想了解公司信息,行使股东知情权,要向公司发出通知,履行法定程序,行使股东知情权。而投资人股东,除了可以如此做之外,还可以随时随地向董事、监事、高级管理人员或公司聘请的专业服务机构沟通了解公司信息,甚至直接向公司的顾问、雇员、独立会计师及律师了解公司信息,这大大增加了投资人了解公司信息的手段和方法。了解了投资人知情权的内容和特点,实践中关于知情权有没有坑需要躲呢?答案是肯定的。

  第一个是知情权内容坑。在实践中有的项目在知情权内容范围上,常会犯内容不完整的错。比如只要求对公司的财务报表、股东会、董事会和监事会的决议文件有知情权,而不知道对公司的经营信息、用户数据等也要有知情权。在投资项目中,甚至这些信息的知情权更重要,因为这有利于判断项目进展到底如何。第二个是知情权行使坑。如何行使知情权,对于公司股东,尤其不实际控制公司的股东,从来都是件难事。有多少公司的股东、小股东因为不参与公司经营管理,想了解公司信息而没有办法。行使股东知情权,那就要走法律程序,而一个股东知情权之诉,从一审到第二审到强制执行,至少得一年左右的时间。因此,对于投资人来说,不能再走这条老路,虽然有可能要走,但是要尽量避免走这条路。为此,要注意以下两点。

  第一,一定要及时行使知情权。这个及时体现在约定的及时(比如每月的知情权),还有行使的及时,当约定时间到来时要及时行使。

  第二,对于投资人知情权无法行使,得不到公司和融资方配合,一定要有解决方案,而这个解决方案就是违约责任承担方案。也就是说在协议中约定清楚了知情权内容,也约定清楚了知情权行使时间,那么还需要有无法行使知情权的违约方案,让违约责任的威慑力帮助行使知情权,不至于走到诉讼的途径。通过诉讼的方式行使知情权,是最后的选择手段。

(十二)承诺保证:不对等的"宣誓"

  在投资协议中,投资人和融资方都要做出保证和承诺,投资人的保证和承诺比较简单,主要就是要求投资方的主体合法,资金合法,按时投资,没有严格的要求。

  而对投资人来说,融资方的保证和承诺则十分重要甚至看起来与投资方十分不对等。

这里的融资方特指被投资公司和公司的现有股东，保证的核心内容主要包括：保证融资主体合法，也就是融资的公司合法成立和存续；保证融资方主体有权利签署投资协议并取得相关手续；保证创业公司合法经营并取得经营所需的牌照和资质；保证在投资尽调中向投资人披露的经营和财务等资料真实；保证创业公司合法经营，在财务、税务、社保等方面不存在劳动争议；保证创业公司知识产权取得和使用合法；保证公司员工雇佣手续合法不存在劳动争议；保证创业公司不存或潜在司法诉讼；保证公司现状不影响投资协议的签署和履行等。你会发现，融资方保证的内容，有一个根本的特点，那就是主要用来保证投资人投资前的融资方事项，保证的公司的合法性，保证投资人投前没有风险。每个项目都有一定特殊性，因此，不同投资协议中要求融资方承担的保证内容不完全相同。即便大部分承诺保证通过尽职调查可以确定，但亦需白纸黑字写明，才能做到出了纠纷有依据，才能判断融资方是否违约，从而确定届时的违约责任，也只有这样才能对融资方保证的内容进行真正的约束。

那么什么是融资方承诺呢？融资方承诺主要是指，创业公司和创业公司的股东在拿到签署投资协议以及投资交割后，需要向投资方履行的承诺。承诺的内容主要有承诺在约定的时限内完成投资人的工商变更；承诺投资款到位后出具验资报告；承诺投资后的公司要合法经营，取得相关经营资质和牌照；现有股东承诺全职投入经营并受竞业限制约束；承诺投资款用在公司的主营业务上；承诺不进行关联交易；承诺不侵占公司资产损害公司利益；等等。这些都是投资协议中的一般性承诺，而在投资实践中，很多投资机构在项目中会加入特殊的承诺要求，其中典型有：比如要求融资方做一定的业绩承诺，也就是要求融资方在约定的期限将公司业绩做到约定的标准，如果做不到需要承担什么样的责任；而在医药领域，一般会要求融资方在指定的期限内取得某些经营生产许可或资质等，在有的投资协议中，投资人会将保证和承诺放到一起，而保证和承诺在投资中，其实是对融资方提出的是不同的要求。因此在一般的情况下，应当把保证和承诺来进行分别的约束，来实现不同的目的。

（十三）排他期：贯彻始终的约束保障

在投资条款清单的众多条款之中，排他性条款是非常重要的一项。通常情况下，排他性条款中，可能会出现这样的表述：若公司或投资人均未在排他性条款有效期截止日×天之前发出希望终止谈判的书面通知，则公司应继续与投资人进行排他性谈判直至公司或投资人发出书面终止谈判通知。或者"公司同意有诚意地为迅速达成交易而工作。公司及其创始人同意他们不得直接或间接地采取任何行动来征求、发起、鼓励或协助其他任何法人或企业的任何提议、谈判或要约的提交"。

但是这个协议对融资方来说到底意味着什么呢？事实上，除了投资条款清单中的个别条款受到法律约束外，大部分条款其实仅是一个对投融资双方约束性极小的意向性协议。它的签订就是期望在投融资双方正式进行商业及法律谈判前，能够对保密性（confidentiality）和排他性（exclusivity）做出书面约定，以此来有效地保护产权人及投资人的利益。而排他性条款就是一把投资人利益的保护伞。也就是说，在一定的期限之内，投资人有权利要求融资企业不能够再同其他投资人洽谈融资事宜，同时企业的专利和技术也会被投资人独家锁定。根据诸多研究结果，可以发现，近7成的融资项目排他期在60天左右。在排他期结束前，融资方者被剥夺了选择权，但是投资人却可以选择不投资。因此对于投资人，当然期望锁定期越长越好。

融资方在与投资人签订投资条款清单时，应该格外注意是否有排他性条款的存在。如果有，投资人是否会兑现投资承诺；在签订之后，也需要有技巧地处理与投资人间的关系。如果在融资期间，融资方遇到下面几种类型的投资人，就一定要擦亮双眼，谨慎防"坑"了。

一是"占座型"投资人。这一类型的投资人或投资机构看上去十分豪爽，可能见面当天，就大手一挥，给融资方一份投资条款清单。只不过这份投资条款清单就和投资人一样，简单到极致，甚至连价格都没有，只有个排他期。但是，这个排他期其实正是"占座型"投资人想要的东西。通过限制融资方和其他机构或投资人接触，占好座位，倘若有兴趣，可以继续进行，而如果不喜欢，到时候再终止。对投资人自身而言，百利而无一害。但对于融资方来说，显然选择这一类型的投资人，"所托非人"的可能性将非常大。

二是"言而无信型"投资人。这一类型的投资人可以说是极不靠谱，他们单方面撕毁投资条款清单的概率很高。在签订了60天左右的排他期之后，象征性地做完尽职调查后，决定不投资，而事实上他们可能只是对这个项目没有多大的兴趣。可以说"言而无信型"投资人比"占座型"投资人更不靠谱。对于融资方来说，也是最不希望遇到的，因为排他期过后，投资人决定不履行投资承诺，项目就必须重启融资，而这一段的时间损失则很可能导致项目失去首发优势，严重者甚至可能导致资金链断裂。

三是"非排他型"投资人。在实际融资案例中，并非所有的投资人都会给出有排他性条款的投资条款清单，有一部分投资人可能会主动给融资方非排他的投资条款清单。但此时，融资方需要明白，这一举动可能表明投资人对你的项目不是很确定，有很大可能性不投资。

（十四）竞业禁止协议：防止"核心人员"对公司的损害

投资人总是希望被投资企业的创始人全部精力投入公司，为公司和股东争取最大利益。因而竞业禁止条款常常是创始人和投资人在投资协议中重点讨论的条款。

投资人为了确保投资收益的可实现性，可以从以下几个方面与目标公司的创始人和重要员工签署竞业禁止协议。

一是竞业禁止的对象。首先，根据《公司法》相关规定，公司的董事、高级管理人员负有法定竞业禁止义务。根据《公司法》第二百一十六条，高级管理人员，是指公司的经理、副经理、财务负责人，上市公司董事会秘书和公司章程规定的其他人员。该项立法的目的是：董事、高级管理人员是公司的主要管理人员，了解公司的商业机会信息，未经股东会或股东大会同意，从事或为他人提供公司同类业务，与公司构成竞争，可能损害公司的利益，违反了对公司的忠实义务，应予禁止。因此，最好在公司章程中将核心技术管理人员（如研发总监、技术总监等）明确规定为公司高级管理人员。其次，按照《劳动合同法》规定，竞业限制的人员限于高级管理人员、高级技术人员和其他负有保密义务的人员，因此，公司应当根据自身实际情况合理确定竞业禁止对象范围。竞业禁止协议的签署对象范围，应该根据所投资目标公司的规模确定，如果范围太窄，则无法对目标公司的商业利益进行全面保护；如果范围太宽，则将增加竞业禁止补偿金的支付成本。

二是竞业禁止的期限。竞业禁止的期限是解除或终止劳动关系后的一段约定的期间。《劳动合同法》规定："在解除或者终止劳动合同后，前款规定的人员到与本单位生产或者经营同类产品、从事同类业务的有竞争关系的其他用人单位，或者自己开业生产或者经营同类产品、从事同类业务的竞业禁止期限，不得超过二年。"如果约定超过二年，超过部分则约定无效。竞业禁止的限制期限则是董事、高级管理人员的任职期间，一旦解除相应职务，就不再受到《公司法》上竞业禁止的约束。

三是补偿标准。正常的竞业禁止的补偿标准一般不应当超过该员工在企业内正常的工作报酬。根据《劳动合同法》的相关规定以及相关的司法实践，如果竞业禁止协议中没有约定经济补偿，那么该协议被认定为无效的可能性较高。某些企业在劳动合同中约定"竞业禁止补偿金在工资中一并发放，在劳动合同解除后竞业禁止有效期内不再另行支付"，在司法实践中，这样的约定，通常会被认为企业并未实际支付给劳动者相关的竞业禁止经济补偿金。因此，建议在签订竞业禁止协议时明确约定经济补偿条款，并在员工离职后实际支付，以确保竞业禁止协议的持续有效。根据《劳动争议司法解释四》规定，竞业禁止补偿金的标准是不低于工资或当地平均工资的30%，对于应支付多少的补偿费用，根据每个劳动者和用人单位情况不同而不同，法律上也没有明确的数额标准。在实践中，一般可以按照上一年度年收入的1/2或者2/3。补偿费的支付方式可以一次付清，也可以分次付清，可以在在职时给付，也可以离职时给付，对于个别核心人员不超过原工资。竞业禁止的义务主要还是看书面约定，所以，在投资谈判中，一般都还应该约定所限制的竞争对手和工作范围，通常情况下，这个范围约束得越小对创始股东和现有股东越有利。

竞业禁止实践操作中的注意事项包括以下几个方面。

首先，应注意将交易过渡期的权利义务与相关技术人才在投融资协议中固定。投融资协议中应当明确约定适合目标公司的公司章程，在公司治理结构的层面，将核心技术人才锁定为公司高管。同时，应当限制目标公司及其股东、高管、高级技术人才在交易过渡期的权利，要求其不得违反竞业禁止协议中的承诺、保证条款，并履行及时通知的义务——即将其知悉的有关对目标公司已造成或可能造成重大不利影响的任何事实、事件变化或其他情况及时通知投资人，以便投资人尽早应对。此外，投融资协议中还要明确目标公司高级管理人员、高级技术人员等不存在与第三方公司未决的仲裁、诉讼或其他争议，不存在影响其在目标公司履职的任何情形。

其次，签署竞业禁止协议的同时，为保护技术秘密及商业秘密，可以约定相应的保密协议；还可以与创始股东、现有股东签订不竞争承诺条款，以防范创始股东、现有股东及关联方的同业竞争和利益输送。原因在于，这些掌握目标公司商业秘密的股东若与目标公司恶意进行同业竞争，甚至通过"体外循环"实现"金蝉脱壳"，将极大降低目标企业的商业价值，严重损害投资人利益。因此，保密协议与不竞争承诺的完备性、有效性是对投资人利益的重要保护措施。

再次,目标企业在吸收人才时,应当关注股东、核心技术人员与其原就职企业的竞业禁止义务。很多创业团队的创始股东、核心团队是基于在原就职企业的同事关系而搭建的创业团队,这些员工在离职一定期限内,很可能对原就职企业依旧负有竞业禁止义务,一旦违反,轻则需要承担相应赔偿责任,重则导致目标企业的经营存在重大法律瑕疵和风险。那么,站在投资人角度,一方面需要认真细致进行投前尽职调查,包括但不限于核查创始股东、现有股东及核心技术人员是否与原用人单位签署了竞业禁止协议、保密协议、离职证明、社会保险缴纳记录;原用人单位是否实际履行了支付经济补偿金的义务等,确保创始股东、现有股东及核心技术人员未违反竞业禁止业务,以及目标企业核心知识产权不存在权利瑕疵和侵权风险。另一方面,应当在投资协议或补充协议中明确约定创始股东、现有股东及核心技术人员的保证承诺义务,并约定适当的违约责任和责任承担方式。

最后,应当确保投资人权利救济途径的可操作性。法谚有云:无救济即无权利。在签订竞业禁止协议之后,若实际上不再需要员工履行该义务,在该员工离职时,建议发送书面的解除竞业禁止协议的通知,以免支付多余的经济补偿金;若还需要员工继续履行禁止义务,那么一旦投资人利益因为竞业禁止的问题受到损害,则需要有合法有效、切实可行的救济途径,否则投资人利益保护将沦为空谈。对于投资人权利救济的途径,可采取以下几种。①约定协议解除权。即一旦创始股东或目标企业违反关于竞业禁止的保证和承诺,投资人有权单方解除协议。此种救济途径适用于交易尚未交割、投资协议尚未深度履行的情况,通常还应明确约定协议解除后创始股东及目标企业的各项义务,如返还投资款、支付利息、承担相应违约责任。②触发回购条款。在投资协议中,将创始股东违反竞业禁止的保证承诺义务约定为回购条款的触发条件,一旦条件成就,创始股东或其他第三方应当按照约定的价格回购投资人所持有的目标企业股权,通常应包含投资款本金及固定收益。但是,回购义务的承担主体不能是目标企业,否则将因与《公司法》第一百四十二条规定相冲突而无效。③进行估值调整。针对创始股东违反竞业禁止义务的情况,可以考虑采用估值调整的方式,即根据对投资人造成的实际损失进行相应估值调整。但是此种估值调整补偿义务只能由创始股东或其他第三方履行,不能由目标公司承担。

对于创业公司创始人来说,竞业禁止是其融资的必要前提条件,估计没有哪家投资人可以接受不含竞业禁止的投资协议。但创始人可以要求以下条件:

1)缩短竞业禁止期的长度。投资人要求的竞业禁止期一般是2年,但据理力争,也可以降到1年以下。

2)定义好竞业范围。竞业禁止要求融资方在竞业禁止期限不得为竞争对手工作,不得设立竞争性企业。但是,如果能够明确竞争对手的名称,以及哪些行业(当然越少越好)属于竞业禁止的范围,无疑对融资方是有利的。

3)可以反向要求投资人的竞业禁止。这种要求看起来好像不合理,但博弈的结果也可以达到一个平衡,就是要求在投资人内部负责投资竞争性公司的投资合伙人之间建立防火墙,对公司的信息、投后管理、退出机制、奖励机制等内容进行完全屏蔽。此外,可以对投资人对公司信息获取、知情权方面加以限制,如不得要求查阅公司会计账簿和会计凭证等。

(十五) 交割:先决条件

什么是交割?简单来说,交割就是买卖双方结清交易的手续。在投资协议里,交割就是指投资方和融资方按照约定的条件完成增资款支付和股权交付的过程;对于投资方来说是付款,对于融资方来说是出让股权对于投资协议中的交割。对于交割,投资人应该注意哪些问题?

第一个需要关注的问题是:投资协议中有没有必要设置交割、交割条件及交割内容。个别早期投资项目可以没有这些交割限制直接付款,但是绝大多数的项目还是要有交割的约定。第二个需要关注的问题是,交割的条件怎么设置。交割的条件是交割这一条款里最核心的内容,其本质是在给投资人自己付款增加保证,实现付款前对项目的特殊要求,降低投资风险。交割条件分为常规条件和特殊条件。常规条件就是一般投资协议里都有的条件。比如,公司合法成立和存续、承诺和保证真实、交易文件签署、公司决议批准融资、投资方完成尽调符合预期、经营和财务无重大变化、高管和员工签署正规聘用文件、投资方的投委会批准本次交易等等,这些是交割的常规条件,只有满足这些常规条件,投资人才会与融资方交割。除了常规的交割条件,很多投资协议的交割条件中会有特殊条件,比如要求融资方创始股东完成资本的实缴、完成股权激励平台的设置、完成公司工商变更等。这意味着,融资方只有满足这些特殊条件,才具备正式交割的前提,如果没有完成,则投资方就不会交割,也就不会向融资方付款。如果长时间不完成,投资方就可以解除投资协议。那么对投资人来说,大多数的项目都会设置特殊交割条件,以降低投资的法律风险,基本原则就是如果投资人认为某个条件或者某些条件不满足,即认为有风险,那么就可以把这些条件作为交割的特殊前提条件,写入投资协议中。第三需要关注的问题是交割的具体内容是什么,也就是交割时到底交些什么。从投资方的角度,交割的具体内容就是支付投资款。从融资方的角度,交割的内容也分为常规内容和特殊内容。常规内容一般包括,签章的交易文件、股东名册等,特殊内容就是交割特殊条件完成后的证明文件等。比如说你完成了对某个项目的收购,完成了资本的实缴,完成了股权激励平台的设置,把文件发送后证明完成了交割的内容。因此,交割内容取决于交割条件的设定。第四个需要关注的问题,交割条件的豁免。一般在交割条款里,都有一项约定,交割前提条件全部满足时或经本轮投资方同意书面豁免时,可以进行交割。这就是交割条件的豁免,也就是说在交割条件没有满足时,如果投资人同意不用全部满足就进行交割,也是可以的。

(十六) 对赌条款:必要的赌约

对赌条款是指投资人在投资协议里要求创业公司在约定的时限内,公司业绩达到约定的标准,若创业公司未达到,那么融资方和创业公司需要付出相应的代价,例如何时上市,在投资人认可的正规证券交易市场上市,否则融资方或创业公司应按照回购条款回购投资者的股权。这个就是最常见的对赌条款。对赌条款一般有以下几方面内容。

首先，业绩标准。所谓业绩标准是指，对赌条款必须要有业绩的约定，也就是投资方和融资方关于对赌的业绩内容的约定，例如以公司上市作为对赌的内容。而公司上市其实也有它自己的标准，比如在哪里上市，哪个层次的证券交易市场，是不是国内境外都可以，是不是 A 股和新三板都可以，这些都要进行明确的约定。除了以上市作为对赌的标准外，还有其他方式可以作为对赌的内容标准，比如公司年收入标准（约定公司年收入要求及增长率要求）、公司利润标准（约定公司年利润要求及增长率要求）、估值标准（约定公司估值的要求）等。不同的项目，不同阶段的投资人要根据项目的具体情况，从实际的投资目的出发，设定不同的业绩标准。

其次，时限标准。所谓的时限标准是说，有了业绩考核的要求，那么创业公司应该在多长时间内来实现业绩标准。这个实际取决于业绩标准的内容，以及投资方和融资方谈判的结果。比如，如果以上市作为业绩标准，投资实践中，时限通常是 3～5 年，也就是投资人要求创业公司必须在约定的 3 年或者 5 年或者其他年限内，实现上市的结果。

最后，后果标准。如果创业公司没有在约定的时限内完成约定的业绩标准，会有什么样的后果？这就是对赌条款的后果标准，也就是对赌里的"赌"的内容。投资中，投资人会要求融资方和创业公司拿什么来赌呢？实际要看融资方和创业公司有什么。无非三样：钱、权、人。钱是指创业公司的钱（也就是公司资产）还有融资方的钱，权则是指融资方在公司的股权，人就是指融资方自己了。这三样，是否都能作为融资方和创业公司的"赌资"呢？显然要根据项目的具体情况来处理。投资中，第一种也是常见的对赌内容是钱，包括公司的钱和融资方的钱。比如在对赌条款里约定，如果公司未在约定日期前上市，则融资方或者公司应按照约定价格将投资方所持有的股权买走。其他的收入、利润或者估值没有达到约定标准，也可以这么约定。第二种对赌的内容是股权，有的投资项目里约定，如果公司未在约定的时限内，取得约定的收入或者利润，则需要融资方按照约定方式，将所持股权的一部分无偿转让给投资方。第三种对赌的内容就是人了，就是要求如果融资方未达到约定的业绩标准，尤其是在项目失败的情况下，则融资方如果还要进行新的创业项目，要无偿或者低成本地给予投资人一定比例的新项目股权。前面讲的都是项目发展不理想情况下的对赌，还有一种情况是，如果项目发展超出投资人的预期，取得优异成绩时，对融资方的奖励对赌。比如，公司今年收入 2000 万元，投资人和融资方约定，如果明年收入如果达到 5000 万元或者 1 亿元，对融资方进行股权奖励的对赌。这个奖励的股权有时来源于期权池，有时来源于投资人持有的股权。

对赌条款的作用和价值在于给融资方加上筹码，让融资方更努力；给投资人多一条退路，更容易实现投资目的。那么如何设置对赌条款呢？就是在投资条款清单里根据项目的具体情况，按照前面讲述的内容，将拟投项目的对赌条款描述出来，即可实现条款的设置。当然，从法言法语和规范性角度考虑，需要专业法律人员把关。同时，也要设置好对赌条款的执行实施程序。比如客户在投资条款清单要求融资方在投资人执行对赌条款时，按照要求时间完成股权回购、金钱给付等内容，以及无法完成时，融资方和公司的进一步责任承担。一般来说，会在投资条款清单里进行核心的内容设置，在投资协议里将细节进一步完善。对赌条款是否不可或缺，对于偏早期的项目（天使轮之前，含天使轮），对赌的价值不大，因为偏早期的项目具有很多不确定性，甚至是商业模式的不确定性，进行对赌和要求，一般都不具有现实价值，对投资来说更多的是多一条退出的通道。所以在偏早期项目里进行对赌要求，形式意义往往大于实质意义。对于中后期项目，进行对赌则有了形式加实质的意义。

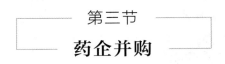

第三节 药企并购

一、股权并购和资产并购的差异化分析

医药行业的并购模式主要分为股权并购和资产并购两种方式。股权并购是指投资人通过购买目标公司股东的股权或认购目标公司的增资，从而获得目标公司股权的并购行为；资产并购是指投资人通过购买目标公司有价值的资产（如不动产、无形资产、机器设备等）并运营该资产，从而获得目标公司的利润创造能力，实现与股权并购类似的效果。

两种不同模式的主要差异表现在以下几个方面。

1. 操作方式

股权并购程序相对简单。不涉及资产的评估，无须办理资产过户手续，节省费用和时间。

资产并购需要对每一项资产尽职调查，然后就每项资产要进行所有权转移和报批，资产并购的程序相对复杂，需要耗费的时间更多。

2. 调查程序

股权并购需要对企业从主体资格到企业各项资产、负债、用工、税务、资质、诉讼仲裁等各个环节进行详尽的调查。对于医药行业而言，目标企业的经营生产许可以及知识产权等更需要予以细致而全面的调查，进而争取最大限度的防范并购风险。

资产并购一般仅涉及对该项交易资产的产权调查，无须对境内企业进行详尽调查，因此，周期较短，并购风险较低，具体调查事项会在后续章节中进行详细分析。

3. 审批程序

对于股权并购而言，因目标企业性质不同，相关政府部门的监管态度亦有所不同。对于不涉及国有股权、上市公司股权并购的，通常情况下只需要到工商部门办理变更登记。根据《反垄断法》等相关规定，如果达到国务院规定的标准，并购交易可能还需要经过省级或者国家反垄断审查机构的审批。涉及外资并购的，还需要商务部门、发改委等多个部门的审批。涉及国有股权并购的，还需要经过国有资产管理部门的审批或核准或备案，并且经过评估、进场交易等程序。涉及上市公司股权的，并购交易还需要经过证监会的审批，主要是确保不损害其他股东利益，并按照规定履行信息披露义务等。

对于资产并购而言，由于对于不涉及国有资产、上市公司资产的，资产并购交易完全是并购方和目标企业之间的行为而已，通常不需要相关政府部门的审批或登记。此外，若拟转让的资产属于曾享受进口设备减免税优惠待遇且仍在海关监管期内的机器设备，根据有关规定目标企业在转让之前应经过海关批准并补缴相应税款。涉及国有资产的，还需要经过资产评估手续。涉及上市公司重大资产变动的，上市公司还应按照报证监会批准。

4. 审批风险

由于外国投资者购买目标企业的股权后使目标企业的性质发生了变化，所以需要履行较为严格的政府审批手续，这使外国投资者承担了比较大的审批风险。

资产并购过程中外国投资者承担的审批风险较小，因为需要审批的事项较少。

5. 交易风险

股权并购，作为目标企业的股东要承接并购前目标企业存在的各种法律风险，如负债、法律纠纷，相关税费未缴的风险，法定证照未取得的风险，环保未达标的风险，财务资料不齐全的风险，等等。实践中，由于并购方在并购前缺乏对目标企业的充分了解，导致并购后目标企业的各种潜在风险爆发，不能实现双方的最佳目标。鉴于在并购交易完成之前，即便做过详细的财务尽职调查和法律尽职调查，并购方依然无法了解目标企业的所有潜在债务，因此，股权并购存在不确定性的负债风险，可控性较差。

在股权并购中，除了或有负债风险之外，并购方还必须考虑诸多其他潜在的风险。毫无疑问，负债风险必然会加大法律尽职调查、财务尽职调查的难度，延长并购进程，从而增加并购方的费用负担以及并购交易的不确定性。

资产并购，债权债务由出售资产的企业承担；并购方对目标公司自身的债权债务无须承担任何责任；资产并购可以有效规避目标企业所涉及的各种问题如债权债务、劳资关系、法律纠纷等等。并购方仅需调查资产本身的潜在风险，例如是否设定抵押等他项权利，是否配有相应的证件，如果是免税设备，那么还需要考虑收购的该免税设备是否还在监管期内。上述这些潜在的风险是可以通过到有关政府部门查询或者要求目标企业提供相应的证照进行衡量的，可控性较强。

在资产收购中，资产的债权债务情况一般比较清晰，除了一些法定责任，如环境保护、职工安置外，基本不存在或有负债的问题。因此资产收购关注的是资产本身的债权债务情况。

6. 税负因素

股权并购，相对节省税收。股权并购情况下目标公司并未有额外收入，因此目标公司在此情况下不存在所得税的问题。除了印花税，根据关于股权转让的有关规定，目标企业的股东可能因股权转让所得而需要缴纳个人或企业所得税。如果并购过程中发生土地、房屋权属的转移，纳税义务人还可能面临契税。

资产并购下税收有可能多缴。在资产并购情况下目标公司因有收入，因此有可能会存在就转让增加的价值而发生增值税和所得税的情形。根据所购买资产的不同，纳税义务人需要缴纳税种也有所不同，主要有增值税、所得税、契税和印花税等。

7. 方式选择

如果吸引并购方的非其某些资产本身，股权并购优于资产并购。如果投资方感兴趣的是目标公司的无形资产、供应渠道、销售渠道等资源本身，宜采取资产并购。

8. 并购标的

股权并购标的是目标企业的股权，是目标企业股东层面的变动，并不影响目标企业资产的运营；资产并购的标的是目标企业的资产，如实物资产或专利、商标、商誉等无形资产，又如机器、厂房、土地等实物性财产，并不影响目标企业股权结构的变化。资产并购导致该企业的资产的流出，但并不发生企业股东结构和企业性质的变更。

9. 交易主体

股权并购交易主体是并购方和目标公司的股东，权利和义务只在并购方和目标企业的股东之间发生。资产并购的交易主体是并购方和目标公司，权利和义务通常不会影响目标企业的股东。

10. 交易性质

股权并购交易性质实质为股权转让或增资，并购方通过并购行为成为目标公司的股东，并获得了在目标企业的股东权如分红权、表决权等，但目标企业的资产并没有变化。资产并购的性质为一般的资产买卖，仅涉及买卖双方的合同权利和义务。

11. 第三方权益影响

目标企业可能会有多位股东，而在很多股权并购中，并非所有股东都参与，但股权并购依然会对所有股东产生影响。根据《公司法》，股东向股东以外的主体转让股权，应当经过其他股东过半数同意，并且其他股东享有同等条件下的优先受让权。如果拟转让的股权存在质押或者曾经作为其他企业的出资，那么该项并购交易还可能影响到股权质押权人或其他企业的实际权益。

而资产收购中，受影响较大的则是对该资产享有某种权利的人，如担保人、抵押权人、租赁权人。转让这些财产，必须得到上述相关权利人的同意，或者必须履行对上述相关权利人的义务。此外，在股权并购或资产并购中，目标企业中拟转让股权股东的债权人或者目标企业的债权人可能会认为股权或资产转让价款明显不合理，事实上并购交易对其造成了损害且并购方明知上述情形，依照《合同法》中有关撤销权的规定，其有权撤销上述股权或资产转让行为，从而导致并购交易失败。因此，相关债权人的同意对并购交易非常重要。

二、并购交易基本流程

（一）并购决策和目标选择

并购的本质仍为交易，交易对象的选择至关重要。在企业形成并购战略之前，需通过与公司财务的事先沟通，对企业所处行业情况、资产状态、经营状况深入理解；分析并购目标的特征、选择并购方向；在做好上述准备工作后制定出符合企业发展战略的并购方案。

初步确定并购目标后，要结合目标公司的品牌、规模、资产状态、所处的经济区位，并将目标公司与相同地域下其他类似企业的生产水平等方面进行对比，综合多种信息渠道作出目标企业的可靠性分析，最大限度减少并购陷阱造成的商业风险。在确定目标企业后，还需要通过信息分析寻找并预测恰当的并购时机。

（二）磋商与尽职调查

在完成对被并购方的目标选择后，并购方需要进一步展开尽职调查，以确定交易价格和其他相关条件。重点在于被并购方资产状况，如土地权属等的合法性、债权债务情况抵押担保情况、雇员情况、诉讼情况以及工商、生产、经营等资质的研究；在被并购方为国有企业时，除获得其对并购的同意和相关批准，还需要通过正规的资产评估机构对其资产进行评估。

我国特殊的经济政策使得政府在不同类型的企业并购中发挥不同的作用。根据我国政治体制和企业资本结构的特点，并购交易得到政府支持的情况下对成功率存在影响，如在宝能收购万科一案中，政府发挥重要作用；但对于民营企业之间的并购，政府的影响较小。

除并购方向被并购方展开尽职调查之外，被收购方为降低自身的风险也将开展反向尽职调查。如果并购双方对前期尽职调查基本满意，则可进一步谈判，对并购的主要事项进行细化和沟通，以便于并购合同的顺利签订。

（三）并购意向书

并购意向书为并购方向被并购方发出，在企业并购中这一步并非必要。发出并购意向书的意义首先在于将并购意图通知给被并购方，以了解被并购方对并购的态度。通常公司并购的完成都是善意并购，即经过谈判、磋商，基于并购双方的同意后发生并购。

发出并购意向书的目的在于投石问路，即探知被并购方的意思。在其同意收购时，则可开展下一步相关工作；在其不同意并购时，则需要停止并购或者采取其他措施。除此之外，并购意向书的目的还在于对并购中的主要条件进行说明，便于其提交股东会或董事会讨论，为正式签约做出铺垫。

如上文所述，意向书的签订目的在于达成具体约定，避免对时间、金钱成本的过度浪费；故在实践中对并购意向书的效力认定问题首先需要看双方约定。如果双方约定意向书具有法律效力，则双方需受其约束；但实务中往往只会约定部分条款的法律效力。

如果约定意向书部分有效，则可对排他条款、保密条款等关键条款单独约定为有效，并约定与之相对应的违约条款。在民商事领域遵循法无禁止即自由的规则，在不违反法律、行政法规强制性规定的前提下，在收购意向书中约定违约金条款并无不当。因商事交易中存在较强的灵活性和不稳定性，当出让方欲同时保留或选择其他交易对象，可依据收购意向书中的违约条款，通过给受让方违约金作为解除收购意向书的条件。

在意向书被约定有效的情况下，一方面强化交易双方审慎态度和责任意识，全面考虑并购时所涉及的关键点；另一方面回收谈判失败造成的成本投入损失，通过对守约方的赔偿规则提高违约成本。

如果双方不欲增设其他限制，可约定意向书中只有保密条款有效，无论并购成功与否，双方均不可把获悉的对方公司有关信息向第三方披露。即使该信息不构成法律意义上的商业秘密，但是擅自泄露或将造成其他消极影响。

（四）内部审批

在企业并购中，内部审批的具体程序一方面需依据《公司法》决策程序的相关规定，另一方面需要结合并购双方各自章程的具体情况分别处理。在内部审批中，可以邀请商业银行作为并购财务顾问，请其在并购完成后的债务安排方面提出主动性的建议，以此保证并购事项的合规和企业利益最大化，尽量避免关联交易等风险的出现。

（五）签约审批

企业通过并购决议，同时会授权一名代表来代表企业签订并购合同。通常情况下，并购合同签订后，虽然存在尚未达到交易日的可能性，但并购合同签署后，买方即成为目标公司的所有者，自此准备接管目标公司。

特殊情况下，并购合同的成立不当然意味着并购交易能够达成。对于特殊行业，合同中或存在批准生效条款；或涉及政策与政府部门监管的限制，交易合同的审批还须要较复杂的流程。如在国有小型企业的情况下，双方签署后还须经国有小型企业的上一级人民政府审核批准后，并购合同才能生效；在外商投资企业的情况下，则须经过原批准设立外商投资企业的机关批准；在集体企业的情况下，亦须获得原审批机关的批准。

（六）交割

在签订并购合同之后，并购双方须进行过户、支付收购款、公司牌照材料移转等交接工作，以确保公司控制主体的转变。并购方须向目标公司支付全部的并购费（具体支付方式可约定是否分批），目标公司须向并购方移交所有的财产和账表等。股权证书等相关文件须由目标公司董事会批准以进行登记（并加盖戳记）。公司的法定文件、注册证书、权利证书、动产的其他相关完成文件均须转移给买方；可能涉及的其他文件，如债券委托书、公司章程等均应提交并予以审核。

买方除照单接收目标公司的资产外，还要对目标公司的董事会和经理机构进行改组，对公司原有职工重新安排。买方可能还需要向目标公司原有的顾客、供应商和代理商等发出正式通知，并在必要时安排合同更新事宜。除此之外，买方还须在工商管理部门完成相应的变更登记手续，如变更法定代表人、股东等。通过上述流程，并购行为基本完成,但并购目的的彻底实现还有赖于整合工作的进行。

(七) 整合

交割的完成远不足以实现并购的目的。为产生预期的商业效益,还需要对目标企业的资源进行整合和充分的调动。而并购通常会带来变革,涉及企业人员、财务、文化等诸多方面,故整合工作需要尽快启动,避免长时间拖延以增加被收购公司业务发展不确定性和人员的焦虑感。并购后的整合主要涉及以下几个方面:

1. 人力资源整合

职工安置和职工权益保护也是企业并购中常见的问题。所谓"被并购企业职工安置是企业并购发展的最大障碍",这一问题与职工切身利益灭相关,如若不能妥善解决,一方面将影响并购目的的达成;另一方面将造成较大的社会压力,影响社会稳定。

存在下列几种职工安置的途径。

一是继续留用原企业职工,重续劳动合同关系。在企业并购时,并购双方通常会约定并购后留用原企业职工,并依法重新签订或变更劳动合同。如果被并购的企业为国有企业,并购后属于非国有控股,企业则须按照相关规定向职工支付经济补偿金。

二是经济性裁员,支付经济补偿金。对于企业并购时的富余人员,通过协商和相关法律规定,以经济性裁员的方式解除劳动关系。

三是鼓励创业型再就业。如本人要求从事其他合法的经营活动,可以申请办理给予一定时间的创业期,在申请程序阶段工龄照常计算,且享有相关保险待遇。

四是国有企业职工的内部退养。未达到国家法定退休年龄的未获得续聘机会的企业职工,如果符合内退条件,在本人申请、单位批准的情况下,可以暂时离岗休养,期间按时发放内退生活费。待达到法定退休年龄时再按照相关规定办理退休手续。

2. 资产债务整合

对于资产问题,公司收购中,收购方看中目标公司的土地、房产等重大财产,或者目标公司的许可证等资质。通过并购的方式,并购方节省大额的土地增值税、房产税、营业税等税收,避免资产收购需要支付的巨额税费,同时也便于目标公司的顺利交接。

对于债务问题,通常情况下,收购方与原股东会在股权收购协议书中约定债务问题,即基准日之前的债务由原股东承担,基准日之后的债务由新股东即收购方承担。此种约定,实质上是目标公司将自己的债务转让给了原股东或新股东,即债务转让协议。债务转让须经过债权人的同意,但即使债权人没有同意,仍在新老股东和目标公司之间有法律约束力。在司法实务中,收购方一般会采取让老股东或第三人提供担保的方式。

3. 财务整合

企业的财务整合在短期内须以维持既有业务的赢利稳定为目标,通过对业绩的分析与追踪发现增长与提升点;中长期须结合商业模式的转变趋势,同时考虑产品营销,定价策略等变化,以培育多元化赢利方式,驱动企业利润高速增长。

中国的药企在涉及海外并购中，因会计准则的不同或将引发法律风险。目前全球范围内有两大会计准则，其一是《国际财务报告准则》，其二是《美国公认会计准则》。根据上述两类会计准则，又可将世界各国和地区采用的财务报告准则分为三类：一为奉行与《国际财务报告准则》完全一致的会计准则；二为依据《美国公认会计准则》制定的会计准则；三为独立的会计准则。对于即将去海外并购的中国企业而言，应先明确被收购企业的财务报告所采用的准则，以此为切入点进行分析，避免因准则适用差异产生额外的成本和风险。

4. 文化整合

企业文化的培养同样至关重要，涉及员工日常行为和交流准则、价值观以及行为预期。通常而言，被并购方不希望将自身企业文化融入并购方。为培养、践行某种企业文化，需要自企业管理层起积极参与，如设计津贴、福利制度，以及与企业文化期待相一致的组织架构和决策原则，在决定员工留用事项时（特别是核心团队人员），亦须考虑其个人特质是否与新文化相匹配。当双方企业文化产生碰撞时，需要了解各自原有团队的企业文化，探寻冲突产生的原因和后续影响，及时提出协调和整合方案，以有效地将双方文化相融合，形成新的企业文化。

三、并购过程中的尽职调查要点

尽职调查实质上是收购方为了防范和控制投资风险而采取的必要措施。收购方为了确保交易安全，必须充分了解目标公司的真实状况，及时查清各种影响并购的不利因素，特别是发现诸如或有债务、隐性税收和权利纠纷等潜在的问题。一般情况下，尽职调查主要包括实地走访，直观判断；其次是对细节、投资逻辑的掌控；最后是量化分析。

1. 实地走访

在实地走访前，应通过网络数据库等公开信息进行整理分析，对目标公司的相应情况进行初步核查。这些信息包括：企业主体资格与基本信息，信用、诉讼仲裁情况，企业税务、环保、消防、劳动等相关信息，知识产权、投融资、证券、金融业务信息，以及域名、商标、备案、行政资质等。这些信息可以到相关网站进行查询。

进行实地走访，与相关的关键人士实地见面，才能让尽职调查工作不会成为水中月。如何在走访中捕捉有价值的信息呢？

根据收购的基本意图，现场参观基地或工厂，可以对企业生产的业务流程、生产装备的先进性、产品生产的复杂性、产品的主要成本构成，都有一个清晰的认识。如果是股权收购，那么要特别关注公司的历史沿革和股权的现状；而收购资产的话，则需要特别关注资产真实性、合法性、权属是否存在障碍。尽调前应当先做好各种检索工作，比如被收购方的基本情况、行业背景，以便有针对性地编制访谈提纲。

根据访谈对象的不同，询问问题的侧重点应当不同。例如，国有企业往往部门分工明确、职责清晰，董事长通常由上级母公司领导兼任，对公司具体运作不一定清楚，可以问些战略发展方面的问题；对具体业务、经营水平方面问题最好问总经理，而人事、财务之类专业问题只能找对口部门询问,比如业务合同保存在合同部或财务部,但是具体执行情况只有采购或销售业务部门才能说清楚。而民营企业特别是规模不大的企业,往往分工不明确或相互混杂,很多问题要问到总经理甚至董事长级别才清楚。通过访谈能够感受到企业的决策者对企业的掌控程度、对企业未来发展的思路、业务的走向,这些虽然不完全是法律问题,但对于收购者决定以怎样的方式达到收购目的是很重要的。特别是对于收购后依赖原企业管理层继续运营、加入对赌要求的情况,通过访谈可以了解到高管的一些想法,有利于在收购协议起草时综合考虑平衡各方要求。

实地走访时,生产环境情况、设备运营情况等都能有直观的感受。通过考察"作业现场"是否干净,功能分区是否明晰,零部件、产成品、半成品的摆放是否有规制等来衡量企业的实际管理水平;通过观察车间的"看板",来了解企业生产计划是否饱满(如果只是上几个月的生产计划写在上面,就有问题了)、生产目前存在的问题(一般管理到位的企业,看板上会将最近生产中出现的问题点出,包括对相关人员的处罚、整改要求等)、企业着重要解决的难题等;通过深入企业的"仓库",来考察企业的存货管理、感觉企业产品的销售状况等;通过在现场观察员工的年龄、来公司时间、工种的科技含量、业务熟练度和工作精神状态等,可对企业的人力资源状况有个预判。例如,有企业称自己业务良好,但是现场去车间走一圈时发现在班的工人没有多少,一些生产线根本没有开,经过询问企业才承认销售不足因此停了一些生产线。那可能相应要询问一下工人如何处理,是辞退了还是停薪休假,是否符合劳动合同和相关规定。同时,现场发现问题现场询问时,往往对方没有特别准备,容易讲真话。

实地走访经销商、客户、供应商,可以从这些业内人士的角度,加深对行业的理解。还可以从他们与该企业的合作历史,来判断企业的运作风格和经营理念,并对企业声称的销售业绩、采购成本、回款能力等进行复核,对公司的商业模式做出评价。

2. 掌控细节与投资逻辑

(1)细节的一致性。

在企业中,不同员工基于不同的岗位、认知,对信息的掌握和认识不同,可能会出现事实细节认识上的不一致。例如,尽调人员在访谈某医药企业时,发现如下细节处不同:①关于基层销售人员有无固定工资的问题,财务部经理和区域经理的说法完全相反。②关于某类新药等级问题,有人说是二级,有人说是六级,而实际上该新药并没有拿到新药等级证书。③关于一级经销商和二级经销商的分类问题,各方说法也不一致。对于第2个问题,可能会存在信息掌握不准确的问题,但是对于第1和第3个问题,则是不该出现的细节错误,这导致了项目人员对企业诚信的担心。

(2)对投资逻辑的掌控。

除了细节上的一致外,在访谈诸多相关人士、走访诸多关键场所、查阅诸多资料信息时,我们实际是在搭建巨大的"投资逻辑树"或叫"投资逻辑拼图"。所有接触的信息,都应在逻辑树上合理协调地显现出来。如出现明显的不协调,则需要深度挖掘和重点关注。

那么对于医药企业应当进行那些具体项目的核查,而又存在何种特殊性呢?接下来将结合药企的特殊性对尽职调查时的常规项目以及特殊项目进行分析。

四、尽职调查的常规项目

(一) 公司主体

公司主体资格,是指公司独立经营、对外承担民事责任的资格和能力。独立经营,是指企业具备独立面向市场,自主组织生产和经营,自主销售产品和服务以获取收入及利润,自我生存及自我发展的能力。独立承担民事责任,即以企业法人自己所拥有的财产承担它在民事活动中的债务,以及法定代表人或企业的其他人员在法定代表人委托下所进行的民事活动中给他人造成损害的赔偿责任。"独立"的含义,即任何法人的债务只能由它自己承担,国家、投资者和法人组织内部的成员不对法人的债务负责,因而,企业法人必须拥有必要的财产作为保证。通过对公司的主体资格相关资料的审核与了解,可以初步了解被调查公司的基本架构与轮廓,对于公司当前是否合法存续并有效存续形成初步的判断与印象,为进一步开展尽职调查奠定基础。

公司是否依法设立,直接关系到公司的产生及存在是否具有合法性的问题。很多公司在设立时聘请专门负责注册公司的公司,将公司设立这么重要的事情全权交给他们去代为办理,包括代为填写相关资料及信息、代为起草公司章程(常常是直接购买或下载模板)、代为出资及代为验资(出资后再抽走,按出资金额及周期支付一定比例的报酬)等。不同公司及其股东都有着不同的设立公司的目的、业务发展规划、股东之间关于权利义务的分配,尤其是股东会与董事会的召开、董事名额的分配与产生、关于重要问题的表决方式以及涉及许多个性化且重要的事项,这些内容本应当在公司章程中得到充分体现,却因为一份千篇一律的公司章程模板而根本未有涉及。如果股东之间存在相同或近似的经营理念、经营目标,在很多问题存在相同或近似的看法及处理意见,并且互相之间能够很好地包容、兼容的话,在公司的发展过程中可能会相安无事;但这是对公司应然状态的一种较高的要求,不是每个企业的股东都能达到这种默契与妥协的。一旦之后涉及一些问题而在公司章程中未有明确的规定及处理办法且各方又无法达成一致意见时,就会成为股东纠纷甚至导致公司僵局的根源所在,特别是在涉及一些重大利益如融资、担保、并购重组以及挂牌新三板、IPO时才被人发现公司在设立时存在着先天的缺陷甚至存在严重的法律障碍,结果被迫补课,费时费力还费钱,一些严重的问题甚至可能无法补救而直接导致无法成功上市,功亏一篑。所以,公司章程是尽职调查重点关注的内容之一。作为初步尽职调查的开始,几乎所有尽职调查的第一步都是要求公司提供全套的工商登记信息,查阅、复制或扫描这些文件和资料。而对参与尽职调查的人员来说,规范操作的要求是应在企业相关人员的陪同下,携带企业开具的介绍亲自前往企业登记注册所在地的市场监督管理局对其工商登记信息及资料进行查阅、复制,并要求市场监管局对全部资料加盖骑缝章后取回,一方面可以保证登记资料的真实性和整个查阅过程程序的合法合规,另一方面可以防止企业为了达到目的而造假、更换页面等造成信息不真实。

关于公司主体的主要审核内容包括:

- 公司的营业执照（正副本）、组织机构代码证、税务登记证（目前已三证合一）。
- 银行开户许可证、贷款卡财政登记卡（正副本）、企业征信报告、对外贸易经营许可证（如有）海关登记、外汇登记证及其他批准证书或许可证（如有）。
- 与环境和质量、安全等有关的证件或许可、认证文件。
- 现行有效的高新技术企业认定证书、高新技术产品认定证书、国家重点新产品证书（如有）。
- 与企业生产经营有关的其他授权文件或证明文件；公司已经取得的所有政府许可文件、证书和行业相关资质文件等。
- 生产经营资质等企业自主经营及承担责任所必备的基本条件、资质及相关证书，此类文书在后述章节中会进一步释明细化。

关于公司设立与有效存续需要审查的文件、资料主要包括：

- 公司（包括其分支机构）名称预核准通知书。
- 公司设立时的公司章程。
- 公司设立时的验资报告（有无代验资问题）。
- 公司（包括其分支机构、子公司）设立时的批复、批准文件（如有）。
- 公司（包括其分支机构）设立时的企业法人营业执照（正副本）。
- 股东以非货币资产出资的，对非货币资产的评估报告（如有）。
- 以非货币资产（实物、知识产权、土地使用权等）出资的，该非货币资产过户到公司名下的证明文件（如有）。
- 以国有性质的实物资产出资（如有），对作为出资的实物所进行的国有资产评估报告以及国有资产管理部门出具的对国有资产评估结果的确认或备案文件（如有）。
- 公司设立时的出资合同或股东协议、发起人协议（如有）。
- 公司设立时的股东名册（如有）。
- 公司设立时法定代表人签发的股东出资证明书（如有）。
- 公司（包括其分支机构）设立时的其他登记文件，包括但不限于：
  —— 组织机构代码证（正副本）。
  —— 税务登记证（正副本）。
  —— 统计登记证（如有）。
  —— 企业国有产权登记证（如有）。
  —— 外汇登记证（如有）。

（二）公司沿革

公司的历史演变，反映的是一个公司成长及历史发展的进程。自公司成立以后，由于存在各种情况的变化，包括主观的及客观的情况变化，需要对公司的有关要素进行相应的变更，如为了扩大市场、引进人才等需要增资扩股，需要引进新的股东，整合外部的战略资源为公司所用；公司办公地址的迁移与变更，公司经营范围、名称的变更等，都需要及时变更工商登记的相关信息，以向社会进行公示。为了验证公司的历史演变是否合法合规以及是否符合公司章程的要求，就需要对相关资料进行审核。对历史沿革的尽职调查如下。

1. 调查目的
一是历次增减资、股东变动的合法、合规性。
二是股东用以出资的来源是否合法，权属是否清晰，特别关注是否来源于国有资产。
三是股本总额、股东结构及实际控制人是否发生重大变动。

2. 调查的主线
包括目前的股权结构是怎样形成的；目前的主营业务及资产是如何形成的。

3. 调查内容
首先是公司设立以来的变更情况，如地址、名称、股东、经营范围。
其次是公司成立以来股权结构的变化及增资扩股情况。
再次是公司成立以来主要发展阶段，及每一阶段变化发展的原因。
具体而言对公司的历史沿革及其相关资料进行审核，具体内容包括以下五个方面。
一是"三会"文件：公司在变更过程中是否按照公司章程召开过股东会会议，会议召开是否按照章程规定提前通知全体股东，股东到会人数是否符合要求，表决程序是否合规，通过的决议是否过半数或超过2/3，是否存在法定无效的情形。
二是政府批准文件、评估报告、审计报告、验资报告、股权转让协议等。
三是重大股权变化：

1）关注历次增减资、股东变动的合法、合规性；股本总额、股东结构和实际控制人是否发生重大变动。

2）公司增资扩股过程中是否存在违法行为，有无因未考虑其他股东优先权而被撤销的情形；增资控股的股本若非现金是否经过资产评估，相关财产是否已过户到公司名下。

3）历次股权转让的背景或原因，受让方资金来源（是否存在股东受让股权的资金直接或间接来自该公司的情形），转让的法律程序是否完备，是否存在纠纷或潜在纠纷。

4）新进入股东（尤其是自然人股东）的身份及背景，投资的合理性，新股东与该公司及其实际控制人、公司高管、相关中介机构的关系。

5）转让价格或定价依据是否合法，是否属于关联交易或存在利益输送的情形。

6）股权转让相关损益安排，股权转让款是否已实际支付，股权转让完成后公司股权架构及实际控制权的变化。

7）股权转让涉及国资或集体企业资产的，应注意是否应履行国资或集体企业资产转让的程序，不规范的要取得省级国资委、省政府的确认。

8）股权转让还应关注历次股权转让过程中纳税义务的履行情况，是否存在潜在税务风险。

9）某些情况下还应说明该股权转让对公司财务结构、公司战略以及未来发展方向等方面的影响。

10）在股权转让后是否相应修改了公司章程和股东名册中有关股东及其出资额的记

载,是否履行了相应的工商登记信息变更手续;若未及时履行上述法定义务,可能面临公司股东和目标公司之间的潜在纠纷。

四是重大资产变化。目的是判断重组行为是否导致尽调对象主营业务和经营性资产发生实质变更。内容包括重组协议文件、中介机构专业意见、债权人同意债务转移的相关文件、重组相关的对价支付凭证和资产过户文件。

五是公司变更完成后是否履行了相应的工商变更登记程序及相关文件。

4. 调查方法

一种是查阅工商登记信息中关于变更的内容,重点关注历次股权变更时的验资报告和资产评估报告;另一种是访谈相关人员。

5. 历史沿革合法合规的总体要求

根据《首次公开发行股票并上市管理办法》的规定,对历史沿革合法合规的总体要求为:

①股东历次出资到位,不存在虚假出资、委托持股、信托持股、职工持股会及工会持股的情形;②股权清晰,主要股权没有重大权属纠纷;③最近三年实际控制人没有发生变化;④最近三年主营业务没有发生重大变化。

6. 历史沿革调查中常见的疑难杂症

包括:实际控制人的认定及是否发生变更;发行前重组;频繁股权变动;股东历次出资的合法性问题;集体资产量化及集体资产转民营;国有资产转民营;工会持股、职工持股会、委托持股;其他问题如地方改制优惠政策、重要子公司的变动等。

由于历史的原因,长期以来企业对于设立及历史演变过程中的变更注重的是结果,对于是否依法依规设立及变更重视度不够,但是在涉及并购重组、IPO及挂牌新三板时管理部门对此高度重视,所以,作为尽职调查,应当根据有关规定仔细审核,发现问题后分门别类地予以整改,重新对公司的历史进行梳理,避免潜在的法律瑕疵影响到以后的经济活动。

(三)独立性

对公司独立性调查的目的,就是为了了解、确认企业具备独立的自主经营能力,没有对股东、单一大客户及其他方面的依赖性,具备自主经营、自负盈亏、自我积累、自我发展的能力,能充分利用企业所有的生产要素持续地为社会提供产品和服务以获取营业收入及利润的能力。

1. 人员独立

一是核查公司董事长是否由控股股东及其控股单位的法定代表人、有实质控制权单位的法定代表人、持股5%以上股东的法定代表人兼任。

二是取得公司总经理、副总经理、财务负责人、营销负责人、董事会秘书、技术负责人等高级管理人员的工资发放表,确认其在公司处领取薪酬;根据董监事高管人员调查表，确认其不在公司与股东单位、关联企业中双重任职，并且不在与其所任职公司经营范围相同的企业或股东下属单位担任执行职务，特别是不得在控股股东、关联企业担任高管及财务负责人的职务并领取薪酬。

三是取得各股东推荐董事候选人文件、董事会推举高级管理人员的文件或会议记录、股东大会关于董事监事选举的决议和记录、董事会关于高级管理人员任免的决议和记录，检查其会议召集及表决程序是否合法合规，以确认控股股东和政府部门不存在干预公司董事会、股东大会作出人事任免决定的情形。

四是取得公司采购、销售、财务部门人员名单及工资发放表，确认其不存在兼职情况。

五是通过查阅股东单位员工名册及劳务合同、公司工资明细表、公司福利费缴纳凭证、与管理层及员工面谈，取得高级管理人员的书面声明等方法，调查公司高级管理人员从公司关联企业领取报酬及其他情况，调查公司员工的劳动、人事、工资报酬以及相应的社会保障是否完全独立管理，判断其人员独立性。

调查文件包括但不限于：股东单位员工名册；公司总经理、副总经理、财务负责人、营销负责人、董事会秘书、技术负责人等高级管理人员的工资发放表；董事、监事、高级管理人员调查表；各股东推选董事候选人的文件；董事会推举高级管理人员的文件或会议记录；股东大会关于董事监事选举的决议和记录；董事会关于高级管理人员任免的决议和记录；公司采购、销售、财务部门人员名单；公司采购、销售、财务部门人员的工资发放表。

2. 机构独立

一是确认公司的机构设置是否独立完整，特别是关键部门的设置是否合理、完备，如财务部门、技术部门、采购部门、销售部门及劳动人力资源部门等。

二是取得公司生产经营场所和办公场所位置布局图，并实地观察生产和办公场所，确认与股东单位不存在混合经营、合署办公的情形。

三是通过实地调查、查阅股东大会和董事会决议关于设立相关机构的记录、查阅各机构内部规章制度，了解公司的机构是否与控股股东完全分开且独立运作，是否完全拥有机构设置自主权等，判断其机构独立性。

调查文件包括但不限于：公司生产经营场所和办公场所位置布局图；对高管人员与员工的调查笔录。

3. 业务独立

一是检查公司采购、销售明细账，确认与关联方账务分离。

二是检查公司与关联方是否存在供应、生产、销售方面的关联交易；若有，是否影响其业务独立性。

三是通过查阅公司组织结构文件，结合公司的生产、采购和销售记录考察公司的产、供、销系统，分析公司是否具有完整的业务流程、独立的生产经营场所以及供应、销售部门和渠道；通过计算公司的关联采购额和关联销售额分别占公司当期采购总额和销售总额的比例，分析是否存在影响公司独立性的重大或频繁关联方交易，判断公司业务独立性。

调查文件包括但不限于：审查公司前五名（或前十名）对外采购合同、销售合同、借款合同对外担保合同、技术合同等，确认公司是否存在关联交易；审查公司对大客户的依赖程度，并要求公司说明具体原因。

4. 财务独立

一是取得公司财务会计人员安排和定岗定职文件，以确定公司财务人员的独立性。

二是取得公司各项财务管理制度（包括对子公司、分公司的财务管理制度）和会计核算流程、核算体系，核查财务管理和风险控制等内部管理制度的建立健全情况，确定其独立完整性。

三是分别取得公司与控股股东的银行开户资料，以及上述账户的银行对账单，确认公司不存在与控股股东共用银行账户的情况。

四是检查控股股东的财务公司或结算中心账户，检查公司与控股股东的往来账项，确认公司是否将资金存入上述账户。

五是取得公司国税和地税的税务登记证明、纳税登记表及税收转账专用完税凭证或税收缴款书，并确认其是否独立纳税。

六是检查公司财务决策程序，并与公司管理层及财务人员和审计师沟通（口头交流），调查是否存在控股股东干预公司资金使用情况。

调查文件包括但不限于：公司的财务会计人员安排与定岗定职文件；公司财务会计制度与会计核算流程的说明；董事会通过的《关于制定公司财务管理制度等有关内部控制制度的议案》；公司与控股股东的银行开户证明；上述账户的银行对账单；公司与控股股东的往来账项；公司的基本存款账户；国税的税务登记证明；地税的税务登记证明；纳税凭证；原始财务报表；向公司财务人员、审计师的调查笔录；关联方占用资金、资产及其他资源调查表。

5. 资产完整

一是检查公司的资产权属是否明晰（土地、房产、主要生产设备等），是否独立于控股股东及其关联方，改制过程中无形资产、固定资产的处置是否独立完整；通过查阅房产证、土地使用权证等权属证明文件，了解公司的房产土地使用权、专利与非专利技术及其他无形资产的权属情况。

二是要求公司填报控股股东、关联方占用资金、资产及其他资源调查表，并提供相关证明文件。

三是取得公司开户银行资金往来明细账，关注公司的大额资金去向，是否存在与控股股东及其关联方的资金往来，其资金往来性质如何，确认是否存在控股股东占用公司资金情况及其归还情况。

四是通过查阅相关会议记录、资产产权转移合同、资产交接手续和购货合同及发票，确定公司固定资产权属情况；关注金额较大、期限较长的其他应收及应付账款、预收及预付账款产生的原因及交易记录、资金流向等；判断公司资产独立性。

五是通过向审计师、会计师了解等方法，调查公司最近两年内是否存在资产、资金及其他资源被控股股东、实际控制人及其控制的其他企业占用，或者为控股股东、实际控制人及其控制的其他企业提供担保的情形；调查公司为防止股东及关联方资金占用或者转移公司资金、资产及其他资源的行为所采取的措施和相应的制度安排；对不存在以上情形的，应取得公司的说明，必要时可根据情况要求会计师出具专项说明，并根据调查结果判断公司资产独立性。

通过对以上资料、信息的详细调查与审核，确认公司在五个独立性方面不存在明显的瑕疵与问题，从而保证公司是独立经营的主体，具有独立面向市场的经营能力。

（四）公司股权

1. 关于股权结构

股权结构，是指公司总股本中不同性质的股份所占的比例及其相互关系。股权结构是公司治理结构的基础，公司治理结构则是股权结构的具体运行形式。不同的股权结构决定了不同的企业组织结构，从而决定了不同的企业治理结构，最终决定了企业的行为和绩效。股权即股票持有者所具有的与其拥有的股票比例相应的权益及承担一定责任的权力。基于股东地位而可对公司主张的权利，是股权，即根据《公司法》第四条之规定"公司股东依法享有资产收益、参与重大决策和选择管理者等权利"。企业的股权结构对企业的类型、发展以及组织结构的形成都具有重大的意义。因此企业家应当考虑在股权结构各个组成部分的变动趋势。当社会环境和科学技术发生变化时，企业股权结构也会相应地发生变化。由此，股权结构是一个动态的可塑结构。股权结构的动态变化会导致企业组织结构、经营走向及管理方式的变化，所以，企业实际上是一个动态的、具有弹性的柔性经营组织，股权结构的形成决定了企业的类型。股权结构中资本、自然资源、技术和知识、市场、管理经验等所占的比重受到科学技术发展和经济全球化的冲击。随着全球网络的形成和大量新型企业的出现，技术和知识在企业股权结构中所占的比重越来越大。社会的发展最终会由"资本雇佣劳动"走向"劳动雇佣资本""知识雇佣资本"。人力资本在企业中以其独特的身份享有经营成果，与资本拥有者共享剩余索取权，这就是科技力量的巨大威力，它使知识资本成为决定企业命运最重要的资本。企业股权结构的这种变化反映出这样一个问题：在所有的股权资源中最稀缺、最不容易获得的股权资源必然是在企业中占统治地位的资源。企业的利益分享模式和组织结构模式必须由企业中占统治地位的资源来决定。股权结构是可以变动的，但变动的内在动力是科学技术的发展和生产方式的转变，选择适合企业发展的股权结构对企业来说具有深远的意义。

从尽职调查的角度来看，对公司股权结构的调查主要是需要了解以下信息：①公司的股权构成比例，其中自然人、法人及外国人所占的比例。②公司股权的组成形式，其中货币、土地、厂房、无形资产分别占有多少比例。③公司股权结构中控股股东占股比例，公司高管、核心技术人才及管理人才占股比例。④是否存在公务员、现役军人、高校负责人持股的情况，是否存在上述人员和其他自然人法人在公司中委托他人代持股的情况及其比例；是否存在违法的代持股行为，如代持股突破《外商投资产业指导目录》

的限制性、禁止性规定的情况。⑤是否存在职工持股会、信托持股、工会持股及其他社团持股的情况等。

2. 股东资格问题

股东的资格问题,涉及公司股权的合法性及稳定性问题,主要通过审阅以下材料了解与把握。

1)公司章程。
2)验资报告。
3)股东名册。
4)关于股东背景的情况说明(说明个人股东是否为中共党员,是否为公务员、国有企业领导干部及负责人,是否为国有企业职工,是否为证券公司从业人员,是否为一人公司股东、机构股东,是否为外商投资企业、金融业、信托公司、融资性租赁公司等,视情况而定)。
5)自然人股东居民身份证、护照或其他合法证件;自然人股东的个人征信报告。
6)中方法人股东的企业法人营业执照、社团法人登记证(如存在)。
7)外国法人股东的审阅注册证书及对注册证书的公证认证文件(如适用)。
8)关于股权是否存在股权质押情况的说明,如存在股权质押的,审阅:关于股权质押情况的简要说明(主要说明股权质押的发生原因、各方为股权质押签署的协议或文件及其履行状况);股权质押所担保的主债权文件;股权质押协议;记载股权质押的股东名册;股权质押的工商登记文件(如有);其他与股权质押有关的任何文件。
9)关于公司是否存在集资入股情况的说明,如有此类情况,审阅:关于集资入股情况的简要说明;有关集资入股所取得的政府批准文件;参与集资人的人员名册;集资金额明细调查工作;关于集资用途的书面说明;其他与集资有关的任何文件。对于集资入股的问题,要从其合法性方面审查有限责任公司是否股东数突破 50 人,股份有限公司股东数是否突破 200 人,是否存在非法吸收公众存款甚至是集资诈骗的问题。
10)关于公司股东是否存在代持股/信托的说明,如有此类情况,审阅:有关代持股/信托情况的简要说明(主要说明代持股/信托的发生原因、各方为代持股/信托签署的协议或文件及其履行情况);代持股协议/信托协议和其他履行证明文件;可转换债募集说明书;关于可转换债券持有人情况的说明。

3. 关于控股股东、实际控制人

根据《公司法》第二百一十六条的规定,控股股东"是指其出资额占有限责任公司资本总额百分之五十以上或者其持有的股份占股份有限公司股本总额百分之五十以上的股东;出资额或者持有股份的比例虽然不足百分之五十,但依其出资额或者持有的股份所享有的表决权已足以对股东会、股东大会的决议产生重大影响的股东",实际控制人"是指虽不是公司的股东,但通过投资关系、协议或者其他安排,能够实际支配公司行为的人"。

综上所述,实际控制人既可以是公司的控股股东,也可以不是。简而言之,实际控制人就是实际控制公司的自然人、法人或其他组织。对公司实际控制的表现为对股东会、董事会的决议施加重大影响,决定公司经营政策、经营方向和经营行为,控制公司的财务和人事任免等重大事项。

关于公司实际控制人情况的说明,如有实际控制人的,须审阅:实际控制人与公司之间构成控制关系的结构图;实际控制人之间签署的一致行动协议(如有);其他证明实际控制人对公司行政控制关系的法律文件;其他对股东行使股东权益具有约束性的情况说明及其相关法律文件;访谈调查笔录和其他有关文件。

通过对企业的尽职调查,首先要了解公司是否存在控股股东、实际控制人;其次,如果不存在控股股东、实际控制人,则要了解公司经营中重大决策是如何完成的,是否存在障碍,是否存在股东僵局,是否会对公司的持续经营能力产生影响。实际控制人的存在,决定了企业的经营方向和重大事项由谁决定的问题;同时,实际控制人的稳定,也关乎企业经营的稳定性。

(五)公司资产和设备

公司的清产核资是一项重要的工作,关系到企业净资产及其股票的估值问题,特别是对于那些重资产运行的企业。一般而言,企业资产主要包括土地、房产、主要生产设备以及车辆等。核查企业的资产,主要应调阅、核对企业所有资产的权利证书,包括土地证、房产证、行驶证等,以及采购、转让、赠与、土地出让合同等的相关合同,以及土地出让金税费缴纳情况、过户手续及其证明文件等,从而判断资产的取得是否合法、转让过程有无瑕疵,以及年费的缴纳是否及时,判断资产权利的行使是否存在法律障碍,等等。

1. 土地权益

1)公司使用的自有土地清单,包括对土地性质、面积、坐落、取得方式和当时购买协议、购买价格(租赁价格)、使用权利、权利性质、权限年限、抵押情况等进行详细的说明。

2)公司的建设项目清单,包括:项目情况的简单说明及具体项目所用土地情况的说明。

3)如果公司的土地为出让地:

① 如该宗土地为公司直接从土地管理部门出让取得,须审阅:该宗自有土地所对应的国有土地使用权证;与土地管理部门签署的国有土地使用权出让合同及其附件;当地财政厅出具的土地出让金缴付专用收据;签署土地出让合同时当地的土地基准地价公告;公有土地使用成交确认书(中标通知书)。

② 如该出让地为公司从第三方以转让方式取得,须审阅:该宗自有土地所对应的国有土地使用权证;国有土地使用权转让合同;土地转让金缴付凭证;签署土地转让合同时的基准地价公告。

4)如果公司的土地为划拨地,须审阅:该宗自有土地所对应的国有土地使用权证。政府批准用地的文件。

5)如果土地以租赁方式取得,须审阅:公司与当地政府部门签订的国有土地租赁合同；农村集体建设用地土地权属证书；土地管理部门出具的批准、登记文件；村民（代表）大会批准有关土地流转协议的会议决议；土地价款交付凭证。

6）如公司使用的土地为农用地并用于农业用途，须审阅：土地流转协议；村民（代表）大会批准有关土地流转协议的会议决议；土地管理部门对农用地流转的登记文件；土地价款交付凭证。

7）访谈调查笔录和其他有关文件。

2. 房产权益

1）公司所拥有及正在使用的房屋建筑物等物业设施清单及其情况说明，包括坐落位置、四至、建筑面积、占地面积、权属、原值、净值、累计折旧、取得方式、抵押情况及所对应的土地权属等。

2）房产所对应的房屋所有权证、房屋共有权证、他项权利证和房屋权属登记簿复印件。

3）公司所拥有的房屋建筑物等物业设施情况。

4）公司主要在建工程情况，包括名称、投资计划、建设周期、开工日期、竣工日期、进展情况以及是否得到政府部门的许可、批准文件。

5）对于自建房产但尚未领取房屋所有权证书的房屋，须审阅该房屋所对应得工程规划文件，但不限于：建设项目核准/备案文件；建设用地规划许可证；建设工程规划许可证；建设项目施工许可证；建设工程竣工验收报告；建设工程竣工验收备案表；房屋测绘报告；法律、行政法规规定应当由公安消防、环保等部门出具的认可文件或者准许使用文件。

6）如果房屋系通过购买二手房方式取得，须审阅：房屋原始权属证明、房屋合同和购房款项支付凭证。

7）如房屋系通过购买商品方式取得，须审阅：出售房的预售/销售许可证明、购房合同及购房款项支付凭证。

8）对以租赁方式取得的房产，须审阅：公司正在使用的租赁房产清单（如有）；租赁房产的房屋所有权和土地使用权证（如果没有领取土地使用证，须审阅土地规划许可证或政府批准用地或确权文件）房屋租赁合同以及房屋租赁合同的登记证明。若公司存在无法继续使用租赁房产并对公司的生产经营存在重大法律风险的，公司提供对以下事项的说明文件：是否具备其他替代房产的可行性；搬迁的时间周期和成本；因搬迁造成的停产损失金额。

9）访谈调查笔录和其他有关文件。

3. 主要生产设备及车辆

1）公司主要固定资产的构成情况，包括主要设备名称、品种、类别、原值、净值、数量、使用及折旧情况、技术先进程度以及采购合同、发票。

2）按生产经营用途、辅助生产经营用途、非生产经营用途、办公用途、运输用途和其他用途分类，固定资产分布情况。

3）车辆名称、类别、型号、数量、新车采购或二手转让、相应的合同、协议及付款凭证、已使用年限、当前车况等。

（六）重大诉讼、仲裁、行政处罚

重大诉讼事项一般是指其所涉及的损害或赔偿金额超过公司流动资产10%或公司董事、监事、高级管理人员受到刑事起诉的诉讼事项，包括公司本部、子公司、公司董事、监事、高级管理人员以及持有5%以上公司股份的主要股东作为当事方的重大诉讼事项。重大诉讼不是一个法定的概念，一般是指达到一定金额（如标的额100万元或200万元以上，具体根据企业的生产经营规模确定）或者虽然金额不大但有可能会对公司的持续经营产生重大影响的诉讼、仲裁，或者达到法定的重大程度标准的行政处罚。

调查目的为主要为调查公司是否存在或可能存在有关的重大诉讼、仲裁及行政处罚事项以及评估与公司有关的诉讼、仲裁及行政处罚事项对公司财务状况、经营成果、企业声誉、生产经营、未来前景等可能产生的影响。主要调查内容如下：

1）公司、持有公司5%以上（含5%）的主要股东（追溯至实际控制人）、公司的控股公司是否存在尚未了结的或可预见的重大诉讼、仲裁及行政处罚案件。如存在，应说明对公司财务或经营的影响。

2）公司董事长、总经理是否存在尚未了结的或可预见的重大诉讼、仲裁及行政处罚案件。如存在，应说明对公司生产经营的影响。

3）如上述案件存在，还应对案件的简要情况做出说明（包括但不限于受理该案件的法院名称、提起诉讼的日期、诉讼的当事人和代理人、案由、诉讼请求、可能出现的处理结果或已生效法律文书的主要内容等）。

调查涉及的材料如下：

1）公司方面应提供的有关说明并填写诉讼、仲裁及行政处罚事项调查表，说明及调查表应载明公司及其股东、实际控制人、现任/拟任董事、董事高级管理人员过往的、正在发生的或者有正当理由认为潜在可能发生的将对公司产生不利影响的所有诉讼、仲裁、权利请求或其他纠纷以及行政调查、行政处罚、行政强制和其他法律程序，并载明涉案事由、涉及金额及公司方面的最大风险。

2）要求公司提供法院案件受理通知书、判决书、仲裁通知书、行政处罚通知书、委托代理书等相关资料和文件，检查其真实性；与公司管理层进行会谈（会谈记录），讨论上述诉讼、仲裁及行政处罚事项调查表对公司财务状况、经营成果、声誉、业务活动、未来前景等可能产生的影响。

3）涉及上述情况的有公司内部或者第三方出具的针对诉讼、仲裁、行政调查、行政处罚、行政强制和其他法律程序的有关的任何报告、备忘录及进行现状和胜败可能性的分析。

4）公司股权或者资产面临或已经被执行的查封、冻结、扣押情况及相关的法律文件。

5）公司控股子公司和持有公司5%以上股份的主要股东（追溯至实际控制人）董事、监事、高级管理人员关于诉讼、仲裁事项的书面说明（若有）。

五、医药行业特殊核查项目

（一）行业许可

在医药企业并购或投资交易中，目标公司的业务/市场准入许可是法律和商业尽职调查的重中之重。医药行业内主要分为三大类企业（药品生产或经营企业、医疗器械生产或经营企业、医疗机构），在不同的类型的企业当中，在行业许可方面的法律要求亦各有不同。

药品行业的法律实体包括药品生产企业和药品经营企业。开办药品生产企业必须办理药品生产许可证。药品生产企业的生产活动必须符合《药品生产质量管理规范》（以下简称药品 GMP）的要求。新开办药品生产企业、药品生产企业新建、改建、扩建药品生产车间或生产线或者新增生产剂型，都需要向药品监督管理部门申请药品 GMP 认证，以获得药品 GMP 证书。开办药品经营企业，包括药品批发企业和药品零售企业，必须办理药品经营许可证。药品经营企业必须按照《药品经营质量管理规范》（以下简称药品 GSP）开展药品经营活动。新开办药品批发企业和药品零售企业，应当向药品监督管理部门申请药品 GSP 认证，以获得药品 GSP 证书。

国家对医疗器械生产或经营企业则按照风险程度实行分类管理。从事第一类医疗器械生产的企业应当向所在地设区的市级人民政府药品监督管理部门备案；从事第二类、第三类医疗器械生产的企业应当向所在地省、自治区、直辖市人民政府药品监督管理部门申请并获得医疗器械生产许可证。医疗器械生产企业必须按照医疗器械生产质量管理规范（以下简称医疗器械 GMP）的要求建立健全企业的质量管理体系，定期对质量管理体系的运行情况进行自查，并向所在地省、自治区、直辖市人民政府药品监督管理部门提交自查报告。其中，第二类、第三类医疗器械生产企业还应当向所在地省、自治区、直辖市药品监督管理部门提出医疗器械生产质量管理规范检查的申请并获得医疗器械生产质量管理规范检查结果通知书。从事第二类医疗器械经营的企业应当向所在地设区的市级人民政府药品监督管理部门备案，从事第三类医疗器械经营的企业应当向所在地设区的市级人民政府药品监督管理部门申请并获得医疗器械经营许可证。从事第一类医疗器械经营的企业则无须备案或许可。药品监督管理部门在受理医疗器械经营企业的备案或许可证申请时，将按照医疗器械经营质量管理规范（以下简称医疗器械 GSP）的要求开展现场核查。

医疗机构的主要行业许可是医疗机构执业许可证和医疗机构专业人员的个人执业资格证。申请医疗机构执业登记之前应当具备一系列条件，比如符合医疗机构的基本标准，具有适合的名称、组织机构和场所、与其开展的业务相适应的经费、设施、设备和专业卫生技术人员等。对医药企业的行业许可的审核主要着重于企业是否已经取得了生产经营活动所需的行业许可，实际从事的经营活动是否符合许可证标明的或在药品监督管理部门备案的生产范围或经营范围，企业的许可证或 GMP/GSP 认证是否在有效期内，以及是否存在监管部门对企业违反行业许可规定从事经营的处罚。当收购方通过尽职调查发现目标公司的行业资质证照不齐全或与其生产经营活动不一致，应当根据不同情况，在交易文件中将目标公司获得与生产经营活动一致的、齐全的资质证照作为并购交易的先决条件或交割后承诺,并评估目标公司违规的法律后果,或在违规情况十分严重时考虑寻找新的目标公司。如果许可证或 GMP/GSP 证书即将到期,收购方应当要求目标公司及时续期,以避免证照到期而仍然从事经营活动。

(二)产品许可

在医药企业并购或投资交易中,除了行业许可方面的审查,其产品许可的审查亦是不可或缺的特殊内容。医药产品的许可主要包括新药证书、药品批准文号、进口药品注册证以及医药产品注册证。

研制新药,必须完成临床试验并通过审批,经国务院药品监督管理部门批准并获得新药证书。除没有实施批准文号管理的中药材和中药饮片之外,药品生产企业在生产新药或者已有国家标准的药品之前,必须经国务院药品监督管理部门批准并取得药品批准文号。企业进口药品应当申请注册,国外企业生产的药品必须取得进口药品注册证,中国香港、澳门和台湾地区企业生产的药品必须取得医药产品注册证。依法必须批准而未经批准生产、进口的药品将按照假药论处。生产、销售假药,将导致没收违法生产、销售的药品和违法所得并处罚款、责令停产、停业整顿或者撤销药品批准证明文件、吊销药品生产许可证或药品经营许可证等行政责任,甚至刑事责任。因此,尽职调查过程中应对目标公司生产或经营的药品是否具备相应的新药证书、药品批准文号、进口药品注册证或医药产品注册证进行审查,判断潜在风险,并据其确定并购交易的条款和条件或者调整并购计划。

新药证书除了是新药生产上市必须获得的行政许可证书,同时也是企业的无形资产。企业为获得新药证书,需要在新药的研制、临床试验和报批过程中投入大量成本,并承担新药申报未能通过审批的风险,此外,新药可能享有最长不超过 5 年的监测期,而在监测期内,国家药品监督管理局将不批准其他企业生产、改变剂型和进口该新药,因此,新药证书通常具有远远大于其研制成本的价值。对新药证书的审查不仅是出于审查法律风险的需要,也是评估企业资产的基础。

国家对医疗器械产品按照风险程度进行分类管理。第一类医疗器械,包括境内、进口或香港、澳门、台湾地区的医疗器械,实行备案管理;第二类、第三类医疗器械,包括境内、进口或香港、澳门、台湾地区的医疗器械,实行注册管理,食品药品监督管理部门批准后发给医疗器械注册证。生产、经营未取得医疗器械注册证的第二类、第三类医疗器械,可能导致没收违法所得、违法生产经营的医疗器械和用于违法生产经营的工具、设备、原材料等物品,并处罚款,或 5 年内不受理相关责任人及企业提出的医疗器械许可申请等后果。如果未备案第一类医疗器械且逾期不改正,可能受到罚款处罚,且食品药品监督管理部门将向社会公告该企业和产品的名称,严重影响企业的商誉。因此,对医疗器械生产或经营企业的尽职调查,都必须涵盖对医疗器械注册证或医疗器械备案的审查。

(三)商业贿赂

医药行业(尤其是向医疗机构销售药品)的商业贿赂问题一直屡禁不止。药品经营企业如在历史上存在或可能存在潜在的商业贿赂问题，将对企业本身的经营带来实质性的不利风险，商业贿赂不仅会存在行政责任，甚至会导致企业本身承担刑事责任。而在我国医药不分家，院方对药品使用有决定权的情况下，医药企业会选择以各种形式对医生等主体进行贿赂，而这些进行贿赂的成本，一方面会导致"高开"药品的增值税发票以消化这些成本留下的空间，另一方面这部分成本被转移到药品经销商，并主要由他们来行贿和实现药品交易。因此，在这种药品流通的模式下隐藏着巨大的涉税风险故而在并购企业时必须通过尽职调查关注的一个重点方面是目标企业是否存在违反医药购销领域商业贿赂法律法规的风险。实务中，医药购销领域商业贿赂主要集中在医疗设备、药品、医用耗材的采购和使用三个领域。医药企业作为商业贿赂的中的行贿方，其行贿的主要表现形式有：直接给予现金、代金券等；账外支付回扣；附赠；以合法名义进行捐赠；其他形式等。随着近年来医药企业实施商业贿赂被查处的案例越来越多，背后暴露出来问题是医药企业在发票管理及凭证管理方面存在巨大的涉税风险，其中虚开发票、设立合同销售组织（Contract Sales Organization，CSO）逃税以及购买增值税进项发票抵扣税款是最为典型的几种涉税风险。

"两票制"实施以后，多票改为两票背后隐含的监管逻辑是，国家将监管的主要对象由药品流通环节的代理商转移到药品生产企业。生产企业在两票制下是开出"第一票"的责任主体，也成为发票监管的主要对象。因此，在"两票制"下，由于"谁开票谁负责"的归责原则，为了规避发票风险，药品生产企业通过"高开"发票支付给代理商/经销商（或称为CSO），并由这些CSO主要负责去实施过票或者商业贿赂行为。在此过程中，所暴露出的涉税风险主要涉及以下几个方面。

第一，CSO为制药企业及为自己虚开发票。在新的政策背景下，部分CSO企业账目中的进项项目相对单一，在税收缴纳方面，只缴纳6%的增值税，其和制药企业之间发生的业务往来中，制定的价格呈现随意性特点。这些第三方服务公司大多数是按销售产品比例向制药企业开具发票，然后制药企业向其支付费用。也因此，第三方服务公司为制药企业开出了大量"市场服务费""技术咨询费"和"推广费"等名目的发票。更有甚者，有一部分CSO为通过虚假订单、虚假入库，伪造虚假购销，为自己虚开增值税专用发票。总之，不管是哪种形式的虚开都很难藏身，虚开发票行为必将给相关责任主体带来严重的行政责任以及刑事责任。

第二，CSO非法利用核定征收逃税。"两票制"下，部分CSO选择以一人公司的形式入驻地方的优惠园区，一方面，通过选择适用小规模纳税人政策降低税点并享受地方税收优惠政策；另一方面，部分地方税务机关对优惠园区内的CSO的企业所得税进行核定征收。通过这一模式，CSO能给将综合税负将到10%以内，并将差额部分转入个人账户以此方便用来实施商业贿赂行为。这种模式下，CSO往往最大的功能就是向医院开票，但是当开票金额达到500万元无法再继续开票时，就已经累积了大量的应税利润了，而这部分应税利润通常就被这些CSO恶意偷逃。另外，大量现金通过CSO转账到私人账户，而这部分个人所得税通常也是没有按规定申报的，这也隐含了巨大的风险。

第三，购买增值税进项发票抵扣税款涉及虚开发票风险。对于一部分经销商，他们较为常用的商业贿赂方式是通过召开虚假学术会议，从餐厅、饭店购买"会务费"发票，并在其公司财务系统报销相应金额进行套现,经销商的医药代表再将其套现所得现金用于临床医生的用药奖励等违反医药代表行为准则的操作。另外,巨额加油票、过路过桥费、咨询费等都成为部分经销商套取贿赂现金的手段。无论如何,上述购买增值税进项发票抵扣税的行为构成了《发票管理办法》第二十二条所界定的虚开发票行为,存在较大的税务风险。另外,在每年企业所得税汇算清缴时,这些发票所形成的支出数据也很容易引起税务机关的关注,从而引发税局对相关经销商的调查。

那么在并购实务中如何对商业贿赂及相关涉税风险进行审查?

首先,须对经销商资信审核以预防虚开发票风险,以避免下游经销商出现税收违法行为从而影响生产企业。主要是:审查其公司责任形式和股东背景,避免选择一人有限责任公司作为合作对象;审查经销商公司的企业所得税征收方式,避免选择将核定征收企业作为合作对象;除个别偏远地区之外,尽量避免选择小规模纳税人作为合作对象,尽可能要求经销商开具增值税专用发票。

其次,加强经销商商业贿赂风险排查。为了预防被经销商卷入商业贿赂之中,积极进行经销商管理和审查工作,是排查药品生产企业商业贿赂风险的重中之重,生产企业应当采取多种核查方式,具体工作应该包括:确认经销商管理相关内控制度是否有效;确认经销商的选择标准及管理措施;经销商销售收入的真实性检查,核查相关的订单或合同、记账凭证、出库单、发票等;价格合规性检查,将账载的销售价格和产品价格表进行比对;选择主要客户函证各期销售额和应收账款余额;对主要经销商、终端医院进行实地走访核查;函证主要经销商的期末库存情况。

再者,对销售费用进行核查。近年来很多医药企业在上市过程中被证监会和交易所关注最多的就是大额的销售费用问题,企业如不能自证清白则被相关部门认为存在商业贿赂的可能性就大增。因此,在销售费用方面药品生产企业应该重点核查以下内容:对大额销售费用记账凭证及其原始凭证的抽查,确认销售费用均为正常业务经营支出;核查销售费用明细,重点审查销售费用的支出是否真实以及获取的发票是否真实有效;对"会务费""学术推广费"等科目进行重点核查,获取学术会议的相关信息,核查相关费用的凭证及单据。

最后,对合法折扣情况进行核查。《反不正当竞争法》第七条规定:"经营者在交易活动中,可以以明示方式向交易相对方支付折扣,或者向中间人支付佣金。经营者向交易相对方支付折扣、向中间人支付佣金的,应当如实入账。接受折扣、佣金的经营者也应当如实入账。"据此,折扣是一种合法的竞争手段。作为药品生产企业如给予经销商销售折扣的,应该定期核查相关的折扣,重点从税务管理上注意以下几个方面问题:是否有相应的合同条款约定作为支付折扣和佣金的依据;折扣额是否已在发票上与销售额一并注明;折扣是否已经相应的进行了会计入账处理;折扣支付情况是否留存了相应银行付款凭证;非现金转账的佣金是否进行了税前扣除,佣金金额是否超过收入金额的 5%。

(四)环保问题

如果目标公司是制药公司,无论是资产并购还是股权并购,环保方面的尽职调查是不可或缺的一部分。比如，查验目标公司是否办理申请污染物排放/排放污染物许可证、在建工程（如有）是否取得了环保部门的批准、查阅目标公司的环境影响评价、危险废物排放（如有）是否已经获得危险废物管理（转移）计划备案表、转移联单，等等。通常情况下，法律尽职调查不会涉及现场核实或实验室检测某些污染物是否超标等技术性调查。对于技术性调查，仅仅查阅目标公司环境影响报告以及年度检查报告的各项污染物排放情况等书面审查并不能发现实际问题并解决问题。随着环保法规的执法日益严格，环保尽职调查越来越引起收购方和投资者关注。对于污染严重的制药公司的尽职调查，主要包括环保调查范围、调查细节以及由谁进行调查等问题。

首先，应当核查目标公司是否取得国家环保主管部门的书面证明，确认公司的生产经营活动符合有关环境保护的要求，公司最近2年是否存在因违反有关环境保护方面的法律法规而被处罚的情况。

其次，核查其取得环保主管部门（省级以上）对公司拟投资项目出具的证明或环保评价报告，确认公司拟投资项目符合有关环境保护的要求。

再者，通过与公司进行会谈（会谈记录），并实地考察，了解公司生产过程中"废"的排放情况及其他污染情况，取得国家地方有关该行业、企业的排污标准及公司污染排放指标，检查是否在国家规定范围之内。

最后，与公司进行会谈（会谈记录），了解公司近3年治理污染采取的具体措施及资金投入，讨论对公司产品成本及未来生产经营的影响，并分析其可能产生的风险。

审核内容及材料包括但不限于以下：

公司生产工艺、流程是否符合环境保护相关法律法规，公司在环境保护方面的投入及未来可能的投入情况；建设项目清单（包括已建、在建和拟改扩建项目）；建设项目所涉环境影响报告书、环境影响报告表或者填报环境影响登记表；环保部门（省级以上）对公司拟投资项目出具的证明或环保影响评价报告及其审批文件；环保设施检测报告（表）或者环境保护验收调查报告（表）；建设项目环保验收批准文件；公司出具的关于环保设施建设、运转使用情况的说明；公司出具的关于产品及其生产过程中是否含有或使用禁用物品的说明（如有）；关于环境事故的情况说明（如有）；环保部门对公司作出的任何命令、罚款、整改或调查的有关通知文件（如有）；因环保事项而引发的诉讼、仲裁、行政复议事项（包括但不限于侵害赔偿等）的文件决定书、判决书、仲裁裁决其履行、执行的最新状况说明（如有）；公司排放的主要污染物应达到的国家或地方规定的排放标准及污染物排放水平的说明；处置固体废物的情况说明；水污染物排放许可证或临时排污许可证；大气排污许可证；排放污染物申报登记表；排污核定通知书；排污费缴纳通知单；排污费缴纳凭证；公司涉及危险品情况的说明；危险物处置协议（如有）及处置方的资质证明文件；危险废物转运联单及跨市转移批准文件；环保部门出具的环保核查意见。

（五）知识产权

企业的知识产权，包括专利、商标、版权、商业秘密、特许经营权，以及公司现在所使用的技术和生产工艺的先进程度、成熟程度、特点、性能和优势、是否高新技术企业等。对于轻资产运营的高新技术企业来说，这些都构成了企业的核心竞争力，也决定着企业的可持续发展及未来发展潜力，是尽职调查需要重点核查的内容。对于无形资产的核查，应重点关注以下几个方面。

1. 权利的确定

对诸如专利权、商标权等权属关系的审查，其中不但包括权利证书上的登记状况、权属关系（有无共有人、担保、授予第三人许可使用权等）的确认，还需要调查权力的期限、可能发生无效、被取消的风险、有无第三人侵权、权利被保护的范围、企业是否还有多项准备申请的发明、是否职务发明，商标则须审查是否已注册、是否属于驰名商标等相关信息。值得注意的是与第三人合作开发的专利及员工的职务行为，合同条款有没有可能因为在行使权利的时候出现可能的纠纷，权利行使有没有设置了限制条款。如果被收购方的知识产权是被许可使用他人权利的情况，则要重点查看许可合同中被许可的权利范围、期限、使用费支付条件、合作研发的后续权利等条款。另外，还需要提防权利人如果出现破产或将相关权利转让给第三人时无法行使权利的情况出现。另外，还应注意审查知识产权的有效性。如对于专利问题，应审查企业是否按时缴纳年费以维持其专利的有效性，必要时可通过查询专利登记簿来确定尽职调查时的法律状态，审查其是否被无效，或因其他原因失去专有权。对于注册商标，则要特别注意审查商标有效期及其是否在期限届满前申请续展并获批准。

2. 或有债务

虽然知识产权的使用能给权利人带来利益，但有些情况下也可能会给权利人带来一些或有债务的发生。比如，当某一专利侵害了第三人的合法权利时，有可能被行政机关或法院采取保全措施或被原告要求损害赔偿。有些国家对专利商标侵权的打击非常严厉，因此如果被收购方的产品有出口的话，应该特别调查所有出口国的法制环境，研究在国外侵害第三人正当权利或被要求损害赔偿的可能性。另外，对于新《专利法》第六条、第八条规定的职务发明、共同发明、委托发明等特殊情况下的实施专利时的专利使用费，也必须了解相关的合同条款，以免将来在并购完成后需要由收购方支付巨额的专利使用费。

3. 合同风险

被收购方与第三方签订的与知识产权相关的包括授权许可合同、共同开发合同、委托开发合同、特许经营合同等合同中，有没有对被收购方不利的条款、收购行为对合同会产生什么样的影响、合同中关于权利义务继承的条款等都需要认真研究。有的合同规定，由于权利人的变化合同即时解除或相关条件随即发生变更，遇到这种情况就需要考虑是否应该事先与合同相对方进行沟通以争取对方的书面同意，由变更后的主体承继原来的合同权利义务。

4. 并购最终无法实现时商业秘密泄露的风险

在企业并购活动中，经常会出现收购方在进行了一系列尽职调查后，发现许多无法解决的问题或因成本与价值不匹配而放弃收购。在这种情况下被收购方内部的技术秘密就有可能已经被收购方获取，并且这种获取是合法的。作为被收购方，如果收购方是同行业的竞争对手，就需要研究并规划披露知识产权及相关技术秘密的时机，当然更不能忽视事先与收购方签订保密协议。

5. 作为入股的无形资产是否经过评估

有无评估报告；如果是国有企业的技术入股的评估结果是否有国有资产管理部门出具的对国有资产评估结果的确认或备案文件。

6. 对知识产权的尽职调查有其局限性

特别是专利类的知识产权，比如发明，即使在调查期间是有效的，也会因新技术的发展失去其新颖性和独创性而被法院判定无效。所以收购方在决定收购时，应该有选择性地挑选生命力较强的专利作为收购目标。而对于为收购方提供尽职调查服务的律师来说，也必须事先提醒收购方尽职调查的局限性。

7. 调查的材料及具体内容

企业知识产权登记清单，包括本企业所有、与共有人共同所有及本企业只具有使用权的专利、外观设计、实用新型、商标、商号、商誉、软件等著作权、商业秘密、专有技术、与企业/商品相关的网络域名等，以及相关的权利证书、缴费凭证、变更手续通知书、登记簿副本他项权协议及登记备案文件、使用许可或转让协议、合同等法律文件，双方是否存在纠纷或争议等，正在申请的知识产权清单，使用许可合同、共同技术开发合同、委托合同、权利转让合同等。

掌握核心技术的重要人物，作为企业出资部分的知识产权。

企业内部关于职务发明的规章制度，企业关于商业秘密保护的规章制。

与知识产权相关的股东会（大会）决议、董事会决议、重要的会议记录。

企业知识产权管理部门人员名单、知识产权管理规章制度。

过去或现在发生的知识产权诉讼、仲裁情况说明、判决书以及行政机关的处罚通知书。

聘请的律师事务所、知识产权代理机构等知识产权顾问单位的名单及相关的委托合同。

（六）销售模式

对医药产品营销模式的审查可以从产品购销、定价政策、广告发布等角度进行。药品生产企业和药品经营企业必须从具有药品生产、经营资格的企业购进药品（购进没有实施批准文号管理的中药材除外），并且不得向其知道或者应当知道从事无证生产、经营药品行为的他人提供药品。药品生产企业只能销售本企业生产的药品，不得销售本企业受委托生产的或者他人生产的药品。并购药品生产或经营企业，必须审查目标公司的药品采购或销售渠道的生产、经营资格，并购药品生产企业的，还应当审查目标公司是否存在销售非本企业生产的药品的违法行为。对于药品价格，应当审查目标公司生产或销售的药品是否按照国务院价格主管部门关于药价管理的规定制定和标明药品零售价格，是否存在暴利和损害用药者利益的价格欺诈行为。对于目标公司发布的任何药品广告，应当审查其是否取得药品广告批准文号，以及是否使用伪造、冒用、失效的药品广告批准文号。

医疗器械经营企业必须从具有资质的生产企业或者经营企业购进医疗器械，并建立进货查验记录制度。从事医疗器械批发业务的经营企业必须将产品销售给具有资质的经营企业或者使用单位，从事第二类、第三类医疗器械批发业务以及第三类医疗器械零售业务的经营企业，还应当建立销售记录制度。进货查验记录和销售记录必须保存至医疗器械有效期后2年；无有效期的，不少于5年；植入类医疗器械进货查验记录和销售记录必须永久保存。

并购医疗器械经营企业，应当按照上述要求审查其进货查验记录制度或销售记录制度。并购医疗器械生产企业，则应当审查目标公司是否按照法律要求建立了供应商审核制度。对于目标公司发布医疗器械广告的，应当审查其是否取得真实有效的医疗器械广告批准文号，以及广告内容与批准的内容是否一致。

第七章

医药企业股权激励方案

Chapter 7

第一节 国内外股权激励的发展历程

一、国外股权激励的发展

股权激励是指公司经营者通过一定形式获取公司一部分股权的长期性激励制度,使经营者能够以股东身份参与企业决策、分享利润、承担风险,从而勤勉尽责地为公司长期发展服务。

股权激励制度起源于美国。20 世纪 50 年代中期,美国旧金山一名叫路易斯·凯尔索(Louis Kelso)的律师设计出了世界上第一份员工持股计划。1952 年,美国辉瑞制药公司推出第一个经理股票期权。

从 20 世纪 80 年代中期开始,股权激励成为美国企业盛行一时的报酬方式,在 90 年代末期达到高潮;在 1989 年到 1997 年的 8 年时间里,美国最大的 200 家上市公司股票期权数量占公司股票数量的比例由 6.19% 上升到 13.12%,2000 年的比例更是高达 17.4%;从 1980 年到 1994 年,股票期权的价值增长了 683%,从 15.5 万美元增长到 120 万美元,而直接报酬的总值同期增长率为 209%;到 90 年代末,《财富》500 强企业中 90% 以上的企业对管理层采取了股票期权为主的股权激励计划,管理层股票期权报酬占管理层总报酬的比重也从 80 年代中期的 20% 上升到 90 年代中期的 33%,21 世纪初这一比重更是达到 50%。到目前为止,在美国已经实施了股权激励的企业累计达 2 万多家,参加各种形式持股计划的企业员工也逾 3000 万人次。目前美国的股票期权授予对象,不仅包括公司高级管理人员,还包括董事在内,出现了所有权与控制权重新结合的新趋势。自 20 世纪 70 年代开始,美国公司独立董事数量不断增加;当时独立董事一般不拥有公司股票,但现在越来越多的公司倾向于用股票来支付独立董事和其他董事的报酬。

欧洲各国中,英国、法国、荷兰、瑞士等国家的股权激励发展历史较为悠久。20 世纪 70 年代,这些国家相继在公司法或其他法规中对公司股票期权制度进行了相应规定,股票期权的各类制度较为健全。而德国、意大利的股权激励制度起步较晚,他们的股权激励机制远滞后于其经济发展水平。

美洲其他国家中除加拿大的股权激励制度已基本发展成熟外,墨西哥、哥伦比亚、巴西、智利等国家的股权激励制度均在 20 世纪 90 年代才起步,正处于发展完善之中,股权激励中的会计和税收制度的变动性较大。总体看,加拿大、墨西哥基本沿用了美国的股票期权体系。

大洋洲各国中,澳大利亚、新西兰的股权激励尚处于发展之中,相互之间差别较大,其中澳大利亚股票期权的计税办法比较复杂,而新西兰则基本沿用了美国的股票期权制度体系。

亚洲股权激励制度发展比较迅速的是日本、印度、新加坡、中国香港、中国台湾等国家与地区,其中香港地区采用的是认股权制度,与美国的有所不同,但仍属于广义范围的股票期权制度。

二、国内股权激励的发展

国内股权激励的发展并没有想象中的一路向北,最早可追溯到19世纪出现的山西票号的"顶身股",但因后期的国内发展以及国外企业的入驻而衰落,随后又继续探索,经历发展与逐步完善的阶段。

1990年股权激励进入探索阶段,1992年前后出现的内部员工持股形式是我国股权激励制度的探索尝试。1993年初,深圳万科公司最早探索实施股权激励计划,但其分三个阶段实施的"职员股份计划规范",后因公司未能上市而宣布取消。在随后的发展过程中,内部职工股暴露出"关系股""人情股"等问题,并出现了内部职工股非法交易现象。1993年4月,国家不再审批新的内部职工股企业。1998年11月,随着中国证监会《关于停止发行公司职工股的通知》发布,"内部职工股"逐渐被"职工持股会持股"方式替代。1997—1998年相继出台的《关于外经贸股份有限公司内部职工持股试点暂行办法》《关于外经贸试点企业内部职工持股会等级管理的暂行规定》等文件,规范了职工持股会的登记注册、持股比例、出资来源及相关流程,员工持股会在国内公司广泛实施,但在具体的发展实践中,员工持股会由于法律地位不明确,实际公司治理作用依旧有限。2002年8月,财政部、科技部联合下发了《关于国有高新技术企业开展股权激励试点工作的指导意见》,明确可以在国有高新技术企业开展股权激励试点。2003年11月,国资委发布《中央企业负责人经营业绩考核暂行办法》,明确在其所监管的中央企业中全面推行经营者年薪制,并逐步引入和完善对于企业管理层的长期激励机制。2004年1月,中共中央国务院印发的《国务院关于推进资本市场改革和稳定发展的若干意见》("国九条"),明确提出要建立健全上市公司高管人员的激励约束机制。2004年4月,国务院国资委、科技部联合下发了《关于高新技术中央企业开展股权激励试点工作的通知》。这一时期,各地方政府层面也纷纷出台了股权激励地方政策,如上海、武汉、北京、深圳率先制定了对国有企业经营者实施股权激励的具体办法,积极进行股权激励制度的实施探索,在实践中衍生出了一些典型的股权激励模式。这一阶段的股权激励制度与实践模式侧重于对激励对象的收益进行分类,将风险收益与公司发展业绩相联系,体现了长期激励的思想。因为这一时期国家尚未出台关于股权激励的统一法律规范,企业具体探索实施的股权激励计划颇具个性。

2005年,我国资本市场发生了巨大的制度变化,包括股权分置改革和企业开始可以拥有库存股,自此,从二级市场上购买不再是管理者可以拥有企业股权的唯一途径。但是，规范政策仍然没有出台，管理者股权激励仍然处于调整准备。

股权激励从 2006 年 1 月开始进一步发展，我国股权激励，尤其是管理层股权激励，正式迈进了正规化轨道。2006 年《国有控股上市公司（境内）实施股权激励》试行办法颁布之后，一些国有控股上市公司也推出了股权激励方案并付诸实践。随着我国上市公司股权分置改革的推进，以及《公司法》《证券法》等相关法律法规的修订与完善。中国证监会颁布的《上市公司股权激励办法（试行）》（下简称《试行办法》）在 2006 年 1 月 1 日正式实施，为我国上市公司股权激励机制的建设提供了明确的政策指引和操作规范，股权激励得以规范发展。仅 2006 年，共有 36 家上市公司公布股权激励方案，当年付诸实施或经过股东大会审议的有 11 家。尽管《试行办法》对股权激励的条件、强度及计划有效期等进行了明确的规定，但部分上市公司在股权激励方案设计和实际运行过程中，仍存在激励条件过宽、业绩考核不严、预期收益失控等问题。2008 年，证监会陆续发布了《股权激励有关事项备忘 1、2、3 号》，国资委和财政部联合发布了《关于规范国有控股上市公司实施股权激励制度有关问题的通知》，对上市公司股权激励的相关条款进行了补充规定。2012 年 8 月，证监会公布《上市公司员工持股计划暂行办法》，将股权激励的对象由公司高管扩大到全体员工。与前一阶段相比，这一时期的股权激励政策面向全部上市公司，相关配套的税收、会计准则相继出台，为上市公司实施股权激励计划在会计处理、信息披露及税务处理等方面提供了制度规范。

2016 年 7 月开始，股权激励随着我国经济社会发展环境的变化不断改革、完善和创新；转型经济的法律法规、政策制度也随之不断完善。2016 年，证监会根据股权激励计划实施情况以及我国资本市场发展实际，对《试行办法》等进行了系统的修改完善。修订的总体原则以信息披露为中心，根据"宽进严管"的监管理念，放松管制、加强监管，逐步形成公司自主决定的、市场约束有效的上市公司股权激励制度。与《试行办法》相比，修订后的《上市公司股权激励管理办法》的具体变革主要体现在以下几个方面：一是进一步完善了实施和参与股权激励的条件，明确了上市公司不能实行股权激励（五种情形）和个人不得成为激励对象（六种情形）的负面清单，进一步明确激励对象范围（监事不得成为激励对象、境内工作的外籍员工可以通过申请开立专用证券账户参与股权激励）。二是强化信息披露监管，对信息披露做了专章规定，细化了对信息披露的时间、内容及程序等方面的要求，旨在让市场投资人全面了解股权激励的目的、对象、业绩条件、合规性、实施情况和实施效果。三是进一步赋予公司自治和灵活决策空间，允许上市公司根据自身经营管理核心目标确定合理的绩效考核指标与激励规则，放开对授予价格、行权价格的定价要求，完善定价机制，明确股权激励与上市公司启动及实施增发新股、并购重组、资产注入、发行可转债、发行公司债券等重大事项不相互排斥，放宽了对预留权益的限制（由原来的 10% 提高到 20%）。四是完善了限制性股票和股票期权相关规定，增加了限制性股票和股票期权的长期激励效应。五是完善了股权激励计划实施程序、决策程序的规定。六是强化股权激励实施的内部监督、市场约束、事后监管和内部问责等一系列制度要求；完善了公司内部问责与不当利益回吐机制，细化对股权激励相关违法违规行为的监管与处罚规定。

2016 年 8 月 13 日，证监会修订的《上市公司股权激励管理办法》（以下简称《办法》）

正式实行,标志着我国上市公司股权激励在经历了 2006 年之前逐步试验、缓慢发展的"起步探索阶段"和 2006 年后高速发展、暴露问题、部分有效的"规范发展阶段"后,进入一个制度相对成熟、市场导向明确、设计逐步自主的"改革发展新阶段"。上市公司实施股权激励的积极性显著提高,2016 年,披露的股权激励计划增长至 272 次,2018 年这一数量飙升至 467 次。

随着我国"一带一路"倡议的实施,越来越多的企业选择"走出去",积极开展境外并购重组和产业投资。当前《办法》中对境外工作的外籍员工参与股权激励计划的限制,一定程度上制约了企业的海外发展空间。2018 年 1 月 15 日,证监会审议通过《关于修改〈上市公司股权激励管理办法〉的决定》,明确外籍员工符合条件时可以成为股权激励对象。对这一阶段股权激励相关政策法规进行了梳理和汇总,我国上市公司实施股权激励的政策制度环境愈发完善,对新三板企业、非上市企业的股权激励方案设计,均起到了指导和借鉴意义。

第二节 股权激励概述

一、股权激励的概念

股权激励,是企业为了激励和留住核心人才而推行的一种长期激励机制,是目前最常用有效的激励员工的方法之一。股权激励主要是通过附条件给予员工部分股东权益,使其具有主人翁意识,从而与企业形成利益共同体,促进企业与员工共同成长,从而帮助企业实现稳定发展的长期目标。股权激励把管理者的"让员工干"变成"员工主动干",员工的工作动力和归属感的问题也将迎刃而解。阿里巴巴集团的一个重要成功经验,就是通过股权激励来凝聚核心团队成员,其中一个很好的例子就是蔡崇信主动舍弃高薪加入阿里巴巴。

随着时代的进步,很多公司开始觉醒并且深刻地意识到,与其通过外力促使人才努力工作,不如让人才产生内在动机,自发地努力,从而更好地达到整体绩效提升的目的。从多年以来的人才长期激励方案设计及应用实践来看,将股权作为激励标的,更有利于公司吸引及留住优秀人才。越来越多的职场精英将是否提供股权激励作为优质雇主的衡量指标之一。

另外,股权激励的实施与上市并不存在必然的直接联系。很多企业认为上市公司实施股权激励会更好,但事实上,股权激励在非上市公司成功的概率更大。原因很简单,员工不必过多关心宏观经济政策层面,不必过多关注资本市场的"牛市"与"熊市",不用担心今天股票是涨还是跌,只要一心一意提高本岗位的业绩就行。

利益是人性最本质的东西,"天下熙熙,皆为利来;天下攘攘,皆为利往"。人性的本质是利己，利己的本性决定了企业、股东、员工的各种行为首先是围绕着自身利益转的，即先利己，方才利他。股权设计和股权激励就是研究如何将物质资本和人力资本相结合，通过股权架构设计、股权分配与股权激励，将创业者、合伙人、核心员工、外部投资者等利益相关者的责任、权利和利益凝结在一起，创造共创、共享、共担的顶层设计，让更多的资源为企业创造更大价值，并能体现价值。

二、股权激励的目的和意义

做股权激励，一定要避免重利轻义、导向错位。利，是指利益；义，是指一种精神追求。过多地重视利益，而忽视对精神的追求，就会诱使员工变成唯利是图的人。企业进行股权激励，如果目标仅仅是为了追求利益最大化，那么极有可能走入误区。

上市可以驱动企业的快速发展，但它不是经营企业的最终目标。很多企业都在寻求上市，因为上市能够带来融资、扩充企业品牌、增加企业营收和利润、实现更多财富梦想等。所以，很多企业会进行股份制改造，对管理层进行股权激励，其目标只有一个，那就是让公司尽快上市。但事实上，企业上市只是企业经营发展过程中的一个阶段，并不是企业的最终归宿。如果所有的企业都以上市为目标，那么一旦上市，企业就变得没有目标，不知所措了。而企业的核心高管，经过多年的努力打拼，终于使企业成功上市，所有人都等着分享企业上市带来的成果，从而失去奋进的动力。做股权激励，如果仅仅是以上市为目标，以物质和利益为导向，而忽略更多的企业精神内涵，那么企业上市之日，也就是企业衰退之始。

公司要上市，前提是必须为股份公司，也就是说公司在上市之前要进行内部的股改，这是必须的。但是股改却不一定要上市。无论是有限公司还是股份公司，进行股权改革、股权激励，未必都是要上市。把自己的员工引导到上市这条路，是非常危险的。尤其不能对你的员工说，企业的终极目标就是为了上市。上市是企业发展的不错选择，但上市不是企业的终极目标。

股权激励的终极目标，如果用两个字来表达，是"共赢"，而不是"博弈"。共赢是股权激励的核心目标。如果偏离了这个目标就很危险，可能会败得一塌涂地。股权激励绝对不是站在企业的角度去算计员工、算计客户、算计上下游。如果老板的起心动念发生了偏移，那么股权改革的技术越高明，企业就会死得越快，正所谓"动机殊胜，方能成就圆满"。企业要想真正走得长远，必须在团队中注入一种思想，导入一种文化，必须要有企业的精神和灵魂，在企业内部建立一种精神穹宇，真正做到上下同欲。

在企业处于不同的阶段时，用不同的激励机制能实现不同的目的。实际上，企业在进行股权激励的时候，通常是为了以下一些目的：股权释"兵"权；安抚老员工；降低人力成本的现金支出等。

成功推行股权激励，其关键在于能够产生财散人聚的积极效用，规避财散人散的悲剧发生。股权激励的意义在于：第一，有利于端正员工的工作心态，提高企业的凝聚力和战斗力。从雇员到股东，从代理人到合伙人，这是员工身份的质变，也会带来工作心态的改变。第二，规避员工的短期行为，维持企业战略的连贯性。"缺乏安全感"是导致人才流失的一个关键因素，也是这种"不安全感"使员工产生短期性行为，进而危及企业的长期利益。第三，吸引外部优秀人才，为企业不断输送新鲜血液。对于员工来说，其身价不仅取决于固定工资的高低，更取决于其所拥有的股权或期权的数量和价值。拥有股权或期权也是一种身份的象征，是满足员工自我实现需求的重要筹码。第四，为了解放创始人。企业做到一定的阶段，创始人一个人分身乏术，需要有更多人来分担工作，使创始人能从业务和管理中脱身出来，做更加长远的规划和设计。

对非上市公司来讲，股权激励有利于缓解公司面临的薪酬压力。由于绝大多数非上市公司都属于中小型企业，他们普遍面临资金短缺的问题。因此，通过股权激励的方式，公司能够适当地降低经营成本，减少现金流出。与此同时，也可以提高公司经营业绩，留住绩效高、能力强的核心人才。

对原有股东来讲，实行股权激励有利于降低职业经理人的"道德风险"，从而实现所有权与经营权的分离。非上市公司往往存在一股独大的现象，公司的所有权与经营权高度统一，导致公司的"三会"制度等在很多情况下形同虚设。随着企业的发展、壮大，公司的经营权将逐渐向职业经理人转移。由于股东和经理人追求的目标是不一致的，股东和经理人之间存在"道德风险"，需要通过激励和约束机制来引导和限制经理人行为。

对公司员工来讲，实行股权激励有利于激发员工的积极性，实现自身价值。中小企业面临的最大问题之一就是人才的流动问题。由于待遇差距，很多中小企业很难吸引和留住高素质管理和科研人才。实践证明，实施股权激励计划后，由于员工的长期价值能够通过股权激励得到体现，员工的工作积极性会大幅提高，同时，由于股权激励的约束作用，员工对公司的忠诚度也会有所增强。

三、股权激励的原因

简单来说，股权激励是企业的底层代码，是最基本的运行保障。经营企业就是经营人才，而经营人才，就是经营人才的需求。企业实施股权激励，是满足人才需求的必由之路。无论是药明康德、双鹭药业，还是恒瑞医药、丽珠集团，对它们而言，股权激励既是一种利益分享制度，也是一种竞争工具和发展手段。实施股权激励，企业就有可能踏上高速发展的道路，基业长青；不实施，则会故步自封，让优秀人才大量流失，企业被一个个的竞争对手所超越，最终落到被人收购、兼并甚至倒闭的地步。

很多企业经营者想要给企业配套股权激励机制，不是因为想要转型，而是因为在经营中遇到了问题，比如，追随企业多年的核心元老已露疲态；难以吸引到能助力企业发展的高级人才；自己的人才队伍时刻面临竞争对手挖墙脚。所有这一切的祸首都是股权导致的：核心元老因为股权在手，没有了打拼的动力；只谈工资，不谈股权，外部人才当然不愿来当阶段性贡献者；一份股权承诺就成为竞争对手强挖人才的最大筹码。

上述这些问题是企业发展到一定阶段必然出现的负面现象。要想根除这些问题，不是说股权激励能够百分之百将所有问题解决，而是因为股权激励是可以带给企业不一样的思路和方法。就中国企业的现状来说，股权激励更是有着特殊的作用。

第一，股权激励能扩大管理半径，并完善管理体系。

我国的现代化建设进程晚于欧美国家很多年，相应的企业的经营管理措施也相对滞后，导致一些企业在经营中出现很多问题。最典型的状况就是只拿工资、奖金而不持股的管理人员和员工，在责任心方面有所缺失，不能自觉地、全身心地投入工作中。非股东的思维一定是围绕着个人或所在部门，目的是让自己的利益能够最大化。

关注个人利益，是人之常情，并不是什么过错，与其强行扭转，不如主动引导，在管理制度无法触及的领域，配套激励制度进行半径延伸。

这是将激励引入管理后的新管理制度与旧管理制度间的本质差异。旧管理制度只能解决劳动生产效率的问题，而新管理制度解决的是以责任心驱动工作状态的问题。

不要将股权激励同其他激励模式混淆，工作本身、得到认可、取得成就、负责心态等都是激励的元素，都能对员工起到激励作用，但只有股权层面的激励，才是根本性激励，因为这是利益的关联，触及了人的本性。有了长久的利益做驱动器，员工自然愿意去思考企业的长久发展而非短期回报……

正如美国管理学大师亨利·明茨伯格所说："只有在股权层面实现对企业的掌控，才能真正牢牢把握对企业的控制权。"

第二，股权激励是管理工作者最直接、最高效的武器。

经过几十年的高速发展，我国的企业从需要大量基础性人才，到如今急需高素质、高学历、高知识、高能力的中高端人才，而这些人才都可以统称为知识工作者。著名管理学大师彼得·德鲁克在几十年前就提出过一个观点："人是企业最大的资产，现在的员工都是知识工作者，每个人都可以是'管理者'，因此所谓的管理，本质上应该是服务，企业管理者最大的责任是让员工发挥最大的主观能动性。"

与过往的体力劳动和销售业绩等不同的是，智力劳动很难监管、考核，更不要想去衡量工作产出和创造的价值。其实，无论从企业的角度还是员工个人的角度来看，最理想的状态都是知识工作者能够发自内心地认真工作，将企业当作自己的来经营，形成自组织、自驱动、自激励的管理模式，最终形成自管理状态。

第三，股权激励助力企业管理走向赋能式组织结构。

阿里巴巴副总裁曾鸣在为《重新定义公司——谷歌是如何运营的》一书作序时写道："未来组织最重要的功能是赋能。"

赋能式组织结构对于近些年兴起的高科技类创意型企业更加适配，但这类企业在我国企业总量中占据少数，不过这类企业中绝大多数在初创期就已经开始配套股权激励制度。而对于处在由传统行业向现代服务业转型升级过程中的企业，它们几乎不可能在创业初期就施行股权激励，但在发展过程中股权激励仍是最有效的激励机制。

企业在配套股权激励机制时，赋能式组织是必要考虑的发展方向，但在面向未来的同时，必须脚踏实地做好现阶段激励机制的设计工作。未来，股权激励将成为企业标配，现在着手为企业配套股权激励机制在我国仍算走在前列。

第四，股权激励是并购整合、加快业务融合的重要手段。

投资业内的人都知道"七七定律"由两个70%构成：在跨国并购中，70%的并购没有实现预期的商业价值，而这其中又有70%失败于并购后的整合。我国的并购案也基本遵循这一规律，也就是说并购整合成功是小概率事件。但成功的并购又是企业持续成长的极重要手段之一，诺贝尔经济学奖得主、美国著名经济学家约瑟夫·斯蒂格利茨说："纵观美国大企业的成长历史，没有一家企业不是通过并购重组的手段发展起来的。"

纵使并购整合的成功率不尽如人意，但它依然是一股不可逆的商业潮流。身处其中的中国企业，只要内部实力、条件和外部环境、制度允许，都会积极加入并购行列，以致我国并购市场的规模连创历史新高。既然并购对企业来说如此重要，就要想办法把小概率事件反转成大概率事件。毫无疑问，用股权激励提升并购后整合的成功率，值得探索和尝试。

第三节　股权激励的具体实务

一、股权激励对象的确定

股权激励对象的选择既要符合企业运营管理规律，又要遵循国家的法律法规。从原则上来说，任何对公司的发展起关键作用的人都是潜在的股权激励对象。

《上市公司股权激励管理办法》第八条规定："激励对象可以包括上市公司的董事、高级管理人员、核心技术人员或者核心业务人员，以及公司认为应当激励的对公司经营业绩和未来发展有直接影响的其他员工。在境内工作的外籍员工任职上市公司董事、高级管理人员、核心技术人员或者核心业务人员的，可以成为激励对象。"非上市公司在法律法规上的限制较小，但激励对象的选择范围大同小异。

需要注意的是，根据《上市公司股权激励管理办法》第八条的规定，以下人员不能成为上市公司的股权激励对象：独立董事和监事；单独或合计持有上市公司5%以上股份的股东或实际控制人及其配偶、父母、子女；最近12个月内被证券交易所认定为不适当人选；最近12个月内被我国证监会及其派出机构认定为不适当人选；最近12个月内因重大违法违规行为被我国证监会及其派出机构行政处罚或者采取市场禁入措施的人；具有《公司法》规定的不得担任公司董事、高级管理人员情形的人；法律法规规定不得参与上市公司股权激励的人；我国证监会认定的其他情形的不适当人选。此外，《股权激励有关事项备忘录1号》规定：持股5%以上的主要股东或实际控制人原则上不得成为激励对象，除非经股东大会表决通过，且股东大会对该事项进行投票表决时，关联股东须回避表决。持股5%以上的主要股东或实际控制人的配偶及直系近亲属若符合，可以成为激励对象，但其所获授权益应关注是否与其所任职务相匹配。同时股东大会对该事项进行投票表决时，关联股东须回避表决。

在确定股权激励对象范围的时候，应该注意两个问题：一个是把股权激励当成全民福利，另一个是只把股权激励授予极少数高层管理者。前者属于滥赏行为，降低了股权激励给激励对象带来的荣誉感；后者属于不公平行为，让对公司贡献很大的中层管理者和技术、业务骨干员工感到心凉。为此，企业在选择激励对象时应当遵循几项原则：①不可替代性原则。企业规模再大，可以授予的股权也是有限的。股权激励计划是一种中长期激励措施，针对的是核心员工。因此，我们在选择激励对象时应该遵循不可替代性原则。所谓不可替代的核心员工，是指培养成本很高或者在人才市场中很难找到的优秀人才。对这样的核心员工必须加强激励力度，让他心甘情愿地为公司长期服务。②未来价值原则。股权激励和其他的薪酬激励措施不同。其他的薪酬激励主要是褒奖激励对象已经做出的成绩，衡量标准以员工的历史贡献为主。股权激励虽然也考虑历史贡献，但更多是立足于员工未来对公司发展的价值，衡量标准以员工的成长性为主。也就是说，股权激励计划不仅要留住当前的各种核心员工，还要为公司今后所需的某类人才预留一些股权激励份额。③公平原则。股权激励不是发节日员工福利，不能搞平均主义，但也要讲公平。董事会在确定股权激励对象时必须以公平公正原则对待每一位员工。所有达到了公司要求的员工，公司都应该被一视同仁地对待，在同等条件下给予同等的待遇，不可凭个人喜好来区别对待。否则的话，员工之间会产生对立情绪，团队内部冲突不断，影响公司的稳定秩序管理。④综合考察原则。单纯以业绩指标来确定核心员工是有失偏颇的。应该综合考察员工的职位、工龄、绩效、能力四个方面。通常而言，职位高、工龄长、绩效好、能力强的员工都是公司的顶梁柱，需要优先给予足够的股权激励，确保其工作积极性以及对公司的忠诚。在这四个方面有个别指标不突出的员工，也是公司重点培养的对象，应该授予一定的股权激励。

　　企业在综合统筹之后，需要明确股权激励具体激励谁、激励什么样的人，原则上，总裁、总经理、CEO、团队负责人等人必须受到股权激励。股权激励作为一种重要的利益分配机制，其中的"定人"即确定激励对象往往是一个非常敏感的问题。被划入"圈子"的人往往感受到被认可，能产生激励作用；而没有被划入"圈子"的人，尤其是处于圈子边缘的人，往往会产生负面情绪，既影响心情也影响工作，并且公司也难以向他们做出合理化的解释。

　　对CEO采取激励，一般来讲，CEO的收入构成，一是管理工资，二是在职分红。在职分红是面对管理者的，无论是不是股东，只要担任CEO，就可以获得在职分红。假设一个股东既有意愿又有能力做CEO，为什么股东就不能做高管呢？既然股东做高管了，为什么不能拿在职分红呢？需要注意的是，即使你自己既是老板又是CEO，如果企业内部要进行股权激励，那么也必须要对自己做股权激励。这样的股权激励是做给别人看的："谁在这个位置上，收入就是谁的。"当然，有一种情况除外——你是公司100%股份的所有者，而且你一辈子不打算让别人来做CEO，这时要不要给自己做股权激励就无所谓了。

　　对企业的业务团队负责人，也必须进行股权激励，特别是在小企业中。企业家如果感觉看不准，对这个人的能力、品行等不能确定，可以用虚拟股权激励的方式，不到市场监管局注册，只把利润的一部分拿出来进行分配。可以这样说："因为公司比较小，我也不知道公司有没有明天，所以公司的业务风险部分不用你们承担。假设我们一起把公司做大了，我不会忘了各位。公司规模小的时候，所有风险我来承担，但是利润由大家共享，我只拿其中的一部分，剩下是你们的。"在这种情况下，虚拟股权激励的方式也是可行的。

对非业务团队的负责人，比如财务总监、研发总监、客服总监，也要进行股权激励。原则上他们都可以成为企业的股东，但不一定到市场监管局注册，是可以采用虚拟股权进行激励的。他们虽然不是公司的注册股东，但依然可以和老板享有同等的分红待遇。而且，不同部门的负责人，股权激励的额度可以不同，职务相同，但贡献不同，当然激励的额度就可以不同。

对"明日黄花""未来之星"进行股权激励。哪些人属于企业的"明日黄花"呢？没有他，就绝对没有企业的今天；但有了他，企业就绝对没有明天。换句话说，企业初创时，他为企业尽心竭力，无私奉献；但是随着企业的不断发展、壮大，他已经不能胜任，变得不能称职，甚至开始阻碍企业的发展。有的老板可能会说"这些人都没用了，那就一脚踢开吧"，但是，试想，这些跟着你这么多年、为企业做出贡献的人被你一脚踢开，现在跟着你干的人看到这种情形心里会怎么想？"这就是我未来的下场，还是另谋生路早点走人吧！"所以，对"明日黄花"的股权激励，就是对现在身边人的最大认同，可以让能干的人看到希望。这不仅是企业家道德的问题（商德），更是一种商业智慧。

企业既然有"明日黄花"，就会有"未来之星"。所谓"未来之星"，指的是这样一类员工：现在就非常优秀，因为种种原因还不是部门的负责人，但是，他们是企业内部可以培养的对象，是企业未来的栋梁。对于他们，企业同样要进行股权激励。在这里要提醒的是，鉴于这两类员工对企业发展的意义不同、各自的价值不同，企业在对"明日黄花"和"未来之星"进行股权激励时，采用的是不一样的方式。

另外，董事会很有必要留一个"口子"，比如在明确激励对象范围时可以加上一句"董事会认为应该激励的其他人员"。留这个"口子"的目的是应对以后可能出现的特定情况，并且也可让员工清楚，只要业绩突出，即使现在不符合激励对象标准，将来也是有可能被激励的。当然，由于上市公司在发布股权激励计划时就必须明确所有的激励对象并且需要公示、审查，上述情况只会出现在非上市公司中，建议根据企业情况选择合适的股权激励方案。

二、股权激励股份的数量及来源、价格

1. 定数量

所谓"定数量"，即要拿出多大的额度来进行激励比较恰当。这个数量的设定，有两个原则：第一，要能够确保激励对象有积极性；第二，要确保公司治理安全。

以上市公司为例，首先，上市公司规定激励额度不得超过总股本的10%；其次，任何一名激励对象通过全部有效的股权激励的总额度不得超过公司总股本的1%；再者，激励对象所拥有的股权收益不能超过公司全部收益的30%，也就是说假设你一年的收入是1000万元，那么股权激励的收益不应该超过300万元；最后，公司上市以后第一次进行股权激励，释放的额度不能超过公司股本总额的1%。

另外，西方创业公司股份期权的分配原则是企业在创业之始就进行股权激励。例如，外聘CEO，一般持有公司5%～8%的股份，但外聘的副总经理持有的股份，只有

0.8%～1.3%；一线的管理人员，每人持有的股份在0.25%左右；普通员工占的股份在0.1%左右。当然，有的企业还有外聘董事，他们的股份占0.25%左右。上述所有的这些股份期权加在一起一般占公司股份总额的15%～20%。

我国企业目前实施股权激励可从以下方面着手：

首先，要设定公司的薪酬战略。首先要了解同行，看看我们的薪酬与同行相比是偏高，还是平行，或者是总体偏低，由此，就把薪酬战略确定了。

其次，要根据激励对象的岗位价值来评估，根据岗位价值模型评估其未来能够为公司创造的价值，据此来推算在此岗位上的员工应该拿多少股权。

再次，采用行业水平与个人需求相结合的模式。例如，同行CEO的年薪大概是100万元，本企业CEO个人的收入需求是150万元，那么你就可以采取给予90万元现金再加上60万元股权收入的方式。这样做，既减少了现金支出，又激励了对方。

最后，预测下一年可分配利润与现值之间的差异，再转换成一个比例。举例来说，假设本企业CEO期望的年薪收入是120万元，而现金支出只能给100万元，还有20万元可以用在职分红股来转换。如果企业明年预计能够拿出1000万元来分红，他分20万元，在1000万元当中占2%的比例，那他就是100万年薪不变，外加2%的在职分红。但是20万元的在职分红能不能拿到，取决于明年他能否使企业保持正常发展，如果没有完成，那公司2%的在职分红是拿不到的；如果是超额完成任务，所有收入还可能不止120万元。

当然，在这里所涉及的是成熟公司的运作模式，计算也相对简单，并未考虑到股份的增值和溢价。如果需要考虑上述因素，那么，就是另外一种计算方式了。企业在初创期尽量不要给员工注册股，以免为企业埋下一颗定时炸弹，除非这个人已经在内心里对企业完全认同。同很多激励措施一样，股权激励是一把双刃剑，不懂得如何去运作股权激励，企业内部就会出现问题，如果做得好，则可以快速推动员工的成长与进步。所以，如果企业的核心高管还不太成熟，就只能用虚拟股权激励，只有分红的资格而没有决策的权力。

股权激励的实施还应当避免以下三个危险信号。

信号一：释放的额度不超过1/3。员工持股33%以内、控制人持股大于等于67%为最好。设定这种比例是因为我国的《公司法》规定，当外围的股份大于67%，或者某个人的股份大于67%时，对重大事件拥有完全表决权。所以，对于控制人而言，释放的股份额度不要超过1/3，以保证老板拥有完全治理权。企业不是不愿意放权，而是还不具备让老板放权的条件——一放就乱。什么时候能释放超过1/3的股份额度，取决于企业发展到了什么阶段。

信号二：老板控股大于等于52%。所占比例要大于或等于52%，而不是51%。股权激励不能只看当下一城一地一时，而要谋全局，要把企业的整个生命周期看透。如果说，公司不考虑上市，那么51%的控股就足够了。但是如果规划公司未来要上市，那么就要占股52%以上的比例。虽说51%和52%只相差一个百分点，但是如果公司真的上市了，公司的控制权就有天壤之别。因为上市，公司的股份要经过两轮稀释，即在引进风投时和公司上市之时。如果两轮稀释共计35%。可以设想，假设你原先持有51%的股份，被稀释了35％，那么你的股份比例还剩下33.15％；假设你原先持有52％的股份，同样稀释35％，那么你的股份比例剩下33.80％。33.80％和33.15％有什么样的区别？单看数字，只有百分之零点零几的区别。但它们之间实质上有一条分界线，就是一个大于1/3，一个小于1/3。三分之一在《公司法》中是很敏感的词，做企业的领导对其重要性的理解也自然不言而喻。

信号三：老板的股份在35％以上。企业处于初创期时，老板的股份最好占67％以上，发展期时占52％以上，扩张期时占35％以上，成熟期时哪怕占2.5％，财富也可能大得惊人。西方的企业，在成立之初，律师就会为创业股东立下几条规则。比如，第一，明确作为公司的原创股东，未来不管其股份被稀释到什么样的程度，其所拥有的对企业的表决权不低于51％，后来的股东不同意这个规则是不能进入的。第二，明确其是公司的发起人股东，未来公司的董事会成员，由其提名的人占有半数以上的席位。换句话说，其既控制了董事会，又控制了股东会。虽然只有2.5％的股份，却可以掌控公司。在法律上保障创业者的合法权益。当企业发展到由社会的力量来监督时，作为老板的股份可以变得很少，或许不需要掌握1/3以上的股份。因为此时企业发展到了成熟期，是公众治理阶段，也许你拥有很少的股份，但是却可以在公司章程里面加上保障你作为原创股东的权益的条款，让你拥有公司的主导权。

2. 定来源

股权激励中股权的来源有三：一是由原股东转让股权；二是由激励对象增资形成的股权；三是创业企业预留股权池；四是创业企业回购股权后转让给激励对象。

首先是原股东股权转让，原股东转让股权可以依照公司法有关股权转让的相关规定办理。但原股东各自转让的比例如何，则需要根据公司的股权结构确定。当股权比较集中时，可以考虑只从控股股东处转让或者大部分由其承担；当股权较为分散时，可以由各方依照比例转让。由原股东转让股权，激励对象直接持股的，激励对象与原股东签署股权转让协议，向转让人直接支付股权转让款；激励对象联合设立持股平台的，激励对象将出资缴纳至出资平台，出资平台与转让人签署股权转让协议，并由前者将股权转让款支付给转让人。原股东转让股权适合原股东的股权比例较高的股权结构。

其次是增资形成股权，增资形成的股权是激励对象按照一定价格以现金增资至企业，从而获得股权。采用增资方式激励的，公司总股本增加，原股东股权数额不变，但股权比例下降。采用增资方式激励的优点很明显：第一，激励对象为股权的取得付出了对价，公司增加了现金流，激励对象的参与意识强；第二，解决了控股股东股权比例不高无法转让股权的困境；第三，解决了创始股东无法协商各自的转让比例的难题。

再者是预留股权池，在股权激励盛行的时代，许多创业企业的创始人在创业之初就为未来的股权激励做了筹划，即在公司的股权结构中预留了一定比例的股权作为股权激励的股权来源。预先设立股权池会使实施股权激励十分便利，因此可以大胆借鉴，但设立股权池需要避免以下风险：

① 代持的风险。由于激励对象尚未到位，因此股权必须由某个或者全体股东代持。当企业价值凸显后，如果是个别股东代持，可能出现股权归属的争议，因此在设立股权

池时，创始人之间必须有书面协议，对其进行约束，以避免个别股东将其据为己有。

② 没有实施股权激励时的解决办法。虽然事先设置了股权池，但因为各种原因（如企业发展差强人意）没有事实股权激励，则面临股权池的股权处理问题。创始人之间应事先约定。

③ 股权激励时股权池过多或者过少的解决方法。当股权池预留过多时，其处理方法与没有实施股权激励时一致；当股权池股权过少时，应当约定创始股东同比例转让或者另行增资解决。

最后是股份回购，发生在股份公司将其股份回购后奖励给激励对象。《公司法》第一百四十二条规定，股份公司将股份奖励给公司员工时可以回购股份。此方式不仅是股份有限公司股权激励中的股权的重要来源方式之一，更是公司调整股权结构和持股比例的重要手段。公司根据内部情况和外部形势的发展，需要不断调整股权结构和持股比例。回购股份后，一部分股东的股权受到稀释，另一部分股东的股权比重增加，从而使得公司股权结构和持股比例得到调整。根据现行《公司法》第一百四十二条的规定，公司可以通过回购本公司一定比例的股份，作为股权激励的方式用来分配给员工。另外，该条还明确规定，在收购数量上，股权收购总量不得超过已发行股份总额的5%；在时间限制上，所收购的股份应当在一年内转让给职工；在用于收购的资金方面，应当从公司的税后利润中支出。

3. 定价格

激励标的价格是指激励对象为了获得激励标的而需要支付的对价。对激励对象来说，激励标的的价格越低对其越有利。但是，激励标的价格过低会有损股东利益。股权要不要让员工花钱购买取决于股份的属性，对于虚股，是不需要花钱购买的，比如在职分红股份，人在公司时就有，人不在公司时由公司自动收回；对于实股、注册股是必须花钱购买的，原因在于，愿意交钱才愿意交心。

如果需要花钱购买股份，那需要梳理两个问题，一个是企业售卖股份是否有非法集资的嫌疑；另一个是股份用什么方式作价，价值如何？

针对第一个问题，我们知道，根据国家颁布的《关于取缔非法金融机构和非法金融业务活动中有关问题的通知》，"非法集资"是指单位或者个人未依照法定的程序经有关部门批准，以发行股票、债券、彩票、投资基金证券或者其他债权凭证的方式向社会公众筹集资金，并承诺在一定期限内以货币、实物及其他利益等方式向出资人还本付息给予回报的行为。经过对比我们可以看出，对非上市公司而言，它没有公开对社会大众发行股票，只是对特定的激励对象发售。它也没有给激励对象一定期限内还本付息的承诺，而是要共同承担风险。显然，出资购买企业股份并不是非法集资，而是企业的一种正常经营行为。

针对第二个问题，建议采取以下三种定价方式。

一是现值等利法。假设公司的净资产为1000万元，即公司100%的股份值1000万元，要到市场监管局给激励对象注册5%的股份，就价值50万元。换言之，激励对象要花50万元才能注册5%的股份。

二是现值有利法。这是一条对激励对象有利的法则。按照现值等利法的原则，你需要花 50 万元才能买到 5% 的股份。按照现值有利法原则，你只需要花 25 万元就可以买到了，公司等于是按照"买一送一"的方式让你购买股份，这种方法对职业经理人较为有利。

三是现值不利法。如果说现值有利法是对激励对象有利，那么现值不利法则是对激励对象不利了。假设现在公司 5% 的股份值 50 万元，但是有投资者愿意用一个亿的价格给公司估值，那么投资者如果要占公司 5% 的股份就需要花 500 万元来购买。显然，这个时候激励对象花 50 万不可能购买到 5% 的股份，这就叫作现值不利法。

公司要想让股权激励落到实处，确定股权价格是重要的一环。在确定激励标的价格时，既要考虑激励对象的承受能力，也要考虑到保护现有股东的合法权益。目前较为完善的股权转让价格方式的方法有三种：一是引入市场机制转让股权；二是采用综合评估确定股权转让的基准价格；三是以公司月度会计报表来确定股权转让的价格。

三、股权激励的资金来源

资金来源，是指公司在实施股票或股份激励计划时，用来购买公司股票或股份的资金。由于非上市公司在股份激励时，是由股东直接让出股份的方式，所以不存在这个问题。只有上市公司在实施股票激励时，因为存在购买股票时用到资金的情况，所以企业在激励计划中应予以说明。但是，这里仍然有一个问题需要强调，就是公司实施股权激励时，需要明确自身用以购买期权或股票的资金来源，而不是激励对象获得激励股票或期权的资金。这是两个不同的概念，在实施过程中应明确划分出来。

不同的股权激励模式，对购股资金的需求不同。有些激励模式并没有购股资金筹集问题，如虚拟股票和股票增值权等；有些激励模式可以用获得的收入来购买一部分股份，如业绩股票；而管理层收购、员工持股、股票期权和限制性股票、期股等模式就会牵扯到激励对象的购买资金问题。

激励对象在行权时不但要准备行权资金，还要准备缴纳个人所得税的资金，如果股权激励数量比较大，光靠自己家的储蓄远远不够，必须在股权激励方案设计中考虑这个因素。一般而言，激励对象股权激励购股资金来源有以下几种。

自筹资金。不管是上市公司还是非上市公司，为了体现股权激励中的"风险与收益对等原则"和"激励与约束对等原则"，在购股资金的来源中最好要有自筹部分。激励对象以自有资金购入对应的股份，通过签订协议约定价格、时间等，最后完成支付与结算。如果激励对象支付能力有限，可采取分期付款的方式。

激励对象的薪酬。激励对象的薪酬主要包括工资和奖金等，在年薪加奖金的薪酬制度下，员工可以用自身的工资或奖金所得的资金购买公司激励的股票或期权。

分红抵扣。这种方式有两种形式：一是公司在购买二级市场股东持有的股票或期权时，用企业预留的分红资金来购买；二是激励对用自己之前因持有公司的股票或期权所获利的分红资金，来购买再次激励时的股票或期权。

公司借款。公司或者股东借款给激励对象或者为激励对象的借款提供担保。但是此种方法不适合上市公司,《上市公司股权激励管理办法》第十条明确规定:"上市公司不得为激励对象依股权激励计划获取有关权益提供贷款以及其他任何形式的财务资助,包括为其贷款提供担保。"而且我国商业银行的相关规定也明确不得向个人提供贷款用于股权投资。

从激励对象的工资或者奖金中扣除。在很多情形下,激励对象不愿掏腰包购股,公司可以考虑从其工资或者奖金中扣除一部分,作为购买股权激励标的资金。当然,在公司采用这种方式实施股权激励计划时,要取得激励对象的同意。员工可以从工资中予以扣除。比如每月扣除20%,达到一定规模时购买,支付给大股东,完成交易过程。其次就是从未来奖金、年终奖、业绩奖励或业绩提成中筹集资金。

激励基金。公司在等待期过程中,可以设置业绩指标,提取激励基金,分配给激励对象用以股权激励的行权。激励基金是从企业净利润中提取的,换言之就是股东同意与激励对象进行"利润分享"。这种方式会增加公司现金流的压力,而且许多公司是将激励基金作为经营成本列支,这就涉及企业的税收问题,还需要国家有关政策的支持。根据公司分红、以公司未来分红回填股权。根据相关法规规定,在定向增发的模式下,上市公司提取的激励基金不得用于资助激励对象购买限制性股票或者行使股票期权。

此外,从行权方式的变化也可以解决激励对象购股资金来源问题。即可以在方案设计中,将现金行权改为非现金行权或部分现金行权的方式。如果是按照非现金行权的方式,激励对象行权时,由指定的券商出售部分股票获得收益来支付行权所需的费用(购买股票的价款和欠付公司的预付税款),并将余下股票存入激励对象的个人账户。

如果是按照部分现金行权的方式,激励对象行权时,由指定的券商出售激励合同同中约定好的一定数量的股票,获得的收益用以购买剩余股票,不足部分由激励对象自行补足。

最后,信托方式。通过信托机构解决激励对象购股资金问题的方式有:激励对象与信托公司签订贷款融资协议,由信托垫资行权,获得的奖励股票抵押给信托,用分红偿还本息,偿还完毕后信托将股票过户给激励对象;公司将资金委托给信托机构,信托机构与激励对象签订贷款融资协议,将资金货给激励对象用于行权。当激励对象偿还本息后,在扣除相关费用和报酬后,信托机构将资金返还给公司,公司将资金委托给信托机构,并指定该资金专门用于购买公司股票,公司是委托人,公司和激励对象是共同受益人。在激励对象等待期内,信托机构是公司的股东,行使股东权利,享有股东收益。等待期结束之后,如激励对象行权,信托机构将股票过户给激励对象。如没有达到行权条件,信托机构出售股票,在扣除相关费用和报酬后将资金返还给公司。

四、股权激励的持有方式

激励对象通过认购或行权获得股份后,该以何种方式持有激励股份呢?股份持有方式涉及股权架构,也涉及公司控制权,所以是一个重大的问题。如果所有激励对象都是个人直接持有,那么公司的股权架构就比较分散,每一位激励对象都有完全的股东权限,不仅仅是分红权、增值权，还有表决权和处置权。公司开一次股东大会就会惊动所有的大小股东，还得邀请他们出席；出具一份股东会决议要去找每位股东签字，操作起来比较烦琐，管理成本也是比较高的。如果激励对象比较多，还会受限于有限责任公司由50个以下股东出资设立，或设立股份有限公司应当由2人以上200人以下为发起人的股东人数的限制。

（一）非上市公司的持有方式

非上市公司确定持有方式相对来说比较简单，激励对象与创始人股东往往已建立信任关系，大家不会特别关注持有方式，甚至有的股权激励计划也停留在口头承诺上，没有签订协议，企业董事会、股东会以创始人为中心，一切决议由创始人决定。但股权激励毕竟是大事，还须落实在书面上，对于相关的关键因素还是要有明确的界定。在非上市公司中，常见的持有方式有以下几种。

一是直接持有。相当于每一个企业的创始人或者是联合创始人，是直接会进入股东名册的，譬如有两个创始人或者三个创始人，那么需要在工商登记时注册其中。但是我国现有的有限责任制的机制最多支持50个股东，这很难满足融资时投资人进入和被激励雇员数量的要求，因此不建议股权激励时由股东直接持有。

二是股东代持。相当于创始人在股东名册上，被激励雇员的股权由创始人代持，这种情况是企业和员工个人的约定，进行股权持有，一方面股东可以保持对公司的控制权，另一方面在操作上非常方便。对于早期公司，建议采取这种持股方式。这种双层股权结构，可以通过分红权、增值权与表决权的分离而使创始人股东不失去对企业的控制权。目前，设立合伙企业来作为股权激励的持股平台已经是非常常见的方式，设立合伙企业的好处是不仅不会降低创始人股东的表决权，而且当出现激励对象变更时操作更简单，只需在合伙企业内部通过变更合伙协议就可以完成，免除对公司做工商变更等烦琐手续，并且激励对象通过合伙企业间接持有公司的股份不会增加激励对象的税收，丝毫不影响激励对象的收益。在合伙企业法规颁布之前，有的公司设立有限责任公司间接持有公司的股份，但是设立有限责任公司间接持股有一个重大缺陷，就是在股份退出时，有限责任公司需要先缴纳企业所得税，然后将收益分配给激励对象时，激励对象还要缴纳个人所得税。双层纳税，导致激励对象的收益大打折扣。所以，目前已经很少有企业设立有限责任公司作为持股平台。另外，有限责任公司股东都是以其个人出资为限承担有限责任，而合伙企业的设立要有一名普通合伙人，俗称GP，GP需要承担无限连带责任。有限责任公司和合伙企业都是以50名股东或合伙人为上限，如果激励对象较多并且大家都希望股份在个人名下，设立股份有限公司作为持股平台也是一个选项。股份有限公司发起人股东的上限为200人，但是也面临双层纳税问题。

三是代持方式。激励对象获得的股份由其他人代为持有，在公司章程中的股东名册上不显示该激励对象，这个代持人在多数情况下是创始人。在具体实施时，代持人给激励对象写个书面说明，表明个人名下的多少股份属于激励对象所有。也可能只做出一个口头承诺，但口头承诺往往存在风险，如果企业发展超出大家意料，几年时间后公司评估价格很高，此时有些创始人股东可能会反悔，认为当年承诺的股份太多了，激励对象不应该获得如此高的股份权益。代持的另外一个风险是，当企业面临 IPO 前改制时，代持股份无法以代持的理由而直接划转给激励对象，根据被代持人实名制的规定，只能由代持人转让，而由于公司此时的公允价值很高，转让会面临高额的税收，从而使代持人和被代持人陷入困难境地。

在代持方式中，有一种非常正规的代持方式，即委托信托公司持有激励股份，类似下文阐述的上市公司信托持股。

（二）上市公司的持有方式

上市公司实施股权激励计划时，激励对象获授股份在认购或行权后会直接持有，成为上市公司真正的股东，不得由人代持。对上市公司激励对象的审查比较严格，为了预防违法违规的情形出现，《上市公司股权激励管理办法》规定："上市公司应当在召开股东大会前，通过公司网站或者其他途径，在公司内部公示激励对象的姓名和职务，公示期不少于 10 天。监事会应当对股权激励名单进行审核，充分听取公示意见。上市公司应当在股东大会审议股权激励计划前 5 日披露监事会对激励名单审核及公示情况的说明。"

股权作为财产权的一种，也可以成为信托财产，上市公司可以通过信托方式来实施股权激励。股权信托是指委托人将其持有的公司股权转移给受托人，或委托人将其合法所有的资金交给受托人，由受托人以自己的名义，按照委托人的意愿将该资金投资于公司股权。股权信托中，如果受益人为企业的员工或经营者，则称为员工持股信托或经营者持股信托，其实这就类似实施股权激励。通过信托的方式引入第三方，更有公信力，缺点则是委托信托公司需要支付一定的托管费用。

另外，在实际操作过程中应注意，证监会原有备忘录和《上市公司股权激励管理办法》中都规定监事不得成为激励对象，原因在于监事应该对上市公司经营层、董事会是否遵守上市公司法律法规起到监督作用，并对上市公司实施股权激励计划的各环节实施监督审查，所以不得成为激励对象。我们理解这项立法的宗旨和目的，但在现实中，除监事会主席之外，上市公司的监事一般都是兼职的，在这项规定之下，作为上市公司的监事由于附加了这个责任，反而不得享受股权激励，这对监事来讲会产生负面影响。比如，有的监事明确表示不想兼职监事，明确多干了一个岗位、多承担了一份责任，不仅不会多发工资，反而没有资格享受股权激励。监事的心声说明了一个问题，既然他们不能成为股权激励对象，那么就应该有相应的激励措施来补偿。目前，在没有补偿激励措施的情况下，强行规定监事不得成为股权激励对象。另外，有些上市公司迫于现实和无奈，采用代持的办法来解决监事的股权激励问题。这明显是违规行为，上市公司决策层也很清楚，但又找不到其他解决方法，这就显示了法律法规的有待完善之处。

五、股权激励的管理机构、管理权限

企业实施股权激励，应注意股权激励管理机构及管理权限的合理安排。

第一，股东大会作为公司的最高权力机构，负责审议批准计划的实施、变更和终止。

未经股东会或股东大会通过的激励计划是无效的。因为对于股份出让,其他股东是有优先购买权、扩股权、认购权,必须配备股东会决议或股东大会决议。股东大会是由全体股东组成的公司最高权力机构,也是实施股权激励计划的最高权力机构。在实施股权激励计划的过程中,股东大会应履行以下职责:

①授权董事会组织制订实施股权激励计划。②直接或授权董事会聘任、解聘股权激励专门委员会委员。③审议董事会通过的股权激励专门委员会提交的股权激励计划方案。④审议董事会办理有关股权激励计划相关事宜的授权的方案。⑤审议监事会关于股权激励计划实施情况的报告。⑥审议独立董事提交的关于股权激励计划的独立意见报告。

股权激励计划直接关系到现有股东股权的稀释问题,关系到各位股东的切身利益,其实施必须得到股东大会的表决批准,只有通过代表 2/3 以上表决权的股东表决通过方可实施。在公司存在控股股东与非控股股东的前提下,控股股东单独表决通过的股权激励计划不得侵害非控股股东的利益。

第二,公司董事会是股权激励计划的执行管理机构,负责拟定和修订激励计划。召开董事会确定相关的人员,授权相关人员起草相关计划,报股东会批准。因为股权激励计划本身就是激励管理层的计划,因此由企业的职能部门成为股权激励计划的执行机构是不合适的,应该由公司董事会作为股权激励计划的执行机构。同理,为股权激励所成立的股权激励工作小组或者股权激励工作委员会也应该直接对董事会负责。

公司董事会是股权激励计划的执行机构,在获得股东大会授权后,履行被授予的有关股权激励的相关权利。在实施股权激励计划的过程中,董事会应履行以下职责:

①负责起草、修改或者审批下属机构起草、修改的股权激励计划,报股东会审批。②董事会负责筹建股权激励计划的下属机构,聘请或解聘下属机构组成人员。③审议、批准股权激励计划相关配套规章制度。④提出修改或终止股权激励计划的意见,报股东大会审议。⑤股东会授权董事会办理的有关股权激励计划相关事宜。⑥审议专业股权激励顾问的聘请事宜。⑦其他应由董事会决定的有关股权激励计划相关的事项。

董事会的组成人员——董事是由股东大会选举产生的,受股东的委托行使经营管理权。董事可以是股东,也可以不是股东。法律规定,董事会对股东大会负责,在实践中许多董事会演变成对控股股东或大股东负责。在这种情况下,董事会的独立法律地位根本无法保证,董事会的法定职权很难公平行使,中、小股东的权益无法保证。因此要在董事会中引入独立董事,以便公司董事会能公正地确定股权激励对象的范围,以及授予的股权激励标的数量等重要问题。

第三,公司监事会是本计划的监督机构,负责核实激励对象名单,并对计划的实施是否符合相关法律、行政法规、部门规章进行监督。非上市公司监事会履行职责较弱。公司监事会是股权激励计划的监督机构,负责对股权激励计划的实施情况进行监督。监督董事会及下属专门的股权激励管理机构的管理工作、员工的绩效考核、股权激励标的授予、股权激励计划的执行程序等,并向股东大会报告监督情况。在实施股权激励计划的过程中,公司监事会应当履行以下职责:

①审议由董事会或者董事会下属专门的股权激励管理机构起草的股权激励计划方

案。②核实股权激励计划的激励对象名单,确定激励对象的主体资格是否合法、有效。③审查股权激励计划的实际执行情况。④其他应由监事会决定的有关股权激励计划的相关事项。

第四,部分公司会成立股权激励薪酬与考核委员会,全面负责股权激励方案的薪酬制定和薪酬考核。一般上市公司会成立。董事会下属专门实施股权激励计划的管理机构,可以称为薪酬与考核委员会、股权激励专门委员会、员工持股专门委员会,等等,主要取决于企业对其功能的安排。虽然名称不同,但其共同点就是要向董事会负责,而不是向总经理负责。董事会下属专门实施股权激励计划的管理机构的组成,应该考虑到其独立性,可以约定其组成人员的一半以上为独立董事或者外部董事。

在实施股权激励计划的过程中,董事会下属专门实施股权激励计划的管理机构应履行以下职责:

①起草、修改股权激励计划草案,包括激励标的授予数量、授予条件、授予对象、授予日期、行权时间、行权方式、行权程序和转让限制等。②委托中介机构起草、修改股权激励计划草案及所有相关文件。③起草、修改股权激励计划的管理制度。④起草、修改股权激励计划的绩效考核办法和其他配套制度。⑤负责具体实施股权激励计划及适用相关绩效考核结果。⑥执行董事会有关股权激励计划的决议。⑦其他应该由股权激励计划专门机构履行的职责。

第五,非上市公司也可以成立股权激励工作小组。

六、股权激励的期限

(一)有效期

有效期是指从授予时间算起股权激励可以执行的期间,即股权激励的寿命,一般是指股票期权的寿命期间。一般而言,股票期权的有效期越长,受益人从中获得的收益越大,因为随着时间的推移,股票通常会增值。非上市公司往往约定具体的有效期限,比如5年或10年,同时还会约定以出现某种情况下的有效期,比如公司在一定期限内未完成上市同时还会约定员工服务年限结束,股权激励有效期结束。另外,有效期是员工可以行使股权所赋予的权利的期间,超过这一期限就不再享有这种特权。实务中,公司一般倾向于3至6年的有效期。

通常在设计股权激励时会附加一些限制条件,以防止短期行为的发生,如:员工行权套现的最短期限不得低于1年;股权的行权数量在有效期内必须匀速进行或加速进行;每次行权必须经过严格考核后才能进行。

根据法律规定,明确上市公司的股权激励方案期限不能超过10年。股权激励的方案在期限的设定上一般不建议低于3年,5年相对合适。新三板公司设定一般期限是3年。从公司发展来讲,5年以内是有激情,5年后积极性有点降低。

(二)授予日

股权激励的授权日是指激励对象实际获得授权(股票期权、限制性股票、虚拟股权)

的日期，是股权激励的实施方履行激励计划的时点。在决定股权激励计划的等待期、行权期、失效期时，一般是以授权日为起算点，而不是以生效日为起算点。

股权激励计划的生效日一般是指公司股东大会审议通过之日，或者证监会审批同意之日。而授权日是在股东大会通过后，再召开董事会制定的一个具体日期。所以，授权日应当在生效日之后。

对于上市公司而言，公司股东大会审议通过股权激励计划之日起60日内，公司应当按照相关规定，召开董事会对激励对象进行授权，并完成登记、公告等相关程序。上市公司未能在60日内完成上述工作的，应当及时披露未完成的原因，并宣告终止实施股权激励，且公告之日起3个月内不得再次审议股权激励计划。对于非上市公司而言，不存在交易日与非交易日的区别。

股权激励的授予程序如下：

1）经董事会提名，薪酬与考核委员会拟订股权激励授予方案。
2）董事会审议薪酬与考核委员会拟订的股权激励授予方案。
3）监事会核查股权激励计划中的激励对象名单是否与股东大会批准的对象名单相符。
4）股东大会审议通过股权激励计划，并在通过之日起30日内召开董事会对激励对象进行授权。
5）公司与激励对象签订协议书，约定双方的权利和义务。

非上市公司的授权程序可参照上市公司。

（三）禁售期

禁售期是指激励对象在行权后，必须在一定时期内持有该激励标的，不得转让、出售。禁售期主要是为了防止激励对象以损害公司利益为代价，抛售激励标的的短期套利行为。换句话说，就是激励对象持有股票（股份）的流通会受到限制，期满后才能自由出售或转让，这个时间就是禁售期，大多在半年到3年之间。

在设计禁售期时一般应考虑以下因素，第一，法律的强制性规定。《上市公司股权激励管理办法》规定，上市公司依照本办法制订股权激励计划的，应当在股权激励计划中载明下列事项：（五）股权激励计划的有效期，限制性股票的授予日、限售期和解除限售安排，股票期权的授权日、可行权日、行权有效期和行权安排。例如，汉鼎信息科技股份有限公司2014年1月推出的股票期权激励计划对禁售期规定如下："禁售期是指对激励对象行权后所获股票进行售出限制的时间段。本次股票期权激励计划的禁售期按照《公司法》和《公司章程》的规定执行，具体规定有：激励对象为公司董事、高级管理人员，其在任职期间每年转让的股份不得超过其所持有公司股份总数的25％；在离职后半年内，不得转让其所持有的公司股份；激励对象为公司董事、高级管理人员的，将其持有的公司股票在买入后六个月内卖出，或者在卖出后六个月内又买入，由此所得收益归公司所有，公司董事会将收回其所得收益；在本次股票期权激励计划的有效期内，如果《公司法》对公司董事、高级管理人员持有股份转让的有关规定发生了变化，则这部分激励对象在转让其所持有的公司股票时应符合修改后的《公司法》和《公司章程》的规定。"对于非上市公司而言，激励对象可以依据公司章程转让或出售激励标的。

第二，公司战略目标实现的时间。在设定禁售期时，要考虑实现公司战略目标所需时间。如果战略目标需要较长的时间才能实现，那么禁售期可以适当延长，以免激励对象获利后离开公司。

第三，员工意见。禁售期过长会引发员工的不满，进而影响股权激励效应的发挥。因此，设定禁售期时也应适当尊重员工的意见。

（四）等待期

股权激励计划的等待期是指激励对象获得股权激励标的之后，需要等待一段时间，达到一系列事前约定的约束条件，才可以实际获得对激励股份或者激励标的的完全处分权。等待期一般可分为四种类型。

一次性等待期。激励对象在一次性等待期限满后，可以行使全部权利。例如，2016年6月，昆药集团限制性股票激励计划草案中的等待期就是这种形式。

分次等待期。激励对象分批行权、分次获得激励标的的完全处分权。例如，激励对象在满足行权条件时分四批次行权，每次行权比例为激励标的总额的25%，等待期限分别为一年、两年、三年和四年。

梯级等待期。激励对象每年按不同的比例获得所持有股票期权的执行权利。例如，四年的等待期，前三年分别执行20%，最后一年执行40%。

业绩等待期。当公司业绩达到某一个具体目标时，激励对象所持有的股票期权就可以全部执行。例如，当股价、利润增长率等指标达到某个目标时，激励对象即获得股票期权的执行权利。

等待期不是随意设定的，也不是单纯的延期支付。一般而言，等待期的长度应该和公司阶段性战略目标相一致。

（五）行权日

行权日是指股权激励计划的等待期满次日起至有效期满当日止可以行权的期间，可行权日指激励对象可以开始行权的日期。

上市公司的可行权日必须为交易日，在下列期间内不得行权：

① 业绩预告、业绩快报公告前10日，至公告后两个交易日内。

② 重大交易或重大事项决定过程中，至该事项公告后两个交易日。

③ 其他可能影响股价的重大事件发生日起，至公告后两个交易日。

《上市公司股权激励管理办法》规定，在股票期权有效期内，上市公司应当规定激励对象分期行权，每期时限不得少于12个月，后一行权期的起算日不得早于前一行权期的届满日。股票期权各行权期结束后，激励对象未行权的当期股票期权应当终止行权，上市公司应当及时注销。激励对象必须在期权有效期内行权完毕，本计划有效期结束后，已获授但尚未行权的股票期权不得行权。

可行权日是指可行权条件得到满足、职工或其他方具有从企业取得权益工具或现金权利的日期。有的股份支付协议是一次性可行权，有的则是分批可行权。只有已经可行权的股票期权，才是职工真正拥有的财产，才能去择机行权。从授予日至可行权日的时段，是可行权条件得到满足的期间，因此称为等待期，又称行权限制期。

上市公司激励对象行权程序一般经过以下几个步骤：

① 激励对象向提名、薪酬与考核委员会提交"股票期权行权申请书"，提出行权申请。

② 董事会及提名、薪酬与考核委员会对申请人的行权资格与行权条件进行审查，董事会应就股权激励计划的期权行权事项进行审议，并在审议通过后披露股权激励计划可行权公告。

③ 董事会确认激励对象的行权申请后，向股票交易所提出行权申请。

④ 经股票交易所确认后，由证券登记结算机构办理登记结算事宜。公司董事会应当在完成股票期权行权登记结算后披露行权实施情况的公告。

⑤ 公司凭结算机构出具的公司行权完成后股份结构变动表，向交易所办理股权行权完成公告；涉及注册资本变更的，由公司向工商登记部门办理公司变更事项的登记手续。对于非上市公司而言，由于不涉及交易所，其行权程序只需要①、②、⑤三个步骤。

七、股权激励的考核机制确定

公司实行股权激励能够提高员工工作的积极性，但是提高到什么程度，没有可度量的工具不行。如何衡量公司股权激励的结果好坏？要求公司建立相应的考核机制，确定考核的目的、原则，考核范围、考核机构，绩效考评评价指标及标准。只有这样，才能在统一考核机制下，对股权激励效果做到合理的考核。

企业要对员工实施绩效考核，就离不开设定绩效目标。绩效目标的设定要切合实际，切忌让员工产生无论如何努力都完不成预期目标的感觉。对于研发设计、生产制造、市场营销等岗位上的待激励员工，拟定股权激励协议时，要重点激励超额业绩。正常业绩是指公司给员工制定的一年内考核的工作业绩；超额业绩是指员工在完成正常业绩后超预期实现了新目标。把他们完成正常业绩所能获得股权与完成超额业绩所能获得的股权界定清晰，侧重在完成超额业绩部分。如分配股权时，完成正常业绩与完成超额业绩的比例是4∶6。

股权激励之初就要制定目标，有目标才能使股权激励充分发挥作用，促进企业法发展。

第一，细化经营单位并独立核算。其实，小企业未必需要这样做，越是大企业越需要将各个部门独立，以降低运营成本，提高利润。我们认为，凡是准备上市的企业，都必须走这一步，做到每一个事业部、每一个分/子公司，每个月都要有一份清晰的财务报表，必须细化经营单位并实施独立核算。

第二，部门负责人为经营目标负责。具体而言，各部门负责人需要阐述以下几点：

① 我想成为什么样的人？比如，我是公司的职业经理人，想要300万元年薪。

② 我能为企业创造什么样的价值？这与第一点是环环相扣、息息相关的。比如，我要成为公司的职业经理人，要300万元年薪，凭什么呢？因为我觉得自己能为企业创造5000万元利润，比上一年增长30%。

③ 我达成目标的困难是什么？作为部门负责人，不仅知道要实现什么目标，而且要

知道实现目标的最大障碍是什么。这样做，既可以望到天边的星，又可以看到脚底的沙，这就是一种高水平的表现。

④ 应对的措施是什么？针对实现目标过程中所面临的困难和障碍，我的应对措施是什么？

⑤ 我需要什么样的资源支持？一般而言，所谓的"资源"包括四个方面：人、财、物、权。为了实现目标，部门需要多少人、需要多少财务预算、需要多大的权利，以及需要哪些硬件装备？在制定目标时，将你所需要的一切资源统统罗列出来。

⑥ 如果实现不了目标，我愿意接受什么样的惩罚？例如，如果实现不了"为企业创造5000万元利润，比去年增长30%"的目标，我只拿一元年薪，连续三年不达标就自动下岗。这样做，既有激励又有约束，只要合理，每个人都会接受惩罚并无怨言。

第三，公司确定部门目标。

公司给予多少预算，提供什么样的资源支持，被激励者要完成什么样的任务，最后的目标是由公司来确定的。但是，需要提醒企业家的一点是，确定的目标越高，相应的底薪和提成也应该越高。

例如，公司的目标底线是要完成销售额1亿元，如果被激励者敢承担这1亿元的目标，那么可以设置底薪为月薪1万元，销售提成10%，超额奖励12%。如果被激励者认为完成1.5亿元的销售任务也没有问题，那么可以设置底薪为月薪1.5万元，销售额提成15%，超额奖励20%。一年完成销售额1.5亿元，折合每个月要完成大约1200万元。如果第一个月完成了1200万元，则第一个月就能拿到1.5万元，销售额提成15%。如果第一个月只完成了800万元（与年销售额1亿元时的月销售额大致持平），那就只能拿到月薪8000元。

这种目标设计的好处，在于科学、合理，是那种跳起来能够得着的目标，符合管理学的逻辑。企业既不能把目标定得太低，因为定得越低，底薪、提成越低；但也不能把目标定得太高，因为一旦达不成目标，收益也会很低。

第四，分解目标并明确任务。

制定好的目标，企业要以书面计划的形式呈现给大家，这是一份将目标分解和任务明确的计划书。计划书应对以下问题做出回答：

① 我想做什么？如果让我来做这件事情，我能为公司创造什么样的价值？

② 我能为公司建立什么系统？创造多少销售额？创造多少利润？

③ 我现在需要什么样的人才梯队？完成这些目标需要怎样的组织架构？从什么时候开始引进人才？

④ 每个月需要什么样的成本和费用？

⑤ 阶段性目标（季度目标）是怎样设计的？

⑥ 达成目标的措施都有哪些？可能会遇到什么风险？预防或者补救的思路和措施有哪些？

第五，与被激励者签订责任书并当众承诺。

书面呈现出来的计划被公司批准之后，就要让部门负责人向公众承诺达成计划目标。公司目标不仅是"你知我知"——让公司的所有人都知道，而且要向全员承诺保证达成目标，以及达不成目标将接受怎样的惩罚。

切记，这种承诺不能仅仅停留在口头上，一定要白纸黑字地签订书面协议并切实执行。什么时候该升职，什么时候该加薪，什么时候该下岗……明确写进协议，一定要清清楚楚、明明白白的，这样一来，管理就变得很简单了。

对企业实施股权激励的经营业绩应该从以下几个方面进行综合评价：赢利能力评价指标，诸如销售毛利率、总资产收益率、净资产收益率、每股收益以及经济增加值等；资产运用效率评价指标，诸如总资产周转率、流动资产周转率、应收账款周转率、存货周转率等；偿债能力评价指标，诸如流动比率、速动比率、现金比率、资产负债率、权益乘数、利息费用保障倍数等；企业发展能力评价指标，诸如主营业务收入增长率、净利润增长率等；资本保值增值能力评价指标，诸如净资产增值率、每股净资产增值率等；企业风险状况评价指标，诸如评价企业经营风险的经营杠杆系数和评价企业财务风险的财务杠杆系数；产品市场竞争力指标，诸如市场占有率、行业排名等；综合业绩指标，诸如经济增加值、综合评分法等。

八、医药企业股权激励计划的实施

随着股权激励行业集中性愈发明显，医药、电子等高科技行业已然成为股权激励的重点实施行业，其原因在于此类行业对人才需求远远大于平均水平。因此，该类企业采取股权激励机制留住高科技人才，提高自身核心竞争力，维护企业整体利益。从股权激励的方式看，我国上市企业大多采用股票期权方案，也有一些企业采用限制性股票或者股票增值权方案等。但是股权侧重于以合约的形式规定股价上升所带来的收益，把企业发展重点放置于短期内企业的股价提升，这与医药行业发展战略长期性和研发周期性长等特点不相符合。所以，这里着重研究股票期权和限制性股票机制。

2016年至2018年，我国医药制造业上市公司"投资不足"现象比"过度投资"更为严重。通过研究发现，与薪酬激励相比，增加高管的人数更能减少投资不足现象的出现，而高管的股权激励对企业过度投资现象则有显著的诱发作用。因此，为缓解投资不足现象，企业更应加强高管队伍的培养，通过扩大高管规模、提高管理人员个人素质，进而优化企业投资结构；对于过度投资，企业应减少高管持股的比例。

随着我国资本市场愈加开放，相关法律政策愈加完善，金融市场工具愈加丰富，股权激励措施对于我国医药行业上市企业在一定范围内具有刺激绩效增长、提高业绩的作用。在低落的市场环境中，对医药行业公司股价起到刺激作用，提高市场信心，从而稳定行业发展。但是我国医药行业的股权激励措施还存在许多问题，例如，管理层持股定位不明晰、委托代理效率低、激励期限不匹配等问题直接或者间接影响股权激励效果。因此，公司亦需要增强法律法规建设、完善公司治理结构。

医药行业是关系到我国民生的战略基础性产业。随着全球化趋势发展，生物医药作为高投入、高产出、长周期的产业，各国对其竞争愈发激烈。因此，对医药行业特别是生物医药板块实施股权激励有利于加快企业发展，保证其竞争优势，促进行业成长从而稳定发展。

九、医药企业股权激励的典型案例

(一) 昆药集团股权激励效果分析

自昆药集团实施股权激励计划以来,该公司的规模、赢利能力均有很大提升。在发布股权激励计划的2010～2017年,总资产由12.44亿元上升到63.38亿元,八年间增长了409.48%,企业资产规模扩张5倍。

昆药集团第一轮股权激励计划公布于2010年,采用限制性股票模式。首轮股权激励授予对象为核心管理人员,包括董事长、总裁等5人。其中董事长何勤、总裁袁平东分别获取本轮激励计划分配股数的40%和20%,其余三人取得剩余的40%。股权激励计划的考核期为2010～2012年,授予期为2011～2013年。考核的指标为主营业务净利润和工业毛利率。激励计划根据不同业绩水平设置了多个级别奖励基金,业绩越好提取的激励基金越多。激励基金用于二级市场回购股份,实施激励计划。

第二轮股权激励于2012年制定并发布。在前一轮股权激励方案上做了小幅度调整,激励对象的职位保持不变,人数增加至六人。较第一轮看,扩大了对副总裁的激励比例,三位副总裁一共授予43.5%的股份,其余人员激励比例下降。本轮股权激励计划的考核期为2013～2015年,授予期为2014～2016年。业绩考核指标与前一轮相同,当经审计主营业务净利润和经审计工业毛利率均超过触发基数时,股权激励计划有效。按照考核期实际业绩计算每年可以提取的激励基金,用于二级市场回购股份进行股权激励。

2016年股权激励计划,激励标的物为限制性股票。该激励计划强度小于前两轮计划,方案中列明本次股权激励拟授予股权数一共326700股。授予对象较前两轮有所扩张,包括总裁、总监等11人。本次股权激励考核期为2016年。业绩考核指标为净利润,不低于前三个会计年度的平均水平且不能为负数。另外对于个人考核也做了要求,个人评审良好或优秀才能解锁100%比例的股份,否则无法完全解锁。

2017年股权激励计划标的物为限制性股票,拟授予股份数为800万股,授予对象不仅包括董事高管,还包括中层管理人员、分公司经理和核心骨干等,一共107人,可以看出本次股权激励范围最大。

拟授予的限制性股票分三年进行解禁,业绩目标包括净利润增长率每年10%,营业收入增长率每年12%,个人考核包括打分和评级两种。从2010年到2017年,昆药集团制定股权激励计划越来越科学合理,激励效果也十分显著。

自2010年至2017年八年时间,昆药集团制定4个股权激励方案,每个方案都是对前一个方案的进一步补充和完善。第一个和第二个股权激励方案并没有给出具体的股权授予份额,只给出了拟授予人员的比例,随后的第三和第四个方案则表明了具体份额,减少了不确定性,让激励对象能更加清楚能够获取的收益额。在第一个方案60%的股份被授予董事长和总裁二人,随后的三个方案均加大了覆盖力度,2017年的方案中涵盖了几乎所有的中高层管理人员,激励份额也是大大超过了2016年方案。昆药集团于2010年实行股权激励至今,整体发展良好,经营能力也有着很大的提高。

当然昆药集团在考核指标体系方面仍有发挥空间。制定股权激励公司考核指标时着重关注短期赢利能力,忽视了其他指标对企业长期发展的重要性。例如:研发强度、市场口碑等非财务长期影响指标，研发是医药行业发展最基本的动力，市场口碑决定了企业的品牌价值。这些指标对于医药制造企业来说可能更加重要，如果制定者能全面考虑进来，建立一套符合医药行业股权激励指标体系，不仅有利于本企业健康发展，还能为整个医药制造行业股权激励方案的制定提供完善的指导性意见。

（二）恒瑞医药股权激励效果分析

自恒瑞医药实施股权激励方案以来，恒瑞医药的净利润呈持续增长趋势，人员流动率也比较稳定。具体可以从以下三个方面来分析。

赢利能力方面。2016 年至 2018 年恒瑞医药净利润呈持续增长状态，2018 年净利润竟高达 40.61 亿元，反映出实行股权激励后，大大刺激了主要员工的创造能力，从而公司净利润大跨度增长。从 2016 年至 2018 年恒瑞医药加权净资产收益率分别为 23.24 亿元、23.28 亿元、23.6 亿元，2016 年至 2018 年加权净资产收益率相对持平，稳定上升。此外，恒瑞医药扣除非经常性损益后的每股收益稳定增加，2018 年是每股 1.03 元。依据数据恒瑞医药在施行股权激励方案后，股份公司的净资产值增加，企业获取利润的能力明显增强。这项政策协调了公司各方的经济矛盾，创造企业收益，加强公司在医药行业的发展。

偿债能力方面。尽管恒瑞医药从 2016 年至 2018 年流动比率和速动比率基本维持在 7% 左右，远高于同行业水平。由于 2017 年实施股权激励后，流动比率和速动比率比较稳定，流动比率围绕着 7% 至 8% 上下波动，速度比率则基本是在 6% 和 7% 范围内波动。由此可见，公司的资本需求较低，变化不大，自由资本与公司未来的经营状况大致相同。企业的财务危险较低，恒瑞医药的偿还负债的能力较强。因此，在进行股权激励方案后，对恒瑞医药企业改善未来经营和增加收益。

成长能力方面。2016 年恒瑞医药的净利润增长率为 18.44%，2018 年为 23.33%。企业净利润增长率平稳增长状态，阐明恒瑞医药的获利能力加强。恒瑞医药净资产增长率 2018 年达到 24.18%。由于在净利润增长率和净资产增长率的两方面分析，能够总结出恒瑞医药成长能力与之前相比较理想，得力于适合医药企业发展的股权激励政策。

（三）丽珠集团实施股权激励现状分析

自丽珠集团实施股权激励计划以来，该集团的净利润、每股收益等均呈上升的趋势。尤其是 2016～2017 年之间，净利润从 7.84 亿元上升到 44.28 亿元；每股收益也从 1.52 元骤升到 8.069 元；这是由于 2017 年处置子公司全部股权所得。现从以下方面对企业效益提升进行分析。

股权激励计划授予价格制定较为合理授予价格是股权激励计划的重要组成部分，从激励对象的角度而言，授予价格与市值之间的差额空间是他们赚取收益的空间，如果两个差额较大，则对激励对象越有利。本集团确定授予价格为 25.2 元，而自 2015～2017 年间，该集团的股票市值平均高于授予价格，这样使该公司的管理者不会感到压力倍增。但反过来说，授予价格大幅度低于市值的话，会让激励对象很轻松达到目标，无须额外付出，这样也不会起到激励的作用，反而会产生一定程度的懈怠情绪。

股权激励的考核指标制定相对科学化股权激励的考核指标是该方案执行的关键环节，需要对丽珠集团的全年业绩指标进行考核。这需要方案制定者熟悉该企业自身优势，灵活应对外部环境的变化，指标过高，会打击管理者的信心；过低则达不到实施股权激励计划的激励效果。丽珠集团在把握自身的情况下，分析外部环境，制定合理的考核目标已达到双赢的目的。

股权激励规模和方式的合理化本次股权激励采取的是定向增发的方式，并不会给企业的资金运转造成额外的压力。此外，本次股权激励的规模相对合理，1000万股占公司股本总额的3.38%，其中100万股作为本次计划的后备补充，用以应对今后的突发情况。因此在增发过程中，相关的费用支出最小化。丽珠集团于2015年实行股权激励至今，虽整体呈上升趋势，但是该集团实施股权激励对企业发展仍存在欠缺。

股权激励是企业生存和发展中科学、有效的管理手段之一，如何运用这一手段，促进企业的长远发展是企业的关键。通过对丽珠集团的股权激励案例分析，我们可以看出股权激励虽然在我国企业中大范围运用，但也存在一定缺陷。因此，企业在实施股权激励前要结合自身条件做好详细的规划、健全考核体系，做到财务、非财务指标有机统一的考核体系。同时设置适当的考核期限，并在实施过程中进行有效内外部监督。昆药集团、恒瑞医药、丽珠集团的股权激励方案也为我国医药制造行业提供了范本，为我国同行业上市公司制定及实施股权激励提供了借鉴意义。

第四节　股权激励的方案

股权激励可采用的模式有很多种，每一种模式都有其适用范围，而每家企业根据自身发展的现状及未来的走向，也都有着适合自己的激励模式。因此，要在实施股权激励之前先了解这些模式，以便选出最合适的一种或几种。总之，评价某种激励模式的优劣，只能结合现状，来看其能否形成长期的效果。

一、期股性股权激励方案

期股是企业所有者向经营者提供激励的一种许诺式报酬制度，其实行的前提条件是经营者必须购买本企业的相应股份。若由企业出资，贷款给经营者作为其购买企业股份的投入。所以，得到期股激励的经营者对期股拥有表决权和分红权。而所有权是虚的，只有将所购买期股的贷款全部还清后，才能实际拥有。虽然表决权和分红权是实的，但是分得的红利激励对象不能立刻拿走，需要用来偿还期股，直到偿清为止。

通过这种实施方式可以看出，要想将期股变为实股，需要确保企业的收益达到条件，余出可供分配的红利。如果企业收益达不到条件或者经营不善，不仅期股不能兑换成实股，还有可能把自己的原始投入也亏掉。

二、期权股权激励方案

期权又称为选择权，一种衍生性金融工具，是指买卖双方在期权交易中达成一种金融合约，规定买方向卖方支付期权费后拥有的在未来一段时间内或未来某一特定日期，以事先规定好的价格向卖方购买或出售一定数量的特定标的物的权利，但不负有必须买进或卖出的义务（即期权买方拥有选择是否行使买入或卖出的权利，而期权卖方都必须无条件服从买方的选择并履行成交时的允诺）。简单来说，期权赋予了激励对象选择的权利，可以选择购买企业股票，也可以选择放弃购买，即股票期权不是义务，而是权利。从本质上讲，期权是在金融领域中将权利和义务分开进行定价，权利的受让人可以在规定时间内决定是否进行交易，而义务方必须履行。

期权模式又分为股票期权和股份期权。股票期权属于期权的一种，也是目前国际上最为经典、使用最为广泛的股权激励模式。它是指企业所有者授予激励对象（如高管人员、技术骨干等）购买本公司股票的选择权，具有这种选择权的人，可以在规定的时期内（锁定期），以事先约定好的价格（行权价）从公司购买一定数量的股票（此过程称为行权），也可以放弃购买股票的权利，但股票期权本身不能转让。股票期权在行权时间和数量上有限制，且需激励对象自行为行权支付资金，当股票交易价格大于行权价格时，激励对象可通过兑现获利。股票期权的行使会增加公司的所有者权益，因为持有者购买的流通股未对外发行，是直接从公司购买而非从二级市场购买。

从广义上来讲，股票期权模式包括上市公司股票期权模式和非上市公司股票期权模式；从狭义上讲，仅指上市公司实施的股票期权，本书所指的是狭义的股票期权模式。股票期权作为一种长期激励机制，有着无可比拟的优势，但也存在着一定的缺点。股票期权模式适合成长性好、具有发展潜力、人力资本依附性强的企业。

股票期权通过授予核心人员股票期权，能有效地把企业利益和个人利益结合起来，实现了经营者与资产所有者利益的高度一致，可以确保激励对象为公司的长远发展勤勉尽责；对于期权，激励对象可以自主选择是否行权，灵活性更高；公司授予激励对象在未来一定期限内以预先确定的价格和条件购买一定数量股份的权利。激励对象可以购买一定数量的股份，也可以放弃该种权利。

股票期权的激励模式适用于三类企业：第一类，企业所在行业竞争激烈的，以触发员工锐意进取精神；第二类，企业成长性良好的，激励员工更迅速地拓展市场；第三类，人资资本依附性较强的，能更好地使人才与企业产生黏性。

股份期权是股票期权的另一种模式，是指企业根据激励对象的贡献，授予其一定的资产所有权份额，并且能在所限制的条件满足后转换为现金福利。该模式具有以下两个优点：一是实现员工报酬的多样化。股份期权可以减轻企业在员工劳动报酬现金支付方面的压力，把某些劳动报酬的发放时间后移，以缓解企业现金流紧张局面，获得更好的发展；二是强化企业与员工个人的利益依存关系。股份期权把员工的个人发展与企业的长期发展联系了起来，增强了员工的归属感，有助于留住核心人才，减少员工流动给企业发展造成的不必要损失。同时，它还能提高员工工作积极性，增强企业战斗力。

企业在实施股份期权时，需要注意五个方面。

一是员工意愿。企业不可以不顾员工的意愿，强行把员工应得的劳动报酬转换成不能即刻兑现的股份期权。企业应该在广泛征求员工意愿的基础上，并获得绝大多数员工同意后依法合理地实施股份期权。

二是员工是否有充分的现金工资收入。股份期权带有限制性条件，是一种未来经济收益，具有一定的风险，过多地以它来取代员工的即时经济收益，必然会导致员工不满，降低其激励作用。因此，企业在实施股份期权时，要保证员工有充分的现金工资收入。

三是实施层面广泛且周期长。股份期权的实施不能局限于特定人员或特定层面，不能把它变成一种特权，它的实施层面越广泛，对企业发展起到的作用就越大。同时，股份期权实施周期要尽可能长一些，虽然我国立法中对股份期权周期没有明确的规定，但从国际上来看，激励性股票期权周期一般是 5～10 年，例如微软公司、英特尔公司等，他们确定的股份期权周期都为 10 年。

四是操作方法公开透明。股份期权的操作过程应该公开透明，并且事先制定完善的配套管理制度和绩效考核制度，以增加员工的认同感和信心。同时，操作方法还要简单明了，让员工看得明白、想得清楚，以便实施起来更顺利。

五是避免欺骗行为。股份期权实施过程中，要避免任何形式的欺骗行为，以免弄巧成拙，给企业发展带来不利影响。例如，在考核过程中弄虚作假、抹杀员工的贡献，或者条件满足后不予兑换现金，这些行为都是非常不可取的。

三、限制性股权激励方案

所谓限制性股票，关键就在"限制性"上。虽然每种股权激励模式都不是无偿就能获得的，都需要一定的条件作为约束，但限制性股权激励的条件更为精准和具有监管力度，是一种对激励对象很有管控作用的股权激励方式。

限制性股票指上市公司按照预先确定的条件授予激励对象一定数量的本公司股票，激励对象只有在工作年限或业绩目标符合股权激励计划规定条件的，才可出售限制性股票并从中获益。当然，根据现有法律规定，对于上市公司、业绩要求已经是一个必须条款。

限制性股权（包含上市公司与非上市公司）是指公司按照事先预定的条件授予激励对象一定数量的本公司股份，激励对象只有在工作年限或业绩目标符合股权激励规划条件的，才可以出售限制性股份并从中获益。

限制性股票的限制主要体现在两个方面：一是获得条件；二是出售条件。《上市公司股权激励管理办法》明确规定，限制性股票要规定激励对象获授股票的业绩条件，这就意味着上市公司在设计激励方案时，有关获得条件的设定只能局限于公司的相关财务数据及指标；出售条件的设定比较灵活，公司可根据不同要求和不同背景，设定可售出股票的市价条件、年限条件、业绩条件等。《上市公司股权激励管理办法》中规定，限制性股票自授予日起，禁售期不得少于 12 个月。

对于上市企业和非上市企业来说，这种股权激励方式分别叫作限制性股票或限制性股份。企业采取限制性股票的目的，是激励高管人员的工作热情和对长期目标的关注度。在我国，企业在授予限制性股票时，需要遵守《上市公司股权激励管理办法》的规定。因此，上市企业在设计限制性股票激励方案时，对获得的条件只能局限于企业的相关财务指标和数据。《上市公司股权激励管理办法》还规定了实施限制性股票激励时应当设置具体的禁限售期，上市企业须根据自身需求设定禁售年限和其他复合初速条件。因此，实施限制性股票时需要注意以下几个环节。

有效期：为限制性股票授予之日起至所有限制性股票解锁或回购注销完毕之日止。回购后要进行注销。

授予日：由股东大会通过。公司董事会应在授予日后两个月内对激励对象进行授予，办理备案，登记等相关程序；激励对象应在授予日后一个月内足额缴纳股份认购款。

锁定期：限制性股票锁定期自新增股票在我国证券登记结算有限责任公司完成登记之日起36个月。

解锁期：限制性股票激励计划锁定期届满次日一次性解锁。

实施限制性股票激励只有达到全部条件才可以行权，除有时间限制外，还要有业绩限制，条件必须明确。

限制性股票模式的优点是激励对象无须支付现金，有助于激励对象将精力集中在长期战略，努力完成业绩考核目标。

限制性股票模式的缺点是激励对象在满足授予条件的情况下获得股票之后，股票价格的涨跌会直接增加或减少限制性股票的价值，进而影响激励对象的利益；激励对象获得实际股票，并享有所有权，会增加公司管理的难度。

限制性股票激励模式比较适用于业绩不佳的上市公司、产业调整过程中的上市公司以及初创期的企业。

四、虚拟股权激励方案

虚拟股权是指公司授予激励对象一种虚拟的股权，激励对象可以根据被授予虚拟股权数量参与公司的分红并享受股份提升收益，但没有所有权和表决权，也不能转让和出售，且在离开公司时自动失效。（上市公司的虚拟股权表现为虚拟股票；非上市公司没有股票，其虚拟股权表现为虚拟股份。）

虚拟股权不同于一般意义上的企业股权，是一种虚拟化股权。

股东获得虚拟股权的激励对象只能享受到分红收益权，而不能享受完整的普通股股东权益，如表决权、分配权等；与购买实有股权或股票不同，虚拟股权由公司以无偿赠送或奖励的方式发放给特定员工，无须员工出资（溢价型虚拟股票主要存在于上市公司中，是指其获得者与企业普通股股东一样享有股票升值带来的收益。即在期初授予激励对象一定数量的虚拟单位时，以当时股票二级市场的价格为基准。如果将来股票的市场价格高于基准价格，激励对象可以获得虚拟股权溢价带来的收入；如果企业股价下跌至基准价格以下，则激励对象没有收益）。

这种激励模式与股票期权的不同之处在于：虚拟股权的持有者在股票到期后只能获

得企业股票的溢价收益，而不可能获得企业的股票；虚拟股权的持有者只享有溢价收益权，而不享有股权的其他权益；虚拟股权在兑现时，由企业按股票二级市场价格的差价直接发放给激励对象，不需要激励对象自行去市场兑现；股利收入型虚拟股票是指虚拟股权获得者与企业普通股股东一样享有股票分红的权利，激励对象的收入为其持有的虚拟股权单位乘以企业每年派发的每股红利。相比股票期权模式，股利收入型虚拟股权模式只能享受企业股票的分红收益，而不能实际获得企业的股票及其溢价收益。内部价格型虚拟股权是指非上市公司的股权由虚构的股票组成，并以簿记的方式奖励给企业的激励对象，持有人获得的收益为持有股数乘以每股虚拟股权的价值升值。这种模式下，虚拟股权的价格由企业或企业外部顾问性质的中介咨询机构来确定，一般为一年一次。与股票期权相比，它的特点在于：激励对象只享有虚构股权的溢价收益权，虚拟股权的价格由企业和市场中介机构根据企业内部财务指标、资本状况等确认，不受股票市场影响。

虚拟股权模式的优点有：

第一，虚拟股权不同于购买实有股权或股票，一般由公司以无偿赠送或奖励的方式发放给特定员工，不需要员工出资，持股员工可以感觉到企业对其自身价值的充分肯定，产生巨大的荣誉感，获得物质和精神的双重激励，激励效果更加明显。

第二，虚拟股权持有者可以享受企业分红收益权和增值收益权，从而激发他们以"股东"的身份去工作，更多地关注企业经营状况及利润情况，减少发生道德风险的可能性。

第三，实施虚拟股权激励时，只要拟订一个内部协议就可以了，无须考虑股票来源问题，简单易行。

第四，虚拟股权激励模式下，因为获得分红收益的前提是实现公司的业绩目标，并且收益是在未来实现的，所以具有长期的约束作用。

第五，虚拟股权持有者只享有分红权，而不享有普通股东的表决权、分配权等，因此不影响企业的资本总额和股东结构，也不影响股东对企业的控制权，有利于企业的管理。

第六，虚拟股权激励模式不以变化不定的股票价格为标准去衡量公司业绩和激励员工，从而避免了由于投机或其他不可控因素引起公司股票非正常波动时对期权价值的影响，具有相对的稳定性。

虚拟股权模式的缺点有：采用虚拟股权激励模式，激励对象可能因考虑分红而不重视甚至故意忽视企业资本公积金的积累，过分地关注企业的短期利益；采用这种模式时，激励对象分红意愿强烈，导致公司的现金支付压力比较大。因此，虚拟股权激励模式比较适合现金流量充裕的公司。

实施虚拟股权模式需要关注以下事项：一是来自股票市场的风险。如果股票市场的波动幅度加大，公司股价大涨，激励基金可能无法支付到期应兑现的金额，给公司造成损失。二是如何确定行权价格。行权价格的高低直接影响激励效果。如果行权价格高，则获利空间小，激励效应有限；如果行权价格低，又会使人感到不公平。这其中存在一个股票期权行权价激励和约束的强度问题，需要企业在考虑各种因素的基础上予以确认。

三是如何制定考核标准。只有制定科学的考核标准，才能实现较好的激励效应。如果考核指标过低，激励对象无须付出太多努力即可达到，可能很难实现企业的发展目标；如果考核指标过高，又会让激励对象觉得遥遥无期，失去奋斗的信心。虚拟股权模式下，由于激励对象并不实际持有股票，在股价下跌时，持有者可以选择不行权以避免损失，因此相对风险较小。

五、业绩股权激励方案

业绩股票是在我国上市公司中最先得到推广的一种股权激励模式，是一种典型的股权激励模式，它是指公司在年初确定一个科学合理的业绩目标，如果激励对象到年末时达到预定的目标，则公司授予其一定数量的股票或提取一定的奖励基金购买公司股票；如果未能通过业绩考核或出现有损公司的行为、非正常离任等情况，则其未兑现部分的业绩股票将被取消。

业绩股票模式只对公司的业绩指标进行考核，而不要求股价上涨。如果激励的范围和力度过大，公司的现金流压力就会增加，激励成本的上升会导致公司和股东的实际收益不足。所以，业绩股票模式比较适合那些业绩稳定、现金流量充足、希望进一步提升业绩的上市公司，以及上市公司的集团公司、子公司。为了让这种易于操作、法规政策限制较少的股权激励方案充分发挥作用，我们在设计业绩股票激励计划时应该注意几点：

在年初明确业绩目标和激励额度。公司应该在每年年初给激励对象确定一个比较合理可行的业绩目标，以及与该目标相称的股票授予数量或者激励基金提取额度。假如激励对象在未来的若干年内成功通过业绩考核，公司就奖励一定数量的激励股票，或者提取部分奖励基金代替激励对象购买约定数量的本公司股票。

明确业绩股票的期限。业绩股票的期限通常是3～5年。

设置禁售期。业绩股票一般要设置禁售期。当激励对象是董事会成员或高级管理人员时，其所获业绩股票只有在离职6～12个月之后才能出售；当激励对象是核心骨干员工时，禁售期通常会设为3年。

明确限制条件。业绩股票模式应该有严格的限制条件。当激励对象的业绩没达到目标要求，或者出现业绩股票合同中约定的有损公司的行为或者自行辞职等情况时，公司有权取消其尚未兑现的业绩股票。

设置风险抵押金。部分公司在实施业绩股票激励计划时会设置风险抵押金，达不到业绩考核指标的激励对象非但拿不到业绩股票，反而可能受到相应的处罚。

简单来讲，公司可以设定员工完成一定的业绩按业绩分红，员工可以用分红来购买股份，也可以根据公司的业绩对应每股的价值分红。

业绩股票模式下，股权转移由激励对象是否达到了事先规定的业绩指标来决定。它的特点有：业绩股票激励模式下，激励对象的年度激励奖金直接与公司当年的经营利润挂钩；公司奖励基金是通过按当时的市价从二级市场上购买本公司股票的方式完成的，从而绕开了《公司法》中有关股票期权的法律障碍；持有业绩股票的人员在行权时间、数量上均有一定限制；激励对象的激励奖金在一开始就全部或部分转化为公司的股票，实际上在股票购买方面有一定的强制性。

它的优点有：一是加快公司业绩目标完成。企业实施业绩股票模式，会促使激励对象为了获得股票形式的激励收益而努力工作，有助于加快完成公司业绩目标；一旦获得激励股票成为股东后，激励对象的利益又和公司利益捆绑在一起，他们会更努力地提升公司业绩。二是具有较强的约束作用。在业绩股票模式下，激励对象获得奖励的前提是完成一定的业绩目标，并且收入是在未来逐步兑现。如果激励对象未通过年度考核，或出现有损公司行为、非正常调离等情况，激励标的将被取消，退出成本较大，因而具有较强的约束作用。三是操作性强。对于股东而言，业绩股票模式对激励对象有严格的业绩目标约束，能形成股东与激励对象双赢的格局，故激励方案较易为股东大会所接受和通过。四是业绩股票符合国内现有法律法规，符合国际惯例，经股东大会通过即可实行，而且比较规范。五是激励效果明显，业绩股票可以每年实行一次，能够实现滚动激励，激励效果更加明显。业绩股票激励模式的缺点主要体现在两方面：一是公司业绩目标的科学性很难保证，可能导致关键人员为获得业绩股票而弄虚作假；二是激励成本较高，有可能造成公司现金支付的压力。

业绩股票激励模式适用于业绩稳定、现金流量充足的公司。因为只对公司的业绩目标进行考核，不要求股价的上涨，激励成本也较高。《公开发行证券的公司信息披露规范问答第2号——中高层管理人员激励基金的提取》中规定：公司能否奖励中高层管理人员、奖励多少，由公司董事会根据法律或有关规定作出安排。从会计角度出发，公司奖励中高层管理人员的支出应当计入成本费用，不能作为利润分配处理；公司发生设立中高层管理人员激励基金的行为，应当在公开披露文件中披露有关的决策程序、实际决策情况以及激励基金的发放情况，并在财务报表附注相关部分对会计处理情况作出说明。

六、延期支付性股权激励方案

延期支付是指公司将激励对象的部分薪酬（股权激励收入），按当日公司股票市场价格折算成股票数量，存入公司为激励对象单独设立的延期支付账户。在既定的期限后或在该激励对象退休以后，再以公司的股票形式或根据期满时的股票市场价格以现金方式支付给激励对象。

延期支付是指公司为激励对象设计一揽子薪酬收入计划，其中有一部分属于股权激励收入，股权激励收入不在当年发放，而是按公司股票公平市价折算成股票数量，在一定期限后，以公司股票形式或根据届时股票市值以现金方式支付给激励对象。

关于非上市公司的延期支付，可以是针对股权的延期支付，比如，在约定的一定期限后开始享有股权；也可以是分红的延期支付，比如分红在离职后一定期限分批次支付。无论给公司股份或分红，都不是一次支付的。第一年20%，之后每年支付20%，如中间没有达到约定的考核标准，后期没有分红也没股份。严重违反公司制度或严重违反激励情况，也可以收回。

延期支付方式具有有偿获得和逐步变现以及风险与收入基本对等的特征，具有比较明显的激励与约束的效果：把激励对象的一部分薪酬转化为股票，且长时间锁定，增加了其退出成本，促使激励对象关注公司的业绩和长期发展；如果激励对象工作不力或者失职导致企业利益受损，可以减少或取消延期支付收益对其进行惩罚，具有明显的约束的效果；这种模式可操作性强，无须证监会审批。延期支付收益与公司的业绩紧密相连，当折算后存入延期支付账户的股票市价在行权时上升，则激励对象就可以获得收益；反之，激励对象的利益就会遭受损失。

延期支付激励模式的优点有：激励对象为了保证自己的利益不受损害，必须勤勉尽责，以免因工作不力或者失职受到减少或取消延期支付收益的惩罚，因此这种模式具有明显的约束作用；延期支付把经营者的一部分薪酬转化为股票，且长时间锁定，增加了其退出成本，有利于规避经营者的短期行为。

七、账面价值增值股权激励方案

账面价值增值股权（账面价值增值权）激励是指直接用每股净资产的增加来激励高管人员、技术骨干和董事，很适合于非上市公司。账面价值增值权不是真正意义上的股票，没有所有权、表决权、配股权。

企业以每股净资产的增加值来激励企业高管、董事、技术骨干、特殊人才等。比较适合非上市企业，因为在企业的财务指标中，每股净资产通常是指股东权益与股本总额的比率，以公式表示为：每股净资产＝股东权益÷总股本。

所以，账面价值增值权反映的是企业的业绩水准，即每股净资产越高，企业的赢利能力越强，股东享受到的权益越大。注意，这种增加值不是真正意义上的股票。因此，激励对象并不具有所有权、表决权和配股权。但这种激励方式却可以有效避免股票市场因素对股价的影响，因为激励对象最终能得到的奖励和股价并不相关。

具体的操作方式有两种，一种是购买型，另一种是虚拟型。购买型操作是指激励对象在激励计划执行之初，按每股净资产值实际购买一定数量的企业股份，在到期后再按每股净资产期末值回售给企业；虚拟型操作是指激励对象在激励计划执行之初，不用实际出资就被企业授予一定数量的名义股份，在到期后，根据企业每股净资产的增量和名义股份的数量来计算收益，据此向激励对象支付现金。资产并不按照二级市场价格。那么，在这种情况下（授予价格和行权价格都按照每股净资产），股票期权模式在实质上就成了账面增值权模式。

正是因为以每股净资产作为参照价格，而一家企业的每股净资产的增加幅度通常很有限，无法充分利用资本市场的放大作用来提升激励价值。因此，这种激励模式更适合那些现金流量比较充裕、股价相对稳定的非上市企业或上市企业。

此模式的特点是：可以有效避免股票市场因素对股票价格的干扰，由于账面价值增值权不能流通，转让或继承，员工离开企业将失去其权益，因而有利于稳定员工队伍；具体操作方便快捷。

最后还要强调一点，账面价值增值权是不能流通、转让和继承的，员工离开后将会失去其权益，因此该激励模式有利于稳定员工队伍。

八、员工持股股权激励方案

员工持股激励是指通过让员工持有本公司股票和期权而获得激励的一种长期绩效奖励计划，又称为员工持股制度，是员工所有权的一种实现形式，是企业所有者与员工分享企业所有权和未来收益权的一种制度安排。员工通过购买企业部分股权或股票而拥有企业的部分产权，并获相应的管理权，实施员工持股计划的目的，是使员工成为公司的股东，通过全员持股的方式强化员工的主人翁精神。这种模式适合业务比较成熟的公司。

在实践中，员工持股计划往往是由企业内部员工出资认购本公司的部分股权，并委托员工持股会管理运作，员工持股会代表持股员工进入董事会参与表决权和分红。持股会在国外是比较流行的，后来因为各种原因暂停了持股会，非上市公司不一定按持股会，成立一个持股小组，要参与公司管理，会表决权或决策权。

总体来说，员工持股计划可分为两类：非杠杆型和杠杆型。

非杠杆型的员工持股计划是指由公司每年向该计划贡献一定数额的公司股票或用于购买股票的现金，数额一般为参与者工资总额的25％。该类型计划的要点是：公司每年向该计划提供股票或用于购买股票的现金，员工没有任何支出；员工持股信托基金会持有员工的股票，并定期向员工通报股票数额及其价值；当员工退休或因故离开公司时，将根据工作年限或其他规定取得相应数额的股票或现金。

杠杆型的员工持股计划主要是利用信贷杠杆来实现的。采用这种做法，首先需要成立一个员工持股计划信托基金；然后，由公司担保，该基金出面以实行员工持股计划为名向银行贷款购买公司股东手中的部分股票，购入的股票由信托基金掌握，并利用因此分得的公司利润及由公司其他福利计划（如职工养老金计划等）中转来的资金，归还银行贷款的利息和本金；随着贷款的归还，按事先确定的比例将股票逐步转入员工账户，贷款全部还清后，股票即全部归员工所有。该类型计划的要点是：银行贷款给公司，再由公司借款给员工持股信托基金，或者由公司做担保，由银行直接贷款给员工持股信托基金；信托基金用借款从公司或现有的股票持有者手中购买股票；公司每年向信托基金提供一定的免税的贡献份额；信托基金每年从公司取得的利润和其他资金，归还公司或银行的贷款；当员工退休或离开公司时，按照一定条件取得股票或现金。

该模式的优点是：实现了所有权从公司向雇员的转移，能有效弥补投资主体缺位所带来的监督弱化和内部人控制严重问题；丰富了员工的收入来源，有利于调动员工的积极性，提高生产效率；企业内部员工出资认购本公司的部分股权，有助于企业资本积累，相当于一种筹资手段。

该模式的缺点是：员工认购股份需要支付现金或承担贷款，加之不能转让、交易、继承，激励效果有限；因市场波动引发股价下跌时，员工要承担收益受损的风险。

员工持股计划的具体实施流程：①调查研究。调查研究的内容主要包括政策是否允许、预期激励效果如何、股东意愿如何等。②价值评估。员工持股计划涉及所有权的变化，因此需要对企业进行全面合理的价值评估。企业估值过高，员工可能不愿意购买；企业估值偏低，则会损害企业所有者的利益。③制订计划。聘请专业咨询顾问机构参与计划的制订，确定员工持股的份额和分配比例，保证既能够起到激励员工的目的，又不会损害企业原所有者的利益。④制订计划实施程序。实施程序主要对员工持股计划的原则、参加者的资格、管理机构、财务政策、分配办法、员工责任、股份的回购等做出明确的规定。⑤资金筹集。目前，在我国实施员工持股计划仍然以员工自有资金为主，企业提供部分低息借款。⑥明确职工持股的管理机构。对于一些大型的企业来说，可以借鉴国外的经验，由企业外部的信托机构、基金管理机构来管理员工持股信托。⑦审核批准。员工持股计划通常要经过集团公司、国有资产管理部门的审批，因此，还需上报有关部门核准。

九、管理层回购股权激励方案

管理层回购股权激励是指公司管理层承诺，同意给予员工股权，在员工满足一定条件后，公司管理层同意回购员工的股权，回购的价格可以是按照购买股权的价格，也可以是按照回购时的每股价值，还可以是按照回购时每股的溢价价格确定回购价格。

具体的设计方案是：双方约定，员工出资购买公司股权，若员工满足一定条件，公司可以按照溢价或溢价倍数在员工离职时回购股权，若未达到公司约定标准，只能按照公司实际净资产回购股权，员工离职必须出售股权，公司享有强制回购股权的权利。有些则约定大股东有强制回购权或必须回购义务。

管理层收购是公司管理层利用高负债融资买断本公司的股权，使公司为私人所有，进而达到控制、重组公司的目的，并获得超常收益的并购交易。管理层收购主体一般是本公司的高层管理人员。收购对象既可以是企业整体，也可以是企业的子公司、分公司甚至一个部门。收购资金来源分为两个部分：一是内部资金，即经理层本身提供的资金；二是外部资金，即通过债权融资或股权融资。收购主体在收购完成后成为公司的股东，从而直接或间接地成为公司的控股股东，达到经营权和控制权的高度统一。

管理层收购建议适用于：国企改革、企业更换管理者、管理层增强对企业的控制权、兼并、收购、重组。需要企业管理层和员工共同出资成立"员工持股会"，或由企业管理层出资成立新的公司作为收购股份的主体。一次性或多次性收购企业原股东的股份，直接或间接地成为企业的控制股东。

简单举个例子，乐普（北京）医疗器械股份有限公司（以下简称"乐普医疗"）上市后，因其最大股东为"中国船舶重工集团有限公司"（以下简称"中船重工"），导致乐普医疗创始人和管理者蒲忠杰实际占有的股份不足以掌控公司，因而在经营中处处受制。为了实现经营权与控制权的统一，蒲忠杰在2013年参与投资了"兴全特定策略18号资产管理计划"。此后，该"计划"购入了中船重工所持的乐普医疗3.054%的股份，共计2480万股。在2014年又通过"申万菱信资产管理计划"融资7.54亿元，进一步收购中船重工持有的乐普医疗的股份。至此，蒲忠杰直接或间接持有的乐普医疗的股份达到了29.30%，超过了中船重工的26.68%，成为公司实际控制人。

管理层收购是一种比较极致的股权激励手段，因为其他激励手段都是企业所有者对下属的激励，而管理层收购是将企业所有参与者都列为激励对象，实现了激励对象与企业利益和股东利益的高度统一。

十、科技成果转化股权激励方案

科技成果转化成股权的方案，是用科技成果申请专利、商标，或获得一定机构的认可，可以将成果转化为知识产权，也可以约定分给一定的奖金，然后用奖金购买公司股份。财政部、科技部联合印发的《中关村国家自主创新示范区企业股权和分红激励实施办法》明确了科技成果可以折股的股权激励方案。《促进科技成果转化法》在这方面也提高了国内科研机构、高等学校科研人员在科技成果转化过程中接受奖励额度的底线，即奖励比例不得低于50%，这极大地鼓舞了科研人员从事科技成果转化工作的热情。在诸多转化方式中，科研人员尤其偏爱科技成果作价入股，进而获得股权奖励的方式，医药企业的经济发展更是离不开这些科研人员，故而相对于其他股权激励方案，科技成果转化股权激励方案更适合医药企业的研发类人员，这既增加了其参与公司决策的主人翁感，又可能带来高额的经济收益。

这里我们仅讨论科研人员获得股权奖励，享受完全股东权利的情况。《促进科技成果转化法》对于成果转化奖励对象的描述是"完成、转化职务科技成果作出重要贡献的人员"，但目前实践中，获得奖励的大部分群体为科研人员，所以本文将受奖人称为"科研人员"，但不意味着转化管理人员无权利获得奖励。该法第四十四条中规定：科技成果完成单位对完成、转化该项科技成果做出重要贡献的人员给予奖励和报酬。科技成果完成单位可以规定或者与科技人员约定奖励和报酬的方式、数额和时限。第四十五条中规定：如果科技成果完成单位未与科技人员约定奖励和报酬方式和数额的，"按照下列标准对完成、转化职务科技成果做出重要贡献的人员给予奖励和报酬：（一）将该项职务科技成果转让、许可给他人实施的，从该项科技成果转让净收入或者许可净收入中提取不低于百分之五十的比例；（二）利用该项科技成果作价投资的，从该项科技成果形成的股份或者出资比例中提取不低于百分之五十的比例；（三）将该项职务科技成果自行实施或者与他人合作实施的，应当在实施转化成功投产后连续三至五年，每年从实施该项科技成果的营业利润中提取不低于百分之五的比例。国家设立的研究开发机构、高等院校规定或者与科技人员约定奖励和报酬的方式和数额应当符合前款第一项至第三项规定的标准"。

对于科技成果转化股权激励方案有两种方式：

一是"先奖后投"，即研究所与受奖人事先对科技成果作价投资的股权分配做出约定，直接以单位和受奖励人员的名义作价投资，在公司注册时直接将研究所和受奖励人员登记为公司股东。

案例：

A研究所与其他合作伙伴共同设立公司，公司注册资本1000万元，A研究所以科技成果作价入股，作价值为300万元，持股比例为30%。A研究所"科技成果转化管理办法"（该管理办法经过公开征集意见后发布实施）规定，利用研究所科技成果作价投资的，从该项科技成果形成的股份或出资比例中提取60%奖励给为完成、转化科技成果做出重要贡献的人员。

具体操作：在注册成立公司之前，单位和科研人员约定权益分配比例，在注册公司时，以研究所 A 和科技人员的名义分别登记为公司股东；公司章程出资信息应显示，A 研究所的持股比例为 12%，受奖励科研人员的持股比例为 18%，两方的出资方式均为知识产权。另外，在章程中还应予以说明，大致内容为：依据《促进科技成果转化法》，受奖人获得知识产权出资对应股权的 60%，即受奖人对公司的持股比例为 18%。

"先奖后投"涉及三个方面的财产流转，一是研究所作价入股的行为，即研究所付出科技成果获得创业公司的股权；二是受奖人获得股权奖励的行为，即未付出任何对价而获得公司股权；三是研究所将科技成果作价出资形成的部分股权无偿奖励给受奖人。

公司章程中应载明研究所和受奖对象的出资方式和出资期限，但受奖对象并没有实际履行出资义务，从公司法律角度来说，科研人员获得的股权没有对应出资物。但是，也有相关的判例认定股东不出资也可享有股权（详见最高人民法院案例：不出资也可以享股权），如果此种判定带有普遍意义的话，对解释"先奖后投"受奖励人出资来源的问题具有一定的积极参考意义。

二是先投后奖，即单位先以科技成果作价投资，形成标的企业股权后，再按照约定比例，经产权交易所股权分割鉴证，将奖励的股权无偿转给受奖励人员。具体操作是：公司注册成立时，将 A 研究所登记为公司股东，出资方式为知识产权，出资额为 300 万元，持股比例为 30%。完成公司工商注册后，经过产权交易所的分割鉴证程序，A 研究所将 18% 的股权转给受奖励人（通常为无偿转让），而后进行工商注册变更，将受奖励人登记为公司股东，持股比例为 18%。操作模式如下图：

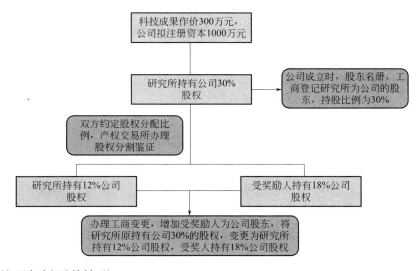

税务处理包括两种情形。

情形一：研究所作价入股。

依据财政部、国家税务总局《关于完善股权激励和技术入股有关所得税政策的通知》（财税〔2016〕101 号），研究所技术入股可以选择递延至转让股权时缴纳企业所得税。依据《财政部国家税务总局关于全面推开营业税改征增值税试点的通知》（财税〔2016〕

36号）相关规定，转让技术成果属于销售无形资产中的"转让技术"业务活动，免征增值税。

情形二：股权分割。

研究所：增值税方面，股权分割视同股权转让，非上市公司股权转让不属于增值税征税范围。所得税方面，转让财产收入列入企业收入总额范围；从大体看，此时研究所应按照转移股权的公允价值和账面价值之差确认所得，缴纳企业所得税，并且还要补缴投资入股时递延的部分所得税。

个人：个人零对价受让股权，按照税法的相关要求，应以股权的公允价值确认所得缴纳个人所得税。

两种情形的税务处理的不同，情形一普遍被税务机关认定为科技成果转化奖励行为，受奖人获得股权奖励可以按照促科法股权奖励获得个人所得税递延缴纳优惠；而情形二是先形成实质的股权，而后发生的股权转移行为，虽然当事人认为是实施股权奖励，但是税务机关认为这是财产的转移，不适用于个人获得股权奖励的递延纳税优惠政策，受奖人应在获得股权的同时缴纳个人所得税。

研究所在取得股权后向奖励对象分割股权本质是处置国有股权，尚无明确政策规定应如何办理分割程序。目前，在北京产权交易所可以就科技成果转化股权奖励办理国有股权分割鉴证，但若未取得上级部门明确批复，仍有违反国有资产管理规定的风险。

另外，国有股权分割如果通过公开挂牌转让实施，这样无法确保受奖对象成功摘牌，且原则上受奖对象需支付对价才能获取股权，违背了科技成果转化的奖励意图。

对于科技成果作价出资，《促进科技成果转化法》第四十五条明确规定"从该科技成果形成的股份或者出资比例中提取不低于百分之五十的比例"进行奖励。可见在《促进科技成果转化法》语境下，科技成果作价出资奖励的标的物是科技成果对应形成的股权或股份。因此，目前广受各界讨论的"职务科技成果共有"不在本书讨论的范畴内。

1. 科技成果定价存在的问题

第一，各法规间条款不一致，使科技成果实际定价方式单一。虽然相关制度规定科技成果作价入股，可以实行协议定价。但在实际中，如果是以下三种情况，通常还是需要第三方评估机构评估：一是对于价格难确定或低于原始投入的情况，必须通过第三方评估机构评估；二是技术入股企业计划上市；三是对价格双方争议比较大等其他需要的情况。之所以会出现上述的情况是因为各法规没有调整到一致。《公司法》《事业单位国有资产管理暂行办法》中规定事业单位以非货币性资产对外投资时，应当对相关国有资产进行评估，评估工作应当委托具有资产评估资质的评估机构进行。但在《促进科技成果转化法》中规定是可以通过第三方评估或协议定价等方式来定价的，因此《公司法》和《事业单位国有资产管理暂行办法》没有跟上《促进科技成果转化法》的规定尽快调整，造成实践中在作价投资时对科技成果必须进行评估，但是影响科技成果价值评估的因素有很多，比如科技成果与其完成人的紧密联系程度、市场上的技术需求情况、是否容易被复制等，因此要做到公允的价值评估是很难的，不是任何的科技成果都适于第三方评估，所以不放开或完善科技成果定价方式，是不利于科技成果转化的，有可能会损害技术作价投资者和被投资者的利益。

第二，科技成果定价与实际价值不符的事后调整问题。科技成果的价值评估难度大，如果出现价值确定结果与实际不符该如何处理也是需要考虑的问题。《公司法》第三十条、第九十三条规定有限责任公司或股份有限公司成立后，"发现作为设立公司出资的非货币财产的实际价额显著低于公司章程所定价额的，应当由交付该出资的股东补足其差额；公司设立时的其他股东承担连带责任"。但是，当非货币财产的实际价额高于公司章程所定价额的该如何操作，《公司法》并没有作出相应的规定。

2.科技成果转化时股权激励的代持股问题

对于代持股的情况，委托人和代理人即隐性股东与显性股东之间应签订代持股协议，以保证实际股权人的合法权利。这里的权利主要有两种，一种是财产权，即作为股东享有分红的收益权，另一种是人身权，即决策权、表决权等。代持股人应该按照被代持人的意志履行被代持股人的权利义务。关于代持股的法律法规的相关规定较少，《最高人民法院关于适用〈中华人民共和国公司法〉若干问题的规定（三）》（简称"司法解释三"）第二十四、二十五、二十六条对其做出了较为明确的规定："在有限责任公司中，实际出资人可以根据代持股协议向名义股东主张投资权益；当名义股东将登记于其名下的股权转让、质押或者以其他方式处分，实际出资人以其对于股权享有实际权利为由，可以根据相关规定请求认定处分股权行为无效，如果名义股东处分股权造成实际出资人损失，有权请求名义股东承担赔偿责任。"但是"司法解释三"只规定了有限责任公司代持股情形，对股份有限公司代持股问题的规定还处于缺失状态。此外，无论是在新三板挂牌，还是首次公开发行股票，都明确规定需"股权明晰"。按此规定，当企业在新三板挂牌或上市时应该明晰股权，安全起见代持股都应显名化，保证权属分明。

3.科研人员之间的股权分配缺乏指导

一项科技成果特别是高新技术成果，通常是由科研团队共同完成的，科技成果转化收益的分配，或者是股权的分配，理论上应该按照各自的贡献大小进行分配。目前，对于科技成果转化收益的分配只是规定了奖励比例，对于具体的分配方案并没有相关的指导性规定，所以无论是进行转化收益分配还是股权奖励的分配，目前主要是由项目团队内部协商确定，在科研人员之间如何进行分配没有指导标准做参考，具有一定难度，股权分配能否协商一致，达成共识会影响科技成果转化的效果，也会影响团队今后的科研合作，所以关于对科研团队成员进行股权激励，量化到每个科研人员应该有合适的激励分配指导性意见，尽可能做到公平、公正、公开，使所有做出贡献的科研人员都能获得自身利益。

目前国家对科技成果转化的股权激励是宽进严出，技术入股之后的相关经济行为如备案审批等还未放权。三权改革试点办法及2015年修订的《促进科技成果转化法》将科技成果处置权、收益权都下放到成果所在单位，科研单位可以自主决定技术入股，无须审批，但技术入股之后的相关权限仍然在财政部，没有下放，比如作价投资企业在上市前，需要对国有资产进行产权登记，报财政部进行审批，一方面无形资产评估困难，出具评估报告时，审核过程中会由于一些原因而通过受卡，另一方面，审批时间长，可能影响企业的上市进程。

4. 转化收益分配基准待明确

虽然我国《促进科技成果转化法》中规定的转化收益分配的基准是转化净收益，但是在实践当中，以成果转化净收益为分配基准很难实施，一方面《促进科技成果转化法》中并没有就转化净收益做出明确的规定，所扣减的成本或费用包括哪些，是否包括前期的研发投入成本，研发投入成本追溯到什么时候；另一方面如果将研发成本计入扣减项目，由于科技成果的研发成本大部分都很高，计算困难，若按扣减研发成本后的转化收益为基准奖励，科研人员获得的收益也不会高。

5. 缺少具体的股权激励方案设计

目前科研单位的股权激励，还仅停留在因遵守政策规定而对科研人员进行的事后股权奖励层面。任何激励措施都应从目标实现的本质出发进行设计，股权激励也不例外。目前对科研单位的科研人员进行的股权激励缺乏激励有效性的考虑，在根据不同科技成果转化项目或企业的实际情况来设计有针对性的股权激励方案上还较欠缺。所以，为了促进科技成果转化，发挥股权激励效用，建议根据具体的科技成果转化项目设计相适应的股权激励方案。

第八章

医药行业劳动关系管理

Chapter 8

第一节 劳动法律关系通述

一、劳动合同的订立

1. 录用通知书等同于劳动合同?

用人单位打算招录劳动者时,会向其发放录用通知书,录取通知书显示岗位、薪水、工作地点等重要内容。鉴于此,大家常常感到疑惑:录取通知书如何理解?是否属于劳动合同?

《劳动合同法》对于录取通知书并没有明确规定,但是根据《合同法》规定以及司法实践:在正式书面合同签署前,一方会向他人发送要约。所谓要约是指一方希望和他人订立合同的意思表示,要约的内容具体确定。经受要约人承诺,要约人即受约束。

因此,根据录取通知书的性质和内容,可以看出录取通知书即为《合同法》中规定的要约而非正式的劳动合同。录取通知书的意义在于用人单位需要按照其内容与劳动者签订正式的书面劳动合同,否则需要承担《合同法》中规定的缔约过失的责任。故无论是劳动者还是用人单位都应该在劳动者入职后尽快签署正式的劳动合同,以免发生纠纷。

2. 用人单位在签署劳动合同需主动

根据法律规定,用人单位自用工之日起即与劳动者建立劳动关系,建立劳动关系时,就应当订立书面劳动合同,因此签署书面劳动合同为用人单位的法定义务。

用人单位违反签署劳动合同的法定义务时需要向劳动者承担相应的责任,具体风险如下:如果用人单位自用工之日起超过一个月但不满一年未与劳动者订立书面劳动合同的,应当向劳动者每月支付二倍的工资并承担签订书面劳动合同的义务;如果用人单位自用工之日起满一年不与劳动者订立书面劳动合同的,视为用人单位与劳动者已订立无固定期限劳动合同,并且,即使视为无固定期限的劳动合同,仍不免除用人单位与劳动者签订书面劳动合同的义务,且劳动者仍可向用人单位主张(最多)11个月的双倍工资。

3. 劳动者在签署劳动合同

《劳动合同法实施条例》规定,自用工之日起一个月内,经用人单位书面通知后,劳动者不与用人单位订立书面劳动合同的，用人单位应当书面通知劳动者终止劳动关系，无须向劳动者支付经济补偿，但是应当依法向劳动者支付其实际工作时间的劳动报酬。

根据法律规定，签订劳动合同不仅是用人单位的义务，同样也是劳动者的义务。因此，上述法律规定既明确了劳动者的义务，也在一定程度上保护了用人单位。

因此，对于不愿签订劳动合同的员工，用人单位避免承担责任的唯一办法是，书面通知劳动者在用工之日起个月内合法终止劳动关系。需要注意的是，在与不愿签订合同的员工终止劳动关系时，用人单位应注意：一是期限为用工之日起一个月内；二是发出两个书面通知（签订劳动合同的书面通知和终止劳动关系的书面通知）。

4. 试用期合同的理解

某些用人单位在招用劳动者时与劳动者单独签订试用期合同，期限一般为三个月到六个月不等，约定在试用期合同期满后再订立正式劳动合同。但是，根据《劳动合同法》的规定，试用期是包含在劳动合同期限内的。劳动合同仅约定试用期的，试用期不能成立，该试用期期限为劳动合同期限。

所以，如果用人单位与劳动者签订试用期合同，那么所谓的试用期合同即为正式的劳动合同的。

对于用人单位来讲，单独签订试用期合同的风险在于该合同到期后用人单位再行签署合同时，就相当于连续订立两次固定期限劳动合同。依据法律规定，连续订立二次固定期限劳动合同，且劳动者没有法定排除的其他的情形，再次续订劳动合同的，应当订立无固定期限劳动合同。

5. 试用期内用人单位的合法解除权

试用期内用人单位的合法解除权是指在试用期内，劳动者出现法定情形时用人单位可以依法解除劳动合同而无须支付任何经济补偿。《劳动合同法》规定，"劳动者有下列情形之一的，用人单位可以解除劳动合同：（一）在试用期间被证明不符合录用条件的；（二）严重违反用人单位的规章制度的；（三）严重失职，营私舞弊，给用人单位造成重大损害的；（四）劳动者同时与其他用人单位建立劳动关系，对完成本单位的工作任务造成严重影响，或者经用人单位提出，拒不改正的；（五）因本法第二十六条第一款第一项规定的情形致使劳动合同无效的；（六）被依法追究刑事责任的"。

通常试用期内，用人单位最常用的解除理由为"在试用期间被证明不符合录用条件"。针对这一解除理由用人单位需要注意以下三点：

（1）用人单位的举证义务。

最高人民法院《关于审理劳动争议案件适用法律若干问题的解释》第十三条规定：因用人单位作出解除劳动合同、减少劳动报酬等决定而发生劳动争议的，由用人单位负举证责任。根据上述规定用人单位运用录用条件与劳动者解除劳动合同时，负有相应的举证义务。即：①用人单位必须证明其已将录用条件明确告知了劳动者；②根据录用条件对劳动者进行了考核；③有相应证据证明劳动者不能达到录用条件；④已将考核结果告知了劳动者；⑤将劳动者不符合录用条件与其解除劳动合同的决定送达了劳动者等。

(2) 有效的解除时间。

根据"劳动保障部办公厅对《关于如何确定试用期内不符合录用条件可以解除劳动合同的请示》的复函"的规定：对试用期内不符合录用条件的劳动者，企业可以解除劳动合同；若超过试用期，则企业不能以试用期内不符合录用条件为由解除劳动合同。因此，用人单位必须在试用期内就对劳动者进行录用条件考核，能够证明劳动者不符合录用条件而与其解除劳动合同的，必须在试用期结束前将解除通知送达劳动者。

(3) 试用期的考核。

试用期考核即是对试用期录用条件的综合考评。试用期考核应当结合员工试用期的工作表现、对岗位的适应状况、对团队的融合程度、业绩情况、纪律遵守等方面做综合考察。同时，将考核结果告知劳动者，并经其签字确认。

6. 事实劳动关系的理解

实践中，常见到在没有书面劳动合同情况下用人单位和劳动者关于是否存在劳动关系发生争议。

根据劳动和社会保障部发布的《关于确立劳动关系有关事项的通知》，在没有书面劳动合同的情况下，确认事实劳动关系有以下三项标准：①用人单位和劳动者符合法律、法规规定的主体资格；②用人单位与劳动者之间是否存在管理与被管理的关系，具体形式包括依法制定的各项劳动规章制度是否适用于劳动者，劳动者是否受用人单位的劳动管理，从事用人单位安排的有报酬的劳动；③劳动者提供的劳动是用人单位业务的组成部分。

同时，还规定以下证据可以作为认定事实劳动关系依据：①工资支付凭证或记录（职工工资发放花名册）、缴纳各项社会保险费的记录；②用人单位向劳动者发放的"工作证""服务证"等能够证明身份的证件；③劳动者填写的用人单位招工招聘"登记表""报名表"等招用记录；④考勤记录；⑤其他劳动者的证言等。其中，①、③、④项的有关凭证由用人单位负举证责任。

以上规定的主要表达三点：①认定事实劳动关系首先需要考虑双方是否属于《劳动法》意义下的用工主体和劳动者主体；②主要考虑双方是否存在管理关系，管理关系是认定是否存在劳动关系的核心要素；③劳动者提供的劳动是用人单位业务的组成部分。

7. 电子合同的效力

《劳动合同法》规定用人单位和劳动者应该签订书面劳动合同但并未对书面形式做出界定。2020年3月4日，人社部《关于订立电子劳动合同有关问题的函》中明确用人单位与劳动者协商一致，可以采用电子形式订立书面劳动合同。这一回函正式确立了电子合同时效力，但是在签署电子合同时用人单位需要注意以下几点：①电子合同的内容和主体符合《劳动法》的相关规定。②合同签署的各方已经经过实名认证。也就是说，对个人进行身份验证。对企业认证，要的是提交企业相关资料和公章。③在电子合同上的签名是根据《电子签名法》认可的可靠电子签名。④对于签署完成的合同进行加密存储，保证合同的原样输出。

满足以上四个条件，电子合同则具备和纸质合同手写签章同等的法律效力，用人单位与劳动者应当按照电子劳动合同的约定，全面履行各自的义务。

8. 劳动合同的续签

用人单位和劳动者的劳动合同期限届满后，双方都面临着是否续签合同的事宜。按照法律规定以及双方之间的实际情况，用人单位存在以下法定义务。

（1）第一次合同到期时的续订及提前通知义务。

首先，第一次劳动合同到期，用人单位有续签劳动合同的义务。这里所述的续签合同的义务，是指用人单位主动提出维持或者提高了原来劳动条件与劳动者进行劳动合同的续签。否则，需要按照法律规定承担补偿义务。其次，第一次劳动合同到期前，用人单位有提前告知劳动者的义务。

根据《北京市劳动合同规定》的规定，劳动合同期限届满前，用人单位应当提前30日将终止或者续订劳动合同意向以书面形式通知劳动者，经协商办理终止或者续订劳动合同手续。

（2）第二次合同到期时的续订义务。

用人单位与劳动者第二次合同到期时，除法定免除情形外，用人单位需要按照法律规定与劳动者签订无固定期限劳动合同。

上文所述的法定免除情形是指：劳动者存在因过失性被辞退；患病或者非因工负伤，在规定的医疗期满后不能从事原工作，也不能从事由用人单位另行安排的工作；不能胜任工作，经过培训或者调整工作岗位，仍不能胜任工作的情形；劳动者提出订立固定期限劳动合同的情形。

用人单位违反续签义务时需要承担的风险有以下这些：

第一次劳动合同到期后，用人单位不愿意续签的，应当向劳动者支付经济补偿。补偿金按劳动者在本单位工作的年限，每满一年支付一个月工资的标准向劳动者支付。六个月以上不满一年的，按一年计算；不满六个月的，向劳动者支付半个月工资的经济补偿。

第二次劳动合同到期，依法应当签订无固定期限劳动合同，但用人单位决定不续签的，属于违法终止劳动合同，需要向劳动者支付赔偿金。根据法律规定赔偿金的标准为经济补偿金的二倍。

二、劳动合同

1. 劳动合同的主要内容

法律规定劳动合同应当具备以下条款：①用人单位的名称、住所和法定代表人或者主要负责人；②劳动者的姓名、住址和居民身份证或者其他有效身份证件号码；③劳动合同期限；④工作内容和工作地点；⑤工作时间和休息休假；⑥劳动报酬；⑦社会保险；⑧劳动保护、劳动条件和职业危害防护；⑨法律、法规规定应当纳入劳动合同的其他事项。

劳动合同除前款规定的必备条款外，用人单位与劳动者可以约定试用期、培训、保守秘密、补充保险和福利待遇等其他事项。如果用人单位提供的劳动合同文本未载明《劳动合同法》规定的劳动合同必备条款或者用人单位未将劳动合同文本交付劳动者的，由劳动行政部门责令改正；给劳动者造成损害的，应当承担赔偿责任。

2. 试用期的期限

试用期是指包括在劳动合同期限内，用人单位对劳动者是否合格进行考核，劳动者对用人单位是否符合自己要求也进行考核的期限，这是一种双方双向选择的表现。

根据《劳动合同法》规定，首先，试用期的约定受以下条件限制：①非全日制用工双方当事人不得约定试用期；②以完成一定工作任务为期限的劳动合同或者劳动合同期限不满三个月的，不得约定试用期；③同一用人单位与同一劳动者只能约定一次试用期。

满足上述条件时，试用期的法定期限为：劳动合同期限三个月以上不满一年的，试用期不得超过一个月；劳动合同期限一年以上不满三年的，试用期不得超过二个月；三年以上固定期限和无固定期限的劳动合同，试用期不得超过六个月。按照法律规定，不同情况的试用期如表 8-1 所示。

表 8-1　不同情况下试用期期限

劳动合同的类型或者期限	试用期期限
非全日制用工	试用期 =0 个月
以完成一定工作任务为期限的劳动合同、劳动合同期限 <3 个月	试用期 =0 个月
3 个月 ≤ 劳动合同期限 <1 年	试用期 ≤ 1 个月
1 年 ≤ 劳动合同期限 <3 年	试用期 ≤ 2 个月
劳动合同期限 ≥ 3 年、无固定期限劳动合同	试用期 ≤ 6 个月

三、劳动合同履行、变更

（一）加班

加班费的计算：法律规定劳动者延长时间的，支付不低于工资的 150% 的工资报酬；休息日安排劳动者工作又不能安排补休的，支付不低于工资的 200% 的工资报酬；法定休假日安排劳动者工作的，支付不低于工资的 300% 的工资报酬。

安排劳动者延长工作时间，在加班时间计算时应以多少小时为基础的问题上，原劳动部在《〈国务院关于职工工作时间的规定〉问题解答》中明确规定：企业因生产经营需要延长工作时间一律以每周 40 小时为基础计算。

如何认定加班：劳动者自愿加班的，要视具体情况而定。从广义的角度讲，按照法律规定，加班需要用人单位与劳动者协商，而不能强迫劳动者加班，除非存在紧急情况，从这个意义上讲，合法的加班均应该是劳动者自愿的。因此，不能以劳动者是否自愿加班作为发放加班费的衡量标准。从狭义的角度讲，用人单位在劳动者完成劳动定额或规定的工作任务后，根据实际需要安排劳动者在法定标准工作时间以外工作的，属于典型的加班。如果用人单位未安排、未要求加班而劳动者自愿加班完成一些零星工作的，或者劳动者在工作时间内，未完成劳动定额或规定的工作任务而自愿加班完成工作的，这种情况下一般不会认定为加班，用人单位无须额外支付加班工资。

（二）休假

年休假：指给职工一年一次的假期。即机关、团体、企业、事业单位、民办非企业单位、有雇工的个体工商户等单位的职工，凡连续工作 1 年以上的，均可享受带薪年休假。

根据法律规定，出现以下情形时，劳动者不再享受当年的年休假：①依法享受寒暑假，其休假天数多于年休假天数的；②请事假累计 20 天以上且单位按照规定不扣工资的；③累计工作满 1 年不满 10 年的职工，请病假累计 2 个月以上的；④累计工作满 10 年不满 20 年的职工，请病假累计 3 个月以上的；⑤累计工作满 20 年以上的职工，请病假累计 4 个月以上的。

如果劳动者已享受当年的年休假，年度内又出现上述第②、③、④、⑤项规定的事假、病假等符合不享有年休假条件之一的，那么劳动者不再享受下一年度的年休假。排除以上情形，劳动者可休年假情况见表 8-2。

表 8-2　劳动者可休年假情况

劳动者累计工作年限	是否享有年休假	年休假天数
12 个月以下	否	0 天
1 年以上，10 年以下	是	5 天
10 年以上，20 年以下	是	10 天
20 年以上	是	15 天

值得注意的是，所谓累计工作年限，要求"连续工作"，司法实践中，只要劳动者的工资记录、劳动合同或社保缴纳记录的时间没有间断，无论是在同一单位还是不同单位工作，都属于"连续工作"情形。另外，累计工作年限还包括依法服兵役和其他按照国家法律、行政法规和国务院规定可以计算为工龄的期间（视同工作期间）。此外，"连续工作满 12 个月"，指劳动者在参加工作后曾经在同一或两个以上用人单位连续不中断工作满 12 个月。

新入职员工年休假天数计算：《企业职工带薪年休假实施办法》规定，职工新进用人单位且符合该办法第三条规定的，当年度年休假天数，按照在本单位剩余日历天数折算确定，折算后不足 1 整天的部分不享受年休假。

根据上述规定新入职员工的年休假天数折算公示为：

符合休假资格的新入职员工当年度年休假 =（当年度剩余日历天数 ÷365）× 全年应

享受天数

【实例解析】 张三风在太极公司已连续工作2年以上，离职后于当年9月1日入职武当公司，张三风在武当公司剩余日历天数为122天。按照年休假条例的规定，张三风年度可享受的休假天数为5天。因其新入职武当公司，则张三风在武当公司当年度的年休假天数应为（122÷365）×5天≈1.67天。由于0.67天不足1整天，折算后不足1整天的部分不享受年休假，因此张三风入职武当公司当年度的年休假天数为1天。

离职职工年休假天数计算：《企业职工带薪年休假实施办法》规定用人单位与职工解除或者终止劳动合同时，当年度未安排职工休满应休年休假的，应当按照职工当年已工作时间折算应休未休年休假天数并支付未休年休假工资报酬，但折算后不足1整天的部分不支付未休年休假工资报酬。

根据上述规定新入职员工的年休假天数折算公示为：

离职时年休假＝（当年度已过日历天数÷365）× 全年应享受天数－当年度已休天数

【实例解析】 杨云聪在天山公司已工作3年，按规定每年可享受5天的年休假。10月31日天山公司和杨云聪解除劳动合同，解除劳动合同当年度杨云聪在天山已工作了305天，假设天山公司当年度已安排休假2天，那么杨云聪离职时应折算的年休假天数为：（305÷365）×5-2≈2.18天，因0.18天不足1整天，所以杨云聪离职当年度还可享受2天年休假。

带薪年休假与其他假期的关系：国家法定休假日、休息日不计入年休假的假期；职工依法享受的探亲假、婚丧假、产假等国家规定的假期及因工伤停工留薪期间不计入年休假假期。

（三）年终奖

年终奖是"奖金"的一种，是"工资"的组成部分，属于劳动报酬。

现行法律法规并没有要求用人单位必须发放年终奖。是否发放年终奖，发放多少年终奖，用人单位拥有一定的自主决定权，可以事先在规章制度中规定或者在劳动合同中约定。

但是，用人单位的这种自主决定权是受限制的，用人单位必须履行规章制度的规定和劳动合同的约定。即如果用人单位的规章制度明确规定，或劳动合同约定了年终奖，用人单位就应按照规定或约定向劳动者发放年终奖。

（四）调岗、调薪

在劳动合同的履行过程中，用人单位往往会根据实际经营、市场经济变化及用人单位自身需求以及重新分配企业人力资源、提高企业竞争力等原因对劳动者进行调岗调薪。用人单位调岗的法律规定如下。

1. 单方调岗权

《劳动合同法》第四十条规定了在几种特殊情形下，用人单位享有单方调岗权，即使未与劳动者协商一致，用人单位在提前三十日以书面形式通知劳动者或额外支付一个月工资的情形下,就可以单方调整劳动者的工作岗位。具体为:(一)劳动者患病或者非因工负伤,在规定的医疗期满后不能从事原工作,也不能从事由用人单位另行安排的工作的;(二)劳动者不能胜任工作,经过培训或者调整工作岗位,仍不能胜任工作的;(三)劳动合同订立时所依据的客观情况发生重大变化,致使劳动合同无法履行,经用人单位与劳动者协商,未能就变更劳动合同内容达成协议的。

2. 协商调岗权

除上述规定的单方调岗权外,《劳动合同法》第三十五条还规定了用人单位在与劳动者协商一致的情况下,可以采用书面形式变更劳动合同,变更后的劳动合同文本由用人单位和劳动者各执一份。因调整劳动者的工作岗位属于变更劳动合同内容,因此根据该条规定,用人单位必须在与劳动者协商一致后方可调整劳动者的工作岗位。

3. 对特殊群体的调岗权

对于一些需要特殊保护的劳动者,法律规定用人单位必须对其进行调岗,调整至合适的劳动岗位。具体为:女职工在孕期不能适应原劳动的,用人单位应当根据医疗机构的证明,予以减轻劳动量或者安排其他能够适应的劳动;对在职业健康检查中发现有与所从事的职业相关的健康损害的劳动者,应当调离原工作岗位,并妥善安置。

对于用人单位来说,在调岗权之外还关心的另一个问题,即调岗同时能否调薪。目前我国法律对于调薪并未明确规定,但经案例检索发现,用人单位对劳动者进行调薪的理由通常有以下几种:

(1)基于市场经济的变化和用人单位生产经营的需要而调薪。

在这种情形下,由于用人单位行使的是单方调薪权利,为保护相对弱势的劳动者的合法权益,法院一般都持较为谨慎严格的态度,即使用人单位在劳动合同与规章管理制度中明确规定用人单位有权根据生产经营的需要对劳动者的薪资水平进行调整,用人单位也需要充分举证其经营状况确实发生变化或确有实际的经营需要,以及该需要已经对劳动者原工作岗位产生影响,如不进行调整将会对用人单位的生产经营产生严重影响,且该调整必须正当合理,不得带有歧视性等不正当目的,否则会被认定为违法行为而不予以支持。

(2)以劳动者无法胜任工作或者违反用人单位的规章制度等为由进行调薪。

在这种情况下,用人单位需要对劳动者确实无法胜任工作或者违反了用人单位的各项纪律、规章制度等情况负举证责任,并应当在合理的范围内进行调薪,不得超出社会一般劳动者可接受的调整幅度。

整体而言,现行法律法规对于用人单位单方调薪的幅度并未做出明确限制,在司法实践中,法院或仲裁机构往往拥有较大的自由裁量权。基于此,用人单位可以考虑在规章制度、劳动合同、薪酬体系、考核体系中对于调薪进行更明确、具有指引性的规定,根据双方约定的具体情形,例如考核结果、调岗情况、职务聘用情形等进行相应的调薪,以保证在日常的人力资源管理中有章可循,且万一与劳动者发生纠纷,不至于陷入"无证可举"的尴尬境地。

(3) 停工停产调薪。

除上述情形外，有些用人单位还会出现因为停工停产而对劳动者薪资水平进行调整的情形。

《工资支付暂行规定》第十二条规定，非因劳动者原因造成单位停工、停产在一个工资支付周期内的，用人单位应按劳动合同规定的标准支付劳动者工资；超过一个工资支付周期的，若劳动者提供了正常劳动，则支付给劳动者的劳动报酬不得低于当地的最低工资标准；若劳动者没有提供正常劳动，应按国家有关规定办理。

《北京市工资支付规定》第二十七条规定，非因劳动者本人原因造成用人单位停工、停业的，在一个工资支付周期内，用人单位应当按照提供正常劳动支付劳动者工资；超过一个工资支付周期的，可以根据劳动者提供的劳动，按照双方新约定的标准支付工资，但不得低于本市最低工资标准；用人单位没有安排劳动者工作的，应当按照不低于本市最低工资标准的70%支付劳动者基本生活费。国家或者本市另有规定的从其规定。

但对于停工停产的认定条件及程序，我国法律法规目前尚未做出明确规定。

基于上述分析，用人单位在调整劳动者薪资水平时，应当注意以下几个方面：

（1）调整幅度必须适当，合理安排劳动者薪资结构。

法律虽然赋予了用人单位调整劳动者薪资水平的权利，但同时也要求用人单位不得滥用这一权利，否则可能要承担相应的责任。因相较于拥有一定资产的用人单位而言，作为个人的劳动者经济实力往往较弱，承受经济波动的能力也不足，因此，用人单位在行使调薪权时必须持谨慎态度，适当调整，切忌大幅度调整，以免对劳动者造成伤害。

（2）提前约定用人单位调薪自主权。

在劳动合同或公司规章制度等书面文件中提前明确约定。劳动者同意用人单位可根据生产经营状况、岗位变化、员工工作表现等情况对其调薪，实施"岗变薪变、能上能下"的制度，为用人单位调薪制定合理依据。

（3）注意留存停工停产的证据。

用人单位若根据实际情况需要停工停产时，应对停工停产原因相关的证据进行留存，例如：公司的审计报告、董事会决议、工会意见等，并对停工停产通知进行公示。

（五）用人单位的处罚权

《劳动法》等法律法规允许用人单位通过制定规章制度实现对员工的用工管理，但是并未明确规定用人单位是否有权利在规章制度中规定企业对员工进行罚款的权利。通过大量检索案例发现，法院对于该问题的答复也并没有统一的观点。然而，在案例检索的过程中，我们也发现存在个别法院不否认用人单位根据规章制度对员工进行罚款的情况。但根据判决书的内容，法院均认为企业对员工罚款合法性的前提包括：规章制度规定的罚款的数额不应超过合理范围；规章制度的制定应当经民主程序、公示或签收等法定程序。

目前，中国大陆的大部分地区并未出台明确的法规，确认用人单位对员工罚款的合法性。同时，各地的司法实践普遍认为，对财产的处罚只能由法律、法规和规章设定，用人单位无权利通过制定规章制度获得对员工的罚款权。

因此，如果用人单位需要依据规章制度对劳动者进行罚款，建议用人单位有权依据规章制度应注意以下几点：

1）公司的规章制度需要经过民主程序和告示程序。《劳动合同法》第四条第二款规定，用人单位在制定、修改或者决定有关劳动报酬、工作时间、休息休假、劳动安全卫生、保险福利、职工培训、劳动纪律以及劳动定额等直接涉及劳动者切身利益的规章制度或者重大事项时，应当经职工代表大会或者全体职工讨论，提出方案和意见，与工会或者职工代表平等协商确定。《最高人民法院关于审理劳动争议案件适用法律若干问题的解释》第十九条规定，用人单位根据《中华人民共和国劳动合同法》第四条的规定，通过民主程序制定的规章制度，不违反国家、行政法规及政策规定，并已向劳动者公示的，可以作为人民法院审理劳动争议案件的依据。从上述规定可以看出，法律在保护劳动者合法权益的前提下，也给予了用人单位较多的用工自主管理的权利，这些权利的行使也有严格的程序限制，即规章制度需要经过民主程序和公示告知程序。

2）用人单位对劳动者罚款应当具备充分的事实依据。规章制度不仅仅是用来约束劳动者，规章制度对劳动者和用人单位的作用是双向的，用人单位也应该遵守规章制度。对劳动者进行罚款的前提应该是劳动者违反了规章制度的相关规定，针对劳动者违反规章制度的这一事实，用人单位按照规章制度对劳动者进行罚款。所以，用人单位对劳动者进行罚款应以事实为依据，不能随心所欲。

3）用人单位对劳动者的罚款数额应当具有充分合理性。规章制度是用来执行的，过宽过严都不值得提倡。用人单位制定罚款金额应该根据违反的程度的不同进行相应的调整，符合社会的认知度，过于苛刻的罚款金额不能得到认可，也不具有合理性。

（六）企业安排待岗的实施要点

待岗是相对于在岗而言的，是指劳动合同期限内，非因劳动者的原因导致企业停工停产，劳动者无法正常工作的一个状态。

企业停工停产应有证据证明其正当性。针对企业停工停产的客观原因，原劳动部《工资支付暂行规定》对于企业停工停产的规定中只提到"非因劳动者原因"，但并没有对具体原因进行界定。除行政处罚外，企业停工停产一般由企业根据经营情况自主决定，但基于保护劳动者权益的立法目的，目前的司法实践案件中一般都会对企业停工停产的原因予以审查。

广东省广州市中级人民法院在（2019）粤01民终23083号判决书中，认定被上诉人主张停工停产成立的事由如下：第一，公司提交的利润表显示其在2018年存在明显的亏损；第二，公司的主营业务存在明显的转变；第三，停工停产的对象为大部分员工，不具有针对性；第四，公司在停工停产前曾安排上诉人调岗，其未服从安排且无证据证明有正当拒绝理由。与之对应的是，广东省高级人民法院在其（2017）粤民申344号判决书中，不予认定停工停产的理由为：在其雇佣的900名员工中仅针对该员工在内的7名员工以生产订单不足为由放假，也未提供订单减少的证据，对放假的客观原因和正当性未能提供证据予以证明。结合以上案例以及2020年发生的新冠疫情事件，企业因受疫情影响停工停产的，应当有证据证明以下几点：

1）企业存在受疫情等非劳动者原因影响停工停产的客观情况。例如工厂受疫情影响订单大幅下降、原材料缺乏无法生产等，企业不能为员工提供工作内容、工作条件。

2）企业停工停产不具有针对性。企业停工停产是企业为减轻成本负担、维持经营状态而做的经营策略调整，停产停工安排一般情况应适用于大部分员工，或一部分涉及停工停产业务的员工，而非针对特定员工故意为之。

3）停产停工是基于疫情等非劳动者原因影响后复工及持续经营目的。企业实施停产停工应当是出于疫情过后企业能够恢复生产、持续经营的正当目的，有利于企业减负、维持劳动关系，一旦疫情结束具备复工条件，应当及时恢复与劳动者原劳动合同的履行。

企业应就停工停产期间安排与劳动者协商一致，并履行告知义务。《劳动合同法》第四条规定，"用人单位在制定、修改或者决定有关劳动报酬、工作时间、休息休假、劳动安全卫生、保险福利、职工培训、劳动纪律以及劳动定额管理等直接涉及劳动者切身利益的规章制度或者重大事项时，应当经职工代表大会或者全体职工讨论，提出方案和意见，与工会或者职工代表平等协商确定""用人单位应当将直接涉及劳动者切身利益的规章制度和重大事项决定公示，或者告知劳动者"。企业停工停产属于直接涉及劳动者切身利益的重大事项，虽然企业可以自主决定停工停产，但关于停工停产方案中关于劳动用工安排的事项仍应根据《劳动合同法》第四条履行民主程序。

在夏普商贸（中国）有限公司（以下称夏普公司）、段其劳动争议一案[（2019）津01民终8244号]中，上诉人夏普公司就停工停产决定函告各员工并按照停工停产标准计发工资，但由于停产停工期间的工资待遇未与被上诉人达成一致，该员工在停工停产期间的工作日一直正常打卡上下班，终审法院天津市第一中级人民法院在判决中以"非因劳动者的原因造成用人单位停工停产，上诉人未能与工会或职工就变更工资标准协商一致的情况下应按劳动合同约定的标准，支付被上诉人工资"这一理由驳回了夏普公司的上诉请求。江苏省南通市中级人民法院在（2019）苏06民终4503号判决书中，法院以被上诉人柴油机公司未提供证据证明已将停产停工方案内容及时告知上诉人，并在双方未协商一致的情况下强制安排休假这一事实，判决上诉人柴油机公司支付解除劳动合同经济补偿金。

为避免纠纷，特殊时期企业可以通过邮件、微信等远程方式与职工或工会进行协商，履行民主程序，就企业停工停产的决定、期限以及停工停产期间的工作安排和工资支付标准等做出说明，尽可能地获得劳动者理解，同时就协商一致的停工停产方案向涉及的全体员工发送待岗告知书。以上协商程序及告知书均需要职工或工会予以书面确认，在此期间的程序性操作企业应注意保存相关证据。

企业可就停产停工与劳动者签订书面协议。停产停工期间，企业与劳动者原劳动合同处于中止履行的状态。为减少企业用工风险，保障劳动者合法权益，在企业与劳动者就停产停工期间的用工方案达成一致后，笔者建议企业与劳动者签订待岗协议，对停工停产期间双方的权利义务、返岗要求进行明确约定。企业复产复工后，应及时向劳动者发送返岗通知书，恢复履行原劳动合同；如企业对复工后岗位有调整的，应要求相关员工在返岗通知书上签字确认，并签订劳动合同变更协议；如解除劳动合同的，则仍应按照《劳动合同法》的相关规定执行。

（七）待岗期间的薪酬支付

薪酬支付标准：根据人力资源和社会保障部通知的规定，"企业停工停产在一个工资支付周期内的，企业应按劳动合同规定的标准支付职工工资。超过一个工资支付周期的，若职工提供了正常劳动，企业支付给职工的工资不得低于当地最低工资标准。职工没有提供正常劳动的，企业应当发放生活费，生活费标准按各省、自治区、直辖市规定的办法执行"。

根据上述规定，企业安排员工待岗应适用停工停产的工资标准，停工停产在一个工资支付周期内，无论劳动者是否正常提供了劳动，企业均应当按照双方劳动合同规定的标准支付正常工资；企业停工停产超过一个工资支付周期的，则应区分在此期间劳动者是否提供了正常劳动。

企业停工停产超过一个工资支付周期的，对提供了正常劳动的劳动者，工资支付不低于当地最低工资标准。

企业停工停产超过一个工资支付周期的，对未提供正常劳动的劳动者，应当依据地方规定支付生活费。各地生活费标准一般为当地最低工资标准（如天津、上海）或当地最低工资标准的70%～80%（如北京、山东、广东），具体应参照疫情期间各地发布的相关政策规定。在适用地方规定时，企业应当依据公司注册地（即公司营业执照地址）所在的省、自治区、直辖市的规定执行。公司注册地与实际工作地不一致或各分公司，生活费支付标准可根据我国《劳动合同法实施条例》第十四条的规定，按照劳动合同履行地的有关规定执行，但如注册地的标准高于劳动合同履行地标准，用人单位与劳动者协商一致可以约定适用企业注册地的标准。

工资支付周期的认定：待岗周期与工资支付周期不一致的，在工资支付周期内折算。对于"工资支付周期"存在以下三种理解：一是按照自然月理解（自然月是指每个月1号到该月的最后一天），即仅指停工停产的当月处于"一个工资支付周期"，下月属于"超过一个工资支付周期"；二是从停工停产之日起计算一个月，为"一个工资支付周期"，例如用人单位于2月15日安排劳动者待岗，2月15日至3月14日应当正常支付工资，3月14日之后按照前述规定的生活费地方标准支付；三是按照单位实际结算月工资的具体时间段来理解，如1月20日至2月19日为用人单位实际计薪周期，用人单位于2月15日安排劳动者待岗，2月份工资应当正常发放，自3月份开始上述规定的生活费地方标准支付。

从目前的司法实践来看，法院在此类案件的判决中一般适用上述第二种"工资支付周期"，即从企业决定停工停产之日起计算一个月，最长不超过三十天。

（八）医疗期

医疗期届满，用人单位的具体工作事项：

第一，用人单位应当在劳动者进入医疗期时，了解劳动者订立劳动合同的情况，确定劳动合同到期终止的时间，并计算出医疗期届满的时间，如果中途劳动者上班的，应当及时根据实际情况调整可以累计休医疗期的时间，进而确定医疗期结束时间。

第二，医疗期届满前，用人单位应当给劳动者发出到岗通知，通知劳动者到岗的时间。

第三，医疗期内，如果劳动者自行申请离职或者双方协商一致解除劳动合同的，用人单位应当明确告知劳动者相关权利，让劳动者通过书面方式确定劳动者在知悉权利的情况下，个人自愿放弃。当然，在医疗期内，若劳动者存在《劳动合同法》第三十九条规定的情形，用人单位有权单方解除劳动合同。

第四，医疗期届满，劳动者到岗上班后，应及时了解劳动者是否需要进行劳动能力鉴定，以及劳动者是否胜任工作。

第五，医疗期届满或者医疗终结，用人单位如果拟单方解除劳动合同的，应当根据劳动能力鉴定情况以及是否胜任工作确定。

需要注意的是，医疗期的计算与合同期限无关，只要劳动者按照法律规定应当进入医疗期，就应当享有，而不论是否在一个合同期限内。

医疗期计算应从病休第一天开始，累计计算。如：享受三个月医疗期的职工，如果从3月5日起第一次病休，那么该劳动者的医疗期应在3月5日至9月5日之间确定，在此期间累计病休三个月即视为医疗期满。其他依此类推。这里需要说明一个问题的就是，基于医疗期与工作时间相关，有可能在累积计算期间，医疗期发生变化，所以，在具体个案中还要根据情况确定。即医疗期以及累积计算的时间并非一经确定不可更改。

（九）女职工保护

怀孕女职工产前检查次数如何确定？

根据《女职工劳动保护特别规定》第六条规定，怀孕的女职工在劳动时间内进行产前检查，所需时间计入劳动时间。原卫生部《孕产期保健工作规范》仅规定至少进行5次产前检查（其中孕早期1次、孕中期和孕晚期分别至少2次）。个别地区如南京有专门的规定，即怀孕女职工的产前检查，定为11次，每次半天，如有特殊情况，根据医务部门证明可增加次数。

至于产前检查一共休几次，一次休多长时间，法律并没有明确的规定。实践中，产前检查的次数和时间由医疗保健机构根据相关工作规范以及女职工的实际身体状况确定。所以，用人单位应严格根据医疗保健机构的安排为女职工提供产前检查时间。产前检查时间既包括实际检查时间、等待时间，也包括在途时间。

"三期"内女职工的劳动时间受到特殊保护，如表8-3所示。

表8-3 "三期"内女职工劳动时间特殊保护

不同时期	劳动时间特殊保护
怀孕不满7个月	女职工在孕期不能适应原劳动的，用人单位应当根据医疗机构的证明，予以减轻劳动量或者安排其他能够适应的劳动

续表

不同时期	劳动时间特殊保护
怀孕 7 个月以上	用人单位不得延长劳动时间或者安排夜班劳动，并应当在劳动时间内安排一定的休息时间，其中，夜班劳动是指当日 22 点至次日 6 点的期间从事劳动
哺乳期	哺乳未满 1 周岁婴儿的女职工，用人单位不得延长劳动时间或者安排夜班劳动，并且应当在每天的劳动时间内为哺乳期女职工安排 1 个小时的哺乳时间；女职工生育多胞胎的，每多哺乳 1 个婴儿每天增加 1 小时哺乳时间

（十）劳动者不能胜任工作时的安排

试用期阶段，用人单位可将胜任条件与录用条件进行有效结合，可以劳动者不符合录用条件为由单方解除劳动合同。

试用期结束进入正式录用阶段，用人单位须证明劳动者不能胜任工作，并从程序上已经对劳动者进行了培训或者调岗，其仍不能胜任工作的，用人单位在提前三十日以书面形式通知劳动者本人或者额外支付劳动者一个月工资后，可以解除劳动合同。

用人单位操作中应至少注意如下几点：

1）用人单位首先要说明劳动者的工作任务是什么，不能胜任的证据是否足以得出劳动者不能胜任工作的结论。

2）用人单位调岗时，应充分考虑劳动者的实际情况，以确保调岗的合理性。如果用人单位选择培训时，应确保培训内容和方式具有针对性。

3）调岗或培训后，用人单位必须能够举证证明其不能胜任工作。

四、劳动合同的解除、终止

（一）用人单位单方解除

用人单位单方解除劳动合同，即用人单位具备劳动法律规定的条件，无须双方协商一致即可解除劳动合同。用人单位单方解除又分以下三种情况：

1. 过失性辞退

过失性辞退是指劳动者在劳动关系存续期间有过错情形时，用人单位无须向劳动者预告即有权单方解除劳动合同。此种情况下用人单位无须支付劳动者解除劳动合同的经济补偿金。

根据《劳动合同法》第三十九条，劳动者有下列情形之一的，用人单位可以解除劳动合同：（一）在试用期间被证明不符合录用条件的；（二）严重违反用人单位的规章制度的；（三）严重失职，营私舞弊，给用人单位造成重大损害的；（四）劳动者同时与其他用人单位建立劳动关系，对完成本单位的工作任务造成严重影响，或者经用人单位提出，拒不改正的；（五）因本法第二十六条第一款第一项规定的情形致使劳动合同无效的；（六）被依法追究刑事责任的。

同时，《劳动法》第二十五条规定劳动者有下列情形之一的，用人单位可以解除劳动合同：（一）在试用期间被证明不符合录用条件的；（二）严重违反劳动纪律或者用人单位规章制度的；（三）严重失职，营私舞弊，对用人单位利益造成重大损害的；（四）被依法追究刑事责任的。

上述两条法律规定了用人单位享有合法解除的条件，其中《劳动合同法》第三十九条第（五）项是指劳动者以欺诈、胁迫的手段或者乘人之危，使对方在违背真实意思的情况下订立或者变更劳动合同致使劳动合同无效的情况。

另外，最高人民法院《关于审理劳动争议案件适用法律若干问题的解释（四）》在第十二条做出了新的规定，即"建立了工会组织的用人单位解除劳动合同符合劳动合同第三十九条、第四十条规定，但未按照劳动合同法第四十三条规定事先通知工会，劳动者以用人单位违法解除劳动合同为由请求用人单位支付赔偿金的，人民法院应予支持，但起诉前用人单位已补正有关程序的除外。"

用人单位在满足上述条件与程序时解除与劳动者之间的劳动合同，无须额外支付其他费用。

2. 无过失性辞退

无过失性辞退，即劳动者本人无过错，但由于主客观原因致使劳动合同无法履行，用人单位在符合法律规定的情形下，履行法律规定的程序后，有权单方解除劳动合同。

法律规定，有下列情形之一的，用人单位，可以解除劳动合同：劳动者患病或非因工负伤，在规定的医疗期满后不能从事原工作，也不能从事由用人单位另行安排工作的；劳动者不能胜任工作，经过培训或者调整工作岗位，仍不能胜任工作的；劳动合同订立时所依据的客观情况发生重大变化，致使劳动合同无法履行，经用人单位与劳动者协商，未能就变更劳动合同内容达成协议的。

此种情况下解除与劳动者之间的劳动合同需要提前30天通知劳动者，并且需要按照法律规定向劳动者支付经济补偿金。

3. 经济性裁员

经济性裁员是指用人单位为降低劳动成本，改善经营管理，因经济或技术等原因裁减20人以上，或者裁减不足20人但占职工总数10%以上的劳动者。

用人单位出现有下列情形之一，履行法律规定的程序，可以裁减人员：依照企业破产法规定进行重整的；生产经营发生严重困难的；企业转产、重大技术革新或者经营方式调整，经变更劳动合同后，仍需裁减人员的；其他因劳动合同订立时所依据的客观经济情况发生重大变化，致使劳动合同无法履行的。

有下列情形之一的，用人单位不得以非过错解除和经济性裁员的方式单方解除劳动合同。从事接触职业病危害作业的劳动者未进行离岗前职业健康检查，或者疑似职业病病人在诊断或者医学观察期间的；在本单位患职业病或者因公负伤并被确认丧失或者部分丧失劳动能力的；患病或者非因公负伤，在规定的医疗期内的；女职工在孕期、产期、哺乳期的；在本单位连续工作满十五年，且距法定退休年龄不足五年的；法律、行政法规规定的其他情形。

用人单位提前 30 日向工会或者全体职工说明情况，听取工会或者职工的意见后，裁减人员方案经向劳动行政部门报告。

此种情况下解除与劳动者之间的劳动合同需要按照法律规定向劳动者支付经济补偿金。

（二）劳动者单方解除

劳动者单方解除劳动合同分为两种，一种属于需要提前通知用人单位的情况；另外一种属于劳动者可以立即解除而无须事先告知用人单位的情况。

通常情况下劳动者提前 30 日以书面形式通知用人单位，可以解除劳动合同。如果是在试用期内，劳动者只需提前 3 日通知用人单位，就可以解除劳动合同。

《劳动合同法》规定，用人单位有下列情形之一的，劳动者可以即可解除劳动合同：未按照劳动合同约定提供劳动保护或者劳动条件的；未及时足额支付劳动报酬的；未依法为劳动者缴纳社会保险费的；用人单位的规章制度违反法律、法规的规定，损害劳动者权益的；因本法第二十六条第一款规定的情形致使劳动合同无效的；法律、行政法规规定劳动者可以解除劳动合同的其他情形。

（三）劳动合同的终止

《劳动合同法》规定，有下列情形之一的，劳动合同终止：劳动合同期满的；劳动者开始依法享受基本养老保险待遇的；劳动者死亡，或者被人民法院宣告死亡或者宣告失踪的；用人单位被依法宣告破产的；用人单位被吊销营业执照、责令关闭、撤销或者用人单位决定提前解散的；法律、行政法规规定的其他情形。

《劳动合同法实施条例》第五条、第二十一条、第二十二条明确了三种终止情形：自用工之日起一个月内，经用人单位书面通知后，劳动者不与用人单位订立书面劳动合同的，用人单位应当书面通知劳动者终止劳动关系，无须向劳动者支付经济补偿，但是应当依法向劳动者支付其实际工作时间的劳动报酬；劳动者达到法定退休年龄的，劳动合同终止；以完成一定工作任务为期限的劳动合同因任务完成而终止的，用人单位应当依照《劳动合同法》第四十七条的规定向劳动者支付经济补偿。

（四）用人单位违法终止劳动关系的风险

《劳动合同法》第四十八条规定："用人单位违反本法规定解除或者终止劳动合同，劳动者要求继续履行劳动合同的，用人单位应当继续履行；劳动者不要求继续履行劳动合同或者劳动合同已经不能继续履行的，用人单位应当依照本法第八十七条规定支付赔偿金。"由此可见，单位违法解除劳动合同以后，要求赔偿还是要求继续履行劳动合同的主动权掌握在劳动者手中，即如果劳动者不要求经济赔偿，就要用人单位履行劳动合同，用人单位一般应当继续履行。

但如果审理过程中发现劳动合同确实不具备客观履行条件的，劳动者要求继续履行，按照以下方式处理：在仲裁审理阶段，仲裁员将告知劳动者将要求继续履行劳动合同的请求变为要求用人单位支付违法解除劳动合同赔偿金等诉讼。如经仲裁员释明后，劳动者仍坚持要求继续履行劳动合同的，将驳回劳动者的请求，告知其可另行向用人单位主张违法解除赔偿金等。如经释明后，劳动者的请求变更为要求用人单位支付违法解除赔偿金的，仲裁将继续处理。在法院审理阶段，驳回劳动者的诉讼请求，告知其可另行向用人单位主张违法解除劳动合同赔偿金等。

五、工伤

工伤亦称"公伤""因工负伤"。职工在生产劳动或工作中负伤。根据国家规定，执行日常工作及企业行政方面临时指定或同意的工作，从事紧急情况下虽未经企业行政指定但与企业有利的工作，以及从事发明或技术改进工作而负伤者，均为工伤。

（一）工伤认定申请

首先，用人单位提出工伤认定申请。用人单位向社保部门提出工伤认定申请的时间是伤害发生或者确定职业病之日起 30 日内，特殊情况下可申请延长。申请时应填写工伤认定申请表，提交劳动者与用人单位存在劳动关系或者人事关系的证明材料、医院的诊断证明书或职业病诊断鉴定书。

其次，由社保行政部门调查核实。社保行政部门调查核实后，自收到申请后 15 日内做出受理或不予受理的决定，自受理申请后 60 日内做出工伤认定决定。若劳动者或者其近亲属、用人单位对不予受理决定不服或者对工伤认定决定不服的，可以申请行政复议或者提起行政诉讼。

（二）认定工伤的情形

根据法律规定，有下列情形之一的，应当认定或者视同为工伤：在工作时间和工作场所内，因工作原因受到事故伤害的；工作时间前后在工作场所内，从事与工作有关的预备性或者收尾性工作受到事故伤害的；在工作时间和工作场所内，因履行工作职责受到暴力等意外伤害的；患职业病的；因工外出期间，由于工作原因受到伤害或者发生事故下落不明的；在上下班途中，受到非本人主要责任的交通事故或者城市轨道交通、客运轮渡、火车事故伤害的；在工作时间和工作岗位，突发疾病死亡或者在 48 小时之内经抢救无效死亡的；在抢险救灾等维护国家利益、公共利益活动中受到伤害的；职工原在军队服役，因战、因公负伤致残，已取得革命伤残军人证，到用人单位后旧伤复发的；法律、行政法规规定应当认定为工伤的其他情形。

（三）工伤待遇

工伤保险基金承担部分：治疗工伤的医疗费用、康复费用；住院伙食补助费；到统筹区域外就医的交通食宿费；安装配置伤残辅助器具所需费用；生活不能自理的，经劳动能力鉴定委员会确认的生活护理费；一次性伤残补助金；一至四级伤残职工按月领取的伤残津贴；一次性医疗补助金；丧葬补助金；供养亲属抚恤金；因工死亡补助金；劳动能力鉴定费。

用人单位承担部分：停工留薪期间的工资福利；五、六级伤残职工按月领取的伤残津贴；终止或者解除劳动合同时的一次性伤残就业补助金。

特别提示：

如果用人单位未给劳动者缴纳工伤保险，工伤事故发生后，用人单位将承担全部工伤费用。

（四）非工伤情形

法律规定职工有下列情形之一的，不得认定为工伤或者视同工伤：故意犯罪的；醉酒或者吸毒的；自残或者自杀的。

六、劳务派遣

1. 劳务派遣的定义

劳动合同用工是我国的企业基本用工形式。劳务派遣用工是补充形式，只能在临时性、辅助性或者替代性的工作岗位上实施。

应当提醒用工单位注意的是：用工单位应当严格控制劳务派遣用工数量，使用的被派遣劳动者数量不得超过其用工总量的10%。用工总量是指用工单位订立劳动合同人数与使用的被派遣劳动者人数之和。

2. 劳务派遣的优势

（1）优势一：降低企业成本。

由于用工单位与被派遣劳动者之间不是劳动关系，因此，无须为其缴纳社会保险费；在退回被派遣劳动者后，也无须支付解除或者终止劳动合同补偿金，从而节省了包括引进成本、管理成本、社保成本和离职成本等，有利于提高企业的经济效益和管理效率。

（2）优势二：人事管理便捷。

用工单位用人、劳务派遣单位管人的方式，免去了办理各种琐碎的人员聘用、统筹保险、工伤生育申报等各种人事、劳动手续，使用人单位既节约了各种人员管理费用，也减轻了人事管理人员的负担。

（3）优势三：可转移企业的风险。

用工单位可以与劳务派遣单位签订劳务派遣协议，明确人员标准、人数、待遇等，通过劳务派遣单位组织招聘、筛选、测评，将候选人员单交给用人单位，用人单位确定人选，在发生工伤、离职之时，由劳务派遣单位支付工伤保险待遇和解除或终止劳动合同的经济补偿，从而转嫁了用工成本。

（4）优势四：有利于规避用工编制和工资总额控制的规定。

因为无须与劳动者直接建立劳动关系，从而规避了对用工编制、工资总额的控制，这一点对国企特别有用。

（5）优势五：减少劳动争议。

好的劳务派遣单位一般都有专业的劳动纠纷处理专业人士负责帮助用工单位处理与被派遣劳动者之间的纠纷。他们作为专业处理劳动关系的人员，熟悉劳动保障政策法规，在劳动合同签订、工资支付、社会保险等问题上一般能规范操作，发生劳动争议的概率低于直接聘用。

3. 用人单位的权利

用工单位在哪些情况下，可以合法退回派遣员工？

对于派遣员工的退回，可分为三种情形：

（1）过错性退回。

包括：在试用期间被证明不符合录用条件的；严重违反用人单位的规章制度的；严重失职，营私舞弊，给用人单位造成重大损害的；劳动者同时与其他用人单位建立劳动关系，对完成本单位的工作任务造成严重影响，或者经用人单位提出，拒不改正的；因员工原因致使劳动合同无效的；被依法追究刑事责任的；劳动者患病或者非因工负伤，在规定的医疗期满后不能从事原工作，也不能从事由用人单位另行安排的工作的；劳动者不能胜任工作，经过培训或者调整工作岗位，仍不能胜任工作的。

（2）非过错性退回。

包括：劳动合同订立时所依据的客观情况发生重大变化，致使劳动合同无法履行，经用人单位与劳动者协商，未能就变更劳动合同内容达成协议的；用工单位被依法宣告破产、吊销营业执照、责令关闭、撤销、决定提前解散或者经营期限届满不再继续经营的；劳务派遣协议期满终止的。

（3）经济性裁员。

包括：依照《企业破产法》的规定进行重整的；生产经营发生严重困难的；企业转产、重大技术革新或者经营方式调整，经变更劳动合同后，仍需裁减人员的；其他因劳动合同订立时所依据的客观经济情况发生重大变化，致使劳动合同无法履行的。

4. 用工单位如何选择派遣公司

一是选择适格的派遣单位。根据《劳动合同法》第五十七条规定，劳务派遣单位的注册资本为不少于人民币200万元。

二是考察风险转移程度。不同的派遣公司有不同的风险承受度，企业应该选择能承受较多风险的公司。具体而言，企业可以评估派遣公司有没有承担风险的责任意识，对不愿承担风险的派遣公司予以排除；企业应当考察派遣公司有没有预防风险的管理体系，对没有风险管理部门或机制的派遣公司应予以排除；企业应当调查派遣公司应对风险的业务能力，对缺乏劳动法律问题处理经验和专业人员的派遣公司应予以排除。

三是评估服务能力。派遣公司可以在大量具体人力资源管理事务上为企业提供服务，如工资发放、社保缴纳、用工手续等。企业可以从服务项目种类、服务网络分布、服务规模大小、服务水平高低、服务品牌知名程度等方面进行评估。企业在使用劳务派遣时需要考虑员工对派遣公司的接受程度，通常服务水平较高、规模较大的派遣公司易于被员工接受。

5. 用人单位的义务

根据《劳务派遣暂行规定》第八条,劳务派遣单位应当对被派遣劳动者履行下列义务:

第一,如实告知被派遣劳动者《劳动合同法》第八条规定的事项、应遵守的规章制度以及劳务派遣协议的内容。

第二,建立培训制度,对被派遣劳动者进行上岗知识、安全教育培训。

第三,按照国家规定和劳务派遣协议约定,依法支付被派遣劳动者的劳动报酬和相关待遇。

第四,按照国家规定和劳务派遣协议约定,依法为被派遣劳动者缴纳社会保险费,并办理社会保险相关手续。

第五,督促用工单位依法为被派遣劳动者提供劳动保护和劳动安全卫生条件。

第六,依法出具解除或者终止劳动合同的证明。

第七,协助处理被派遣劳动者与用工单位的纠纷。

第八,法律、法规和规章规定的其他事项。

第二节 竞业限制和保密

一、竞业限制要点

(一)竞业限制的范围

我国"竞业限制"通常指的是《劳动合同法》中的规定,即在解除或者终止劳动合同后,特定人员不得到与原单位生产或者经营同类产品、从事同类业务的有竞争关系的其他用人单位,或者自己开业生产或者经营同类产品、从事同类业务。

竞业限制的适用对象是高级管理人员、高级技术人员和其他负有保密义务的人员。

此处需要重点关注"其他负有保密义务人员"的范围。在竞业限制的适用对象上,《劳动合同法》赋予用人单位一定的"自由裁量权",允许用人单位根据自身的生产、经营确定负有保密义务人员的具体范围。但用人单位不能无限扩大该范围,判断哪些人员负有保密义务人员还需要遵循合法、合理的原则。

在江苏省南京市中级人民法院(2005)宁民四终字第1319号南京天杰冷气装饰工程有限公司诉朱某竞业禁止纠纷民事二审判决书中,法院认为:

"因竞业禁止仅能适用于用人单位与负有保守商业秘密义务的劳动者之间,并不是用人单位全体员工均能适用,本案中朱琳仅是一名普通销售人员,即使双方之间存在竞业禁止的约定,对朱琳也不发生法律约束力。"

(二)竞业限制的期限

竞业限制的期间是解除或终止劳动关系后的一段约定期间,且该期限最长不得超过二年。

《劳动合同法》第二十四条第二款规定,"在解除或者终止劳动合同后,前款规定的人员到与本单位生产或者经营同类产品、从事同类业务的有竞争关系的其他用人单位,或者自己开业生产或者经营同类产品、从事同类业务的竞业限制期限,不得超过二年"。

根据法律规定对负有保密义务的劳动者,用人单位可以在劳动合同或者保密协议中与劳动者约定竞业限制条款,并约定在解除或者终止劳动合同后,在竞业限制期限内按月给予劳动者经济补偿。但是支付经济补偿并不是竞业限制生效的要件;在司法实践中,用人单位在竞业期限内未按照约定支付经济补偿,并不当然导致竞业限制协议无效。

《最高人民法院关于审理劳动争议案件适用法律若干问题的解释(四)》第八条规定,"当事人在劳动合同或者保密协议中约定了竞业限制和经济补偿,劳动合同解除或者终止后,因用人单位的原因导致三个月未支付经济补偿,劳动者请求解除竞业限制约定的,人民法院应予支持"。因此,即使用人单位未依照约定支付经济补偿,劳动者可能也需要先解除竞业限制协议后才能自由择业。

(三)违反竞业限制的后果

劳动者违反竞业限制约定的后果主要表现在两个方面。

一是支付违约金。根据《劳动合同法》规定,"劳动者违反竞业限制约定的,应当按照约定向用人单位支付违约金"。因此,劳动者违反竞业限制约定的,承担的是违约责任。用人单位应当事先约定违约金的具体数额,以便于违约条款的执行。

二是继续履行竞业限制义务。依据《最高人民法院关于审理劳动争议案件适用法律若干问题的解释(四)》(法释〔2013〕4号)第十条,"劳动者违反竞业限制约定,向用人单位支付违约金后,用人单位要求劳动者按照约定继续履行竞业限制义务的,人民法院应予支持"。竞业限制人员向单位支付违约金后,并不能免除其在剩余期限内继续履行竞业限制的义务。

二、商业秘密保护

(一)保密协议

关于商业秘密的保护,在《劳动法》和《反不正当竞争法》中均有规定。《劳动法》第二十二条"劳动合同当事人可以在劳动合同中约定保守用人单位商业秘密的有关事项"及第一百零二条"劳动者违反本法规定的条件解除劳动合同或者违反劳动合同中约定的保密事项,对用人单位造成经济损失的,应当依法承担赔偿责任",规定了保护商业秘密的相关内容。

保密协议应当以书面形式签订,一般应具备以下主要条款:①保密的内容和范围;②保密协议双方的权利和义务;③保密协议的期限;④违约责任。在保密协议有效期限内,劳动者应严格遵守本企业保密制度,防止泄露企业技术秘密,不得向他人泄露企业技术秘密,非经用人单位书面同意,不得使用该商业秘密进行生产与经营活动,不得利用商业秘密进行新的研究和开发。

侵犯商业秘密的,可能导致侵权、违约或违法,甚至构成侵犯商业秘密罪,需要承担民事责任、行政责任或刑事责任;违反竞业限制约定的,一般承担的是违约责任。

(二)竞业限制和保密纠纷的解决途径

如果用人单位与劳动者在劳动合同中规定了保密义务或竞业限制义务,那么,保密义务或竞业限制义务就成为劳动权利义务内容的一部分,因此,如果原用人单位与劳动者之间因履行该条款而发生的纠纷,应属于劳动争议仲裁委员会的受理范围,用人单位可以向劳动争议仲裁委员会申请仲裁。对此,《劳动和社会保障部办公厅关于劳动争议案中涉及商业秘密侵权问题的函》(劳社厅函〔1999〕69号)规定:劳动合同中如果明确约定了有关保守商业秘密的内容,由于劳动者未履行,造成用人单位商业秘密被侵害而发生劳动争议,当事人向劳动争议仲裁委员会申请仲裁的,仲裁委员会应当受理,并依据有关规定和劳动合同的约定做出裁决。

如果劳动者违反保密义务或竞业限制义务,自营或参与他人经营同类营业,并使用或许可他人使用用人单位的商业秘密时,用人单位可以直接向人民法院提起侵害商业秘密的诉讼。

因此,竞业限制与保密纠纷从劳动合同角度看,属于劳动争议纠纷;而从原用人单位以劳动者违约到与原单位有竞争关系的单位任职构成不正当竞争看,就是民商事的知识产权纠纷,可以直接向人民法院提起民事诉讼。

竞业限制与保密纠纷起源于劳动关系,但与一般性的劳动争议相比,由于其涉及用人单位的知识产权问题而具有特殊性。因此,竞业限制和保密约定也就有双重性,其既可以作为劳动合同的一部分,又可以独立于劳动合同作为保护商业技术秘密的措施而独立存在。对于竞业限制与保密协议纠纷,应当由法院还是由劳动仲裁部门管辖,我国相关法律中并没有明确规定。

如果从劳动合同角度看,其属于劳动争议纠纷,依据《劳动争议调解仲裁法》相关规定而不得约定管辖;如果从不正当竞争角度看,其属于民商事的知识产权纠纷,竞业限制与保密义务条款从属于双方的民事合同,可以直接适用合同中的管辖条款。

第三节 制度管理

一、规章制度的制定

（一）制定程序

用人单位规章制度是在本企业内部实施的、关于组织劳动过程和进行劳动管理的制度，它对劳动者及用人单位都非常重要。首先，单位规章制度是内部的管理规范，是员工的行为准则。在我国，用人单位只有依据合法的制度才能对劳动者进行有效的管理。其次，由于我国《劳动合同法》明确规定，劳动者严重违反用人单位规章制度的，用人单位可以单方解除劳动合同，且无须支付经济补偿金，因此，实践中很多劳资争议都是由规章制度的效力问题引起的。

用人单位应当依法建立和完善劳动规章制度，保障劳动者享有劳动权利、履行劳动义务，这对用人单位来说既是权利也是义务。合法有效的规章制度必须满足以下几个要件。

（1）内容合法、合理。

首先，用人单位制定的规章制度应根据自身情况并符合法律规定，尤其对于工资标准、用工时长以及福利保险等法律有强制性规定的内容，用人单位必须严格依照相关规定执行。用人单位的规章制度违反法律、法规的规定，损害劳动者权益的，劳动者不仅可以单方即时解除劳动合同，而且有权要求用人单位赔偿损失，支付经济补偿金。

其次，规章制度作为用人单位加强内部劳动管理，稳定、协调劳动关系，保证正常劳动生产秩序的一种管理工具，在日常的劳动秩序中确实发挥着重要作用。但是，规章制度既要符合法律、法规的规定，也要合情合理，不能无限放大乃至超越劳动过程和劳动管理的范畴。

（2）程序民主。

用人单位在制定、修改或者决定有关劳动报酬、工作时间、休息休假、劳动安全卫生、保险福利、职工培训、劳动纪律以及劳动定额管理等直接涉及劳动者切身利益的规章制度或者重大事项时，需要经过职工代表大会或者全体职工讨论，并提出方案和意见，然后与工会或者职工代表平等协商确定。而且，在规章制度和重大事项决定实施的过程中，工会或者职工认为不适当的，也有权向用人单位提出，并通过协商进行修改和完善。正所谓，"程序正义才是看得见的正义"，只有通过民主程序制定的制度才能得到劳动者的广泛认可和执行。

(3) 经过公示。

用人单位需要把直接涉及劳动者切身利益的规章制度和重大事项决定公示，或者告知劳动者，可以选择的公示方式主要有：组织员工统一学习、通过内部网站公布或制作员工手册等。

除此之外，用人单位在协商、制定、告示等过程中需要特别重视相应的证据保存工作。因为在实际的劳动纠纷中，很多劳动者会以不清楚单位规章制度为由提出抗辩，而用人单位需要证明规章制度合法合理且符合法定程序，一旦不能举证极有可能承担败诉后果。

（二）法律责任

用人单位制定的规章制度只要未满足上述任意要件，都会导致制度无效。除此之外，用人单位还须承担相应的法律后果。

（1）民事责任。

用人单位制定的社会保险、工作时间及工资薪酬等规章制度如果给劳动者造成损害的，应当承担相应的民事赔偿责任。

（2）行政责任。

用人单位直接涉及劳动者切身利益的规章制度如果违反法律、法规规定的，应当由劳动行政部门责令改正，并且给予警告。

（3）不作为劳动争议处理的依据。

用人单位以劳动者严重违反规章制度为由单方解除劳动合同，劳动者据此提起相关诉讼的，人民法院需要审查该规章制度的合法性和合理性。只有根据《劳动合同法》第四条的规定，通过民主程序制定的规章制度，不违反国家法律、行政法规及政策规定，并且已经向劳动者公示的，才可以作为人民法院审理劳动争议案件的依据。因此，无效的规章制度无法作为劳动争议处理的依据。

需要特别注意的是，由于2008年1月1日实施的《劳动合同法》首次对有关规章制度的内容做出规定，因此，在此之前制定的规章制度，即使未经过民主程序，只要内容合法、合理，并经过公示或告知，也可以作为处理依据。而在2008年1月1日之后制定或修改的规章制度未经过《劳动合同法》第四条第二款规定的民主程序的，一般不能作为人民法院审理劳动争议案件的依据，但规章制度或者重大事项决定的内容不违反法律、行政法规、政策及集体合同规定，不存在明显不合理的情形，并已向劳动者公示或告知，且劳动者没有异议的，可以作为人民法院审理劳动争议案件的依据。

二、规章制度的适用

（一）大型集团公司的制度

在我国公司法律中，集团并非一个法定概念；在实践中，集团多指具有控股关系的多家独立法人所形成的共同体。在实际运营管理中，存在上级控股公司或者母公司管理下级单位或子公司的情况。我国《劳动合同法》明确规定，用人单位在制定、修改或者决定有关劳动报酬等直接涉及劳动者切身利益的规章制度或者重大事项时，应当经职工代表大会或者全体职工讨论，提出方案和意见，与工会或职工代表平等协商确定。所以，在规章制度的制定及实行中，即使是控股单位或者母公司制定的，对于下级单位或者子公司来说，还应经过法定程序予以通过。由此可知，集团公司依法定程序制定的规章制度，若要在下属子公司施行，必须由下属子公司依据《劳动合同法》的规定，履行法定程序。

（二）法律法规的适用

用人单位的规章制度要具有法律效力，应当具备三个条件：①规章制度的内容应具有合法性；②制定和通过应经过民主程序；③应向劳动者公示。另外，实践中裁判部门也要求规章制度不能存在明显不合理之处。我们认为，单位在制定规章制度的过程中，内容上要遵循与劳动相关的前提，而不是无端和无限扩大单位的社会管理权力，社会管理实务和司法实务是由国家专门机关来操作，单位切记不要妄图替代这些行政或司法机关来行使社会管理事务的权力，当然有一些机关的处罚结果（刑事判决书、行政处罚决定书等）单位可以使用，但是不要去替代这些机关，自己做出一个"行政处罚决定书"。

（三）用人单位制定规章制度违反法律规定以及与劳动合同冲突时的处理

司法解释规定，用人单位制定的内部规章制度与集体合同或者劳动合同约定的内容不一致时，劳动者有权选择适用对其有利的劳动合同的约定，所以，一旦规章制度与劳动合同约定内容不一致时，劳动者享有选择权。

另外，如果用人单位制定的规章制度违法，行政部门可以责令改正，因此给劳动者造成损失的，劳动者可以依法要求用人单位赔偿。

第四节　医药企业研发人员管理

一、医药研发人员管理现状

医药市场竞争日趋白热化使得医药企业不得不改变以往粗放型经营方式，一些企业已逐渐意识到研发与创新是一个企业立于长久不败之地的根本。在价值数千亿的专利药即将到期的机遇下，大量医药企业新设立了研发中心，药物研发成本占销售额的比重连年增加。企业科研人员是研发活动的主体，其工作效率极大程度上影响着创新绩效。随着科研人员占医药企业人员总量比例的上升，科研人员对医药企业发展的重要性日益凸显。如何创造因地制宜的组织模式和劳资关系以提升科研人员工作效率，是医药企业人力资源管理的关键问题。然而，医药企业科研人员人力资源管理的现状并不令人满意，这突出表现在许多医药企业的科研人员用工模式并不适用于企业自身特点，随之带来的是科研人员人力成本过高、科研人员忠诚度下降、科研人员工作绩效低下等问题，甚至引发企业与科研人员之间的劳动纠纷，给企业带来了巨大的法律风险。

近年来，一些医药企业已经认识到传统用工模式的种种缺陷，开始谋求研发人员用工模式的转型。医药企业人力资源战略开始由从内部利用向内外部综合利用转变，科研人员用工模式逐渐走向多元化。针对目前医药企业中大量兴起的非全日制用工、临时雇佣、固定期限合同等用工方式，本节聚焦于不同雇佣模式的差异性以及其对企业绩效的影响。

二、医药企业研发人员用工模式

在现有的雇佣模式理论和知识型员工研究基础上，将目前医药企业中繁杂的科研用工方式划分为固定型用工、外包型用工、项目型用工。

（一）固定型用工

进入知识经济时代，企业希望通过保持稳定的研发人员组织形式，以创造高效的创新成果。这样，以"稳定"为核心特征的固定型用工是医药企业雇佣科研人员所广泛使用的方式，尤其成为国内医药企业雇佣科研人员的主要选择。无论是企业外部招聘的高层次知识人才，还是企业校园招聘的应届毕业生、管理培训生等，大多采取的都是固定型用工方式。固定型用工也被称为典型雇佣、正规就业等，它是指企业与研发人员达成具有法律效用的约定（通常是双方直接签订相对固定的合同），并在约定中明确双方在工作中的责、权、利等关系，并且如无特殊情况，雇主不能随意解除合同。固定型用工具有三个基本的特征：首先，企业与科研人员之间是双向的关系，企业和科研人员都必须在合同的基础上履行自身的义务。其次，一般情况下，科研人员是在医药企业所提供的场所中工作，工作时间一般为全日制。最后，这种雇佣关系对雇员而言是稳定和有保障的，只要雇佣人员没有违反双方的合同，企业不能随意解雇雇员。

从企业的角度看，固定型的科研人员意味着相对稳定的研发组织形式，这为企业带来的影响是多方面的。首先，由于科研人员的技术是创造财富的源泉，短期的现金激励很难起到良好的作用。而采用固定型用工的企业可以通过股权、内部晋升等长期性激励手段，激发科研人员的潜能，并且雇员之间的内部竞争能够提高各自的努力程度，对工作效率有积极作用。其次，稳定劳动关系以及长期合作预期使得员工有人力资本投资的意愿，员工的自我提升带来了企业整体人力资源素质的提高。再次，长期稳定的人员组织结构能增加科研人员之间的信任和默契，对提高研究和发展的效率有正向作用。最后，稳定的组织结构是形成了企业文化的重要因素，固定人员在长期的工作中所形成的各类行为、符号、惯例汇聚和整合到企业文化中，是企业宝贵的无形资产。

从科研人员角度看，固定型契约方式意味着以内部晋升为主的职业生涯体系和以等级、资历为特征的薪酬体系。出于对长期合作关系的预期，科研人员在相对稳定的环境下科研人员随着业绩表现和工作能力的提升，能够上升到更为重要和更高级别的岗位上，并且获得更为丰厚的报酬。这也体现为企业与雇员之间的一种隐性心理契约，即如果雇员绩效水平达到组织要求后，一旦组织内部出现岗位空缺，这些雇员就可能会得到晋升的机会。这有利于鼓励科研人员长期为企业服务，减少流动的可能性。

（二）外包型用工

外包型用工也称为劳务派遣、第三方雇佣，这种方式在医药行业的表现形式是医药研发组织（CRO）。随着医药行业的逐渐发展和走向成熟，医药行业的人力资源组织方式也在不断经历着变革。激烈的市场竞争迫使企业不得不缩短研发周期，越来越多的医药企业因此开始认识到外部资源的重要性，医药研发外包组织应运而生。CROs 具体是指，医药企业委托外部的商业化研发组织，研发外包组织通过自身的科研人员，负责药物开发所涉及的部分或全部活动，例如研究方案设计、临床试验、药物注册管理等，而科研人员的工作地点既可以是企业，也可以是 CRO 机构。

外包型用工给医药企业带来调整劳动力上的灵活性，有助于避免企业出现"过度雇佣"和"雇佣不足"的状况。由于科研人员与医药企业之间并不存在直接契约关系。因此，当企业需要调整科研人员数量和规模的时候，只需要与 CRO 机构的签订或解除合同即可，并不需要直接招聘或解雇人员。这实际上表现为一种产品和服务的买卖关系，产品和服务的购买方即企业有较大的主动权。当经济周期波动时，CRO 机构成为企业科研员工的蓄水池，企业可以根据市场状况灵活调整人力资源策略，以选择扩大或缩小研发规模。另外，当企业在某些技术领域较为薄弱时，也可以通过 CROs 的方式弥补自身研发力量的短缺。

（三）项目型用工

由于企业的人力成本预算是有限的，而知识型员工的使用成本相对较高，企业无法大量地聘用固定期限的科研人才以满足企业发展需求。因此，如何平衡有限的资源与较高的员工人力成本之间的矛盾，成为企业的一大难题。当企业面临新的药物开发项目时，可以通过短期合同招聘新人员，以满足临时的人力资源组织要求。与外包型用工不同的是，项目型用工是企业与科研人员直接签订劳动合同，而不通过任何中介机构。项目型用工是一种典型的暂时雇佣、短期雇佣方式。这种短期的、临时的用工方式往往以一项具体的药物研发项目为工作期限，劳动合同结束的条件视具体的项目要求而定，一般当项目完成后，员工的服务期限也随即终止。并且，企业根据项目的完成情况给予员工相应的工资、奖金等报酬。项目型用工最大的特点是双方的劳动关系以项目为导向，员工几乎全部的工作都围绕某一特定的药物研发项目展开，而企业对员工的待遇也与项目的完成情况相关。由于小型医药企业缺乏长期维持科研人才的基础，因此在实践中小型医药企业往往比大型医药企业更有使用项目型用工的动机。

三、医药企业研发人员用工模式选择

从员工的角度来看，知识经济时代使知识超越了机械和资本，它已成为主导生存和发展的最重要因素。知识型员工是企业创造力的源泉，是企业创新发展的根本驱动力。随着知识型员工自主意识的不断增强，他们对以往赖以生存的雇主的依赖程度也在不断下降。随着知识工作者更加个性化，基于项目的劳动方式由于对劳动时间、劳动形式的规定较为宽松，可以满足他们更加自主化的生活和工作需求，因此得到了许多知识型员工的青睐。并且由于项目型的工作对成果交付的时间和质量都有较高要求，因此项目型用工模式对员工更具有挑战性，所获得的待遇也相对丰厚。同时，大量药物研发项目在企业的开展使得项目型雇佣逐渐形成一种常态，也使企业科研人员的观念发生变化。他们越来越渴望完成更具有挑战性的工作并从中获取较为高额的报酬，而不是具有稳定保障的工作方式。这些因素都使得项目型的雇佣方式越来越被知识型员工接受。

　　对用工模式特点的分析表明，不同的用工模式有着不同的适用要求，同时也会给企业带来不同程度的人力成本、法律风险和研发绩效。企业如何根据自身的发展需要，结合经济、社会和当前的市场环境来科学选择和灵活组合最佳用工模式，成为企业能否实现组织战略目标，有效开展人力资源管理工作的重要课题。尤其是，企业在其生命周期不同阶段的组织规模大小、发展战略、组织结构会有显著差异，这在很大程度上影响到医药企业用工模式的选择。在不同生命周期阶段，企业的规模与所掌握的资源会影响到企业对员工管理的投入，如员工培训和薪酬激励等投入，继而也就影响到雇佣关系模式中企业能够提供给员工的诱因的具体内容和程度。而企业在不同生命周期阶段的企业发展战略的确定和调整，可以体现和反映企业对员工及其作用的认知的变化，即企业对员工贡献的期望会根据企业的发展战略的不同而不同，而实行不同发展战略需要不同的雇佣关系模式策略予以配合和协调。并且随着企业发展阶段的不断演化，企业的内部管理结构和管理制度也在不断演化，因而企业在人力资源管理和雇佣关系管理方面也会更加成熟，组织提供的诱因和员工能够从组织中获得的报酬更加明确和全面，而组织对员工绩效和贡献的要求也会越趋复杂和高标准。

（一）初始期企业研发人员用工模式

　　初始期是企业发展的早期阶段。总体来看，此时期企业所掌握的资源非常有限，完善的组织结构和管理制度也尚未形成。由于企业处在激烈的市场竞争中，而自身实力不足以主动改变市场态势，只能被动地对市场变化和竞争进行适应。同时，生产和销售是关乎企业生存的核心职能，企业大部分资源投入与生产和销售部门，而对研发的投入要小得多。大部分初始期企业的资本规模很小，创始资金很大程度上来源于借贷，因此资金的使用受到极大限制。由于药物研发项目的投资大，回收期长，初始期企业基本不会将资金投入到新药研发上，而是将有限的资本投入在产品生产和销售方面。由于企业很难承担大中型的药物研发项目，研发部门的主要任务主要是药物检验，药物安全评价、药物筛选和数据管理分析等工作，技术含量相对较低。又由于企业缺乏知名度和实力，难以吸引优秀的科研人员加入，并且企业与员工之间的雇佣关系不稳定，科研员工流动性较大，因此企业的科研工作主要依靠几个核心的科研人员完成，他们组成了研发部门的主要组织结构，其工作质量极大影响着研发部门的绩效。

　　初创期中，正规的人力资源管理活动还没有完全建立起来，具有较大的不确定性和随意性。人员招聘方面，企业并不会将太多的招聘名额分配给研发部门。这是由于缺乏配套的研发设施，仅凭借招聘若干经验丰富和具有高专业水准的研发人员并不能给企业研发实力带来实质性的提升，因此企业只需要保持一定的研发力量，以完成研发部门的基本职能即可。人员培训方面，初始期企业的资源主要以物质资源为主，高效的人力资源资本尚未形成。这是由于企业内部管理体系和员工发展方面的投入稀缺，企业对员工技能、素质、能力等方面的培训和发展较少，而花费成本较高的针对科研人员培训就更少。

总体来看，初始期企业由于资源和自身实力的限制，在研发上的投入十分有限。在此背景下，由于企业缺少药物研发项目，企业对研发人员的激励主要是依靠工资和领导者的承诺，还没有期权、股票等长期激励，很难吸引高端科研人才加入，因此项目型用工模式并不适用于医药企业；企业科研部门主要是药物检验和分析等常规性的科研工作，这些只需要依靠内部人员就可以完成，并不需要依托 CRO 机构。因此这时的科研人员最适合医药企业自己管理，采用固定型用工模式对医药企业是性价比最高的选择。

（二）发展期企业研发人员用工模式

发展期是企业发展的重要时期，是企业脱离初始期和进入稳定期的过渡阶段。发展到成长期的企业面临组织内部管理精细化的问题，组织管理优化逐渐取代外部竞争成为企业经营和发展的重心。在发展阶段，粗放式的管理模式已不适应成长期企业的进一步发展，因此发展期企业往往都对管理制度和规范进行调整和完善。企业规模的迅速扩大以及内部管理复杂程度和精细化程度的逐步提高，也促使企业不断根据实际要求建立起稳定的组织结构，以保障企业生产经营活动和管理活动的持续性和有效性。稳定的组织结构的组成主体是企业正式员工，因此固定型用工仍是企业聘用科研人员的主要方式。他们承担了企业药物研发的基础研究、新药开发、临床测试、许可申请等大部分工作，构成了企业研发人力资源的基础。此时企业已经有较为完善的硬件设施和基础条件，有进一步扩大市场的潜在基础，企业也有相应的资源来开发新的药物产品或服务。单一的产品、已不能满足发展期企业发展的需要，此时企业的产品开始向多元化发展。一方面，多元化发展战略的实施对科研人员的素质和能力提出了更高要求，企业需要在不断提升现有员工能力的同时，不断从外界吸收高素质的科研人员；另一方面，多元化发展战略也要求企业在内部管理精细化方面做出努力，通过对不同工作的成本收益分析，将一些附加值较低的工作转移到外部。因此，外包型的研发人员是企业科研力量的有效补充。

综上，发展期稳定的组织结构要求企业要以固定型用工作为企业研发力量的主体，并将自身所不擅长的、流程烦琐的、收益率较低的工作外包给 CRO 机构，作为研发资源的补充。而由于项目型用工需要较高的人力成本，并且未来收益也难以确定，因此发展期的企业一般很少采用这种方式。

（三）成熟期企业研发人员用工模式

在经过初始期的生存与发展期的积累过程之后，企业的发展速度和效益增长开始停留在一个较为稳定的水平上，并逐渐稳定了自身的市场地位。成熟期企业的规模和所掌握的资源有了较大幅度的增加，企业在物质资源和人力资源等各个方面都比较丰富。成熟期企业的规模趋于稳定，企业的内部管理体系也到达相对完善的程度。

成熟期企业的内部管理体系已经确立，在战略管理、人力资源管理、生产管理等各个方面都已形成制度化、规范化的流程。尤其是成熟期企业的组织结构比较稳定和合理，内部管理权力分配比较合理，授权管理模式被广泛适用，不同组织结构层级的员工的工作任务和职责大多比较具体而明确。经过较长时期的发展和积累以及不断引进外部优秀人才，企业的员工总数量已比较大，并且绝大部分是固定型科研员工，具有较高的能力、技能和素质，其人力资本的质量较高，他们是企业核心竞争力的基础和重要组成部分。同时，医药企业与CRO机构的合作也不断深化，不仅仅局限于一些简单的药物试验、新药品许可申请等业务。CRO机构通过较为先进的医药研发项目方案设计，将研发机构、医疗机构、市场等联系在一起，在人财物和技术等资源方面实现优势互补，有效分解了研发活动的复杂性。因此，相比成长期，研发规模和研发难度更大的成熟期企业更加依赖于CRO机构的帮助，外包型科研用工模式在成熟企业更加普遍。

成熟期企业的组织结构趋于稳定，一些内部管理的隐患将逐渐凸显，影响到企业的稳定与发展。这其中最大的问题是随着员工规模和业务规模的巨大化，内部组织结构复杂化，企业的科研人力资源也逐渐僵化，企业及其员工对工作环境和工作内容产生了厌倦，一定程度上丧失了初始期和发展期的进取心。此时企业需要从外部将新鲜血液引入组织，项目型用工模式成为企业实现此目的的最好选择。企业在进行某研发项目时，从外部聘请高层次的研发人才，并一般将其配置到较为核心的岗位，不仅弥补了组织在某专业领域知识的缺失，同时也在组织内部引发了良性竞争，产生"鲶鱼效应"，带动研发效率的提升。成熟期企业掌握的资源也足以支撑项目型用工所产生的不菲成本。

综上所述，根据医药企业研发工作特点，在完整生命周期内的医药企业研发人员用工模式设计如表8-4所示。

表8-4　不同生命周期内医药企业研发人员用工模式设计

生命周期	生命周期特点	研发活动特点	用工模式特点	适用的用工模式
初始期	企业规模较小，资金紧张，产品线较为集中	研发资金紧缺，研发工作主要是药物质量和安全性检验、药物筛选	难以吸引优秀的科研人员，员工流动性较大，工作主要依靠几个核心的人员完成	固定型用工
发展期	企业规模扩大，产品线迅速扩张，管理流程制度不断完善	研发任务较重，需要不断开发新产品，并对于研发速度要求较高	以固定型用工作为研发力量的主体，将自身所不擅长的及流程烦琐的工作外包给CRO机构	固定型员工+外包员工
成熟期	企业已达到一定规模，在市场上占据了稳定地位，拥有较为充裕的资源	常规研发工作已较为固定，而针对新产品开发的项目往往是具有突破性创新的工作	常规企业人员可能出现一定的工作倦怠，需要补充新鲜血，利用项目制用工提升新药研发绩效	固定性员工+外包员工+项目制用工

第五节 医药企业运营人员管理

一、医药代表

（一）医药代表行业分析

1. 医药代表概述

医药代表（Medical Representative）起源于20世纪初瑞士汽巴（Ciba）公司，他们以普及和正确使用药品为目的，代表公司向临床医生提供有关药品的质量、有效性、安全性等信息。

医药代表的工作就像是一个纽带，连接着医生、医疗机构和药品生产经营企业。其基本工作模式是举办各种级别的学术会议，定期拜访临床医生，组织实施药品的临床观察实验，调查并收集药品的副作用和不良反应等信息，反馈临床市场药品效果。医药代表通过认真细致地了解临床需求，把药品生产企业的最新研发动态传递给医疗机构，并且及时、如实地向医务人员和医疗机构介绍药品的成分、性能、特点、禁忌、研制过程等资讯，促进医务人员合理给药，同时收集药品的不良反应信息，向药品生产企业反馈，从各方面为药品生产企业和医务工作者提供及时有效的信息反馈。在促使医药生产企业改进技术、研发具有自主知识产权的药品、推动医药行业的发展过程中医药代表起到了积极作用。

2. 我国医药代表职业现状

我国医药代表是20世纪80年代伴随着外资制药公司的出现而出现的，属于不折不扣的舶来品。这一职位设立的初衷是向医生讲解新药的性能，告知药品的禁忌，引导医生正确用药等。医药代表职业兴起初期，曾推介了许多新药和特效药在临床上的使用，一定程度上推动了我国医疗卫生行业的快速发展。然而，自20世纪90年代末期起，随着市场竞争的日益加剧，我国医药代表职业渐行偏离其正常发展轨迹。有些医药代表为了达致目标开始采取不正当手段推广药品，他们的职责不再是宣传药品知识，反馈用药信息，而是开发医院和诱使医生开药。更有一些药品企业为获得高额利润变相要求医药代表通过给予回扣或变相回扣的方式诱使医生或药师乱开药、开高价药，行业风气日益败坏，医药代表悄然演变为药厂或医药公司派出的药品推广"公关人员"。2010年北京市西城区检察院调研了近四年来医疗腐败案件发现：超9成受贿案件发生在药品、医疗设备及医用耗材采购过程中。隐藏在这些案件背后的"医药代表"被检察机关"拎"出水面,被指为医疗腐败牵线搭桥。医药代表的收入与销售量挂钩,为增加收入,部分从业人员以高额回扣大肆贿赂相关人员争取更多的销售量。医药代表问题已然成为我国药品商业贿赂、药品虚假宣传和药品假冒伪劣等违法行为的主要诱因之一。在相当长的一段时间里,由于市场竞争过度、流通不畅、监管不到位等原因,医药代表逐渐演变成为贿赂、收买医生、推高药价并从中牟取暴利的代名词。

3. 我国医药代表行为的法律规制

从宏观角度看,目前我国规范医药代表行为的法律主要有《药品管理法》《反不正当竞争法》《劳动法》《合同法》《广告法》等十余部法律,但这些法律皆是对代理行为、销售行为、不正当竞争行为及商业贿赂行为等进行笼统规定,缺乏对医药代表及其行为的专门性规制条款,法律法规缺位明显。

真正谈得上对医药代表行为进行直接规制的倒是一些行业自律规范,如2006年中国化学制药工业协会制定的《医药代表行为准则》。该准则首先规定了规制的依据、目标,接着对医药代表的基本职能、从业资格、人数限制、培训和职责、禁止的行为做了详细规定,对医药代表的交流、宣传活动以及监督和罚则也做了较为具体的规定。但由于没有外部强有力的法律配套作支撑,这种依赖于职业道德的约束及医药代表个人自律的行业规范,其作用非常有限。

直至近几年,相应制度的补位才逐渐有了转变。2017年,国务院办公厅发布《关于进一步改革完善药品生产流通适用政策的若干意见》(国办发〔2017〕13号),提出建立医药代表登记备案制度。2017年8月24日,上海市食品药品监督管理局发布《上海市医药代表登记管理试行办法(征求意见稿)》,上海市成为第一个推行医药代表登记备案制度的地区。2017年12月19日,原国家食品药品监督管理总局、原国家卫生和计划生育委员会公开征求关于《医药代表登记备案管理办法(试行)(征求意见稿)》(以下简称"《征求意见稿》")的意见,正式从国家层面推动建立医药代表备案制度的框架。《征求意见稿》对于医药代表的职责、资格、管理要求、登记主体以及违规处罚等进行了明确的规定,要求药品上市许可持有人或进口药品总代理商(以下简称"MAH")与医药代表签订正式的劳动合同或授权书,作为登记备案的主体,对医药代表的登记的真实性负责,并且严厉禁止医药代表从事药品销售活动。

《征求意见稿》一经发布,市场上便出现了巨大的反弹。对于医药代表的种种限制,医药合同销售企业(以下简称"CSO企业")的生存空间被压缩以及MAH主体责任的认定使得医药行业整体抵触情绪较大,《征求意见稿》的推行也面临着种种困局。然而,从中央及地方层面出台的各种文件以及国家对于推进医改政策、打击医药行业乱象的决心上来看,医药代表登记备案制度已经势在必行。《征求意见稿》中明确规定MAH需要与医药代表签订劳动合同或授权委托书,由此可以看出,未来医药代表与MAH的关系将限定在劳动关系和授权委托这两种关系里。

（二）现阶段医药企业与医药代表的关系

1. 劳动关系

劳动关系受《劳动合同法》等法律调整，由于劳动者与用人单位之间不具有完整的平等关系，我国《劳动法》总体上偏向于劳动者，对用人单位的限制较多。在劳动关系中，劳动者付出劳动，用人单位为劳动者提供安全的工作环境、支付劳动者报酬并为劳动者缴纳社会保险。劳动者需接受用人单位的直接用工管理，遵守用人单位的规章制度，并接受用人单位的考评。

2. 劳务派遣关系

劳务派遣关系是指由劳务派遣机构与派遣劳工订立劳动合同，把劳动者派向其他用工单位，再由其用工单位向派遣机构支付服务费用，劳务派遣机构向劳动者支付劳动报酬的一种用工关系。在医药代表与医药企业的关系中，医药企业往往是通过人力资源派遣机构与医药代表建立劳务派遣关系。在这种关系中，医药代表先与劳务派遣机构签订劳动合同，劳务派遣机构再将医药代表派遣至医药企业工作，医药企业向劳务派遣机构支付服务费，劳务派遣机构再向医药代表支付报酬。劳务派遣这种用工形式对于医药企业来说可以降低用工风险，降低人力资源管理的成本。然而，《劳务派遣暂行规定》中明确指出，劳务派遣的用工形式只能是劳动合同用工的补充，只能在临时性、辅助性或替代性工作岗位上实施。临时性工作岗位是指存续时间不超过六个月的岗位；辅助性工作岗位是指为主营业务岗位提供服务的非主营业务岗位；替代性工作岗位是指用工单位的劳动者因脱产学习、休假等原因无法工作的一定期间内，可以由其他劳动者替代工作的岗位。并且，用工单位使用被派遣劳动者数量不得超过其用工总量的10%。

3. 委托关系

在委托关系中，委托人和受托人之间是平等的主体关系，双方相互独立，受托人自由选择自己的工作方式、时间，并不受委托人的直接管理，双方没有身份上的隶属关系。委托关系受合同法调整，双方以委托事务为标的签订委托合同，在委托合同中对双方的权利义务进行明确的约定，双方之间的收益分配形式和金额也都由委托合同约定。对于只按业绩支付报酬，不需要按单位规章制度进行管理的医药代表，医药企业往往会与其建立委托代理关系。在这种情况下，既能充分发挥医药代表的主观能动性，又能有效避免医药企业的用工风险。然而，实践中，无论从双方委托代理合同的法律术语表述上，还是从医药企业对于医药代表的管理上看，医药企业常常混淆这两种关系，认为只要签订合同的名称是"委托代理合同"，双方建立的就是委托代理关系，而不理会是否对医药代表的工资、绩效考核、考勤等进行用工管理。这种"假委托，真劳动"的情况不仅避免不了用工风险，反而会给医药企业带来不必要的损失。

（三）医药代表与医药公司劳动关系认定

1. 医药代表收入来源

在涉及确认医药代表劳动关系的纠纷中，绝大部分的法院都审查了医药代表的收入来源。通常情况下，作为劳资双方，对于劳动报酬的支付应在支付周期、支付金额及支付主体上具有相对稳定性。法院审查医药代表的收入来源主要是看医药企业向医药代表支付报酬的周期、数额是否有规律可循；医药企业支付给医药代表的款项是否是医药代表的唯一收入来源。一般来说，与用人单位具有劳动关系的劳动者所获得的报酬具有分配性质，不完全也不直接随市场供求情况变动，其报酬支付形式往往特定化为一种持续、定期的工资支付。委托代理销售人员获得的报酬按等价有偿的市场原则支付，完全由双方当事人协商确定，是商品价格的一次性支付。在笔者调研的8个被认定为委托代理关系的案例中，法院都认定公司向医药代表打款的形式、周期和金额都不具有规律可循，医药代表获取报酬的来源是药品的销售提成，而药品提成的比例和发放时间都是由医药代表和公司谈判决定。例如，有些公司设立专门的销售部门，销售部门自行组织资金，负责进药的种类、品种、数量及去向。购药的资金由医药代表先行垫付，药品在医药企业的配合下，直接从生产厂家运输到医院，医药企业配合销售部门与医院就药品款项办理结算和出具发票等相关后续事宜。货款到医药企业，医药企业提取了相应的管理费后，剩余的归属于销售部门，由销售部门进行内部分配，分配方式和利润比例由销售经理与各个医药代表谈判决定。销售部门是独立于医药企业的。医药企业不负责所有医药代表考勤和上下班时间及工作内容。医药企业除了收取管理费外，不能决定医药代表收入的高低，也不对医药代表的销售方式、工作时间等内容进行实质性管理；在另一些案例中，医药代表与医药企业实行底价包干的结算模式，由医药代表自行安排、支付药品在推广、销售环节产生的所有人力、物料费用，医药企业仅在收到医药代表销售款后，对于超出事先规定的基础结算价的部分根据医药代表开具的相应发票，向医药代表拨付作为医药代表代理行为的返利款。而在被认定为劳动关系的案例中，大部分法院都认定医药企业给医药代表支付款项具有规律可循，在金额和发放时间上有劳动者工资的特征，医药企业和医药代表之间具有财产上的隶属性。甚至在一个案例中，法院仅仅依据医药代表提供的银行流水这一个证据便认定医药代表与医药企业之间存在劳动关系。考虑到劳动者举证困难，法院在审查医药企业与医药代表是否建立了劳动关系时往往会让医药企业承担较重的举证责任，而劳动者一方只需提供存在劳动关系的线索，医药企业定期地向医药代表发放金额相似的报酬无疑是劳动者能提供的关键线索，在医药企业无法提供其他反驳证据的情况下，法院据此认定双方具有劳动关系也就不足为奇了。

2. 社会保险缴纳情况

缴纳社会保险是劳动关系的重要表征。在被认定双方存在代理关系而不是劳动关系的案例中，法院一般会将医药企业从未为医药代表缴纳社会保险、医药代表也从未对此提出异议，并以灵活就业人员身份自行缴纳养老及医疗保险作为一个考量因素，从而进一步认证双方是平等的委托代理关系，医药代表自行为自己缴纳社会保险，医药代表与医药企业之间不存在财产和人身上的隶属性。而在认定双方是劳动关系而非代理关系的案例中，部分法院也会考察社会保险的缴纳情况。在一些判决中，法院认为，虽然医药企业未为医药代表缴纳社会保险，但是否为劳动者缴纳社会保险并不是衡量双方之间是否存在劳动关系的唯一标准，若有其他证据证明劳动者事实上为医药企业提供了劳动，接受医药企业的用工管理，法院依旧会判定双方存在劳动关系。法院一般还会在确认医药代表与医药企业存在劳动关系的情况下判决医药企业赔偿因未给医药代表缴纳社会保险而致使其遭受的损失。由此可见，是否缴纳社会保险这一因素在认定劳动关系时只是作为一个补强因素，法院一般不会仅根据社会保险的缴纳情况来认定双方是否存在劳动关系。

3. 双方的协议

在实务中，医药企业与医药代表之间往往没有签订劳动合同，有些医药企业与医药代表之间签订了委托书，有些签订了代理销售协议或推广协议等。在审查这一要素时，法院普遍不会关注这些协议的名称，而是会关注协议的具体内容。虽然双方之间的协议名称为"代理销售协议"，但如果协议中约定医药代表需要遵守医药企业的规章制度，或者接受医药企业的考评管理，法院反而会依据这份协议认定双方之间存在劳动关系而非委托代理关系。实践中，很多医药企业不注意委托代理合同中的措辞，将公司规范化的劳动合同中相关条款直接照搬到委托代理协议中，这样的做法往往导致医药企业在后续可能发生的诉讼中产生不必要的风险。

4. 从事的工作是否为用人单位主要经营业务

《劳动和社会保障部关于确立劳动关系有关事项的通知》第（三）项明确指出，劳动者提供的劳动是否构成用人单位业务的组成部分是判断用人单位与劳动者是否建立了劳动关系的要素之一。因此，法院在审查医药代表与医药企业之间的关系时也常常重点审查这一要素。在一些最终判定双方为劳动关系的案例中，法院认为，医药代表从事的工作系医药企业主要业务的组成部分，该岗位系医药企业正常、稳定的工作岗位，而非临时性的工作岗位。因此，符合双方之间存在劳动关系的特征。从案例中可以看出，虽然法院审查这一要素的频率较高，但对于这一要素的审查基本上是在已有其他证据初步证明双方之间存在劳动关系的基础上，法院将这一要素作为加强说理的部分，其本身对整个案件的走向并不具有决定性作用。

5. 考勤记录

医药企业对医药代表是否存在直接的用工管理是法院在认定双方是否存在劳动关系的重要因素之一，而考勤管理则是用工管理的直接体现。然而，由于考勤表大多为医药企业自行制作，法院一般不会将其作为有效的证据。又由于医药代表这一职业销售方面的特性，即使其与医药企业签订了劳动合同，建立了劳动关系，销售人员大多也适用不定时工时制，医药企业对医药代表大多也不进行考勤管理。因此，在审查医药代表与医药企业之间是否存在劳动关系时，考勤管理不是法院审查的主要要素。

6. 考评

在劳动关系中，用人单位与劳动者之间具有人身和财产上的隶属性，双方之间往往存在紧密的管理、监督、支配关系。一般来说，如果医药企业对医药代表进行了绩效考评，医药代表定时向医药企业汇报工作，这样的关系即具有了劳动关系的表征。但是，法院也在案例中指出，单位与个人之间存在管理和监督关系的，并不一定存在劳动关系。在一些案例中，医药代表拿出了医药企业给自己发的奖状或者企业给自己发放的销售任务书等证明医药企业对自己进行了考评管理。在这些案例中，法院认为，这些证据并不能直接证明双方之间存在劳动关系，在审查这些证据时，应当结合医药销售行业的特点，奖状和任务书只是医药企业对于医药代表工作的鼓励与激励，并不能直接证明两者之间存在人身隶属性和工作上的管理、支配关系，因此没有根据这个单一的证据判决双方存在劳动关系。

（四）风险管理

由于医药代表这一职业的特殊性，医药企业在考虑与医药代表之间的关系时，往往不会选择与其签订劳动合同建立劳动关系，而是尽可能地选择委托代理的方式。在旧的模式下，如果医药企业能够依照《劳动法》的相关规定，做好合同的规范和用工的规范，选择委托代理的方式来降低风险和成本无疑是一种比较好的选择。《征求意见稿》也将委托代理关系与劳动关系一起纳入到医药代表的管理体系中。然而，在现今推行医药代表登记备案制度的大背景下，委托代理关系是否仍然是MAH的较优选择呢？

1. 委托代理关系被认定为劳动关系的风险

如上分析所述，如果医药代表提起诉讼，委托代理关系在很多情况下有被认定为事实劳动关系的风险，即"假委托，真劳动"。而在《征求意见稿》下，MAH需要对医药代表进行业务培训，设定岗位能力要求和培训科目，如实撰写培训记录。在医药代表违反相关规定的情况下，MAH还需要对医药代表进行脱产培训。这些规定使得MAH对医药代表的管理更加直接，因此在发生争议时更有可能被认定为存在事实上的劳动关系。根据《劳动合同法》规定，用人单位与劳动者建立劳动关系，应当订立书面劳动合同。在医药企业认为仅与医药代表建立了委托代理关系的情况下，其当然不会与医药代表签订劳动合同，而用人单位自用工之日起超过一个月不满一年未与劳动者订立书面劳动合同的，应当向劳动者每月支付二倍的工资。在"假委托，真劳动"的情况下，医药企业不仅要与医药代表重新签订劳动合同，赔偿未为医药代表缴纳社会保险造成的损失，还要面临支付双倍工资的风险。

2. 一人多登记的风险

根据《征求意见稿》的规定，医药代表不得承担药品销售任务，不得参与统计医生个人开具的药品处方数量，不得直接销售实物药品，不得收款和处理购销票据，不得进行商业贿赂，不得对医疗卫生机构内设部门和个人直接提供捐赠、资助、赞助；不得误导医生使用药品，不得夸大或误导疗效，不得隐匿药品不良反应。医药代表违反上述规定的，登记备案平台依据食品药品监管部门或卫生健康部门的查处结果，将其违规行为予以公示，并通报个人信用管理部门；在《征求意见稿》下，MAH 需要对其委托的医药代表进行登记。而对于仅与 MAH 建立委托关系的医药代表来说，其往往是按区域、按医院同时承担多个 MAH 的推广任务，因此，也就有可能被多个 MAH 登记。在这样的情况下，如若一个医药代表对一个 MAH 的药品发生了违规行为，则很难将别的 MAH 的药品从这一医药代表的违规行为中独立出来，也就是说，一个医药代表发生的一个违规行为可能会导致多个 MAH 被追责。而《征求意见稿》规定，MAH 企业需对违规的医药代表进行为期一个月的脱产培训，即使其他 MAH 没有因医药代表的违规行为被追责，在脱产培训时期，医药代表也无法进行任何的业务活动，这无疑会损害其他 MAH 的利益。而如若 MAH 企业与医药代表之间建立的是劳动关系而非委托关系，MAH 企业就可以利用公司的规章制度禁止其与其他 MAH 企业建立劳动关系，对医药代表实施有效的管控，从而降低相关风险。

3. MAH 对于其授权的医药代表的责任

根据《征求意见稿》的规定，MAH 不得鼓励、暗示医药代表从事违规行为，不得向医药代表分配药品销售任务，不得要求医药代表或其他人员统计医生个人开具的药品处方数量，不得在登记备案中编造培训情况或故意提供其他虚假信息。MAH 违反上述规定的，登记备案平台依据食品药品监管部门的调查结果，将其违规行为予以公示并通报信用管理部门；存在违反《反不正当竞争法》等法律法规情形的，移交相关部门依法依规查处。根据《反不正当竞争法》，经营者的工作人员进行贿赂的，应当认定为经营者的行为；但是，经营者有证据证明该工作人员的行为与为经营者谋取交易机会或者竞争优势无关的除外。现阶段，CSO 企业的医药代表因实施商业贿赂而致使 CSO 企业遭受处罚的案例屡见不鲜。这也是 MAH 企业选择与医药代表只建立授权委托关系从而试图规避相关风险的原因之一。然而，从《征求意见稿》等一系列政策规章上看，将医药代表的所有行为追本溯源到 MAH 已成为一个大的趋势，在这样的情况下，将来无论以何种形式授权，医药代表的行为很有可能也被归责于 MAH，MAH 很有可能成为最终的责任人。

综上所述，在《征求意见稿》的模式下，与医药代表建立授权委托关系很有可能使 MAH 面临种种风险，而这些风险并不会因为没有与其建立劳动关系而被规避。虽然与医药代表建立劳动关系在一定程度上会提高 MAH 的用工成本，但在国家政策打击医药行业的乱象，将最终责任人定为 MAH 的大方向上看，MAH 必然要对医药代表的行为进行更加严格的管理，而劳动关系无疑要比授权委托关系更加有利于 MAH 对医药代表进行培训和管控。因此，MAH 与医药代表建立劳动关系在将来应当是比委托代理关系更优的选择。

二、销售人员

当前，在我国药品管理法律体系中，有关药品销售人员管理的法律规范仅见于《药品流通监督管理办法》。但是，该规章并未对药品销售人员的法律性质进行界定及详细规定。事实上，我国药品生产经营企业的销售人员存在两种截然不同的法律性质，一种是委托代理制，另一种是劳动合同制。

（一）委托代理制

委托代理制药品销售人员在药品管理法律体系中并无法律定义。而营销人员的代理制度在保险业中最为普遍，得到了《保险法》的确认，并有具体的规章加以规范。《保险法》第一百一十七条规定："保险代理人是根据保险人的委托，向保险人收取佣金，并在保险人授权的范围内代为办理保险业务的机构或者个人。"依据保监会对保险代理人资格的要求，保险代理人必须符合相应的学历条件和资历经验，同时也要通过统一的保险代理人资格考试。

我国药品销售行业事实上也普遍借鉴了保险业代理制的营销模式，即销售人员依据《民法通则》第六十三条规定的"公民、法人可以通过代理人实施民事法律行为。代理人在代理权限内，以被代理人的名义实施民事法律行为。被代理人对代理人的代理行为，承担民事责任"，根据药品生产经营企业的委托，销售药品并从中获得劳务报酬。

（二）劳动合同制

即使在药品销售行业已经普遍接受了代理制的管理模式，但是并不排除许多公司仍然采取签订劳动合同的形式管理药品销售人员。劳动合同制又称职员制，采取此种方式的劳动者是公司的正式劳动者，双方依据《劳动法》《劳动合同法》调整双方之间的权利义务。用人单位要履行《劳动法》上规定的法律义务，缴纳社会保险，承担工伤责任等；劳动者也要承担《劳动法》上的责任与义务，听从用人单位的管理及约束，同时要符合公司的考勤管理，并受到用人单位规章制度的管理。

（三）委托代理制与劳动合同制药品销售人员的区别

一是法律关系不同。劳动合同制的双方是劳动关系，受《劳动法》《劳动合同法》调整；委托代理制的双方关系是民事代理关系，受《民法通则》《合同法》等民商法调整。劳动合同制的双方主体间不仅存在财产关系，还存在人身关系。劳动者除提供劳动之外，还要接受用人单位的管理，服从其安排，遵守其规章制度等。但委托代理合同的双方主体之间只存在财产关系，主体是平等的，不存在实际管理关系。代理人提供代理销售服务，医药公司依据双方之间的委托代理协议支付劳务报酬或提成，各自独立、地位平等。

二是待遇不同。劳动合同制的药品销售人员除获得工资报酬外，还有社会保险、福利待遇等；而委托代理关系的药品销售人员一般只获得提成报酬。

三是报酬的性质不同。劳动合同制销售人员所获得的劳动报酬具有分配性质，体现按劳分配原则，不完全也不直接随市场供求情况变动，其支付形式往往特定化为一种持续、定期的工资支付；委托代理制销售人员获取的报酬按等价有偿的市场原则支付，完全由双方当事人协商确定，是商品价格的一次性支付。

四是纠纷处理的途径不同。劳动合同制的销售人员与公司发生纠纷后需要按照劳动争议案件的处理程序，即要先走劳动仲裁的前置程序才能到法院诉讼；而委托代理制销售人员与公司发生纠纷后可以按照民事案件处理程序直接到法院提起诉讼。